해커스공무원

김승범 스페셜 한국사 빈칸+OX 노트

해커스공무원

KB136542

이 책의 구성과 활용법

"빈칸 노트로 회독하고! 핵심 기출 OX로 암기하여 한국사 만점 달성!"

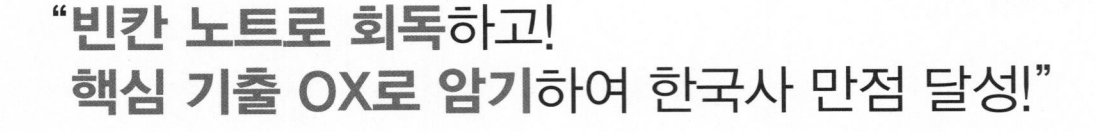

빈칸 노트

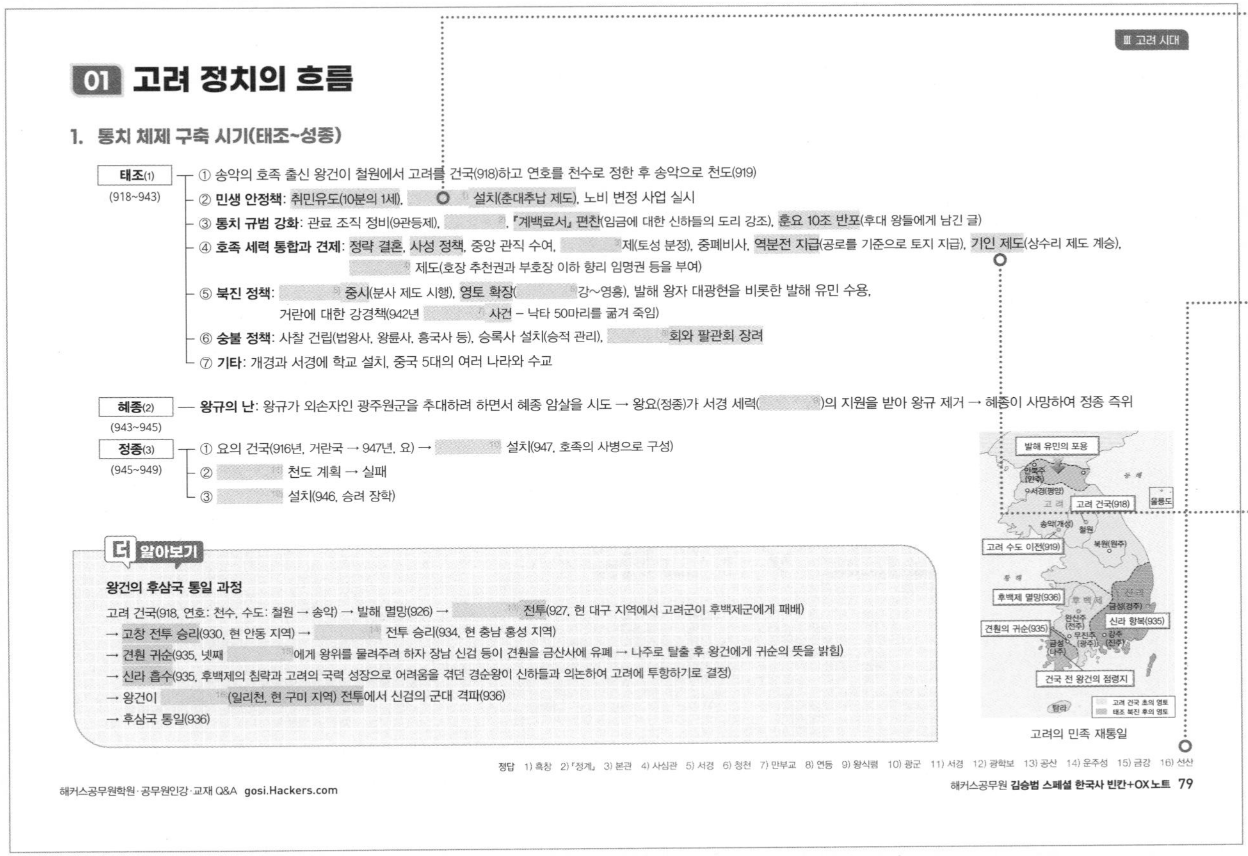

Ⅲ 고려 시대

01 고려 정치의 흐름

1. 통치 체제 구축 시기(태조~성종)

태조(1) (918~943)
① 송악의 호족 출신 왕건이 철원에서 고려를 건국(918)하고 연호를 천수로 정한 후 송악으로 천도(919)
② 민생 안정책: 취민유도(10분의 1세), ______1) 설치(춘대추납 제도), 노비 변정 사업 실시
③ 통치 규범 강화: 관료 조직 정비(9관등제), ______2), 『계백료서』 편찬(임금에 대한 신하들의 도리 강조), 훈요 10조 반포(후대 왕들에게 남긴 글)
④ 호족 세력 통합과 견제: 정략 결혼, 사성 정책, 중앙 관직 수여, ______3)제(토성 분정), 중폐비사, 역분전 지급(공로를 기준으로 토지 지급), 기인 제도(상수리 제도 계승), ______4) 제도(호장 추천권과 부호장 이하 향리 임명권 등을 부여)
⑤ 북진 정책: ______5) 중시(분사 제도 시행), 영토 확장(______6)강~영흥), 발해 왕자 대광현을 비롯한 발해 유민 수용, 거란에 대한 강경책(942년 ______7) 사건 – 낙타 50마리를 굶겨 죽임)
⑥ 숭불 정책: 사찰 건립(법왕사, 왕륜사, 흥국사 등), 승록사 설치(승적 관리), ______8)회와 팔관회 장려
⑦ 기타: 개경과 서경에 학교 설치, 중국 5대의 여러 나라와 수교

혜종(2) (943~945)
— 왕규의 난: 왕규가 외손자인 광주원군을 추대하려 하면서 혜종 암살을 시도 → 왕요(정종)가 서경 세력(______9))의 지원을 받아 왕규 제거 → 혜종이 사망하여 정종 즉위

정종(3) (945~949)
① 요의 건국(916년, 거란국 → 947년, 요) → ______10) 설치(947, 호족의 사병으로 구성)
② ______11) 천도 계획 → 실패
③ ______12) 설치(946, 승려 장학)

더 알아보기

왕건의 후삼국 통일 과정

고려 건국(918, 연호: 천수, 수도: 철원 → 송악) → 발해 멸망(926) → ______13) 전투(927, 현 대구 지역에서 고려군이 후백제군에게 패배)
→ 고창 전투 승리(930, 현 안동 지역) → ______14) 전투 승리(934, 현 충남 홍성 지역)
→ 견훤 귀순(935, 넷째 ______15)에게 왕위를 물려주려 하자 장남 신검 등이 견훤을 금산사에 유폐 → 나주로 탈출 후 왕건에게 귀순의 뜻을 밝힘)
→ 신라 흡수(935, 후백제의 침략과 고려의 국력 성장으로 어려움을 겪던 경순왕이 신하들과 의논하여 고려에 투항하기로 결정)
→ 왕건이 ______16)(일리천, 현 구미 지역) 전투에서 신검의 군대 격파(936)
→ 후삼국 통일(936)

고려의 민족 재통일

정답 1) 흑창 2) 『정계』 3) 본관 4) 사심관 5) 서경 6) 청천 7) 만부교 8) 연등 9) 왕식렴 10) 광군 11) 서경 12) 광학보 13) 공산 14) 운주성 15) 금강 16) 선산

빈칸을 채우며 회독하기
- 본문에 구성된 빈칸을 직접 채우면서 한국사 개념을 회독하세요.
- 본문에 함께 정리되어 있는 더 알아보기, 그림 자료도 연계하여 꼼꼼히 학습하세요.

빈칸 정답을 확인하며 약점 보완하기
- 매 페이지 하단의 정답을 바로 확인해보세요.
- 헷갈리는 개념은 확실히 복습해서 약점을 보완하세요.

핵심 내용 위주로 암기 포인트 정리하기
- 본문에 하이라이트로 표시된 핵심 내용을 위주로 반드시 암기해야 할 포인트만 다시 한번 정리하세요.

핵심 기출 OX

*옳은 문장은 ○, 틀린 문장은 ×에 체크하세요.

Ⅲ 고려 시대

핵심 기출 OX 고려의 사회

01 고려 시대 일부 향리의 자제들은 기인으로 선발되어 개경으로 보내졌다. 2021년 국가직 9급 ○ ×

02 고려 시대 향리의 자제는 과거를 통하여 귀족의 대열에 들 수 없었다. 2017년 사회복지직 9급 ○ ×

03 고려 시대 향리들은 읍사(邑司)를 구성하여 지방 행정의 실무를 담당하였다. 2011년 국가직 9급 ○ ×

04 서민이 손쉽게 출세하는 벼슬은 궁궐의 잡무를 맡은 서리층으로 이를 산관이라 했다. 2018년 서울시 7급 ○ ×

05 서리는 중앙의 각 사(司)에서 기록이나 문부(文簿)의 관장 등 실무에 종사하였다. 2014년 국가직 9급 ○ ×

06 고려 시대 부곡민은 과거에 응시하여 관리가 될 수 있었다. 2012년 국가직 9급 ○ ×

07 고려 시대 광산에서 일하는 광부를 철간, 어부를 생선간, 소금 굽는 염부를 염간, 목축하는 사람을 목자간, 뱃사공을 진척이라 불렀다. 2018년 서울시 7급(6월) ○ ×

08 고려 시대에 중앙 관청의 말단 서리를 잡류라 불렀다. 2017년 사회복지직 9급 ○ ×

09 고려 시대 형벌은 기본적

10 고려 시대 사노비 중 외

11 향도는 고려 후기에 이르

12 귀양형을 받은 사람이 본

13 고려 후기에 성리학이 전

14 고려 시대 향 · 부곡 · 소

해커스공무원학원 · 공무원인강 · 교재 Q&A

승범쌤의 기출 포인트

02 향리의 신분 상승

유청신은 몽골어를 익혀 왕명으로 여러 차례 원에 사신으로 다녀왔는데, 답변을 잘하여 충렬왕의 총애를 받고 낭장에 임명되었다. 왕이 교서를 내리기를, "유청신은 힘을 다하여 공을 세웠으니 비록 그 가세가 5품에 제한되어야 마땅하나, 그만은 3품까지 오를 수 있도록 허용하라."고 하였다. 또 고이부곡을 승격시켜 고흥현으로 삼았다.

–『고려사』

기출 OX를 체크하며 암기하기

- 단원별로 구성된 '핵심 기출 OX'를 풀며 주제별로 자주 출제되는 개념을 암기하세요.
- 앞서 '빈칸 노트'에서 학습한 개념을 '기출 OX 문제'에 적용하며 다시 한번 기출개념 암기를 강화할 수 있어요.

Ⅲ 고려 시대

15 고려 시대 화척, 재인, 양수척을 호적에 올려 그들에게 역을 부담시켰다. 2012년 국가직 7급 ○ ×

16 고려 시대 혜민서는 유랑자를 수용하고 구휼하였다. 2018년 경찰직(2차) ○ ×

17 고려 시대에는 재해를 당했을 때 세금을 감면해 농민 생활의 안정을 꾀하였다. 2015년 국가직 9급 ○ ×

18 고려 시대에는 주로 당나라의 형률 제도를 끌어다 썼으며, 때에 따라 고려의 실정에 맞는 율문도 만들었다. 2014년 국가직 9급 ○ ×

19 고려 시대 농민은 특정한 죄를 지었을 때 자신의 본관지로 되돌아가게 하는 귀향형에 처해졌다. 2013년 국가직 7급 ○ ×

20 고려 시대에는 부모의 재산은 남녀 관계없이 고루 분배되었으며, 출생 순서에 따라 차등을 두었다. 2019년 경찰직(1차) ○ ×

21 고려 시대 부호장 이하의 향리는 사심관의 감독을 받았다. 2021년 국가직 9급 ○ ×

22 고려 시대에 향리와 귀족 간의 신분적 차이를 나타내기 위하여 향리의 공복을 제정하였다. 2012년 국가직 9급 ○ ×

23 고려 시대 소(所)의 주민이 공을 세우면 소가 현으로 승격될 수 있었다. 2012년 국가직 9급 ○ ×

24 고려 시대 하층민의 치료와 병사자의 시신과 유골을 거두어 묻어주는 일은 구제도감에서 담당하였다. 2020년 국가직 9급 ○ ×

25 고려 시대에는 사위가 처가의 호적에 입적하는 경우도 자주 있었다. 2019년 경찰직(1차) ○ ×

승범쌤의 기출 포인트

19 고려의 형벌 대체

- 귀향형: 일정 신분 이상의 사람이 죄를 지은 경우 본관지로 돌려 보내 중앙의 정치권력과 연계성을 차단
- 수속법: 가벼운 범죄일 경우 돈을 내면 형벌을 면제 받음

정답과 해설 01 ○ | 02 × | 03 ○ | 04 × | 05 ○ | 06 × | 07 ○ | 08 ○ | 09 × | 10 × | 11 × | 12 ○ | 13 ○ | 14 × | 15 × | 16 × | 17 ○ | 18 ○ | 19 × | 20 × | 21 ○ | 22 ○ | 23 ○ | 24 ○ | 25 ○

02 향리의 자제는 과거를 통하여 귀족이 될 수 있었다. | 04 고려 시대 궁궐의 잡무를 맡은 것은 중류층의 남반이다. | 06 부곡민은 과거에 응시할 수 없었다. | 09 고려 시대의 형벌은 태형·장형·도형·유형·사형의 5형 체제를 가지고 있었다. | 10 사노비 중 외거 노비는 자신의 주인에게 신공을 바쳤다. | 11 향도는 고려 후기로 가면서 점차 마을 공동 노역을 주도하는 마을 공동체 성격의 농민 조직으로 변화하였다. | 14 고려 시대 향·부곡·소의 주민들은 일반 군현민들보다 더 많은 부담을 지고 있었다. | 15 고려 시대에 화척, 재인, 양수척 등은 호적에도 올려지지 않았고, 국역의 부담도 지지 않았다. | 16 고려 시대에는 혜민서가 아니고 혜민국이다. | 19 귀향형은 주로 귀족들에게 주어진 형벌이다. | 20 고려 시대 부모의 재산은 성별이나 출생 순서에 관계없이 균등 분배되었다.

해커스공무원학원 · 공무원인강 · 교재 Q&A gosi.Hackers.com

해커스공무원 김승범 스페셜 한국사 빈칸+OX노트 117

기출 OX 정답을 확인하며 실력 점검하기

- 페이지 하단에 구성된 정답을 빠르게 확인하며 실력을 점검해보세요.
- 틀린 문제는 해설을 보며 무엇을 헷갈리거나 몰라서 틀린 것인지 확실히 점검해보세요.

'승범쌤의 기출 포인트'로 완벽 마무리하기

- 기출 OX 문제와 관련 있는 포인트만 모아 수록한 '기출개념', '기출사료', '기출자료'를 최종 정리하며 마무리해보세요.

이 책의 차례

Ⅴ 근대

Ⅵ 일제 강점기

Ⅶ 현대

부록

I

선사 시대

01 역사의 의미와 한국사

1. 역사의 의미

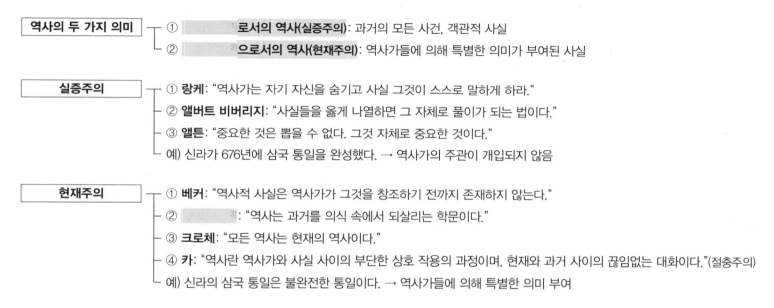

역사의 두 가지 의미
- ① ____[1] **로서의 역사(실증주의)**: 과거의 모든 사건, 객관적 사실
- ② ____[2] **으로서의 역사(현재주의)**: 역사가들에 의해 특별한 의미가 부여된 사실

실증주의
- ① **랑케**: "역사가는 자기 자신을 숨기고 사실 그것이 스스로 말하게 하라."
- ② **앨버트 비버리지**: "사실들을 옳게 나열하면 그 자체로 풀이가 되는 법이다."
- ③ **앨튼**: "중요한 것은 뽑을 수 없다. 그것 자체로 중요한 것이다."
- 예) 신라가 676년에 삼국 통일을 완성했다. → 역사가의 주관이 개입되지 않음

현재주의
- ① **베커**: "역사적 사실은 역사가가 그것을 창조하기 전까지 존재하지 않는다."
- ② ____[3]: "역사는 과거를 의식 속에서 되살리는 학문이다."
- ③ **크로체**: "모든 역사는 현재의 역사이다."
- ④ **카**: "역사란 역사가와 사실 사이의 부단한 상호 작용의 과정이며, 현재와 과거 사이의 끊임없는 대화이다."(절충주의)
- 예) 신라의 삼국 통일은 불완전한 통일이다. → 역사가들에 의해 특별한 의미 부여

2. 한국사의 보편성과 특수성

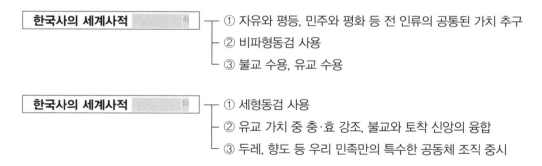

한국사의 세계사적 ____[4]
- ① 자유와 평등, 민주와 평화 등 전 인류의 공통된 가치 추구
- ② 비파형동검 사용
- ③ 불교 수용, 유교 수용

한국사의 세계사적 ____[5]
- ① 세형동검 사용
- ② 유교 가치 중 충·효 강조, 불교와 토착 신앙의 융합
- ③ 두레, 향도 등 우리 민족만의 특수한 공동체 조직 중시

정답 1) 사실 2) 기록 3) 콜링우드 4) 보편성 5) 특수성

*옳은 문장은 ○, 틀린 문장은 ×에 체크하세요.

핵심 기출 OX 역사의 의미와 한국사

01 사실로서의 역사를 강조하는 입장을 실증주의라고 한다. 2019년 경찰직(1차) ○ ×

02 '기록으로서의 역사'에는 역사가의 주관이 개입되면 안 된다. 2010년 지방직 9급 ○ ×

03 '기록으로서의 역사'는 과거의 사실을 토대로 역사가가 이를 조사 · 연구해 주관적으로 재구성한 것이다. 2010년 지방직 9급 ○ ×

04 역사서를 읽을 때 독자는 저자의 사관을 염두에 둘 필요가 없다는 게 상대주의의 입장이다. 2008년 국가직 9급 ○ ×

05 실증주의는 사료는 '과거에 있었던 사실'이므로 그대로 '사실로서의 역사'라고 판단한다. 2016년 국가직 9급 ○ ×

06 실증주의는 역사 서술에는 반드시 현재의 요구가 반영되어야 한다고 주장한다. 2008년 국가직 9급 ○ ×

07 김부식의 『삼국사기』에 불교 관련 기사가 거의 없는 것은 '기록으로서의 역사'를 보여준다. 2009년 국가직 9급 ○ ×

08 신채호 선생이 묘청의 난을 '조선 역사상 일천년래 제일대사건'이라고 평가한 것은 사실로서의 역사이다. 2011년 지방직 9급 ○ ×

09 사료 탐구를 할 때에는 동일한 사건 또는 같은 시대를 다루고 있는 여러 다른 사료와 비교 · 검토해 봐야 한다는 입장은 상대주의이다. 2016년 국가직 9급 ○ ×

10 "역사가는 자신을 숨기고 사실로 하여금 말하게 하여야 한다"는 주장은 '기록으로서의 역사'의 입장이다. 2011년 지방직 9급 ○ ×

11 카(E. H. Carr)는 역사가의 주관적인 해석 과정은 객관적인 과거 사실만큼이나 역사를 형성하는 데 중요하다고 주장하였다. 2019년 경찰직(1차) ○ ×

12 역사를 배운다는 것은 역사가가 선정하고 연구한 기록으로서의 역사를 배우는 것이다. 2010년 서울시 9급 ○ ×

13 한국사의 보편성과 특수성의 문제는 세계사 안에서 한국사를 올바르게 보는 관점을 제공한다. 2014년 사회복지직 9급 ○ ×

승범쌤의 기출 포인트

01 사실로서의 역사 기출사료

역사가는 자기 자신을 숨기고 과거가 본래 어떠한 상태에 있었는가를 밝히는 것을 자신의 지상 과제로 삼아야 하며, 이때 오직 역사적 사실로 하여금 말하게 하여야 한다. – 랑케(L. Ranke)

07 기록으로서의 역사 기출사료

모든 역사는 현재의 역사다. 서술되는 사건이 아무리 먼 시대의 것이라 할지라도 역사가 실제로 반영하는 것은 현재의 요구 및 현재의 상황이며, 사건은 다만 그 속에서 메아리칠 뿐이다.

– 크로체(Croce)

11 카(E. H. Carr) 기출개념

영국의 정치학자이자 역사학자인 카는 자신의 저서인 『역사란 무엇인가?』에서 역사가의 주관적 해석과 과거의 객관적 사실의 상호 인과 작용을 중시할 것을 주장하였다.

정답과 해설 01 ○ | 02 × | 03 ○ | 04 × | 05 ○ | 06 × | 07 ○ | 08 × | 09 ○ | 10 × | 11 ○ | 12 ○ | 13 ○

02 '기록으로서의 역사'는 역사가의 주관이 개입된다. | 04 상대주의의 입장은 저자의 사관을 염두에 두어야 한다고 주장한다. | 06 역사 서술에는 반드시 현재의 요구가 반영되어야 한다고 주장하는 입장은 상대주의이다. | 08 신채호 선생이 묘청의 난을 '조선 역사상 일천년래 제일대사건'이라고 평가한 것은 기록으로서의 역사이다. | 10 사실로서의 역사를 강조하는 랑케의 주장이다.

02 선사 시대의 전개

1. 구석기 시대

특징 — 돌을 깨뜨려 만든 뗀석기를 도구로 사용

주요 유적
- ① **전기**: 충북 단양 금굴, 경기 연천 전곡리(동아시아 최초로 아슐리안형 ____[1] 발견), 평남 상원 검은모루 동굴(포유류 동물 뼈 발견), 충남 공주 석장리(광복 이후 대한민국 최초 발견)
- ② **중기**: 함북 웅기 굴포리(광복 이후 북한 최초 발견), 충북 제천 점말 동굴(사람의 얼굴이 새겨져 있는 털코뿔이 뼈 발견), 충북 단양 상시리(남한 최초 인골 발견), 강원 양구 상무룡리, 제주 빌레못 동굴 유적, 대전 용호동 유적
- ③ **후기**: 함북 종성 동관진(한반도 최초 발견), 평남 덕천 승리산 동굴(한반도 최초 인골 발견), 충북 단양 수양개 유적, 충북 청원 두루봉 동굴(흥수아이 유골 발견)

도구
- ① 다양한 뗀석기 및 뼈도구 제작
- ② **전기**: 큰 석기 한 개를 여러 가지 용도로 사용 – ____[2] 도끼, ____[3], 가로날 도끼
- ③ **중기**: 큰 몸돌에서 떼어 낸 격지를 잔손질하여 제작한 석기를 하나의 용도로 사용 – ____[4], 밀개, 자르개(르발루아 기법 사용)
- ④ **후기**: 쐐기 같은 것을 대고 형태가 같은 여러 개의 돌날 격지를 제작 – ____[5]

경제 — 채집과 사냥, 어로 활동 등으로 식량 마련 → ____[6] 생활

주거 — 동굴, 바위 그늘, 막집

사회 — ____[7]한 공동체 생활(경험이 많거나 나이가 많은 연장자가 무리를 이끎)

예술 — **공주 석장리, 단양 수양개 유적**: 고래와 물고기, 개, 새 등을 새긴 조각(사냥감의 번성 기원)

정답 1) 주먹 도끼 2) 주먹 3) 찍개 4) 긁개 5) 슴베찌르개 6) 이동 7) 평등

2. 중석기 시대

① **특징**: 구석기 시대에서 신석기 시대로 전환하는 과도기

② **자연환경의 변화**: 기후가 따뜻해지면서 거대한 짐승이 사라지고 작은 동물과 식물이 번성 → 수렵과 어로, 식물 채집 등이 성행하였고 큰 짐승 대신 작고 빠른 동물을 사냥

③ **도구의 변화**: 작고 빠른 동물을 사냥하기 위해 ______1)와 이음 도구 제작(예: 톱, 활, 창, 작살 등)

④ **유적지**
- ㉠ **남한 지역**: 통영 상노대도 조개더미 최하층, 홍천 하화계리(흑요석이나 수정으로 만든 잔석기 등 출토), 거창 임불리(구석기 후기~청동기)
- ㉡ **북한 지역**: 웅기 부포리(격지 석기 등 출토), 평양 만달리(사람 뼈 화석 – 만달인, 흑요석, 작은 동물 뼈 등 출토)

3. 신석기 시대

특징 — 기원전 약 1만 년 이후 농경에 의한 식량 생산이 시작되고, 토기나 간석기를 사용

주요 유적
- ① 대체로 강가나 바닷가에 분포
- ② 강원 양양 오산리(한반도 최고 집 자리 유적), 강원 양양 지경리 유적(움집, 원형, 중앙에 화덕), 함북 청진 농포동 유적(여인상 발견 – 풍요와 다산 기원 추정)
- ③ **농경의 증거(탄화된 잡곡류 발견)**: 옥천 대천리(탄화된 맥류 발견), 황해 봉산 지탑리, 평양 남경(신석기층에서는 탄화된 잡곡이, 청동기층에서는 탄화미 발견), 강원 고성 문암리(밭터 발견), 부산 영도 동삼동 유적(탄화된 조와 기장 발견) 등
- ④ **패총**: 부산 영도 동삼동(조개껍데기 가면, 빗살무늬 토기, 일본산 흑요석 등 발견), 오이도, 울산 성암동 등
- ⑤ 제주 한경 고산리(한반도 최고), 평남 온천 궁산리(뼈바늘 출토), 경기 하남 미사리 유적, 김해 수가리 유적, 함북 웅기 굴포리 서포항(호신부, 동침앙와신전장)

도구
- ① 돌을 갈아서 만드는 ______2) 사용
- ② **농경용 도구**: 농경 굴지구, 돌낫, 돌괭이, 돌삽 등
- ③ **사냥용**: 돌도끼, 돌창 등
- ④ **조리용 도구**: 갈돌과 ______3)
- ⑤ **토기(음식물의 저장과 조리)**: 이른 민무늬 토기, ______4) 토기(강가나 바닷가), 눌러찍기무늬 토기, 덧무늬 토기 → 물결무늬 토기, 번개무늬 토기, 평저 빗살무늬 토기(중국 채도 문화의 영향) → 덧띠새김무늬 토기(신석기 후기~청동기 초기)
- ⑥ **원시적 수공업 활동**: 뼈바늘과 ______5) 제작 → 옷과 그물을 제작

정답 1) 잔석기 2) 간석기 3) 갈판 4) 빗살무늬 5) 가락바퀴

경제
- ① ________[1](조, 피, 수수, 기장 등 잡곡류 생산)과 목축 시작, 고기잡이와 사냥은 여전히 중요(농업 생산력이 낮기 때문)
- ② **교류 활동**: 남해안 여러 지역에서 출토되는 일본산 ________[2]과 조몬 토기, 경남 창녕 비봉리 유적에서 발굴된 통나무배
  → 한반도와 일본이 해상으로 교류하였음을 보여줌

주거
- ① 정착 생활을 하면서 ________[3]에서 생활, 강가나 바닷가에 위치
- ② **움집의 형태**: 구덩이를 만들어 나무 기둥을 세우고 그 위에 짚이나 풀을 얹어 지붕을 만듦,
  바닥은 원형이나 모서리가 둥근 사각형, 집 중앙에 화덕 설치 및 남쪽 출입구, 화덕이나 출입문 옆에 저장 구덩이 설치, 4~5명 거주 규모

사회
- ① 씨족 간의 ________[4]을 통해 부족 사회 형성
- ② **평등 사회**: 모계 사회 존재, 부족 사회 내부에서도 지배와 피지배가 발생하지 않음

신앙 및 예술
- ① **신앙**
  - ㉠ ________[5]: 정령 숭배(모든 자연물에 영혼이 깃들어 있다)
  - ㉡ ________[6]: 동식물 숭배(특정한 동식물을 부족의 수호신으로 숭배)
  - ㉢ ________[7]: 무당과 주술(하늘과 인간을 연결해주는 무당의 존재와 그의 주술 행위를 숭배)
- ② **예술**: 흙으로 빚어 만든 얼굴 모습이나 동물의 모양을 새긴 조각품, 조개껍데기 가면, 조가비나 짐승의 뼈·이빨로 만든 치레걸이 등을 제작

정답 1) 농경 2) 흑요석 3) 움집 4) 족외혼 5) 애니미즘 6) 토테미즘 7) 샤머니즘

4. 청동기 시대

특징 — 기원전 2000년경~기원전 1500년 무렵 만주와 한반도에서 구리와 주석을 합금한 청동기를 사용

도구
- ① **간석기**: 벼 이삭을 자르는 용도인 ______1), 바퀴날 도끼, 홈자귀 및 간석검 제작
- ② **청동기**: ______2)동검, ______3)무늬 거울 등의 무기와 제기 제작
- ③ **토기**: 덧띠새김무늬 토기(신석기 후기~청동기 초기), ______4)식 토기(손잡이가 달림), 민무늬 토기, 붉은 간 토기, 송국리식 토기 등

유적 — 평북 의주 미송리 동굴, 경기 여주 흔암리(탄화미), 충남 부여 송국리(탄화미, 송국리식 토기, 돌널무덤과 독무덤, 송국리형 집터 – 둥글거나 네모난 집터에 타원형 구덩이를 파고 양 끝에 기둥을 세운 형태, 2중 목책 등 발견), 울산 검단리·창원 서상동 유적(환호 설치)

경제 — 농경과 목축의 발달, 일부 저습지에서 ______5)가 이루어짐, 농경무늬 청동기 제작(기원전 5~4세기에 제작된 것으로 추정)

주거
- ① 움집의 지상 가옥화(______6)형 바닥), 화덕(벽면), 주춧돌 사용, 공동 시설 존재(창고, 집회소 등), 4~8명 정도 거주 규모
- ② 들판을 끼고 있는 ______7)이나 강가에 취락 형성, ______8) 지형(앞에는 물, 뒤에는 산)

사회
- ① 사유 재산과 ______9) 발생
- ② **남녀의 역할 분화**: 여성은 주로 집안일 담당, 남성은 농경이나 전쟁 등과 같은 바깥일에 종사
- ③ 정복 전쟁 과정에서 지배자 출현(정치와 제사 주관, 하늘의 자손으로 자처 – 제정일치 사회)

무덤 — ______10)(지배층의 무덤, 탁자식·바둑판식), 돌널무덤, 돌무지무덤, 독널무덤

예술
- ① 청동 거울, 청동 띠고리 장식 등 제작, 흙으로 빚은 짐승이나 사람 모양의 토우 제작
- ② ______11): 울주 대곡리 반구대(동물, 물고기, 고래, 사냥하는 사람 등), 고령 장기리(양전동 알터 바위 – 기하학적 무늬, 동심원 등), 울주 천전리(기하학적 무늬, 동심원, 신라 시대의 명문 등), 영일 칠포리(우리나라 최대 규모) → 사냥과 고기잡이의 성공과 풍요로운 생산을 기원하는 주술적 의미

정답 1) 반달 돌칼 2) 비파형 3) 거친 4) 미송리 5) 벼농사 6) 직사각 7) 구릉 8) 배산임수 9) 계급 10) 고인돌 11) 바위그림

5. 철기 문화의 수용

특징 — 기원전 5세기 무렵 철기가 전래되어 기원전 1세기에 한반도 전역에 보급됨

도구
- ① **한반도의 독자적 청동기 문화 발달**: ________1)동검, ________2) 거울, 거푸집 등
- ② 철제 농기구(철제 보습 등)·무기 사용으로 농업 생산력이 증대되고 정복 활동 활발히 전개

토기 — 민무늬 토기, ________3) 토기(입술 단면에 원형, 타원형, 삼각형 띠 모양의 흙을 덧붙여 제작), 검은 간 토기

주거 — 지상식 주거 등장, 부뚜막과 구들 설치(부분적인 온돌 구조 설치)

무덤 — 널무덤(토광묘)과 ________4)(옹관묘) 제작

유적
- ① **경남 사천 늑도 유적**: 패총, 무덤 유구, 반량전, 오수전, 한나라 거울, 중국계 경질 토기, 일본 야요이계 토기 등 출토
- ② **제주 삼양동 유적**: 전기 철기 시대의 계급 사회 발생을 보여주는 대규모의 집터(마을) 발견

중국과 교류 — ________5) · 반량전 · 오수전 등 중국 화폐 출토, 붓 출토(경남 창원 다호리, ________6) 사용의 증거)

정답 1) 세형 2) 잔무늬 3) 덧띠 4) 독무덤 5) 명도전 6) 한자

*옳은 문장은 ○, 틀린 문장은 ×에 체크하세요.

핵심 기출 OX 선사 시대의 전개

01 충북 단양 금굴에서 흥수아이가 발견되었다. 2017년 사회복지직 9급 ○ ×

02 경기 연천 전곡리 유적에서는 동아시아 최초로 아슐리안형 주먹 도끼가 발견되었다. 2018년 서울시 7급 ○ ×

03 슴베찌르개는 구석기 시대 전기에 주로 제작되었다. 2019년 경찰직(2차) ○ ×

04 연천 전곡리 유적에서 살던 사람들은 갈돌과 갈판을 사용하였다. 2020년 서울시 9급(특수직렬) ○ ×

05 서울 암사동에서 출토된 빗살무늬 토기는 바닥이 납작한 평저(平底)를 특징으로 한다. 2015년 국가직 7급 ○ ×

06 신석기 시대에는 제주 고산리나 양양 오산리 등에서 목책, 환호 등의 시설이 만들어졌다. 2020년 경찰직(1차) ○ ×

07 황해도 봉산 지탑리와 평양 남경 유적에서는 탄화된 좁쌀이 발견되는 것으로 보아 신석기 시대에 잡곡류를 경작하였음을 알 수 있다. 2016년 경찰직(1차) ○ ×

08 강원 양양 지경리 유적은 신석기 시대 유적으로, 중앙에 화덕이 발견되었다. 2017년 경찰직(1차) ○ ×

09 가락바퀴와 조개껍데기 가면이 만들어진 시대에는 벼를 재배하는 농경이 시작되었다. 2014년 지방직 9급 ○ ×

10 특정한 동식물을 부족의 수호신으로 숭배하는 신앙은 애니미즘이다. 2017년 교육행정직 9급 ○ ×

11 청동기 시대에 비파형동검과 잔무늬 거울이 제작되었다. 2018년 경찰직(1차) ○ ×

12 지상 가옥화된 움집에서 거주하던 사회에서는 사유 재산과 계급이 발생하였다. 2019년 법원직 9급 ○ ×

13 청동기 시대의 전형적인 유물로는 비파형동검 · 붉은 간 토기 · 반달 돌칼 · 홈자귀 등이 있다. 2017년 지방직 9급 ○ ×

14 청동기 시대부터 청동제 농기구를 본격적으로 사용함에 따라 농경이 더욱 발전하였다. 2012년 지방직 7급 ○ ×

15 울주 반구대에는 사각형 또는 방패 모양의 그림이 주로 새겨져 있다. 2017년 사회복지직 9급 ○ ×

승범쌤의 기출 포인트

01 인골 화석이 발견된 구석기 유적 기출개념

평남 덕천 승리산 동굴	승리산인(한반도 최초 인골 발견)
충북 단양 상시리 바위 그늘	상시인(남한 최초 인골 발견)
충북 청원 두루봉 동굴	흥수아이
평양 만달리 동굴	만달인

09 가락바퀴와 뼈바늘 기출자료

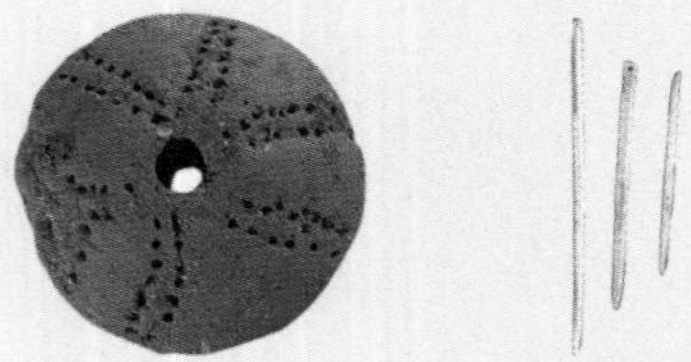

가락바퀴는 식물에서 뽑은 가느다란 섬유를 꼬아서 실을 만드는 도구로, 가운데 구멍에 축이 되는 나무를 끼워 사용하였다. 이렇게 만들어진 실은 뼈바늘을 이용해 옷이나 그물로 제작되었다.

16 반달 돌칼이 사용된 시기에는 농사를 짓기 시작했지만 아직 지배와 피지배 관계는 발생하지 않았다. 2018년 지방직 9급 O X

17 청동기 시대 대표적인 유적인 경남 사천 늑도 유적에서 반량전, 오수전 등 중국 화폐가 출토되었다. 2017년 사회복지직 9급 O X

18 철기 시대에는 청동기 문화가 독자적 발전을 이룩하면서, 잔무늬 거울은 거친무늬 거울로 그 형태가 변하여 갔다. 2018년 경찰직(1차) O X

19 붓이 출토되어 문자를 사용한 사실이 있음을 알려주는 유적지는 순천 대곡리이다. 2012년 국가직 7급 O X

20 널무덤과 독무덤은 철기 시대의 대표적인 무덤 형태이다. 2013년 기상직 9급 O X

21 구석기 시대의 사람들은 주로 사냥이나 물고기잡이 등을 통해 식량을 얻었다. 2020년 국가직 9급 O X

22 뼈바늘과 가락바퀴를 통해 신석기 시대에 옷과 그물을 제작하는 원시적 수공업이 발생했음을 알 수 있다. 2018년 지방직 9급 O X

23 경기 여주 흔암리 유적과 충남 부여 송국리 유적에서 탄화미가 발견되었다. 2013년 서울시 9급 O X

24 세형동검과 잔무늬 거울, 거푸집 등을 통해 한반도의 독자적 청동기 문화 발달을 알 수 있다. 2017년 지방직 9급 O X

25 철기 시대에는 부뚜막과 함께 지상식 주거가 등장하였다. 2011년 지방직 9급 응용 O X

승범쌤의 기출 포인트

18 청동기 문화의 독자적 발전 기출자료

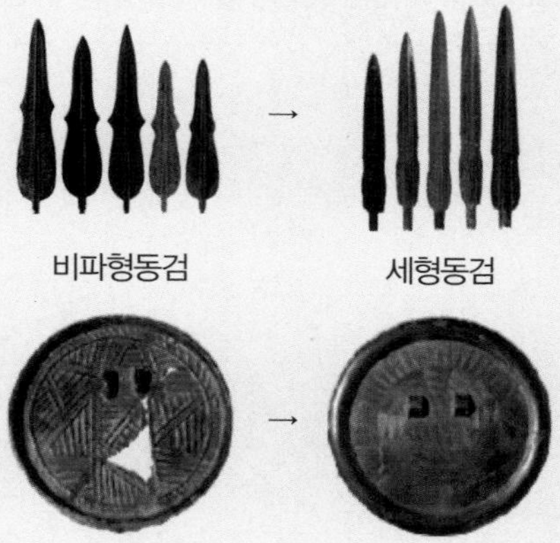

비파형동검 → 세형동검

거친무늬 거울 → 잔무늬 거울

정답과 해설 01 × | 02 O | 03 × | 04 × | 05 × | 06 × | 07 O | 08 O | 09 × | 10 × | 11 × | 12 O | 13 O | 14 × | 15 × | 16 × | 17 × | 18 × | 19 × | 20 O | 21 O | 22 O | 23 O | 24 O | 25 O

01 흥수아이는 충북 청원 두루봉 동굴에서 발견되었다. | 03 슴베찌르개는 구석기 후기에 주로 제작되었다. | 04 연천 전곡리 유적은 대표적인 구석기 시대의 유적이며, 갈돌과 갈판은 신석기 시대에 사용한 도구이다. | 05 암사동 유적에서 발견된 빗살무늬 토기는 바닥이 뾰족한 첨저(尖底)형이다. | 06 목책, 환호 같은 방어 시설은 청동기 시대의 유적에서 발견된다. | 09 가락바퀴와 조개껍데기 가면이 만들어진 시대는 신석기 시대이며, 벼농사는 청동기 시대부터 시작되었다. | 10 애니미즘은 모든 사물에 영혼이 깃들어 있다고 믿는 정령 신앙이다. | 11 청동기 시대에는 비파형동검과 거친무늬 거울이 제작되었다. | 14 청동기 시대에도 나무나 돌로 만든 농기구를 사용하였다. | 15 울주 반구대 바위 그림에는 물고기, 고래, 동물, 사냥하는 사람 등이 그려져 있다. | 16 반달 돌칼은 청동기 시대에 사용한 석기이며 청동기 시대에는 계급이 발생하였다. | 17 경남 사천 늑도 유적은 대표적인 철기 시대의 유적이다. | 18 철기 시대에 제작된 독자적 청동기는 세형동검과 잔무늬 거울이다. | 19 붓이 출토되어 문자를 사용한 사실이 있음을 알려주는 철기 시대의 유적지는 경남 창원 다호리 유적이다.

03 국가의 형성과 발전

1. 고조선의 건국과 발전

건국
- ① _______1) 문화를 기반으로 건국
- ② **고조선의 중심지**: 대동강 중심설, 요동 중심설, 중심지 이동설 → 대체로 중심지 이동설이 받아들여지고 있음
- ③ **영역**: _______2)과 탁자식 고인돌, _______3) 토기, 거친무늬 거울 출토 지역과 대체로 일치

관련 기록
- ① 『삼국_______4)』[고조선 건국 연대를 '여고동시(與高同時)'라 함], 『제왕운기』, 『세종실록』 「지리지」, 『응제시주』, 『동국_______5)』, 『삼국사절요』, 『동국여지승람』, 『신증동국여지승람』, 『동국사략』, 『표제음주동국사략』 등
- ② **단군 신화를 통해 알 수 있는 내용**: _______6) 사회 형성, 농경 사회, 부족 간의 연합, 선민사상, _______7)의 통치 이념, _______8)의 지배자(단군왕검) 출현 등 반영

발전
- ① 기원전 5세기 무렵 철기 문화 등 선진 문물 수용
- ② 기원전 4세기경에는 중국의 _______9)과 대립 → 기원전 3세기 초 연나라 장수 진개의 침략으로 서방 2천여 리 상실(만번한을 경계로 삼음)
- ③ 기원전 3세기 후반에 부왕·준왕 등이 등장하여 왕위 세습 – 왕 아래 신하인 대부, 지방 통치를 대리하는 박사 설치

위만의 집권 (기원전 194)
- ① 진·한 교체기에 위만이 이끄는 유이민 무리가 고조선으로 이주 → 서쪽 변경 지역을 수비 → 위만이 _______10)을 몰아내고 왕위를 차지
  → 준왕은 남하하여 진(辰)국으로 가서 '한왕'이라 자칭
- ② _______11) 문화의 본격 수용, 정복 활동 전개(진번·임둔 지역 복속), 통치 체제 정비(왕, 태자, 비왕 – 상, 대신, 경, 장군 – 박사)
- ③ 동방의 예나 남방의 진과 중국의 _______12) 사이에서 중계 무역으로 이익 독점

멸망
- ① **한나라와 위만 조선의 관계 악화**: 우거왕이 한의 망명인을 포섭하여 한에 대항, 한은 흉노와 위만 조선의 동맹 우려
- ② **한의 _______13) 설치(기원전 128)**: 예의 군장 남려가 우거왕에게 반기를 들고 요동군에 투항하자 설치
- ③ 한나라 사신 섭하 살해 사건(기원전 109년) → 조선상 역계경이 진국(辰國)으로 망명
- ④ 한 _______14)의 침략 → 1차 접전은 패수에서 대승 → 주화파 '이계상 삼(參)'에게 우거왕이 암살당함 → 대신(大臣) 성기가 항전했으나 왕검성이 함락되어 멸망(기원전 108)
  → _______15) 설치(낙랑군, 진번군, 임둔군, 현도군)

정답 1) 청동기 2) 비파형동검 3) 미송리식 4) 유사 5) 통감 6) 계급 7) 홍익인간 8) 제정일치 9) 연 10) 준왕 11) 철기 12) 한 13) 창해군 14) 무제 15) 한사군(한 군현)

사회
- ① **8조법 중 3개 조항이 전해짐(『한서』「지리지」)**: 사람을 죽인 자는 즉시 죽인다.(생명 존중 사상), 물건을 훔친 자는 ______1)로 삼는다. 용서받고자 하는 자는 50만 전을 내야 한다.(사유 재산 보호, 계급 사회, 화폐 사용), 남을 다치게 한 자는 ______2)로 갚는다.(노동력 중시, 사유 재산 존재)
- ② **가부장적 사회**: "여자는 모두 정조를 지키고 신용이 있어 음란하고 편벽된 짓을 하지 않는다."
- ③ **한 군현 설치 후**: 토착민의 저항에 대항해 엄한 율령 시행(법이 60여 조로 증가) → 풍속이 각박해짐

2. 여러 나라의 성장(철기 시대에 건국)

부여
- **위치 및 정치 체제**
  - ① 만주 쑹화강 유역의 평야 지대
  - ② 1세기 초 왕호 사용 → 3세기 말 선비족의 침략으로 위축 → 5세기 말 ______3)에 병합
  - ③ **정치**: 5부족 연맹[마가·우가·구가·저가가 ______4) 지배(왕권 미약)]
- **경제생활, 풍속 및 외교 관계**
  - ① **풍습**: 순장, 여름철 장례에 얼음 사용, 백의 착용, 은력 사용, 우제점법(소를 잡아 발굽으로 점을 침), 형사취수제
  - ② **제천 행사**: ______5)(12월) – 본격적인 사냥철이 시작되는 시기(수렵 사회의 전통)
  - ③ **기타**: 특산물로 말·주옥·모피 생산, 지배층은 금·은으로 치장하고 식사할 때 조두(제사용 그릇) 사용
  - ④ **법률**: 4조목(사람을 죽인 자는 죽이고, 가족은 노비로 삼음, 물건을 훔친 자는 12배를 배상, 간음한 자는 사형, 투기한 부인은 사형 후 시체를 남쪽 산에 버려서 썩게 하고 가족이 시체를 가져가려면 우마를 바쳐야 함)
  - ⑤ **외교**: 선비족과 고구려를 견제하기 위해 중국의 한과 친선 관계를 유지

고구려
- **위치 및 정치 체제**
  - ① 졸본(현재의 요령성 환인 지역)에서 건국(기원전 37) → 국내성으로 천도(유리왕)
  - ② **발전**: 한 군현 공략, 요동 진출, 옥저 정복(태조왕), 동예 정복(광개토 대왕), 부여 복속(문자왕)
  - ③ **정치**: 5부족 연맹체(계루부, 절노부, 소노부, 순노부, 관노부)
  - ④ 왕 아래 상가·대로·패자·고추가·주부·우태·승·사자·조의·선인 등의 관직 설치 – 대가들도 독자적으로 사자·조의·선인을 둠
  - ⑤ ______6)를 통해 중대 범죄자 처벌
- **경제생활, 풍속 및 제천 행사**
  - ① **풍습**: ______7)(남편이 아내의 집으로 들어감), 형사취수제, 제천 행사는 ______8)(10월, 국동대혈에서 제사)
  - ② **장례 풍습**: 혼인 때부터 수의를 마련, 후장(금·은을 사용), 돌무지무덤(지배층), 3년상(부모·남편)
  - ③ 1책 12법, 맥궁 사용(동물의 뼈나 쇠로 만든 활), 집집마다 조그만 창고인 ______9) 설치

> **더 알아보기**
>
> **고구려의 5부**
> - 중국의 역사서: 소노부(연노부), 절노부, 순노부, 관노부, 계루부
> - 『삼국사기』: 비류나부, 연나부(제나부), 환나부, 관나부, 계루부

정답 1) 노비 2) 곡물 3) 고구려 4) 사출도 5) 영고 6) 제가 회의 7) 서옥제 8) 동맹 9) 부경

옥저 및 동예

- **위치 및 정치 체제**
  - ① 함경도 동해안(____ 1)), 강원도 동해안(____ 2))에 위치
  - ② **정치**: 고구려의 압력 등으로 연맹 왕국으로 성장하지 못함 → 읍군, ____ 3), 후 등의 군장이 부족 지배(군장 국가)
- **경제생활, 풍속 및 제천 행사**
  - ① **옥저**
    - ____ 4)에 공납(어물, 소금), ____ 5)의 혼인 풍습
    - **장례 풍습**: 가족 공동 무덤(뼈만 추려서 상자에 담음), 나무 모양 장식, 영혼 불멸 사상(쌀을 담아 항아리에 매달아 둠)
  - ② **동예**
    - **특산물**: ____ 6), 과하마, 반어피, 방직 기술(삼으로 마포를 짜고 누에를 쳐서 면을 짬) / **혼인 풍습**: 엄격한 ____ 7) /
      제천 행사: ____ 8)(10월) / ____ 9)(다른 부족의 영역을 침범하면 노비나 소, 말로 배상)
    - **집터**: ____ 10)(呂)자형·____ 11)(凸)자형 집터, 질병으로 사람이 죽으면 살던 집을 폐기

삼한

- **위치 및 정치 체제**
  - ① ____ 12) 유이민과 한반도 남부 토착 세력의 결합 → 마한(54개 소국), 진한(12개 소국), 변한(12개 소국) 성립
  - ② **정치**: 마한 ____ 13)의 지배자가 마한왕 또는 진왕(辰王)으로 추대되어 삼한 연맹체를 주도함
  - ③ **군장**: 세력이 큰 자는 저수지 관리권을 가진 ____ 14)·견지, 세력이 작은 자는 부례·____ 15)
  - ④ **제정 분리**: 정치적 지배자인 군장 외에 제사장인 ____ 16)이 있어, 소도에서 농경과 종교에 대한 의례를 주관
  - ⑤ ____ 17): 신성 지역(죄인이 도망가도 추적하지 못함), 솟대를 세워 표시
  - ⑥ **변화**: 백제(마한), 가야(변한), 신라(진한) 성장
- **경제생활, 풍속 및 제천 행사**
  - ① **제천 행사**: 5월 수릿날, 10월 계절제
  - ② **경제**: ____ 18) 발달(공동 노동 조직으로 ____ 19) 조직),
    변한 지역의 ____ 20) 생산(낙랑과 왜 등에 수출),
    뽕나무를 가꾸고 누에를 쳐 비단과 베를 짜기도 함
  - ③ **생활**: 반움집·귀틀집, 토실(마한), 주구묘(무덤 주위에 해자 형태의 고랑을 설치),
    문신 풍습, 편두 풍습(돌로 머리를 눌러서 납작하게 함),
    지신밟기(땅의 신에게 축복을 비는 의식)
  - ④ **장례 풍습**: 소와 말 등 합장, 큰 새의 날개를 이용해 장례를 치름
  - ⑤ **저수지 축조**: 김제 벽골제, 밀양 수산제, 제천 의림지, 상주 공검지, 의성 대제지 등

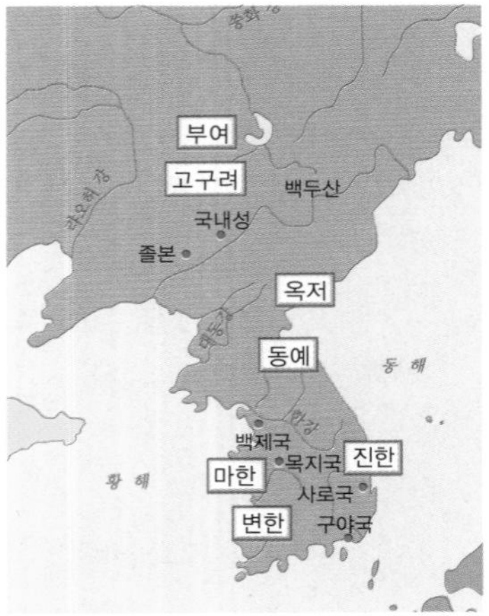

철기 시대 초기 국가

정답 1) 옥저 2) 동예 3) 삼로 4) 고구려 5) 민며느리제 6) 단궁 7) 족외혼 8) 무천 9) 책화 10) 여 11) 철 12) 고조선 13) 목지국 14) 신지 15) 읍차 16) 천군 17) 소도 18) 벼농사 19) 두레 20) 철

더 알아보기

부여

- 구릉과 넓은 못이 많아 동이 지역 중에서 가장 넓고 평탄한 곳이다. 토질은 오곡을 가꾸기에는 알맞지만 과일은 생산되지 않는다. 사람들 체격이 매우 크고, 성품이 강직하고 용맹하며, 근엄하고 후덕하여 다른 나라를 노략질하지 않았다. …… 사람이 죽으면 여름철에는 모두 얼음을 사용하여 장사를 지냈다. …… 장사를 후하게 지냈으며, 곽(槨)은 사용하였으나 관(棺)은 쓰지 않았다.
- 벼슬은 여섯 가축의 이름을 따서 마가 · 우가 · 저가 · 구가 · 견사 · 대사자 · 사자라 칭했으며 …… 제가들은 별도로 사출도를 주관하는데 큰 곳은 수천 가이며 작은 곳은 수백 가였다. …… 옛 부여의 풍속에 장마와 가뭄이 연이어 오곡이 익지 않을 때, 그때마다 왕에게 허물을 돌려서 '왕을 마땅히 바꾸어야 한다.'라거나 혹은 '왕은 마땅히 죽어야 한다.'라고 하였다.

고구려

- 큰 산과 깊은 골짜기가 많고 평원과 연못이 없어서 계곡을 따라 살며, 골짜기 물을 식수로 마셨다. 좋은 밭이 없어서 힘들여 일구어도 배를 채우기는 부족하였다. 사람들의 성품은 흉악하고 급해서 노략질하기를 좋아하였다.
- 나라에는 왕이 있고, 벼슬로는 상가 · 대로 · 패자 · 고추가 · 주부 · 우태 · 승 · 사자 · 조의 · 선인이 있다. 신분이 높고 낮음에 따라 각각 등급을 두었다. 왕의 종족으로서 대가는 모두 고추가로 불린다. 모든 대가들은 사자 · 조의 · 선인을 두었는데, 명단을 반드시 왕에게 보고해야 한다.

옥저

고구려 개마대산 동쪽에 있는데 개마대산은 큰 바닷가에 맞닿아 있다. 지형은 동북간이 좁고 서남 간은 길어서 천리 정도는 된다. 북쪽은 읍루, 부여와 남쪽은 예맥과 접해 있다. …… 옥저는 큰 나라 사이에서 시달리고 괴롭힘을 당하다가 마침내 고구려에 복속되었다. 고구려는 그 나라 사람 가운데 대인을 뽑아 사자로 삼아 토착 지배층과 함께 통치하게 하였다.

동예

동예는 남쪽으로는 진한과 북쪽으로는 고구려, 옥저와 맞닿아 있고, 동쪽으로는 큰 바다에 닿았으니 오늘날 조선 동쪽이 모두 그 지역이다. …… 대군장이 없고 한대 이후로 후, 읍군, 삼로 등의 관직이 있어서 하호를 통치하였다. 해마다 10월이면 하늘에 제사를 지내는데 밤낮으로 술마시며 노래 부르고 춤추니, 이를 '무천'이라고 한다.

삼한

이 나라는 서쪽에 자리 잡고 있다. 그 민인은 토착하여 곡식을 심고 누에치기와 뽕나무를 가꿀 줄 알며 면포를 만든다. 각기 장수(長帥)가 있어 세력이 큰 자는 스스로 신지라 부르고 그 다음 세력을 읍차라 한다. …… 5월이 되어 씨를 다 뿌리고 나면 귀신에게 제사를 올린다. 이 때는 모든 사람들이 모여서 노래하고 춤추며 술을 마시고 놀아 밤낮을 쉬지 않는다. …… 10월에 농사일이 끝나면 또 한번 이렇게 논다.

– 『삼국지』 「위서」 동이전

*옳은 문장은 ○, 틀린 문장은 ×에 체크하세요.

핵심 기출 OX 국가의 형성과 발전

01 단군 신화가 기록된 책으로는 『동국이상국집』, 『제왕운기』, 『세종실록』 「지리지」 등이 있다. 2017년 경찰간부후보생 ○ ×

02 비파형동검과 탁자식 고인돌, 미송리식 토기, 거친무늬 거울의 출토 지역을 통해 고조선의 영역을 파악할 수 있다. 2019년 경찰직(1차) ○ ×

03 위만 조선은 발달된 철기 기술에 기반을 둔 문화를 가지고 있었다. 2014년 사회복지직 9급 ○ ×

04 단군 기원은 『삼국유사』의 요임금 즉위 50년(기원전 2283년)을 따른 것이다. 2021년 경찰간부후보생 ○ ×

05 「기미 독립 선언서」에는 단군 조선의 건국 연도를 '조선 건국 4252년'으로 표기하였다. 2019년 국가직 9급 ○ ×

06 고조선은 기원전 2세기 초에 연나라 장수 진개의 침략으로 서방 2천여 리를 상실했다. 2019년 경찰간부후보생 ○ ×

07 기원전 194년 위만은 준왕을 몰아내고 왕위를 차지하였다. 2014년 경찰직(1차) 응용 ○ ×

08 고조선의 8조법에는 '물건을 훔친 자는 곡물로 갚는다.'라고 명시되어 있다. 2020년 법원직 9급 ○ ×

09 부여에서는 수렵 사회의 전통을 보여주는 제천 행사가 10월에 열렸다. 2020년 법원직 9급 ○ ×

10 부여에서는 남녀 간에 간음을 하거나 투기하는 부인은 모두 죽였다. 2020년 서울시 9급(특수직렬) ○ ×

11 고구려에는 남편이 아내의 집으로 들어가는 서옥제 풍습이 있었다. 2012년 경찰직(1차) ○ ×

12 고구려에서는 10월에 동맹이라는 제천 행사를 치르고, 아울러 왕과 신하들이 국동대혈에 모여 함께 제사를 지냈다. 2012년 국가직 9급 ○ ×

13 고구려에는 좌식자가 만여 명이나 되었고 집집마다 부경이라는 창고가 있었다. 2017년 법원직 9급 ○ ×

14 옥저와 동예에는 대군왕(大君王)은 없고 대대로 읍락에 장수(長帥)가 있었다. 2016년 지방직 7급 ○ ×

15 동예는 고구려에 어물과 소금 등을 공납으로 바쳤다. 2012년 국가직 7급 ○ ×

승범쌤의 기출 포인트

01 단군 신화 기록 문헌 기출개념

- 『삼국유사』
- 『제왕운기』
- 『세종실록』 「지리지」
- 『응제시주』
- 『동국여지승람』, 『신증동국여지승람』
- 『동국통감』

07 위만에 대한 기록 기출사료

연나라 사람 위만(衛滿)이 망명하여 오랑캐 복장(胡服)을 하고 동쪽으로 패수를 건너 준왕에게 와서 항복하였다. 그리고 준왕을 설득하여 서쪽 경계에 머물게 해달라고 부탁하였다. … 위만이 망명한 사람들을 꾀어서 무리가 점점 많아졌다. … 마침내 돌아와 준왕을 공격하였다. 준왕은 위만과 싸웠지만 상대가 되지 못하였다.

– 『삼국지』 「위서」 동이전

16 민며느리제 풍습이 있던 나라의 특산물로는 단궁, 과하마, 반어피 등이 있었다. 2019년 경찰직(2차) O X

17 동예에는 뼈만 추려서 상자에 담아 가족 공동 무덤을 조성하는 장례 풍습이 있었다. 2013년 국가직 9급 O X

18 동예는 지극히 폐쇄적인 혈연 중심의 씨족 사회였으나, 결혼의 경우 그 상대를 다른 씨족에서 구해야 했다. 2012년 국가직 7급 O X

19 삼한 중에서 마한의 세력이 가장 컸으며 마한을 이루고 있는 소국의 하나인 목지국의 지배자가 마한왕 또는 진왕으로 추대되었다. 2017년 경찰직(1차) O X

20 마한 지역에서는 철이 풍부하게 생산되어 낙랑과 왜 등에 수출하였다. 2019년 지방직 9급 O X

21 최초로 고조선을 언급하는 문헌은 중국 춘추 전국 시대에 편찬된 『관자』이다. 2019년 경찰직(1차) O X

22 고조선은 왕 아래 상, 대부, 대신, 장군 등의 관직이 존재했다. 2017년 국가직 7급 O X

23 부여에서는 물건을 훔친 자는 12배를 배상하는 1책 12법이 있었다. 2020년 서울시 9급(특수직렬) O X

24 옥저에는 여자가 어렸을 때 남자 집에서 살다가, 성장한 후에는 남자가 여자 집에 예물을 치르고 혼인을 하는 혼인 풍습이 있었다. 2019년 지방직 9급 O X

25 옥저는 무천이라는 제천 행사를 열었다. 2022년 국가직 9급 O X

26 동예 지역에서는 호랑이를 신으로 여겨 제사를 지냈다. 2022년 서울시 9급(2월) O X

27 고구려의 대가들은 스스로 사자, 조의, 선인을 두었는데, 그 명단을 모두 왕에게 보고하여야 했다. 2022년 법원직 9급 O X

28 고조선은 상, 대부, 장군 등의 관직을 두었다. 2022년 법원직 9급 O X

승범쌤의 기출 포인트

21 **『관자』** 기출사료

(제나라의) 환공(桓公)이 관자에게 "내가 듣건대 해내(海內)에 귀중한 물건이 있다고 하던데 그것에 대해 들을 수 있겠소?"라고 하니, 관자가 답하길 …… "조선의 문피(文皮, 호랑이 · 표범과 같이 무늬가 있는 짐승의 가죽)가 그 한 가지입니다."

– 『관자』

정답과 해설

01 × | 02 O | 03 O | 04 × | 05 O | 06 × | 07 O | 08 × | 09 × | 10 O | 11 O | 12 O | 13 O | 14 O | 15 × | 16 × | 17 × | 18 O | 19 O | 20 × | 21 O | 22 O | 23 O | 24 O | 25 × | 26 O | 27 O | 28 O

01 『동국이상국집』에는 단군 신화가 수록되어 있지 않다. | 04 단군 기원은 『동국통감』의 기록인 "당요(唐堯) 무진년(戊辰年, 기원전 2333년)"을 따른 것이다. | 06 연나라 장수 진개가 고조선을 침략한 시기는 기원전 3세기 초이다. | 08 고조선의 '범금 8조'에는 '물건을 훔친 자는 노비로 삼는다.'라고 명시되어 있다. | 09 부여의 제천 행사인 영고는 12월에 거행되었다. | 15 고구려에 어물과 소금을 공물로 바친 나라는 옥저이다. | 16 민며느리제의 풍습이 있었던 나라는 옥저이다. 단궁, 과하마, 반어피는 동예의 특산물이다. | 17 골장제(가족 공동 무덤)는 옥저의 장례 풍습이다. | 20 철이 풍부하게 생산된 곳은 변한 지역이다. | 25 무천은 동예의 제천 행사이다.

Ⅱ 고대

01 고대 국가의 성립과 발전

1. 중앙 집권 국가의 특징 : 왕위 세습, 율령 반포, 불교 수용 및 공인, 정복 전쟁 전개

2. 1~2세기

고구려

- **1대 동명왕**(기원전 37~기원전 19): 졸본에서 고구려를 건국한 후 비류국, 행인국, 북옥저 등을 정복
- **2대 유리왕**(기원전 19~기원후 18): 도읍을 졸본에서 국내성으로 옮기고 선비족을 토벌
- **6대 태조왕**(53~146): ______1) 정복, ______2)부에서 독자적 왕위 세습, 요동 지방 공략
- **8대 신대왕**(165~179): 국상제 도입, 국상 명림답부로 하여금 후한의 군대를 격파하도록 함
- **9대 고국천왕**(179~197): 왕위 부자 상속, 부족적 5부를 행정적 5부로 개편(족장 세력을 중앙 귀족으로 편입), 진대법 실시(국상 을파소가 건의한 것으로 추정)

백제

- 고구려 이주민 세력(온조)이 한강 유역의 토착 세력과 결합하여 건국(기원전 18) → 마한의 여러 소국들을 정복하고, 한강 유역으로 세력을 확장하려던 한 군현을 막아내면서 성장
- **고구려와 백제의 문화의 유사성**: 고구려의 ______3)과 백제의 ______4) 고분(계단식 ______5)무덤)

신라

- 진한 소국의 하나인 사로국에서 시작하였고, 경주 지역의 토착민 세력과 유이민 집단의 결합을 바탕으로 박혁거세가 건국(기원전 57) → 박·석·김씨가 교대로 왕위 계승

가야 연맹

- 낙동강 하류의 변한 지역에서 성장, 철기 문화의 발달을 바탕으로 농업 생산력 증대
- 2세기 이후에 여러 정치 집단들이 등장, 주로 해상을 통해 유이민 유입이 이루어졌으나 토착 세력 중심으로 발전

3. 3세기

고구려

- **10대 산상왕**(197~227): 고국천왕의 동생으로 고국천왕의 왕후 우씨와 결혼(형사취수혼의 사례)
- **11대 동천왕**(227~248)
  ① 위·촉·오의 대립을 이용하여 발전, 위나라의 서안평 공격(242) → 위의 유주자사 ______6)의 침입을 받아 수도인 환도성 파괴(244~245)
  ② 관구검의 지휘 아래 현도 태수 왕기 등이 침략하여 동천왕은 옥저 지역까지 피난(246)
- **12대 중천왕**(248~270): 후궁인 관나부인을 왕비를 투기한 죄로 가죽 주머니에 넣어 바다에 던져서 죽임

더 알아보기

신라의 왕호 변천

- **거서간**: 신령한 대인·군장 → 혁거세 거서간(1대)
- **차차웅**: 제사장·무당 → 남해 차차웅(2대)
- **이사금**: 연장자·지혜로운 자 → 유리 이사금(3대)~흘해 이사금(16대)
- **마립간**: 대군장 → 내물 마립간(17대)~소지 마립간(21대)
- **왕**: 중국식 왕호 → 지증왕(22대)~경순왕(56대)

정답 1) 옥저 2) 계루 3) 장군총 4) 석촌동 5) 돌무지 6) 관구검

백제 — **8대 고이왕(234~286)**: 중앙 집권 국가의 토대를 마련(왕위의 형제 세습, 남당 설치)

① ______ 1) **유역 장악**: 마한의 중심 국가인 목지국을 압도, 낙랑군·대방군 공격, 중국 서진에 사신 파견

② ______ 2) **반포**: 6좌평·16관등제 제정, 관리들의 뇌물 수수 처벌 규정 제정

전기 가야 연맹

- ① 김해의 ______ 3)가야 중심(42년, 시조 김수로왕, 왕비는 아유타국의 공주 허황옥) → 3세기 초 포상 8국의 난을 신라의 도움으로 진압
- ② 농경 발달, ______ 4) 수출 → 낙랑과 왜를 연결하는 중계 무역
- ③ 4세기 말~5세기 초에 광개토 대왕의 공격으로 거의 몰락 → 가야 지역은 낙동강 서쪽 연안으로 축소
- ④ **유적**: 김해 ______ 5) 고분(청동솥, 철제 갑옷 등 출토)

4. 4세기

고구려

- **15대 미천왕(300~331)**: 대외 팽창·서안평 점령(311), ______ 6) 축출(313), 대방군 축출(314)
- **16대 고국원왕(331~371)**: 전연 모용황의 침략으로 수도 함락(342), 백제 ______ 7)의 공격으로 평양성 전투에서 전사(371)
- **17대 소수림왕(371~384)**: ______ 8) 반포, ______ 9) 수용(전진의 승려 순도가 전파, 초문사·이불란사 건립), ______ 10) 설립

백제

- **13대 근초고왕(346~375)**
  - ① 고구려를 침략하여 ______ 11)을 죽임(371)
  - ② ______ 12)을 정벌(369)하여 전라도 남해안까지 진출, 낙동강 유역의 가야 7국 병합(목라근자), 왕위 부자 상속
  - ③ 해외 진출(요서, 산둥, 규슈), 중국의 동진과 교류, 왜와 친교(왜왕에게 ______ 13) 하사, 아직기와 왕인을 파견하여 유학 전수), ______ 14) 편찬(고흥)
- **15대 침류왕(384~385)**: ______ 15) 수용(동진의 승려 마라난타가 전파)
- **17대 아신왕(392~405)**: 광개토 대왕의 침략을 받아 항복(396), 왜에 태자 전지를 파견(고구려에 대항할 목적)

신라 — **17대 내물 마립간(356~402)**

① 왕호 변경(______ 16)), ______ 17)씨 왕위 세습 확립, 전진과 수교(사신 위두 파견), 낙동강 유역 소국들 점령

② 광개토 대왕의 도움으로 왜구 격퇴 → 신라 영토 내에 고구려군 주둔(______ 18) 그릇을 통해 고구려의 영향력을 알 수 있음)

정답 1) 한강 2) 율령 3) 금관 4) 철 5) 대성동 6) 낙랑군 7) 근초고왕 8) 율령 9) 불교 10) 태학 11) 고국원왕 12) 마한 13) 칠지도 14) 『서기』 15) 불교 16) 마립간 17) 김 18) 호우명

5. 5세기

고구려

- **19대 광개토 대왕(391~412)**
  - ① 만주 지역 정복(숙신·비려 정벌), 요동 점령(후연 격파), 동부여와 동예 정복
  - ② 백제 정벌(396, 백제 아신왕의 항복을 받음), ______1)에 침입한 왜 격퇴(광개토 대왕릉비문의 기록)
  - ③ **대국 의식**: 영락이라는 연호와 태왕의 호칭을 사용
- **20대 장수왕(412~491)**
  - ① ______2) 천도(427, 남진 정책) → 백제의 수도 ______3) 점령(475, 개로왕 전사) → 한강 이남 진출
  - ② **대외 관계**: 중국의 남북조 및 유연과 교류, 흥안령 일대의 초원 지대 장악(지두우 지역 분할 점령), 북연의 왕 풍홍을 둘러싸고 북위 및 남조의 송과 갈등
  - ③ 광개토 대왕릉비 건립(414)

백제

- **20대 비유왕(427~455)**: 장수왕의 남하 정책에 대비하여 신라와 나·제 동맹 체결(433)
- **21대 개로왕(455~475)**: 북조의 ______4)에 도움을 요청하는 국서 전송(472), 수도인 한성이 함락 당한 후 전사(475)
- **22대 문주왕(475~477)**: ______5)(공주)으로 천도, 왕권 약화, 무역 활동 침체
- **24대 동성왕(479~501)**: ______6)와 결혼 동맹(493), 웅진의 토착 세력 등용, ______7) 복속(498), 중국 남제와 수교, 위사좌평 백가가 보낸 자객에 의해 암살당함(501)

신라

- **19대 ______8) 마립간(417~458)**
  - ① 왕위 부자 상속, 장수왕의 평양 천도 이후 나·제 동맹 체결(433)
  - ② **불교 수용**: 고구려의 묵호자(아도)가 최초로 불교 전파 → 귀족층의 반발로 공인되지 못하고 민간 중심으로 비밀리에 포교
- **20대 자비 마립간(458~479)**: 개로왕의 태자인 문주의 도움 요청으로 원병 파견(도달하기 전 개로왕 사망)
- **21대 ______9) 마립간(479~500)**
  - ① 우역 설치(487), 시사(시장) 설치(490), 관도 정비
  - ② **백제 동성왕과 결혼 동맹(493)**: 신라의 이벌찬 비지의 딸과 혼인

후기 가야 연맹
(5세기 후반)

— 고령의 ______10)가야 중심, 고령 지산동 고분 유적(금동관, 판갑옷과 투구, 목항아리 등 출토), 중국 남제에 독자적으로 사신 파견(479), 6세기 초 소백산맥 너머로 진출, 신라 법흥왕과 결혼 동맹 체결(522)

> **더 알아보기**
>
> **충주 고구려비**
>
> 그동안 비의 건립 연대에 대해서 449년(장수왕 37년), 480년(장수왕 68년), 506년(문자왕 15년) 등으로 추정했으나, 최근 3D 스캐닝과 RTI 촬영 등 첨단 장비를 동원해 판독한 결과 397년(광개토 대왕 7년)에 건립되었다는 주장이 나오기도 했다.

정답 1) 신라 2) 평양 3) 한성 4) 북위 5) 웅진 6) 신라 7) 탐라국 8) 눌지 9) 소지 10) 대

6. 6세기

고구려

- **21대 문자(명)왕(491~519)**: 부여를 완전 복속하여 최대 영토 확보(494)
- **24대 양원왕(545~559)**: 신라(진흥왕)와 백제(성왕) 연합군에 의해 한강 유역 상실(551)
- **25대 평원왕(559~590)**: 북주의 침략을 부마인 온달이 격퇴, 수나라의 침략에 대비, 평양성(장안성)으로 천도
- **26대 영양왕(590~618)**
  ① 온달이 아단성에서 전사(VS 진평왕, 590), 수나라의 요서 지방을 선제공격(598) → 수 문제의 1차 침략 실패
  → 수 양제의 2차 침략 격퇴(612, ____ 1) 대첩) → 이후 3·4차 침략도 격퇴
  ② **역사 편찬**: 이문진이 ____ 2) 5권 편찬(600)

백제

- **25대 무령왕(501~523)**: ____ 3) **설치**(왕족을 파견하여 지방 통제), **중국 남조의** ____ 4) **나라와 교류**(무령왕릉: 남조 양식의 벽돌무덤),
  5경 박사 ____ 5)와 고안무를 왜에 파견, 세수 축소 등 진휼책 실시
- **26대 성왕(523~554)**
  ① 국호 변경(백제 → ____ 6)), 천도(웅진 → ____ 7)), 체제 재정비(중앙 관청을 22부로 정비, 수도를 5부로 지방을 5방으로 정비하고 그 아래 군을 설치)
  ② 신라와 연합하여 한강 유역 일시 회복(551) → 신라의 배신으로 한강 유역 상실 후 ____ 8) 전투에서 전사(554)
  ③ 남조의 양과 교류(양직공도의 백제 사신도), 승려 겸익 등용(인도에서 율종 불교 전래), ____ 9)를 보내 일본에 불교 전파
- **27대 위덕왕(554~598)**: 능산리사지 석조 사리감·왕흥사지 청동 사리기 제작

신라

- **22대 지증왕(500~514)**
  ① **한화 정책**: 국호를 사로국에서 ____ 10)로, 왕호를 마립간에서 ____ 11)으로 개칭
  ② **체제 정비**: 주·군제를 실시하여 이사부를 실직주의 군주로 파견, 아시촌 소경 설치
  ③ ____ 12) **복속(512)**: 이사부를 파견하여 우산국(울릉도)을 복속
  ④ **산업 발전**: 금성(경주)에 동시와 동시전 설치, 우경 장려 및 수리 사업 전개, 순장 금지(노동력 확보)
  ⑤ **비문**: 포항 중성리 신라비(501년 추정), 영일 냉수리 신라비(503) 건립

정답 1) 살수 2) 『신집』 3) 22담로 4) 양 5) 단양이 6) 남부여 7) 사비 8) 관산성 9) 노리사치계 10) 신라 11) 왕 12) 우산국

23대 법흥왕(514~540)

① **통치 체제 확립**: 불교식 왕명 사용(성법흥대왕), 병부 설치, ________ 1) 반포(17관등제 실시), 이차돈의 순교(527)로 불교 공인(백률사 석당은 817년에 건립), 상대등 설치(화백 회의의 대표), 연호 사용(536, 건원)

② **대외 관계**: 대가야와 결혼 동맹 체결(522, 대가야의 이뇌왕), ________ 2) 복속(532), 백제를 통해 중국 남조의 양과 수교

24대 진흥왕(540~576)

① **정복 사업**: ________ 3) 적성비 건립, 4개의 ________ 4) 건립(북한산비·창녕비·황초령비·마운령비), ________ 5) 정복(562)

② ________ 6)를 국가적인 조직으로 정비, 연호 사용(개국·대창·홍제), 관제 정비(감찰 기구인 경과 국가 재정을 관리하는 품주 설치), 국원소경 설치(충주 지역), 거칠부로 하여금 ________ 7)를 편찬하도록 함

③ **불교 장려**: 전륜성왕을 자처, 황룡사 건립, 고구려의 승려 ________ 8)을 등용하여 국통으로 임명

가야

- 대가야(이뇌왕)와 신라(법흥왕) 사이의 결혼 동맹 체결(522)
- **멸망**: 법흥왕 때 금관가야가 통합되고(532), 진흥왕에 의해 대가야가 멸망함(562)

더 알아보기

가야의 멸망

▨ 금관가야의 멸망

법흥왕 19년 금관국주 김구해가 아내와 세 아들(노종 · 무덕 · 무력)과 함께 가야의 보물을 가지고 와서 항복하였다. 왕은 예를 다하여 대접하고 상대등의 지위를 내려주었으며 그 나라를 식읍으로 주었다. 아들 무력은 벼슬이 각간에 이르렀다.

－『삼국사기』

▨ 대가야의 멸망

진흥왕이 이찬 이사부에게 명하여 가라국(대가야)을 공격하도록 하였다. 이때 사다함은 나이 15, 6세였음에도 종군하기를 청하였다. 왕이 나이가 아직 어리다 하여 허락하지 않았으나, 여러 번 진심으로 청하고 뜻이 확고하였으므로 드디어 귀당 비장으로 삼았다. …… 대가야 사람들이 뜻밖에 군사가 쳐들어오는 것을 보고 놀라 막지 못하였으므로 대군이 승세를 타고 마침내 대가야를 멸망시켰다.

－『삼국사기』

정답 1) 율령 2) 금관가야 3) 단양 4) 순수비 5) 대가야 6) 화랑도 7)『국사』 8) 혜량

*옳은 문장은 ○, 틀린 문장은 ×에 체크하세요.

핵심 기출 OX 고대 국가의 성립과 발전

01 고구려 태조왕 시기 5부의 지배 세력이 중앙 귀족으로 편입되면서, 부족적 5부가 행정적 5부로 바뀌었다. 2018년 법원직 9급 ○ ×

02 고구려 동천왕 때 관구검의 침입을 받아 수도 환도성이 파괴되었다. 2019년 지방직 9급 ○ ×

03 고구려 고국천왕은 근초고왕의 침략으로 평양성에서 전사하였다. 2014년 서울시 9급 ○ ×

04 고구려 미천왕은 요동의 서안평을 공격해 차지하고, 낙랑군을 한반도에서 몰아내었다. 2018년 지방직 7급 ○ ×

05 고구려 소수림왕은 전진의 승려 순도를 통해 불교를 수용하였다. 2012년 서울시 9급 ○ ×

06 고구려 광개토왕 때에는 후연, 거란 등을 격파하여 요동을 포함한 만주 지역에서의 지배권을 확대하였으며, 평양성으로 천도하였다. 2012년 서울시 9급 ○ ×

07 고구려 장수왕은 5세기 백제 수도인 한성을 함락시키고, 죽령 일대에서 남양만을 연결하는 선까지 영토를 확장하였다. 2015년 기상직 9급 ○ ×

08 백제 고이왕은 관등제를 3좌평, 16관등제로 정비하였다. 2018년 경찰직(1차) ○ ×

09 백제 침류왕은 장수왕의 남하 정책에 대비하여 신라의 눌지 마립간과 나·제 동맹을 체결하였다. 2015년 서울시 9급 ○ ×

10 백제 문주왕은 북위에 사신을 보내 고구려를 공격해 줄 것을 요청하였다. 2019년 서울시 7급(10월) ○ ×

11 백제 동성왕은 지방에 22개의 담로를 두고 왕족을 파견하여 지방에 대한 통제를 강화하였다. 2016년 지방직 9급 ○ ×

12 무령왕은 양나라에 사신을 보내 여러 차례 고구려를 격파했다는 서신을 전했다. 2019년 서울시 7급(10월) ○ ×

13 백제 무령왕은 22담로를 설치하고 신라와 결혼 동맹을 체결하였다. 2019년 기상직 9급 ○ ×

14 백제 성왕은 수도를 사비로 옮기고 국호를 남부여로 고쳤다. 2015년 지방직 9급 ○ ×

15 신라는 내물 마립간 때 김씨 왕위 세습이 확립되었다. 2017년 경찰직(2차) ○ ×

승범쌤의 기출 포인트

03 평양성 전투 기출사료

왕(근초고왕)이 태자와 함께 정예군 3만 명을 거느리고 고구려를 침범하여 평양성을 공격하였다. 고구려왕 사유(고국원왕)가 필사적으로 항전하다가 날아오는 화살에 맞아 죽었다. 왕이 병사를 이끌고 물러났다. -『삼국사기』

10 개로왕의 국서 기출사료

왕(개로왕)이 북위에 사신을 보내 말하였다. "우리나라는 고구려와 더불어 근원이 부여에서 나왔다. 전에는 고구려가 옛 우의를 굳게 지키더니, 점차 승냥이와 같은 추악한 무리가 되어 백제를 압박하고 외교를 방해하였다. 이로 인해 우리는 재물과 힘이 다하고 위례성이 함락될 위험에 처하였다." -『삼국사기』

16 호우명 그릇은 5세기 초의 신라와 고구려의 관계를 알 수 있게 해주는 유물이다. 2014년 방재안전직 9급 (O | X)

17 신라 법흥왕은 왕호를 '성법흥대왕'이라고 쓰기도 하였다. 2019년 서울시 9급(2월) (O | X)

18 신라 진흥왕은 우산국을 복속하고 대가야를 정복하였다. 2019년 경찰직(2차) (O | X)

19 신라 진흥왕은 '건원'을 연호로 사용하였다. 2013년 국가직 9급 (O | X)

20 6세기 초에 고령의 대가야는 백제, 신라와 대등하게 세력을 다투게 되었고, 신라와 결혼 동맹을 맺기도 하였다. 2011년 지방직 7급 (O | X)

21 고구려의 장군총과 백제의 석촌동 고분을 통해 고구려와 백제 문화의 유사성을 알 수 있다. 2018년 경찰직(2차) (O | X)

22 신라 지증왕은 포항 중성리 신라비와 울진 봉평비를 건립하였다. 2018년 국가직 9급 (O | X)

23 법흥왕은 고구려 승려 혜량을 승통으로 삼았다. 2018년 지방직 7급 (O | X)

24 진덕 여왕은 연호를 '인평(仁平)'으로 고쳤으며 분황사와 영묘사를 창건하였다. 2019년 서울시 9급(2월) (O | X)

25 선덕 여왕은 첨성대를 건립하였으며 중국의 의관을 착용하고 아홀을 갖게 하였다. 2015년 경찰간부후보생 (O | X)

26 고구려 장수왕은 신라에 침입한 왜군을 낙동강 유역에서 물리쳤다. 2022년 국가직 9급 (O | X)

27 백제 근초고왕은 박사 고흥으로 하여금 『서기』를 편찬하도록 하였다. 2022년 서울시 9급(2월) (O | X)

28 신라의 소지 마립간은 처음으로 수도에 시장을 열어 사방의 물자를 유통시켰다. 2022년 계리직 9급 (O | X)

승범쌤의 기출 포인트

16 호우명 그릇 기출자료

- 신라의 수도 경주의 호우총에서 발견
- 그릇 밑바닥에 '乙卯年國岡上廣開土地好太王壺杅十'(을묘년 국강상 광개토지호태왕 호우십) 이라는 글씨가 새겨져 있음
  → 당시 신라와 고구려의 관계를 보여줌

정답과 해설

01 × | 02 O | 03 × | 04 O | 05 O | 06 × | 07 O | 08 × | 09 × | 10 × | 11 × | 12 O | 13 × | 14 O | 15 O | 16 O | 17 O | 18 × | 19 × | 20 O | 21 O | 22 × | 23 × | 24 × | 25 × | 26 × | 27 O | 28 O

01 부족적 5부가 행정적 5부로 바뀐 시기는 고국천왕 때이다. | 03 근초고왕의 침략으로 평양성에서 전사한 왕은 고국원왕이다. | 06 평양성으로 천도한 왕은 장수왕이다. | 08 고이왕은 6좌평, 16관등제로 정비하였다. | 09 나·제 동맹을 체결한 백제왕은 비유왕이다. | 10 북위에 도움을 요청한 왕은 개로왕이다. | 11 22담로를 설치한 왕은 무령왕이다. | 13 신라와 결혼 동맹을 체결한 왕은 동성왕이다. | 18 우산국을 복속한 왕은 지증왕이다. | 19 '건원'은 법흥왕이 사용한 연호이다. 진흥왕은 개국·대창·홍제를 연호로 사용하였다. | 22 울진 봉평비는 법흥왕 때 건립되었다. | 23 승려 혜량을 승통으로 삼은 왕은 진흥왕이다. | 24 '인평'을 연호로 사용하고 분황사와 영묘사를 창건한 왕은 선덕 여왕이다. | 25 중국의 의관을 착용하고 아홀을 갖게 한 왕은 진덕 여왕이다. | 26 신라에 침입한 왜군을 낙동강 유역에서 물리친 왕은 광개토 대왕이다.

02 대외 항쟁과 신라의 삼국 통일

1. 7세기

고구려

27대 영류왕(618~642): 당의 침입에 대비하기 위해 천리장성 축조 시작(631), 연개소문이 정변을 일으켜 영류왕을 죽이고 보장왕을 즉위시킴(642) → 연개소문이 대막리지가 됨

28대 보장왕(642~668)

① 연개소문 사후(665년 추정) 자식들 간에 권력 다툼 발생(장남 연남생이 동생인 연남건·연남산에 의해 축출되어 당나라에 투항하고 연개소문의 동생 연정토는 신라로 망명)

② 천리장성 축조 완성(647), 나·당 연합군에 의해 멸망(668) → 677년 요동주 도독 조선왕에 봉해졌으나 고구려 부흥 운동을 전개하다가 유배됨

백제

30대 무왕(600~641)

① 624년 당으로부터 '대방군왕'이라는 칭호를 받음

② **왕권 강화 정책**: 익산 천도 계획, ____1)사 건립, 궁남지 조성(634)

③ **문화**: 관륵이 천문, 지리, 역법 등을 왜에 전해줌, 익산 쌍릉에서 발견된 인골이 무왕의 것으로 확인됨(2018)

31대 의자왕(641~660)

① **대내 정책**: 귀족 세력을 숙청하여 왕권 강화, 유교 사상을 강조하여 '해동증자'라 불림

② **대외 정책**: 신라 공격(____2)성을 비롯한 40여 개의 성 점령), 당항성 공격

③ **국력 약화**: 집권 말기에 내부 분열과 의자왕의 실정으로 국력 약화

④ **멸망**: 나·당 연합군의 침략 → 계백이 황산벌 전투에서 패배 → 나·당 연합군의 사비성 점령 → 의자왕은 웅진성으로 옮겨 항전을 준비했으나 갑자기 항복하면서 멸망(660)

신라

26대 진평왕(579~632): 건복이라는 연호 사용, 위화부·조부·예부·영객부 등 설치, 고구려 온달의 침략 격퇴(590), 수에 군사를 요청하는 ____3)를 바침(608, 원광 작성 / 611, 수에 바침), 남산 신성비 건립(591)

27대 선덕 여왕(632~647)

① 인평이라는 연호 사용, 분황사(634)·영묘사(635) 등 사찰 건립, ____4)사 9층 목탑 건립(645, 호국 불교), ____5) 건립(천문 관측)

② 백제 의자왕의 공격으로 대야성을 비롯한 40여 개의 성 함락(642) → 김춘추를 고구려에 보내 군사적 지원을 요청하였으나 실패, 여·제 연합군에 의해 ____6)이 공격당함

③ **비담과 염종의 난(647)**: 김춘추와 김유신 등이 진압, 반란 이후 선덕 여왕 사망(647)

④ **지기삼사(知幾三事)**: 선덕 여왕의 지혜로움을 알려주는 세 가지의 설화로 『삼국유사』에 전해짐

28대 진덕 여왕(647~654)

① **관제 정비**: 집사부·창부·좌이방부 설치, 태화라는 연호 사용

② **친당 외교**: 김춘추를 보내 나·당 동맹 체결(648), 김법민(후에 문무왕)을 보내 당 황제에게 '오언태평송'을 바치고 당의 연호인 '영휘' 사용(650), 중국식 관복 착용

정답 1) 미륵 2) 대야 3) 걸사표 4) 황룡 5) 첨성대 6) 당항성

2. 7세기 대외 관계와 통일 과정

고구려와 수의 전쟁
- ① 고구려가 수의 랴오시(요서) 지방을 선제공격(598)
- ② **수 문제의 1차 침략(598)**: 질병과 기근으로 철수
- ③ **수 양제의 침략**: 2차 침략을 을지문덕 장군이 격퇴, ________[1] 대첩(612) → 3차(613), 4차(614) 침략도 격퇴 → 수 멸망, 당 건국(618)

고구려와 당의 전쟁
- ① **당 태종의 1차 침략**: ________[2]성 전투에서 고구려가 승리(645)
- ② 당은 소부대로 고구려를 기습 공격하고 퇴각하는 전략으로 수정하여 농사짓는 것을 어렵게 함

나·당 동맹 체결
(648, 진덕 여왕)

백제 멸망
(660)
- ________[3] 전투 패배(계백의 5천 결사대) → 사비성 점령 → 웅진 도독부 설치

백제 부흥 운동 전개
(660~663)
- 복신·도침·부여풍(주류성), 흑치상지·지수신(임존성), 왜의 수군 지원(663, 백강 전투 패배)

고구려 멸망
(668)
- ① 평양성 함락 후 ________[4]부 설치
- ② **고구려 부흥 운동 전개**: 검모잠(한성) → 안승을 고구려왕으로 추대, 고연무(오골성)
- ③ **신라의 지원**: 검모잠을 죽이고 투항한 ________[5]을 보덕국 왕으로 임명(674)

나·당 전쟁
- ① **당의 한반도 지배 의도**: 웅진 도독부 설치(660), 계림 도독부 설치(663), 안동 도호부 설치(668)
- ② **취리산의 회맹(665)**: 웅진 도독 부여융과 신라 문무왕이 맺은 화친의 맹약
- ③ **신라의 고구려 부흥군 지원(670)**: 신라 장군 설오유와 고구려 부흥군을 이끌던 고연무가 연합하여 압록강 이북의 당나라 도독부와 말갈족을 격퇴함
- ④ **석성 전투(671. 6.)**: 문무왕은 신라군과 고구려, 백제 유민의 삼국 통합군을 이끌고 당군을 몰살시킴
- ⑤ ________[6] **설치(671. 7.)**: 신라가 사비성을 함락한 후 설치하여 아찬 진왕을 도독으로 임명 → 웅진 도독부를 붕괴시키고 백제 옛 땅의 지배권을 장악
- ⑥ ________[7] **전투(675)**: 이근행이 이끄는 20만의 당군이 매소성에 주둔하여 신라를 공격하였으나 신라군의 반격으로 패배
- ⑦ ________[8] **전투(676)**: 설인귀가 이끄는 당나라 수군이 금강 하구로 쳐들어왔으나 신라군에게 완패
- ⑧ **신라 삼국 통일의 의의 및 한계**: 당의 세력을 무력으로 축출한 점과 민족 문화 발전의 토대를 마련한 점은 의의라 할 수 있지만 통일 과정에서 외세를 이용하고, 대동강에서 원산만까지를 경계로 한 땅을 차지하는 데 그친 점은 한계라 할 수 있음

정답 1) 살수 2) 안시 3) 황산벌 4) 안동 도호 5) 안승 6) 소부리주 7) 매소성 8) 기벌포

*옳은 문장은 ㅇ, 틀린 문장은 ×에 체크하세요.

핵심 기출 OX 대외 항쟁과 신라의 삼국 통일

01 김춘추는 당 태종을 만나 동맹을 체결하였다. 2020년 경찰직(1차) (O | X)

02 6세기 후반 남북조로 분열되었던 중국을 통일한 당나라가 고구려에게 굴복을 요구하였다. 2018년 경찰직(2차) (O | X)

03 을지문덕이 적장 우중문에게 보낸 5언시가 전해진다. 2019년 서울시 7급 (O | X)

04 고구려는 수 양제의 침략에 대비하기 위해 천리장성을 축조하였다. 2019년 서울시 9급(2월) (O | X)

05 연개소문은 정변을 일으켜 영양왕을 폐위하고 보장왕을 즉위시킴으로써 권력을 장악하였다. 2015년 법원직 9급 (O | X)

06 연개소문은 숙달 등 8명의 도사를 맞아들이고 도교를 육성하였다. 2019년 기상직 9급 (O | X)

07 고구려의 장군 온달이 죽령 이북의 땅을 되찾기 위해 신라를 압박한 것은 안시성 전투 이후이다. 2015년 법원직 9급 (O | X)

08 영양왕은 당 태종이 이끈 당군의 침략을 안시성에서 물리쳤다. 2017년 법원직 9급 (O | X)

09 계백은 5천의 결사대를 조직해 황산벌에서 싸웠으나 패하였다. 2019년 서울시 9급 (O | X)

10 고구려 멸망과 매소성 전투 사이에서 황산벌 전투가 전개되었다. 2021년 소방간부후보생 (O | X)

11 계백은 의열사와 충곡 서원에 제향되었다. 2019년 기상직 9급 (O | X)

12 백제와 왜의 연합군이 나·당 연합군과 백강에서 전투를 벌였다. 2017년 서울시 9급 (O | X)

13 문무왕은 임존성에서 저항하던 지수신의 투항을 받아주었다. 2018년 국가직 9급 (O | X)

14 당은 신라에 계림 도독부를 설치하고, 신라왕을 계림주 대도독으로 임명하였다. 2018년 서울시 7급(3월) (O | X)

15 김유신은 당에서 숙위 활동을 하다가 부대총관이 되어 신라로 돌아왔다. 2020년 국가직 9급 (O | X)

승범쌤의 기출 포인트

04 천리장성 기출개념

고구려가 당의 침략에 대비하여 647년(보장왕 6년)에 16년의 공사 끝에 완성한 장성으로, 북쪽의 부여성에서 남쪽의 비사성에 이른다. 연개소문은 성곽 축조를 감독하면서 요동 지방의 군사력을 장악하여 정권을 잡을 수 있었다.

09 황산벌 전투 기출사료

김유신 등이 황산 들판으로 진군하였다. 백제 장군 계백이 병사를 거느리고 와서 먼저 험한 곳을 차지하여 세 군데에 진을 치고 기다렸다. 유신 등이 병사를 세 길로 나누어 네 번 싸웠으나 이기지 못하였다. …… 이렇게 위급할 때 목숨을 바친다면 충과 효 두 가지를 다하게 된다. 반굴이 명을 받들겠습니다. 하고 곧장 적진에 뛰어들어 힘을 다해 싸우다 죽었다. -『삼국사기』

16 복신은 고구려 부흥 운동을 주도하였다. 2018년 국가직 9급 O X

17 무열왕은 안승을 고구려 왕에 봉했다. 2018년 지방직 9급 O X

18 고구려 멸망 이후 보장왕은 요동 지역에서 고구려 부흥을 꾀하였다. 2018년 지방직 9급 O X

19 나 · 당 연합군이 평양성을 함락한 것은 매소성 전투 이전이다. 2017년 서울시 9급 O X

20 백제를 멸망시킬 당시에 문무왕은 태자로서 참전하였다. 2018년 국가직 9급 O X

21 고구려는 요서 지역을 선제공격함으로써 수나라를 견제하였다. 2019년 서울시 9급(2월) O X

22 신라의 율령 반포와 고구려의 살수 대첩 사이에 백제가 사비로 천도하였다. 2020년 국가직 7급 O X

23 신라는 매소성 전투에서 당군을 격퇴하였다. 2017년 서울시 9급 O X

24 신라는 기벌포에서 백제 부흥군을 격퇴하였다. 2018년 지방직 9급 O X

25 신라 문무왕은 사비성을 탈환하고 웅진 도독부를 대신하여 소부리주를 설치하였다. 2016년 사회복지직 9급 O X

26 김유신은 김춘추의 신라 왕위 계승을 지원하였다. 2022년 지방직 9급 O X

승범쌤의 기출 포인트

16 나·당 전쟁과 부흥 운동 기출자료

정답과 해설 01 O | 02 × | 03 O | 04 × | 05 × | 06 O | 07 × | 08 × | 09 O | 10 × | 11 O | 12 O | 13 × | 14 O | 15 × | 16 × | 17 × | 18 O | 19 O | 20 O | 21 O | 22 O | 23 O | 24 × | 25 O | 26 O

02 남북조를 통일한 나라는 수나라이다. | 04 고구려는 당의 침략에 대비하기 위해 천리장성을 축조하였다. | 05 연개소문이 정변을 일으켜 폐위한 왕은 영류왕이다. | 07 온달이 신라를 침공하여 전사한 것은 590년이고 안시성 전투는 645년이다. | 08 안시성 전투는 보장왕 재위 시기이다. | 10 고구려 멸망은 668년이고 매소성 전투는 675년이다. 황산벌 전투는 660년에 전개되었다. | 13 지수신은 투항하지 않고 고구려로 망명하였다. | 15 당에서 숙위 활동을 하다가 부대총관이 되어 돌아온 인물은 김인문이다. | 16 복신은 백제 부흥 운동을 전개하였다. | 17 무열왕이 아닌 문무왕이 안승을 고구려 왕에 봉했다. | 24 신라는 기벌포에서 당군을 격퇴하였다.

03 삼국의 통치 제도 및 금석문

구분	고구려	백제	신라
관등 제도	10여 관등(관등명: ~형, ~사자)	16관등(관등명: ~솔, ~덕)	17관등(관등명: ~찬, ~나마, ~사)
수상	대대로(후기 – 막리지)	상좌평(내신좌평)	상대등
중앙 관제	내평(내무), 외평(외무), 주부(재정)	• 6좌평 • 중앙 관부 – 22부(내관 12부, 외관 10부) • 내신좌평(왕명 출납), 내두좌평(재정), 내법좌평(의례), 위사좌평(숙위), 조정좌평(형벌, 감옥), 병관좌평(군사)	• **진흥왕**: 품주(국가 기밀 + 재정) • **법흥왕**: 병부(군사, 국방) • **진평왕**: 위화부(인사), 조부(공물, 부역), 예부(의례), 승부(마정), 영객부(사신 접대) • **진덕 여왕**: 집사부(국가 기밀), 창부(재정), 좌이방부(법률) • **무열왕**: 사정부(감찰) • **문무왕**: 우이방부(법률), 선부(선박)
수도	5부	5부	6부
지방(장)	5부(욕살) – 중성(처려근지, 도사) – 소성(가라달)	5방(방령) – 군(군장) – 성(성주, 도사)	5주(군주) – 군(당주) – 성(도사)
특수 제도	3경제[국내성, 평양성, 한성(황해도 재령)]	22담로	**소경**: 아시촌 소경(지증왕), 국원소경(진흥왕), 북소경(선덕 여왕)
군사	각 성주가 병력 보유, 대모달·말객이 지휘	군 단위로 700~1,200명, 방령·군장이 지휘	서당(중요 지점, 모병으로 구성된 일종의 직업군), 6정(왕경과 5주에 배치: 왕경인 + 지방민, 군주·대감·당주가 지휘)
귀족 회의	제가 회의	정사암 회의	화백 회의(만장일치제)

더 알아보기

삼국의 금석문

▨ 신라의 금석문

① **영일 ______1)비(503, 지증왕):** '절거리'라는 사람의 재산 분쟁을 지증왕과 6부의 귀족들이 모여 처결하는 내용, 지증왕을 '지도로 갈문왕'이라 칭함, 신라의 국호를 '사라'로 기록

② **울진 ______2)비(524, 법흥왕):** 울진 지역에서 발생한 반란 진압 후 일 처리에 대한 내용, 법흥왕을 '모즉지 매금왕(탁부 소속)'이라고 칭함, 노인법의 존재와 율령 반포 사실을 알 수 있음

③ **단양 ______3)비(551년 추정, 진흥왕):** 이사부 등이 남한강 유역의 적성을 점령하고 적성을 공략한 장수들을 도와 공을 세운 적성 주민 야이차에 대한 포상 내용

④ **진흥왕 순수비**
- **북한산비(568년 추정):** 한강 유역, 김정희가 고증(『금석과안록』)
- **______4)비(561):** 가야 지역, 일본인이 발견
- **황초령비(568):** 함경도 지역, 김정희가 고증(『금석과안록』)
- **마운령비(568):** 함경도 지역, 최남선이 연구

⑤ **기타**
- **포항 중성리 신라비(501년 추정, 지증왕):** 현존 최고의 신라비, 재물과 관련된 소송의 평결 내용 기록
- **영천 청제비(536, 법흥왕):** 청못 축조를 위해 7천여 명 동원 기록
- **남산 신성비(591, 진평왕):** 남산 신성 축조 시 3년 이내에 성이 무너지면 처벌한다는 내용
- **______5)(552년 또는 612년 추정):** 신라의 청소년들이 충도를 행하고 유교 경전 공부를 맹세하는 내용

▨ 백제의 금석문

① **무령왕릉 지석(525, 성왕):** 무령왕의 직함과 이름 존재(영동대장군 백제 사마왕), ______6)(토지의 신에게 무덤 터를 매입하는 내용 - 도교적 성격)

② **______7)비(654, 의자왕):** 백제 귀족 사택지적이 불당을 건립하는 내력 기록, 도교적 세계관 내재

▨ 고구려의 금석문

① **광개토 대왕릉비문(414, 장수왕):** 주몽 신화 및 왕가의 계보 기록, 광개토 대왕의 정복 활동, ______8) 관련 내용 기록(한과 예의 220가와 구민 110가를 동원한 내용)

② **______9) 고구려비**
- 신라 매금에게 의복을 하사하고 신라 영토 내에 고구려 군사가 주둔하는 등의 상황 기록
- 신라를 '동이(東夷)'라 칭함

정답 1) 냉수리 신라 2) 봉평 신라 3) 적성 4) 창녕 5) 임신서기석 6) 매지권 7) 사택지적 8) 수묘인 9) 충주

*옳은 문장은 ㅇ, 틀린 문장은 ×에 체크하세요.

핵심 기출 OX 삼국의 통치 제도 및 금석문

01 삼국 초기에 각 부는 독자적인 자치권과 외교권을 가지고 있었다. 2011년 지방직 9급 (O X)

02 고구려의 중앙 정치는 대대로를 비롯하여 10여 등급의 관리들이 나누어 맡았다. 2017년 지방직 9급 (O X)

03 국상, 대대로, 막리지 등은 고구려에서 재상의 지위를 지칭한다. 2017년 사회복지직 9급 (O X)

04 고구려는 대성(大城)에는 처려근지, 그 다음 규모의 성에는 욕살을 파견하였다. 2018년 지방직 9급 (O X)

05 고구려의 지방은 5부로, 백제의 지방은 5방으로, 신라의 지방은 5부로 나뉘어 있었다. 2013년 경찰직(2차) 응용 (O X)

06 백제에서는 재상을 뽑을 때에 후보자 3~4명의 이름을 써서 상자에 넣어 바위에 두었다가 얼마 뒤에 열어 보아 이름 위에 도장이 찍혀있는 자를 재상으로 삼았다. 2009년 지방직 7급 (O X)

07 백제는 군 단위로 군사 700~1,200명이 속해있으며, 방령 · 군장이 지휘하였다. 2014년 경찰직(2차) (O X)

08 백제는 도성에 5부, 지방에 방(方)-군(郡) 행정 제도를 시행하였다. 2018년 지방직 9급 (O X)

09 백제는 16품의 관등제를 시행하고, 품계에 따라 옷의 색을 구별하여 입도록 하였다. 2017년 지방직 9급 (O X)

10 백제는 관품 구별에 따라 자 · 단 · 비 · 녹색의 공복을 입었다. 2017년 사회복지직 9급 (O X)

11 신라는 진덕 여왕 대 집사부와 창부를 통합해 정무 기관인 품주를 설치하였다. 2017년 사회복지직 9급 (O X)

12 신라의 관등은 크게 솔계 관등과 덕계 관등으로 나뉜다. 2010년 국가직 7급 (O X)

13 신라는 10정 군단을 바탕으로 영역을 확장하고 삼국 통일을 이룩하였다. 2018년 지방직 9급 (O X)

14 신라의 귀족 회의는 화백 회의로서, 만장일치가 아니어도 안건이 통과되었다. 2017년 사회복지직 9급 (O X)

15 신라의 화백 회의는 만장일치의 원칙이며 회의의 의장은 상좌평이다. 2017년 사회복지직 9급 (O X)

승범쌤의 기출 포인트

06 정사암 회의 기출사료

"호암사(虎巖寺)에 정사암이 있는데, 국가에서 장래 재상을 선출할 때에 후보자, 3~4인의 이름을 쓴 후 밀봉하여 바위에 두었다가 얼마 후에 뜯어 보면 이름 위에 도장이 찍혀져 있어 그 사람을 재상으로 삼았으므로 정사암이라는 이름이 생겼다."

–『삼국유사』

10 백제와 고려의 공복 기출개념

백제(고이왕)	자색 → 비색 → 청색
고려(광종)	자색 → 단색 → 비색 → 녹색

16 호우총 출토 청동 용기를 통해 신라와 고구려 관계를 살펴볼 수 있다. 2014년 지방직 9급 (O | X)

17 울진 봉평리 신라비를 통해 신라가 동해안의 북쪽 방면으로 세력을 확장하였음을 알 수 있다. 2014년 지방직 9급 (O | X)

18 영일 냉수리 신라비와 울진 봉평 신라비에 의하면 왕은 소속부의 명칭을 띠고 있었다. 2011년 국가직 9급 (O | X)

19 '신라 육부'가 새겨진 울진 봉평 신라비는 법흥왕 때 건립되었다. 2019년 서울시 9급 (O | X)

20 사택지적비를 통해 당시 백제가 도가에 대한 이해를 하고 있었음을 알 수 있다. 2014년 지방직 9급 (O | X)

21 고구려의 소노부는 자체의 종묘와 사직에 제사를 지내기도 하였다. 2011년 국가직 9급 (O | X)

22 고구려의 형계 관등은 기존의 족장 집단이, 사자계 관등은 행정 관리 세력이 개편된 것이다. 2010년 국가직 7급 (O | X)

23 고구려에서는 범죄자가 있으면 제가들이 모여서 논의하여 사형에 처하고, 처자는 몰수하여 노비로 삼았다. 2009년 지방직 7급 (O | X)

24 충주 고구려비를 통해 신라가 고구려에게 자신을 '동이(東夷)'라고 낮추어 표현하였음을 알 수 있다. 2014년 지방직 9급 (O | X)

25 진흥왕이 건립한 순수비는 마운령비, 황초령비, 창녕비, 임신서기석이다. 2012년 경찰직(2차) (O | X)

승범쌤의 기출 포인트

17 삼국의 주요 비문 기출개념

신라	• 영일 냉수리비 신라비 • 울진 봉평 신라비 • 단양 적성비
백제	• 사택지적비
고구려	• 광개토 대왕릉비 • 충주 고구려비

정답과 해설 01 × | 02 O | 03 O | 04 × | 05 × | 06 O | 07 O | 08 O | 09 O | 10 × | 11 × | 12 × | 13 × | 14 × | 15 × | 16 O | 17 O | 18 O | 19 O | 20 O | 21 O | 22 O | 23 O | 24 × | 25 ×

01 삼국 초기에 각 부는 독자적인 자치권을 행사하였으나, 외교권은 국왕이 갖는 고유 권리였다. | 04 고구려는 대성에 욕살, 그 다음 성에는 처려근지를 파견하였다. | 05 신라의 지방은 5주로 나뉘어 있었다. | 10 백제의 관복 제도는 3색으로 자색·비색·청색이다. | 11 진흥왕 대 설치된 품주가 진덕 여왕 때 집사부와 창부로 분화되었다. | 12 신라의 관등은 크게 찬 계열과 나마 계열로 나뉜다. 솔계 관등과 덕계 관등으로 나뉘는 것은 백제의 관등이다. | 13 신라의 지방군으로 10정 군단이 설치된 것은 통일 이후이고 통일 전에는 6정 체제였다. | 14 화백 회의는 만장일치제이다. | 15 화백 회의의 의장은 상대등이다. | 24 충주 고구려비에 나오는 동이라는 표현은 고구려가 신라를 낮추어 표현한 것이다. | 25 진흥왕 순수비 중 나머지 하나는 임신서기석이 아닌 북한산비이다.

04 통일 신라의 발전

1. 통일 신라 중대

7세기

29대 무열왕(654~661)

① 최초의 진골 출신의 왕(진지왕의 손자, 김용춘의 아들)

② 백제 멸망(660), ______1) 설치(감찰 기구), 중시(시중) 기능 강화, 상대등 억압, 갈문왕 제도 폐지, 가야 출신 김유신의 누이를 왕비로 맞이, 중국식 시호 사용, 북진 설치(658, 말갈의 공격 대비)

30대 문무왕(661~681)

① 고구려 멸망(668), 나·당 전쟁 승리로 삼국 통일 완성(676) → 사망 후 대왕암에 장사지냄

② ______2) 파견(지방 감찰), 중앙 관부 설치(우이방부, 선부), 북원소경과 금관소경 설치

31대 신문왕(681~692)

① **진골 귀족 세력 숙청**: ______3) 모역 사건(681) → 장인인 김흠돌을 제거하여 진골 귀족 세력 대거 숙청

② **토지 제도 개편**: ______4) 지급(687), ______5) 폐지(689)

③ 달구벌로 천도 계획, 중앙 관청 완비(집사부 + 13부), 만파식적 설화, 감은사와 감은사지 3층 석탑 건립, 9주 5소경 완비, 9서당(중앙군)·10정(지방군) 완비, 국학 설립

④ **5묘제**: 태조 대왕, 진지 대왕, 문흥 대왕, 태종 무열왕, 문무왕 → 정통성 수립

⑤ **지방 통치 강화**: 보덕국 왕 안승에게 김씨 성을 주고 경주로 불러들임(683), 대문의 난 진압(684, 금마저)

32대 효소왕(692~702)

① **시장의 확대**: 금성(경주)에 서시와 남시를 증설하고 서시전과 남시전 설치

② **남북국 시대의 성립**: 고구려 유민 출신 대조영이 '진국' 건국(698)

8세기

33대 성덕왕(702~737)

① **왕권 강화 노력**: 관료들이 지켜야 할 덕목을 담은 『백관잠』을 반포하였고 백성들에게 ______6) 지급(722)

② **당과의 관계**: 당의 요청으로 발해의 남쪽 지방 공격(733) → 당이 패강 이남의 땅에 대한 신라의 영유권을 인정하여 수자리를 설치하는 계기가 됨

③ **일본과의 관계**: 일본에서 견신라사를 파견하고 신라도 사신을 파견하기도 하였지만 대체로 대립 관계

④ ______7) **정비**: 국학에 공자와 10철, 72제자의 화상 안치

⑤ **문화**: 물시계인 누각을 설치하고 담당 기관으로 누각전 설치(718), 상원사 동종 제작[현존하는 우리나라 최고(最古)의 동종]

더 알아보기

신라의 시기 구분

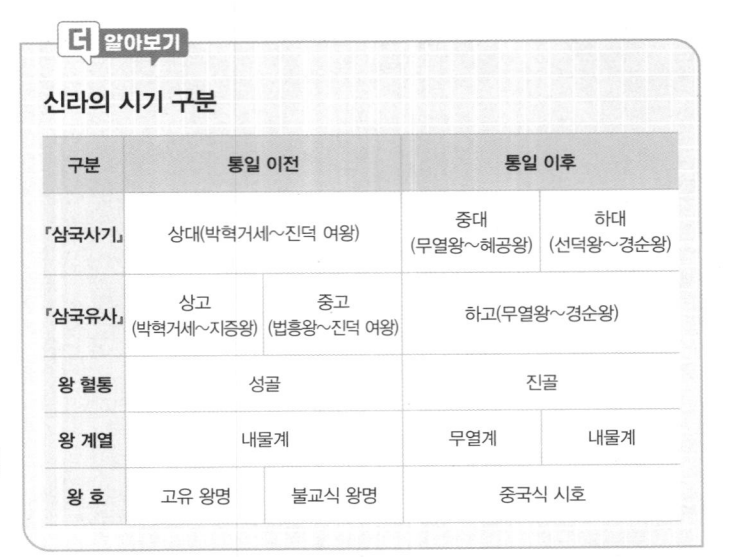

구분	통일 이전		통일 이후	
『삼국사기』	상대(박혁거세~진덕 여왕)		중대(무열왕~혜공왕)	하대(선덕왕~경순왕)
『삼국유사』	상고(박혁거세~지증왕)	중고(법흥왕~진덕 여왕)	하고(무열왕~경순왕)	
왕 혈통	성골		진골	
왕 계열	내물계		무열계	내물계
왕 호	고유 왕명	불교식 왕명	중국식 시호	

정답 1) 사정부 2) 외사정 3) 김흠돌 4) 관료전 5) 녹읍 6) 정전 7) 국학

35대 경덕왕(742~765)

① **한화 정책**: 고유 지명과 관직명을 중국식으로 변경, 집사부 중시의 명칭을 시중으로 격상시킴

② **유학 장려**: 국학을 태학(감)으로 개칭하고 박사와 조교를 둠

③ **왕권 강화 노력**: 내사정전 설치(감찰 담당), 60일 이상의 휴가를 얻은 관리는 해직시킴, ______[1] 부활

④ **기타**: 석굴암과 불국사 건립(김대성이 발원), 당나라 황제에게 가산(假山)인 '만불산(萬佛山)'을 보냄, 일본 사신 접견 거부

36대 혜공왕(765~780)

① **왕권 약화**: 96각간의 난(768, 대공의 난), 김지정의 난(780) 등 진골 귀족의 반란 계속 → 반란 중 혜공왕 사망, 내물계 진골인 김양상과 김경신이 진압

② 성덕대왕 신종 제작(에밀레종, 봉덕사 종), 5묘제 변경(미추왕, 무열왕, 문무왕, 성덕왕, 경덕왕)

2. 통일 신라 하대

신라 하대의 사회 동요

- ① **중앙**: 진골 귀족들 간의 왕위 쟁탈전 전개(155년 간 20명의 왕이 교체됨)
- ② **지방**: 통제력 약화와 ______[2]의 등장 → 중앙 귀족 출신(김주원, 김순식), 촌주 출신, 해상 세력(왕건), 군진 세력(장보고), 초적 세력(양길, 기훤, 궁예)
  → 신라 중앙 정부를 모방한 관반제 실시
- ③ 농민의 몰락 심화로 농민 반란 증가
- ④ **반신라 세력의 형성**: 호족 + 6두품 + 선종 불교 + 풍수지리 사상

8세기 말~10세기

- **37대 선덕왕(780~785)**: 내물왕계 진골의 왕위 계승으로 하대 시작, ______[3] 개편(780, 왕의 근시 기구 → 정치적 비중 증대),
  패강(예성강 혹은 대동강) 유역에 패강진 설치(782), 5묘제 변경(미추왕, 무열왕, 문무왕, 성덕왕, 개성 대왕)
- **38대 원성왕(785~798)**: 무열왕계인 김주원과 왕위 계승 경쟁을 겪고 즉위, ______[4] 실시(능력에 따른 관리 등용 목적), 주의 장관을 총관에서 도독으로 개칭,
  5묘제 변경(미추왕, 무열왕, 문무왕, 흥평 대왕, 명덕 대왕)
- **39대 소성왕(799~800)**: 청주 거로현을 국학생의 녹읍으로 지급
- **41대 헌덕왕(809~826)**: ______[5]의 난(822, 국호 – 장안, 연호 – 경운), 김범문의 난(825) 발생(대표적인 왕위 쟁탈전)
- **42대 흥덕왕(826~836)**: ______[6] 설치(828, 완도) · 당성진 설치(829, 남양만), 집사부를 집사성으로 개칭, 사치 풍조를 금지하는 교서 반포
- **44대 민애왕(838~839)**: 김우징과 김양의 난(838~839) → 김우징이 신무왕으로 즉위(장보고의 지원)
- **46대 문성왕(839~857)**: ______[7]의 난(846) 발생
- **51대 진성 여왕(887~897)**: 향가집 『삼대목』 편찬(888), 원종과 애노의 난(889), 최치원의 시무 10여 조(894), ______[8]의 난(896) 발생
- **56대 경순왕(927~935)**: 고려에 흡수 통합되어 멸망

정답 1) 녹읍 2) 호족 3) 어룡성 4) 독서삼품과 5) 김헌창 6) 청해진 7) 장보고 8) 적고적

*옳은 문장은 ○, 틀린 문장은 ×에 체크하세요.

핵심 기출 OX 통일 신라의 발전

01 상고 · 중고 · 하고로 시기를 나누는 것은 『삼국사절요』이다. 2013년 경찰직(2차) ○ ×

02 『삼국사기』 기준으로 신라 중대는 혜공왕까지이고, 하대는 선덕왕부터이다. 2013년 경찰직(2차) ○ ×

03 『삼국유사』 기준으로 중고는 진덕 여왕까지이고, 하고는 무열왕부터이다. 2013년 경찰직(2차) ○ ×

04 신라 중대에는 국왕의 조언자 역할을 하는 상대등의 권한이 강화되었다. 2011년 사회복지직 9급 ○ ×

05 통일 신라 신문왕은 유학 교육 기관인 주자감을 설립하여 유학을 장려하고자 하였다. 2016년 경찰직(1차) ○ ×

06 통일 신라 신문왕은 독서삼품과를 실시하여 유교 교육을 진흥시켰다. 2016년 법원직 9급 ○ ×

07 '만파식적'이라는 교서를 내린 왕은 전국을 9주 5소경 체제로 정비하였다. 2018년 소방직(10월) ○ ×

08 통일 신라 성덕왕 때 김흠돌의 난을 계기로 귀족들이 대대적으로 숙청되었다. 2018년 소방직(10월) ○ ×

09 통일 신라 성덕왕은 처음으로 정전을 지급하였다. 2019년 지방직 7급 ○ ×

10 통일 신라 성덕왕 시기 녹읍이 다시 부활하였다. 2015년 지방직 9급 ○ ×

11 경덕왕은 왕권 강화를 위해 관료전을 지급하고 녹읍을 폐지하였다. 2011년 서울시 9급 ○ ×

12 불국사와 석굴암을 창건한 시기에 전국의 지명을 중국식으로 바꾸었다. 2014년 서울시 7급 ○ ×

13 통일 신라 원성왕 때 최치원이 시무책 10여 조를 건의하였다. 2020년 국가직 9급 ○ ×

14 장보고의 도움을 받아 신무왕이 즉위하였다. 2018년 법원직 9급 ○ ×

15 장보고가 활동하던 시기에 신라는 패강 일대에 수자리를 설치하였다. 2015년 경찰간부후보생 ○ ×

승범쌤의 기출 포인트

07 만파식적 설화 기출사료

왕은 놀라고 기뻐하여 오색 비단과 금과 옥으로 보답하고 사자를 시켜 대나무를 베어서 바다에서 나오자, 산과 용은 갑자기 사라져 나타나지 않았다. 왕이 행차에서 돌아와 그 대나무로 피리를 만들었는데, 이 피리를 불면, 적병이 물러가고 병이 나으며, 가뭄에는 비가 오고 장마는 개며, 바람이 자자지고 물결이 평온해졌다. -『삼국유사』

16 김헌창의 난 이후에 청해진에서 군사 훈련을 받고 있는 병사의 모습을 볼 수 있었다. 2021년 소방간부후보생 O | X

17 통일 신라 진성 여왕 때 장보고의 건의에 따라 청해진이 설치되었다. 2020년 국가직 9급 O | X

18 장보고는 당에서 무령군 소장이 되었으나 해적 근절을 위해 귀국하였다. 2020년 해경간부후보생 O | X

19 김헌창의 난은 대공의 난 이후에 발생하였다. 2021년 경찰직(1차) O | X

20 통일 신라 진성 여왕 때 위홍 등이 향가를 모아 『삼대목』을 편찬하였다. 2018년 서울시 9급(3월) O | X

21 통일 신라 신문왕은 서원과 남원에 각각 소경을 설치하였다. 2012년 법원직 9급 O | X

22 통일 신라 원성왕은 원산만과 한강 하류로 진출하였다. 2014년 서울시 7급 O | X

23 통일 신라 진성 여왕 때는 원종과 애노의 난, 적고적의 난 등이 일어나는 등 사회가 혼란스러웠다. 2018년 경찰직(1차) O | X

24 장보고는 웅주를 근거지로 반란을 일으켜 장안(長安)이라는 나라를 세웠다. 2020년 해경간부후보생 O | X

25 통일 신라 진성 여왕 재위 기간에 발해가 멸망하였다. 2020년 국가직 9급 O | X

26 통일 신라 신문왕은 국학에 공자와 10철 등의 화상을 안치하여 유교 교육을 강화하였다. 2022년 서울시 9급(2월) O | X

27 독서삼품과는 안동 도호부 설치와 발해 건국 사이에 신라에서 실시한 제도이다. 2022년 계리직 9급 O | X

승범쌤의 기출 포인트

16 신라 하대 왕위 쟁탈전 기출개념

- 김헌창의 난(822)
- 김범문의 난(825)
- 김우징과 김양의 난(838)
- 장보고의 난(846)

19 김헌창의 난 기출사료

헌덕왕 14년 3월 웅천주 도독 김헌창은 그 아버지 주원이 왕이 되지 못한 이유를 내세워 반란을 일으켜 나라 이름을 장안이라 하고 연호를 경운이라 하였다. 무진주, 완산주, 청주, 사벌주의 4주 도독과 국원경, 서원경, 금관경의 사신과 여러 군현의 수령들을 위협하여 자기의 소속으로 삼았다.

–『삼국사기』

정답과 해설

01 × | 02 O | 03 O | 04 × | 05 × | 06 × | 07 O | 08 × | 09 O | 10 × | 11 × | 12 O | 13 × | 14 O | 15 × | 16 O | 17 × | 18 O | 19 O | 20 O | 21 O | 22 × | 23 O | 24 × | 25 × | 26 × | 27 ×

01 상고·중고·하고로 시기를 나누는 것은 『삼국유사』이다. | 04 신라 중대에는 상대등의 권한이 약화되었다. | 05 신문왕은 국학을 설치하였다. 주자감은 발해 문왕이 설치한 유학 교육 기관이다. | 06 독서삼품과는 신라 하대 원성왕이 시행하였다. | 08 김흠돌의 난은 신문왕 때 일어났다. | 10 녹읍이 부활된 것은 경덕왕 시기이다. | 11 관료전을 지급하고 녹읍을 폐지한 왕은 신문왕이다. | 13 최치원은 진성 여왕에게 시무책 10여 조를 건의하였다. | 15 장보고는 9세기에 활동한 인물이며, 패강 일대에 수자리가 설치된 것은 8세기 성덕왕 때이다. | 17 장보고의 건의에 따라 청해진이 설치된 것은 흥덕왕 때이다. | 22 원산만과 한강 하류로 진출한 것은 진흥왕 때의 일이다. | 24 웅주를 근거지로 반란을 일으켜 장안(長安)이라는 나라를 세운 인물은 김헌창이다. | 25 발해가 멸망한 것은 926년으로 경애왕 때이다. | 26 신문왕은 국학을 처음 설립하였지만, 국학에 공자와 10철 등의 화상을 안치한 왕은 성덕왕이다. | 27 독서삼품과는 안동 도호부 설치(668)와 발해 건국(698) 사이가 아니라 원성왕 때인 788년에 실시한 관리 선발 제도이다.

05 발해의 발전

7세기

1대 고왕(698~719, 대조영, 연호 – 천통)

① 대조영이 천문령 전투에서 당군을 격퇴한 후 고구려 유민과 말갈족을 통합하여 동모산에서 '진국' 건국(698)

② 당으로부터 발해 군왕으로 책봉되면서 발해로 개칭(713)

8세기

2대 무왕(719~737, 대무예, 연호 – ______1))

① 북만주 일대 장악, 흑수부 말갈 공격(동생 대문예 파견)
→ 대문예가 당에 투항하자 ______2)를 보내 당의 산둥 반도 공격(732, 등주자사 위준을 살해), 랴오시 지방에서 당군과 격돌

② 일본과 돌궐을 이용하여 신라와 당 견제

3대 문왕(737~793, 대흠무, 연호 – ______3), 보력)

① 당과 교류(762, 발해 국왕으로 상향), 신라도 개설, 원성왕이 보낸 신라 사신 일길찬 백어가 방문(790)

② **왕권 강화**: 전륜성왕 자처(대흥보력효감금륜성법대왕), 철리부 등 동북방 말갈을 복속시켜 영토 확장

③ **천도**: 중경 → ______4)(755년 무렵) → ______5)(785년 무렵)

④ 3성 6부제 시행, ______6) 설치(유학 교육 기관)

9세기~10세기

10대 선왕(818~830, 대인수, 연호 – ______7)): 대조영의 동생 대야발의 후손

① **최대 영토**: 흑수부 말갈 압박, 대부분의 말갈족을 복속시키고 요동으로 진출(남쪽으로는 신라와 국경을 접할 정도로 넓은 영토를 차지) → 5경 15부 62주로 정비

② 당으로부터 ______8)이라 불림

15대 대인선(906년경~926)

① **멸망의 원인**: 내부 분열과 거란(야율아보기)의 침략 → 상경 용천부(홀한성)가 포위되어 멸망(926)

② **부흥 운동 전개**: 후발해국(929), 정안국(936년 이후~986), 흥요국(1029~1030), 대발해국(1116) 등이 세워졌으나 모두 실패함

정답 1) 인안 2) 장문휴 3) 대흥 4) 상경 5) 동경 6) 주자감 7) 건흥 8) 해동성국

대외 관계

- ① **당과의 관계**
  - ㉠ **무왕**: 당, 신라와 적대적 – 장문휴가 당 정벌 → 당의 요청으로 신라 성덕왕이 발해 남쪽 국경 지방 공격
  - ㉡ **문왕**: 당, 신라와 교류 – 발해 국왕의 칭호, 신라도 개설
- ② **신라와의 관계**
  - ㉠ ______[1] **사건(897)**: 신라와 발해는 당나라 조정에서 사신들의 좌석 위치에 있어서 우위를 인정받으려고 다툼
  - ㉡ ______[2] **사건(906)**: 당의 빈공과 합격 순위를 두고 다툼(발해의 오소도가 아들 오광찬의 순위를 최언위보다 올려달라고 요구했다가 거절당함)
- ③ **일본과의 관계**: 무왕 때 국교 체결(727), 신라 견제 목적으로 친선 관계
- ④ **돌궐과의 관계**: 당을 견제할 목적으로 수교

고구려 계승의 증거

- ① **문화적 유사성**: 궁전지의 온돌 장치, ______[3] 공주 묘(모줄임 천장 구조, 굴식 돌방무덤), 정효 공주 묘(천장의 평행 고임 구조), 이불 병좌상, 석등, 연꽃무늬 기와
- ② **일본에 보낸 외교 문서에 나타난 내용**
  - ㉠ 무왕이 일본에 보낸 국서에서 "발해는 고구려의 영토를 수복하고, 부여의 전통을 계승한다"고 표현
  - ㉡ 문왕이 일본에 국서를 보낼 때 자신을 '고려 국왕 대흠무'라 칭하며 천손의 자손임을 주장
  - ㉢ 일본이 발해에 보낸 외교 문서에도 '고려왕'의 칭호를 사용
- ③ **발해사 연구 서적**: ______[4](이승휴) – 최초로 발해사를 민족사로 편입, 『발해고』(유득공) – '남북국'이라는 용어 주장

더 알아보기

발해 무왕의 대당 강경책

- 무왕이 신하들을 불러, "처음에 흑수말갈이 우리의 길을 빌려서 당나라와 통하였다. …… 그런데 지금 당나라와 공모하여 우리를 앞뒤에서 치려는 것이다."고 말하였다. 이리하여 동생 문예가 외삼촌 임아상으로 하여금 군사를 동원하여 흑수말갈을 치도록 하였다.

  – 유득공, 『발해고』
- 대무예가 장수 장문휴를 보내 해적을 이끌고 등주자사 위준을 공격하자, 당이 문예를 보내 병사를 징발하여 토벌하게 하였다. 이어 김사란을 신라로 보내 병사를 일으켜 발해 남쪽 국경을 공격하게 하였다.

  – 『신당서』

정답 1) 쟁장 2) 등제 서열 3) 정혜 4) 『제왕운기』

*옳은 문장은 ○, 틀린 문장은 ×에 체크하세요.

핵심 기출 OX 발해의 발전

01 대조영은 국호를 진국에서 발해로 바꾸었다. 2019년 국가직 9급 ○ ×

02 대조영은 목단강 상류인 동모산 지역에 정착하여 698년 나라를 세우고, 국호를 진국이라 하였다. 2019년 국회직 9급 ○ ×

03 발해 무왕 때는 최대 영토를 차지해서 당으로부터 해동성국이라고 불렸다. 2018년 법원직 9급 ○ ×

04 발해 무왕은 전륜성왕을 자처하고 황상, 황후 등의 용어를 사용하였다. 2019년 서울시 7급(10월) ○ ×

05 발해 무왕은 일본에 보낸 외교 문서에서 고구려 계승 의식을 천명하였다. 2016년 서울시 9급 ○ ×

06 발해 무왕 때 신라는 급찬 숭정이 사신으로 왔다. 2019년 국가직 9급 ○ ×

07 발해 무왕은 당과 신라를 견제하기 위해 돌궐과 손을 잡았다. 2019년 국가직 7급 ○ ×

08 발해 무왕은 당으로부터 발해 군왕의 책봉호를 처음으로 받았다. 2019년 국가직 7급 ○ ×

09 발해 문왕의 연호는 대흥과 보력이다. 2017년 지방직 7급 ○ ×

10 발해 문왕 때 장문휴가 수군을 이끌고 당(唐)의 산둥(山東) 지방을 공격하였다. 2014년 지방직 9급 ○ ×

11 발해 문왕은 당에서 안녹산의 난이 일어나자 중경에서 상경으로 천도하였다. 2019년 국가직 7급 ○ ×

12 발해 문왕은 산둥 지방에 수군을 보내 당을 공격하였다. 2018년 서울시 9급(3월) ○ ×

13 발해 문왕 재위 시기에 통일 신라에서 독서삼품과가 설치되었다. 2020년 지방직 9급 ○ ×

14 발해 선왕은 동경에서 상경으로 천도하고 중흥(中興)이라는 연호를 채택하였다. 2019년 서울시 7급(10월) ○ ×

15 발해 문왕 때 당나라는 발해왕을 국왕으로 승격하여 책봉하였다. 2019년 서울시 7급 ○ ×

승범쌤의 기출 포인트

05 발해의 고구려 계승 의식 기출사료

"무예(武藝)가 아룁니다. …… 무예는 황송스럽게도 대국(大國)을 맡아 외람되게 여러 번(蕃)을 함부로 총괄하며, 고려의 옛 땅을 회복하고 부여의 습속(習俗)을 가지고 있습니다." －『속일본기』

09 발해 왕들의 연호 기출개념

- 고왕 : 천통
- 무왕 : 인안
- 문왕 : 대흥, 보력
- 성왕 : 중흥
- 선왕 : 건흥

14 발해의 천도 기출개념

- 문왕 : 중경 → 상경 → 동경
- 성왕 : 동경 → 상경

16 발해 선왕은 유학 체제를 정비하기 위해서 교육 기관인 주자감을 설치하였다. 2016년 서울시 7급 O X

17 발해 선왕은 대부분의 말갈족을 복속시키고 요동 지역으로 진출하였다. 2012년 국가직 7급(10월) O X

18 발해 선왕은 동해안을 따라 신라에 이르던 교통로인 '신라도'를 개설하였다. 2017년 지방직 7급 O X

19 발해는 8세기 전반에 당과 대립하였으나 8세기 후반부터 친선 관계로 바뀌었다. 2019년 경찰직(2차) O X

20 유득공의 『발해고』는 최초로 발해사를 우리 민족의 역사로 인정하였다. 2015년 경찰간부후보생 O X

21 발해 문왕은 일본에 보낸 외교 문서에 천손(하늘의 자손)이라 표현하였다. 2020년 지방직 9급 O X

22 발해 선왕 때 5경 15부 62주의 지방 제도가 완비되었다. 2012년 국가직 7급 O X

23 발해 선왕이 즉위하여 왕의 계보가 대조영의 직계에서 그의 동생 대야발의 직계로 바뀌게 되었다. 2013년 지방직 7급 O X

24 발해는 당과 신라의 견제를 막기 위해 초기에는 북으로는 돌궐, 남으로는 일본과 친선 관계를 맺었다. 2019년 국가직 7급 O X

25 『구당서』와 『신당서』에서는 대조영을 고려의 별종이라 전하고 있다. 2019년 국회직 9급 O X

승범쌤의 기출 포인트

16 시대별 유학 교육 기관 기출개념

통일 신라	국학
발해	주자감
고려	국자감 → 성균관
조선	성균관
대한 제국	경학원(1887)

정답과 해설 01 O | 02 O | 03 × | 04 × | 05 O | 06 × | 07 O | 08 × | 09 O | 10 × | 11 O | 12 × | 13 O | 14 × | 15 O | 16 × | 17 O | 18 × | 19 O | 20 × | 21 O | 22 O | 23 O | 24 O | 25 ×

03 발해가 해동성국이라 불린 시기는 선왕(10대) 때이다. | 04 전륜성왕을 자처하고 황상, 황후 등의 용어를 사용한 왕은 문왕이다. | 06 급찬 숭정이 발해에 사신으로 간 것은 812년으로 당시의 발해 왕은 정왕(809~812)에서 희왕(812~817)으로 교체되는 시기였다. | 08 발해 군왕의 책봉호를 처음 받은 왕은 고왕(대조영)이다. | 10 장문휴를 보내 당의 산둥 지방을 공격한 왕은 무왕이다. | 12 산둥 지방에 수군을 보내 당을 공격한 왕은 무왕이다. | 14 동경에서 상경으로 천도하고 중흥이라는 연호를 채택한 왕은 성왕(5대)이다. | 16 주자감을 설립한 왕은 문왕이다. | 18 신라도는 문왕이 개설하였다. | 20 최초로 발해사를 우리 민족의 역사로 인정한 것은 이승휴의 『제왕운기』이다. | 25 『구당서』에는 발해의 시조 대조영이 고려(고구려)의 별종이라고 기록되어 있으나 『신당서』에는 대조영이 고구려에 부속된 속말 말갈인이라고 기록되어 있다.

06 남북국의 통치 체제

1. 통일 신라

중앙 관제
- ① **14부 체제(집사부 + 13부)**: 집사부 장관은 중시(→ 시중)
- ② **법흥왕**: ________1)부(군사 업무)
- ③ **진평왕**: ________2)부(인사 업무), 조부(세금 수납), 예부(의례, 교육), 승부(말 관리), 영객부(외교, 외빈 접대 – 진평왕 때 설치했으나 진덕 여왕 때 영객부와 영객전을 통합)
- ④ **진덕 여왕**: ________3)부(국가 기밀 담당), 창부(재정), 좌이방부(법률)
- ⑤ **무열왕**: ________4)부(감찰)
- ⑥ **문무왕**: 우이방부(법률), 선부(선박, 해상 교통)
- ⑦ **신문왕**: 공장부(수공업), 예작부(토목)

지방 조직
- ① **9주**: 총관(문무왕) → 도독(원성왕) 파견
- ② **촌락**: 촌주가 관리
- ③ **5소경**: 수도의 편재성 보완, 지방의 균형 발전, 지방 요충지에 설치
- ④ **향·부곡**: 반항 지역의 주민들에게 특수한 의무를 부담시키기 위해 설치
- ⑤ ________5) **제도**: 지방 유력 세력을 수도에 머물게 하여 견제함
- ⑥ **민족 융합 정책**: 고구려와 백제의 지배층 흡수, 9서당, 9주 5소경 지역 안배

군사 조직
- ① **중앙군**: 9서당 – 민족 융합의 성격(신라인: 녹금·자금·비금, 고구려인: 황금, 보덕국인: 적금·벽금, 백제인: 백금·청금, 말갈인: 흑금)
- ② **지방군**: 10정 – 국경 지역인 한주에만 2개 정 설치(________6)정, 남천정)
- ③ **특수군**: 5주서, 3변수당, 만보당(9주에 각각 2개의 당 배치)

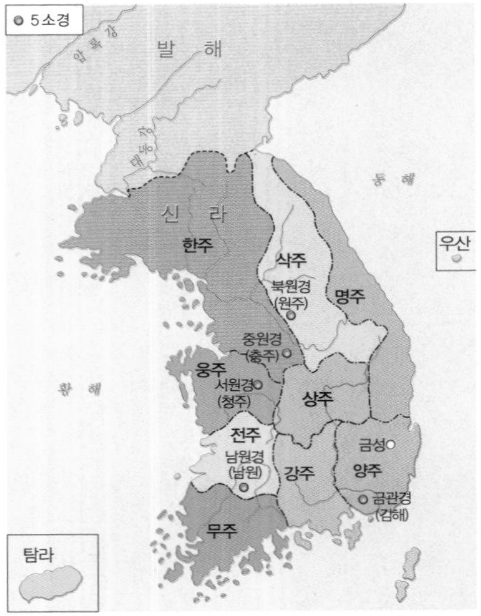

신라의 9주 5소경

정답 1) 병 2) 위화 3) 집사 4) 사정 5) 상수리 6) 골내근

2. 발해

중앙 관제

- ① **특징**: 당의 3성 6부 제도를 기반으로 하되 명칭과 운영은 독자적으로 함
- ② 왕은 가독부, 황상이라 부름
- ③ **3성**: 정당성(최고 기구, 수상: _____[1])[좌사정(충부, 인부, 의부), 우사정(지부, 예부, 신부)], 선조성(정책 심의, 좌상), 중대성(정책 수립, 우상)
- ④ **6부**: _____[2](문관 인사), 인부(조세·재정), 의부(의례·교육), _____[3](군사·국방), 예부(법률·형법), 신부(건설·토목) – 유교식 명칭 사용
- ⑤ **주요 기구**: _____[4](관리 감찰), _____[5](도서 관리), 주자감(유학 교육), 항백국(환관청)

지방 조직

- ① **5경**: 전략적 요충지로 수도 상경을 포함(상경 용천부, 동경 용원부, 중경 현덕부, 남경 남해부, 서경 압록부)
- ② **15부**: 장관으로 도독을 두어 지방 행정을 총괄
- ③ **62주**: 지방관으로 자사를 파견
- ④ **현**: 주 아래 현을 설치하고 현승 파견
- ⑤ 지배층인 고구려인과 피지배층인 말갈인의 이원적 구조, 촌락은 주로 말갈족으로 구성되었고 촌장을 매개로 지배

군사 조직

- ① **중앙군**: 10위 – 왕궁과 수도 경비
- ② **지방군**: 농병 일치의 군사 조직, 지방관이 지휘
- ③ **특수군**: 지방의 요충지에 독립된 부대 설치

발해의 중앙 관제

발해의 지방 통치 제도

정답 1) 대내상 2) 충부 3) 지부 4) 중정대 5) 문적원

*옳은 문장은 ○, 틀린 문장은 ×에 체크하세요.

핵심 기출 OX 남북국의 통치 체제

01 신라는 통일 후 주로 진골 귀족으로 구성된 9서당을 국왕이 장악함으로써 왕실이 주도하는 교육 제도를 구축하였다. 2018년 서울시 9급(6월) ○ ×

02 통일 신라는 13개의 관부가 병렬적으로 독립되어 있었으며 사정부 · 예작부 · 선부를 제외한 주요 관서에 여러 명의 장관을 임명하는 제도를 운영하였다. 2016년 서울시 7급 ○ ×

03 신라의 중앙군인 9서당에는 진골 귀족만이 포함될 수 있었다. 2013년 서울시 7급 ○ ×

04 통일 신라는 중앙의 주요 관서에 각각 복수의 장관을 임명하였다. 2017년 국가직 7급(8월) ○ ×

05 통일 신라는 지방 세력을 제도적으로 통제 · 감시할 목적으로 일정 기간 경주에 머물게 하는 사심관제를 실시하였다. 2016년 서울시 7급 ○ ×

06 통일 신라의 5소경은 동남쪽에 치우친 수도의 편향성을 보완하기 위해 군사 · 행정의 요충지에 설치되었다. 2018년 지방직 7급 ○ ×

07 통일 신라는 중앙과 지방에 각각 9서당과 10정을 두었으며 10정에 편제된 보병이 군사력의 핵심을 이루었다. 2016년 서울시 7급 ○ ×

08 통일 신라는 촌주가 관할하는 촌 이외에, 향 · 부곡이라는 행정 구역도 있었다. 2015년 국가직 9급 ○ ×

09 통일 신라는 5소경을 전략적 요충지에 두고, 도독이 행정을 관할토록 하였다. 2015년 국가직 9급 ○ ×

10 통일 신라의 각 주에는 지방 감찰관으로 보이는 외사정이 배치되었다. 2015년 국가직 9급 ○ ×

11 통일 신라는 촌락 지배 방식으로 면리제를 시행하였다. 2018년 국가직 9급 ○ ×

12 발해의 상경(上京)은 당나라 도성을 본떠 조방(條坊)을 나누었다. 2017년 국가직 7급(8월) ○ ×

13 발해는 정당성의 장관인 대내상이 국정을 총괄 · 운영하였으며, 그 아래에 있는 좌사정과 우사정이 6부를 각각 3부씩 나누어 관할하였다. 2017년 지방직 9급 ○ ×

승범쌤의 기출 포인트

05 상수리 제도 기출사료

나라에서는 매년 각 주의 향리 한 사람을 서울 안에 있는 여러 관청에 올려 보내어 지키게 하였다. 안길이 지킬 차례가 되어 서울에 왔다. …… "무진주에 사는 안길이 상공을 뵈러 왔습니다." 거득공이 그 말을 듣고 쫓아 나와 손을 붙잡고 궁으로 들어가 공의 부인을 함께 불러내어 잔치를 열었다.

–『삼국유사』

14 발해의 군사 조직 중 중앙군은 10정으로 왕궁과 수도 경비를 담당하였다. 2015년 경찰직(2차) O X

15 발해는 전략적 요충지에 5경을, 지방 행정의 중심부에는 15부를 두었다. 2015년 경찰직(2차) O X

16 발해 6부의 이름은 유교의 덕목을 따서 만들었다. 2019년 서울시 7급(10월) O X

17 발해는 지방관으로 부에는 도독, 주에는 자사, 현에는 현승을 두었다. 2019년 서울시 7급(10월) O X

18 발해는 최고 교육 기관으로 태학감을 두었다. 2015년 지방직 9급 O X

19 발해는 선조성과 중대성의 장관이 국정을 총괄하였다. 2013년 기상직 9급 O X

20 발해의 중앙 정치 조직은 당의 제도를 수용하였으나 명칭과 운영에서 독자성이 나타난다. 2013년 기상직 9급 O X

21 발해는 9서당과 10정의 군사 조직을 갖추었다. 2022년 지방직 9급 O X

승범쌤의 기출 포인트

14 남북국의 군사 조직 비교 기출개념

통일 신라	• 중앙군: 9서당 • 지방군: 10정
발해	• 중앙군: 10위 • 지방군: 촌락 단위로 구성된 농병 일치의 군대 • 특수군: 국경 요충지에 독립 부대 배치

정답과 해설 01 × | 02 O | 03 × | 04 O | 05 × | 06 O | 07 × | 08 O | 09 × | 10 O | 11 × | 12 O | 13 O | 14 × | 15 O | 16 O | 17 O | 18 × | 19 × | 20 O | 21 ×

01 9서당은 진골 귀족이 아닌 여러 민족의 유민들이 포함되어 구성된 통일 신라의 중앙군이다. | 03 9서당은 여러 민족으로 구성된 부대이다. | 05 통일 신라는 지방 세력 통제를 위해 상수리 제도를 시행하였다. 사심관 제도는 고려에서 시행된 제도이다. | 07 통일 신라의 군사력의 핵심은 중앙군인 9서당이다. | 09 5소경에는 사신을 파견하였다. | 11 면리제는 조선의 촌락 지배 방식이다. 통일 신라의 촌은 촌주가 담당하였다. | 14 발해의 중앙군은 10위이다. | 18 발해의 최고 교육 기관은 주자감이다. | 19 발해의 최고 통치 기관은 정당성이다. 선조성은 정책 심의를, 중대성은 정책 수립을 담당하였다. | 21 9서당과 10정의 군사 조직을 갖춘 나라는 통일 신라이다.

07 후삼국의 성립

1. 후백제

건국 — 전라도 지방의 군사력과 호족 세력을 토대로 892년 무진주(광주)에서 견훤이 왕이라 자칭 → ______[1](전주)로 천도 후 정식으로 국가 체제를 정비하여 건국(900)

발전
- ① **영토 확장**: 차령산맥 이남의 충청도와 전라도 지역을 차지 → 우세한 경제력을 바탕으로 군사적 우위 확보
- ② **대외 관계**: 중국의 오월·후당 및 일본과 적극적인 외교 관계 수립

한계 — **신라에 적대적**: ______[2]왕 살해(927), 지나친 조세 부과, 호족 포섭 실패

2. 후고구려

건국 — 신라 왕족의 후예인 궁예가 초적 세력인 기훤과 양길의 부하였다가 자립하여 ______[3]에서 건국(901)

발전
- ① **영토 확장**: 강원도, 경기도 일대의 중부 지방 점령, 황해도 지역까지 세력 확장, 한강 유역 차지
- ② **국호 변경**: 후고구려 → ______[4](904, 연호: 무태) → ______[5](911, 연호: 수덕만세, 914년에 정개)
- ③ **천도**: 송악 → ______[6](905, 연호: 성책)
- ④ **태봉의 관제**: ______[7](장관은 시중 또는 광치내)을 비롯한 여러 관서 설치, 9관등제 실시(정광·원보·대상·원윤·좌윤·정조·보윤·군윤·중윤)

한계
- ① 지나친 조세 수취, 죄 없는 관료 살해, 미륵 신앙을 이용한 전제 공포 정치, 부석사의 신라왕 화상을 칼로 훼손하여 신라인들의 반감을 삼
- ② **고려의 건국**: 왕건과 궁예의 부하들이 궁예를 축출하고 고려를 건국함(918)

더 알아보기

태봉의 중앙 관제

광평성	국정 총괄 기관, 장관: 광치나(광치내)	의형대	형부, 법률 담당	금서성	축문(祝文)·경적(經籍) 등 담당	사대	역어 담당
병부	군사 담당	원봉성	왕명 출납 담당	남상단	토목 공사 담당	식화부	과수를 심고 기르는 일 담당
대룡부	창부, 재정 담당	납화부	재화(財貨)·창고 등의 일 담당	수단	물 관리 담당	주도성	기물을 만드는 일 담당
수춘부	예부, 각종 행사와 의식 담당	조위부	전곡(錢穀)의 출납, 회계 담당	비룡성	말(馬)에 관한 일 담당	장선부	성황(국방상 요지의 축성)의 수리 담당
봉빈부	외교 담당	내봉성	내무와 백관에 대한 사무 담당	물장성	공기(工技)와 보장(寶藏)을 관장		

정답 1) 완산주 2) 경애 3) 송악 4) 마진 5) 태봉 6) 철원 7) 광평성

*옳은 문장은 ○, 틀린 문장은 ×에 체크하세요.

핵심 기출 OX 후삼국의 성립

01 궁예는 901년에 송악에서 후고구려를 건국하였다. 2012년 지방직 9급 ○ ×

02 후고구려는 독자적인 연호를 사용하면서 황제국 체제를 지향하였다. 2014년 경찰간부후보생 ○ ×

03 궁예는 신라의 대야성을 점령하고 포석정에서 경애왕을 살해하였다. 2015년 경찰간부후보생 ○ ×

04 궁예는 국호를 대동방국을 뜻하는 마진으로 정하면서 수도를 송악으로 천도하였다. 2017년 해경간부후보생 ○ ×

05 궁예는 부석사에 있는 신라 왕의 화상을 칼로 훼손하면서 반신라적 감정을 드러냈다. 2015년 경찰간부후보생 ○ ×

06 후고구려는 중국의 오월 및 일본과 통교하면서 국제적으로 지위를 인정받고자 했다. 2014년 경찰간부후보생 ○ ×

07 견훤은 900년에 무진주에서 후백제를 건국하였다. 2012년 지방직 9급 ○ ×

08 견훤은 후당, 오월과도 통교하는 등 대국 외교에 적극적이었다. 2012년 지방직 9급 ○ ×

09 견훤은 전라도 지방의 군사력과 호족 세력을 토대로 후백제를 건국하였다. 2015년 경찰간부후보생 ○ ×

10 궁예는 국호를 마진으로 바꾸고, 도읍을 철원으로 옮겼다. 2012년 지방직 9급 ○ ×

11 궁예는 미륵불의 화신임을 내세우면서 백성들을 현혹하였다. 2014년 경찰간부후보생 ○ ×

12 견훤은 골품제에서 벗어나 광평성을 중심으로 한 새로운 관제를 마련하였다. 2017년 해경간부후보생 ○ ×

13 후백제의 신검이 견훤을 금산사에 유폐시켰다. 2020년 경찰직(1차) ○ ×

승범쌤의 기출 포인트

01 궁예 기출사료

궁예는 본래 신라의 왕자였는데도 도리어 자기 나라를 원수로 여겨 선조의 화상에 칼질까지 하였으니 그 어질지 못한 것이 심하였다. …… 그렇기 때문에 궁예는 자기 신하들에게 버림을 받았다.

－『삼국유사』

07 견훤 기출사료

진성 여왕 6년, …… 기강은 문란해지고 흉년마저 겹쳐 백성들은 유리되고 도적들이 벌떼처럼 들고 일어났다. 이에 견훤은 은근히 반란할 뜻을 품고 무리를 모아 서울 서남의 주현을 공격하니, 가는 곳마다 호응하여 불과 한 달 동안에 군사가 5,000여 명에 이르렀다. 드디어 무진주를 습격하고 왕이라 하였으나 감히 공공연히 왕이라고는 못하였다.

－『삼국사기』

정답과 해설 01 ○ | 02 ○ | 03 × | 04 × | 05 ○ | 06 × | 07 × | 08 ○ | 09 ○ | 10 ○ | 11 ○ | 12 × | 13 ○

03 후백제의 견훤에 대한 설명이다. | 04 궁예는 901년에 송악을 수도로 하여 후고구려를 건국하였다. 904년에 국호를 마진으로 바꾸고 905년에 철원으로 천도하였다. | 06 중국의 오월 및 일본과 통교한 나라는 후백제이다. | 07 견훤은 무진주를 점령하고 세력을 키운 뒤 900년에 완산주에서 후백제를 건국하였다. | 12 광평성은 태봉 및 고려 초기의 관청이다.

08 고대의 경제

1. 삼국의 수취 제도

특징	조(田租)·용(身庸)·조(戶調)를 근간으로 운영하였고 재해 시 세금을 감면해 주기도 함	
고구려	호(戶)를 3등급으로 나누어 곡물과 포를 징수(租)하였고 추가로 인두세로 포(身庸)와 곡식(戶調)을 징수	
백제	해당 지역의 토산물을 현물로 징수(租)하되 풍흉에 따라 차등을 두었고 15세 이상의 남자를 부역에 동원함	『삼국사기』 기록에 재해 시 전조(田租)와 호조(戶調)를 면제한 기록이 있음
신라	토지의 생산물인 곡물과 직물의 원료 등에 현물세를 징수(租)하였고, 15세 이상의 남자를 부역에 동원함	

2. 산업 및 무역

농업
- ① **생산력 증대 노력**: 철제 농기구 보급, 우경 장려, 황무지 개간, 저수지 축조
- ② **백성 생활 안정**: 흉년에 곡식 대여 → ______[1]법 실시(고구려 고국천왕)
- ③ **휴한 농법**: 시비법이 발달하지 못하여 적게는 1년, 많게는 수년간 땅을 묵혀두어야 해서 수확량이 적었음

수공업과 상업
- ① **수공업**: 국가 체제 정비 후 수공업 제품을 생산하는 관청을 설치하여 필요한 물품 생산
- ② **상업**: 정부와 지배층의 필요에 따라 수도와 같은 도시에만 형성, 지방 특산물을 매매하는 행상 존재
  → 신라의 경우 소지 마립간 때 시장을 처음 설치하였고, 지증왕 때 동시와 동시전을 설치,
  백제는 수도에 시장을 열고 이를 관리하는 도시부라는 관청을 설치

귀족과 농민의 경제생활
- ① **귀족**: 본래부터 소유한 토지와 국가에서 지급한 ______[2](관료 귀족에게 지급, 수조권 + 노동력 징발권),
  식읍(왕족과 공신에게 지급, 수조권 + 노동력 징발권) 등을 보유,
  일반 농민보다 유리한 생산 조건을 갖추고 고리대를 통한 수탈 등으로 재산 증식
  → 풍족하고 사치스러운 생활 영위
- ② **농민**: 자기 소유의 토지를 경작하거나 부유한 자의 토지를 빌려 경작
  → 과중한 수취 부담, 전쟁에 동원, 자연재해, 고리대 등으로 몰락하여 노비나 유랑민이 되거나 도적이 되기도 함

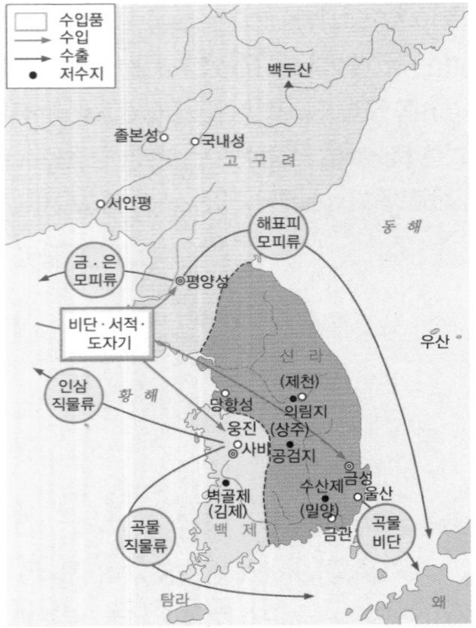

삼국의 무역

대외 무역
- ① **고구려**: 중국의 남북조 및 북방의 유목민과 교류
- ② **백제**: 남중국 및 왜와 활발하게 교류
- ③ **신라**: 한강 유역 확보 전에는 고구려와 백제를 통해 중국과 교류
  → 진흥왕 때 한강 유역을 확보한 후 ______[3]을 설치하여 중국과 직접 교류

정답 1) 진대 2) 녹읍 3) 당항성

3. 남북국의 경제

통일 신라

- ① **수취 제도**
  - ㉠ **조세**: 생산량의 1/10 수취(전조, 田租)
  - ㉡ **공물**: 촌락 단위로 그 지역의 특산물 징수(호공, 戶貢)
  - ㉢ **역**: 16~60세 남자를 대상으로 군역과 요역 부과(정역, 丁役)
- ② **수공업**: 수공업 담당 관청 정비 → 소속 장인과 노비에게 물품을 제작하도록 함
- ③ 상업
  - ㉠ 수도 – 동시 외에 서시와 남시 추가 설치(효소왕)
  - ㉡ 지방 – 지방의 중심지나 교통의 요충지에 시장 형성
- ④ 무역
  - ㉠ 대표 무역항 – ______[1]항, 남양만(당항성), 영암 등
  - ㉡ **당과의 무역**: 공무역뿐만 아니라 사무역도 발달
  - ㉢ **일본과의 무역**: 일본은 대마도에 신라 ______[2]를 두어 통역관을 양성
  - ㉣ **대표적인 무역로**: 울산 → 일본·중국, 당항성 → 산둥 반도, 영암 → 흑산도 → 상하이
- ⑤ **대당 진출**: 산둥 반도~양쯔강 하류에 신라방, 신라소, 신라관, 신라원 등 설치
- ⑥ **장보고의 활약**: 청해진 설치(828) → 무역 독점(당에 견당매물사, 일본에 회역사 등의 교관선단을 파견함), 산둥성 적산촌에 ______[3]원 건립
- ⑦ **귀족의 경제생활**: 식읍, 녹읍, 노비, 상속받은 토지, 고리대 등으로 부를 축적 → 귀족의 향락 생활 심화(금입택, 사절유택 건축) → 흥덕왕의 사치 금지 조서 반포
- ⑧ **농민들의 경제생활**: 휴경법의 일반화, 지대와 조세의 과중한 부담, 세력가의 수탈 등 → 농민 몰락 가속화
- ⑨ **향·부곡민**: 일반 농민보다 더 많은 공물을 부담
- ⑩ **노비**: 왕실, 관청, 귀족, 절 등에 소속 → 각종 필수품 제작, 일용 잡무, 농장 관리, 주인의 땅 경작

더 알아보기

통일 신라의 토지 제도 변화

- **신문왕 7년(687)**: 문무 관료전을 지급하되 차등을 둠
- **신문왕 9년(689)**: 내외관의 녹읍을 혁파하고 매년 조(租)를 내리되 차등이 있게 하여 이로써 영원한 법식을 삼음
- **성덕왕 21년(722)**: 처음으로 백성에게 정전을 지급
- **경덕왕 16년(757)**: 여러 내외관의 월봉을 없애고 다시 녹읍을 지급
- **소성왕 원년(799)**: 청주 거노현을 국학생의 녹읍으로 삼음

정답 1) 울산 2) 역어소 3) 법화

❖ 신라 촌락 문서

1. **발견**: 일본 도다이사(동대사) 쇼소인(정창원)에서 발견

2. **조사 지역 및 조사 주체**: ______[1]경 주변의 4개 촌락에 관한 정보를 촌주가 3년마다 작성 → 조세와 공물, 부역 징발의 자료

기록 내용
- ① **가호**: 사람의 많고 적음에 따라 ______[2]등급으로 나누어 파악(상상연~하하연)
- ② **사람**
  - ㉠ 성별 파악 및 연령별 ______[3]등급으로 나누어 파악(여자가 남자보다 더 많음)
  - ㉡ **연령(추정)**: 정(정녀, 16~57세), 조자(조여자, 13~15세), 추자(추여자, 10~12세), 소자(소여자, 9세 이하), 제공(제모, 58~59세), 노공(노모, 60세 이상)
- ③ **토지**
  - ㉠ **특징**: 증감을 기록하지 않고 비옥도와 풍흉의 정도를 반영하지 않음
  - ㉡ 토지의 종류 ─ 촌주위답, 연수유전답, 내시령답, 관모전답, 마전
    - ______[4]**답(村主位畓)**: 직역에 대한 대가로 조세 납부를 면제받는 촌주의 땅
    - ______[5]**답(烟受有田畓)**: 공연이 소유한 전답
    - ______[6]**답(內視令畓)**: 수확의 일정 비율을 내시령이라는 관리에게 지급
    - ______[7]**답(官謨田畓)**: 공적인 비용을 충당하기 위해 촌마다 설정된 토지
    - **마전(麻田)**: 마을의 정남들이 공동으로 삼(麻)을 경작한 땅
- ④ 우마의 수, 유실수(뽕나무, 잣나무, 호두나무)의 수 등의 증감을 기록(양전에 비해 비교적 파악이 수월하기 때문)
- ⑤ 노비도 연령별, 남녀별로 조사하였지만 그 수가 많지 않음

더 알아보기

신라 민정 문서의 내용

토지는 논, 밭, 촌주위답, 내시령답 등 토지의 종류와 면적을 기록하고, 사람들은 인구, 가호, 노비의 수와 3년 동안의 사망, 이동 등 변동 내용을 기록하였다. 그 밖에, 소와 말의 수, 뽕나무, 잣나무, 호두나무의 수까지 기록하였다. 특히, 사람은 남녀별로 구분하고, 16세에서 60세의 남자의 연령을 기준으로 나이에 따라 6등급으로 구분하여 기록하였다. 호(가구)는 사람의 많고 적음에 따라 상상호(上上戶)에서 하하호(下下戶)까지 9등급으로 나누어 파악하였다. 기록된 4개 촌은 호구 43개에 총인구는 노비 25명을 포함하여 442명(남 194, 여 248)이며, 소 53마리, 말 61마리, 뽕나무 4,249그루 등의 재산을 소유하고 있었다.

– 신라 민정 문서

정답 1) 서원 2) 9 3) 6 4) 촌주위 5) 연수유전 6) 내시령 7) 관모전

발해

- ① **수취 제도**
  - ㉠ **조세**: 조, 보리, 콩 등의 곡물 징수
  - ㉡ **공물**: 베, 명주, 가축 등의 특산물 징수
  - ㉢ **역**: 궁궐이나 관청 등을 건축하는 데 농민 동원
- ② **농업**: 밭농사 위주, 일부 지역에서 벼농사 실시
- ③ **수공업**: 금속 가공업과 직물업, 도자기업 등 다양하게 발달
- ④ **상업**: 상경 등 도시와 교통 요충지에서 상업 발달
- ⑤ **목축, 수렵**: 돼지·소·말·양 등 사육, ＿＿＿＿[1]부의 말이 주요 수출품, 모피·녹용·사향 등 수출
- ⑥ **특산물**: 태백산의 토끼, 남해부의 곤포(다시마), 책성부의 된장, 위성의 철, 미타호의 붕어 등
- ⑦ **무역**
  - ㉠ ＿＿＿＿[2]**관 설치**: 산둥 반도 덩저우(등주)에 설치
  - ㉡ **일본**: 일본도를 통해 활발한 무역
  - ㉢ **신라**: 신라도를 통해 교류

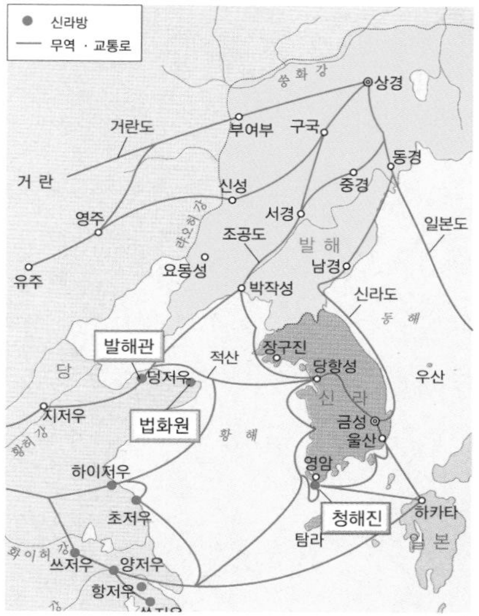

통일 신라와 발해의 대외 무역도

더 알아보기

발해와 일본과의 대외 무역

20일 기축(己丑)에 내장료(內藏寮)와 발해객(渤海客)이 재화와 물건을 서로 교환하였다. 21일 경인(庚寅)에 도성 사람들과 발해객이 서로 왕래하는 것을 허락하였다. 22일 신묘(辛卯)에 여러 시전의 사람들과 (발해)객들이 사사로이 서로 물건을 거래하는 것을 허락하였다. 이날 나랏돈 40만을 발해국 사신 등에게 주고, 이에 시전의 사람들을 불러 모아 (발해)객들과의 사이에서 토산물을 매매하도록 하였다.

– 『일본삼대실록』

정답 1) 솔빈 2) 발해

*옳은 문장은 o, 틀린 문장은 ×에 체크하세요.

핵심 기출 OX 고대의 경제

01 신라는 한강 유역을 차지한 뒤에야 당항성을 통하여 중국과 직접 교역할 수 있게 되었다. 2014년 지방직 7급 O X

02 고구려는 중국에 곡물과 비단을 수출하였다. 2017년 지방직 9급 O X

03 삼국 시대에는 개인 소유의 토지가 사실상 존재했으며 일반 백성은 이를 경작하거나 남의 토지를 빌려 경작하기도 했다. 2014년 지방직 7급 O X

04 백제는 남중국 및 왜와 활발한 대외 무역을 전개하였다. 2014년 지방직 7급 O X

05 신라는 곡물과 비단을 왜에 수출하였다. 2017년 지방직 7급 O X

06 삼국 통일 후 인구 증가와 상품 생산의 확대에 따라 경주에 서시와 남시가 설치되었다. 2020년 경찰직(1차) O X

07 신라 민정 문서는 호(戶)를 인정(人丁)의 다소에 따라 9등급으로 나누었다. 2017년 국가직 7급 O X

08 신라 민정 문서는 비옥도와 풍흉의 정도에 따라 토지의 종류와 면적을 기록하였다. 2015년 경찰직(1차) O X

09 신라 민정 문서는 촌주가 변동 사항을 조사하여 촌 단위로 매년 다시 작성하였다. 2016년 경찰직(2차) O X

10 신라 민정 문서는 서원경 부근 4개 촌락의 주민 이름, 성별, 나이와 노비의 수를 구체적으로 기재하였다. 2015년 국가직 7급 O X

11 신라 민정 문서는 지방관으로 파견된 촌주가 기록하였다. 2017년 지방직 9급 O X

12 통일 신라의 민정 문서는 촌주가 해당 촌의 인구 · 우마의 수, 토지 면적 등을 조사하여 3년마다 작성한 것이다. 2015년 경찰직(1차) O X

13 녹읍은 토지에 대한 수조권에는 권리를 행사할 수 있었지만, 거주민에 대한 노동력은 징발할 수 없었다. 2012년 지방직(상) 9급 응용 O X

14 녹읍은 대상 토지에 거주하는 가호의 수를 단위로 지급되었다. 2018년 국가직 7급 O X

승범쌤의 기출 포인트

06 신라의 시장 설치 기출개념

- 소지 마립간: 처음 시장 설치
- 지증왕: 동시 · 동시전 설치
- 효소왕: 서시 · 남시, 서시전 · 남시전 설치

15 통일 신라 시대에는 무역의 확대로 중국 산둥 반도와 양쯔강 하류에 신라방, 신라소, 신라관, 신라원 등이 설치되었다. 2011년 국가직 7급
O X

16 통일 신라는 호(戶)를 상상호(上上戶)에서 하하호(下下戶)까지 6등급으로 나누어 파악하였다. 2011년 지방직 7급
O X

17 통일 신라에서 역(役)은 군역과 요역으로 이루어졌으며, 대체로 16~60세의 남자에게 부과되었다. 2011년 국가직 7급
O X

18 9세기 신라에서는 벽란도에서 비단을 파는 중국 상인의 모습을 볼 수 있었다. 2017년 법원직 9급
O X

19 통일 신라의 농민들은 쌀, 보리 등의 곡류 작물 외에도 모시, 목화 등의 의류 작물을 재배하였다. 2013년 지방직 7급
O X

20 발해는 당, 신라, 거란, 일본 등과 무역하였는데, 대신라 무역의 비중이 가장 컸다. 2017년 서울시 9급
O X

21 발해의 수취 제도는 조세, 공물, 요역 등으로 구분할 수 있다. 2014년 방재안전직 9급
O X

22 발해는 어아주, 조하주 등 고급 비단을 생산하여 당나라에 보냈다. 2019년 지방직 9급
O X

23 발해는 당으로부터 비단, 서적 등을 수입하고, 말과 자기 등을 수출하였다. 2014년 방재안전직 9급
O X

승범쌤의 기출 포인트

15 **신라인의 대당 진출** 기출개념

신라방	신라인의 집단 거주지
신라소	신라 거류민들의 자치적 행정 기관
신라관	신라 사신, 유학생, 승려 등을 위한 숙소
신라원	신라방 내의 사찰

정답과 해설 01 O | 02 × | 03 O | 04 O | 05 O | 06 O | 07 O | 08 × | 09 × | 10 × | 11 × | 12 O | 13 × | 14 × | 15 O | 16 × | 17 O | 18 × | 19 × | 20 × | 21 O | 22 × | 23 O

02 고구려가 중국에 수출한 품목은 금, 은, 모피류이다. | 08 민정 문서에는 비옥도와 풍흉에 관계없이 토지의 종류와 면적이 기록되어 있다. | 09 민정 문서는 촌주가 매년 변동 사항을 조사하여 3년마다 촌 단위로 다시 작성하였다. | 10 민정 문서에는 주민의 이름이 구체적으로 기재되어 있지 않았다. | 11 촌주는 중앙에서 파견한 지방관이 아니라 촌락의 토착 세력이다. | 13 녹읍은 수조권과 노동력 징발이 모두 가능하였다. | 14 대상 토지에 거주하는 가호의 수를 단위로 지급된 토지는 식읍이다. | 16 민정 문서에 따르면 호(戶)는 사람의 많고 적음에 따라 상상호에서 하하호까지 9등급으로 구분되었다. | 18 예성강 하류의 무역항인 벽란도에서 대외 무역이 전개되었던 것은 고려 시대의 일이다. | 19 목화 재배는 고려 후기부터 시작되었다. | 20 발해의 무역 비중이 가장 컸던 것은 대당 무역이었다. | 22 어아주, 조하주 등의 고급 비단을 당에 수출한 나라는 통일 신라이다.

09 고대의 사회

1. 신분 제도의 확립

초기 국가의 신분 제도
- ① **가(加)·대가(大加)**: 호민을 통해 읍락을 지배, 자체적인 관리와 군사력 보유, 독자적인 대외 교섭권을 행사하지는 못함, 중앙 집권화 과정에서 귀족으로 편제
- ② **호민(豪民)**: 경제적으로 부유한 평민 계층
- ③ **하호(下戶)**: 농업에 종사하는 평민, 조세와 부역 담당
- ④ **노비**: 주인에게 예속되어 생활하는 천민층

삼국의 신분 제도
- ① **특징**
  - ㉠ **율령 반포**: 삼국의 신분은 크게 귀족, 평민, 천민으로 구분되었고, 지배층은 특권을 유지하기 위해 율령을 반포
  - ㉡ 지배층의 특권 유지를 위해 골품제와 같은 엄격한 신분 제도를 운영
- ② **귀족**
  - ㉠ 왕족을 비롯한 각 부의 지배 세력, 사회·경제적 특권 세습, 귀족 회의에서 국가의 중대사 결정
  - ㉡ **귀족 회의 존재**: 고구려(　　　1) 회의), 백제(　　　2) 회의), 신라(　　　3) 회의 → 국왕과 귀족의 권력을 조절)
- ③ **평민**: 대부분 농민으로 구성, 나라에 조세를 납부하고 노동력을 제공
- ④ **천민**
  - ㉠ 노비와 예속민
  - ㉡ **노비**: 전쟁 포로·범죄·채무 등으로 노비가 됨 → 통일 후에는 전쟁 노비가 점차 소멸 / 주인의 집에서 시중들며 생활하거나 주인과 떨어져 살면서 주인의 땅 경작

2. 고대의 사회 모습

고구려
- ① 　　　4)적 기풍(씩씩한 기풍): 무용총의 수렵도, 삼실총의 전투도 등
- ② **엄격한 형법**: 반역자는 화형에 처한 뒤 다시 목을 베고 가족들을 노비로 삼음, 전쟁에서 항복하거나 패배한 자는 사형, 도둑질한 자는 　　　5)배 배상
- ③ **지배층**: 왕족인 고씨를 비롯한 5부 출신의 귀족
- ④ **일반 백성**: 대부분 자영 농민
- ⑤ **천민과 노비**: 피정복민이거나 몰락한 평민으로 구성
- ⑥ **혼인 풍습**: 서옥제·형사취수제(지배층), 평민들은 남녀 간의 자유로운 교제를 통하여 결혼, 신랑 집에서 돼지고기와 술을 보낼 뿐 다른 예물은 없음 → 남녀가 혼인하면 곧 　　　6)를 준비
- ⑦ **구휼 제도**: 진대법(194, 고국천왕, 을파소가 건의한 것으로 추정)
- ⑧ **소노부의 독자성**: 3세기까지 독자적으로 전 왕족으로서의 권위를 유지

더 알아보기

고구려의 관등(『한원』 기준)

등급	관등명	등급	관등명
1	대대로	8	발위사자
2	태대형	9	상위사자
3	울절	10	소형
4	대부사자	11	제형
5	조의두대형	12	과절
6	대사자	13	부절
7	대형가	14	선인

정답 1) 제가 2) 정사암 3) 화백 4) 상무 5) 12 6) 수의

백제

- ① **모습**
  - ㉠ 언어·풍속·의복은 고구려와 비슷
  - ㉡ 일찍부터 중국과 교류하여 선진 문화 수용
- ② **엄격한 형법**
  - ㉠ 반역·전쟁에서 퇴각한 자는 사형, 도둑질한 자는 귀양을 보내고 ______[1]배 배상
  - ㉡ 관리가 뇌물을 받거나 횡령을 하면 해당 금액의 ______[2]배를 배상하고 죽을 때까지 금고형
  - ㉢ **간음죄**: 간음한 부녀자는 남편 집의 노비로 전락
- ③ **지배층**
  - ㉠ 왕족인 ______[3]씨와 8성의 귀족(진씨·해씨·연씨·백씨·사씨·목씨·협씨·국씨)
  - ㉡ 관직을 독점하고 정사암 회의를 주도해 왕권을 견제
  - ㉢ 한문을 능숙하게 구사, 우수한 관청 실무 능력
- ④ **일반 백성**
  - ㉠ 대부분 농민
  - ㉡ 천민과 노비도 다수 존재

등급	관등명	관복색	등급	관등명	관복색
1	좌평	______[4]	9	고덕	비색
2	달솔		10	계덕	
3	은솔		11	대덕	
4	덕솔		12	문독	청색
5	한솔		13	무독	
6	나솔		14	좌군	
7	장덕	비색	15	진무	
8	시덕		16	극우	

백제의 관등·복색

신라

- ① **화백 회의**
  - ㉠ **대표**: 상대등
  - ㉡ **특징**: 씨족 사회의 전통을 유지한 대표적인 제도
  - ㉢ 귀족(대등)과 의장(상대등)으로 구성, 부족 대표들이 모여 중요 사항을 만장일치제로 결정
  - ㉣ **기능**: 귀족들끼리의 부정을 막고 단결성을 강화, 왕권 견제
- ② **화랑도**
  - ㉠ **구성**: 화랑(진골 귀족의 자제 중 선발) + 낭도(귀족과 평민 등)
  - ㉡ **공인**: 진흥왕 때 국가적인 조직으로 공인
  - ㉢ **기능**: 계층 간 갈등 완화, 국가 인재 양성, 협동과 단결 정신을 기르고 심신 연마
  - ㉣ **화랑 정신**: ______[5](화랑 정신의 근본인 충도를 맹세), 세속 5계(원광 법사)
- ③ **골품제**
  - ㉠ 정치적 진출의 한계와 사회생활 전반 규제, 왕권 강화 목적, 왕족·귀족 대상
  - ㉡ **구성**
    - **성골**: 진덕 여왕을 끝으로 소멸
    - **진골**: 관직 진출에 제한이 없음, 무열왕부터 왕위에 오름
    - **6두품**: ______[6](得難)이라고도 함, 학문·종교 분야에서 활약, 6관등 ______[7]까지 승진
    - **5~4두품**: 5두품은 10관등인 ______[8]까지, 4두품은 12관등인 ______[9]까지만 승진 가능
    - **3~1두품**: 통일 이후에 평민화 됨(성을 사용하는 점은 일반 평민과 다름)
  - ㉢ **중위제**: 관등 내 특진 제도, 비진골 출신 관료의 불만 무마 목적

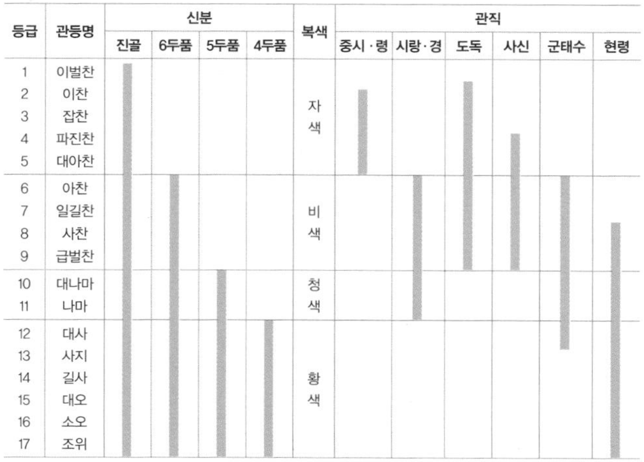

골품 제도와 관등·관직표

정답 1) 2 2) 3 3) 부여 4) 자색 5) 임신서기석 6) 득난 7) 아찬 8) 대나마 9) 대사

통일 신라

- ① **사회 변화**
  - ㉠ **단일한 문화의 동질성**: 삼국 문화의 동질성 형성, 민족 문화 형성
  - ㉡ **민족 통합책**: 9주(지역 안배), 9서당(민족 안배), 고구려와 백제의 옛 지배층에게 관등 수여
  - ㉢ **전제 왕권 확립**: 귀족 세력 약화, 갈문왕 제도 폐지 등
  - ㉣ **골품 제도의 변화**: 6두품의 진출 증가(중앙과 지방의 장관의 지위는 불가), 3~1두품 소멸
  - ㉤ **도시의 발달**: 금성(경주) 발달(거대한 소비 시장화), 5소경 설치(지방 문화의 중심지)
- ② **생활 모습**
  - ㉠ **귀족**
    - **수입원**: 고리대, 지방의 대토지와 목장
    - **주거**: 금입택, 사절유택
    - **종교**: 불교 적극 후원
    - **사치품 선호**: 아라비아산 고급 향료, 동남아시아산 거북 등껍질로 만든 장식품 등을 사용하면서 신라 특유의 소박함과 강인함 쇠퇴 → 흥덕왕 때 사치를 금하는 왕명 반포
  - ㉡ **평민**: 자신의 토지 경작, 몰락하여 노비가 되는 경우 빈번
- ③ **신라 하대**
  - ㉠ **왕권 약화**
    - **진골 귀족**: 치열한 왕위 쟁탈전 전개, 대토지 소유 확대 → 중앙 정부의 통제력 약화, 농민 수탈 강화
    - **6두품**: 정치적 영향력 약화, 승진의 제한 → 당나라 빈공과에 응시, 지방 호족과 결탁
  - ㉡ **호족 등장**: 중앙 귀족에 대항하는 지방 유력자 중심으로 형성, 농장·사병·선종·풍수지리 사상 기반으로 성장
  - ㉢ **사회 모순 증폭**: 진성 여왕 시기 원종과 애노의 난, 적고적의 난 발생

더 알아보기

▨ 원종과 애노의 난(889)

진성(여)왕 3년, 국내 여러 주와 군에서 납세를 하지 않아 창고가 비고 국가 재정이 어려워지자, 왕이 사신을 파견하여 독촉하였다. 이로 인하여 도처에서 도적이 봉기하였다. 이때 원종, 애노 등이 사벌주에 웅거하여 반란을 일으키니 왕이 영기에게 잡도록 명령하였다. 그러나 영기는 적진을 쳐다보고는 두려워하여 나아가지 못하였다.

–『삼국사기』

▨ 적고적의 난(896)

도적이 서남쪽에서 일어나 붉은 바지를 입고 특이하게 굴어 사람들이 붉은 바지 도적(赤袴賊)이라 불렀다. 그들이 주현을 무찌르고 서울 서부 모량리까지 와서 민가를 약탈하여 갔다.

–『삼국사기』

발해

- ① **지배층**: 왕족인 대씨와 고씨 등 고구려계 사람들이 대다수를 차지
  → 주요 관직을 차지하고 대토지 소유, 수도를 비롯한 고을에 살면서 노비와 예속민을 지배, 당의 빈공과에 응시, 당의 문화 수용
- ② **피지배층**: 대부분 말갈인으로 일부는 지배층으로 진출하거나 자신이 거주하는 촌락의 촌장이 되어 국가 행정을 보조, 최하층 천민은 예속민과 노비로 이루어짐, 하층 촌락민들 중심으로 고구려와 말갈 사회의 전통 유지
- ③ **풍속**: 씩씩한 사회 기풍, 타구와 격구 유행, 일부일처제, 여성의 지위가 높음

더 알아보기

▨ 발해의 주민 구성

발해국은 고구려의 옛 땅이다. …… 그 넓이가 2천 리이고, 주 · 현의 숙소나 역은 없으나 곳곳에 마을이 있는데, 모두 말갈의 마을이다. 그 백성은 말갈인이 많고 원주민이 적다. 모두 원주민을 마을의 우두머리로 삼는데, 큰 촌은 도독이라 하고, 다음은 자사라 하고, (이들 마을의 우두머리를) 그 아래 백성들이 모두 수령이라 부른다.

－『유취국사』

▨ 발해 여성의 지위

부인들은 사납고 투기가 심하다. 대씨는 다른 성씨들과 서로 10자매라는 관계를 맺어 번갈아 남편들을 감시하며 첩을 두지 못하게 한다. 남편이 밖에 나갔다는 이야기를 들으면 반드시 독살을 모의하여 남편이 사랑하는 여자를 죽인다. 한 남편이 바람을 폈는데, 그 아내가 깨닫지 못하면 아홉 자매가 모여 가서 비난한다. 이처럼 다투어 투기하는 것을 서로 자랑스러워한다. 그러므로 거란 · 여진 등 여러 나라에는 모두 창기(娼妓)가 있으며 양인 남자들은 첩과 시비를 두지만 발해에만 없었다.

－『송막기문』

*옳은 문장은 o, 틀린 문장은 ×에 체크하세요.

핵심 기출 OX 고대의 사회

01 고국천왕 사후, 왕비인 우씨와 왕의 동생인 산상왕과의 결합은 취수혼의 실례를 보여준다. 2014년 국가직 9급 O X

02 관나부인이 왕비를 모함하여 죽이려다가 도리어 자기가 질투죄로 사형을 받았다. 2014년 국가직 9급 O X

03 고구려 고국천왕 때 백성들의 생활 안정을 위해서 흉년에 곡식을 대여해주는 진대법이 실시되었다. 2016년 국가직 9급 O X

04 고구려에서 평민은 남녀 간의 자유로운 교제를 통하여 혼인했다. 2011년 서울시 7급 O X

05 고구려에는 서옥제와 형사취수제라는 혼인 풍습이 있었다. 2020년 법원직 9급 O X

06 백제에서 간음죄를 범할 경우 남녀 모두를 처벌하였다. 2012년 국가직 7급 O X

07 신라의 아찬과 일길찬은 경(卿)의 벼슬에 오를 수 있었다. 2012년 국가직 7급 O X

08 신라의 골품 제도는 관직 진출뿐만 아니라 일상생활 양식까지도 전부 규제하였다. 2017년 지방직 7급 O X

09 신라는 진흥왕 때 화랑도를 국가적 조직으로 운영하였다. 2018년 소방직(10월) O X

10 화랑 제도는 진흥왕 때 인재 양성을 위한 제도로 정착되었다. 2017년 지방직 7급 O X

11 신라의 진골 귀족은 중앙 관부와 지방 행정 조직의 장관직에 오를 수 있었다. 2017년 지방직 9급 O X

12 화랑도는 진골 귀족에서 평민까지 포함하는 조직이었다. 2013년 서울시 7급 O X

13 최치원은 진성 여왕에게 시무책 10여 조를 올려, 개혁안이 정치에 반영되었다. 2017년 국가직 9급(4월) O X

14 백제의 지배층은 왕족인 부여씨와 3성의 귀족이었다. 2012년 국가직 7급 O X

15 신라의 6두품은 10등급인 대나마까지만 승진할 수 있었다. 2018년 소방직(10월) O X

승범쌤의 기출 포인트

08 골품에 따른 생활 규제 기출사료

4두품에서 백성에 이르기까지는 방의 길이와 너비가 15척을 넘지 못한다. 느릅나무를 쓰지 못하고, 우물 천장을 만들지 못하며, 당기와를 덮지 못하고, 짐승 머리 모양의 지붕 장식이나 높은 처마 등을 두지 못하며, 금·은이나 구리 등으로 장식하지 못한다. 섬돌로는 산의 돌을 쓰지 못한다. 담장은 6척을 넘지 못하고, 또 보를 가설하지 않으며 석회를 칠하지 못한다. 대문과 사방문을 만들지 못하고 마구간에는 말 2마리를 둘 수 있다.

–『삼국사기』

16 6두품은 자색(紫色)의 공복을 착용하였다. 2017년 국가직 9급(4월) O X

17 정치적 승진에 제한이 있는 6두품은 당나라 빈공과에 응시하거나 지방 호족과 결탁하였다. 2017년 지방직 9급(6월) O X

18 6두품은 관직 승진에서 일종의 특진 제도인 중위제의 적용을 받았다. 2013년 경찰직(1차) O X

19 발해의 주민은 고구려 유민과 말갈인으로 구성되었다. 2019년 서울시 9급(6월) O X

20 발해에서는 고구려 유민이 촌장이 되어 지방을 다스렸다. 2018년 경찰직(3차) O X

승범쌤의 기출 포인트

18 **중위제** 기출개념
- 승진에 제한이 있던 비진골 계열 관료(6두품 등)의 불만을 무마하기 위해 실시한 특진 제도
- 골품제를 유지한 채 특정 관등(아찬 · 대나마 등)을 세분화

정답과 해설 01 O | 02 O | 03 O | 04 O | 05 O | 06 × | 07 O | 08 O | 09 O | 10 O | 11 O | 12 O | 13 × | 14 × | 15 × | 16 × | 17 O | 18 O | 19 O | 20 O

06 백제의 지배층에서는 남녀가 간음죄를 범할 경우 여자는 남편 집의 노비가 되었으나 남자는 처벌하지 않았다. | 13 진성 여왕에게 정치·사회 개혁 방안을 담은 시무 10여 조를 제시한 것은 맞지만, 개혁안이 정치에 반영되지는 않았다. | 14 백제의 지배층은 왕족과 8성 귀족이었다. | 15 신라의 6두품은 6관등 아찬까지 승진할 수 있었다. | 16 자색의 공복은 진골만 오를 수 있는 1~5등급의 관료만 착용할 수 있었다.

10 고대의 문화

1. 삼국의 학문

구분	고구려	백제	신라
한자의 보급	① 도입 시기: 철기 시대(증거: 창원 다호리 유적에서 붓 출토) ② 영향: 삼국의 학술과 종교의 비약적 발달 ③ 한자의 음과 뜻을 이용한 차자 표기 개발: 이두, 향찰		
교육 기관	______1)(중앙, 소수림왕, 국립) ______2)(지방, 장수왕, 사립)	① **태학(6세기 무렵으로 추정)**: 중국의 "진법자 묘지명"에서 확인됨 ② ______3) 박사, 의박사, 역박사 존재 → 유교 경전과 기술학 등 교육	**화랑도**: 경학을 배우고 무술 연마
한학의 발달	① 『사기』, 『한서』 등의 역사책과 문학서인 『문선』을 이해하는 수준 ② 광개토 대왕릉비와 충주 고구려비 등을 통해 한학의 수준 짐작	① 개로왕이 ______4)에 보낸 국서 ② ______5) 비문 (불당을 세운 내력 기록, 도교적 성격, 4·6 변려체)	① 단양 적성비와 진흥왕 순수비의 비문을 세련된 한문 문장으로 기록 ② ______6)**석**: 『시경』, 『상서』, 『예기』 등 유교 경전의 습득을 맹세
역사서	『유기』 100권 → 영양왕 때 ______7)이 『신집』 5권으로 정리(600)	근초고왕 때 박사 ______8)이 『서기』 편찬(375)	진흥왕 때 거칠부가 ______9) 편찬(545)

2. 삼국의 불교

① **수용 배경**: 사상적 통일, 지배 질서 강화(왕즉불 사상, 윤회설 등 수용)

② **삼국 불교의 특징**: 왕실이 주체가 되어 수용, 귀족들에게 유리한 성격을 지닌 불교로 발전, 호국 불교의 성격, 샤머니즘적 성격, 현세 구복적 성격

③ ______10) **불교**
- ㉠ **신라**: 진흥왕 때 혜량이 백고좌회와 팔관회 개최, 백고좌회에서 설법, 진평왕 때 원광이 ______11)표·세속 5계를 지음, 황룡사 9층 목탑 건립(선덕 여왕)
- ㉡ **백제**: 왕흥사 건립(위덕왕), 미륵사 건립(무왕)

④ **불교의 역할**: 고대 문화 발전에 기여, 사상적 통합, 중앙 집권화와 왕권 강화에 기여

정답 1) 태학 2) 경당 3) 5경 4) 북위 5) 사택지적 6) 임신서기 7) 이문진 8) 고흥 9) 『국사』 10) 호국 11) 걸사

고구려	백제	신라
① 중국의 ________1)으로부터 수용(372, 소수림왕) ② **삼론종**: 「중론」, 「12문론」, 「백론」의 세 가지 경전에 근거하여 ________2) 사상을 이해하는 종파 ③ **승랑**: 고구려 승려로서 중국으로 건너가 중국 삼론종의 종주로서 삼론학을 집대성 ④ **혜관, 도징**: 고구려 승려로서 일본에 삼론종 전파 ⑤ **열반종**: 보장왕 시기 도교 장려 정책으로 불교가 약화되자 ________3)이 백제 지역에서 창종 (연개소문의 도교 장려 정책에 대항) ⑥ **불상**: ________4) 입상(539)	① 중국의 ________5)으로부터 수용(384, 침류왕) ② ________6): 성왕 때 인도에서 율종 불경을 들여와 번역 ③ ________7): 성왕 때 일본에 불상과 불경 전달 ④ **관륵**: 무왕 때 불교·천문·지리·둔갑술 등을 일본에 전파 ⑤ **석탑**: 익산 ________8) 석탑(목탑에서 석탑에서 넘어가는 과도기 형태), 부여 ________9) 5층 석탑(소정방이 백제 정복한 공로를 해서체로 적은 내용 존재 → 일본인들은 '평제탑'이라 칭하기도 했음) ⑥ **불상**: 서산 용현리 ________10) 삼존상('백제의 미소'로 불림)	① 고구려를 통해 불교 수용(457, ________11) 마립간 / 527, 법흥왕 때 공인 – ________12)의 순교) ② **왕권 강화**: 불교식 왕명(법흥왕~진덕 여왕), 왕즉불 사상·업설, 미륵불 사상, 진종설화(眞種說話: 신라의 왕족이 부처의 종족과 같은 종족이라는 설화) ③ ________13) **개창**: 선덕 여왕 때 자장이 개창 ④ **석탑**: 황룡사 9층 목탑, 경주 ________14) 모전 석탑 ⑤ **불상**: 경주 배동 석조 여래 삼존 입상

3. 통일 신라와 발해의 학문과 유학

1 통일 신라의 학문 및 유학

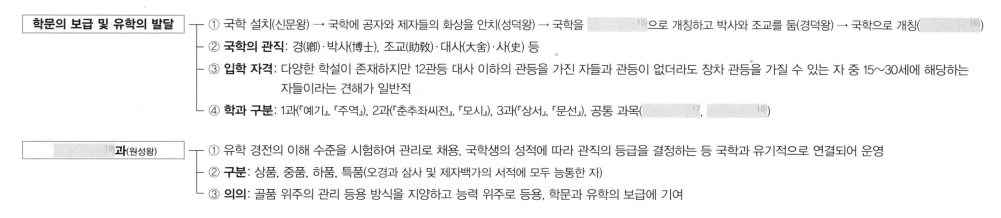

학문의 보급 및 유학의 발달
- ① 국학 설치(신문왕) → 국학에 공자와 제자들의 화상을 안치(성덕왕) → 국학을 ________15)으로 개칭하고 박사와 조교를 둠(경덕왕) → 국학으로 개칭(________16))
- ② **국학의 관직**: 경(卿)·박사(博士), 조교(助敎)·대사(大舍)·사(史) 등
- ③ **입학 자격**: 다양한 학설이 존재하지만 12관등 대사 이하의 관등을 가진 자들과 관등이 없더라도 장차 관등을 가질 수 있는 자 중 15~30세에 해당하는 자들이라는 견해가 일반적
- ④ **학과 구분**: 1과(『예기』, 『주역』), 2과(『춘추좌씨전』, 『모시』), 3과(『상서』, 『문선』), 공통 과목(________17), ________18))

________19)과(원성왕)
- ① 유학 경전의 이해 수준을 시험하여 관리로 채용, 국학생의 성적에 따라 관직의 등급을 결정하는 등 국학과 유기적으로 연결되어 운영
- ② **구분**: 상품, 중품, 하품, 특품(오경과 삼사 및 제자백가의 서적에 모두 능통한 자)
- ③ **의의**: 골품 위주의 관리 등용 방식을 지양하고 능력 위주로 등용, 학문과 유학의 보급에 기여

정답 1) 전진 2) 중관 3) 보덕 4) 금동 연가 7년명 여래 5) 동진 6) 겸익 7) 노리사치계 8) 미륵사지 9) 정림사지 10) 마애 여래 11) 눌지 12) 이차돈 13) 계율종 14) 분황사 15) 태학(감) 16) 혜공왕 17) 『논어』 18) 『효경』 19) 독서삼품

신라 중대의 대표적 학자
- ① **김대문**
  - ㉠ 진골 귀족 출신, 객관적 사실을 합리적으로 기록하기 위해 노력, 신라 문화의 주체적 이해
  - ㉡ **대표적 작품**: 『화랑세기』, 『한산기』, 『고승전』, 『______1)잡전』, 『악본』
- ② ______2): 외교 문서 작성에 능통(「답설인귀서」, 「청방인문표」), 불교를 세외교(世外敎)라 비판
- ③ **설총**: 원효의 아들, 이두 정리, 신문왕에게 ______3)를 바침

신라 하대의 대표적 학자
- ① **김운경**: 처음으로 당의 빈공과에 합격(821)
- ② **최치원**
  - **당의 빈공과 급제**: 「토황소격문」, 『중산복궤집』 저술 → 귀국 후 진성 여왕에게 '시무 10여 조' 건의
  - **저술**: ______4)(현존 우리나라 최고의 개인 문집), 사산 비문, 『제왕연대력』, 『사륙집』, 난랑비 서문, ______5)(화엄종 승려의 전기), 해인사 묘길 상탑기, 「사불허북국거상표」
- ③ **최승우**: 당의 빈공과 급제, 견훤의 책사, 「대견훤기고려왕서」 작성
- ④ **최언위**: 당의 빈공과 급제, 왕건의 책사, 낭원 대사 오진탑비명 작성

2 발해의 유학

① **학문의 발달**: 당에서 많은 서적 수입, 당에 많은 유학생 파견, 빈공과 합격자 배출

② **발해 문자**: 압자와(기와의 일종)에 한자와는 다른 형태의 문자 발견 – 독자적 문자가 존재했음을 알 수 있음

③ **정혜 공주 묘지와 정효 공주 묘지**: 4·6 변려체를 자유롭게 사용, 5경, 『맹자』, 『논어』와 같은 유교 경전 인용

④ **6부의 명칭**: 유교식 명칭 사용

정답 1) 계림 2) 강수 3) 「화왕계」 4) 『계원필경』 5) 『법장화상전』

4. 통일 신라와 발해의 불교

1 통일 신라의 불교

대표 승려

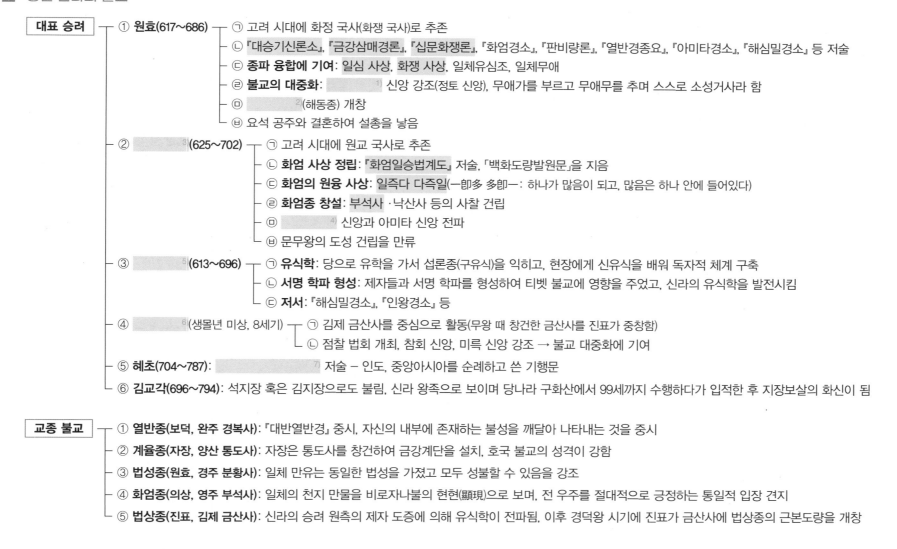

- ① **원효(617~686)**
  - ㉠ 고려 시대에 화정 국사(화쟁 국사)로 추존
  - ㉡ 『대승기신론소』, 『금강삼매경론』, 『십문화쟁론』, 『화엄경소』, 『판비량론』, 『열반경종요』, 『아미타경소』, 『해심밀경소』 등 저술
  - ㉢ **종파 융합에 기여**: 일심 사상, 화쟁 사상, 일체유심조, 일체무애
  - ㉣ **불교의 대중화**: ________[1] 신앙 강조(정토 신앙), 무애가를 부르고 무애무를 추며 스스로 소성거사라 함
  - ㉤ ________[2](해동종) 개창
  - ㉥ 요석 공주와 결혼하여 설총을 낳음
- ② ________[3](625~702)
  - ㉠ 고려 시대에 원교 국사로 추존
  - ㉡ **화엄 사상 정립**: 『화엄일승법계도』 저술, 「백화도량발원문」을 지음
  - ㉢ **화엄의 원융 사상**: 일즉다 다즉일(一卽多 多卽一: 하나가 많음이 되고, 많음은 하나 안에 들어있다)
  - ㉣ **화엄종 창설**: 부석사 · 낙산사 등의 사찰 건립
  - ㉤ ________[4] 신앙과 아미타 신앙 전파
  - ㉥ 문무왕의 도성 건립을 만류
- ③ ________[5](613~696)
  - ㉠ **유식학**: 당으로 유학을 가서 섭론종(구유식)을 익히고, 현장에게 신유식을 배워 독자적 체계 구축
  - ㉡ **서명 학파 형성**: 제자들과 서명 학파를 형성하여 티벳 불교에 영향을 주었고, 신라의 유식학을 발전시킴
  - ㉢ **저서**: 『해심밀경소』, 『인왕경소』 등
- ④ ________[6](생몰년 미상, 8세기)
  - ㉠ 김제 금산사를 중심으로 활동(무왕 때 창건한 금산사를 진표가 중창함)
  - ㉡ 점찰 법회 개최, 참회 신앙, 미륵 신앙 강조 → 불교 대중화에 기여
- ⑤ **혜초(704~787)**: ________[7] 저술 – 인도, 중앙아시아를 순례하고 쓴 기행문
- ⑥ **김교각(696~794)**: 석지장 혹은 김지장으로도 불림, 신라 왕족으로 보이며 당나라 구화산에서 99세까지 수행하다가 입적한 후 지장보살의 화신이 됨

교종 불교

- ① **열반종(보덕, 완주 경복사)**: 『대반열반경』 중시, 자신의 내부에 존재하는 불성을 깨달아 나타내는 것을 중시
- ② **계율종(자장, 양산 통도사)**: 자장은 통도사를 창건하여 금강계단을 설치, 호국 불교의 성격이 강함
- ③ **법성종(원효, 경주 분황사)**: 일체 만유는 동일한 법성을 가졌고 모두 성불할 수 있음을 강조
- ④ **화엄종(의상, 영주 부석사)**: 일체의 천지 만물을 비로자나불의 현현(顯現)으로 보며, 전 우주를 절대적으로 긍정하는 통일적 입장 견지
- ⑤ **법상종(진표, 김제 금산사)**: 신라의 승려 원측의 제자 도증에 의해 유식학이 전파됨, 이후 경덕왕 시기에 진표가 금산사에 법상종의 근본도량을 개창

정답 1) 아미타 2) 법성종 3) 의상 4) 관음 5) 원측 6) 진표 7) 『왕오천축국전』

선종 불교
- ① **전래와 보급**: 법랑(선덕 여왕 때 승려), 신행(혜공왕 때 승려) 등을 통해 통일 전후에 전래 → 신라 말기에 유행
- ② **특징**: 마음속에 내재된 깨달음을 얻는 것을 중시, 직관적 인식 방법 중시(불립문자, 견성오도, 즉심즉불 즉시성불), 좌선과 참선 중시, 사회 개혁적 성격, 호족과의 연계
- ③ **9산 선문 성립**: 최초로 ______1)의 가지산파, 마지막으로 이엄의 ______2)파 성립
- ④ **영향**: 중국 문화에 대한 이해의 폭 확대, 고려 왕조의 사상적 기반, 조형 미술의 침체, 지방 문화의 활성화

석탑
- ① **특징**: 이중 기단 위에 3층 석탑을 건립하는 것이 전형적인 양식
- ② **3층 석탑**: 감은사지 3층 석탑, ______3) 3층 석탑(『무구정광대다라니경』 발견), 화엄사 4사자 3층 석탑, 양양 ______4)지 3층 석탑(하대, 기단과 탑신에 부조로 불상 조각)
- ③ **기타**: 안동 법흥사지 7층 전탑, 충주 탑평리 7층 석탑(중앙탑), 화엄사 서오층 석탑(내부에서 두루마리 불경 발견), 화엄사 동오층 석탑

승탑
- ① 승려들의 몸에서 나온 사리를 봉안하는 것으로 선종의 유행과 관련이 있음
- ② **팔각 원당형**: 흥법사 염거 화상탑(현존 우리나라 최고), 태안사 적인선사 승탑, 쌍봉사 ______5) 승탑

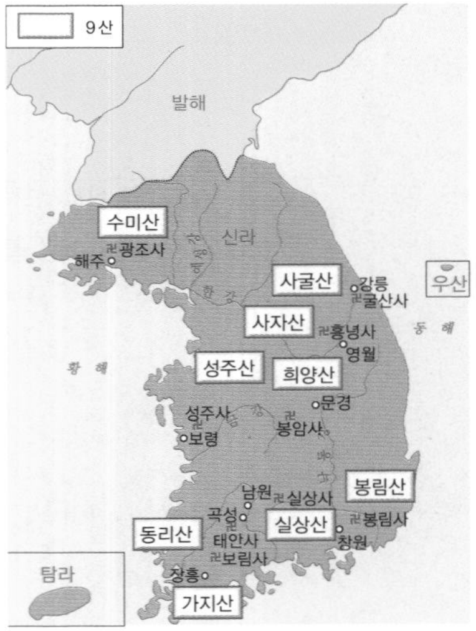

9산 선문

불상 — 석굴암 본존불과 보살상

석등 — ______6) 쌍사자 석등, 불국사 석등

2 발해의 불교

① **왕실과 귀족 중심의 불교**: 수도 상경에 10여 개의 절터

② **대표적 승려**: 석정소, 석인정 등

③ 관음 신앙, 법화 신앙 등 유행

④ **불상**: ______7)상(흙으로 구워 만든 불상으로 동경 용원부 유지에서 발견 – 일본 동경 국립 박물관 소장) / 석등 – 상경의 절터에서 완전한 모습의 석등 발견

⑤ **탑**: ______8)(전탑)

정답 1) 도의 2) 수미산 3) 불국사 4) 진전사 5) 철감선사 6) 법주사 7) 이불 병좌 8) 영광탑

5. 도교와 풍수지리설

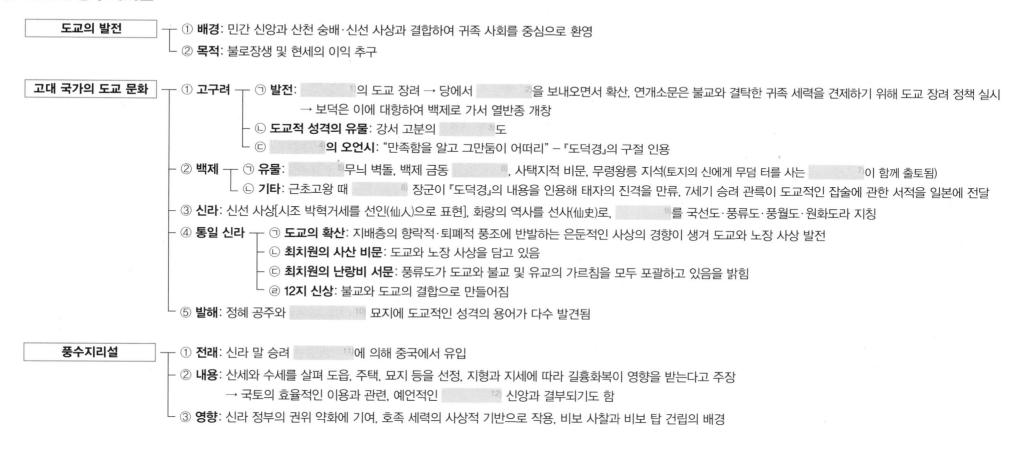

도교의 발전
- ① **배경**: 민간 신앙과 산천 숭배·신선 사상과 결합하여 귀족 사회를 중심으로 환영
- ② **목적**: 불로장생 및 현세의 이익 추구

고대 국가의 도교 문화
- ① **고구려**
  - ㉠ **발전**: ______1)의 도교 장려 → 당에서 ______2)을 보내오면서 확산, 연개소문은 불교와 결탁한 귀족 세력을 견제하기 위해 도교 장려 정책 실시 → 보덕은 이에 대항하여 백제로 가서 열반종 개창
  - ㉡ **도교적 성격의 유물**: 강서 고분의 ______3)도
  - ㉢ ______4)**의 오언시**: "만족함을 알고 그만둠이 어떠리" – 『도덕경』의 구절 인용
- ② **백제**
  - ㉠ **유물**: ______5)무늬 벽돌, 백제 금동 ______6), 사택지적 비문, 무령왕릉 지석(토지의 신에게 무덤 터를 사는 ______7)이 함께 출토됨)
  - ㉡ **기타**: 근초고왕 때 ______8) 장군이 『도덕경』의 내용을 인용해 태자의 진격을 만류, 7세기 승려 관륵이 도교적인 잡술에 관한 서적을 일본에 전달
- ③ **신라**: 신선 사상[시조 박혁거세를 선인(仙人)으로 표현], 화랑의 역사를 선사(仙史)로, ______9)를 국선도·풍류도·풍월도·원화도라 지칭
- ④ **통일 신라**
  - ㉠ **도교의 확산**: 지배층의 향락적·퇴폐적 풍조에 반발하는 은둔적인 사상의 경향이 생겨 도교와 노장 사상 발전
  - ㉡ **최치원의 사산 비문**: 도교와 노장 사상을 담고 있음
  - ㉢ **최치원의 난랑비 서문**: 풍류도가 도교와 불교 및 유교의 가르침을 모두 포괄하고 있음을 밝힘
  - ㉣ **12지 신상**: 불교와 도교의 결합으로 만들어짐
- ⑤ **발해**: 정혜 공주와 ______10) 묘지에 도교적인 성격의 용어가 다수 발견됨

풍수지리설
- ① **전래**: 신라 말 승려 ______11)에 의해 중국에서 유입
- ② **내용**: 산세와 수세를 살펴 도읍, 주택, 묘지 등을 선정, 지형과 지세에 따라 길흉화복이 영향을 받는다고 주장 → 국토의 효율적인 이용과 관련, 예언적인 ______12) 신앙과 결부되기도 함
- ③ **영향**: 신라 정부의 권위 약화에 기여, 호족 세력의 사상적 기반으로 작용, 비보 사찰과 비보 탑 건립의 배경

정답 1) 연개소문 2) 『도덕경』 3) 사신 4) 을지문덕 5) 산수 6) 대향로 7) 매지권 8) 막고해 9) 화랑도 10) 정효 공주 11) 도선 12) 도참

6. 고분

고구려
- ① 계단식 돌무지무덤(____1)총 등) → 굴식 돌방무덤(벽과 천장에 ____2) 제작, 도굴이 쉬움)
- ② **굴식 돌방무덤의 변천**
  - **초기(4~5세기)**: 주인공 초상화와 생활 풍속화 등 – ____3) 3호분(대행렬도, 부엌과 고깃간, 우물가의 그림), 덕흥리 고분(____4)도)
  - **후기**: 추상화로 변화 – 무용총(무용도, 수렵도), 각저총(씨름도, 별자리 그림), ____5)(사신도), 쌍영총, 수산리 고분, 진파리 1호분 등

백제
- ① **계단식 돌무지무덤(백제 건국 주도 세력이 고구려와 같은 계통이라는 건국 이야기 뒷받침)**: ____6) 고분
- ② **웅진 시대**
  - ㉠ **벽돌무덤**: 중국 남조의 영향, ____7)릉(송산리 7호분)이 대표적, 연꽃무늬의 화려한 벽돌로 축조, 일본산 금송으로 관 제작, 송산리 ____8)호분(벽과 천장에 사신도와 연꽃무늬 벽화 존재)
  - ㉡ **굴식 돌방무덤(1호분~5호분)**: 벽화는 존재하지 않음
- ③ **사비 시대**: 굴식 돌방무덤 – 부여 능산리 고분(1호분에 연꽃무늬·구름무늬·사신도 등의 벽화 존재)

신라
- ① **통일 이전**
  - ㉠ ____9)**덧널무덤**: 도굴 어려움, 고분 벽화 없음(____10)총 – 천마도 발견), 호우총(호우명 그릇 발견), 서봉총, 황남대총 등
  - ㉡ **굴식 돌방무덤도 존재**: 순흥 ____11)묘, 읍내리 고분 – 벽화 발견
- ② **통일 신라**
  - ㉠ 불교의 유행으로 화장 유행
  - ㉡ 거대한 돌무지덧널무덤에서 점차 규모가 작은 ____12)으로 변화
  - ㉢ 둘레돌 장식(____13) 신상 조각) – 김유신 묘, 성덕왕릉, 괘릉 등 → 조선 왕릉 양식으로 계승

발해
- ① **정혜 공주 묘(지린성 돈화시 육정산 고분군)**: 동모산 일대
  - **형태**: 고구려의 양식을 계승한 ____14) 천장 구조의 굴식 돌방무덤
  - **특징**: 묘지의 명문은 뛰어난 한학 수준 증명, 생동감 넘치는 ____15)상 발견
- ② **정효 공주 묘(화룡현 용두산 고분군)**: 중경 현덕부 일대
  - **형태**: 당나라 양식과 고구려 양식이 결합[벽돌무덤(당의 영향), 평행 고임의 형태로 돌을 쌓아 천장을 조성(고구려의 영향)] 고분의 봉토 위에 탑 조성
  - **특징**: 묘지의 명문에 '황상'이라는 표현과 도교적 성격의 용어 기록, 12명의 인물을 그린 벽화 발견

정답 1) 장군 2) 벽화 3) 안악 4) 견우직녀 5) 강서 고분(강서 대묘) 6) 석촌동 7) 무령왕 8) 6 9) 돌무지 10) 천마 11) 어숙 12) 굴식 돌방무덤 13) 12지 14) 모줄임 15) 돌사자

7. 건축 및 과학 기술

건축

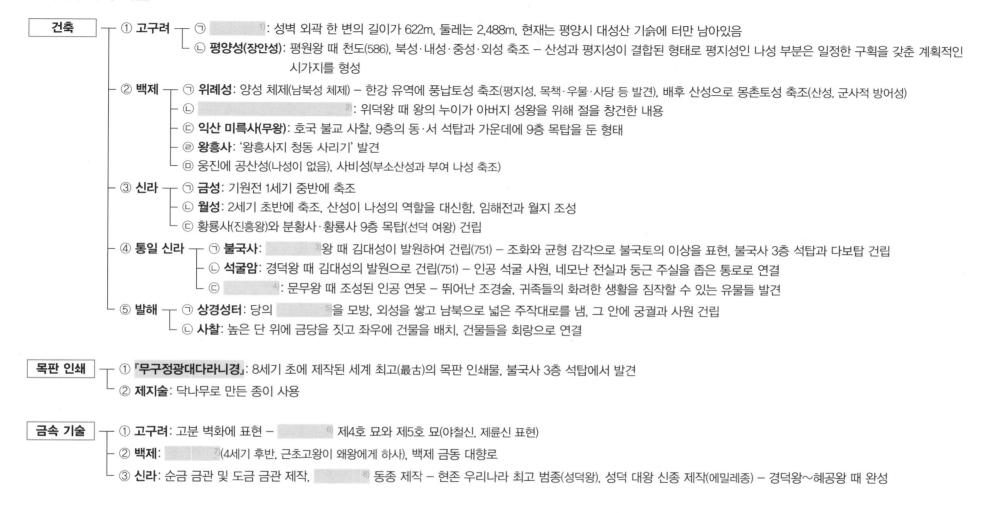

- ① **고구려**
  - ㉠ ________1): 성벽 외곽 한 변의 길이가 622m, 둘레는 2,488m, 현재는 평양시 대성산 기슭에 터만 남아있음
  - ㉡ **평양성(장안성)**: 평원왕 때 천도(586), 북성·내성·중성·외성 축조 – 산성과 평지성이 결합된 형태로 평지성인 나성 부분은 일정한 구획을 갖춘 계획적인 시가지를 형성
- ② **백제**
  - ㉠ **위례성**: 양성 체제(남북성 체제) – 한강 유역에 풍납토성 축조(평지성, 목책·우물·사당 등 발견), 배후 산성으로 몽촌토성 축조(산성, 군사적 방어성)
  - ㉡ ________2): 위덕왕 때 왕의 누이가 아버지 성왕을 위해 절을 창건한 내용
  - ㉢ **익산 미륵사(무왕)**: 호국 불교 사찰, 9층의 동·서 석탑과 가운데에 9층 목탑을 둔 형태
  - ㉣ **왕흥사**: '왕흥사지 청동 사리기' 발견
  - ㉤ 웅진에 공산성(나성이 없음), 사비성(부소산성과 부여 나성 축조)
- ③ **신라**
  - ㉠ **금성**: 기원전 1세기 중반에 축조
  - ㉡ **월성**: 2세기 초반에 축조, 산성이 나성의 역할을 대신함, 임해전과 월지 조성
  - ㉢ 황룡사(진흥왕)와 분황사·황룡사 9층 목탑(선덕 여왕) 건립
- ④ **통일 신라**
  - ㉠ **불국사**: ________3)왕 때 김대성이 발원하여 건립(751) – 조화와 균형 감각으로 불국토의 이상을 표현, 불국사 3층 석탑과 다보탑 건립
  - ㉡ **석굴암**: 경덕왕 때 김대성의 발원으로 건립(751) – 인공 석굴 사원, 네모난 전실과 둥근 주실을 좁은 통로로 연결
  - ㉢ ________4): 문무왕 때 조성된 인공 연못 – 뛰어난 조경술, 귀족들의 화려한 생활을 짐작할 수 있는 유물들 발견
- ⑤ **발해**
  - ㉠ **상경성터**: 당의 ________5)을 모방, 외성을 쌓고 남북으로 넓은 주작대로를 냄, 그 안에 궁궐과 사원 건립
  - ㉡ **사찰**: 높은 단 위에 금당을 짓고 좌우에 건물을 배치, 건물들을 회랑으로 연결

목판 인쇄

- ① **「무구정광대다라니경」**: 8세기 초에 제작된 세계 최고(最古)의 목판 인쇄물, 불국사 3층 석탑에서 발견
- ② **제지술**: 닥나무로 만든 종이 사용

금속 기술

- ① **고구려**: 고분 벽화에 표현 – ________6) 제4호 묘와 제5호 묘(야철신, 제륜신 표현)
- ② **백제**: ________7)(4세기 후반, 근초고왕이 왜왕에게 하사), 백제 금동 대향로
- ③ **신라**: 순금 금관 및 도금 금관 제작, ________8) 동종 제작 – 현존 우리나라 최고 범종(성덕왕), 성덕 대왕 신종 제작(에밀레종) – 경덕왕~혜공왕 때 완성

정답 1) 안학궁 2) 능산리사지 석조 사리감 3) 경덕 4) 월지(안압지) 5) 장안성 6) 오회분 7) 칠지도 8) 상원사

8. 글씨, 그림, 음악과 무용, 공예

글씨
- ① **고구려**: 광개토 대왕릉비 비문의 웅건한 서체
- ② **백제**: 무령왕릉 묘지의 화려한 필체
- ③ **통일 신라**: ______1)(예서체, 무열왕의 둘째 아들), ______2)(왕희지체, 질박하고 굳센 독자적 서체), 요극일(9세기, 구양순체)

그림
- ① **천마도**: 경주의 천마총에서 발견(벽화 아님), 신라의 힘찬 화풍
- ② **황룡사 벽화**: ______3)가 그린 노송도(현존하지 않음)
- ③ **화엄경 변상도**: 경전 교리 내용을 표현한 목판화

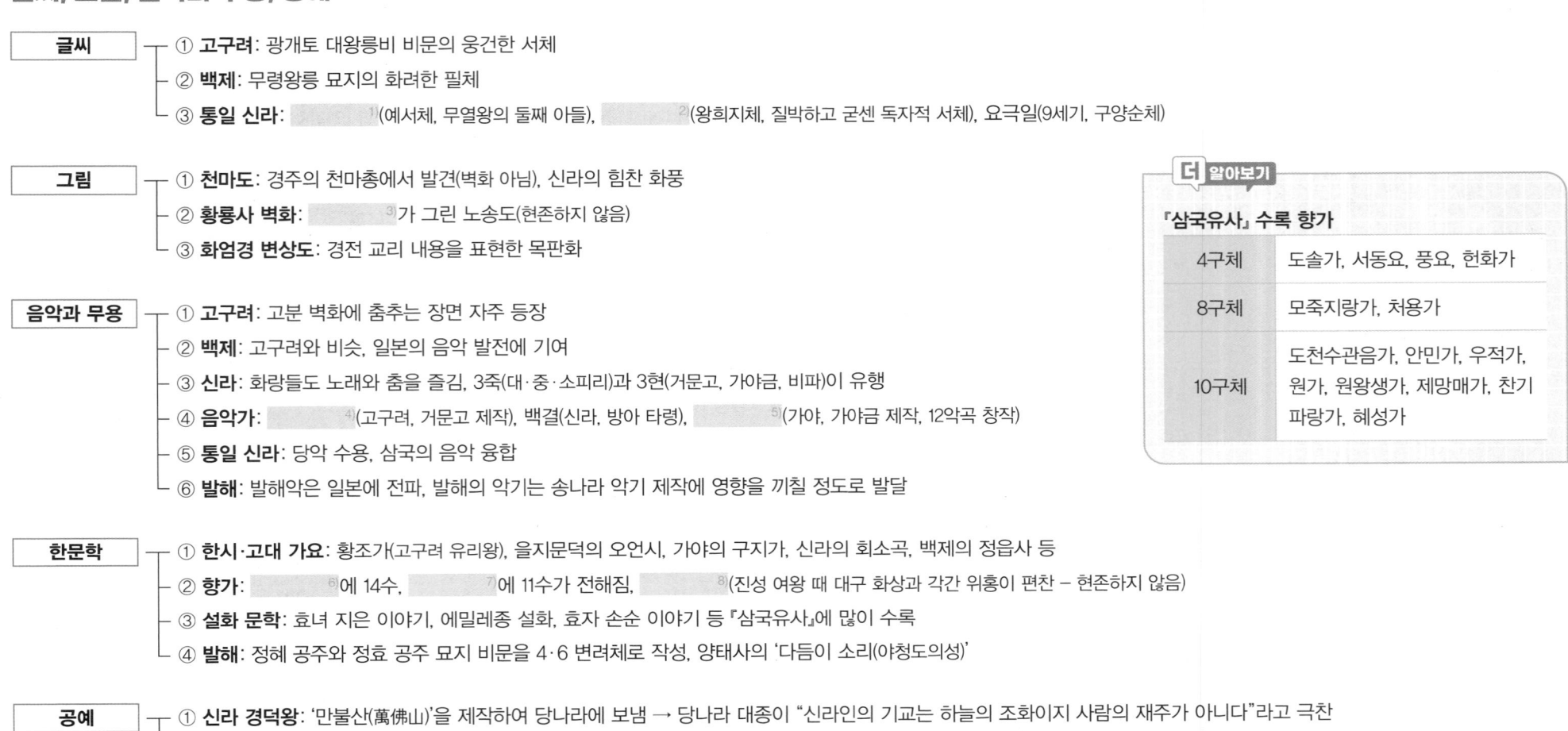

음악과 무용
- ① **고구려**: 고분 벽화에 춤추는 장면 자주 등장
- ② **백제**: 고구려와 비슷, 일본의 음악 발전에 기여
- ③ **신라**: 화랑들도 노래와 춤을 즐김, 3죽(대·중·소피리)과 3현(거문고, 가야금, 비파)이 유행
- ④ **음악가**: ______4)(고구려, 거문고 제작), 백결(신라, 방아 타령), ______5)(가야, 가야금 제작, 12악곡 창작)
- ⑤ **통일 신라**: 당악 수용, 삼국의 음악 융합
- ⑥ **발해**: 발해악은 일본에 전파, 발해의 악기는 송나라 악기 제작에 영향을 끼칠 정도로 발달

한문학
- ① **한시·고대 가요**: 황조가(고구려 유리왕), 을지문덕의 오언시, 가야의 구지가, 신라의 회소곡, 백제의 정읍사 등
- ② **향가**: ______6)에 14수, ______7)에 11수가 전해짐, ______8)(진성 여왕 때 대구 화상과 각간 위홍이 편찬 – 현존하지 않음)
- ③ **설화 문학**: 효녀 지은 이야기, 에밀레종 설화, 효자 손순 이야기 등 『삼국유사』에 많이 수록
- ④ **발해**: 정혜 공주와 정효 공주 묘지 비문을 4·6 변려체로 작성, 양태사의 '다듬이 소리(야청도의성)'

공예
- ① **신라 경덕왕**: '만불산(萬佛山)'을 제작하여 당나라에 보냄 → 당나라 대종이 "신라인의 기교는 하늘의 조화이지 사람의 재주가 아니다"라고 극찬
- ② **발해의 자기**: 가볍고 광택이 있었으며 종류·크기·모양·색깔 등이 매우 다양, 당에서 수입해 갔을 정도로 우수

더 알아보기

『삼국유사』 수록 향가

4구체	도솔가, 서동요, 풍요, 헌화가
8구체	모죽지랑가, 처용가
10구체	도천수관음가, 안민가, 우적가, 원가, 원왕생가, 제망매가, 찬기파랑가, 혜성가

정답 1) 김인문 2) 김생 3) 솔거 4) 왕산악 5) 우륵 6) 『삼국유사』 7) 『균여전』 8) 『삼대목』

9. 고대 문화의 일본 전파

삼국 및 가야
(아스카 문화에 영향)

- ① **고구려**
  - ㉠ ______[1]: 종이와 먹의 제조법 전달, 호류사의 금당 벽화 제작
  - ㉡ **도징**: 삼론종 전파
  - ㉢ **혜자**: 쇼토쿠 태자의 스승
  - ㉣ **혜관**: 일본 삼론종 개조
  - ㉤ **도현**: 대안사 주지, 『일본세기』 저술
- ② **백제**
  - ㉠ **아직기**: 왜의 도도 태자에게 한자 교육
  - ㉡ ______[2]: 천자문과 논어 전수
  - ㉢ **혜총**: 계율종 전파
  - ㉣ ______[3], **고안무**: 5경 박사, 유학 전파
  - ㉤ **노리사치계**: 성왕 때 불경과 불상을 최초로 전달
  - ㉥ ______[4] **태자**: 쇼토쿠 태자의 초상을 그림
  - ㉦ ______[5]: 천문, 역법, 지리, 방술 등 전파
  - ㉧ 백제 가람 양식 전파, 호류사의 백제 관음상과 고류사의 목조 미륵보살 반가 사유상
- ③ **신라**: 조선술, ______[6]술 전수(한인의 연못)
- ④ **가야**: 토기 제작 기술 전수 → 스에키 토기에 영향

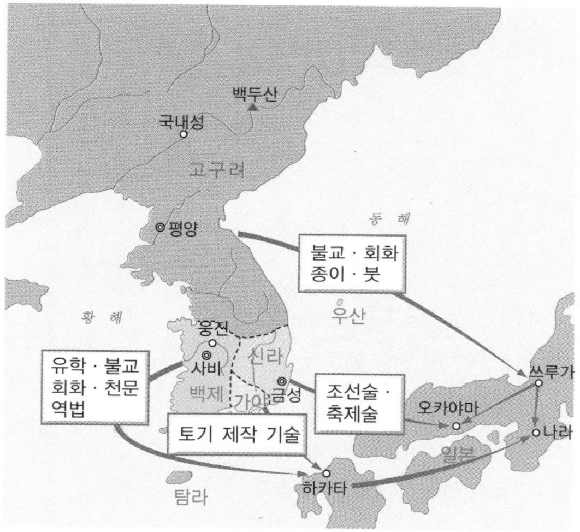

삼국 문화의 일본 전파

통일 신라
(하쿠호 문화에 영향)

- ① 원효, 강수, 설총이 전파
- ② ______[7]: 화엄 사상 전파
- ③ 8세기 말 헤이안 천도 이후 일본 내에서 독자적인 문화를 형성하려는 국풍 운동 전개

정답 1) 담징 2) 왕인 3) 단양이 4) 아좌 5) 관륵 6) 축제 7) 심상

*옳은 문장은 ○, 틀린 문장은 ×에 체크하세요.

핵심 기출 OX 고대의 문화

01 임신서기석을 통해 신라에서도 유교 경전을 공부했다는 사실을 알 수 있다. 2012년 지방직(하) 9급 ○ ×

02 경당은 장수왕의 평양 천도 이후 지방에 설립한 사립 학교이다. 2012년 지방직(하) 9급 ○ ×

03 백제에는 박사 제도가 있었으며, 일본에 유교 경전을 전해주었다. 2012년 국가직 7급 ○ ×

04 강수는 이두를 정리하였으며, 신문왕에게 「화왕계」를 지어 바쳤다. 2017년 국가직 9급(4월) ○ ×

05 신문왕 대에는 당나라로부터 공자와 그 제자들의 화상(畵像)을 들여와서 국학에 안치시켰다. 2012년 국가직 7급 ○ ×

06 최치원은 난랑비서에서 삼교 회통의 사상을 보여주었다. 2016년 국가직 7급 ○ ×

07 최치원은 『법장화상전』에서 화엄종 승려의 전기를 적었다. 2016년 국가직 7급 ○ ×

08 백제에서 제작해 왜에 보낸 칠지도는 강철로 만들고 금으로 글씨를 상감해 새겨 넣었다. 2016년 사회복지직 9급 ○ ×

09 법흥왕은 고구려 승려 혜량을 승통으로 삼았다. 2018년 지방직 7급 ○ ×

10 겸익은 인도에서 율장을 가지고 돌아온 계율종의 대표적 승려로서 일본 계율종의 성립에도 영향을 주었다. 2016년 서울시 9급 ○ ×

11 신라에서는 호국 불교가 크게 성행하였으나 밀교는 성행하지 못하였다. 2017년 서울시 7급 ○ ×

12 신라의 화랑은 미륵이 인간 세계에 내려온다는 미륵 하생 신앙과 관련이 있다. 2017년 서울시 7급 ○ ×

승범쌤의 기출 포인트

01 임신서기석 기출사료

임신년 6월 16일에 두 사람이 함께 맹세하여 기록한다. 하늘에 맹세한다. 지금으로부터 3년 이후에 충도(忠道)를 지키고 허물이 없기를 맹세한다. 만일 이 서약을 어기면 하늘에 큰 죄를 짓는 것이라고 맹세한다. 만일 나라가 편안하지 않고 세상이 크게 어지러우면 '충도'를 행할 것을 맹세한다. 또한 따로 앞서 신미년 7월 22일에 크게 맹세하였다. 곧 『시경(詩經)』, 『상서(尙書)』, 『예기(禮記)』, 『춘추전(春秋傳)』을 차례로 3년 동안 습득하기로 맹세하였다.

06 난랑비 서문 기출사료

우리나라에는 현묘한 도가 있으니 풍류(風流)라 이른다. …… 그 내용은 3교를 포함해 인간을 교화하는 것이다. 부모에게 효도하고 나라에 충성하는 것은 공자의 가르침이며, 인위적으로 일을 만들지 않고 자연의 말없는 가르침을 실천하는 것은 노자의 근본 사상이고, 악행을 하지 않고 선행을 실천하는 것은 석가모니의 교화와 같다.

－『삼국사기』

13 원효는 화쟁의 논리에 따라 중관파의 부정론과 유식파의 긍정론을 다같이 비판하였다. 2013년 국가직 7급 O X

14 원효는 현세에서 고난을 구제받고자 하는 관음 신앙을 이끌었다. 2014년 지방직 7급 O X

15 의상은 진골 귀족 출신으로 원융 사상을 설파하였다. 2010년 지방직 9급 O X

16 의상은 『십문화쟁론』을 지어 종파 간의 대립을 해소하고자 하였다. 2015년 지방직 9급 O X

17 통일 신라의 승려 의상은 일심 사상과 화쟁 사상을 강조하고, 불교의 대중화를 위해 노력하였다. 2019년 지방직 9급 O X

18 승려 원측은 당나라에 가서 유식론(唯識論)을 발전시켰다. 2019년 서울시 9급(6월) O X

19 진표는 당에서 현장으로부터 유식학을 전수받아 독자적 유식학파를 세웠다. 2017년 경찰직(2차) O X

20 혜초는 인도와 중앙아시아 등의 성지를 순례하고 『왕오천축국전』을 남겼다. 2015년 지방직 9급 O X

21 산수무늬 벽돌, 백제 금동 대향로, 사택지적 비문 등을 통해 백제의 도교 발전을 확인할 수 있다. 2014년 지방직 9급 O X

22 고구려의 장군총은 돌무지덧널무덤의 대표적인 무덤이다. 2014년 사회복지직 9급 O X

23 백제의 무령왕릉은 중국 북조의 영향을 받아 벽돌무덤 양식으로 축조되었다. 2017년 국가직 7급(8월) O X

24 신라의 돌무지덧널무덤(積石木槨墳)은 고구려와 백제의 영향을 받았다. 황남대총, 호우총을 그 사례로 들 수 있다. 2020년 경찰직(1차) O X

승범쌤의 기출 포인트

13 원효 기출개념

원효는 당나라로 가던 도중 진리는 마음속에 있음을 깨닫고 유학을 포기하였다. 여러 종파의 갈등을 보다 높은 수준에서 융화, 통일시키려 하였으므로, 훗날 화쟁 국사(和諍國師)로 추앙받았다.

18 통일 신라 승려들의 신앙·사상 기출개념

원효	아미타 신앙
의상	관음 신앙
진표	미륵 신앙
원측	유식 사상

25 통일 신라의 무덤은 점차 규모가 작은 굴식 돌방무덤으로 변화하였다. 2015년 경찰직(2차) O X

26 통일 신라 시대에는 건축이나 주종(鑄鐘)에 종사하는 사람들도 나마(奈麻)와 같은 관등을 받았다. 2013년 국가직 7급 O X

27 사신도가 그려진 강서 대묘는 돌무지덧널무덤으로 제작되었다. 2019년 지방직 9급 O X

28 발해의 상경성터는 당의 수도인 장안을 모방하여 외성을 쌓고 남북으로 넓은 주작대로를 내었다. 2013년 서울시 9급 응용 O X

29 발해의 정혜 공주 묘는 고구려 양식을 계승한 모줄임 천장 구조를 가지고 있다. 2014년 서울시 7급 O X

30 신라 하대에는 정진과 사색하는 모습의 미륵보살 반가 사유상이 많이 만들어졌다. 2012년 서울시 9급 O X

31 신라는 산성을 축조하여 도성을 방어하였다. 2014년 사회복지직 9급 O X

32 한성 시대 백제의 수도는 남성에 해당하는 풍납토성과 북성에 해당하는 몽촌토성으로 구성된 남 · 북성 체제였다. 2010년 서울시 7급 O X

33 고구려의 승려 혜초는 일본으로 건너가 쇼토쿠 태자의 스승이 되었다. 2014년 지방직 7급 O X

34 다카마쓰 무덤에서 발견된 벽화를 통해 가야 문화가 일본에 영향을 미쳤음을 알 수 있다. 2018년 서울시 7급(6월) O X

35 신라인들은 배를 만드는 조선술과 제방을 만드는 축제술을 일본에 전해주었다. 2018년 서울시 7급(6월) O X

36 백제의 혜관이 일본 삼론종의 시조가 되었다. 2017년 국가직 7급(10월) O X

승범쌤의 기출 포인트

27 고대 고분 양식의 변화 기출개념

고구려	계단식 돌무지무덤 → 굴식 돌방무덤
백제	한성 시대: 계단식 돌무지무덤 웅진 시대: 굴식 돌방무덤, 벽돌무덤 사비 시대: 굴식 돌방무덤
신라	통일 전: 돌무지덧널무덤 → 굴식 돌방무덤 통일 후: 굴식 돌방무덤
발해	굴식 돌방무덤, 벽돌무덤

승범쌤의 기출 포인트

37 백제의 오경 박사 단양이와 고안무가 무령왕 때 일본에 넘어가 유학을 전해주었다. 2017년 국가직 7급(10월) ○ ×

38 백제의 노리사치계는 일본으로 넘어가 계율종을 전파하였다. 2016년 국가직 7급 ○ ×

39 익산 미륵사지 석탑에는 소정방이 백제를 정복한 공로를 해서체로 적은 내용이 존재한다. 2015년 서울시 9급 ○ ×

40 신라는 왜에 토기 제작 기술을 전수하여 스에키 토기에 영향을 주었다. 2015년 법원직 9급 ○ ×

정답과 해설 01 ○ | 02 ○ | 03 ○ | 04 × | 05 × | 06 ○ | 07 ○ | 08 ○ | 09 × | 10 ○ | 11 × | 12 ○ | 13 ○ | 14 × | 15 ○ | 16 × | 17 × | 18 ○ | 19 × | 20 ○ | 21 ○ | 22 × | 23 × | 24 × | 25 ○ | 26 ○ | 27 × | 28 ○ | 29 ○ | 30 × | 31 ○ | 32 × | 33 × | 34 × | 35 ○ | 36 × | 37 ○ | 38 × | 39 × | 40 ×

04 신문왕에게 「화왕계」를 지어 바친 인물은 설총이다. | 05 국학에 공자와 제자들의 화상을 안치한 왕은 성덕왕이다. | 09 승려 혜량을 승통으로 삼은 왕은 진흥왕이다. | 11 신라에서는 현실 구복적인 밀교도 성행하였다. | 14 원효는 아미타 신앙을 강조하였다. | 16 『십문화쟁론』은 원효의 저술이다. | 17 일심 사상과 화쟁 사상을 강조하고, 불교의 대중화를 위해 노력한 승려는 원효이다. | 19 당에서 현장으로부터 유식학을 전수받아 독자적 유식학파를 세운 승려는 원측이다. | 22 장군총은 계단식 돌무지무덤이다. | 23 무령왕릉은 중국 남조의 영향을 받아 벽돌무덤 양식으로 축조되었다. | 24 신라의 돌무지덧널무덤은 고구려와 백제의 영향을 받지 않았다. | 27 고구려의 강서 대묘는 굴식 돌방무덤이다. | 30 미륵보살 반가 사유상이 많이 만들어진 시기는 통일 신라 이전이다. | 32 몽촌토성이 남성이고 풍납토성이 북성에 해당한다. | 33 쇼토쿠 태자의 스승이 된 고구려 승려는 혜자이다. | 34 다카마쓰 무덤에서 발견된 벽화는 고구려의 수산리 고분 벽화의 영향을 받았다. | 36 일본 삼론종의 시조가 된 승려는 고구려의 혜관이다. | 38 노리사치계는 백제의 달솔로서 일본에 불교를 전파하였지만 일본의 율종에 영향을 준 것은 겸익의 율학이다. | 39 소정방이 평제문을 기록한 석탑은 정림사지 5층 석탑이다. | 40 왜에 토기 제작 기술을 전파한 나라는 가야이다.

Ⅲ 고려 시대

01 고려 정치의 흐름

1. 통치 체제 구축 시기(태조~성종)

태조(1) (918~943)

- ① 송악의 호족 출신 왕건이 철원에서 고려를 건국(918)하고 연호를 천수로 정한 후 송악으로 천도(919)
- ② **민생 안정책**: 취민유도(10분의 1세), ____[1] 설치(춘대추납 제도), 노비 변정 사업 실시
- ③ **통치 규범 강화**: 관료 조직 정비(9관등제), ____[2], 『계백료서』 편찬(임금에 대한 신하들의 도리 강조), 훈요 10조 반포(후대 왕들에게 남긴 글)
- ④ **호족 세력 통합과 견제**: 정략 결혼, 사성 정책, 중앙 관직 수여, ____[3]제(토성 분정), 중폐비사, 역분전 지급(공로를 기준으로 토지 지급), 기인 제도(상수리 제도 계승), ____[4] 제도(호장 추천권과 부호장 이하 향리 임명권 등을 부여)
- ⑤ **북진 정책**: ____[5] 중시(분사 제도 시행), 영토 확장(____[6]강~영흥), 발해 왕자 대광현을 비롯한 발해 유민 수용, 거란에 대한 강경책(942년 ____[7] 사건 – 낙타 50마리를 굶겨 죽임)
- ⑥ **숭불 정책**: 사찰 건립(법왕사, 왕륜사, 흥국사 등), 승록사 설치(승적 관리), ____[8]회와 팔관회 장려
- ⑦ **기타**: 개경과 서경에 학교 설치, 중국 5대의 여러 나라와 수교

혜종(2) (943~945)

— **왕규의 난**: 왕규가 외손자인 광주원군을 추대하려 하면서 혜종 암살을 시도 → 왕요(정종)가 서경 세력(____[9])의 지원을 받아 왕규 제거 → 혜종이 사망하여 정종 즉위

정종(3) (945~949)

- ① 요의 건국(916년, 거란국 → 947년, 요) → ____[10] 설치(947, 호족의 사병으로 구성)
- ② ____[11] 천도 계획 → 실패
- ③ ____[12] 설치(946, 승려 장학)

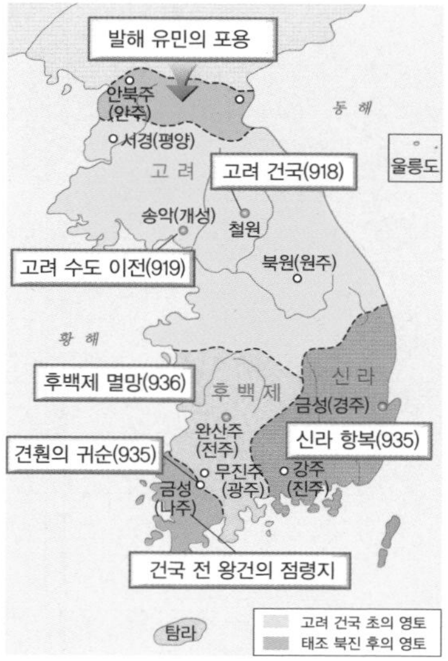

고려의 민족 재통일

더 알아보기

왕건의 후삼국 통일 과정

고려 건국(918, 연호: 천수, 수도: 철원 → 송악) → 발해 멸망(926) → ____[13] 전투(927, 현 대구 지역에서 고려군이 후백제군에게 패배)
→ 고창 전투 승리(930, 현 안동 지역) → ____[14] 전투 승리(934, 현 충남 홍성 지역)
→ 견훤 귀순(935, 넷째 ____[15]에게 왕위를 물려주려 하자 장남 신검 등이 견훤을 금산사에 유폐 → 나주로 탈출 후 왕건에게 귀순의 뜻을 밝힘)
→ 신라 흡수(935, 후백제의 침략과 고려의 국력 성장으로 어려움을 겪던 경순왕이 신하들과 의논하여 고려에 투항하기로 결정)
→ 왕건이 ____[16](일리천, 현 구미 지역) 전투에서 신검의 군대 격파(936)
→ 후삼국 통일(936)

정답 1) 흑창 2) 『정계』 3) 본관 4) 사심관 5) 서경 6) 청천 7) 만부교 8) 연등 9) 왕식렴 10) 광군 11) 서경 12) 광학보 13) 공산 14) 운주성 15) 금강 16) 선산

광종(4)
(949~975)

- ① **정치**: ______1)법(949, 주현 단위로 공물과 부역 책정), ______2)법(956, 불법적으로 노비가 된 경우 해방, 호족 세력 약화 목적), ______3)제 실시(958, 후주의 귀화인 쌍기의 건의 → 신구 세력 교체 시도), 백관의 공복 제정(960, 자삼·단삼·비삼·녹삼), ______4) 설치(963, 빈민 구제 기금), 호족 세력 숙청(960, 대상 준홍과 좌승 왕동의 역모 혐의가 발단), 시위군 강화(내군을 장위부로 개편)
- ② **대내외 관계**: 칭제건원(내제외왕), 독자적 연호 사용(______5) · ______6)), 개경을 황도·서경을 서도로 칭함, 송과 수교(962)
- ③ **불교 진흥**: ______7)사 창건(균여 – 화엄종을 중심으로 교종 통합 시도), 선종 교단 정리(혜거가 중국의 법안종을 수용하여 정리), 교종과 선종의 통합 시도(제관·의통·탄문), 승과 실시(교종선·선종선), 왕사와 국사 제도 확립

경종(5)
(975~981)

- ① **복수법 제정**: 광종의 숙청에서 살아남은 호족들에게 사사로운 복수를 인정 → 혼란 심화
- ② ______8) **실시(976)**: 관품과 인품을 기준으로 전·현직 관리에게 수조권 지급

성종(6)
(981~997)

- ① ______9)**의 시무 28조**: 5조 정적평 + 개혁안
- ② **중앙**: 2성 6부, 중추원과 삼사, 도병마사와 식목도감 설치(완비는 현종), 문산계(문·무 관리)·무산계(여진 추장, 탐라의 왕족, 향리) 부여
- ③ **지방**: ______10)목 설치(목사 파견), 향리 제도 마련, 3경 설치(______11)), 개성부 설치
- ④ **유학 장려 정책**: ______12) 설치(중앙), 지방에 ______13) 설치 및 경학 박사·의학 박사 파견, ______14)(개경)·수서원(서경) 설치, ______15)법 실시(중앙 관리는 매월 시 3수와 부 1편, 지방관은 매년 시 30수와 부 1편 작성), 과거제 정비, 연등회 중단 및 팔관회 폐지
- ⑤ **경제·사회 정책**: ______16)(우리나라 최초 화폐: 철전·동전), 의창·상평창 설치, 노비 ______17)법, 원구단 설치(풍년 기원제 거행), 권농 정책, 자모상모법(이자가 원금을 초과할 수 없게 함), 재면법 실시(재해 시 세금 면제)
- ⑥ **대외 관계**: 거란의 1차 침략(993) → ______18)의 담판(강동 6주 획득)

정답 1) 주현공부 2) 노비안검 3) 과거 4) 제위보 5) 광덕 6) 준풍 7) 귀법 8) 시정 전시과 9) 최승로 10) 12 11) 개경, 서경, 동경 12) 국자감 13) 향학(향교) 14) 비서성 15) 문신 월과 16) 건원중보 17) 환천 18) 서희

2. 문벌 귀족 사회의 성립과 전개(목종~문종)

목종(7) (997~1009)
- ① **개정 전시과(998)**: 관직 기준, 전·현직 관리에게 지급, 군인전 지급 시작, 문관 우대, 전체적인 지급량 축소, 16과 이하는 시지를 지급하지 않음
- ② ______[1]**의 정변(1009)**: 서북면 도순검사 강조가 정변을 일으켜 김치양을 제거하고 목종을 폐위한 후 현종을 즉위시킨 사건

현종(8) (1009~1031)
- ① **지방 제도 정비**: ______[2]도 ______[3]계, 4도호부, 8목, 개성부를 경중 5부와 경기로 개편
- ② **대외 관계**: 거란의 2차 침략(1010, 강조의 정변이 원인, 개경이 함락되어 현종이 ______[4]로 피신, 양규가 흥화진 전투 등에서 거란군 격퇴), 거란의 3차 침략[1018, 강감찬의 ______[5] 대첩(1019)], 거란 격퇴 후 개경 외곽에 ______[6] 축조(1009~1029)
- ③ **문화**: 부처의 힘으로 거란을 격퇴하기 위해 초조대장경 조판 시작(선종 때 완성), 거란의 침략으로 소실된 『7대실록』 제작 시작(덕종 때 완성)
- ④ **불교 장려**: 연등회와 팔관회 부활, ______[7]사를 창건하고 7층 석탑 건립
- ⑤ **향리 제도 정비**: ______[8]법 실시(향리의 자제에게 과거 응시 자격을 부여), 향리의 정원과 공복 제정
- ⑥ **사회 시책**: 면군급고법(노부모 봉양 시 군역 면제), 주창수렴법(의창을 각 주로 확대), 목감양마법(군마 확보 정책)

덕종(9) (1031~1034)
- ______[9] 축조 시작(1033), 『7대실록』 완성

정종(10) (1034~1046)
- 천리장성 완성(1044, 압록강 하구~동해안 도련포)

문종(11) (1046~1083)
- ① 이자연의 세 딸이 왕비가 되어 경원 이씨 세력이 권력 장악
- ② **경제 정책**: 녹봉 체제 정비(47등급으로 구분하여 지급, 연 2회 ______[10]를 제시하면 좌창에서 지급), ______[11] 전시과 실시(1076, 현직 관리에게만 수조권 지급), 한외과 폐지, 별사전·한인전·무산계 지급, 무반에 대한 지급량 상향 등
- ③ **문화**: 최충이 ______[12]공도(9재 학당) 설립(문종~숙종 때까지 개경에 사학 12도 설립), 흥왕사 건립
- ④ **대외 관계**: 거란의 요구로 현종 때 단절되었던 ______[13]과 국교 재개
- ⑤ **사회 시책**: 삼원신수법(중죄인의 경우 3명 이상의 형관 배석), 사형수에 대한 삼복제(삼심제), 재면법 법제화·자모정식법 시행, 봉미법 실시(과거 시험지의 이름을 가리도록 함)
- ⑥ **통치 체제 정비**: 서경에 서경기 4도 설치, 향리의 직제 완비(9단계 승진 규정), ______[14]법 실시(기인의 대상을 향리 자제 외에도 인정하여 인질적 성격이 약화됨)

정답 1) 강조 2) 5 3) 양 4) 나주 5) 귀주 6) 나성 7) 현화 8) 주현공거 9) 천리장성 10) 녹패 11) 경정 12) 문헌 13) 송 14) 기인선상

더 알아보기

▨ 훈요 10조

둘째, 모든 사원들은 모두 도선의 의견에 의하여 국내 산천의 좋고 나쁜 것을 가려서 창건한 것이다. 도선의 말에 의하여 자기가 선정한 이외에 함부로 사원을 짓는다면 지덕을 손상시켜 국운이 길지 못할 것이라고 하였다.

셋째, 왕위 계승은 적자적손(嫡者嫡孫)을 원칙으로 하되 장자가 불초(不肖)할 때에는 인망 있는 자가 대통을 이을 것

넷째, 거란은 우매한 나라로서 풍속과 언어가 다르니 그들의 의관, 제도를 아예 본받지 말라.

다섯째, 서경의 수덕이 순조로워 우리나라 수맥의 근본으로 되어 있으니 만대 왕업의 기지이다. 마땅히 춘하추동 사계절의 중간 달에 국왕은 거기에 가서 100일 이상 체류함으로써 왕실의 안녕을 도모하게 할 것이다.

여섯째, 나의 지극한 관심은 연등과 팔관에 있다. 연등은 부처를 섬기는 것이고, 팔관은 하늘의 신령과 5악, 명산, 대천, 용의 신을 섬기는 것이다.

일곱째, 임금이 신하의 신망을 얻는 것이 가장 어려운 것이다. …… 또 백성들에게 일을 시키되 적당한 시기를 가리고 부역을 경하게 하며 조세를 적게 하는 동시에 농사의 어려움을 알게 되면 ……

아홉째, 백관의 녹봉은 나라의 대소를 따라 일정한 제도를 마련할 것이니 현재의 것을 증감하지 말라.

열째, 나라를 가진 자나 집을 가진 자는 항상 만일을 경계할 것이며, 널리 경사를 섭렵해 과거의 예를 거울로 삼아 현실을 경계하라.

– 『고려사』 권2, 세가2 태조 26년

▨ 최승로의 시무 28조

2. 불사(佛事)를 많이 베풀어 백성의 고혈(膏血: 기름과 피)을 짜내는 일이 많고, 죄를 지은 자가 중을 가장하고, 구걸하는 무리들이 중들과 서로 섞여 지내는 일이 많습니다. 원컨대 군왕의 체통을 지켜 이로울 것이 없는 일은 하지 마소서.
5. 태조께서는 수년에 한 번씩 사신을 보내어 사대의 예를 닦았을 뿐인데, 지금은 사신뿐 아니라, 무역으로 인하여 사신의 왕래가 빈번하니, 지금부터는 사신 편에 무역을 겸하게 하되, 그 밖의 때에 어긋나는 매매는 일체 금지하도록 하소서.
7. 태조께서 나라를 통일한 후에 군현에 수령을 두고자 하였으나 대개 초창기에 일이 번다하여 미처 이 일을 시행할 겨를이 없었습니다. 청컨대 외관(外官: 지방관)을 두소서.
11. 풍속은 각기 그 토질에 따라 다른 것이므로 모든 것을 반드시 구차하게 중국과 같게 할 필요는 없습니다.
12. 공물과 요역을 공평하게 하소서.
13. 우리나라에서는 봄에는 연등(燃燈)을 설치하고, 겨울에는 팔관(八關)을 베풀어 사람을 많이 동원하고 노역이 심히 번다하오니 원컨대 이를 감하여 백성이 힘펴게 하소서.
20. 불교를 행하는 것은 몸을 닦는 근본이며, 유교를 행하는 것은 나라를 다스리는 근원이니, 몸을 닦는 것은 내생(來生)을 위한 것이며, 나라를 다스리는 것은 곧 오늘의 일입니다. 오늘은 지극히 가깝고 내생은 지극히 먼 것이니, 가까운 것을 버리고 먼 것을 구하는 일이 또한 그릇된 일이 아니겠습니까.
22. 광종이 노비를 안검하니 …… 천한 노예들이 주인을 모함하는 일이 이루 헤아릴 수 없이 많았습니다. 그런즉, 선대의 일에 구애되지 말고, 노비와 주인의 송사를 판결할 때는 분명하게 하여 후회가 없도록 힘써야 합니다.

3. 문벌 귀족 사회의 성립과 전개(순종~의종)

순종(12) (1083) — 문종의 장남으로 동생(선종)에게 국사를 맡기다가 즉위 3개월 만에 사망

선종(13) (1083~1094)
- ① _____[1] **설치(1086)**: 의천의 요청에 따라 흥왕사에 설치하여 『교장』 간행 시작(1091)
- ② **초조대장경 완성(1087)**: 조판 작업은 여러 사찰에서 이루어졌으며 그 경판은 흥왕사에 보관하다가 대구 팔공산의 부인사로 옮겨짐
  → 몽골의 2차 침략 당시에 소실됨(1232)

헌종(14) (1094~1095) — **이자의의 난(1095)**: 헌종이 즉위하자 이자의의 누이인 원신궁주(선종 비)가 낳은 한산후 윤을 즉위시키고자 모의한 사건
→ 모반 세력들은 왕의 숙부인 계림공(숙종)에 의해 처형됨 → 계림공이 왕위를 찬탈

숙종(15) (1095~1105)
- ① **불교 정책**: 의천이 1097년에 완공된 국청사의 주지로 취임하여 해동 천태종 창시, 『교장』 완성(1101)
- ② **화폐 발행**: _____[2] 설치 – 삼한통보, 해동통보, 해동중보, 동국통보, 활구(은병) 등 주조
- ③ **관학 진흥책**: _____[3] 설치(1101) – 국자감에 두었던 출판부
- ④ _____[4] **조직(1104)**: 여진 정벌 목적으로 신기군, 신보군, 항마군으로 편성
- ⑤ 남경개창도감 설치(1101, 김위제의 건의), 서경에 _____[5]의 사당 건립(1102)

예종(16) (1105~1122)
- ① **체제 정비**: _____[6] 파견(속군·속현·향·부곡·소 등에 파견된 임시 관리), 구제도감(빈민 환자의 치료 및 병사자의 시신 매장 등을 담당)·혜민국(서민 환자의 치료 및 시약 담당) 설치
- ② **여진에 대한 정책**: _____[7] 축조(1107, 윤관·오연총) → 반환(1109) → 여진이 금 건국(1115)
- ③ **관학 진흥책**: _____[8]재(전문 강좌) · _____[9] 설치(장학 재단), 청연각·보문각 설치(경연과 장서 담당)
- ④ **도교 장려**: _____[10] 건립(도교 사원)
- ⑤ **문화**: _____[11](풍수지리 서적) 간행, 도이장가(예종이 팔관회에 참석했다가 김락과 신숭겸의 가상을 보고 그들의 공을 추도하여 지은 향가 형식의 노래)
- ⑥ 이자겸의 둘째 딸이 예종의 왕비가 되어 이자겸의 세력이 커지게 됨 → 왕의 측근 세력인 한안인 등과 대립
  → 이자겸은 대방공 왕보와 한안인·문공인 등 왕의 측근 세력을 역모 혐의로 제거

정답 1) 교장도감 2) 주전도감 3) 서적포 4) 별무반 5) 기자 6) 감무 7) 동북 9성 8) 7 9) 양현고 10) 복원궁(관) 11) 『해동비록』

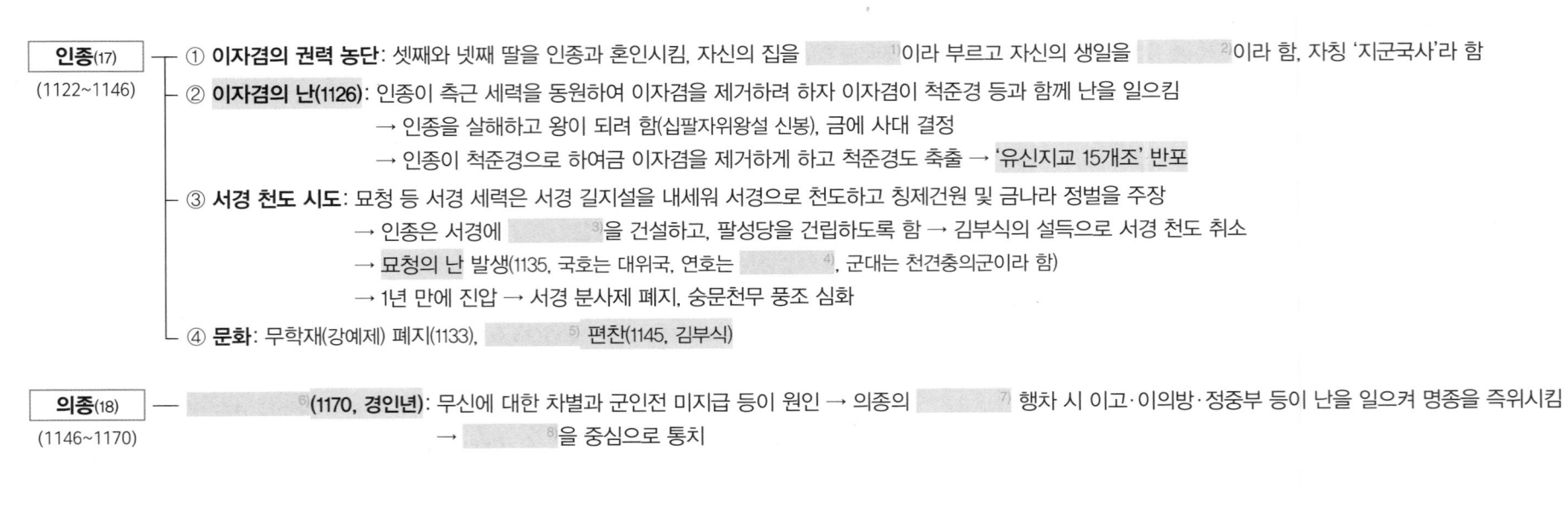

인종(17)
(1122~1146)

① **이자겸의 권력 농단**: 셋째와 넷째 딸을 인종과 혼인시킴, 자신의 집을 ______1)이라 부르고 자신의 생일을 ______2)이라 함, 자칭 '지군국사'라 함

② **이자겸의 난(1126)**: 인종이 측근 세력을 동원하여 이자겸을 제거하려 하자 이자겸이 척준경 등과 함께 난을 일으킴
→ 인종을 살해하고 왕이 되려 함(십팔자위왕설 신봉), 금에 사대 결정
→ 인종이 척준경으로 하여금 이자겸을 제거하게 하고 척준경도 축출 → '유신지교 15개조' 반포

③ **서경 천도 시도**: 묘청 등 서경 세력은 서경 길지설을 내세워 서경으로 천도하고 칭제건원 및 금나라 정벌을 주장
→ 인종은 서경에 ______3)을 건설하고, 팔성당을 건립하도록 함 → 김부식의 설득으로 서경 천도 취소
→ 묘청의 난 발생(1135, 국호는 대위국, 연호는 ______4), 군대는 천견충의군이라 함)
→ 1년 만에 진압 → 서경 분사제 폐지, 숭문천무 풍조 심화

④ **문화**: 무학재(강예재) 폐지(1133), ______5) 편찬(1145, 김부식)

의종(18)
(1146~1170)

— ______6)**(1170, 경인년)**: 무신에 대한 차별과 군인전 미지급 등이 원인 → 의종의 ______7) 행차 시 이고·이의방·정중부 등이 난을 일으켜 명종을 즉위시킴
→ ______8)을 중심으로 통치

4. 무신 집권기(명종~원종)

명종(19)
(1170~1197)

① **이의방 집권기(1170~1174)**: 서계 민란(1172), 동북면 병마사 ______9)의 난(1173, 계사년, 의종 복위 시도), 교종 계열 사찰의 난(1174. 1., 귀법사의 난), 서경유수 ______10)의 난(1174. 9.) 발생

② **정중부 집권기(1174~1179)**: 정중부의 아들 정균이 이의방을 제거하고 정중부가 집권, ______11)의 난(1176, 공주 명학소의 난) 발생

③ ______12) **집권기(1179~1183)**: 중방을 무력화시키고 도방(경호 부대)을 설치하여 통치, 전주 관노의 난(1182, 죽동의 난) 발생

④ **이의민 집권기(1183~1196)**: ______13)와 효심의 난(1193) → 최충헌에 의해 제거됨
→ 최충헌이 봉사 10조 제시(1196)

⑤ **문화**: 이규보가 『동명왕편』 편찬(1193)

더 알아보기

최충헌의 봉사 10조

1. 길일을 택해 새 궁궐로 옮길 것
2. 옛 제도를 좇아 관원의 수를 줄일 것
3. 농민으로부터 빼앗은 토지를 원래 주인에게 돌려줄 것
4. 어질고 능한 이를 외직에 임명할 것
5. 각 도의 안찰사에게 공진(곡물 진상)함을 금할 것
6. 승려들의 궁궐 출입과 고리대를 금할 것
7. 이속의 능력을 조사하여 상벌을 분명히 할 것
8. 관리들이 사치를 금하고 검소함을 숭상하게 할 것
9. 비보사찰 외에는 바로 없앨 것
10. 비적임자를 택하여 직언하도록 할 것

정답 1) 의친궁 2) 인수절 3) 대화궁 4) 천개 5) 『삼국사기』 6) 무신 정변 7) 보현원 8) 중방 9) 김보당 10) 조위총 11) 망이·망소이 12) 경대승 13) 김사미

신종(20) (1197~1204)
- ① 최충현이 ______1) 재설치(1200, 6번 체제로 확대), 최충헌은 이규보·진화 등의 문인 등용
- ② **반란**: ______2)의 난(1198, 천민의 신분 해방 운동의 성격), 밀성 관노의 난(1200), 광명·계발의 난(1200), 이비·패좌의 난(1202, 신라 부흥 주장)

희종(21) (1204~1211)
- ① ______3) 설치(1206, 최충헌이 진강후로 책봉되고 식읍으로 받은 진주 지방을 관리하기 위해 설치)
- ② 최충헌의 교정도감 설치(1209)

강종(22) (1211~1213)
- ① 명종의 장남으로 명종이 폐위된 후 태자에서 폐위되었다가 최충헌에 의해 즉위
- ② 최충헌이 흥녕부를 ______4)로 바꿈(1212)

고종(23) (1213~1259)
- ① **최충헌 집권기**: 『해동고승전』 편찬(1215, 각훈), ______5)의 난(1217, 서경에서 고구려 부흥 운동 표방)
- ② **최우(후에 최이로 개명) 집권기(1219~1249)**: ______6) 설치(인사권 장악), ______7) 설치(자문 기구, 문신 등용), ______8) 조직(좌별초, 우별초, 신의군), ______9) 조직(기마병 부대), 도방 확대(내도방·외도방), 진양후로 책봉(최우의 집은 진양부가 됨), ______10)의 난(1237, 담양 지방에서 백제 부흥을 표방)
- ③ **최항~최의 집권기(1249~1258)**: 통치력의 급격한 약화 → 무오정변(1258)으로 김준이 집권
- ④ **몽골과의 전쟁**: 강동성 사건(1218~1219) → 몽골 사신 저고여 살해 사건 발생(1225) → 몽골의 1차 침략(1231) → 강화도 천도 후 대몽 항쟁 전개(1232~1259) → 김준 집권(1258) 후 항복(1259)
- ⑤ **문화**: 금속 활자로 ______11) 간행(1234), 대장도감을 설치한 후 ______12) 조판(1236~1251)
- ⑥ **쌍성총관부 설치(1258)**: 화주(영흥)에 설치한 몽골의 통치 기구
- ⑦ ______13) **지급(1257)**: 몽골과의 전쟁으로 국고가 탕진, 급전도감을 설치하여 강화도의 토지를 녹봉 대신 관리들에게 지급(수조권)

원종(24) (1259~1274)
- ① **김준 집권기(1258~1268)**: 몽골과의 관계 문제로 원종과 갈등을 겪다가 원종의 명을 받은 강윤소·임연 등에 의해 참살됨
- ② **임연·임유무 집권기(1268~1270)**: 원종이 몽골의 도움으로 임유무를 제거한 후 개경 환도(1270)
- ③ **삼별초의 대몽 항쟁**: ______14)[강화도 → 진도(용장성)] → 김통정[______15)(항파두리성)] → 김방경 등이 여·몽 연합군을 이끌고 진압
- ④ **전민변정도감 설치(1269)**: 억울하게 노비가 되었거나 빼앗긴 땅을 원래대로 회복시킬 목적
- ⑤ **녹과전 지급(1271)**: 전시과의 부족으로 개경 환도 후 경기 8현의 토지를 지급
- ⑥ **영토 상실**: ______16) 설치(1270, 자비령 이북 지역 관할), 탐라국 초토사 설치(1273, 이후 ______17)로 개칭)

정답 1) 도방 2) 만적 3) 흥녕부 4) 진강부 5) 최광수 6) 정방 7) 서방 8) 삼별초 9) 마별초 10) 이연년 11) 『상정고금예문』 12) 팔만대장경 13) 녹과전 14) 배중손 15) 제주도 16) 동녕부 17) 탐라총관부

5. 원간섭기(렬-선-숙-혜-목-정)

충렬왕(25) (1274~1308)
- ① **개혁 정책**: 홍자번의 ______1) 18사(민생 문제와 국가 재정난 해결을 위한 상소) 수용, ______2)도감 설치(1288, 1301: 권세가에게 점탈된 토지나 농민을 조사하여 바로잡는 기구)
- ② **관제 개편 및 격하**: 도병마사 → ______3)(구성원 확대 및 권한 강화), 중서문하성 + 상서성 → 첨의부 → 도첨의사사, 6부 → 4사(전리사·판도사·군부사·전법사), 중추원(추밀원) → 밀직사, 어사대 → 감찰사, 왕실 호칭 격하
- ③ **관학 진흥책**: 섬학전 설치, ______4) 설치(7품 이하 관리들에게 경·사를 가르치던 관청)
- ④ **문화**: ______5)(1281, 일연)·『고금록』(1284, 허공)·______6)(1287, 이승휴) 등의 역사서 편찬, 원으로부터 안향·김문정 등이 성리학 수용, 국학에 대성전을 증축
- ⑤ **영토 회복**: 동녕부 지역 반환받음(1290), 탐라총관부 폐지
- ⑥ **일본 원정**: 1차 원정(1274), 2차 원정(1280년 ______7)을 설치 후 1281년에 단행) → 실패
- ⑦ **한계**: 제국 대장 공주와의 불화를 겪던 중 제국 대장 공주가 사망하자 아들인 충선왕에게 선위(1298)

충선왕(26) (1298) (1308~1313)
- ① **관제 개혁**: 밀직사를 광정원으로, 감찰사는 사헌부로, 4사는 6조로 개편, ______8)(1298) 중심으로 개혁 추진, 정방 폐지(1298), 조비 무고 사건으로 인해 폐위(1298)
- ② **재즉위**: 원의 무종 황제 즉위에 기여하여 ______9)으로 책봉된 후 충렬왕이 사망하자 재즉위(1308)했으나 원으로 돌아가서 교지를 내려 통치함
- ③ ______10) 제정(의염창 설치 – 소금 전매제 실시)
- ④ **재상지종 지정**: 왕실과 혼인할 수 있는 15개의 귀족 가문을 지정 → 왕족 간 족내혼 금지 의도
- ⑤ 아들 충숙왕에게 선위(1313) → 원의 수도에 학문 연구소인 ______11) 설립(1314)

충숙왕(27) (1313~1330) (1332~1339)
- ① 1313년 즉위했으나 심양왕 왕고의 모함으로 어려움을 겪음 → 1330년 충혜왕에게 선위하고 원으로 갔다가 충혜왕이 폐위되자 재즉위(1332)
- ② **제폐사목소 설치(1318)**: 불법적으로 형성한 토지와 노비를 원상태로 회복하려는 의도(찰리변위도감으로 개칭)
- ③ **사심관 제도 폐지(1318)**: 충렬왕 때 한때 폐지되었으나, 충숙왕이 완전히 폐지 후 토지와 민호 몰수(1319)

충혜왕(28) (1330~1332) (1339~1344)
- ① **즉위**: 1330년 즉위했으나 곧바로 폐위되어 충숙왕이 즉위(1332)
- ② **복위**: 충숙왕이 사망하자 재즉위 했으나 기철 등 친원파들과 대립, 편민조례추변도감 설치 → 음행을 거듭했다는 이유 등으로 체포되어 원에 끌려가 유배지에서 사망함

충목왕(29) (1344~1348)
- ① 충혜왕이 죽자 원에서 귀국하여 8세의 나이로 즉위, ______12) 설치(1347, 불법적 농장과 노비 문제 담당), 진제도감 설치(1348, 구제도감을 고쳐 설치, 굶주리는 백성들을 구제)
- ② 응방 등 원의 수탈 기구 폐지, 사패전 혁파, 녹과전 부활

충정왕(30) (1348~1351)
- 외척들의 발호와 왜구의 침략 등으로 혼란을 거듭하다 원나라에 의해 폐위되어 공민왕 즉위 후 강화도에서 사망

정답 1) 편민 2) 전민변정 3) 도평의사사 4) 경사교수도감 5) 『삼국유사』 6) 『제왕운기』 7) 정동행성 8) 사림원 9) 심양왕 10) 각염법 11) 만권당 12) 정치도감

6. 반원 정책 시기 + 조선 건국 과정(공민왕~공양왕)

공민왕(31) (1351~1374)
- ① **반원 자주 정책**: 몽골풍 금지, 원의 연호 폐지, ________1) 숙청(친원 세력 퇴출), 정동행성 이문소 폐지, 관제 복구, 화주의 ________2) 수복(1356), 요동 정벌(1370, 이성계·지용수), 명이 건국(1368)되자 명의 연호 사용
- ② **왕권 강화 정책**: ________3) 폐지(인사권 장악), 전민변정도감 설치(1352, 1366), 신진 사대부 등용 및 성균관 중건, 이색을 성균관 대사성으로 임명(1367), 내재추제 실시(재신과 추신 일부가 궁내에서 기밀 사무 담당 → 도평의사사 견제), 승려 신돈 등용, 승려 ________4)가 남경 천도를 건의(1357, 이제현을 남경에 보내 궁궐을 짓고 천도를 추진하다가 중단 → 우왕, 공양왕 때도 추진)
- ③ **외적의 침략**: ________5)의 침략[1차 때 서경 함락, 2차 때 개경이 함락되어 왕이 복주(안동)로 피난], 몽골 장수 ________6)의 침략을 이성계가 격퇴(1362), 기황후의 지원을 받은 최유의 난 진압(1364), 왜구의 빈번한 침략(1366, 김일을 보내 쇼군으로부터 왜구의 근절 약속을 받아냄)
- ④ ________7)**의 변(1363)**: 정세운·안우·이방실·김득배·김용·최영 등이 홍건적을 격퇴하고 개경을 수복 → 김용이 공로를 독차지하기 위해 정세운 등을 제거 → 흥왕사의 행궁에 머물던 공민왕을 암살하려다 실패
- ⑤ **한계**: 노국 대장 공주 사망(1365) 후 신돈에게 국사를 맡김 → 신돈을 처형(1371)한 후 자제위를 설치하여 실정을 거듭함 → 홍륜·최만생이 공민왕을 살해
- ⑥ **목화의 전래**: 원나라에 파견된 사신의 서장관으로 수행한 문익점이 귀국길에 목면 씨앗을 가지고 옴 → 진주에서 장인 정천익과 함께 시험 재배에 성공(1364) → 이후 목면 재배와 무명의 보급이 확산됨

우왕(32) (1374~1388)
- ① **즉위 과정**: 신돈의 시녀 반야가 낳은 아들로, 신돈의 집에서 살다가 신돈 제거 후 궁으로 들어와 우(禑)라는 이름을 받고 강녕부원대군에 봉해짐 → 공민왕 사후 ________8)·왕유·왕안덕 등의 지원으로 즉위
- ② **왜구의 침략 격퇴**: ________9) 설치(1377, 화약 무기 제조), 홍산 대첩(1376, 최영), ________10) 대첩(1380, 최무선·나세), ________11) 대첩(1380, 이성계), 관음포 대첩(1383, 정지)
- ③ ________12) **인쇄(1377)**: 청주 흥덕사에서 조판한 세계 최고의 금속 활자본 / 전민변정도감 설치(1381, 1388)
- ④ **명과의 관계**: 명의 ________13) 설치 통보 → 우왕과 최영이 요동 정벌 결정 → 이성계 반대(4불가론) → 묵살 → 원정 중 이성계가 위화도에서 회군(1388) → 우왕을 폐위하여 귀양보내고 창왕을 즉위시킴

창왕(33) (1388~1389)
- ① **즉위 과정**: 위화도 회군으로 우왕이 폐위되자 조민수와 이색 등의 추천으로 9살의 나이로 즉위
- ② **개혁 추진**: 토지 제도 개혁 시도, 지방관의 수탈 금지, 전선법 복구(문무관의 인사를 이부와 병부에게 관장하도록 함), 정방 폐지 및 상서사 설치, ________14) 섬 정벌(1389, 박위)
- ③ **폐가입진(廢假入眞)**: 이성계 등에 의해 왕씨가 아니라 신씨의 아들이라는 이유로 폐위됨

공양왕(34) (1389~1392)
- ① **삼군도총제부 설치(1391)**: 이성계와 급진파 세력이 군권 장악
- ② ________15)**(1391) 실시**: 국가 재정 증가, 신진 사대부의 경제 기반 마련, 민생 안정 달성
- ③ **고려 멸망(1392)**: 이성계의 낙마 사건 → 정몽주의 반격 → 이방원이 정몽주 살해 → 이성계에게 선위

정답 1) 기철 2) 쌍성총관부 3) 정방 4) 보우 5) 홍건적 6) 나하추 7) 흥왕사 8) 이인임 9) 화통도감 10) 진포 11) 황산 12) 『직지심체요절』 13) 철령위 14) 쓰시마 15) 과전법

*옳은 문장은 ○, 틀린 문장은 ×에 체크하세요.

핵심 기출 OX 고려 정치의 흐름

01 고려 태조는 공신들에게 공로와 인품을 고려하여 토지를 나눠주는 역분전을 처음으로 시행하였다. 2019년 지방직 7급 ○ ×

02 고려 태조는 호족 세력을 견제 · 통합하기 위해 상수리 제도와 사심관 제도를 실시하였다. 2019년 지방직 9급 ○ ×

03 고려 태조는 『정계』와 『계백료서』 편찬을 통해 관리가 지켜야 할 규범을 제시하였다. 2019년 소방직 ○ ×

04 고려 태조는 훈요 10조에서 연등회와 팔관회의 행사를 축소할 것을 당부하였다. 2014년 국가직 7급 ○ ×

05 고려 초기 북진 정책으로 서경을 중시하였으며, 광종은 서경 천도 계획을 세웠다가 실패하였다. 2020년 법원직 9급 응용 ○ ×

06 고려 광종은 거란의 침략에 대비하기 위해 광군을 조직하였다. 2019년 지방직 9급 ○ ×

07 고려 광종은 왕권을 더욱 탄탄히 하고 신구 세력을 교체하기 위해, 쌍기의 건의를 받아 과거제를 실시하였다. 2019년 경찰직(2차) ○ ×

08 고려 광종은 관리의 등급에 따라 자색, 단색, 비색, 녹색으로 공복을 구분하였다. 2019년 경찰직(2차) ○ ×

09 준풍 등의 연호를 사용한 왕은 귀법사를 창건하고 제위보를 설치하였다. 2020년 국가직 7급 ○ ×

10 고려 광종은 노비안검법 실시, 국자감 정비 등의 업적을 남겼다. 2012년 법원직 9급 ○ ×

11 만부교 사건을 일으키고 광군사를 설치한 왕은 고려 광종이다. 2020년 경찰간부후보생 ○ ×

12 고려 성종은 유학 교육 장려를 위해 중앙에는 주자감을, 지방에는 향교를 설치하였다. 2016년 법원직 9급 응용 ○ ×

13 고려 성종은 연등회를 축소하고 팔관회를 폐지하는 등 국가적인 불교 행사를 억제하고자 했다. 2019년 서울시 9급 ○ ×

14 고려 성종은 중소 호족들을 호장과 부호장으로 편입하는 향리 제도를 마련했다. 2015년 경찰간부후보생 ○ ×

15 고려 성종은 중앙 문관에게는 문산계를, 지방 호족인 향리와 노병 등에게는 무산계를 부여하는 등 관료와 호족들의 서열화를 더욱 확실하게 만들었다. 2018년 경찰직(1차) ○ ×

승범쌤의 기출 포인트

02 사심관 제도 기출사료

태조 18년(935), 신라의 왕 김부가 내항해오자 신라국을 없애서 경주로 삼고, 김부를 경주의 사심관으로 임명하여 부호장 이하의 관직 등에 관한 일을 맡게 하였다. 이에 여러 공신들 역시 이를 본받아 각각 자기 주(州)의 사심관이 되게 하였으니, 사심관은 여기에서 비롯되었다. - 『고려사』

10 광종의 노비안검법 기출사료

광종 7년(956), (억울하게) 노비가 된 자를 조사해서 옳고 그름을 분명히 밝히도록 명령하였다. 이 때문에 주인을 배반하는 노비들을 도저히 억누를 수 없었으므로, 주인을 업신여기는 풍속이 크게 유행하였다. 사람들이 다 수치스럽게 여기고 원망하였다. 왕비도 간절히 말렸지만 받아들이지 않았다. - 『고려사절요』

16 고려 목종은 관품을 기준으로 전·현직 관리를 대상으로 토지를 지급하는 개정 전시과를 시행하였다. 2020년 경찰직(1차) O X

17 고려 현종은 부모의 명복을 빌고자 현화사를 창건하였다. 2017년 지방직 9급 O X

18 최충이 문헌공도를 설립한 시기의 왕은 향리의 공복을 규격화하였다. 2021년 경찰간부후보생 O X

19 고려 숙종은 여진 정벌을 위해 윤관이 건의한 별무반을 설치하였다. 2016년 지방직 9급 O X

20 고려 예종은 우봉·파평 등의 지역에 감무를 파견하였다. 2017년 국가직 9급(10월) O X

21 고려 예종은 김위제의 건의로 남경 건설을 추진하였다. 2017년 국가직 9급(10월) O X

22 고려 예종은 역병으로 사망한 사람들의 시신을 수습하고 굶주린 백성을 진휼하기 위한 기구로 구제도감을 설치하였다. 2020년 국가직 9급 O X

23 이자겸은 자신의 생일을 인수절이라 칭하고, 스스로를 '지군국사'라고 하였다. 2017년 국가직 7급(8월) O X

24 김부식은 국호를 대위, 연호를 천개로 정하고 반란을 일으켰다. 2017년 서울시 9급 O X

25 이자겸의 난이 진압된 후 15개조의 유신령이 발표되었다. 2016년 서울시 7급 O X

26 고려 예종과 인종은 관학 부흥에 힘쓰고 유학 진흥을 위해 노력하였다. 2016년 서울시 7급 O X

27 보현원 사건이 일어나자 신진 사대부라는 새로운 지배 세력이 등장하였다. 2021년 소방간부후보생 O X

28 조위총은 의종 복위를 내세우며 집권 무신을 타도하고자 했다. 2018년 서울시 7급(3월) O X

29 고려 충렬왕은 정치도감을 두어 부원 세력을 척결하고 권세가들이 빼앗은 토지와 노비의 문제를 해결하려 하였다. 2013년 지방직 7급 O X

30 고려 충렬왕은 도병마사를 도평의사사로 개편하여 국가 중대사를 회의하고 결정하는 합좌 기관으로 만들었다. 2013년 지방직 7급 O X

승범쌤의 기출 포인트

18 최충 기출개념

- 목종 8년 과거에 장원으로 급제
- 현종 4년 국사수찬관으로 『7대실록』 편찬
- 정종 1년 지공거가 되어 과거를 주관
- 문종 1년 문하시중이 되어 율령 등 제도를 정비
- 문종 4년 도병마사를 겸하게 되자 동여진에 대한 대비책을 건의함
- 문종 9년 퇴직 후 학당(문헌공도)을 설립, 9개의 전문 강좌를 개설

25 이자겸의 난 기출사료

왕이 어느 날 홀로 북편 담으로 가서 한참 동안 하늘을 보고 통곡하였다. 이자겸은 십팔자(이씨 성을 가진 자)가 왕이 된다는 비기를 믿고 왕위를 찬탈하려 하였다. 떡에 독약을 넣어 왕에게 드렸던 바, 왕비가 은밀히 왕에게 알리고 떡을 까마귀에게 던져 주었더니 까마귀가 그 자리에서 죽었다.

-『고려사』

31 고려 충선왕은 철령 이북의 영토 귀속 문제를 계기로 요동 정벌을 단행하였다. 2016년 국가직 9급 (O | X)

32 고려 충선왕은 왕권을 강화하고 개혁을 주도하기 위한 기구로 사림원을 두었다. 2016년 서울시 9급 (O | X)

33 고려 공민왕 때 최영이 요동 정벌을 추진하였다. 2020년 경찰직(2차) (O | X)

34 고려 공민왕은 『동국병감』과 같은 병서를 간행하여 원나라의 침략에 대비하였다. 2014년 국가직 9급 (O | X)

35 충숙왕은 원의 수도에 만권당을 설립하여 고려에 성리학이 전파될 수 있는 토대가 마련되었다. 2012년 지방직(하) 9급 (O | X)

36 충목왕은 정치도감을 설치하여 권세가들이 불법으로 차지한 토지와 노비를 조사하여 본 주인에게 돌려주었다. 2018년 지방직 7급 (O | X)

37 최우가 실권을 장악한 시기에 고려 정부는 개경을 떠나 강화도로 천도하였다. 2021년 경찰간부후보생 (O | X)

38 공민왕 때 이제현의 『사략』이 편찬되었다. 2019년 지방직 7급 (O | X)

39 공민왕은 기존 정방의 권한을 강화하고 전민변정도감을 설치하여 권문세족을 보호하였다. 2019년 경찰직(1차) (O | X)

40 창왕 때 청주 흥덕사에서 『직지심체요절』을 인쇄하였다. 2019년 지방직 7급 (O | X)

41 개성의 현릉 부근에서 발견된 청동제 인물상은 황제가 착용한다는 통천관을 쓰고 있어 고려가 황제 국가로 자부했음을 알 수 있다. 2019년 지방직 7급 (O | X)

42 고려 태조는 발해 왕자 대광현이 망명하자 왕계라는 이름을 내려 주었다. 2019년 서울시 7급(10월) (O | X)

43 대상 준홍과 좌승 왕동을 모역죄로 숙청한 것은 고려 광종이다. 2017년 경찰직(2차) (O | X)

44 고려의 천리장성은 덕종이 축조를 시작하여 정종이 완성하였다. 2018년 국가직 9급 응용 (O | X)

45 고려 현종 재위 시기에 향리의 자제도 과거에 응시가 가능한 주현공거법이 시행되었다. 2012년 서울시 7급 응용 (O | X)

승범쌤의 기출 포인트

35 만권당 설치 기출사료

원(元) 황제가 상왕(충선왕)에게 명하여 경사(京師)에 머물게 하였다. 상왕이 연경(燕京)의 저택에 만권당(萬卷堂)을 짓고는 문유(文儒)인 염복(閻復)·요수(姚燧)·조맹부(趙孟頫)·우집(虞集) 등을 초대하여 이들과 더불어 교유하면서 자세히 살펴 연구하는 것을 자신의 즐거움으로 삼고 호종하는 신하들로 하여금 차례대로 돌아가며 교대하게 하였다. – 『고려사절요』

46 고려 예종 때 설치된 주전도감에서는 삼한통보, 해동통보, 해동중보 등을 주조하였다. 2018년 서울시 7급 응용 O X

47 묘청의 난 이후 서경 분사제가 폐지되었으며 보수적인 문신 세력이 득세하기 시작했다. 2020년 법원직 9급 응용 O X

48 무신 집권기 초반 정권을 잡은 무신들은 상장군 · 대장군의 회의 기관이었던 기존의 중방을 권력 기구로 삼았다. 2019년 서울시 9급(2월) O X

49 최충헌은 군국의 정사를 관장하는 교정도감을 설치했고, 최우는 정방과 서방을 사저에 설치했다. 2019년 서울시 9급(2월) O X

50 원나라 순제가 주원장의 군대에게 패해서 사망하자 공민왕은 반원 정책을 펼쳤다. 2019년 경찰직(1차) O X

51 고려에 내정 간섭을 하던 정동행성 이문소를 폐지한 왕은 충선왕이다. 2012년 지방직(하) 9급 O X

52 홍건적의 침략으로 복주로 피난 갔던 왕은 신진 사대부의 진출을 억제하던 정방을 폐지하였다. 2020년 소방간부후보생 O X

53 충혜왕은 권세가들의 토지와 노비를 조사하는 등 개혁을 추진하기 위해서 편민조례추변도감을 설치하였다. 2018년 지방직 7급 O X

54 공민왕 즉위 이전에 쌍성총관부가 수복되었다. 2022년 국가직 9급 O X

55 강조는 김치양 일파를 제거하고 왕을 폐위한 후 대량원군을 새로운 왕으로 즉위시켰다. 2022년 서울시 9급(2월) O X

56 이규보가 생존했던 시기에 경찰 업무를 수행하는 야별초가 조직되었다.. 2022년 계리직 9급 O X

승범쌤의 기출 포인트

50 공민왕의 반원 자주 정책 기출사료

공민왕이 원나라의 제도를 따라 변발(辮髮)을 하고 호복(胡服)을 입고 전상(殿上)에 앉아 있었다. …… 왕이 사람을 시켜 물었다. …… 답하기를 "변발과 호복은 선왕의 제도가 아니오니, 원컨대 전하께서는 본받지 마소서."라고 하니, 왕이 기뻐하면서 즉시 변발을 풀어 버리고 그에게 옷과 요를 하사하였다. – 『고려사』

정답과 해설

01 O | 02 × | 03 O | 04 × | 05 × | 06 × | 07 O | 08 O | 09 O | 10 × | 11 × | 12 × | 13 O | 14 O | 15 O | 16 O | 17 O | 18 × | 19 O | 20 O | 21 × | 22 O | 23 O | 24 × | 25 O | 26 O | 27 × | 28 × | 29 × | 30 O | 31 × | 32 O | 33 × | 34 × | 35 × | 36 O | 37 O | 38 O | 39 × | 40 × | 41 O | 42 O | 43 O | 44 O | 45 O | 46 × | 47 O | 48 O | 49 O | 50 O | 51 × | 52 O | 53 O | 54 × | 55 O | 56 O

02 상수리 제도가 아니라 기인 제도이다. | 04 고려 태조는 훈요 10조에서 연등회와 팔관회를 성대하게 개최할 것을 당부하였다. | 05 고려 초기에 서경 천도 계획을 세운 왕은 정종이다. | 06 광군을 조직한 왕은 정종이다. | 10 국자감을 정비한 왕은 성종이다. | 11 만부교 사건은 고려 태조, 광군사 설치는 고려 정종이다. | 12 주자감이 아니라 국자감을 설치하였다. | 18 문헌공도는 문종 때 설립되었고, 향리의 정원과 공복을 정한 왕은 현종이다. | 21 김위제의 건의로 남경 건설을 추진한 왕은 숙종이다. | 24 국호를 대위, 연호를 천개로 정하고 반란을 일으킨 인물은 묘청이다. | 27 보현원 사건은 의종 때 일어난 무신 정변의 시작이 된 사건이다. 신진 사대부가 지배 세력으로 등장한 시기는 공민왕 이후이다. | 28 의종의 복위를 내세우며 반란을 일으킨 인물은 김보당이다. | 29 정치도감은 충목왕이 설치하였다. | 31 철령 이북의 영토 귀속 문제를 계기로 요동 정벌을 단행한 왕은 우왕이다. | 33 최영이 요동 정벌을 추진한 시기는 우왕 때이다. | 34 『동국병감』은 조선 문종 때 편찬된 병서이다. | 35 만권당을 설치한 왕은 충선왕이다. | 39 공민왕은 정방을 폐지하고 전민변정도감을 설치하여 권문세족을 견제하였다. | 40 창왕이 아닌 우왕 때 청주 흥덕사에서 『직지심체요절』을 인쇄하였다. | 46 주전도감을 설치하고 각종 동전을 주조한 왕은 숙종이다. | 51 정동행성 이문소를 폐지한 왕은 공민왕이다. | 54 쌍성총관부를 무력으로 수복한 왕은 공민왕이다.

02 고려의 통치 제도

1. 중앙·지방

중앙 관제

- ① **특징**: 당·송의 요소와 고려의 독자적 요소의 결합
- ② **정비 과정**: 성종 때 2성 6부제 외 중요 기구 설치 → 문종 때에 이르러 완성
- ③ **2성 6부**
  - ㉠ **중서문하성**: 국정을 총괄하는 최고 기구, 수상은 문하시중
    - ____1)(2품 이상): 백관 통솔, 중요 정책 심의·결정, 6부 판사 겸직
    - **낭사(3품 이하)**: 간쟁·봉박·서경권 담당
  - ㉡ **상서성**: 상서도성 + 상서 6부(이원적 체제)
  - ㉢ **6부**: 이부 문관 인사　호부 재정　예부 외교, 교육
    병부 군사, 무관 인사　형부 사법　공부 토목 공사
- ④ **중추원(추밀원)**
  - ㉠ ____2)(2품 이상): 군사 기밀 담당, 중서문하성의 재신들과 함께 국정 총괄
  - ㉡ **승선(3품)**: 왕명 출납 담당
- ⑤ **어사대(대관)**: 관료를 감찰·탄핵·서경의 역할
- ⑥ **삼사**: 화폐와 곡식의 출납에 대한 회계 → 송의 제도를 수용했으나 송과는 달리 단순 회계 기구의 역할만 담당
- ⑦ **재추 회의**
  - ㉠ **도병마사**: 초기에는 국방 문제(양계의 축성 및 군사 훈련 논의) 담당(임시 기구)
    → 충렬왕 때 도평의사사로 개편(1279, 구성원 증가, 최고 정무 기구로 발전)
  - ㉡ **식목도감**: 법과 각종 시행 규정을 다루던 일종의 입법 기관
- ⑧ **대간(대성)**
  - ㉠ **구성**: 어사대의 관원(대관) + 중서문하성의 낭사(간관)
  - ㉡ **권한**: ____3)(관리 임명, 법령의 개폐 등에 대한 동의권), 봉박권(잘못된 조칙 거부), 간쟁권(국왕의 비행에 대해 간언)
- ⑨ **한림원**: 임금의 말이나 명령을 글로 짓는 일 담당, 장관은 판원사(재신이 겸직) – 원봉성·학사원·문한서·예문관 등 여러 명칭으로 불림
- ⑩ **춘추관(사관)**: 실록과 국사 편찬 담당, 장관은 감수국사
- ⑪ **보문각**: 서적 관리 및 경연 담당, 장관은 대제학
- ⑫ ____4): 천문 관측, 장관은 판사, 서운관으로 개칭(1308)

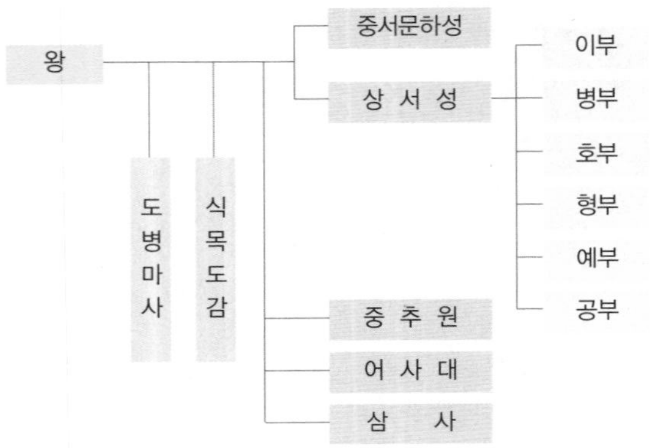

고려의 중앙 정치 기구

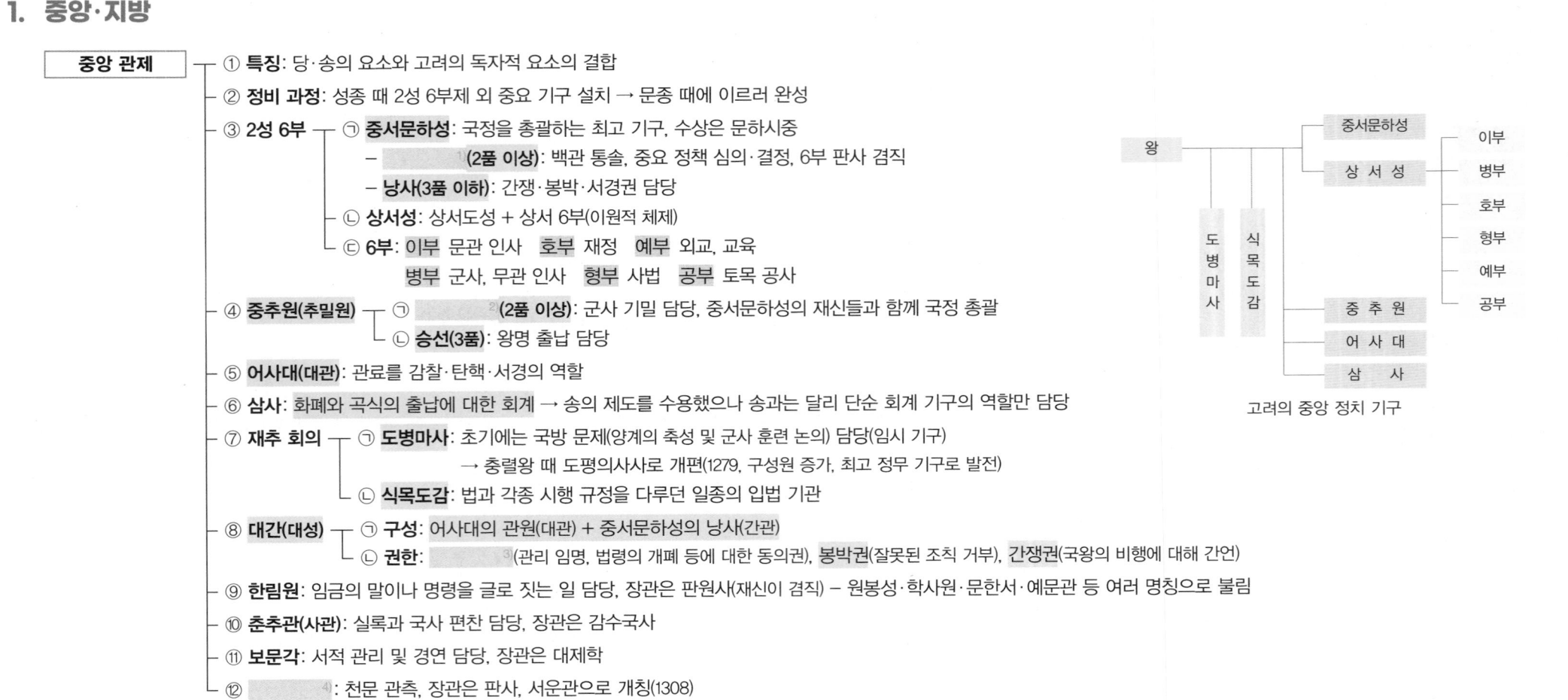

정답　1) 재신　2) 추밀　3) 서경권　4) 사천대

지방 행정 조직

- ① **정비 과정**
  - **태조**: 금유·조장·전운사 등이 조세 수취 담당
  - **성종**: 12목 설치(목사 파견, 경학 박사와 의학 박사 파견, 상평창 설치), 개성부 설치(왕도에 설치한 특별 행정 구역)
  - **현종**: 5도 – 양계 – 4도호부 – 8목 체제로 정비, 경기 설치(경중 5부 + 경기), 계수관 임명(경·목·도호부)
- ② **5도**
  - 일반 행정 구역, ______1) 파견(임기 6개월의 경직, 도 내를 순찰), 도 아래 주·군·현 설치, 주현보다 속현이 더 많음
  - **향리**
    - 속현과 특수 행정 구역 등에서 조세, 공물 징수, 노역 징발 등 실무 행정 담당, 일품군 지휘
    - **성종**: 향리제 마련 – 유력 호족들을 호장, 부호장으로 개칭하고 그 아래 향직까지 개편
    - **현종**: 지방 향리의 정원과 공복 제정, 주현공거법 시행
    - **문종**: 향리들의 9단계 승진 규정 마련, 기인선상법 시행
    - **예종**: 분사 제도 완성, 속군·속현·향·소·부곡 등에 ______2) 파견
- ③ **양계(군사 행정 구역)**
  - 국경 지대에 동계와 북계 설치
  - ______3) **파견**: 임기 6개월, 지방에 상주·주진군의 지휘권 부여
  - **진**: 군사 요충지에 설치, 진장 파견
- ④ **4도호부 8목**: 군사적 중심지 역할의 도호부와 일반 행정 중심지 역할의 8목을 설치
- ⑤ **3경**: 개경·서경·동경(성종) → 개경·서경·남경(문종)
- ⑥ **말단 조직**
  - **촌**: 몇 개의 마을을 인위적으로 묶은 행정촌으로, 촌장이 통치
  - **향·부곡·소**: 국·공유지를 경작하거나(향·부곡) 특정 공납품 생산 및 조달(소), 실제적인 사무는 향리가 담당, 백정 농민에 비해 차별을 받음

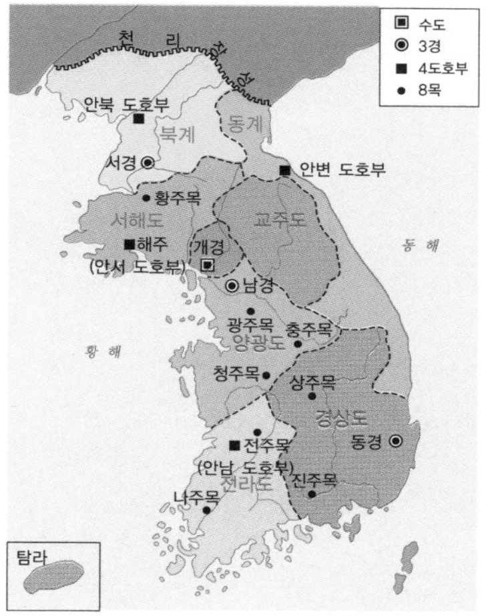

고려의 지방 제도

고려의 지방 행정 조직

정답 1) 안찰사 2) 감무 3) 병마사

2. 군역 제도와 군사 조직

중앙군
- ① **2군 6위**: **상장군, 대장군 등 무관이 지휘**
  - ㉠ **2군**: 국왕의 친위 부대(응양군, 용호군)
  - ㉡ **6위**: 수도 방위와 국경 방어 담당(좌우위, 신호위, 흥위위, 금오위, 천우위, 감문위)
- ② **성격**: 직업 군인(군적에 올라 군인전 지급, 역 세습), 무관으로 신분 상승 가능
- ③ ______1): 상장군과 대장군들로 구성된 무신 합좌 기구

지방군
- ① **편성**: 군적에 오르지 못한 일반 농민 중 16세 이상의 장정들로 조직, 토지 미지급
- ② **주현군**: 5도에 편성된 일종의 예비군, 보승·정용·일품군 등으로 구성
- ③ ______2): 양계에 배치된 상비군, 초군·좌군·우군 등으로 구성,
  평상시에는 농사를 짓는 둔전병으로 양계에 배치되어 국경 수비 담당

특수군
- ① **광군**: 거란 침입 대비(정종)
- ② **별무반**: 여진 정벌을 위해 편성(숙종, 윤관), 신기군(기병)·신보군(보병)·항마군(승병)으로 구성
- ③ ______3): 최우가 조직, 좌별초·우별초·신의군으로 구성,
  개경으로 환도 후 배중손과 김통정의 지휘로 대몽 항쟁 지속(강화도 → 진도 → 제주도)
- ④ **연호군**: 우왕 때 왜구의 침략에 대비하기 위해 설치

더 알아보기

별무반

윤관이 아뢰기를, "신이 오랑캐에게 패한 것은 그들은 기병인데 우리는 보병이라 대적할 수 없었기 때문이었습니다." 이에 왕에게 건의하여 새로운 군대를 편성하였다. 문 · 무 산관(散官), 이서(吏胥), 상인, 농민들 가운데 말을 가진 자를 신기군으로 삼았고, 과거에 합격하지 못한 20살 이상 남자들 중 말이 없는 자를 모두 신보군에 속하게 하였다. 또 승려를 뽑아서 항마군으로 삼아 다시 군사를 일으키려 하였다.

– 『고려사절요』

정답 1) 중방 2) 주진군 3) 삼별초

3. 관리 등용 제도

과거 제도

- ① **정비**: 광종 때 시행(958, 쌍기), 식년시(3년 주기)가 원칙이지만 실제로는 격년시(2년 주기)가 일반적
- ② **절차**
  - ㉠ **계수관시(향시)**: 합격생 – 상공(개경), 향공(지방), 빈공(외국인)으로 구분하여 선발
  - ㉡ **국자감시**: 계수관시 합격자, 3년 이상 국자감에서 수학한 자, 사학의 12공도생 등에게 응시 자격을 부여
  - ㉢ **예부시**: 국자감시 합격자, 현직 관리, 하급 품관, 재생 등이 응시 가능
  - ㉣ 공민왕 때 원나라의 향시 – 회시 – 전시의 삼층제 실시
- ③ **종류**
  - ㉠ ______[1]: 논술 시험, 명경과보다 중시(합격자 수 10배 이상)
  - ㉡ ______[2]: 유교 경전의 이해 정도 평가
  - ㉢ **잡과**: 기술학 시험
  - ㉣ **승과**: 교종선과 선종선 실시, 합격자에게 대덕의 법계와 별사전 지급
- ④ **응시 자격**: 법적으로 양인 이상 응시 가능, 실제로는 귀족과 향리의 자제들이 문과에 응시하고, 백정 농민은 주로 잡과에 응시
- ⑤ **특징**: 문신 위주의 선발, 출신 문벌이 매우 중요하게 작용(좌주문생제), 무과는 거의 실시하지 않음

음서 제도

- ① **대상**: 왕족 후예(조종묘예음서), 공신의 후손, 5품 이상의 고위 관리 자손
- ② **특징**: 공음전과 더불어 고려 문벌 귀족 사회의 특징 반영, 과거보다 중시
- ③ **원칙**: 18세 이상으로 규정되어 있지만 10세 미만에 음서로 진출하는 경우도 있음

기타

— 학식과 재능이 있는 인물 추천(천거제), 국왕의 호위 측근인 성중애마로 선발

정답 1) 제술업(제술과) 2) 명경업(명경과)

*옳은 문장은 o, 틀린 문장은 ×에 체크하세요.

핵심 기출 OX 고려의 통치 제도

01 고려 시대 최고의 관서인 중서문하성은 문하시중이 국정을 총괄하였고, 2품 이상의 재신과 3품 이하의 낭사로 구성되었다. 2013년 경찰직(2차) O X

02 대간은 어사대의 관원과 중서문하성의 낭사를 말하며, 이들은 간쟁·봉박·서경권을 가지고 있어 정국 운영에서 견제와 균형을 도모하였다. 2013년 경찰직(2차) O X

03 도병마사는 당의 관제를, 식목도감은 송의 관제를 본뜬 것이다. 2011년 지방직 9급 O X

04 중추원은 군사 기밀을 담당하는 추밀과 왕명의 출납을 담당하는 승선으로 구성되었다. 2016년 경찰직(1차) O X

05 고려의 삼사는 송의 제도를 수용한 기구이나, 송의 기능과는 달리 화폐와 곡식의 출납에 대한 회계를 담당하였다. 2016년 국가직 7급 O X

06 고려 광종은 처음으로 중요 거점 지역에 상주하는 지방관을 파견하였다. 2012년 사회복지직 9급 O X

07 고려 성종은 호장·부호장과 같은 향리 직제를 마련하였다. 2012년 사회복지직 9급 O X

08 고려 시대 양계 지역은 계수관이 관할하였다. 2020년 서울시 9급 O X

09 고려 시대 부호장 이하의 향리는 사심관의 감독을 받았다. 2021년 국가직 9급 O X

10 별무반은 응양군, 용호군, 신호위 등의 2군과 6위로 편성되었다. 2020년 지방직 9급 O X

11 고려의 중앙군 6위 중 감문위는 궁성과 성문 수비를 맡았다. 2019년 서울시 9급(6월) O X

12 고려 시대에는 북방의 양계 지역에 주현군을 따로 설치하였다. 2019년 서울시 9급(6월) O X

13 고려 시대 직업 군인인 경군에게는 군인전을 지급하고 그 역을 자손에게 세습시켰다. 2019년 서울시 9급(6월) O X

14 고려 시대 북방의 국경 지대에는 동계·북계의 양계를 설치하고 도독을 파견하였다. 2019년 경찰직(2차) O X

승범쌤의 기출 포인트

02 고려와 조선의 대간 기출개념

고려	어사대의 관원 + 중서문하성의 낭사
조선	사헌부의 관원 + 사간원의 관원

15 고려 시대에는 장군들로 구성된 장군방, 상장군 · 대장군들로 구성된 중방이라는 합좌 기구가 있었다. 2016년 서울시 7급 O ×

16 고려 시대 과거 시험은 과목에 따라 제술업, 명경업, 잡업 등으로 구분되었다. 2015년 기상직 9급 O ×

17 고려 시대에 음서를 통해 관직에 오른 사람은 제술업을 거쳐야 고관으로 승진할 수 있었다. 2015년 기상직 9급 O ×

18 고려 시대에 음서 출신자는 5품 이상의 고위 관직에 오를 수 없었다. 2014년 사회복지직 9급 O ×

19 고려 시대에는 10세 미만이 음직을 받는 사례도 있었다. 2014년 사회복지직 9급 O ×

20 고려 시대 음서의 혜택은 사위나 외손자에게도 적용되었다. 2019년 지방직 7급 O ×

21 고려 시대 왕명을 받아 글을 짓는 기관은 한림원으로 태조 때에는 원봉성, 충렬왕 때에는 문한서로 불리기도 하였다. 2016년 서울시 7급 O ×

22 고려 시대 양계의 축성 및 군사 훈련을 논의하는 기구로 도병마사가 설치되었다. 2016년 국가직 7급 O ×

23 고려 시대 도병마사는 도당으로 불렸으며 조선 건국 초에 폐지되었다. 2013년 지방직 9급 O ×

24 사천대는 천문을 관측하는 기관으로 1308년(충렬왕 34)에 서운관으로 개칭되었다. 2012년 기상직 9급 응용 O ×

25 고려의 중앙군 중 6위는 국왕의 친위 부대를 담당하고 있었다. 2020년 지방직 9급 응용 O ×

26 여진의 기마병을 상대하기 위한 특수 부대로 별무반이 조직되었다. 2022년 서울시 9급(2월) O ×

승범쌤의 기출 포인트

16 고려 시대 관리 등용 제도 기출개념

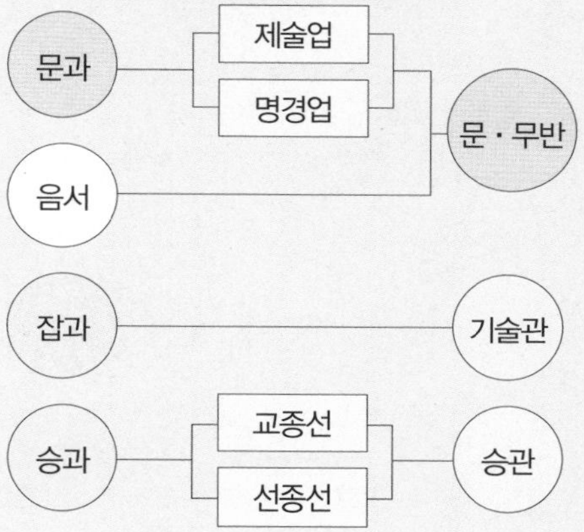

정답과 해설 01 O | 02 O | 03 × | 04 O | 05 O | 06 × | 07 O | 08 × | 09 O | 10 × | 11 O | 12 × | 13 O | 14 × | 15 O | 16 O | 17 × | 18 × | 19 O | 20 O | 21 O | 22 O | 23 O | 24 O | 25 × | 26 O

03 도병마사와 식목도감은 고려만의 독자적인 회의 기구였다. | 06 처음으로 중요 거점에 상주하는 지방관을 파견한 왕은 성종이다. | 08 고려 시대 양계 지역은 병마사가 관할하였다. | 10 별무반은 신기군, 신보군, 항마군으로 편성되었다. | 12 북방의 양계 지역에는 주진군을 설치하였다. | 14 고려 시대 양계 지역에는 병마사가 파견되었다. | 17 고려 시대 음서를 통해 관직에 오른 사람이 제술업을 거쳐야 승진할 수 있었던 것은 아니다. | 18 고려 시대에는 음서 출신이어도 5품 이상의 고관으로 승진할 수 있었다. | 25 고려의 중앙군으로 국왕의 친위 부대를 담당한 부대는 2군이다.

03 지배층의 변천

호족 ⇨ 문벌 귀족 ⇨ 무신 ⇨ 권문세족 VS 신진 사대부

1. 문벌 귀족

① **의미**: 여러 세대에 걸쳐 중앙에서 고위 관직자들을 배출한 가문

② **출신 성분**: 6두품, 호족 → 성종 이후 새로운 지배층으로 성장

③ **특권**
- **정치적**: 과거와 음서를 통해 관직 독점
- **경제적**: 과전과 공음전의 혜택, 기존에 보유한 사전, 불법적으로 토지 확보(토지 겸병)
- **유지**: 귀족 가문 간의 혼인, 왕실과의 혼인으로 외척으로서 지위 이용

④ **대표적 가문**: 안산 김씨(김은부), 경원(인주) 이씨(이자연·이자겸), 해주 최씨(최충), 파평 윤씨(윤관), 이천 서씨(서희), 강릉 김씨(김인존), 경주 최씨(최승로), 경주 김씨(김부식) 등

구분	서경파	개경파
중심 인물	묘청, 정지상	김부식
성격	불교파 ·개혁적	유학파 ·보수적
외교	금국 정벌(자주적), 북진 정책 추진	금과 외교(사대적), 북진 정책 반대
사상	자주적 전통 사상(풍수지리 사상)	사대적 유교 사상
계승 의식	고구려 계승 의식	신라 계승 의식

2. 무신 정권

① **무신 정변의 배경**: 숭문천무 현상 심화, 의종의 향락, 하급 군인에게 군인전 미지급 등 무신에 대한 차별 정책

② **무신 집권자의 변화**: 이의방 → 정중부 → 경대승 → 이의민 → 최충헌 → 최우(최이) → 최항 → 최의 → 김준 → 임연 → 임유무

③ **무신 집권기의 사회 혼란**
- **경제**: 무신의 대토지 소유와 권력 쟁탈전 → 전시과 붕괴 → 개인 농장 확대
- **사회**: 다양한 반란 발생(문벌 귀족 출신의 반란, 교종 승려들의 반란, 농민과 하층민의 반란, 고구려·백제·신라의 부흥을 주장하면서 일어난 반란 등)

④ **최씨 정권**

㉠ **교정도감**: 모든 국정을 총괄하는 최고 기구(장관: 교정별감)
㉡ **도방**: 삼별초와 함께 최씨 정권의 군사적 기반
㉢ **정방**: 모든 관직의 인사권 행사
㉣ **서방**: 문신들의 숙위 기구로서 자문 역할 담당
㉤ **삼별초**: 좌별초, 우별초, 신의군으로 구성
㉥ **흥녕부(진강부)**: 최충헌이 진강후로 책봉되고 식읍으로 받은 지방을 관리하기 위해 설치
㉦ **진양부**: 최우가 진양후로 책봉되고 최우의 집은 진양부가 됨
㉧ **최씨 정권 시기에 등용된 대표적인 문신** – 최자: 최충의 6대손, 『보한집』, 이인로: 『파한집』, 이규보: 『동국이상국집』 → 『동명왕편』, 『국선생전』, 『구삼국사』의 존재 언급, 금속 활자 사용에 대한 언급, 진화: 도원가(桃源可)

⑤ **무신 집권기의 반란**

㉠ **이의방(1170~1174)** – 서계 민란(1172, 서북 지역의 민란): 최초의 민란, 김보당의 난(1173): 최초의 반무신란, 교종 승려들의 저항(1174, 귀법사·흥왕사 등), 조위총의 난(1174): 최대의 반무신란
㉡ **정중부(1174~1179)** – 공주 명학소의 난(1176, 망이·망소이의 난)
㉢ **경대승(1179~1183)** – 전주 관노의 난(1182, 죽동의 난)
㉣ **이의민(1183~1196)** – 김사미와 효심의 난(1193)
㉤ **최충헌(1196~1219)** – 만적의 난(1198): 천민의 신분 해방 운동, 이비·패좌의 난(1202): 신라 부흥 주장, 최광수의 난(1217): 고구려 부흥 주장
㉥ **최우(1219~1249)** – 이연년의 난(1237): 백제 부흥 주장(백적의 난)

❖ 권문세족과 신진 사대부

구분	권문세족	신진 사대부
배경	무신 정권과 원 간섭기에 형성된 다양한 출신의 귀족 계층	지방 향리 출신
성격	귀족적 성격(음서로 진출, 인사권을 가진 정방과 도평의사사 장악)	과거를 통하여 중앙 관리로 진출, 유교적 소양과 행정 실무 능력 보유
진출 시기	원 간섭기에 형성	무신 집권기에 진출 시작, 공민왕의 개혁 정치 중 지배 세력으로 성장
경제적 기반	대농장(토지 겸병·약탈), 부재 지주	지방 중소 지주, 재향 지주
사상적 기반	친불교적 → 불교 타락	성리학적 유교 사상 중시, 불교 배척, 사회 개혁적 성향
대외 정책	친원파	친명 반원파

*옳은 문장은 o, 틀린 문장은 ×에 체크하세요.

핵심 기출 OX 지배층의 변천

01 고려 태조는 지방 호족을 견제하기 위해 사심관과 기인 제도를 도입하였다. 2016년 지방직 9급 (O | X)

02 이자겸은 문벌 귀족 세력을 억누르기 위해 지덕쇠왕설을 내세워 서경 천도를 주장하였다. 2017년 국가직 7급(8월) (O | X)

03 이자겸이 일으킨 난을 경계의 난이라고도 한다. 2017년 국가직 7급(8월) (O | X)

04 김부식은 당시 대표적인 성리학자로 『삼국유사』를 편찬하였다. 2020년 법원직 9급 (O | X)

05 이자겸의 난과 묘청의 서경 천도 운동 사이에 최영과 이성계 등 신흥 무인 세력이 성장하였다. 2019년 소방직 (O | X)

06 경대승 집권기에 전주 관노의 난이 발생하였다. 2019년 기상직 9급 (O | X)

07 무신 정권 시기에 최윤의 등이 지은 의례서인 『상정고금예문』이 인쇄되었다. 2017년 서울시 7급 (O | X)

08 만적은 경주 지역의 세력과 연합하여 신라 부흥을 주장하였다. 2018년 법원직 9급 (O | X)

09 최충헌은 진강후라는 벼슬을 받고, 흥녕부라는 기구를 설치하였다. 2015년 경찰직(2차) (O | X)

10 최충헌은 몽골의 침입으로 소실된 초조대장경을 대신하여 팔만대장경의 조판을 주도했다. 2015년 경찰직(2차) (O | X)

11 최충헌은 상 · 대장군의 합의 기구인 중방의 권한을 강화하였다. 2017년 서울시 7급 (O | X)

12 최우 집권 시기에는 서방에서 문신들이 숙위하며 정책을 자문했다. 2018년 경찰직(3차) (O | X)

13 이의민 집권기에 공주 명학소에서 신분 차별에 반발하여 망이 · 망소이의 난이 일어났다. 2018년 서울시 9급(6월) (O | X)

14 최씨 무신 정권 시기에는 재추 회의에서 국가의 중대사가 논의되었다. 2017년 서울시 7급 (O | X)

15 이연년 형제의 난은 최우 집권 시기에 일어났다. 2016년 경찰직(2차) (O | X)

승범쌤의 기출 포인트

08 만적의 난 기출사료

경계 이후 공경대부는 천예 속에서 많이 나왔다. 장상의 종자가 어찌 따로 있겠는가? 때가 오면 누구나 할 수 있는 것이다. 우리가 어찌 상전의 채찍 밑에서 힘겨운 일에 시달리기만 하겠는가. …… 모두 자신의 주인을 죽이고 천예들의 호적을 불살라서 삼한에 천인이 없게 하면 공경과 장상은 우리 모두 할 수 있다. -『고려사』

16 최충헌은 이의방을 죽이고 권력을 장악하였다. 2020년 국가직 9급 O X

17 만적은 서경의 유수로서, 정권 탈취를 목적으로 반란을 일으켰다. 2018년 법원직 9급 O X

18 최충헌 집권 시기에 무신 정권을 반대하는 김보당, 귀법사 승도의 반란이 일어났다. 2018년 경찰직(3차) O X

19 최충헌은 도방을 통해 군사적 기반을 강화하였다. 2020년 서울시 9급(특수직렬) O X

20 최충헌은 딸들을 왕에게 시집보내어 권력을 잡고 척준경과 함께 난을 일으켰다. 2020년 서울시 9급 O X

21 최충헌과 최우는 부를 설치하여 왕자 등과 동등한 지위를 공식적으로 인정받았다. 2017년 서울시 7급 O X

22 최우는 당시 관제나 수령, 토지 등 전반적인 문제에 대한 봉사(封事) 10조를 왕에게 올렸다. 2014년 계리직 9급 O X

23 무신 정권은 노비안검법을 실시하여 억울하게 노비가 된 자를 해방하였다. 2020년 서울시 9급(특수직렬) O X

승범쌤의 기출 포인트

18 김보당의 난 기출사료

명종 3년 8월 동북면 병마사 김보당이 동계에서 군사를 일으켜 정중부, 이의방 등을 토벌하고 의종을 복위시키려 하니 …… 9월에 한언국은 잡혀 죽고 조금 뒤에 안북 도호부에서 김보당을 잡아 보내니 이의방이 김보당을 저자에서 죽이고 무릇 문신은 모두 살해하였다. -『고려사』

정답과 해설 01 O | 02 × | 03 × | 04 × | 05 × | 06 O | 07 O | 08 × | 09 O | 10 × | 11 × | 12 O | 13 × | 14 O | 15 O | 16 × | 17 × | 18 × | 19 O | 20 × | 21 O | 22 × | 23 ×

02 문벌 귀족 세력을 억누르기 위해 지덕쇠왕설을 내세워 서경 천도를 주장한 인물은 묘청이다. | 03 경계의 난은 정중부의 난(1170)과 김보당의 난(1173)을 묶어서 지칭한 것이다. | 04 김부식이 활동할 당시에는 성리학이 전래되지 않았으며『삼국유사』는 일연의 저서이다. | 05 최영과 이성계 등의 신흥 무인 세력은 고려 후기에 홍건적과 왜구를 격퇴하는 과정에서 성장하였다. | 08 경주 지역 세력과 연합하여 신라 부흥을 주장한 인물은 김사미와 효심이다. | 10 팔만대장경의 조판을 주도한 인물은 최우이다. | 11 최충헌 집권 시기에는 중방의 권한을 약화시켰다. | 13 공주 명학소의 난은 정중부 집권 시기에 일어났다. | 16 최충헌은 이의민을 죽이고 권력을 장악하였다. | 17 서경 유수로서 정권 탈취를 목적으로 반란을 일으킨 인물은 조위총이다. | 18 김보당의 난과 귀법사 승도의 반란은 무신 정권 초기의 일로 최충헌 집권 이전에 일어났다. | 20 이자겸에 대한 설명이다. | 22 봉사 10조는 최충헌이 명종에게 올린 상소이다. | 23 노비안검법을 실시한 시기는 고려 광종 때이다.

04 대외 관계의 전개와 원 간섭기의 상황

1. 대외 관계의 전개

거란과의 관계
- ① **1차 침략(993, 성종)**: 소손녕의 80만 대군 → 서희의 담판으로 강동 6주 획득 + 송과 단교 + 거란과 수교 약속
- ② **2차 침략(1010, 현종)**: 강조의 정변 → 거란의 성종이 친정 → 개경 함락 → 양규의 흥화진 전투 승리 → 현종 입조 조건으로 강화 체결
- ③ **3차 침략(1018, 현종)**: 현종의 입조 약속 불이행, 강동 6주 반환 요구 거부 → 소배압이 10만 병력으로 침략 → 강감찬의 귀주 대첩 승리 → 거란과 강화, 송과 단절 약속
- ④ **영향**: 나성, 천리장성 축조, 초조대장경 조판 시작, 『7대실록』 편찬

여진과의 관계
- ① **별무반 조직(숙종)**: 윤관의 건의, 신기군(기병), 신보군(보병), 항마군(승병)
- ② **동북 9성 축조(1107, 예종)**: 여진족 토벌 후 축조 → 반환(1109)
- ③ **금 건국(1115)**: 금의 사대 요구를 이자겸이 수용

몽골과의 전쟁
- ① **강동성 전투(1218~1219, 강동의 역)**: 몽골 + 동진국 + 고려의 연합군이 강동성의 거란족을 격퇴
- ② 몽골 사신(저고여) 피살 사건(1225)
- ③ **몽골의 1차 침략(1231)**: 살리타의 침략, ________1)의 분전(귀주성), 충주 노군, 잡류별초 분전 → 몽골 요구 수용 → 72명의 ________2)를 남기고 요동 철수
- ④ **몽골의 2차 침략(1232)**: 최우가 ________3)로 천도하자 재침략, 최우가 ________4)에 봉해지고, 그의 집은 ________5)가 됨, ________6)에 보관하던 초조대장경 소실·흥왕사에 보관하던 교장(속장경) 소실, ________7)가 처인성에서 살리타 사살
- ⑤ **몽골의 3차 침략(1235~1239)**: 전 국토 유린, ________8) 목탑 소실, 고려 국왕의 입조를 조건으로 화의 → 몽골군 철수
- ⑥ **몽골의 4차 침략(1247~1248)**: 현재의 경기·충청·전라도 방향으로 남하하였으나 몽골의 황제 정종의 죽음으로 철수함
- ⑦ **몽골의 5차 침략(1253~1254)**: ________9)가 충주성에서 몽골군의 남진을 저지
- ⑧ **몽골의 6차 침략(1254~1259)**: 충주 ________10) 전투에서 고려가 승리(1254), ________11)부 설치(1258)
- ⑨ **원과 강화 체결(1259)**: 무오 정변(1258) → 주화론 득세, 고려 태자(원종)가 입조하여 강화 조약 체결

삼별초의 항쟁
- ① **배중손이 강화도에서 승화후 온을 왕으로 추대**: 진도(용장성)로 이동하여 도읍 건설, 일본에 국서를 보내 대몽 연합 제의(삼별초 정부가 보낸 외교 문서를 가마쿠라 막부가 일왕에게 보내면서 의문점을 정리한 「고려첩장불심조조」를 통해 알 수 있음)
- ② **제주도로 이동하여 김통정의 지휘 아래 항쟁 전개(항파두리성)**: 김방경이 이끄는 여·몽 연합군에 의해 평정된 후 몽골이 제주에 탐라총관부 설치(1273)

정답 1) 박서 2) 다루가치 3) 강화도 4) 진양후 5) 진양부 6) 대구 부인사 7) 김윤후 8) 황룡사 9층 9) 김윤후 10) 다인철소 11) 쌍성총관

2. 원 간섭기의 상황

원의 수탈
- ① **결혼도감 설치(1274)**: 원의 요구로 처녀들을 징발하여 보내는 업무를 담당
- ② **응방**: 매의 사냥과 사육을 위해 설치한 기구
- ③ **특산물 수탈**: 금·은·베·인삼·약재 등

영향
- ① 자주성 손상, 통치 질서 붕괴
- ② **문화 전파**: 몽골풍 유행, 고려양(고려 → 몽골) 전파

일본 원정에 동원
- **1차(1274)**: 일본 막부의 저항과 태풍으로 실패
- **2차(1281)**: 개경에 정동행성을 설치(1280)한 후 단행했으나 실패

영토 상실
- ① **쌍성총관부(1258~1356)**: 철령 이북 지역 지배, 화주(영흥)에 설치 → 공민왕 때 탈환
- ② **동녕부(1270~1290)**: 자비령 이북 지역 지배, 충렬왕 때 고려에 반환 후 요동으로 이동
- ③ **탐라총관부(1273~1284)**: 삼별초 진압 후 설치(1273) → 충렬왕 때 폐지

관제 개편 및 격하
- ① 중서문하성 + 상서성 → 첨의부, 6부 → 4사(전리사·전법사·군부사·판도사)
- ② 중추원 → 밀직사(충선왕 때 광정원), 어사대 → 감찰사(여러 차례 변경, 공민왕 때 사헌부로 확정)
- ③ **왕실 용어 격하**: 왕의 묘호는 조·종 → 충~왕, 폐하 → 전하, 태자 → 세자, 짐 → 고

내정 간섭 강화
- ① **독로화 제도**: 고려 왕자와 귀족의 자제를 원에 인질로 보냄
- ② **심양왕 제도**: 고려 왕족을 심양왕으로 임명하여 분열을 획책
- ③ **정동행성**: 대표적인 내정 간섭 기구로 정동행성의 부속 기구인 이문소는 부원 세력을 대변하는 역할을 담당
- ④ **순마소**: 반원 인사 색출, 개경의 치안 담당
- ⑤ **다루가치**: 내정 간섭 및 공물 징수 담당(1231~1278)

입성책동
- 충선왕~충혜왕 시기에 친원 세력이 고려 왕조를 폐지하고 원의 행정 단위인 성(省)을 설치할 것을 주장하였으나 실현되지 않음

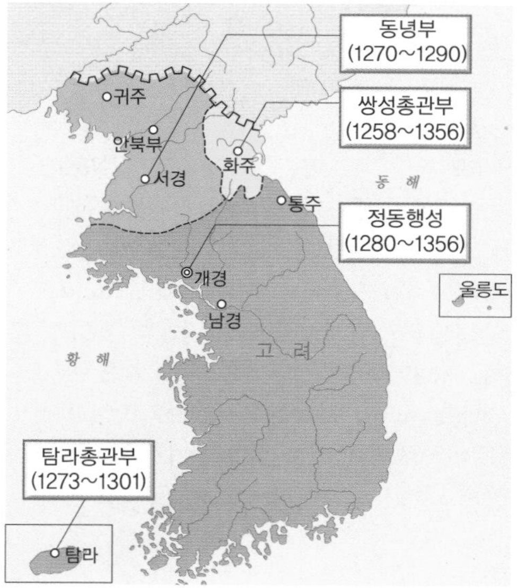

원 간섭기의 고려

*옳은 문장은 o, 틀린 문장은 ×에 체크하세요.

핵심 기출 OX 대외 관계의 전개와 원 간섭기의 상황

01 서희는 거란과의 외교 담판 이후 강동 6주 지역의 여진족을 몰아내고 성을 쌓았으며, 이를 통해 고려의 국경선이 압록강까지 확대되었다. 2018년 소방직 O X

02 거란의 2차 침략 때 강감찬이 귀주에서 거란군에 크게 승리하였다. 2013년 서울시 7급 응용 O X

03 고려가 동북 9성을 축조한 후 강감찬이 귀주 대첩으로 거란을 격퇴하였다. 2021년 경찰간부후보생 O X

04 윤관의 건의로 조직된 별무반은 기병인 신기군, 보병인 신보군, 승병인 항마군으로 구성되어 있다. 2017년 경찰직(2차) 응용 O X

05 몽골의 2차 침략 때 김윤후와 처인 부곡민들이 몽골 장수 살리타 군대를 물리쳤다. 2017년 지방직 7급 O X

06 몽골의 1차 침입 때 하층민의 저항으로는 진주의 공 · 사 노비들과 합주의 부곡민들의 항전을 들 수 있다. 2021년 서울시 9급(특수직렬) O X

07 방호별감 김윤후가 몽골군을 충주에서 격퇴할 때 교정도감이 존재하고 있었다. 2020년 소방간부후보생 O X

08 몽골의 침략을 막기 위해 압록강 입구에서 도련포에 이르는 천여 리의 장성을 쌓았다. 2014년 지방직 7급 O X

09 삼별초는 왕족인 승화후 온을 왕으로 추대하고 반몽 정권을 세웠다. 2014년 경찰간부후보생 O X

10 삼별초는 국왕의 시위와 도적의 체포도 함께 담당하였다. 2013년 서울시 7급 응용 O X

11 몽골의 침입으로 공민왕이 복주(안동)까지 피난하는 등 국가적 위기가 찾아왔다. 2018년 경찰직(1차) O X

12 사신으로 왔던 저고여가 돌아가는 길에 압록강 부근에서 피살되는 사건이 일어나자 살리타가 대군을 이끌고 침입하였다. 2016년 법원직 9급 O X

13 삼별초는 최우가 도적을 막기 위한 조직에서 비롯되었다. 2014년 국가직 9급 O X

14 삼별초는 특별히 선발한 뛰어난 무사들로 구성되었는데, 관군과 귀족 장교로만 선발하였다. 2013년 경찰직(1차) O X

승범쌤의 기출 포인트

03 동북 9성의 반환 기출사료

여진에서 사자(使者)를 파견하여, "만일 9성을 돌려주고, 생업을 편안토록 해 주시면 우리들은 …… 감히 고려의 영토 위로 돌 조각 하나도 던지지 않겠습니다."라고 애원하였다. …… 성이 험하고 견고해 좀처럼 함락되지는 않았지만 수비하는 전투에서 아군이 많이 희생되었다. …… 이에 왕은 신하들을 모아 의논한 후 9성을 여진에게 돌려주었다. –『고려사』

15 삼별초는 김통정의 지휘로 제주도로 들어가 마지막까지 몽골에 저항하였다. 2013년 서울시 7급 O X

16 원 간섭기에 중서문하성은 첨의부로, 6부는 3사로 개편되었다. 2013년 지방직 7급 응용 O X

17 어사대는 감찰사로 개편되었으나, 공민왕 때 사헌부로 변경되었다. 2013년 지방직 7급 응용 O X

18 '세조구제' 이후에 몽골은 쌍성총관부를 설치하였다. 2017년 국가직 9급 O X

19 '두루마기'는 원 간섭기에 고려에 전래된 원의 문화이다. 2021년 경찰간부후보생 O X

20 원의 영향으로 여러 명의 처와 첩을 두는 '다처병첩'이 법적으로 허용되었다. 2016년 지방직 7급 O X

21 몽골의 침략으로 황룡사 구층 목탑과 초조대장경이 불에 탔다. 2017년 지방직 7급 O X

22 몽골의 침략을 물리치기 위해 만들어진 대장경판은 현재 합천 해인사에 보관되어 있다. 2016년 경찰직(1차) O X

23 김윤후는 문신 유경과 협력하기 위해 최의를 죽이고 권력을 고종에게 넘겨줬다. 2014년 경찰간부후보생 O X

24 개경으로 환도를 반대하는 세력들이 진도 용장성에 행궁을 마련하고 주변 섬을 장악하였다. 2014년 지방직 7급 O X

25 삼별초는 몽골에 저항하기 위해 일본과 연합을 추진하였다. 2014년 국가직 9급 O X

26 고려의 무장 강조는 거란과 협상하여 강동 6주 지역을 고려 영토로 확보하였다. 2022년 지방직 9급 O X

27 충렬왕~충정왕 재위 시기에 정동행성 이문소가 내정을 간섭하였다. 2022년 법원직 9급 O X

승범쌤의 기출 포인트

15 **삼별초의 항쟁** 기출자료

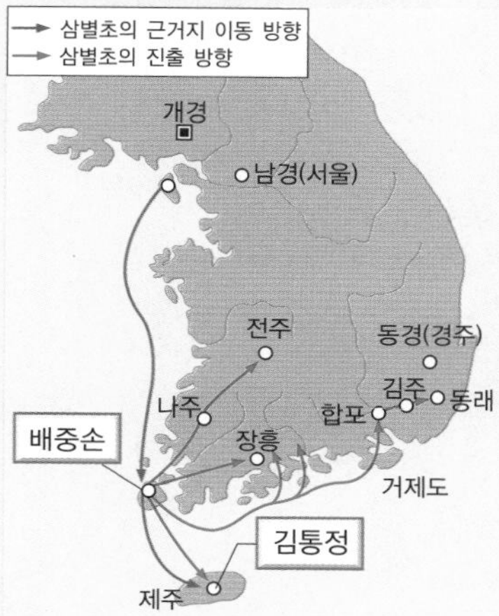

정답과 해설

01 O | 02 × | 03 × | 04 O | 05 O | 06 × | 07 O | 08 × | 09 O | 10 O | 11 × | 12 O | 13 O | 14 × | 15 O | 16 × | 17 O | 18 × | 19 × | 20 × | 21 O | 22 O | 23 × | 24 O | 25 O | 26 × | 27 O

02 강감찬의 귀주 대첩은 거란의 3차 침략 때이다. | 03 강감찬의 귀주 대첩이 동북 9성 축조보다 먼저 있었다. | 06 몽골의 1차 침입 때 하층민의 저항으로는 충주의 노군과 잡류들의 저항을 들 수 있다. | 08 천리장성은 거란과 여진의 침입에 대비하기 위해서이다. | 11 공민왕이 안동까지 피신한 것은 홍건적의 2차 침략 때이다. | 14 삼별초는 좌·우별초와 신의군으로 구성되었다. | 16 중서문하성과 상서성이 첨의부로, 6부는 4사로 개편되었다. | 18 세조구제는 1259년이고 쌍성총관부 설치는 1258년이다. | 19 두루마기는 우리나라 고유의 겉옷으로 원의 영향과는 거리가 멀다. | 20 고려 시대에 다처병첩이 없지는 않았지만 법적으로 허용된 것은 아니었다. | 23 최의를 죽인 인물은 김준, 유경, 박송비 등이다 | 26 거란과 협상하여 강동 6주를 고려 영토로 확보한 인물은 서희이다. 강조는 정변을 일으켜 목종을 폐위하고 현종을 즉위시켰다.

05 고려의 경제

1. 경제 정책

중농 정책
- ① **개간 장려**: 개간한 땅에 대해서는 일정 기간 세금을 감면해 줌
- ② 농번기 잡역 동원 금지, 농민 구제책 실시(흑창, 의창, 상평창, 제위보, 구제도감 등 설치), 무기를 거두어 농기구 제작, 간척 사업 전개, 수리 시설 개선, 시비법 발달(연작 가능한 땅이 많아짐)
- ③ **상업**: 개경과 서경에 ______1) 설치, 대도시에 국영 점포(관영 상점) 개설, 화폐 보급 시도(유통 부진)
- ④ **수공업**: 관청 수공업과 소 수공업 중심

국가 재정 운영
- ① **호부**: ______2)과 호적 작성
- ② ______3): 화폐와 곡식의 출납과 회계 담당, 실제 조세 수취와 지출은 해당 관청이 담당
- ③ **재정 지출**: 관리의 녹봉, 국방비, 왕실 경비, 일반 비용 등에 지출 → ______4)비의 비중이 가장 큼
- ④ **관청 경비 충당**: ______5)전을 지급 받아 충당, 부족한 경우에 관청 스스로 비용 마련

수취 제도
- ① **조(租)**: 토지의 비옥도에 따라 ______6)등급으로 구분하여 차등 징수 → ______7)의 경우 수확량의 1/10, 소작지에 대해 사전은 1/2, 공전은 ______8) 징수
- ② **용(庸)**
  - ㉠ 16~60세의 정남을 대상으로 군역과 요역 징발 → 호(戶)를 ______9)등급으로 구분하여 징발
  - ㉡ ______10)**호**: 군인호, 공장호, 기인호, 역호 등 국가가 부여한 직역을 부담(요역 면제)
  - ㉢ ______11)**호**: 직역을 부여받지 않은 호, 왕실이나 관청의 토지 경작에 동원되거나 일품군에 소속됨
  - ㉣ **향·부곡·소**: 향·부곡은 국유지를 경작하였고, 소는 관청의 필요 물품을 생산함(철소·금소·은소·동소·염소·자기소·지소 등)
- ③ ______12)**(調)**
  - ㉠ 특산물을 집집마다 부과하는 것 → 조세보다 큰 부담, 운영 폐단
  - ㉡ 상공(정기적 공납)과 별공(부정기적 공납)으로 구분
- ④ **기타**: 어염세(어민), 상세(상인) 등
- ⑤ **운반**
  - ㉠ 지방 조창에 11~1월에 조세를 집적 → 2~5월에 조운을 통해 개경의 좌창(광흥창)과 우창(풍저창)으로 운반
  - ㉡ **동계와 북계**: 조창을 설치하지 않고, 거둔 세곡을 군량 등 군사적 수요로 충당

정답 1) 시전 2) 양안 3) 삼사 4) 국방 5) 공해 6) 3 7) 민전 8) 1/4 9) 9 10) 정 11) 백정 12) 조

2. 고려의 토지 제도

_____1) — 새 왕조에 대한 충성도와 공로의 대소에 따라 관계를 논하지 않고 지급한 토지(논공행상의 성격)

전시과 지급 원칙
- ① 전지(토지의 수조권)와 시지(땔감을 얻을 수 있는 임야)를 차등적으로 지급 – _____2)권만 지급
- ② 관직 복무와 _____3)에 대한 대가로 지급 → 세습은 불가하였으나 점차 직역과 함께 토지를 세습하는 경우 증가(_____4))

전시과의 정비 과정
- ① **시정 전시과(976, 경종)**
  - ㉠ 4색 공복(자삼·단삼·비삼·녹삼)을 기준으로 문반·무반·잡업으로 나누어 지급(기준: _____5), 관품)
  - ㉡ 전·현직 관리 대상, 18과에 들지 못한 계층에게 한외과 지급(전지 15결)
- ② _____6) **전시과(998, 목종)**
  - ㉠ 관직만을 기준으로 지급, 문관 우대·실직자 우대
  - ㉡ _____7)과 지급량 증가(전지 17결), 군인전 지급, 전체적인 토지 지급량 축소, _____8)과 이하는 시지 미지급
- ③ **경정 전시과(1076, 문종)**
  - ㉠ 관직만을 기준으로 현직 관리에게만 지급
  - ㉡ 무관의 대우 상승(정3품 상장군이 전시과 5과 → 3과), _____9)를 폐지하고 _____10)계와 별사계(승인·지리업) 병설
  - ㉢ 전체적인 토지 지급량이 감소하고 15과 이하는 시지 미지급
- ④ **전시과 붕괴**: 무신 집권기 이후 농장의 증가로 민전 감소 → 일시적으로 _____11) 지급(강화도 천도 시기에 지급, 개경 환도 후 경기 8현의 토지를 녹봉 대신 지급)
- ⑤ **과전법의 시행(1391)**: 권문세족의 농장을 몰수, 신진 사대부에게 수조권 지급
  → _____12)에 한정하여 전·현직 관리에게 전지만 지급, 일반 농민의 경작권 보장(병작반수 금지)

전시과의 토지 종류

구분	토지	대상
사전(개인 수조지)	과전	문무 관리(= 양반전)
	_____13)전	하급 관리, 군인의 유가족
	한인전	6품 이하 관리의 자제로 무관직자
	_____14)전	5품 이상의 관리(세습 가능)
	사원전	사원에 지급
	_____15)전	2군 6위의 직업 군인
	공신전	공을 세운 관리(세습 가능)
	_____16)전	향리(향리 지위 세습 시 세습 가능)
	_____17)전	지리업 종사자, 일정 법계를 지닌 승려

구분	토지	대상
공전(국가·관청·왕실 수조지)	_____18)전	중앙과 지방 관청
	_____19)전	왕실의 경비 충당
	궁원전	궁원(왕족과 비빈들이 거주하던 궁실)에 지급
	둔전	군대에 지급하여 군량으로 충당
	학전	국자감과 향교의 경비를 충당

정답 1) 역분전 2) 수조 3) 직역 4) 전정연립 5) 인품 6) 개정 7) 한외 8) 16 9) 한외과 10) 무산 11) 녹과전 12) 경기 13) 구분 14) 공음 15) 군인 16) 외역 17) 별사 18) 공해 19) 내장

3. 농업 기술, 수공업, 상업, 화폐 유통

농업 기술의 발달
- ① 소를 이용한 깊이갈이가 보급되어 심경법이 일반화됨
- ② **시비법의 발달**
  - ㉠ ____ 1)**법**: 콩·녹두·참깨 등의 작물을 심은 뒤 갈아엎어 비료로 사용
  - ㉡ ____ 2)**법**: 동물의 배설물 등을 비료로 이용
- ③ **윤작법 실시**: 밭농사에서 ____ 3)년 ____ 4)작(보리, 콩, 조 등)
- ④ ____ 5)**법 실시**: 고려 말 남부 지방 일부에서 시작
- ⑤ **농서 도입**: 충정왕 때 이암이 원에서 ____ 6) 도입
- ⑥ **목화 재배**: 공민왕 때 ____ 7)이 원에서 목화를 들여와 재배에 성공

수공업
- ① **전기**
  - ㉠ **관청 수공업**: ____ 8) 작성, 농민을 부역 동원
  - ㉡ **소 수공업**: 무기류, 가구류, 금·은 세공품 등 국가와 왕실의 필요 물품 생산
- ② **후기**
  - ㉠ ____ 9) **수공업**: 승려가 베, 모시, 술 등 생산
  - ㉡ **민간 수공업**: 농촌 가내 수공업, 수공업품의 다양화

상업
- ① **시전 설치**: 개경과 서경에 설치, 관수품 조달과 국고 잉여품 처분 담당 → 주로 관청과 귀족들이 이용
- ② ____ 10) **상점 설치**: 대도시에 관청 수공업장에서 생산한 물품을 판매하는 서적점·약점·주점·다점 등 설치
- ③ ____ 11) **설치(문종)**: 시전의 상행위 감독, 개경에 설치
- ④ ____ 12)**(성종)**: 개경, 서경, 12목에 설치한 물가 조절 기구
- ⑤ 지방 상업
  - ㉠ 관아 근처에 시장 형성, 행상의 활동, 사원의 상업 활동 등
  - ㉡ **행상**: ____ 13)로를 이용하여 활동
  - ㉢ **원(院) 발달**: 육로를 이용한 상업 활동이 발달하면서 여관인 원 발달
- ⑥ **소금 전매제(____ 14)법) 실시(충선왕)**: ____ 15)창 설치
- ⑦ 상인과 수공업자 중 막대한 부를 축적하거나 관리로 성장하는 경우 등장

정답 1) 녹비 2) 퇴비 3) 2 4) 3 5) 이앙 6) 『농상집요』 7) 문익점 8) 공장안 9) 사원 10) 관영 11) 경시서 12) 상평창 13) 조운 14) 각염 15) 의염

4. 화폐 유통, 장생고, 보, 대외 무역

화폐 유통
- ① ______[1] **(996, 성종)**: 우리나라 최초의 화폐(철전·동전의 두 종류가 있음)
- ② **숙종 때 의천의 건의로** ______[2] **설치(1097)**: 1102년 해동통보 1만 5000관을 주조하여 재추·문무 양반·군인에게 분배
- ③ **기타 주화**: 해동중보, 삼한통보, 삼한중보, 동국통보, 동국중보
- ④ **고려 후기**: 쇄은(충렬왕), 소은병(충혜왕), 저화(공양왕, 자섬저화고에서 발행한 지폐), 보초(원의 지폐)
- ⑤ **유통 부진**: 동전은 주로 관영 상점에서만 사용되고 일반적인 거래에서는 곡식이나 삼베가 이용됨

______[3] — 사찰에 두었던 일종의 사설 금융 기관 → 불교가 세속화되면서 고리대로 이용

보
- ① 일정한 기금을 모아 그 이자를 공적 사업의 경비로 충당 → 점차 고리대로 변질
- ② **종류**
  - ㉠ 학보(태조): 서경에 설치한 장학 재단
  - ㉡ ______[4] 보(정종): 승려의 장학금 마련
  - ㉢ 경보(정종): 불경 간행 재단
  - ㉣ ______[5] 보(광종): 빈민 구제
  - ㉤ ______[6] 보(현종): 현화사 범종 주조
  - ㉥ 팔관보(문종): 팔관회의 경비 충당

대외 무역
- ① **대표적 국제 무역항**: ______[7] 강 하구의 ______[8]
- ② **송**
  - ㉠ **수출품**: 금·은, 인삼, 종이, 붓·먹, 부채, 화문석, 나전 칠기, 종이(______[9] 지·등피지라 불림)
  - ㉡ **수입품**: 비단, 악기, 약재, 서적, 차, 향료 등
  - ㉢ **무역항**: 벽란도 – 옹진 – ______[10] (북송), 벽란도 – 군자도·흑산도 – ______[11] (남송)
- ③ **거란, 여진**: 모피, 말, 은 등을 수입하고 농기구와 식량 등 수출
- ④ **일본**: 수은, 황, 감귤, 말 등을 가져와 식량, 인삼, 서적 등과 교환
- ⑤ **아라비아(대식국)**: 아라비아로부터 수은, 향료, 산호 등 수입, 고려(Corea)라는 이름이 서방 세계에 전해짐
- ⑥ **원 간섭기의 무역**: 공무역뿐 아니라 사무역도 발달, 금, 은, 소, 말 등이 지나치게 유출되어 사회적 혼란 야기

정답 1) 건원중보 2) 주전도감 3) 장생고 4) 광학 5) 제위 6) 금종 7) 예성 8) 벽란도 9) 경면 10) 덩저우 11) 밍저우

*옳은 문장은 ○, 틀린 문장은 ×에 체크하세요.

핵심 기출 OX 고려의 경제

01 고려 시대에는 은병을 만들어 화폐로 썼는데, 은 한 근으로 만들되 우리나라 지형을 본떴으며 민간에서는 활구라고 불렀다. 2021년 법원직 9급 ○ ×

02 조신(朝臣)이나 군사들의 관계(官階)를 따지지 않고 그 사람의 성품, 행동의 선악(善惡), 공로의 크고 작음을 보고 차등 있게 역분전을 지급하였다. 2020년 서울시 9급(특수직렬) ○ ×

03 성종 때 시정 전시과가 실시되어 관품과 인품을 고려하여 전지와 시지를 지급하였다. 2020년 경찰직(1차) ○ ×

04 개정 전시과에서는 실직이 없는 산관은 토지 지급 대상에서 제외되었다. 2020년 서울시 9급(특수직렬) ○ ×

05 4색 공복을 기준으로 문반, 무반, 잡업으로 나누어 지급 결수를 정한 것은 시정 전시과이다. 2019년 국가직 9급 ○ ×

06 승인과 풍수지리업에게 별사전을 지급한 것은 경정 전시과이다. 2015년 지방직 9급 ○ ×

07 공음전은 5품 이상의 관리에게 지급하여 세습을 허용하였다. 2012년 서울시 9급 ○ ×

08 외역전은 하급 관리의 자제로서 관직에 오르지 못한 자제에게 지급하였다. 2012년 서울시 9급 ○ ×

09 중앙과 지방의 각 관청에는 내장전(內莊田)을 지급하여 경비를 충당하게 하였다. 2016년 경찰직(1차) ○ ×

10 군인의 유가족에게는 군인전을, 6품 이하 하급 관료의 자제로서 관직에 오르지 못한 사람에게는 구분전을 지급하였다. 2016년 경찰직(1차) ○ ×

11 경정 전시과에서 무관에 대한 대우가 상승하였다. 2016년 국회직 9급 ○ ×

12 고려 후기에 2년 3작의 윤작법이 점차 보급되었고, 원의 『농상집요』가 소개되었다. 2009년 국가직 9급 ○ ×

13 우리나라 최초의 화폐는 성종 대 만들어진 삼한통보이다. 2018년 서울시 9급 ○ ×

승범쌤의 기출 포인트

02 역분전 기출사료

처음으로 역분전(役分田)을 정했다. 통합 때의 조신과 군사들에게 관계(官階)를 논하지 않고 인성과 행실의 선악, 공로의 대소를 보고 차등 있게 지급하였다. －『고려사』

05 시정 전시과 기출사료

경종 원년 11월에 비로소 직관(職官)·산관(散官)의 각 품(品)의 전시과를 제정하였는데 관품(官品)의 높고 낮은 것은 논하지 않고 다만 인품(人品)만 가지고 전시과의 등급을 결정하였다. －『고려사』

14 고려는 송나라와 지속적인 친선 관계를 유지하며 비단, 서적, 자기 등을 주로 수출하였다. 2014년 기상직 9급 (O | ×)

15 활구가 사용된 시기에는 책, 차 등을 파는 관영 상점을 두었다. 2017년 국가직 9급(4월) (O | ×)

16 고려 후기에는 소(所)에서 죽제품, 명주, 삼베 등 다양한 물품을 만들어 민간에 팔기도 하였다. 2011년 지방직 9급 (O | ×)

17 고려 시대에는 중앙과 지방의 관청에서 일할 기술자들을 「공장안」(工匠案)에 등록해 두었다. 2011년 지방직 9급 (O | ×)

18 원 간섭기에는 원의 지폐인 보초가 들어와 유통되기도 하였다. 2018년 서울시 9급 (O | ×)

19 고려 시대 울산은 국제 무역항으로 아랍 상인이 일본을 거쳐 왕래하며 고려를 서방에 알렸다. 2014년 기상직 9급 (O | ×)

20 고려 시대 개경의 우창(右倉) 곡식은 관리의 녹봉으로 지급되었다. 2019년 서울시 7급(10월) (O | ×)

승범쌤의 기출 포인트

14 고려 전기의 대외 무역 기출자료

정답과 해설 01 O | 02 O | 03 × | 04 × | 05 O | 06 O | 07 O | 08 × | 09 × | 10 × | 11 O | 12 O | 13 × | 14 × | 15 O | 16 × | 17 O | 18 O | 19 × | 20 ×

03 시정 전시과는 경종 때 실시되었다. | 04 실직이 없는 산관이 토지 지급 대상에서 제외된 것은 경정 전시과이다. | 08 외역전은 고려 후기 향리에게 지급한 토지이다. | 09 내장전은 왕실의 경비를 충당하기 위해 지급하였다. | 10 군인의 유가족에게는 구분전을 지급하였지만, 6품 이하 하급 관료의 자제로서 관직에 오르지 못한 사람에게는 한인전을 지급하였다. | 13 우리나라 최초의 화폐는 성종 때 만들어진 건원중보이다. | 14 고려가 송나라와 지속적인 친선 관계를 유지한 것은 맞지만 비단, 서적, 자기 등은 수입품이다. | 16 고려 시대의 소(所)에서 만든 제품을 민간에 팔 수 없었다. | 19 고려 시대 국제 무역항은 예성강 하구의 벽란도이다. | 20 관리의 녹봉으로 지급한 곡식은 좌창의 곡식이다.

06 고려의 사회

1. 고려의 신분 제도, 향도

1 귀족

구성 — 왕족 + 5품 이상의 고위 관료

기반 — 음서, 공음전, 과전, 사유지, 노비

특징 — 상호 간 배타적·폐쇄적인 혼인 관계 형성, 문관 우대, 고대 사회에 비해 개방성 확대

변천
- ① **호족(10~11세기)**: 개국 공신 출신, 중앙 관료, 호장과 부호장
- ② **문벌 귀족(12세기)** — 여러 세대를 거쳐 고위 관직자를 배출한 가문들
  - **정치적 특징**: 과거와 음서를 통하여 관직 독점, 정국 주도
  - **경제적 특징**: 과전과 ________1)의 혜택
  - **사회적 특징**: 왕실 및 유력 가문 간에 중첩된 혼인 관계, ________2)에 거주, 범죄 시 귀향형·수속법(속동제 적용)
- ③ **무신(12~13세기)**: 대농장을 소유하는 등 사회 혼란 야기
- ④ **권문세족(13세기 말)**
  - **성립**: 원 간섭기에 부원 세력 → 일부는 ________3)(충선왕 때 왕실과 혼인할 수 있는 15개 가문 지정)으로 정해짐
  - **정치적 특권**: ________4)(최고 의결 기구) 장악, 첨의부, 밀직사 등의 고위 관직 장악, 음서를 통해 관직 진출 및 세습
  - **경제적 특권**: 대농장 소유, 면세 혜택, 노비나 몰락한 농민을 부리며 부 축적
- ⑤ **신진 사대부(14세기 말)**
  - **출신**: 지방 ________5) 출신, 무신 집권기부터 과거 등을 통해 중앙으로 진출, 공민왕의 개혁 정치 주도
  - **특징**: ________6)학 수용, 권문세족 비판

2 중류층(직역을 세습하고 역에 상응하는 토지 수여)

유형
- ① **하급 관리**
  - ㉠ ________7)(중앙 각 사에서 기록이나 문부의 관장 등 실무에 종사)
  - ㉡ 역리(역 관리)
  - ㉢ ________8)(말단 서리)
- ② **실무 관리**
  - ㉠ ________9)(국왕의 숙직·시종·호종·경비 등을 맡아 보던 내료직)
  - ㉡ ________10)(지방 행정의 실무 담당, 외관이 없는 속현이나 부곡 등에도 존재)
- ③ **기술 관리**: 역관, 의관 등의 잡과 출신
- ④ **직업 군인**: ________11) 씨족(군공을 세워 무반으로 상승 가능)

정답 1) 공음전 2) 개경 3) 재상지종 4) 도평의사사 5) 향리 6) 성리 7) 서리 8) 잡류 9) 남반 10) 향리 11) 군반

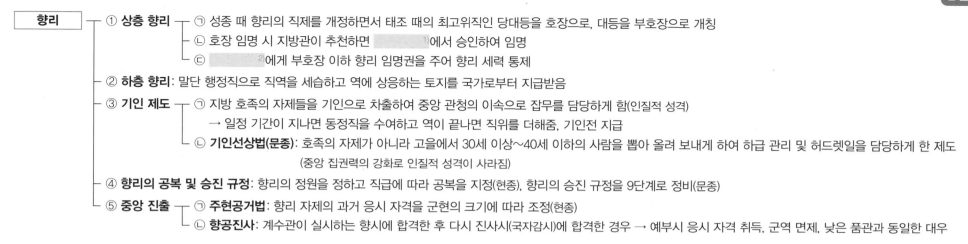

향리
- ① **상층 향리**
  - ㉠ 성종 때 향리의 직제를 개정하면서 태조 때의 최고위직인 당대등을 호장으로, 대등을 부호장으로 개칭
  - ㉡ 호장 임명 시 지방관이 추천하면 ________1)에서 승인하여 임명
  - ㉢ ________2)에게 부호장 이하 향리 임명권을 주어 향리 세력 통제
- ② **하층 향리**: 말단 행정직으로 직역을 세습하고 역에 상응하는 토지를 국가로부터 지급받음
- ③ **기인 제도**
  - ㉠ 지방 호족의 자제들을 기인으로 차출하여 중앙 관청의 이속으로 잡무를 담당하게 함(인질적 성격)
    → 일정 기간이 지나면 동정직을 수여하고 역이 끝나면 직위를 더해줌, 기인전 지급
  - ㉡ **기인선상법(문종)**: 호족의 자제가 아니라 고을에서 30세 이상~40세 이하의 사람을 뽑아 올려 보내게 하여 하급 관리 및 허드렛일을 담당하게 한 제도
    (중앙 집권력의 강화로 인질적 성격이 사라짐)
- ④ **향리의 공복 및 승진 규정**: 향리의 정원을 정하고 직급에 따라 공복을 지정(현종), 향리의 승진 규정을 9단계로 정비(문종)
- ⑤ **중앙 진출**
  - ㉠ **주현공거법**: 향리 자제의 과거 응시 자격을 군현의 크기에 따라 조정(현종)
  - ㉡ **향공진사**: 계수관이 실시하는 향시에 합격한 후 다시 진사시(국자감시)에 합격한 경우 → 예부시 응시 자격 취득, 군역 면제, 낮은 품관과 동일한 대우

3 양민

① ________3): 일반 농민 – 민전 경작 또는 타인의 토지 소작, 과거 응시 자격 부여

② **상인, 수공업자**: 문·무관직 진출이 원칙적으로 금지, 전지를 받는 군인으로 선발 가능

③ 조세·공납·역의 의무 수행, ________4)제 시행으로 토성을 분정 받거나 중국 성씨 수용

④ **특수 집단민**
- ㉠ **향·부곡**: ________5)지 경작
- ㉡ **소**: 수공업, 광업 등에 종사
- ㉢ **진·역**: 수로 교통과 육로 교통의 요지에 설치
- ㉣ **특징**: 향·부곡·소의 주민들은 일반 양민들에 비해 규제가 심하고 과중한 세금 납부, 관직에 나가더라도 승진에 제한, 거주지 이전과 과거 응시, ________6) 입학 불가
- ㉤ 일반 군현이 반란을 일으킨 경우 강등, 특수 집단민이 공을 세우는 경우 승격 / 망이·망소이의 난 이후 점차 소멸

4 천민

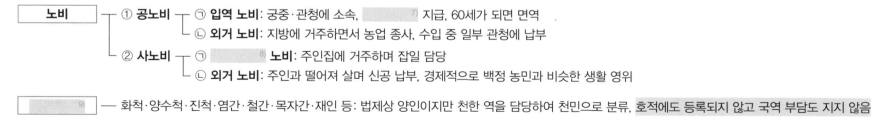

노비
- ① **공노비**
  - ㉠ **입역 노비**: 궁중·관청에 소속, ________7) 지급, 60세가 되면 면역
  - ㉡ **외거 노비**: 지방에 거주하면서 농업 종사, 수입 중 일부 관청에 납부
- ② **사노비**
  - ㉠ ________8) **노비**: 주인집에 거주하며 잡일 담당
  - ㉡ **외거 노비**: 주인과 떨어져 살며 신공 납부, 경제적으로 백정 농민과 비슷한 생활 영위

________9) — 화척·양수척·진척·염간·철간·목자간·재인 등: 법제상 양인이지만 천한 역을 담당하여 천민으로 분류, 호적에도 등록되지 않고 국역 부담도 지지 않음

정답 1) 상서성 2) 사심관 3) 백정 4) 본관 5) 국유 6) 국자감 7) 급료 8) 솔거 9) 신량역천

5 향도(농민 공동 조직)

① ______[1](**埋香**): 위기를 대비하여 향나무를 바닷가에 묻는 행위로 미륵을 만나 구원받고자 하는 염원 표출

② **향도**: 매향 활동을 하는 무리 → 불상, 석탑 등을 만들 때나 절을 지을 때 주도적 역할 담당

③ **향도의 성격 변화**: 고려 후기 점차 신앙 결사체에서 공동체 조직으로 변모 → 마을의 노역·혼례·상장례·제사 등의 공동 의식을 주도하는 농민 조직으로 발전

④ ______[2]**비(1387, 우왕)**: 미륵보살에게 국태민안을 비는 의식을 치른 후 건립

2. 고려의 사회 시책과 사회 제도

______[3]법 — **성종, 문종**: 자연재해로 전답에 피해가 있을 때 조(租)·포(布)·역(役) 면제

차대법
- ① **경종**: 처음으로 차대 관계에 법정 이자율(1/3)을 정함
- ② **성종**: ______[4]법 – 원금과 이자가 같게 되었을 때, 그 이상의 이자를 받지 못하도록 법제화
- ③ **문종**: 자모정식법 – 자모상모법과 유사한 제도로서 경종 때의 규정에 비해 이자 부담을 줄임

______[5]
- ① 태조 때 설치된 흑창을 성종 때 개편(986)
- ② **기능**: 평상시 곡물·소금·된장 등을 저장했다가 흉년에 빈민 구휼에 사용
- ③ ______[6]**법(현종)**: 거란 침략 후 의창을 각 주로 확대

상평창(성종) — 개경, 서경 및 12목에 상평창 설치 → 물가 조절

제위보(광종) — 일정 기금을 만들어 그 이자로 빈민 구제

의료 및 구호 기관
- ① **동·서** ______[7]: 개경에 설치한 빈민 치료 기관
- ② **분사 대비원**: ______[8]에 설치한 빈민 치료 기관
- ③ ______[9]**(예종)**: 백성의 질병 치료(의약)
- ④ ______[10]**(예종)**: 병자의 치료, 병사자 처리, 빈민 구제 등을 위한 임시 기구
- ⑤ ______[11]**(고종)**: 재난을 당한 백성을 구제하기 위한 임시 구호 시설

더 알아보기

▨ 자모상모법

성종(成宗) 원년(982) 10월 제서(制書)를 내리기를, "명령을 내려 민간에서 빌려주고 이자를 받을 경우 이자와 원금이 같아지면[子母相侔] 더 이상 이자를 받지 못하도록 하라." 라고 하였다.

– 『고려사』

▨ 자모정식법

문종(文宗) 원년(1047) 자모정식법(子母停息法)을 정하였는데, 1석을 빌린 경우 가을에 1석 5두를, 2년째는 1석 10두를, 3년째는 2석을 납부하고, 4년째는 이자를 쉬며, 5년째는 3석을 내고, 6년 후에는 이자를 쉬도록 하였다.

– 『고려사』

정답 1) 매향 2) 사천 매향 3) 재면 4) 자모상모 5) 의창 6) 주창수렴 7) 대비원 8) 서경 9) 혜민국 10) 구제도감 11) 구급도감

3. 법률, 풍습 및 혼인과 여성의 지위

법률

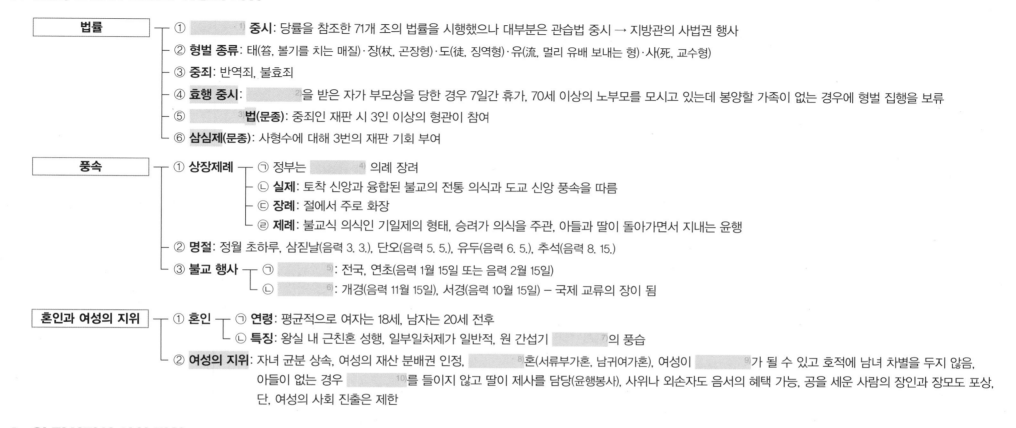

- ① ________1) **중시**: 당률을 참조한 71개 조의 법률을 시행했으나 대부분은 관습법 중시 → 지방관의 사법권 행사
- ② **형벌 종류**: 태(笞, 볼기를 치는 매질)·장(杖, 곤장형)·도(徒, 징역형)·유(流, 멀리 유배 보내는 형)·사(死, 교수형)
- ③ **중죄**: 반역죄, 불효죄
- ④ **효행 중시**: ________2)을 받은 자가 부모상을 당한 경우 7일간 휴가, 70세 이상의 노부모를 모시고 있는데 봉양할 가족이 없는 경우에 형벌 집행을 보류
- ⑤ ________3)**법(문종)**: 중죄인 재판 시 3인 이상의 형관이 참여
- ⑥ **삼심제(문종)**: 사형수에 대해 3번의 재판 기회 부여

풍속

- ① **상장제례**
  - ㉠ 정부는 ________4) 의례 장려
  - ㉡ **실제**: 토착 신앙과 융합된 불교의 전통 의식과 도교 신앙 풍속을 따름
  - ㉢ **장례**: 절에서 주로 화장
  - ㉣ **제례**: 불교식 의식인 기일제의 형태, 승려가 의식을 주관, 아들과 딸이 돌아가면서 지내는 윤행
- ② **명절**: 정월 초하루, 삼짇날(음력 3. 3.), 단오(음력 5. 5.), 유두(음력 6. 5.), 추석(음력 8. 15.)
- ③ **불교 행사**
  - ㉠ ________5): 전국, 연초(음력 1월 15일 또는 음력 2월 15일)
  - ㉡ ________6): 개경(음력 11월 15일), 서경(음력 10월 15일) – 국제 교류의 장이 됨

혼인과 여성의 지위

- ① **혼인**
  - ㉠ **연령**: 평균적으로 여자는 18세, 남자는 20세 전후
  - ㉡ **특징**: 왕실 내 근친혼 성행, 일부일처제가 일반적, 원 간섭기 ________7)의 풍습
- ② **여성의 지위**: 자녀 균분 상속, 여성의 재산 분배권 인정, ________8)혼(서류부가혼, 남귀여가혼), 여성이 ________9)가 될 수 있고 호적에 남녀 차별을 두지 않음, 아들이 없는 경우 ________10)를 들이지 않고 딸이 제사를 담당(윤행봉사), 사위나 외손자도 음서의 혜택 가능, 공을 세운 사람의 장인과 장모도 포상, 단, 여성의 사회 진출은 제한

4. 원 간섭기의 사회 변화

① **백성들의 피해**: 가혹한 수탈, 일본 원정에 동원

② **신분제 변동**: 군공, 몽골 귀족과 혼인, 몽골어에 능통하여 출세하는 경우 빈번 → 일부는 권문세족으로 성장

③ **문화 교류**: ________11)풍과 ________12)양 출현, 만권당에서 학자들 교류, 원을 통해 성리학, ________13)력, 목화, 화약 제조법 등 도입

④ **원의 공녀 요구**: ________14)도감 설치 → 공녀 징발을 피하기 위해 조혼을 시키거나 스스로 머리를 깎고 중이 되기도 함

정답 1) 관습법 2) 귀양형 3) 삼원신수 4) 유교 5) 연등회 6) 팔관회 7) 조혼 8) 솔서 9) 호주 10) 양자 11) 몽골 12) 고려 13) 수시 14) 결혼

*옳은 문장은 o, 틀린 문장은 ×에 체크하세요.

핵심 기출 OX 고려의 사회

01 고려 시대 일부 향리의 자제들은 기인으로 선발되어 개경으로 보내졌다. 2021년 국가직 9급 O X

02 고려 시대 향리의 자제는 과거를 통하여 귀족의 대열에 들 수 없었다. 2017년 사회복지직 9급 O X

03 고려 시대 향리들은 읍사(邑司)를 구성하여 지방 행정의 실무를 담당하였다. 2011년 국가직 9급 O X

04 서민이 손쉽게 출세하는 벼슬은 궁궐의 잡무를 맡은 서리층으로 이를 산관이라 했다. 2018년 서울시 7급 O X

05 서리는 중앙의 각 사(司)에서 기록이나 문부(文簿)의 관장 등 실무에 종사하였다. 2014년 국가직 9급 O X

06 고려 시대 부곡민은 과거에 응시하여 관리가 될 수 있었다. 2012년 국가직 9급 O X

07 고려 시대 광산에서 일하는 광부를 철간, 어부를 생선간, 소금 굽는 염부를 염간, 목축하는 사람을 목자간, 뱃사공을 진척이라 불렀다. 2018년 서울시 7급(6월) O X

08 고려 시대에 중앙 관청의 말단 서리를 잡류라 불렀다. 2017년 사회복지직 9급 O X

09 고려 시대 형벌은 기본적으로 태형 · 장형 · 도형 · 유형의 4형 체제를 가지고 있었다. 2014년 국가직 9급 O X

10 고려 시대 사노비 중 외거 노비는 국가에 일정한 신공을 바쳤다. 2013년 국가직 9급 O X

11 향도는 고려 후기에 이르러 자신들의 이익을 위하여 조직되는 향도에서 점차 신앙적인 향도로 변모되었다. 2017년 경찰직(1차) O X

12 귀양형을 받은 사람이 부모상을 당하였을 때에는 유형지에 도착하기 전에 7일간의 휴가를 주어 부모상을 치를 수 있도록 하였다. 2017년 경찰직(1차) O X

13 고려 후기에 성리학이 전래되면서 여성의 재혼을 규제하려는 움직임이 나타났다. 2017년 국가직 9급 O X

14 고려 시대 향 · 부곡 · 소의 백성도 일반 군현민과 동일한 수준의 조세 · 공납 · 역을 부담하였다. 2015년 국가직 9급 O X

승범쌤의 기출 포인트

02 향리의 신분 상승 기출사료

유청신은 몽골어를 익혀 왕명으로 여러 차례 원에 사신으로 다녀왔는데, 답변을 잘하여 충렬왕의 총애를 받고 낭장에 임명되었다. 왕이 교서를 내리기를, "유청신은 힘을 다하여 공을 세웠으니 비록 그 가세가 5품에 제한되어야 마땅하나, 그만은 3품까지 오를 수 있도록 허용하라."고 하였다. 또 고이부곡을 승격시켜 고흥현으로 삼았다.

–『고려사』

09 고려 시대의 형벌 기출개념

태(笞)	태로 볼기를 치는 형벌
장(杖)	장으로 볼기를 치는 형벌
도(徒)	징역형
유(流)	멀리 유배 보내는 형
사(死)	사형(교수형, 참수형)

15 고려 시대 화척, 재인, 양수척을 호적에 올려 그들에게 역을 부담시켰다. 2012년 국가직 7급 O X

16 고려 시대 혜민서는 유랑자를 수용하고 구휼하였다. 2018년 경찰직(2차) O X

17 고려 시대에는 재해를 당했을 때 세금을 감면해 농민 생활의 안정을 꾀하였다. 2015년 국가직 9급 O X

18 고려 시대에는 주로 당나라의 형률 제도를 끌어다 썼으며, 때에 따라 고려의 실정에 맞는 율문도 만들었다. 2014년 국가직 9급 O X

19 고려 시대 농민은 특정한 죄를 지었을 때 자신의 본관지로 되돌아가게 하는 귀향형에 처해졌다. 2013년 국가직 7급 O X

20 고려 시대에는 부모의 재산은 남녀 관계없이 고루 분배되었으며, 출생 순서에 따라 차등을 두었다. 2019년 경찰직(1차) O X

21 고려 시대 부호장 이하의 향리는 사심관의 감독을 받았다. 2021년 국가직 9급 O X

22 고려 시대에 향리와 귀족 간의 신분적 차이를 나타내기 위하여 향리의 공복을 제정하였다. 2012년 국가직 9급 O X

23 고려 시대 소(所)의 주민이 공을 세우면 소가 현으로 승격될 수 있었다. 2012년 국가직 9급 O X

24 고려 시대 하층민의 치료와 병사자의 시신과 유골을 거두어 묻어주는 일은 구제도감에서 담당하였다. 2020년 국가직 9급 O X

25 고려 시대에는 사위가 처가의 호적에 입적하는 경우도 자주 있었다. 2019년 경찰직(1차) O X

승범쌤의 기출 포인트

19 **고려의 형벌 대체** 기출개념

- 귀향형: 일정 신분 이상의 사람이 죄를 지은 경우 본관지로 돌려 보내 중앙의 정치권력과 연계성을 차단
- 수속법: 가벼운 범죄일 경우 돈을 내면 형벌을 면제 받음

정답과 해설 01 O | 02 × | 03 O | 04 × | 05 O | 06 × | 07 O | 08 O | 09 × | 10 × | 11 × | 12 O | 13 O | 14 × | 15 × | 16 × | 17 O | 18 O | 19 × | 20 × | 21 O | 22 O | 23 O | 24 O | 25 O

02 향리의 자제는 과거를 통하여 귀족이 될 수 있었다. | 04 고려 시대 궁궐의 잡무를 맡은 것은 중류층의 남반이다. | 06 부곡민은 과거에 응시할 수 없었다. | 09 고려 시대의 형벌은 태형·장형·도형·유형·사형의 5형 체제를 가지고 있었다. | 10 사노비 중 외거 노비는 자신의 주인에게 신공을 바쳤다. | 11 향도는 고려 후기로 가면서 점차 마을 공동 노역을 주도하는 마을 공동체 성격의 농민 조직으로 변화하였다. | 14 고려 시대 향·부곡·소의 주민들은 일반 군현민들보다 더 많은 부담을 지고 있었다. | 15 고려 시대에 화척, 재인, 양수척 등은 호적에도 올려지지 않았고, 국역의 부담도 지지 않았다. | 16 고려 시대에는 혜민서가 아니고 혜민국이다. | 19 귀향형은 주로 귀족들에게 주어진 형벌이다. | 20 고려 시대 부모의 재산은 성별이나 출생 순서에 관계없이 균등 분배되었다.

07 고려의 문화

1. 유학의 발달

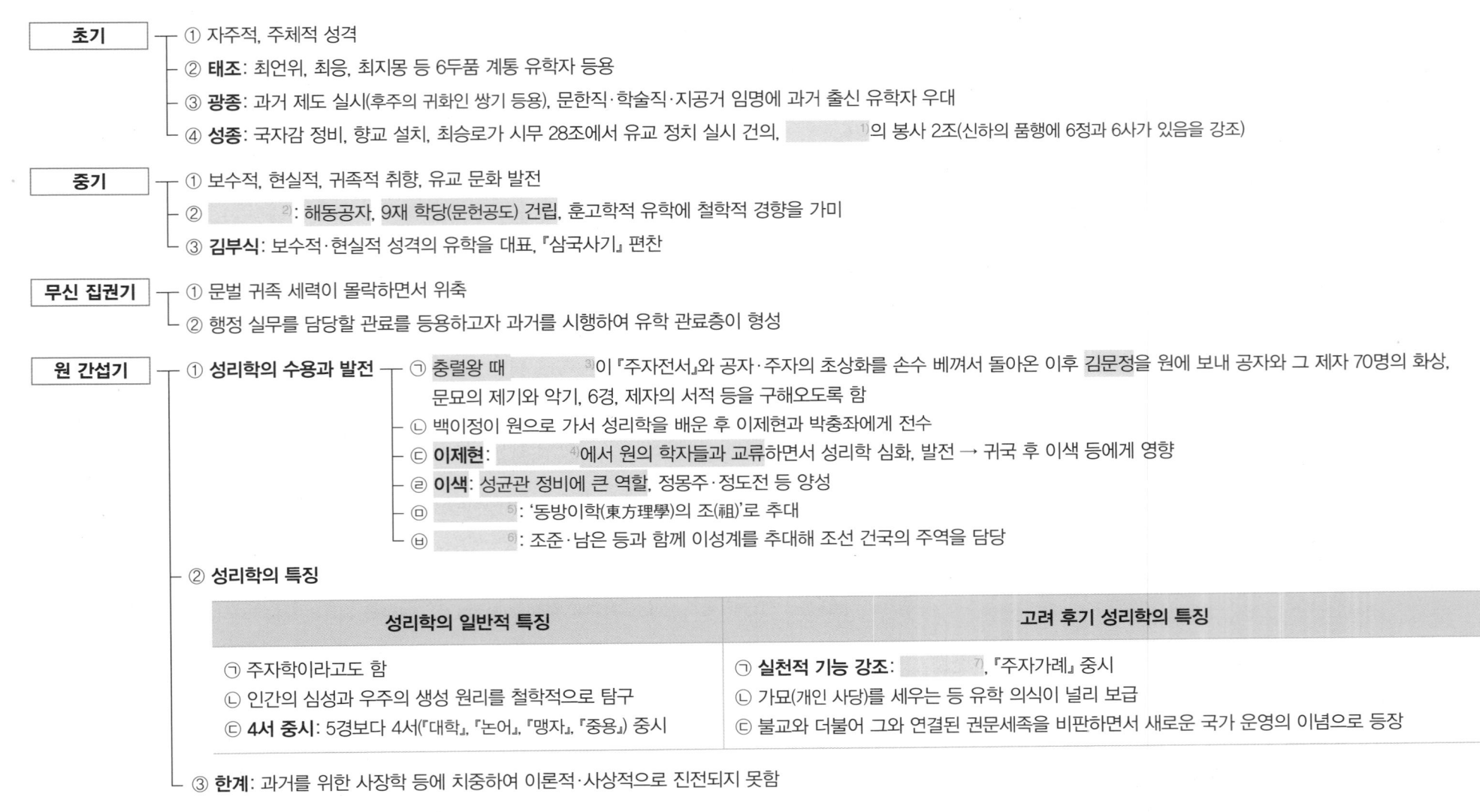

초기
- ① 자주적, 주체적 성격
- ② **태조**: 최언위, 최응, 최지몽 등 6두품 계통 유학자 등용
- ③ **광종**: 과거 제도 실시(후주의 귀화인 쌍기 등용), 문한직·학술직·지공거 임명에 과거 출신 유학자 우대
- ④ **성종**: 국자감 정비, 향교 설치, 최승로가 시무 28조에서 유교 정치 실시 건의, ____[1]의 봉사 2조(신하의 품행에 6정과 6사가 있음을 강조)

중기
- ① 보수적, 현실적, 귀족적 취향, 유교 문화 발전
- ② ____[2]: 해동공자, 9재 학당(문헌공도) 건립, 훈고학적 유학에 철학적 경향을 가미
- ③ **김부식**: 보수적·현실적 성격의 유학을 대표, 『삼국사기』 편찬

무신 집권기
- ① 문벌 귀족 세력이 몰락하면서 위축
- ② 행정 실무를 담당할 관료를 등용하고자 과거를 시행하여 유학 관료층이 형성

원 간섭기
- ① **성리학의 수용과 발전**
  - ㉠ 충렬왕 때 ____[3]이 『주자전서』와 공자·주자의 초상화를 손수 베껴서 돌아온 이후 김문정을 원에 보내 공자와 그 제자 70명의 화상, 문묘의 제기와 악기, 6경, 제자의 서적 등을 구해오도록 함
  - ㉡ 백이정이 원으로 가서 성리학을 배운 후 이제현과 박충좌에게 전수
  - ㉢ **이제현**: ____[4]에서 원의 학자들과 교류하면서 성리학 심화, 발전 → 귀국 후 이색 등에게 영향
  - ㉣ **이색**: 성균관 정비에 큰 역할, 정몽주·정도전 등 양성
  - ㉤ ____[5]: '동방이학(東方理學)의 조(祖)'로 추대
  - ㉥ ____[6]: 조준·남은 등과 함께 이성계를 추대해 조선 건국의 주역을 담당
- ② **성리학의 특징**

성리학의 일반적 특징	고려 후기 성리학의 특징
㉠ 주자학이라고도 함 ㉡ 인간의 심성과 우주의 생성 원리를 철학적으로 탐구 ㉢ **4서 중시**: 5경보다 4서(『대학』, 『논어』, 『맹자』, 『중용』) 중시	㉠ **실천적 기능 강조**: ____[7], 『주자가례』 중시 ㉡ 가묘(개인 사당)를 세우는 등 유학 의식이 널리 보급 ㉢ 불교와 더불어 그와 연결된 권문세족을 비판하면서 새로운 국가 운영의 이념으로 등장

- ③ **한계**: 과거를 위한 사장학 등에 치중하여 이론적·사상적으로 진전되지 못함

정답 1) 김심언 2) 최충 3) 안향 4) 만권당 5) 정몽주 6) 정도전 7) 『소학』

2. 교육 진흥과 사학의 발달

고려 초기의 교육 진흥
- ① **태조**: 신라 6두품 계통의 학자 등용, 개경과 서경에 학교 설립, 학보 설치
- ② **정종**: 승려들의 장학 재단인 광학보 설치
- ③ **성종**: 교육 조서 반포, 국자감과 향학(향교) 설치(12목에 ______1) 박사와 ______2) 박사 파견), 비서성(개경)과 ______3)(서경) 설치, 문신 월과법 시행

국자감의 구조

구성	입학 자격	수업	교육 내용
유학부	• **국자학**: 3품 이상 관리의 자제 입학 • **태학**: 5품 이상 관리의 자제 입학 • **사문학**: 7품 이상 관리의 자제 입학	______4)년	경서, 문예, 시정에 관한 내용
기술학부	**율학, 서학, 산학**: 8품 이하 관리의 자제 및 서민의 자제 입학	______5)년	법률, 서예, 산술

더 알아보기

국자감의 명칭 변화

국자감(성종) → 국학(충렬왕) → 성균감(충선왕) → 성균관(충선왕) → 국자감(공민왕) → 성균관(공민왕)

고려 중기 사학의 발달
- ① 최충의 ______6)(9재 학당: 9경과 3사 교육)를 포함한 사학 12도 융성
- ② **사학 발달의 원인**
  - ㉠ 사학의 설립자들은 대체로 지공거(좌주) 출신이었고 좌주문생제로 인해 퇴임 후에도 큰 영향력을 행사
  - ㉡ 과거에서 더 중시되는 제술 과목을 필수로 운영하여 과거 시험 준비에 유리
- ③ **사학 발달의 결과**: 국자감을 중심으로 한 관학 교육의 위축 초래

관학 진흥책
- ① **숙종**: ______7) 설치(서적 간행), 기자 사당 건립(평양)
- ② **예종**: 국자감 내에 7재 설치[유학재(여택재, 대빙재, 경덕재, 구인재, 복응재, 양정재)와 무학재(______8))로 구성], ______9)(장학 재단), 청연각·보문각·천장각·임천각 설치(왕실 도서관 겸 학문 연구소)
- ③ **인종**: 경사 6학 정비(강예재 폐지), 향교(향학) 증설
- ④ **충렬왕**: 공자의 사당인 대성전(문묘의 정전) 건립, 섬학전 설치(양현고의 부실 보강), 경사교수도감 설치
- ⑤ **공민왕**: 성균관으로 개칭, 기술학부 폐지

정답 1) 경학 2) 의학 3) 수서원 4) 9 5) 6 6) 문헌공도 7) 서적포 8) 강예재 9) 양현고

3. 역사서의 편찬

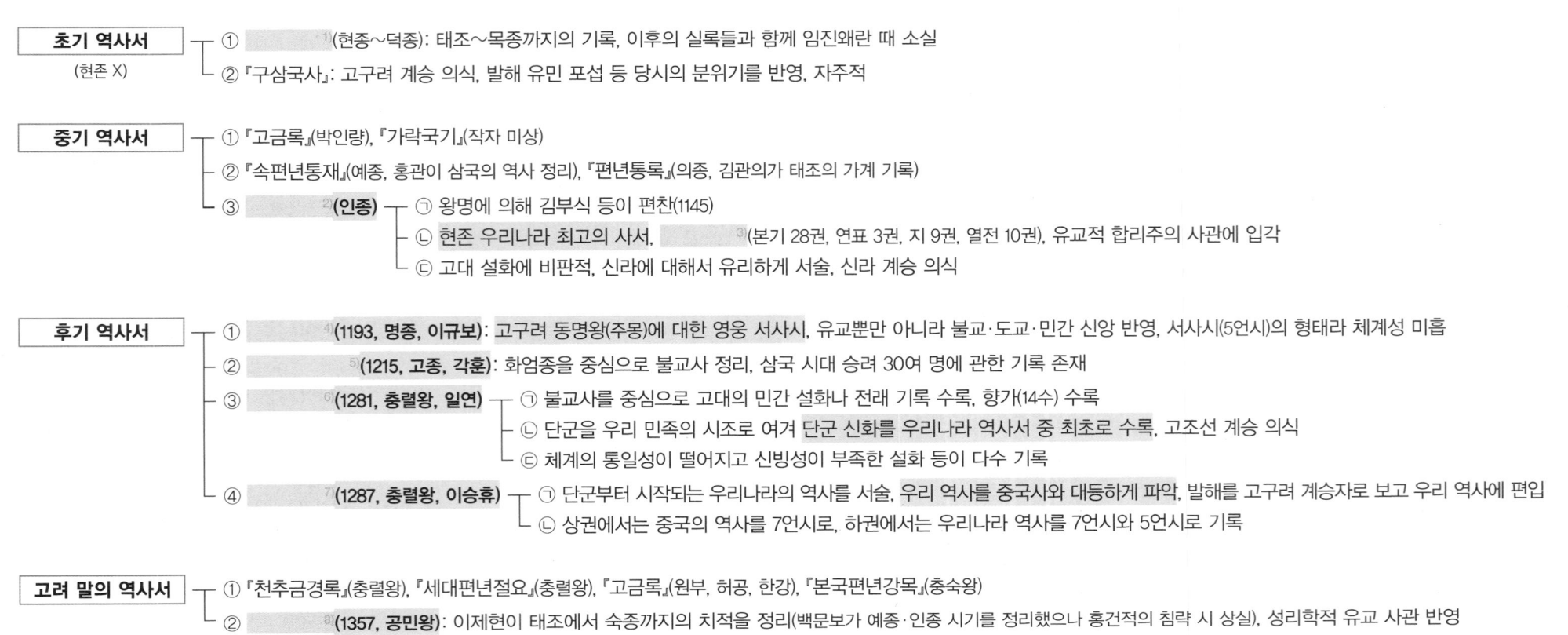

초기 역사서 (현존 X)
- ① ________1)(현종~덕종): 태조~목종까지의 기록, 이후의 실록들과 함께 임진왜란 때 소실
- ② 『구삼국사』: 고구려 계승 의식, 발해 유민 포섭 등 당시의 분위기를 반영, 자주적

중기 역사서
- ① 『고금록』(박인량), 『가락국기』(작자 미상)
- ② 『속편년통재』(예종, 홍관이 삼국의 역사 정리), 『편년통록』(의종, 김관의가 태조의 가계 기록)
- ③ ________2)**(인종)**
  - ㉠ 왕명에 의해 김부식 등이 편찬(1145)
  - ㉡ 현존 우리나라 최고의 사서, ________3)(본기 28권, 연표 3권, 지 9권, 열전 10권), 유교적 합리주의 사관에 입각
  - ㉢ 고대 설화에 비판적, 신라에 대해서 유리하게 서술, 신라 계승 의식

후기 역사서
- ① ________4)**(1193, 명종, 이규보)**: 고구려 동명왕(주몽)에 대한 영웅 서사시, 유교뿐만 아니라 불교·도교·민간 신앙 반영, 서사시(5언시)의 형태라 체계성 미흡
- ② ________5)**(1215, 고종, 각훈)**: 화엄종을 중심으로 불교사 정리, 삼국 시대 승려 30여 명에 관한 기록 존재
- ③ ________6)**(1281, 충렬왕, 일연)**
  - ㉠ 불교사를 중심으로 고대의 민간 설화나 전래 기록 수록, 향가(14수) 수록
  - ㉡ 단군을 우리 민족의 시조로 여겨 단군 신화를 우리나라 역사서 중 최초로 수록, 고조선 계승 의식
  - ㉢ 체계의 통일성이 떨어지고 신빙성이 부족한 설화 등이 다수 기록
- ④ ________7)**(1287, 충렬왕, 이승휴)**
  - ㉠ 단군부터 시작되는 우리나라의 역사를 서술, 우리 역사를 중국사와 대등하게 파악, 발해를 고구려 계승자로 보고 우리 역사에 편입
  - ㉡ 상권에서는 중국의 역사를 7언시로, 하권에서는 우리나라 역사를 7언시와 5언시로 기록

고려 말의 역사서
- ① 『천추금경록』(충렬왕), 『세대편년절요』(충렬왕), 『고금록』(원부, 허공, 한강), 『본국편년강목』(충숙왕)
- ② ________8)**(1357, 공민왕)**: 이제현이 태조에서 숙종까지의 치적을 정리(백문보가 예종·인종 시기를 정리했으나 홍건적의 침략 시 상실), 성리학적 유교 사관 반영

정답 1) 『7대실록』 2) 『삼국사기』 3) 기전체 4) 『동명왕편』 5) 『해동고승전』 6) 『삼국유사』 7) 『제왕운기』 8) 『사략』

4. 불교 사상과 신앙의 발전

고려 전기

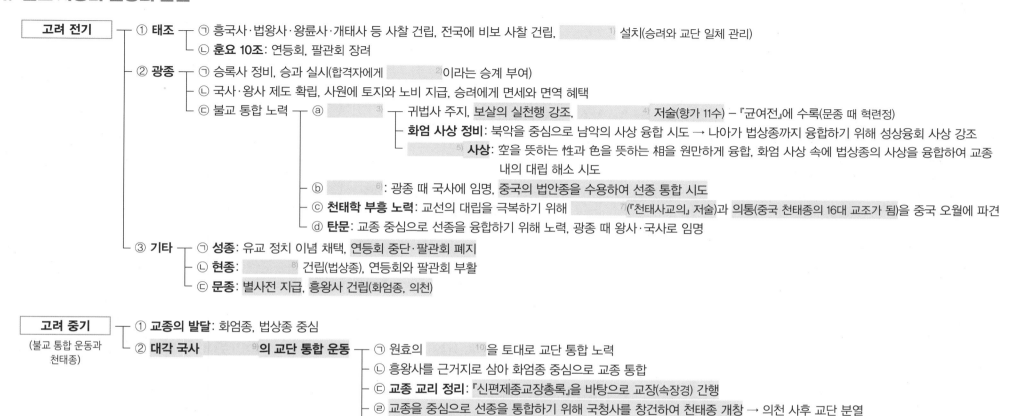

- ① **태조**
  - ㉠ 흥국사·법왕사·왕륜사·개태사 등 사찰 건립, 전국에 비보 사찰 건립, ______1) 설치(승려와 교단 일체 관리)
  - ㉡ **훈요 10조**: 연등회, 팔관회 장려
- ② **광종**
  - ㉠ 승록사 정비, 승과 실시(합격자에게 ______2)이라는 승계 부여)
  - ㉡ 국사·왕사 제도 확립, 사원에 토지와 노비 지급, 승려에게 면세와 면역 혜택
  - ㉢ 불교 통합 노력
    - ⓐ ______3)
      - 귀법사 주지, 보살의 실천행 강조, ______4) 저술(향가 11수) – 『균여전』에 수록(문종 때 혁련정)
      - **화엄 사상 정비**: 북악을 중심으로 남악의 사상 융합 시도 → 나아가 법상종까지 융합하기 위해 성상융회 사상 강조
      - ______5) **사상**: 空을 뜻하는 性과 色을 뜻하는 相을 원만하게 융합, 화엄 사상 속에 법상종의 사상을 융합하여 교종 내의 대립 해소 시도
    - ⓑ ______6): 광종 때 국사에 임명, 중국의 법안종을 수용하여 선종 통합 시도
    - ⓒ **천태학 부흥 노력**: 교선의 대립을 극복하기 위해 ______7)(『천태사교의』 저술)과 의통(중국 천태종의 16대 교조가 됨)을 중국 오월에 파견
    - ⓓ **탄문**: 교종 중심으로 선종을 융합하기 위해 노력, 광종 때 왕사·국사로 임명
- ③ **기타**
  - ㉠ **성종**: 유교 정치 이념 채택, 연등회 중단·팔관회 폐지
  - ㉡ **현종**: ______8) 건립(법상종), 연등회와 팔관회 부활
  - ㉢ **문종**: 별사전 지급, 흥왕사 건립(화엄종, 의천)

고려 중기
(불교 통합 운동과 천태종)

- ① **교종의 발달**: 화엄종, 법상종 중심
- ② **대각 국사 ______9)의 교단 통합 운동**
  - ㉠ 원효의 ______10)을 토대로 교단 통합 노력
  - ㉡ 흥왕사를 근거지로 삼아 화엄종 중심으로 교종 통합
  - ㉢ **교종 교리 정리**: 『신편제종교장총록』을 바탕으로 교장(속장경) 간행
  - ㉣ 교종을 중심으로 선종을 통합하기 위해 국청사를 창건하여 천태종 개창 → 의천 사후 교단 분열
  - ㉤ **교리**: ______11), 내외겸전, 지관
  - ㉥ **저서**: 『원종문류』, 『석원사림』, 『천태사교의주』

정답 1) 승록사 2) 대덕 3) 균여 4) 보현십원가 5) 성상융회 6) 혜거 7) 제관 8) 현화사 9) 의천 10) 화쟁 사상 11) 교관 겸수

고려 후기 (결사 운동과 조계종)

- ① **보조 국사 ______1)의 선교 통합 노력**
  - ㉠ ______2) **결사 운동**: 승려 본연의 자세인 독경과 선 수행, 노동에 힘쓰자는 개혁 운동 전개
  - ㉡ 팔공산의 거조암에서 정혜 결사 조직 → 송광산(조계산) 길상사(송광사)로 이동, 수선사 결사로 개칭
  - ㉢ **선종을 중심으로 교종 통합 노력**: 정혜쌍수, ______3)점수, 간화선 강조 → 선교 일치 사상 완성
- ② **진각 국사 혜심**
  - ㉠ 수선사 2대 교조
  - ㉡ ______4)**설**: 심성의 도야 강조, 성리학 수용의 사상적 토대 마련
  - ㉢ **저서**: 『기세계경』, 『선문염송』
- ③ **원묘 국사** ______5)
  - ㉠ 정토왕생 중시 및 보현도량 개설, 「묘종」(묘법연화경의 요점)을 설법
  - ㉡ **백련 결사 조직**: 강진 만덕사(백련사)에서 천태교학의 ______6) 신앙을 이론적 기반으로 하는 결사 운동 전개
  - ㉢ 백련 결사는 지방 호족과 민중의 적극적인 호응을 얻었으며, 강력한 항몽 투쟁 표방
    → 최씨 무신 정권의 비호를 받으며 세력 강화, 수선사 결사와 양립하며 고려 후기 불교계 선도

고려 말 (불교계의 타락)

- ① **불교계의 타락**: 귀족 세력과 연결되어 개혁 의지 퇴색, 사원의 대토지 소유, 사원이 상업에 관여하며 부 축적
- ② **원증 국사** ______7): 공민왕의 왕사, 원에서 ______8)을 도입하여 9산 선문의 통합 시도, 한양 천도 주장, 교단 정비 노력 → 실패
- ③ **기타**: 인도의 승려 지공이 혜근(나옹 화상), 자초(무학 대사)에게 인도의 선종을 전수

대장경의 조판

- ① **의미**: 경(經, 경전), 율(律, 계율), 론(論, 해석)의 삼장으로 구성된 불교 경전의 총칭
- ② **간행 배경**: 불교 사상 체계화, 호국 불교의 의미

대장경의 종류

초조대장경(현종~선종)	⇨	교장(선종~숙종)	⇨	재조대장경(팔만대장경, 고종)
㉠ **목적**: ______9)의 침입 격퇴 ㉡ **보관과 소실**: 대구 ______10) 보관 중 몽골의 2차 침략 때 소실(1232), 일부를 일본 난젠지(南禪寺)에서 보관		㉠ **목적**: 초조대장경을 보완하기 위해 의천의 주도로 ______11)에서 조판 ㉡ ______12) **편찬**: 우리나라와 송·요·일본의 주석서들을 모은 목록 ㉢ ______13) **설치**: 4,700여 권의 전적 간행 ㉣ **보관과 소실**: 교장은 몽골의 침입으로 인해 소실, 활자본의 일부와 목록을 송광사와 일본의 도다이지(東大寺)에서 보관		㉠ **목적**: 몽골의 침입 극복 기원 ㉡ 대장도감 설치(강화도, 최우) ㉢ 유네스코 세계 기록유산, 합천 해인사 장경판전에 보관(장경판전은 유네스코 세계 문화유산)

정답 1) 지눌 2) 수선사 3) 돈오 4) 유·불 일치 5) 요세 6) 법화 7) 보우 8) 임제종 9) 거란 10) 부인사 11) 흥왕사 12) 『신편제종교장총록』 13) 교장도감

도교

- ① **특징**: 국가와 왕권의 안녕을 위해 초제(재초)를 거행하고 개인적으로는 불로장생과 현세 구복을 추구
- ② **도교 기구**: 구요당(태조), ______[1](예종), 대청관(충선왕), ______[2](고려 말 → 조선 세조 때 소격서로 개칭)
- ③ ______[3] 개최(도교, 불교, 민간 신앙 융합)
- ④ **한계**: 불교적 요소와 도참 사상 수용 → 일관된 체계를 보이지 못했으며 교단도 성립하지 못함

풍수지리설

- ① 미래의 길·화복을 예언하는 도참 사상과 융합되어 크게 유행
- ② **초기**: 개경 명당설, 서경 길지설(묘청)
- ③ **중기 이후**: 한양 명당설(문종 때 한양이 남경으로 승격, 숙종 때 ______[4]도감 설치)
- ④ 공민왕과 우왕 때 한양 천도 주장의 근거
- ⑤ **서적**: 『도선비기』, ______[5](예종)

더 알아보기

예종의 복원궁 건립

대관(大觀) 경인년에 천자께서 저 먼 변방에서 신묘한 도(道)를 듣고자 함을 돌보시어 신사(信使)를 보내시고 우류(羽流) 2인을 딸려 보내어 교법에 통달한 자를 골라 훈도하게 하였다. 왕(예종)은 신앙이 돈독하여 정화(政和) 연간에 비로소 복원관(福源觀)을 세워 도가 높은 참된 도사 10여 인을 받들었다. 그러나 그 도사들은 낮에는 재궁(齋宮)에 있다가 밤에는 집으로 돌아가고는 하였다. 그래서 후에 간관이 지적, 비판하여 다소간 법으로 금하는 조치를 취하게 되었다. 간혹 듣기로는, 왕이 나라를 다스렸을 때는 늘 도가의 도록을 보급하는 데 뜻을 두어 기어코 도교로 호교(胡敎)를 바꿔 버릴 생각을 하고 있었으나 그 뜻을 이루지 못해 무엇인가를 기다리는 것이 있는 듯하였다고 한다.

– 『고려도경』

정답 1) 복원궁 2) 소격전 3) 팔관회 4) 남경개창 5) 『해동비록』

5. 과학 기술과 문학의 발달

1 과학 기술의 발달

★ **과학 기술 발달의 배경**: 서역의 기술학 수용, 국자감의 잡학 교육(율학, 서학, 산학), 잡과 실시

천문학
- ① ______ 1)(서운관) 설치, 개경의 첨성대에서 관측 업무 수행 – 일식, 혜성, 흑점 등 기록
- ② **역법**: ______ 2)(당, 신라~고려 초) → ______ 3)(원, 충선왕) → ______ 4)(명, 공민왕)

의학
- ① ______ 5): 의료 업무, 의학 교육, 의과 주관
- ② **의서**: ______ 6)(고종, 대장도감, 현존 우리나라 최고 의서 – 질병 처방법과 국산 약재 180여 종을 소개)

인쇄술과 제지술
- ① **목판 인쇄술**
  - ㉠ 서적점(문종), 서적포(숙종) 설치
  - ㉡ 대장경 조판, ______ 7) 인쇄에 부적절
- ② **금속 활자**
  - ㉠ 세계 최초의 금속 활자 인쇄술 발명
  - ㉡ ______ 8)**(고종)**: 1234년~1241년 사이에 최우가 금속 활자로 찍어 배포(현존하지 않음)
  - ㉢ ______ 9)**(1377, 우왕)**: 청주 흥덕사에서 간행, 현존하는 세계 최고의 금속 활자본, 프랑스 국립 도서관 소장
  - ㉣ ______ 10)**(1392, 공양왕)**: 서적과 주자에 관한 일 담당
- ③ **제지술**: 종이 제작 관청 설치, 우수한 종이 생산 및 수출(송에서 등피지·경면지라 부름)

화약 무기
- ______ 11) 설치(1377, 우왕, 최무선)

조선술
- ① 송과의 해상 무역의 발달로 대형 범선 건조
- ② 조운선: 조세미를 개경으로 운송, 주로 해안 지방의 조창에 배치
- ③ 전함: 일본 원정에 동원될 당시 수백 척의 전함 건조, 전함에 화포를 설치하여 왜구 격퇴

정답 1) 사천대 2) 선명력 3) 수시력 4) 대통력 5) 태의감 6) 『향약구급방』 7) 소량 8) 『상정고금예문』 9) 『직지심체요절』 10) 서적원 11) 화통도감

2 문학의 발달

고려 전기
- ① 향가와 한문학이 주류
- ② **향가**: 균여의 보현십원가(향가 11수), 향가 형식의 도이장가(예종)

고려 중기
- ① 향가는 점차 한시에 밀려 퇴조
- ② **한문학**
  - ㉠ 과거 시험에서 제술과 중시, 성종 때 문치주의 성행 → 한문학이 필수 교양으로 정착, 문신 월과법 시행
  - ㉡ 당과 송의 산문을 숭상 → 귀족 문화의 사대성과 보수성이 강화
  - ㉢ 박인량의 『수이전』

무신 집권기
- ① 낭만적이고 현실 도피적 경향을 띤 수필과 가전체 문학 유행
- ② **시화집(패관 문학)**
  - ㉠ 이인로의 『파한집』
  - ㉡ 최자의 『보한집』
  - ㉢ 이규보의 『백운소설』(조선 중기의 한 문인이 이규보의 『동국이상국집』에서 시평·시화·시론을 발췌하고 거기에 몇 가지 다른 기사를 포함하여 편찬)
- ③ ______[1] **문학**
  - ㉠ 사물을 의인화, 7편이 『동문선』에 한문체로 전해짐
  - ㉡ 고종 때 임춘의 『국순전』(술)과 『공방전』(돈)
  - ㉢ 고종 때 이규보의 『국선생전』(술)과 『청강사자현부전』(거북)
- ④ **한시**: 진화, 이규보 등

고려 후기
- ① **가전체 문학**: 공민왕 때 이곡의 『죽부인전』(대나무), 고려 말 이첨의 『저생전』(종이)과 식영암(승려)의 『정시자전』(지팡이) 등
- ② **시화집(패관 문학)**: 이제현의 『역옹패설』
- ③ ______[2]: 신진 사대부들이 향가 형식을 계승, 한림별곡, 관동별곡·죽계별곡(안축) 등
- ④ **시가 문학**: 어부가(전원 생활의 한가로움을 표현)
- ⑤ ______[3] **(장가, 속요)**: 일반 백성들 사이에서 유행한 작자 미상의 민요풍 가요, 청산별곡, 가시리, 쌍화점, 만전춘 등
- ⑥ **한시**: 이제현, 이곡, 정몽주 등

정답 1) 가전체 2) 경기체가 3) 고려 가요

6. 귀족 문화의 발달

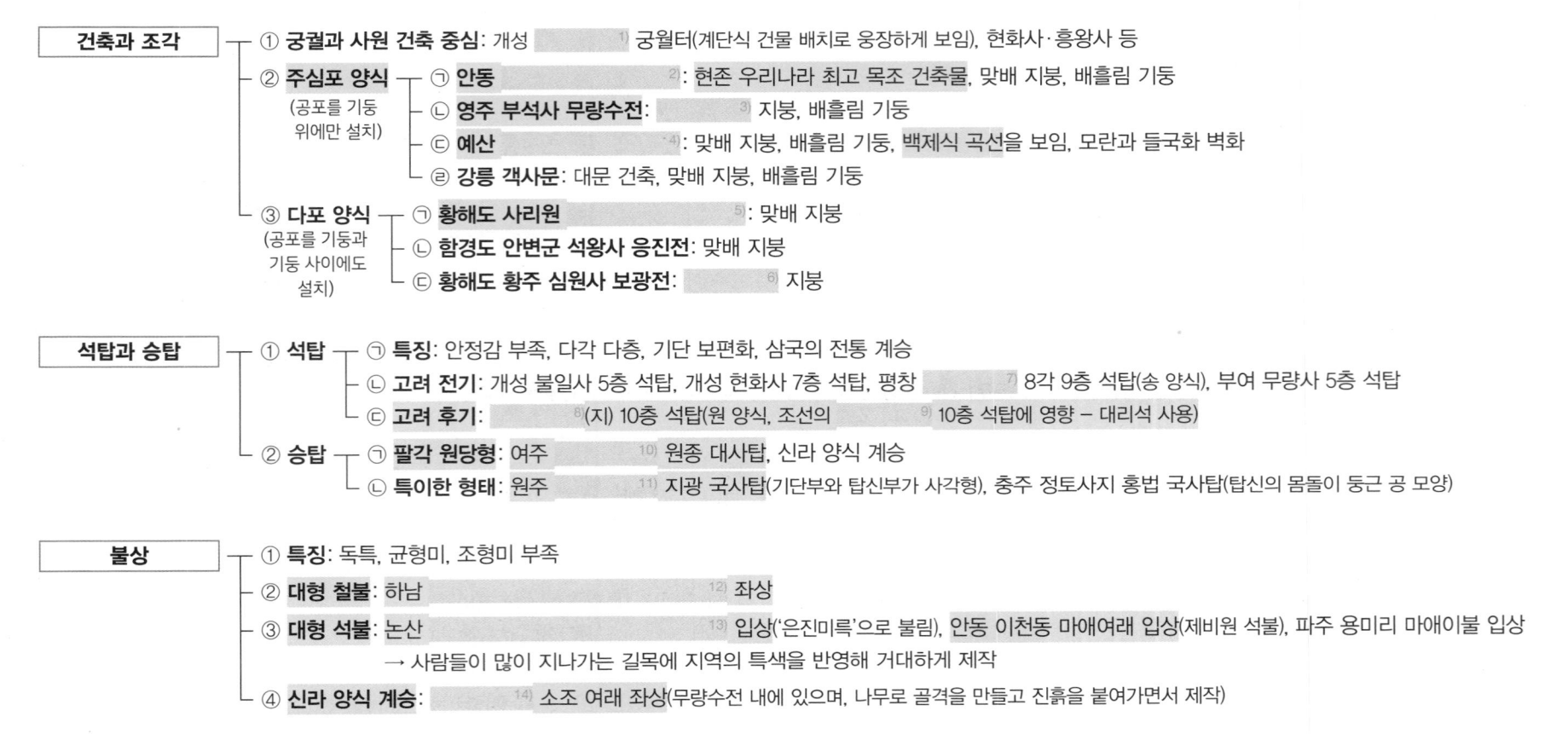

건축과 조각
- ① **궁궐과 사원 건축 중심**: 개성 ______1) 궁월터(계단식 건물 배치로 웅장하게 보임), 현화사·흥왕사 등
- ② **주심포 양식** (공포를 기둥 위에만 설치)
  - ㉠ **안동 ______2)**: 현존 우리나라 최고 목조 건축물, 맞배 지붕, 배흘림 기둥
  - ㉡ **영주 부석사 무량수전**: ______3) 지붕, 배흘림 기둥
  - ㉢ **예산 ______4)**: 맞배 지붕, 배흘림 기둥, 백제식 곡선을 보임, 모란과 들국화 벽화
  - ㉣ **강릉 객사문**: 대문 건축, 맞배 지붕, 배흘림 기둥
- ③ **다포 양식** (공포를 기둥과 기둥 사이에도 설치)
  - ㉠ **황해도 사리원 ______5)**: 맞배 지붕
  - ㉡ **함경도 안변군 석왕사 응진전**: 맞배 지붕
  - ㉢ **황해도 황주 심원사 보광전**: ______6) 지붕

석탑과 승탑
- ① **석탑**
  - ㉠ **특징**: 안정감 부족, 다각 다층, 기단 보편화, 삼국의 전통 계승
  - ㉡ **고려 전기**: 개성 불일사 5층 석탑, 개성 현화사 7층 석탑, 평창 ______7) 8각 9층 석탑(송 양식), 부여 무량사 5층 석탑
  - ㉢ **고려 후기**: ______8)(지) 10층 석탑(원 양식, 조선의 ______9) 10층 석탑에 영향 – 대리석 사용)
- ② **승탑**
  - ㉠ **팔각 원당형**: 여주 ______10) 원종 대사탑, 신라 양식 계승
  - ㉡ **특이한 형태**: 원주 ______11) 지광 국사탑(기단부와 탑신부가 사각형), 충주 정토사지 홍법 국사탑(탑신의 몸돌이 둥근 공 모양)

불상
- ① **특징**: 독특, 균형미, 조형미 부족
- ② **대형 철불**: 하남 ______12) 좌상
- ③ **대형 석불**: 논산 ______13) 입상('은진미륵'으로 불림), 안동 이천동 마애여래 입상(제비원 석불), 파주 용미리 마애이불 입상
  → 사람들이 많이 지나가는 길목에 지역의 특색을 반영해 거대하게 제작
- ④ **신라 양식 계승**: ______14) 소조 여래 좌상(무량수전 내에 있으며, 나무로 골격을 만들고 진흙을 붙여가면서 제작)

정답 1) 만월대 2) 봉정사 극락전 3) 팔작 4) 수덕사 대웅전 5) 성불사 응진전 6) 팔작 7) 월정사 8) 경천사 9) 원각사지 10) 고달사지 11) 법천사지 12) 하사창동 철조 석가여래 13) 관촉사 석조 미륵보살 14) 부석사

청자와 공예

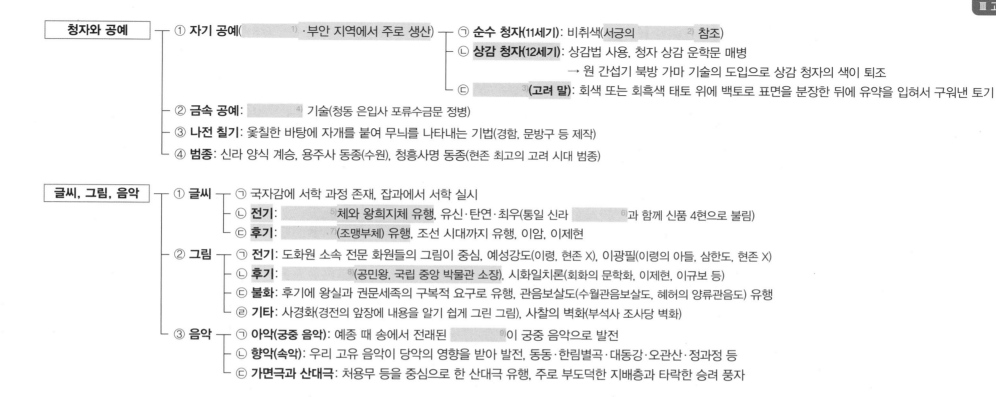

- ① **자기 공예**(____[1]·부안 지역에서 주로 생산)
  - ㉠ **순수 청자(11세기)**: 비취색(서긍의 ____[2] 참조)
  - ㉡ **상감 청자(12세기)**: 상감법 사용, 청자 상감 운학문 매병
    → 원 간섭기 북방 가마 기술의 도입으로 상감 청자의 색이 퇴조
  - ㉢ ____[3](**고려 말**): 회색 또는 회흑색 태토 위에 백토로 표면을 분장한 뒤에 유약을 입혀서 구워낸 토기
- ② **금속 공예**: ____[4] 기술(청동 은입사 포류수금문 정병)
- ③ **나전 칠기**: 옻칠한 바탕에 자개를 붙여 무늬를 나타내는 기법(경함, 문방구 등 제작)
- ④ **범종**: 신라 양식 계승, 용주사 동종(수원), 청흥사명 동종(현존 최고의 고려 시대 범종)

글씨, 그림, 음악

- ① **글씨**
  - ㉠ 국자감에 서학 과정 존재, 잡과에서 서학 실시
  - ㉡ **전기**: ____[5]체와 왕희지체 유행, 유신·탄연·최우(통일 신라 ____[6]과 함께 신품 4현으로 불림)
  - ㉢ **후기**: ____[7](조맹부체) 유행, 조선 시대까지 유행, 이암, 이제현
- ② **그림**
  - ㉠ **전기**: 도화원 소속 전문 화원들의 그림이 중심, 예성강도(이령, 현존 X), 이광필(이령의 아들, 삼한도, 현존 X)
  - ㉡ **후기**: ____[8](공민왕, 국립 중앙 박물관 소장), 시화일치론(회화의 문학화, 이제현, 이규보 등)
  - ㉢ **불화**: 후기에 왕실과 권문세족의 구복적 요구로 유행, 관음보살도(수월관음보살도, 혜허의 양류관음도) 유행
  - ㉣ **기타**: 사경화(경전의 앞장에 내용을 알기 쉽게 그린 그림), 사찰의 벽화(부석사 조사당 벽화)
- ③ **음악**
  - ㉠ **아악(궁중 음악)**: 예종 때 송에서 전래된 ____[9]이 궁중 음악으로 발전
  - ㉡ **향악(속악)**: 우리 고유 음악이 당악의 영향을 받아 발전, 동동·한림별곡·대동강·오관산·정과정 등
  - ㉢ **가면극과 산대극**: 처용무 등을 중심으로 한 산대극 유행, 주로 부도덕한 지배층과 타락한 승려 풍자

정답 1) 강진 2)『고려도경』 3) 분청사기 4) 은입사 5) 구양순 6) 김생 7) 송설체 8) 천산대렵도 9) 대성악

*옳은 문장은 ㅇ, 틀린 문장은 ×에 체크하세요.

핵심 기출 OX 고려의 문화

01 고려 예종 때 도서관 겸 학문 연구소인 청연각, 보문각을 설치하였다. 2015년 경찰직(2차) O X

02 고려 인종은 경사 6학의 제도를 정비하여 관학 교육을 강화하였다. 2009년 지방직 9급 O X

03 국자감에는 율학, 산학, 서학과 같은 유학부와 국자학, 태학, 사문학 등의 기술학부가 있었다. 2015년 경찰직(2차) O X

04 안향은 정몽주, 권근, 정도전 등을 가르쳐 성리학을 더욱 확산시켰다. 2018년 지방직 7급 O X

05 섬학전의 부실을 보충하기 위해 충렬왕 때 양현고를 설치하였다. 2015년 경찰직(2차) O X

06 충렬왕 때에는 경사교수도감을 설치하여 경학과 사학을 장려하였고, 유교 교육 기관에 공자 사당인 문묘를 새로 건립하여 유교 교육의 진흥에 나섰다. 2017년 경찰직(1차) O X

07 태조부터 목종까지의 기록을 담고 있는 『7대실록』은 임진왜란 때 소실되었다. 2016년 경찰직(2차) 응용 O X

08 충선왕 때에 일연이 쓴 『삼국유사』는 불교사를 중심으로 고대의 민간 설화나 전래 기록을 수록하는 등 우리의 고유 문화와 전통을 중시하였다. 2016년 경찰직(2차) O X

09 박인량이 저술한 『고금록』은 현존하는 가장 오래된 역사서이다. 2021년 경찰간부후보생 O X

10 각훈이 저술한 『해동고승전』은 선종의 입장에서 불교사를 정리하였다. 2021년 경찰간부후보생 O X

11 『삼국유사』는 고구려 계승 의식을 반영하고 고구려의 전통을 노래하였다. 2013년 국가직 9급 O X

12 『동명왕편』은 명종 대 이규보가 저술한 것으로, 고구려의 시조 설화를 담고 있다. 2021년 소방간부후보생 O X

13 인종 때 김부식이 편찬한 『삼국사기』는 유교적 합리주의 사관에 입각했으며, 편년체 형식을 가지고 있다. 2017년 경찰직(2차) O X

승범쌤의 기출 포인트

02 경사 6학 정비 과정 기출개념

고려 초 성종 때 유학 교육 위주로 정비된 국자감 내에 점차 시간이 흐르면서 기술학부인 서학 등이 만들어졌고, 이후 고려 인종 때 형조가 담당했던 율학이 국자감(국학) 내로 옮겨지면서 경사 6학이 완비되었다.

14 『본조편년강목』은 고려의 역사를 편년체와 강목체를 결합하여 서술한 것으로, 우리나라 최초의 강목체 사서로 평가된다. 2020년 국회직 9급
O X

15 『제왕운기』는 단군 신화를 서술하면서 예맥, 부여, 옥저, 삼한, 삼국이 모두 단군의 후손임을 밝혀 놓았다. 2020년 국회직 9급
O X

16 이제현의 『사략』은 고려 태조부터 숙종까지의 역사를 정리한 것으로 그 가운데 국왕들의 업적에 대한 평가 부분이 지금 전하고 있다. 2020년 국회직 9급
O X

17 『제왕운기』는 우리나라의 역사를 고구려에서부터 서술하여 우리 역사를 중국과 대등하게 파악하는 자주성을 나타낸다. 2016년 경찰직(2차)
O X

18 고려 광종 때 균여는 국청사를 중심으로 해동 천태종을 창시하고, 교종과 선종의 대립을 완화하기 위해 노력하였다. 2013년 국가직 9급
O X

19 요세는 참회법과 미타 정토 신앙을 실천행으로 강조하는 결사 운동을 전개하였다. 2018년 국가직 7급
O X

20 지눌은 송광산 길상사를 근거지로 새로운 선풍(禪風) 진작에 힘을 기울여 개혁적인 승려들과 지방민의 호응을 얻었다. 2018년 국가직 7급
O X

21 균여는 성속무애 사상을 주장하면서 종단을 통합하려 하였다. 2017년 지방직 9급(12월)
O X

22 보우는 유교와 불교의 통합을 시도하며 유·불 일치설을 주장하였다. 2018년 법원직 9급
O X

23 의천은 정혜쌍수로 대표되는 결사 운동을 일으켰다. 2014년 지방직 9급
O X

24 고려 후기에는 새로이 중국에서 들어온 임제종이 불교계의 새로운 주류로 떠올랐다. 2013년 경찰직(2차)
O X

25 고려 시대 연등회는 외국 상인에게 무역의 장이 되기도 하였다. 2017년 법원직 9급
O X

승범쌤의 기출 포인트

18 고려 시대의 대표적인 승려 기출개념

균여	화엄종을 중심으로 교종 통합 시도 (성상융회)
의천	교종을 중심으로 선종 통합 시도 (교관겸수, 내외겸전), 해동 천태종 창시 (국청사)
지눌	선종을 중심으로 교종 통합 시도 (정혜쌍수, 돈오점수), 수선사 결사 조직, 『목우자수심결』 저술
혜심	수선사 결사 2대 교조, 유·불 일치설 주장
요세	백련 결사 조직, '돈오점수' 비판, 참회의 법화 신앙 강조, 미타 정토 신앙
보우	선종 교단 통합 시도(임제종 도입), 남경 천도 주장

26 고려 태조는 환구단에서 풍년을 기원하는 제사를 올렸다. 2018년 지방직 9급 O X

27 대장경이란 경(經) · 율(律) · 논(論) 삼장으로 구성된 불교 경전을 말한다. 2016년 서울시 9급 O X

28 현재 합천 해인사에 보관되어 있는 팔만대장경은 재조대장경을 가리킨다. 2011년 지방직 9급 O X

29 이인로는 『파한집』에서 개경, 평양, 경주 등의 역사적 유적지의 풍속과 풍격 등을 묘사하였다. 2017년 경찰직(1차) O X

30 임춘은 술을 의인화한 『국순전』을 저술하여 현실을 풍자했다. 2017년 경찰직(1차) O X

31 최무선은 중국인 이원에게 염초 만드는 기술을 배워 화약 제조법을 터득하였다. 2012년 경찰직(3차) O X

32 고려 후기에는 단아하고 균형 잡힌 석등이 꾸준히 만들어졌으며 법주사 쌍사자 석등이 대표적이다. 2020년 경찰직(1차) O X

33 고려 후기에는 불화가 많이 그려졌는데 혜허의 관음보살도가 유명하다. 2020년 경찰직(1차) O X

34 신라 불상 양식을 계승한 논산 관촉사 석조 미륵보살 입상은 균형미가 뛰어난 걸작이다. 2018년 경찰직(1차) O X

35 경천사지 10층 석탑은 원의 석탑을 본뜬 것으로 원각사지 10층 석탑에 영향을 주었다. 2014년 기상직 9급 O X

36 고려 시대에는 문인화가 등장하였으며, 김시의 그림 가운데 한림제설도와 동자견려도가 유명하다. 2015년 기상직 7급 O X

37 12세기 중엽에는 고려의 독창적인 상감법이 개발되어 도자기에 활용되었다. 2015년 경찰간부후보생 O X

38 봉정사 극락전은 현존하는 가장 오래된 목조 건축이다. 2015년 경찰간부후보생 O X

39 개성의 만월대 궁궐터는 경사진 면에 축대를 높이 쌓고 계단식으로 건물을 배치하고 있어 웅장하게 보였을 것이다. 2014년 경찰직(2차) O X

승범쌤의 기출 포인트

31 최무선 기출사료

10월 비로소 화통도감(火㷁都監)을 설치했는데, 판사(判事) 최무선(崔茂宣)의 말을 따른 것이다. 최무선이 원나라 화약 제조 기술자인 이원(李元)과 한 동네에 살면서 잘 대우하여 몰래 그 기술을 묻고, 가동(家僮) 몇 명으로 하여금 익혀 시험해 본 후 마침내 왕에게 건의하여 설치하였다.

– 『고려사』

40 고려 시대에는 팔각 원당형인 승탑이 많이 만들어졌는데, 그 대표적인 예로 법천사 지광 국사 현묘탑을 들 수 있다. 2012년 지방직(상) 9급 O X

41 이제현은 삼국 시대부터 고려 시대까지의 유명한 시화를 모은 『백운소설』을 저술하였다. 2017년 경찰직(1차) O X

42 김문정은 원에서 공자의 화상과 각종 서적을 구해 왔다. 2018년 지방직 7급 O X

43 혜심은 남중국에 파견되어 천태학을 전했다. 2013년 경찰직(1차) O X

44 원 간섭기에는 서예에서 구양순체가 주류를 이루었다. 2016년 경찰간부후보생 O X

45 안향은 고려 말 충렬왕 때 『주자전서』를 들여와 연구하고 전파한 최초의 주자학자이다. 2015년 경찰간부후보생 O X

승범쌤의 기출 포인트

41 **이제현** 기출개념
- 만권당에서 원의 학자들과 교류하여 고려에 성리학 전파
- 주요 저술: 『역옹패설』, 『사략』

정답과 해설 01 O | 02 O | 03 × | 04 × | 05 × | 06 O | 07 O | 08 × | 09 × | 10 × | 11 × | 12 O | 13 × | 14 O | 15 O | 16 O | 17 × | 18 × | 19 O | 20 O | 21 O | 22 × | 23 × | 24 O | 25 × | 26 × | 27 O | 28 O | 29 O | 30 O | 31 O | 32 × | 33 O | 34 × | 35 O | 36 × | 37 O | 38 O | 39 O | 40 × | 41 × | 42 O | 43 × | 44 × | 45 O

03 국자감에는 국자학, 태학, 사문학의 유학부와 율학, 산학, 서학의 기술학부가 있었으며 이를 합쳐 경사 6학이라고 칭하였다. | 04 정몽주, 권근, 정도전 등을 가르쳐 성리학을 확산시킨 인물은 이색이다. | 05 충렬왕은 양현고의 부실을 보충하기 위해 섬학전을 설치하였다. | 08 『삼국유사』는 충선왕이 아닌 충렬왕 때 편찬되었다. | 09 우리나라에서 현존하는 가장 오래된 역사서는 김부식이 편찬한 『삼국사기』이다. | 10 『해동고승전』은 교종의 입장에서 불교사를 정리하였다. | 11 고구려 계승 의식을 반영하고 고구려의 전통을 노래한 것은 『동명왕편』이다. | 13 『삼국사기』는 편년체가 아닌 기전체 형식이다. | 17 『제왕운기』는 우리 역사를 단군 조선부터 서술하였다. | 18 국청사를 창건하고 해동 천태종을 창시하여 교종과 선종의 대립을 완화하기 위해 노력한 승려는 의천이다. | 22 유·불 일치설을 주장한 승려는 혜심이다. | 23 정혜쌍수로 대표되는 결사 운동을 일으킨 승려는 지눌이다. | 25 외국 상인에게 무역의 장이 되기도 한 것은 팔관회이다. | 26 환구단에서 풍년을 기원하는 제사를 올린 것은 성종 때부터이다. | 32 법주사 쌍사자 석등은 통일 신라 시대에 만들어졌다. | 34 신라 불상 양식을 계승하여 균형미가 뛰어난 고려 시대의 대표적인 불상은 영주 부석사 소조 아미타여래 좌상이다. | 36 김시의 한림제설도와 동자견려도는 조선 중기의 그림이다. | 40 법천사 지광 국사 현묘탑은 팔각 원당형이 아니다. 팔각 원당형의 승탑으로 대표적인 것은 여주 고달사지 원종 대사탑이다. | 41 『백운소설』은 이규보의 글을 모아 편찬한 시화집이다. 삼국 시대부터 고려 시대까지의 유명한 시화를 모은 것은 이인로의 『파한집』이다. | 43 남중국에 파견되어 천태학을 전한 인물은 제관과 의통이다. | 44 원 간섭기에는 송설체(조맹부체)가 유행하였다.

Ⅳ

조선 시대

01 조선 정치의 흐름

❖ 조선 건국 과정

명의 ____[1] 설치 통보(1387) → 우왕과 최영은 ____[2] 정벌론으로 대응, 이성계는 4불가론 주장 → 요동 정벌 단행 → ____[3] 회군(1388, 우왕 폐위, 창왕 즉위)
→ 이성계와 신진 사대부 세력의 권력 장악 → ____[4](1389, 창왕 폐위, 공양왕 즉위) → ____[5] 실시(1391) → 정몽주 등 온건파 신진 사대부 세력 제거
→ 조선 건국(1392, 정도전의 역성혁명론이 기반)

태조(1) (1392~1398)
- ① **정치**: '조선'이라는 국호를 정함(1393), ____[6] 설치(1393, 삼군도총제부를 개편), 한양 천도(1394), 경복궁 건설(1395)
- ② **사회·경제**: 노비변정도감 설치(정종, 태종 때도 설치 → 세조 때 장례원 설치), 도첩제 강화(승려로 출가 제한)
- ③ **문화**: ____[7]지도(각석) 제작(고구려의 천문도를 기반으로 함), 『경제육전』(조준) 편찬
- ④ **정도전의 저술**: ____[8]·『경제문감』 저술(재상 중심의 정치 주장), 『심기리편』(불교와 도교 비판), 『고려국사』(편년체), ____[9](성리학의 관점에서 불교 교리 비판), 『진도』(진법서, 요동 정벌을 위해 편찬), 『학자지남도』(성리학 입문서)
- ⑤ **명과의 관계**: 표전문 문제(명이 정도전의 송환 요구 → 요동 정벌 추진 배경), 고명·금인 문제, ____[10] 문제(명의 『대명회전』에 태조를 이인임의 아들로 기록), 여진인 귀순 문제 등으로 갈등 관계
- ⑥ **1차 왕자의 난(1398, 방원의 난)**: 이방원이 주축이 되어 방석과 방번, 정도전 등을 제거 → 태조가 정종(방과)에게 양위

정종(2) (1398~1400)
- ① 개경으로 천도(1399)
- ② ____[11] **혁파(1400)**: ____[12]로 개편, 중추원 폐지(군사 업무는 의흥____[13]로, 왕명 출납 업무는 ____[14]으로 이관)
- ③ **2차 왕자의 난(1400, 박포의 난)**: 박포, 방간이 일으킨 반란 → 실패 → 정종이 태종(방원)에게 양위

태종(3) (1400~1418)
- ① **정치·외교**: ____[15](6조에서 의정부를 거치지 않고 왕에게 직접 보고), 문화부 낭사를 ____[16]으로 독립(대신 견제 목적), 신문고 설치, 한양 재천도, 사병 혁파(양인 개병제 실시), 유향소 폐지, 무역소 설치(경성·경원)
- ② **경제·사회**: 양전·호구 조사, 인보법·호패법 실시, 사원전 몰수, ____[17] 설치(저화 발행과 노비가 바치는 면포 관장), 서얼에 대한 차별과 여성의 재가 금지 규정 시행
- ③ **기타**: 『속육전』(『경제육전속집상절』) 편찬, ____[18] 설치(인쇄 기구, 계미자 제작), ____[19] 제작(현존 동양 최고의 세계 지도, 중국 중심의 세계관), 팔도도 제작(이회), 『동국사략』 편찬(권근·이회 등이 저술, 고조선~신라 말), 창덕궁 건립(유네스코 세계 문화유산), 잡색군 편성(일종의 예비군으로 세종 때 정식 병종으로 확립)

정답 1) 철령위 2) 요동 3) 위화도 4) 폐가입진 5) 과전법 6) 의흥삼군부 7) 천상열차분야 8) 『조선경국전』 9) 『불씨잡변』 10) 종계변무 11) 도평의사사 12) 의정부 13) 삼군부 14) 승정원 15) 6조 직계제 16) 사간원 17) 사섬서 18) 주자소 19) 혼일강리역대국도지도

세종(4) (1418~1450)
- ① **정치**: ______1)(왕권과 신권의 조화 추구), ______2) 개편(경연·서연 담당, 학문 연구, 편찬 사업, 사가 독서제 등 실시), 유향소 부활 및 경재소의 기능 강화
- ② **사회·경제**: 연분 9등법·전분 6등법 실시(공법), 금부삼복법(사형수에 대한 삼심제), 『주자가례』 시행 장려, 관노비의 출산 휴가 보장 및 노비에 대한 가혹한 사적 형벌 금지, 조선통보(해서체) 발행
- ③ **편찬 사업**: 훈민정음 창제(최초의 한글 작품으로 『용비어천가』를 지음), 『향약채취월령』·『향약집성방』·『태산요록』·『의방유취』(의서), ______3)(조선의 실정에 맞는 역법서), 『신찬팔도지리지』, ______4)(농부들의 실제 경험을 토대로 정초 등이 편찬), 『동국정운』(음운서), 『총통등록』(화포 제조법), 『석보상절』(수양 대군이 편찬을 주도한 불교 서적), 『월인천강지곡』, 『삼강행실도』 편찬 및 『효행록』 중간
- ④ **활자·과학**: 경자자·갑인자·식자판 조립 방식 개발, 측우기, 자격루·옥루기륜·앙부일구·현주일구, 혼의·간의·규표 제작, 관노 출신 ______5) 등용
- ⑤ **불교**: 선·교 양종으로 정리하여 36개 사찰만 인정, 말년에는 내불당 설치
- ⑥ **예술**: 「정간보」 창안, '여민락' 작곡
- ⑦ **대일 관계**: 쓰시마 섬 정벌(1419, ______6) 파견), 3포 개항(1426, 부산포·제포·염포), ______7)(1443, 세사미두 200석과 세견선 50척 허용)
- ⑧ **대여진 관계**: 여진을 정복하고 4군 6진 개척(최윤덕·김종서), 토관 제도와 사민 정책 실시

문종(5) (1450~1452)
- ① **고려 왕조의 역사 정리**: ______8)(기전체), ______9)(편년체) 편찬
- ② **병서**: ______10)(병서, 고조선~고려 말까지의 전쟁사 정리)

단종(6) (1452~1455)
- ① ______11)**(1453)**: 수양 대군이 김종서, 황보인, 안평 대군 등을 제거하고 실권 장악
- ② **함길도 도절제사 ______12)의 난(1453)**: 계유정난에 반발하여 일으킨 반란

세조(7) (1455~1468)
- ① **정치**: 6조 직계제 부활, 집현전·경연 폐지, 종친 등용, ______13)파 형성, ______14)의 난 진압(1467, 유향소 폐지 및 호패법 강화의 원인)
- ② **단종 복위 운동 전개**: 성삼문, 박팽년 등의 사육신과 금성 대군 등이 계획하였으나 실패
- ③ **군사력 강화**: ______15)(중앙군), ______16)(지역 단위 방어 체제), 보법(정군·보인) 실시, 지방 재정과 군자 부족을 보충하기 위해 국둔전과 관둔전 확대
- ④ **사회·경제**: ______17) 실시(현직 관리에게만 수조권 지급, 수신전·휼양전 폐지), 팔방통보 제작(화살촉 모양), 혜민국을 혜민서로 개칭, 장례원 설치(노비의 호적과 소송에 관한 업무 담당)
- ⑤ **기타**: 『경국대전』 편찬 시작, 간경도감 설치(『월인석보』 간행), 원각사 및 원각사지 10층 석탑 건립, ______18)·규형 제작(토지 측량 기구), 동국지도 제작(양성지 등), 서운관을 관상감으로 개칭

정답 1) 의정부 서사제 2) 집현전 3) 『칠정산』 4) 『농사직설』 5) 장영실 6) 이종무 7) 계해약조 8) 『고려사』 9) 『고려사절요』 10) 『동국병감』 11) 계유정난 12) 이징옥 13) 훈구 14) 이시애 15) 5위 16) 진관 체제 17) 직전법 18) 인지의

예종(8) (1468~1469)
— ______ 1)의 옥사(1468, 유자광의 고변으로 처형), 예종 승하 후 아들 제안 대군이 나이가 어려 의경 세자의 둘째 아들인 자을산군이 즉위(성종)

성종(9) (1469~1494)
- ① **정치**: 『경국대전』 반포, ______ 2) 개편(경적 관리와 경연 주관), 사가 독서제 시행 및 독서당 설치, 성균관에 존경각 건립, 김종직·김굉필 등 ______ 3)파 등용(3사의 언관직에 진출하여 훈구파의 비리 비판), ______ 4) 부활
- ② **사회**: 서얼에 대한 차별과 과부의 재가 금지를 법제화, ______ 5) 폐지(승려들의 출가 자체를 막을 목적), 오가작통제 실시
- ③ **경제**: ______ 6) 실시(관청에서 수조하여 관리에게 지급), 사창제 폐지
- ④ **편찬 사업**: ______ 7)(윤리·의례), ______ 8)(단군 조선~고려 말까지의 역사, 편년체)·『삼국사절요』(역사), ______ 9)(지리), ______ 10)(고대 시가 정리), ______ 11)(음악), 『진법』(군사 훈련 지침서)

더 알아보기

훈구파와 사림파의 비교

▨ 훈구파
- ① 혁명파 계승, 계유정난 이후 진출 확대
- ② 대토지 소유
- ③ 중앙 집권 체제 지향, 사장 중시
- ④ 조선 초기 문물 제도 정비에 기여
- ⑤ 성리학 외의 사상과 과학 기술에 관심

▨ 사림파
- ① 온건파 사대부 계승, 지방에 은거하면서 교육과 학문 연구
- ② 영남 · 기호 지방의 중소 지주층
- ③ 향촌 자치와 왕도 정치 주장, 경학 중시
- ④ 관념적인 이기론 중심으로 성리학의 사상 체계 확립
- ⑤ 성리학 위주의 학문, 타 사상에 배타적

연산군(10) (1494~1506)
- ① **사화**: 훈구파와 사림파의 대립 결과 사림파가 큰 피해를 입은 사건
  - ㉠ **무오사화(1498)**: 사관인 김일손이 스승 김종직의 ______ 12)을 사초에 수록 → 훈구파 이극돈이 연산군에게 알림 → 김종직은 부관참시, 김일손 등 다수의 사림 세력이 화를 당함
  - ㉡ ______ 13)**사화(1504)**: ______ 14)이 연산군의 생모 폐비 윤씨 사건을 빌미로 훈구파 공신 세력과 사림 일부 제거
- ② **연산군의 폭정**: 언문 구결을 불태움, 경연 중단 및 사간원 폐지, 채홍준사(채홍사) 파견 및 채청사 임명, 신언패 착용 지시
- ③ **중종반정(1506)**: 훈구파가 주도하여 연산군을 폐위하고 중종을 즉위시킴
- ④ **홍길동의 활동**: 서울 근교에서 농민 무장대를 이끌고 활동하다 체포되어 의금부에서 취조를 받은 기록 존재

더 알아보기

신언패

"입과 혀는 재앙과 근심이 드나드는 문이며 몸을 망치는 도끼와 같은 것이다. 입을 다물고 혀를 깊이 간직하면 몸이 어느 곳에 있든지 편안하리라."

정답 1) 남이 2) 홍문관 3) 사림 4) 유향소 5) 도첩제 6) 관수 관급제 7) 『국조오례의』 8) 『동국통감』 9) 『동국여지승람』 10) 『동문선』 11) 『악학궤범』 12) 「조의제문」 13) 갑자 14) 임사홍

중종(11) (1506~1544)
- ① **일본과의 관계**: 삼포왜란(1510, 조선 정부의 무역량 통제에 불만을 품은 왜인들이 난을 일으킴) → 임시 기구로 ______1) 설치
  → ______2)(1512, 세견선 25척과 세사미두 100석 허용, 왜인들의 3포 거주 불허, 제포만 개항) → 사량진왜변(1544)
- ② **조광조의 급진적 개혁**: 경연의 강화·언론 활동의 활성화, ______3)과 향약의 전국적 보급, 소격서 폐지, ______4)(정국공신 76명을 공신 명단에서 삭제), 방납의 폐단 지적·수미법 주장, ______5) 실시(천거제의 일종으로 사림파 대거 등용), 토지 겸병 비판(한전제·균전제 주장), 내수사의 장리 폐지 등
- ③ **기묘사화(1519)**: 훈구파 세력이 주초위왕(走肖爲王) 사건 조작 → 기묘사화 발생(조광조 사사)

인종(12) (1544~1545)
- 기묘사화 때 폐지된 현량과 부활, 조광조 신원, 서경덕의 「태허설」 발표[생성과 소멸의 연속성을 기(氣)와 허(虛)의 인식을 통해 밝힌 논문]

명종(13) (1545~1567)
- ① ______6)**의 수렴청정(1545~1553)**: 을사사화[1545, ______7)(소윤) 세력이 ______8)(대윤)과 사림 세력 일부를 제거한 사건], 양재역 벽서 사건(1547, 정미사화), 불교 장려 정책(승려 보우 등용, 승과 부활, 도첩제 부활)
- ② **대일 관계**: 일본과 ______9) 체결(1547, 세견선 25척 허용), ______10) 발생(1555, 비변사가 상설화되고 지방군 방어 체제가 진관 체제에서 제승방략 체제로 바뀌는 계기가 됨)
- ③ 『구황촬요』 편찬(1554, 기근에 대비하는 방법 수록), ______11) 폐지(1556, 수조권 지급 제도 소멸)
- ④ **임꺽정의 난(1559~1562)**: 양주의 고리 백정 출신 → 황해도 구월산 일대를 배경으로 봉기
- ⑤ **조선방역지도 제작**: 전국 8도에 색깔을 넣고 타원형 안에 주현과 수영 및 병영을 표시, 만주와 쓰시마 섬 및 제주도를 그려 넣음

선조(14) (1567~1608)
- ① **선조의 즉위**: 명종이 아들이 없이 죽자 인순 왕후 심씨(심의겸의 누나)가 덕흥군의 아들을 선조로 즉위시킴
- ② **붕당 정치의 전개**: **사림 세력이 권력을 장악한 후 동인과 서인으로 분당**(원인: 척신 정치의 잔재 청산에 대한 이견과 ______12) 임명 문제)
- ③ **동인**: ______13)이 주도(척신 정치의 잔재 청산 적극적, 이황과 조식의 제자들 결집)
- ④ **서인**: ______14)이 주도(척신 정치의 잔재 청산 소극적, 이이와 성혼의 제자들 결집)
- ⑤ **동인의 분당**: ______15)(1589, 정여립 모반 사건)와 ______16)(建儲議) 문제(1591)로 인해 남인(온건파, 이황 학파)과 북인(강경파, 조식 학파)으로 분열
- ⑥ **대명 관계**: 종계변무 문제 해결(1588)
- ⑦ **대여진 관계**: 회령에서 여진족 니탕개의 반란 발생(1583) → 제승방략 체제가 북방 지역까지 확대 실시되는 계기가 됨
- ⑧ **임진왜란** (1592~1597) — 일본군의 침략 → 부산진(정발)·동래성(송상현) 전투 패배 → 이일의 상주 전투 패배 → 신립의 충주 탄금대 전투 패배
  → 선조의 피난(개성 → 평양 → 의주), 이순신의 승리(옥포 해전·사천 해전 등), 명에 원병 요청 → 이순신의 한산도 대첩 → 김시민의 진주 대첩
  → 조·명 연합군의 평양성 탈환 → 명군의 벽제관 전투 패배 → 권율의 행주 대첩
  → 휴전 협상 전개(휴전 협상 중 훈련도감과 속오군 편성, 2차 진주성 전투, 이몽학의 난 발생) → 휴전 협상 결렬
- ⑨ **정유재란** (1597~1598) — 일본군의 재침 → 칠천량 해전 패배(원균) → 조·명 연합군의 직산 전투 승리 → 이순신의 명량 대첩(1597) → 노량 해전(1598, 이순신 전사) → 일본군 철수

정답 1) 비변사 2) 임신약조 3) 「소학」 4) 위훈 삭제 5) 현량과 6) 문정 왕후 7) 윤원형 8) 윤임 9) 정미약조 10) 을묘왜변 11) 직전법 12) 이조 전랑 13) 김효원 14) 심의겸 15) 기축옥사 16) 건저의

광해군(15) (1608~1623)

- ① **광해군의 즉위**: 선조 말부터 광해군을 지지하는 ________[1]과 영창 대군을 지지하는 ________[2]으로 분열
  → 광해군의 즉위로 대북파(정인홍·이이첨) 집권, 정릉동 행궁(월산 대군의 사저)에 경운궁이라는 궁호를 내림
- ② **전후 복구 사업**: 양안과 호적 재작성, ________[3] 실시(경기도), 창덕궁 중건·경덕궁 창건(경희궁)·인경궁 창건(미완성)
- ③ ________[4](晦退辨斥訴, 1611): 사림 5현(김굉필·정여창·조광조·이언적·이황)의 문묘 종사가 결정되자 정인홍이 자신의 스승인 조식을 높이고 이언적(회재)과 이황(퇴계)의 문묘 종사를 반대한 상소
- ④ **계축옥사(1613, 칠서지옥)**: 대북파가 영창 대군 및 소북파를 제거하기 위해 일으킨 옥사 → 영창 대군은 서인으로 강등되어 강화도에 유배된 후 살해되고 인목 대비는 경운궁으로 거처를 옮기게 한 뒤 '서궁(西宮)'으로 명칭을 격하시킴
- ⑤ **외교 정책**: ________[5](1609, 부산포만 개항, 세견선 20척, 세사미두 100석 허용), 명과 후금 사이에서 중립 외교(________[6]이 후금에 항복: 부차 전투, 1619), 명의 장수 ________[7]이 압록강을 건너오자 철산 앞바다의 가도에 주둔하도록 권유(1622)
- ⑥ **문화**: 『동국지리지』(한백겸), 『지봉유설』(이수광), 『동의보감』·『신찬벽온방』(허준) 편찬
- ⑦ **인조반정(1623)**: 서인들이 '폐모살제'와 명에 대한 의리 문제 등을 이유로 하여 난을 일으켜 광해군을 폐위하고 정원군의 아들인 인조를 즉위시킴

인조(16) (1623~1649)

- ① ________[8]**의 난(1624)**: 인조반정의 논공행상에 불만을 품은 이괄이 난을 일으켜 한양을 점령하자 공주로 피난갔다가 도원수 장만이 난을 진압한 후 환궁
  → 잔여 세력들이 도주하여 후금에 항복
- ② **정묘호란(1627)**: 후금이 광해군을 위한 보복을 명분으로 침략 → 인조는 강화도로 피난 → ________[9](철산, 용골산성)·________[10](용천·의주)·김여기(철산) 등 의병장들의 활약
  → 형제의 맹약 체결(개시 무역 허용, 명과 후금 사이에서 중립 유지 등의 조건 설정)
- ③ **병자호란(1636)**: 청의 군신 관계 요구 → 주화론(________[11])과 척화론(윤집·________[12] 등)의 대립 → 척화론의 채택으로 인해 전쟁 시작
  → 인조가 남한산성으로 피난 후 항전 → 전라병사 김준룡이 광교산 전투에서 승리하기도 하였으나 강화도마저 함락되자 결국 청 태종에게 항복 (1637, ________[13]의 치욕) → 소현 세자와 봉림 대군, 삼학사(대표적인 척화론자) 등이 인질로 끌려가고 청 태종의 송덕비 건립
- ④ **사회·경제 정책**: 대동법 확대 실시(1623, ________[14]), ________[15] 실시(1635, 풍흉을 고려하지 않고 1결당 미곡 4~6두 징수), 조선통보 발행(1633, 팔분체)
- ⑤ **문화**: 서양 문물 수용(벨테브레이가 제주도에 표류하자 훈련도감에 소속시켜 서양식 대포 등을 제작하게 함), 허임이 『침구경험방』 저술(1644, 침술에 대한 의서)
- ⑥ **군영 설치**: 호위청(1623, 궁중 호위), 어영청(1623년 어영군을 창설 후 1628년에 어영청으로 승격), 총융청(1624, 북한산성과 경기 북부 방어), 수어청(1626, 남한산성과 경기 남부 방어) 설치

정답 1) 대북 2) 소북 3) 대동법 4) 「회퇴변척소」 5) 기유약조 6) 강홍립 7) 모문룡 8) 이괄 9) 정봉수 10) 이립 11) 최명길 12) 김상헌 13) 삼전도 14) 강원도 15) 영정법

효종(17) (1649~1659)

- ① 인조의 차남이자 소현 세자의 동생으로 봉림 대군에 봉해짐 → 병자호란 후 세자와 함께 청에 볼모로 잡혀있다가 귀국 → 1645년 소현 세자가 사망하자 세자로 책봉된 뒤, 1649년 인조가 죽자 왕위에 오름
- ② **대청 정책**: 즉위 직후 공서파인 김자점을 파직시키고 청서파를 등용한 뒤 북벌 정책을 추진(박서·원두표·이완)
- ③ **북벌 정책**: 즉위 직후의 북벌 정책을 김자점이 청에 밀고하여 어려움을 겪음
  → 꾸준히 군사력 강화 정책을 펼치고, 제주도에 표류한 네덜란드인 _____1) 일행을 등용하여 서양식 무기를 제조하게 함
  → 사대부층의 지지를 얻기 위해 _____2)을 이조판서, _____3)을 병조판서에 등용하였으나 실질적인 정책으로 추진되지 못하다가 효종의 급서로 중단됨
- ④ _____4): 청나라의 요구로 청과 러시아의 국경 분쟁에 병력을 파견 → 1차(1654, 변급), 2차(1658, 신류) 파병으로 조총 부대의 위력 과시
- ⑤ **경제 정책**: 대동법 확대 실시(_____5), 전라도 해읍), 양척동일법 실시(1등전의 양전척 하나로만 토지를 측량)
- ⑥ **문화**: 신속의 『농가집성』 편찬(조선 전기의 농서들을 종합하여 편찬), 시헌력 사용(김육·김상범)

현종(18) (1659~1674)

- ① **예송 논쟁 발생**: 효종의 죽음과 효종비의 죽음에 대해 인조의 계비인 자의 대비의 복상 기간을 두고 서인과 남인이 대립한 사건
  - ㉠ **1차(1659, 기해예송)**: 효종의 사망에 따른 자의 대비의 복상 기간에 대한 이견 → _____6)은 3년복(참최복), _____7)은 1년복(기년복) 주장 → 1년복 채택
  - ㉡ **2차(1674, 갑인예송)**: 현종의 모후 인선 왕후의 사망에 따른 자의 대비의 복상 기간에 대한 이견 → _____8)은 1년복, _____9)은 9개월복(대공복) 주장 → 1년복 채택
  - ㉢ **1차 예송 논쟁의 전개**: 정태화(서인)가 '장자든 차자든 1년'이라는 『경국대전』의 예를 따르자고 주장 → 윤휴(남인)는 의례에 따라 효종은 장남은 아니되 인조의 적통을 이었으므로 참최복을 주장 → 송시열(서인)이 의례의 '사종지설'(3년복을 입을 수 없는 네 가지 경우) 중 '체이부정'(아들이긴 하지만 적장자가 아님)을 근거로 기년복을 주장 → 정태화가 중재하여 『경국대전』과 『대명률』에 근거하여 기년복으로 결정 → 1년 뒤 허목, 윤선도 등이 기년복의 문제를 지적하며 참최복을 주장하였으나 변경되지 않음
  - ㉣ **2차 예송 논쟁의 전개**: 서인은 송시열의 주장에 따라 효종이 장남이 아니니 인선 왕후도 차자부이고, 따라서 대공복을 주장 → 대구 유생 도신징이 기년복을 주장하는 상소를 올리자 남인 세력이 기년복으로 의견을 모음 → 현종은 기해예송에서 효종을 차자로 정하지 않았는데 갑인예송에 인선 왕후를 차자부로 정하는 주장의 모순을 지적하며 기년복을 채택
  - ㉤ 서인은 '천하동례'의 입장으로 신권을 강조, 남인은 '왕자례부동사서'의 입장으로 왕권을 강조
- ② **대동법 확대**: 전라도 산군 지역까지 확대 실시

정답 1) 하멜 2) 송시열 3) 송준길 4) 나선 정벌 5) 충청도 6) 남인 7) 서인 8) 남인 9) 서인

숙종(19)
(1674~1720)

- ① **북벌론의 재등장**: 청의 강희제가 어린 나이로 즉위한 후 삼번의 난 발생(1673) → 남인 윤휴가 주장하였으나 경신환국으로 남인이 몰락하여 실현되지 못함
- ② **환국의 발생**: 탕평 정책을 내세웠으나 실제로는 붕당의 급격한 교체가 발생하는 환국으로 인해 붕당 정치의 질서가 파괴되고 일당 전제화의 추세가 나타나게 됨
  - ㉠ ______1)**(1680)**: 서인이 남인을 역모로 몰아 제거(원인: 유악 사건 + 삼복의 변)
  - ㉡ ______2): 송시열과 윤증의 제자들 사이의 대립 격화 → 서인이 노론과 소론으로 분열되는 계기
  - ㉢ ______3)**(1689)**: 장희빈의 아들을 원자로 책봉하려는 숙종의 결정을 비판하던 ______4)을 비롯한 서인 세력 축출
    → 남인이 집권하면서 인현 왕후가 폐위되고 장희빈이 중전이 됨
  - ㉣ ______5)**(1694)**: 서인이 재집권하면서 장희빈이 폐위되고 인현 왕후가 복위 → 노론과 소론의 대립 심화 → 인현 왕후가 죽자 장희빈도 사사당함(1701, 무고의 옥)
- ③ **사회·경제 정책**: 대동법의 확대 실시(______6), 황해도), 법정 화폐로 ______7)를 채택하고 전국적으로 유통시킴,
  「오가작통사목」 제정(1675, 5통~10통을 소리, 11통~20통을 중리, 21통~30통을 대리로 구분)
- ④ **대외 정책**: ______8) 건립(1712, 청과 국경 설정), ______9) 설치(1682, 5군영 체제 완성), 만동묘와 대보단 설치(명나라 신종과 의종을 제사지내는 사당)
- ⑤ **문화**: 요계관방도 제작(1706, 요동~북경까지의 군사 형세도), 『색경』(박세당), 『산림경제』(홍만선), 『동국역대총목』(홍만종, 단군 조선과 기자 조선 모두 강조),
  『동사회강』(임상덕, 삼국~고려 공민왕까지 정리), ______10)(김석문, 우리나라 최초로 지전설 주장)
- ⑥ ______11)**의 활동**: 광대 출신으로 황해도·평안도 일대에서 활동함, 1692년 평안도 양덕현에서 장길산 체포에 실패해 현감을 좌천시켰다는 기록과 1697년에 장길산이 금강산의 승려, 서얼 이영창 등과 손잡고 반역을 도모했다는 고발이 있었지만 확실치 않음

더 알아보기

붕당의 형성과 분화

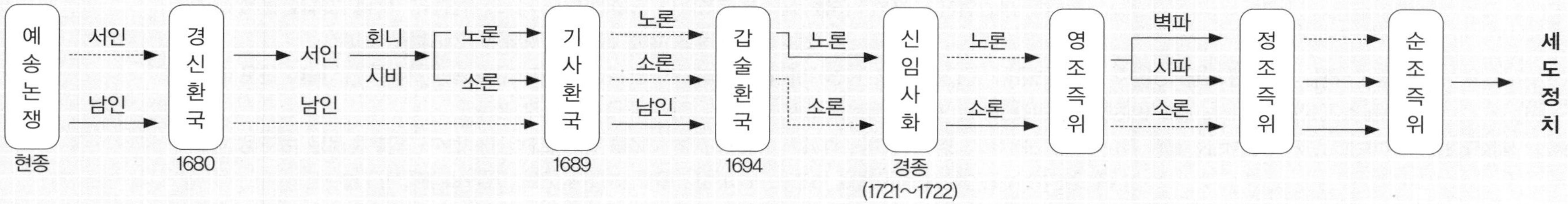

정답 1) 경신환국 2) 회니시비 3) 기사환국 4) 송시열 5) 갑술환국 6) 경상도 7) 상평통보 8) 백두산 정계비 9) 금위영 10) 『역학도해』 11) 장길산

경종(20) (1720~1724)

- ① **즉위 과정**: 기사환국 후 세자로 책봉 → 숙종이 세자를 ______1)으로 교체하려 하였으나 실패하고 숙종이 죽자 왕으로 즉위(이 과정에서 노론과 소론의 갈등이 심화됨)
- ② 즉위 후 이복동생인 연잉군을 세제로 책봉(1721)
- ③ ______2)**(1721~1722)**: 노론은 연잉군의 대리청정을 주장 → 소론의 도움을 받아 노론 4대신 유배(신축옥사) → 노론의 역모 사건을 목호룡이 고변 → 노론 4대신 처형(임인옥사)
- ④ 1724년 갑작스럽게 사망

영조(21) (1724~1776)

- ① **정치**
  - ㉠ **을사처분(1725)**: 소론 강경파 김일경, 목호룡을 사사하고 노론 4대신을 신원하여 노론 정권 수립
  - ㉡ **정미환국(1727)**: 소론에 대한 강경한 처벌을 주장하는 노론 강경파(준론) 축출, 소론 온건파(완론) 등용
  - ㉢ ______3)**의 난(1728, 무신란)**: 남인 일부와 소론 강경파가 영조의 정통성을 부정하면서 일으킨 난
  - ㉣ **영조의 정당성 확보 노력**: 기유처분(1729, 탕평의 의지 재천명), 경신처분(1740, 노론 4대신에 대한 완전한 신원, 신임옥사는 소론 과격파에 의해 조작된 사건임을 천명), 신유대훈(1741, 임인옥사는 무고이며 세제 건저는 역모가 아니라 대비와 경종의 하교에 의한 것이었음을 밝힘)
  - ㉤ **탕평 정책**: ______4) 탕평(쌍거호대, 유재시용, 조제보합), 탕평파 육성, 탕평비 건립, 탕평과 실시, 산림의 존재 불인정, 서원 대폭 정리, 이조 전랑의 정원 축소 및 권한 약화, 한림회천권 폐지 등
  - ㉥ **탕평 정책의 한계**: 일시적인 붕당 간의 대립을 억제했을 뿐 근본적인 문제를 해결하지 못함
    - → 나주 괘서 사건(1755, 윤지의 난)으로 소론이 몰락하고 노론이 정국을 주도함
    - → 사도 세자의 죽음(1762, 임오화변) 이후 정치 세력이 시파와 벽파로 분열
- ② **개혁 정책**: 균역법 시행(1750), 군영 정비(용호영 강화, 수성윤음 반포), 신문고 제도 재실시, 노비종모법 실시(1731), 3대 폐단 지정(붕당·사치·음주), 노비공감법 실시(1755, 노비가 내던 공물을 반으로 줄임), 사형수에 대한 삼심제 실시, 가혹한 형벌 금지(압슬형·낙형 등), ______5) 준설 사업 추진(준천사 설치), 통청윤음(서얼의 청요직 진출 허용 및 호부호형 허용), 일본에서 ______6) 수입(조엄), 기로과 실시(60~70세 이상의 선비들을 대상으로 한 과거 시험)
- ③ **편찬**: ______7) 편찬(『경국대전』 보완), ______8) 편찬(우리나라 최초의 관찬 백과사전), 『증수무원록』(법의학서), 『속오례의』(의례), 『여지도서』(지리서), 『속병장도설』(병법서), 『농가집성』 확대·보급, '해동지도'(채색 지도집), '동국지도'(정상기) 등

정답 1) 연잉군 2) 신임사화 3) 이인좌 4) 완론 5) 청계천 6) 고구마 7) 『속대전』 8) 『동국문헌비고』

정조(22) (1776~1800)

- ① **정치**
  - ㉠ **탕평책**: ______1) 탕평(각 붕당의 주장의 옳고 그름을 명백히 가리는 적극적 탕평), 소론과 남인 계열 등 시파 등용(정조가 노론 벽파의 거두 심환지에게 보낸 어찰을 통해 벽파까지도 협력 세력으로 포섭하여 정치적 통합을 이루고자 했음을 추측할 수 있음), ______2) 설치(박제가·이덕무·유득공·서이수 등 서얼 등용), 초계문신제 실시(37세 이하 ______3)관 대상 재교육 과정, 40세에 졸업), 산림 무용론과 군주도통론 주장, '만천명월주인옹(수많은 물을 비추는 밝은 달)'을 자신의 호로 사용, 자신의 침전을 '탕탕평평실'이라 함
  - ㉡ **개혁 정책**: ______4)(채제공 주장, 시전 상인의 금난전권 폐지, 육의전 제외), 수원 화성 건설(정약용이 고안한 거중기 사용, 배다리를 이용해 한강을 건너감), ______5) 설치(벽파 세력이 장악한 5군영에 대응), 노비추쇄법 폐지, ______6)에게 향약을 주관하게 함, 상언과 격쟁 구체화
- ② **편찬 사업**: 『대전통편』(법전), 『고금도서집성』 수입(청), 『동문휘고』(외교), 『홍문관지』, 『규장각지』, 『탁지지』, 『추관지』, 『무예도보통지』(병서), 『존주휘편』(정책서), 『증보동국문헌비고』, 『규장전운』(음운서), 『전운옥편』, 『홍재전서』(정조의 문집), 『증수무원록언해』, 『제언절목』(수리 시설), 『송금절목』(임산 자원), 『자휼전칙』(걸식하거나 버려진 아이들에 대한 구호 법령집), ______7)(1760~1910년까지 국왕의 동정과 국정을 기록, 유네스코 세계 기록유산)
- ③ **기타 사건**: 영남 만인소 사건(1792, 사도 세자의 무고함 호소 및 관련자 처벌 요구), ______8)(패사소품체를 비판하고 육경 고문체로 돌아갈 것을 천명)
- ④ **천주교 박해**: 추조 적발 사건(1785), 반회 사건(1787), 신해박해(1791), 주문모 신부 입국(1794 → 1795, 을묘박해)

순조(23) (1800~1834)

- ① **정치**
  - ㉠ **정순 왕후의 수렴청정(1800~1803)**: 노론 ______9) 세력이 권력 장악 → 장용영 혁파(1802)
  - ㉡ **안동 김씨 세도 정치 시작**: 순조의 친정 이후 김조순 등 외척 세력 등용 → 김조순은 반남 박씨와 풍양 조씨 등 일부 유력 가문의 협력을 얻어 정국을 주도
  - ㉢ **비변사의 기능 강화**: 왕권 약화와 의정부와 6조 체제의 유명무실화 초래
  - ㉣ **효명 세자의 대리 청정**: 세도 가문을 견제하려는 노력을 전개하다가 21세의 젊은 나이로 갑자기 사망(1830)
- ② **사회·경제 정책**: ______10) 해방(1801, 왕실과 중앙 관청 소속의 노비 66,000여 명 해방), ______11)(1801, 정약용·정약전 유배, 정약종·이승훈·주문모 순교, 황사영 백서 사건 발생), 계미절목 반포(서얼의 한품서용 완화)
- ③ ______12)**의 난**
  - ㉠ **원인**: 서북민에 대한 차별, 경제적 수탈(대청 무역, 광산 개발 등으로 성장)
  - ㉡ **전개**: 홍경래(잔반)·우군칙(점술가)·김창시(잔반)·이희저(부호) 등이 영세 농민, 광산 노동자 등을 합류시켜 난을 일으킴(1811. 12.) → 청천강 이북 지역을 거의 장악하기도 하였으나 4개월여 만에 진압됨(1812. 4.)

정답 1) 준론 2) 규장각 3) 당하 4) 신해통공 5) 장용영 6) 수령 7) 『일성록』 8) 문체 반정 9) 벽파 10) 공노비 11) 신유박해 12) 홍경래

헌종(24) (1834~1849)

- ① **정치**: 8세의 나이로 즉위 → 순조의 비 순원 왕후 김씨가 수렴청정
  → 1841년부터 친정을 하였으나 어머니 신정 왕후 조씨의 외가인 ______1) 조씨에 의한 세도 정치 전개(조만영)
- ② **사회·경제**: 기해박해(1839, 프랑스 신부 3명과 정하상 처형), ______2)(1846, 우리나라 최초의 신부인 김대건 순교)

철종(25) (1849~1863)

- ① **정치**: 사도 세자의 아들인 은언군의 후손으로 가족이 역모 사건(1844, 철종의 형인 회평군 명의 옥사)에 연루되어 강화도로 유배
  → 1849년 대왕 대비 순원 왕후의 명으로 궁에 들어와 덕완군으로 책봉된 뒤 19세에 즉위
  → 1851년 김문근의 딸을 왕비로 맞아 안동 김씨의 세력은 최고조에 이름
- ② **사회·경제**: 신해허통(1851, 서얼의 관직 진출 제한 폐지), 동학 창시(1860, 최제우)
- ③ **문화**: 대동여지도(1861, 김정호) 제작, 『금석과안록』(김정희) 편찬
- ④ ______3) **농민 봉기(1862)** — **진주 민란(1862. 2. 14.)**: 경상 우병사 백낙신·진주 목사 홍병원 등의 탐학
  → 몰락 양반 ______4) 등의 주도로 농민들이 진주성을 점령
  → 백낙신으로부터 도결의 혁파와 환곡의 폐단 시정 약속을 받아냄
  → 안핵사 ______5)가 주동자를 체포하여 유계춘 등의 지도자들을 처형한 후 진압 → 전국적으로 확산
- ⑤ ______6) **설치(1862. 5.)**: 삼정의 문란을 해결하기 위해 설치했으나 근본적인 대책은 없었고, 3개월 만에 폐지됨

정답 1) 풍양 2) 병오박해 3) 임술 4) 유계춘 5) 박규수 6) 삼정이정청

❖ 대표적인 천주교 박해

박해	시기	내용
추조 적발 사건(1785)	정조	• 이벽, 이승훈 등이 중인 김범우의 명례동 집에서 예배를 보다가 추조(형조)에 적발 • 안정복이 『천학문답』과 『천학고』를 저술하여 천주교 비판
반회 사건(1787)	정조	김석대의 집에서 이승훈, 정약용 등이 성경 강습회를 열다가 발각
신해박해(1791)	정조	______1)이 조상들의 제사를 폐하고 모친상을 천주교식으로 치르는 것이 적발(신주를 불태움) → 정조가 천주교 금지령 발표, 그러나 정조는 정학(성리학)이 바로 서면 사학(천주교)은 사라진다는 정책을 추구했기 때문에 큰 탄압은 없었음 → 이후 청 신부 주문모가 비밀리에 입국(1794 → 1795, 을묘박해)해 활발한 포교를 전개하여 교세 확산
신유박해(1801)	순조	• 정순 왕후가 수렴청정을 하면서 시파에 대한 정치적 공격이 천주교 박해로 표출 • 이승훈, 이가환, 권철신, 정약종, 주문모 등 처형 • ______2)은 유배지인 흑산도에서 『자산어보』 저술, 정약용은 강진에서 유배 생활 중 『경세유표』·『목민심서』·『흠흠신서』 등을 편찬 • **황사영 백서 사건**: 베이징 주교에게 도움을 요청하려던 황사영이 체포된 사건 → 천주교 박해 심화
기해박해(1839)	헌종	• 프랑스 신부 3명과 정하상 등 처형, 현석문의 『기해일기』에 의하면 참수된 자가 54명이고, 교수형 등으로 죽거나 병사한 자가 60여 명이었다고 함 → 권력이 안동 김씨에서 풍양 조씨 가문으로 옮겨짐 • 정하상은 천주교 호교론서인 『상재상서』를 저술
병오박해(1846)	헌종	프랑스 신부들의 잠입로를 개척하던 ______3) 신부가 체포되어 처형되고 이후 8명의 신도가 추가로 처형당함
병인박해(1866)	고종	• 남종삼이 프랑스 선교사들의 도움을 받아 영국, 프랑스와 동맹을 맺어 러시아의 남침을 저지해야 한다는 '방아책(防我策)'을 흥선 대원군에게 건의 → 처음에 관심을 가졌던 흥선 대원군이 심경의 변화를 일으킴 → 천주교 박해령을 내림 • 병인양요의 원인

정답 1) 윤지충 2) 정약전 3) 김대건

*옳은 문장은 o, 틀린 문장은 ×에 체크하세요.

핵심 기출 OX 조선 정치의 흐름

01 정도전은 『조선경국전』을 편찬하여 재상 중심의 정치를 주장하였다. 2019년 지방직 9급 O X

02 태조는 이전 고려의 기구였던 도평의사사를 혁파하고 의정부로 개편하였다. 2019년 지방직 9급 O X

03 태종은 의정부를 거치지 않고 왕에게 직접 보고를 하는 6조 직계제를 실시하였다. 2019년 소방직 O X

04 정종은 문하부의 낭사를 사간원으로 독립시켜 대신들을 견제하고자 하였다. 2018년 지방교육행정직 O X

05 세종은 홍문관을 개편하여 국왕의 통치에 대한 자문을 얻고 사가 독서제를 실시하였다. 2018년 국가직 7급 응용 O X

06 세종은 최윤덕과 김종서를 보내 여진을 몰아내고 4군 6진을 개척하였다. 2018년 서울시 7급(6월) 응용 O X

07 세조는 현직 관리에게만 수조권을 지급하는 직전법을 실시했다. 2015년 기상직 9급 O X

08 세조는 왕권을 더욱 강화하기 위해 6조 직계제를 부활하고 집현전과 경연을 강화했다. 2012년 서울시 9급 O X

09 성종은 도첩제를 폐지하였다. 2021년 경찰직(1차) O X

10 성종 때 조선을 통치하는 기본 법전인 『경국대전』의 편찬이 시작되었다. 2012년 지방직(하) 9급 O X

11 훈구 세력이 사관 김일손의 「사초」 내용을 문제 삼아 사림을 축출한 것은 무오사화이다. 2018년 지방직 7급 O X

12 조광조는 「사초」 문제가 발단이 된 사화로 목숨을 잃었다. 2019년 서울시 7급(10월) O X

13 「조의제문」이 원인이 되어 폐비 윤씨 사건에 관련된 자들과 사림 세력이 제거되었다. 2018년 지방직 7급 O X

14 사화로 갈등이 격화되면서, 정국이 급격하게 전환되는 환국 정치가 시작되었다. 2015년 국가직 9급 O X

15 임꺽정의 난이 있었던 왕 재위 시기에 회령에서 니탕개가 반란을 일으켰다. 2015년 국가직 7급 O X

승범쌤의 기출 포인트

08 6조 직계제 기출사료

상왕(단종)이 어려서 무릇 조치하는 바는 모두 의정부 대신에게 맡겨 논의하고 시행하게 하였다. 지금 내(세조)가 명을 받아 왕통을 계승하여 군국 서무를 아울러 모두 처리하며 우리나라의 옛 제도를 복구하고자 한다. 지금부터 형조의 사형수를 제외한 모든 서무는 6조가 각각 그 직무를 담당하여 직계한다. – 『세조실록』

16 이이, 성혼의 문인들은 주기론에 입각하여 심의겸 쪽과 김효원 쪽을 모두 비판하였다. 2015년 서울시 9급 O X

17 동인이 남인과 북인으로 분화된 것은 기묘사화와 인조반정 사이이다. 2021년 법원직 9급 O X

18 서인은 정철의 처벌 문제를 둘러싸고 강경파와 온건파로 분열하였다. 2019년 경찰직(1차) O X

19 북인 정권의 권력 독점과 '폐모살제'를 명분으로 동인이 반정을 일으켜 광해군을 폐위시켰다. 2018년 소방직(10월) O X

20 남인의 주장은 1차, 2차 예송 논쟁에서 모두 채택되었다. 2017년 법원직 9급 O X

21 임금의 예는 보통 사람과 다르다고 주장한 붕당은 신권 강화를 중시하였고, 천하의 예는 모두 같은 원칙에 따라야 한다고 주장한 붕당은 왕권 강화를 중시하였다. 2015년 경찰직(2차) O X

22 경신환국의 결과 서인은 송시열을 영수로 하는 노론과 윤증을 중심으로 하는 소론으로 분당되었다. 2019년 서울시 7급 O X

23 송시열과 김수항 등이 처형된 시기는 남인들이 대거 관직에서 쫓겨나고 허적과 윤휴 등이 처형된 이후이다. 2020년 지방직 9급 O X

24 숙종 15년(1689) 후궁 희빈 장씨가 낳은 왕자가 세자로 책봉되는 과정에서 서인이 몰락하고 남인이 다시 집권하였는데 이를 '갑술환국'이라 칭한다. 2019년 서울시 7급(2월) O X

25 영조는 흉년을 당해 걸식하거나 버려진 아이들을 구휼하기 위하여 『자휼전칙』을 반포하였다. 2018년 서울시 7급(6월) O X

26 영조는 가혹한 형벌을 폐지하였으며 『속대전』을 편찬하여 법전 체제도 정비하였다. 2014년 서울시 7급 O X

27 이인좌의 난은 소론 강경파와 남인 일부가 영조의 정통성을 부정하면서 일으킨 사건이다. 2014년 지방직 7급 O X

28 정조는 『대전통편』 편찬과 같은 법전 재정비를 통하여 국가의 집권 체제를 확립하고 왕권을 강화하고자 하였다. 2019년 경찰직(2차) O X

29 정조는 조정 관료 중에서 재능 있는 문신들을 선발하여 규장각에서 재교육하였다. 2019년 국가직 9급 O X

30 정조는 강화도에 외규장각을 두어 왕실의 행사를 기록한 『의궤』 등 서적을 보관하였다. 2014년 계리직 9급 O X

승범쌤의 기출 포인트

22 서인의 분열 기출개념

- 노론 : 송시열계 → 대의명분 중시, 민생 안정 추구, 남인에 대한 강경파
- 소론 : 윤증계 → 실리 추구, 적극적 북방 개척 주장, 남인에 대한 온건파

26 법전 비교 기출개념

- 세조 때 『경국대전』 편찬 시작
- 성종 때 『경국대전』 편찬 완성
- 영조 때 『속대전』 편찬
- 정조 때 『대전통편』 편찬
- 고종 때 흥선 대원군이 『대전회통』 편찬

31 정조는 규장각을 설치하여 박제가 · 이덕무 등을 등용하고, 초계문신제를 실시하였다. 2014년 서울시 9급 (O | X)

32 서얼 출신을 규장각 검서관으로 등용한 왕은 신해통공을 시행하였다. 2021년 지방직 9급 (O | X)

33 영조와 정조의 탕평 정책 시기에 5군영이 설치되었다. 2021년 법원직 9급 (O | X)

34 세도 정권은 의정부와 병조를 권력의 핵심 기구로 삼고 인사권을 장악하였다. 2008년 국가직 9급 (O | X)

35 윤지충 사건을 계기로 하여 기해박해가 일어났다. 2019년 지방직 9급 (O | X)

36 이가환, 정약종 등 남인 학자와 청나라 신부 주문모가 사형을 당한 것은 신유박해이다. 2020년 경찰간부후보생 (O | X)

37 북경에 있는 프랑스인 주교에게 무력 동원을 요청하는 편지가 발각되어 탄압이 강화된 것은 기해박해이다. 2020년 경찰간부후보생 (O | X)

38 세도 정치 시기에는 중앙 정치 참여층이 경화 벌열로 압축되었고 중앙 관인과 재지 사족 간에 존재했던 경향의 연계가 단절되었다. 2011년 국가직 9급 (O | X)

39 홍경래의 반란군은 청천강 이북의 일부 군현을 점령하였다. 2021년 소방간부후보생 (O | X)

40 진주 민란 당시 농민들은 집강소를 설치하고 폐정 개혁을 추진하였다. 2016년 법원직 9급 (O | X)

41 태종은 농민의 농촌 이탈을 막고 안정적인 조세 징수와 군역 부과를 위해서 16세 이상 남자들에게 호패를 발급하였다. 2017년 법원직 9급 (O | X)

42 태종은 사병 제도를 혁파하여 양인 개병제를 실시하였다. 2018년 소방직(10월) (O | X)

43 문종 때 『고려사절요』가 편찬되었다. 2021년 경찰직(1차) (O | X)

44 성종은 관수 관급제를 실시하여 전주의 직접 수조를 지양하였다. 2015년 국가직 9급 (O | X)

45 사림파는 향사례 · 향음주례 등을 보급하고, 사창제의 실시를 주장하였다. 2011년 사회복지직 9급 (O | X)

승범쌤의 기출 포인트

31 초계문신제 기출사료

문신으로 승문원에 분관(分館, 문과에 급제한 사람 중 승문원에서 실무를 익히도록 배치)된 사람들 가운데 참상(參上)이나 참외(參外)를 막론하고 정부에서 상의하여 37세 이하로 한하여 초계(抄啓, 뽑아 일깨워줌)한다. – 『정조실록』

38 동학의 사상 기출사료

- 사람이 곧 하늘이라. 그러므로 사람은 평등하며 차별이 없나니, 사람이 마음대로 귀천을 나눔은 하늘을 거스르는 것이다. 우리 도인은 차별을 없애고 선사의 뜻을 받들어 생활하기를 바라노라. – 최시형의 최초 설법
- 서양은 싸우면 이기고 치면 빼앗아 이루지 못하는 일이 없으니 천하가 멸망하면 또한 입술이 떨어지는 탄식이 없지 않을 것이니 보국안민의 계책이 장차 어디서 나올 것인가. – 『동경대전』

46 현량과 실시를 주장한 인물은 도교 행사를 금지하기 위해 소격서를 폐지하였다. 2016년 소방직 O X

47 심의겸 쪽에는 정치적 도덕성을 강조한 서경덕, 이황, 조식의 문인들이 가세하였다. 2015년 서울시 9급 O X

48 영조의 탕평 정책으로 정치 집단은 소수의 가문 출신으로 좁아지면서 그 기반이 축소되었다. 2015년 국가직 9급 O X

49 정조는 친위 부대인 장용영을 설치하여 왕권을 뒷받침하는 군사적 기반을 갖추었다. 2017년 경찰직(1차) O X

50 『무예도보통지』를 편찬한 왕은 민(民)의 상언과 격쟁의 기회를 늘려 주었다. 2012년 지방직(상) 9급 O X

51 세도 정치기 노론 벽파들은 장용영을 통해 군권을 장악하였다. 2011년 국가직 9급 O X

52 성리학의 입장에서 천주교를 비판하는 『천학문답』을 저술한 인물은 김대건이다. 2016년 서울시 9급 O X

53 영조는 서원을 붕당의 근거지로 인식하여 대폭 정리하였다. 2022년 국가직 9급 O X

54 영조는 균역법을 시행하고 청계천을 준설하였다. 2022년 지방직 9급 O X

55 고종 때 삼정의 문란을 바로잡기 위해 삼정이정청을 설치하였다. 2022년 국가직 9급 O X

승범쌤의 기출 포인트

46 조광조의 개혁 정책 기출개념

- 경연 강화
- 현량과 실시
- 소격서 폐지
- 향약 실시(주자의 여씨향약 도입)
- 위훈(거짓 공훈) 삭제
- 방납의 폐단 시정
- 내수사의 장리(長利) 폐지

정답과 해설

01 O | 02 × | 03 O | 04 × | 05 × | 06 O | 07 O | 08 × | 09 O | 10 × | 11 O | 12 × | 13 × | 14 × | 15 × | 16 × | 17 O | 18 × | 19 × | 20 × | 21 × | 22 O | 23 O | 24 × | 25 × | 26 O | 27 O | 28 O | 29 O | 30 O | 31 O | 32 O | 33 × | 34 × | 35 × | 36 O | 37 × | 38 O | 39 O | 40 × | 41 O | 42 O | 43 O | 44 O | 45 O | 46 O | 47 × | 48 × | 49 O | 50 O | 51 × | 52 × | 53 O | 54 O | 55 ×

02 도평의사사를 혁파하고 의정부로 개편한 왕은 정종이다. | 04 문하부 낭사를 사간원으로 독립시킨 왕은 태종이다. | 05 세종이 사가 독서제를 실시한 것은 맞지만 홍문관을 개편한 왕은 성종이다. | 08 세조는 집현전과 경연을 폐지하였다. | 10 『경국대전』의 편찬은 세조 때부터 시작되었다. | 12 조광조는 기묘사화로 목숨을 잃었으며 「사초」 문제가 발단이 된 사화는 무오사화이다. | 13 「조의제문」이 원인이 되어 일어난 사화는 무오사화이고, 폐비 윤씨 사건과 관련된 사화는 갑자사화이다. | 14 환국 정치가 시작된 것은 조선 후기인 숙종 때이다. | 15 임꺽정의 난은 명종 때, 니탕개의 난은 선조 때 일어났다. | 16 이이, 성혼의 문인들은 심의겸 쪽인 서인에 가담하였다. | 18 서인이 아닌 동인이 정철의 처벌 문제를 둘러싸고 강경파인 북인과 온건파인 남인으로 분열하였다. | 19 인조반정은 서인이 일으켰다. | 20 남인의 주장은 2차 예송 논쟁에서 채택되었다. | 21 임금의 예는 보통 사람과 다르다고 주장한 붕당(남인)은 왕권 강화를, 천하의 예는 모두 같은 원칙에 따라야 한다고 주장한 붕당(서인)은 신권 강화를 중시하였다. | 24 기사환국에 대한 내용이다. | 25 『자휼전칙』을 반포한 왕은 정조이다. | 33 5군영은 선조~숙종 시기에 설치되었다. | 34 세도 정권은 비변사를 중심으로 권력을 장악하여 의정부와 6조의 기능이 유명무실화되었다. | 35 윤지충의 신주 소각 사건을 계기로 하여 일어난 박해는 신해박해이다. | 37 문제의 황사영 백서 사건은 신유박해와 관련이 있다. | 40 농민들이 집강소를 설치하여 폐정 개혁을 추진한 것은 1894년 동학 농민 운동이다. | 47 서경덕, 이황, 조식의 문인들이 가세한 세력은 김효원 쪽의 동인이다. | 48 정치 집단이 소수 가문 출신으로 좁아진 것은 세도 정치에 대한 설명이다. | 51 장용영은 정조가 설치한 국왕의 친위 부대로 순조 때 혁파되었다. | 52 『천학문답』을 저술한 인물은 안정복이다. | 55 삼정이정청은 철종 때 임술 농민 봉기 당시 안핵사 박규수의 건의로 설치되었다.

02 조선의 통치 체제

1. 중앙·지방

중앙 정치 체제
- 문반과 무반으로 구성, 총 9품 정·종 체계, 1품~6품까지는 상계와 하계로 구분 → 총 30단계
- ① **당상관**: 정3품 상계 이상(문반은 통정대부 이상, 무반은 절충장군 이상)
- ② **당하관**: 정3품 하계 이하(문반은 통훈대부 이하, 무반은 어모장군 이하)
- ③ **참상관**: 당하관 중 종6품 이상으로 지방 ______1)으로 파견될 수 있고, 조회에 참여하고 실무를 담당
- ④ **참하관**: 당하관 중 정7품 이하
- ⑤ **행수제**: 계고직비(階高職卑) → 행(行), 계비직고(階卑職高) → 수(守)

한품서용
- 신분과 직종에 따라 승진의 한계 설정
- ① **서얼, 기술관**: 정3품 당하관(서얼의 경우 할아버지나 아버지의 관품 및 어머니의 신분에 따라 그 한품이 각각 다름)
- ② **토관직, 향리**: 정5품
- ③ **서리, 하급 기술관**: 정7품

의정부·6조
- ① **의정부**: 최고 권력 기관, 재상 합의 기구(영의정, 정1품)
- ② **6조(판서, 정2품)**: 집행 기구 – 이조(문관 인사), 병조(군사·무관 인사), 호조(재정), 형조(사법·형벌), 예조(외교·의례·교육), 공조(토목 공사)

기타
- ① ______2): 왕명 출납 담당(정3품 승지: 도승지·좌승지·우승지·좌부승지·우부승지·동부승지)
- ② ______3): 국왕 직속 사법 기관(종1품 판사)
- ③ **3사** – 권력의 독점과 부정 방지
  - ㉠ **사헌부**: 관리의 비리 감찰(종2품 대사헌)
  - ㉡ ______4): 왕에게 간쟁과 논박을 통해 정사 비판(정3품 대사간)
  - ㉠, ㉡ → **양사(대간)**: 서경권·간쟁권 행사
  - ㉢ **홍문관**: 문필 활동과 언론 기능 담당(정2품 대제학)
- ④ **4관**
  - ㉠ ______5): 임금의 교지 작성(정2품 대제학)
  - ㉡ ______6): 외교 문서 작성 담당
  - ㉢ **성균관**: 최고 교육 기관(정3품 대사성)
  - ㉣ ______7): 경적의 간행과 제사 때에 쓰이는 향·축문·인신 등을 관장
- ⑤ **춘추관**: 역사서 편찬과 보관
- ⑥ **한성부**: 수도의 행정과 치안 담당, 한성부 관할의 1차적 사법권 행사(정2품 판윤)

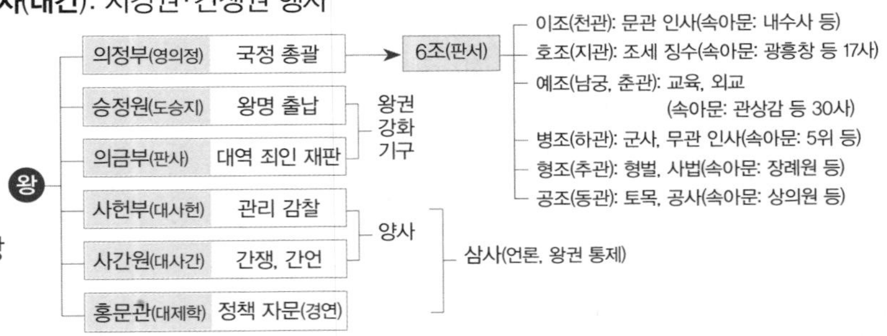

통치 조직표

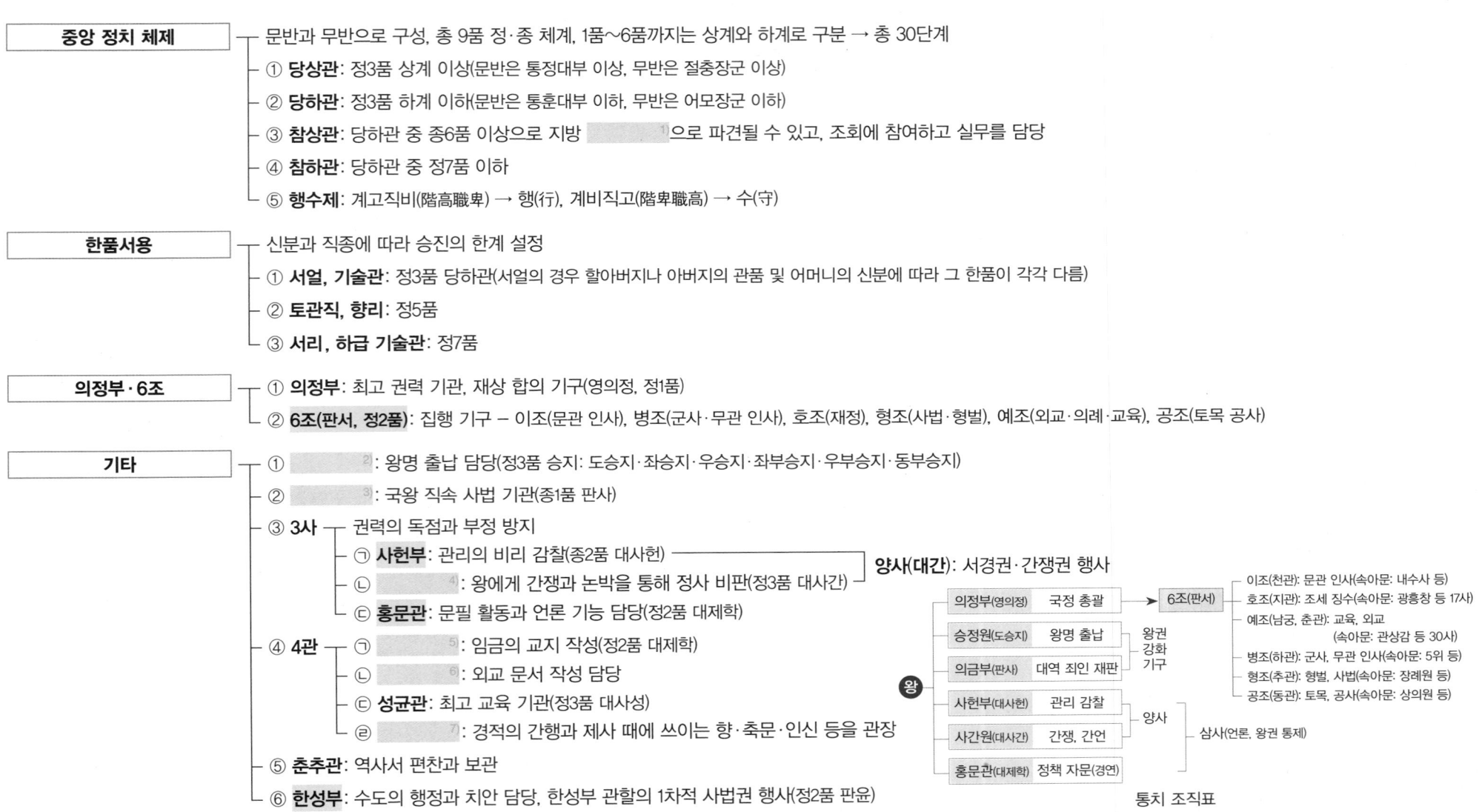

정답 1) 수령 2) 승정원 3) 의금부 4) 사간원 5) 예문관 6) 승문원 7) 교서관

지방 행정 제도

- ① **특징**
  - ㉠ 전국을 8도로 구획하고 그 아래 고을의 크기에 따라 부 – 목 – 군 – 현 설치
  - ㉡ 겸직제 발달 → 관찰사가 병사·수사·부윤을 겸직
  - ㉢ 모든 군현에 수령 파견, 특수 행정 구역 소멸, 속현 폐지 → 향리의 지위 약화
- ② **8도**: ______1) 파견(종2품, 임기 1년, 수령 감찰권, 행정권, 사법권, 군사권)
- ③ **수령**
  - ㉠ **부·목·군·현에 파견(임기 5년)**: 행정권·사법권·군사권 행사
  - ㉡ 수령 7사(농상성, 사송간, 간활식, 호구증, 학교흥, 군정수, 부역균), 원악향리처벌법, 부민 고소 금지법 등으로 수령의 권한 강화
    - **5부(부윤, 종2품)**: 경주부, 전주부, 영흥부(→ 함흥부), 평양부, 의주부
    - **5대도호부(대도호부사, 정3품)**: 안동, 창원, 강릉, 영흥, 영변
    - 목(목사, 정3품), 도호부(도호부사, 종3품), 군(군수, 종4품), 현(현령 – 종5품, 현감 – 종6품)
- ④ **유수부**
  - ㉠ 개성(세종)·강화(인조)·______2)(정조)·광주(정조)
  - ㉡ 유수관은 정2품~종2품으로 경관직
- ⑤ **암행어사**: 지방 군현의 관찰사나 수령의 부정, 토호의 불법, 민생 상황 등을 암행
- ⑥ **5가작통법**: 5가(家) → 1통(통주 선발)
- ⑦ **면리제**: 5통을 1리로, 수 개의 리를 묶어 면으로 설정
- ⑧ **유향소**: 향촌 사족의 자치 기능 담당, 수령 보좌 및 견제, 향리 규찰, 풍속 교정
- ⑨ **경재소**: 중앙 고관들로 구성되어 출신지의 유향소를 통제

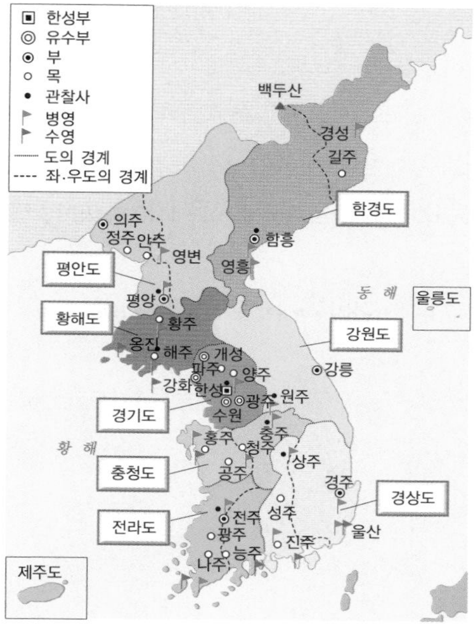

조선의 지방 행정 구역

조선 후기 통치 체제의 변화

비변사 기능 강화

- ① **설치**: 중종 때 삼포왜란 이후 병조 소속의 임시 기구로 설치
- ② **상설 기구화**: ______3)(1555) 이후 상설 기구가 됨
- ③ **임진왜란 이후 기능 강화**: 점차 구성원이 확대되고, 거의 모든 정무를 처리함 → 왕권 약화, 의정부의 기능 유명무실화
- ④ 세도 정치의 핵심 기구로 자리하다가 흥선 대원군의 개혁으로 폐지됨

정답 1) 관찰사 2) 수원 3) 을묘왜변

2. 군역·군사 제도

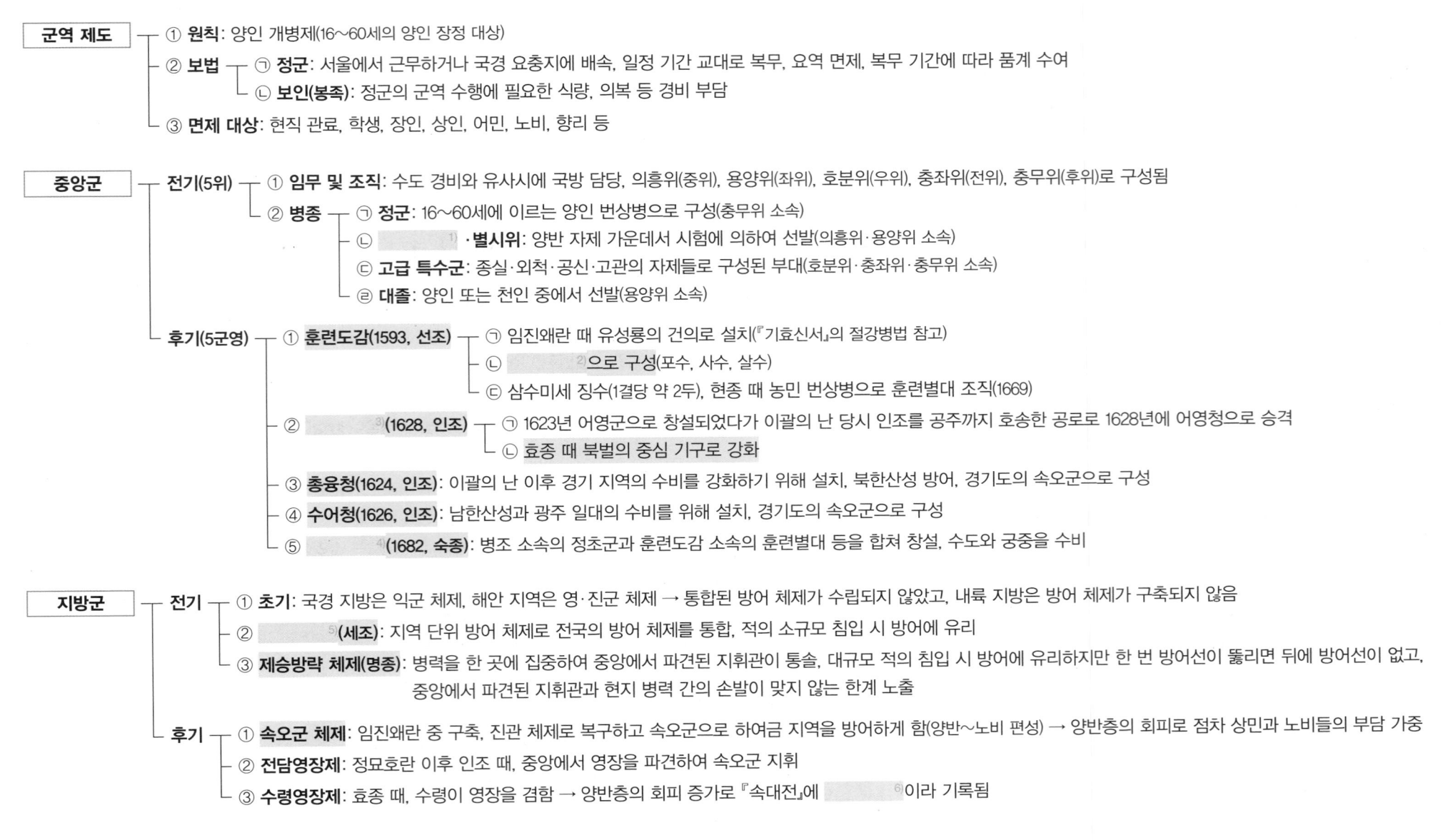

군역 제도
- ① **원칙**: 양인 개병제(16~60세의 양인 장정 대상)
- ② **보법**
  - ㉠ **정군**: 서울에서 근무하거나 국경 요충지에 배속, 일정 기간 교대로 복무, 요역 면제, 복무 기간에 따라 품계 수여
  - ㉡ **보인(봉족)**: 정군의 군역 수행에 필요한 식량, 의복 등 경비 부담
- ③ **면제 대상**: 현직 관료, 학생, 장인, 상인, 어민, 노비, 향리 등

중앙군
- 전기(5위)
  - ① **임무 및 조직**: 수도 경비와 유사시에 국방 담당, 의흥위(중위), 용양위(좌위), 호분위(우위), 충좌위(전위), 충무위(후위)로 구성됨
  - ② **병종**
    - ㉠ **정군**: 16~60세에 이르는 양인 번상병으로 구성(충무위 소속)
    - ㉡ ______1) **·별시위**: 양반 자제 가운데서 시험에 의하여 선발(의흥위·용양위 소속)
    - ㉢ **고급 특수군**: 종실·외척·공신·고관의 자제들로 구성된 부대(호분위·충좌위·충무위 소속)
    - ㉣ **대졸**: 양인 또는 천인 중에서 선발(용양위 소속)
- 후기(5군영)
  - ① **훈련도감(1593, 선조)**
    - ㉠ 임진왜란 때 유성룡의 건의로 설치(『기효신서』의 절강병법 참고)
    - ㉡ ______2)으로 구성(포수, 사수, 살수)
    - ㉢ 삼수미세 징수(1결당 약 2두), 현종 때 농민 번상병으로 훈련별대 조직(1669)
  - ② ______3)**(1628, 인조)**
    - ㉠ 1623년 어영군으로 창설되었다가 이괄의 난 당시 인조를 공주까지 호송한 공로로 1628년에 어영청으로 승격
    - ㉡ 효종 때 북벌의 중심 기구로 강화
  - ③ **총융청(1624, 인조)**: 이괄의 난 이후 경기 지역의 수비를 강화하기 위해 설치, 북한산성 방어, 경기도의 속오군으로 구성
  - ④ **수어청(1626, 인조)**: 남한산성과 광주 일대의 수비를 위해 설치, 경기도의 속오군으로 구성
  - ⑤ ______4)**(1682, 숙종)**: 병조 소속의 정초군과 훈련도감 소속의 훈련별대 등을 합쳐 창설, 수도와 궁중을 수비

지방군
- 전기
  - ① **초기**: 국경 지방은 익군 체제, 해안 지역은 영·진군 체제 → 통합된 방어 체제가 수립되지 않았고, 내륙 지방은 방어 체제가 구축되지 않음
  - ② ______5)**(세조)**: 지역 단위 방어 체제로 전국의 방어 체제를 통합, 적의 소규모 침입 시 방어에 유리
  - ③ **제승방략 체제(명종)**: 병력을 한 곳에 집중하여 중앙에서 파견된 지휘관이 통솔, 대규모 적의 침입 시 방어에 유리하지만 한 번 방어선이 뚫리면 뒤에 방어선이 없고, 중앙에서 파견된 지휘관과 현지 병력 간의 손발이 맞지 않는 한계 노출
- 후기
  - ① **속오군 체제**: 임진왜란 중 구축, 진관 체제로 복구하고 속오군으로 하여금 지역을 방어하게 함(양반~노비 편성) → 양반층의 회피로 점차 상민과 노비들의 부담 가중
  - ② **전담영장제**: 정묘호란 이후 인조 때, 중앙에서 영장을 파견하여 속오군 지휘
  - ③ **수령영장제**: 효종 때, 수령이 영장을 겸함 → 양반층의 회피 증가로 『속대전』에 ______6)이라 기록됨

정답 1) 갑사 2) 삼수병 3) 어영청 4) 금위영 5) 진관 체제 6) 천예군

3. 관리 등용 제도

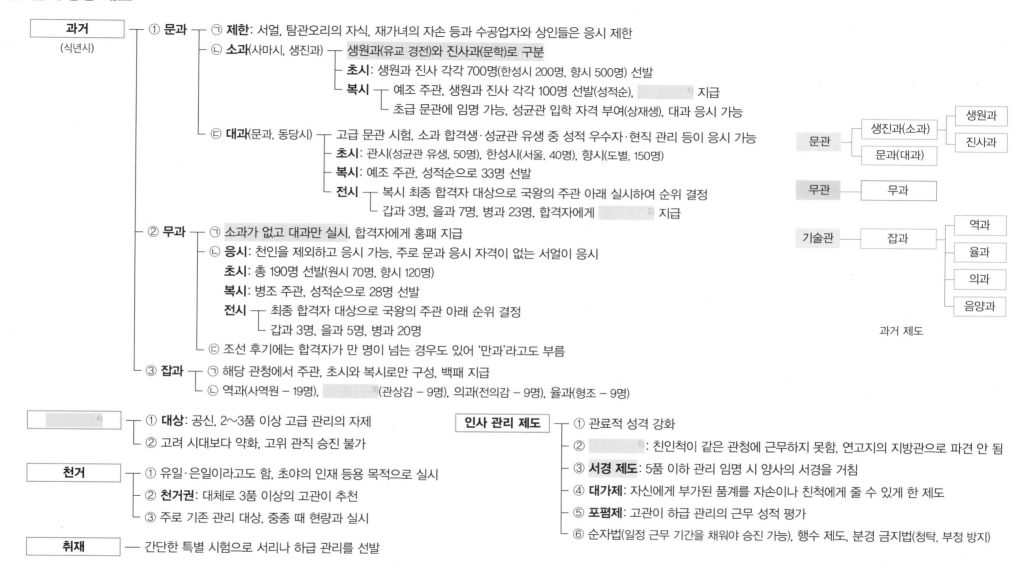

과거 (식년시)
- ① **문과**
  - ㉠ **제한**: 서얼, 탐관오리의 자식, 재가녀의 자손 등과 수공업자와 상인들은 응시 제한
  - ㉡ **소과**(사마시, 생진과)
    - 생원과(유교 경전)와 진사과(문학)로 구분
    - **초시**: 생원과 진사 각각 700명(한성시 200명, 향시 500명) 선발
    - **복시**
      - 예조 주관, 생원과 진사 각각 100명 선발(성적순), ______[1] 지급
      - 초급 문관에 임명 가능, 성균관 입학 자격 부여(상재생), 대과 응시 가능
  - ㉢ **대과**(문과, 동당시)
    - 고급 문관 시험, 소과 합격생·성균관 유생 중 성적 우수자·현직 관리 등이 응시 가능
    - **초시**: 관시(성균관 유생, 50명), 한성시(서울, 40명), 향시(도별, 150명)
    - **복시**: 예조 주관, 성적순으로 33명 선발
    - **전시**
      - 복시 최종 합격자 대상으로 국왕의 주관 아래 실시하여 순위 결정
      - 갑과 3명, 을과 7명, 병과 23명, 합격자에게 ______[2] 지급
- ② **무과**
  - ㉠ 소과가 없고 대과만 실시, 합격자에게 홍패 지급
  - ㉡ **응시**: 천인을 제외하고 응시 가능, 주로 문과 응시 자격이 없는 서얼이 응시
    - **초시**: 총 190명 선발(원시 70명, 향시 120명)
    - **복시**: 병조 주관, 성적순으로 28명 선발
    - **전시**
      - 최종 합격자 대상으로 국왕의 주관 아래 순위 결정
      - 갑과 3명, 을과 5명, 병과 20명
  - ㉢ 조선 후기에는 합격자가 만 명이 넘는 경우도 있어 '만과'라고도 부름
- ③ **잡과**
  - ㉠ 해당 관청에서 주관, 초시와 복시로만 구성, 백패 지급
  - ㉡ 역과(사역원 – 19명), ______[3](관상감 – 9명), 의과(전의감 – 9명), 율과(형조 – 9명)

- 문관
  - 생진과(소과)
    - 생원과
    - 진사과
  - 문과(대과)
- 무관
  - 무과
- 기술관
  - 잡과
    - 역과
    - 율과
    - 의과
    - 음양과

과거 제도

______[4]
- ① **대상**: 공신, 2~3품 이상 고급 관리의 자제
- ② 고려 시대보다 약화, 고위 관직 승진 불가

천거
- ① 유일·은일이라고도 함, 초야의 인재 등용 목적으로 실시
- ② **천거권**: 대체로 3품 이상의 고관이 추천
- ③ 주로 기존 관리 대상, 중종 때 현량과 실시

취재 — 간단한 특별 시험으로 서리나 하급 관리를 선발

인사 관리 제도
- ① 관료적 성격 강화
- ② ______[5]: 친인척이 같은 관청에 근무하지 못함, 연고지의 지방관으로 파견 안 됨
- ③ **서경 제도**: 5품 이하 관리 임명 시 양사의 서경을 거침
- ④ **대가제**: 자신에게 부가된 품계를 자손이나 친척에게 줄 수 있게 한 제도
- ⑤ **포폄제**: 고관이 하급 관리의 근무 성적 평가
- ⑥ 순자법(일정 근무 기간을 채워야 승진 가능), 행수 제도, 분경 금지법(청탁, 부정 방지)

정답 1) 백패 2) 홍패 3) 음양과 4) 음서 5) 상피제

*옳은 문장은 o, 틀린 문장은 ×에 체크하세요.

핵심 기출 OX 조선의 통치 체제

01 이조 좌랑에게는 삼사의 관리를 추천하는 권한이 있었다. 2019년 국가직 9급 O | X

02 사헌부와 사간원, 홍문관은 서경권을 가지고 있었다. 2019년 경찰직(1차) O | X

03 홍문관은 학술 연구, 정책 자문 등의 역할을 하였으며 장(長)은 정2품의 대제학이었다. 2016년 경찰직(2차) O | X

04 승정원과 사간원은 권력이 어느 한편으로 집중되는 문제를 막기 위한 기구이다. 2020년 법원직 9급 O | X

05 사헌부는 고신서경을 담당하였고 모든 관원을 규찰하며, 풍속을 바르게 하는 등의 일을 맡았다. 2021년 지방직 9급 O | X

06 승정원은 백부 · 상대 · 오대라는 별칭이 있었으며 감찰 행정을 맡았다. 2014년 서울시 7급 O | X

07 춘추관은 각 관청에서 작성한 업무 일지인 『등록』을 모아 해마다 『시정기』를 편찬하였다. 2013년 서울시 7급 O | X

08 홍문관은 외교 문서와 「사초」를 작성하였다. 2019년 서울시 7급(10월) O | X

09 한성부 판윤, 예문관 대제학, 승정원 승지, 사헌부 대사헌, 이조 전랑은 모두 당상관이다. 2010년 서울시 7급 O | X

10 '도적이 없게 한다'는 조항은 조선 시대 수령 7사에 포함된다. 2017년 지방직 7급 O | X

11 조선 시대 관찰사 이하 지방관은 입법 · 사법 · 행정에 관한 광범위한 권한을 위임 받았다. 2016년 경찰간부후보생 O | X

12 조선 전기의 잡색군은 생업에 종사하다가 일정 기간 군사 훈련을 받았다. 2016년 국가직 7급 O | X

13 세조 이후에는 지역 단위의 방어 전략인 진관 체제를 실시하였다. 2014년 기상직 9급 O | X

14 임진왜란이 일어나자 진관을 폐지하고 제승방략 체제를 수립하였다. 2014년 기상직 9급 O | X

15 잡과는 기술관을 뽑는 시험으로 문 · 무과와 마찬가지로 초시 · 복시 · 전시로 구성되어 있었다. 2019년 서울시 7급 O | X

승범쌤의 기출 포인트

10 **수령 7사** 기출사료

임금께서 말하기를, "칠사(七事)라는 것은 무엇인가?" 하니, 변징원이 대답하기를, "농상(농사와 양잠)을 성하게 하는 일, 학교를 일으키는 일, 소송을 간략하게 하는 일, 간활(간사하고 교활함)을 없애는 일, 군정(軍政)을 닦는 일, 호구를 늘리는 일, 부역을 고르게 하는 일이 바로 칠사입니다."라고 하였다. – 『성종실록』

16 조선 시대에 수령은 자기 출신 지역에 부임하지 못하며, 각 도에는 관찰사를 파견하여 수령의 업무 성적을 평가하였다. 2018년 서울시 7급
O X

17 조선 시대에는 군현의 수령 아래에 면장, 이정, 통주 등을 두어 수령을 보좌하고 인구 파악과 부역 징발을 담당하게 하였다. 2013년 지방직 7급
O X

18 경성과 지방의 군사에 보인을 차등 지급하는 보법을 시행한 왕은 진관 체제를 시행하였다. 2021년 서울시 9급(특수직렬) O X

19 문과는 정규 시험인 식년시와 특별 시험인 각종 별시로 구분되었다. 2019년 서울시 7급 O X

20 훈련도감은 포수, 사수, 살수로 구성되었다. 2019년 국회직 9급 O X

21 문과의 소과에는 경학에 뛰어난 인재를 선발하는 진사과와 문학적 재능이 뛰어난 인재를 선발하는 생원과가 있었다. 2016년 서울시 7급
O X

22 비변사는 명종 때 삼포왜란을 계기로 상설 기구가 되었다. 2019년 기상직 9급 O X

23 훈련도감은 명나라 척계광이 저술한 『기효신서』의 영향으로 설치되었다. 2019년 국회직 9급 O X

24 숙종 때 도성을 수비하기 위해 기병과 훈련도감군의 일부를 주축으로 금위영을 설치하였다. 2017년 국가직 7급(10월) O X

25 정조는 서울 주변의 네 유수부가 서울을 엄호하는 체제를 구축하였다. 2018년 서울시 9급 O X

승범쌤의 기출 포인트

19 부정기 시험의 종류 기출개념

별시	나라에 경사가 있을 때 또는 인재의 등용이 필요한 경우에 실시, 초시와 복시를 치름(문 · 무과)
외방별시	인재 등용을 위해 지방에서 행한 시험
증광시	나라에 큰 경사가 있을 때 실시, 식년시와 체제 동일(문 · 무과 · 잡과)
알성시	국왕이 성균관의 문묘에 가서 제례를 올릴 때 치르는 시험(문 · 무과)
춘당대시	나라에 경사가 있을 때 국왕이 춘당대에 친림하여 치르는 시험(문 · 무과)

정답과 해설 01 O | 02 × | 03 O | 04 × | 05 O | 06 × | 07 O | 08 × | 09 × | 10 × | 11 × | 12 O | 13 O | 14 × | 15 × | 16 O | 17 O | 18 O | 19 O | 20 O | 21 × | 22 × | 23 O | 24 O | 25 O

02 서경권은 양사(사간원, 사헌부)의 권한이다. | 04 승정원은 국왕의 비서 기구이다. | 06 백부·상대·오대라는 별칭을 갖고 있었으며, 감찰 행정을 맡은 기구는 사헌부이다. | 08 외교 문서 작성은 승문원, 「사초」 작성은 예문관의 관원이 담당하였는데 이들은 춘추관의 사관을 겸직하였다. | 09 이조 전랑은 정5품 정랑과 정6품 좌랑을 합쳐 부르는 것으로 당하관이다. | 10 '도적이 없게 한다'는 조항은 고려의 수령 5사에 포함된다. | 11 조선 시대 지방관들은 입법권을 행사할 수는 없었다. | 14 제승방략 체제는 임진왜란이 일어나기 전인 16세기 후반에 수립되었다. | 15 잡과는 초시·복시만으로 합격자를 선발하였다. | 21 생원과는 경학에 뛰어난 인재를 선발하는 시험, 진사과는 문학적 재능이 뛰어난 인재를 선발하는 시험이었다. | 22 비변사는 명종 때 을묘왜변을 계기로 상설 기구가 되었다.

03 조선의 대외 관계

1. 조선 전기 대외 관계

명-사대
- ① 태조
  - ㉠ **요동 정벌 추진**: 정도전이 『진도』를 작성하고 성보를 수리하는 등 요동 정벌을 준비
  - ㉡ **고명·금인 문제**: 이성계는 명으로부터 정식 왕으로 인정받지 못하고 '권지고려국사'라는 칭호를 사용
  - ㉢ **표전문 사건**: 조선이 명에 보낸 표전문의 내용을 트집 잡아 명이 정도전의 송환을 요구
  - ㉣ **종계변무 문제**: 명의 『대명회전』에 이성계가 이인임의 아들로 잘못 기록됨 → 조선의 수정 요구를 무시하다가 선조 때 수정함
  - ㉤ **여진인 문제**: 명이 조선으로 귀순한 여진인의 송환을 요구했으나 조선이 응하지 않음
- ② 태종
  - ㉠ **사대 관계 형성**: 조선에서 정기적·부정기적으로 사절을 파견하면서 활발한 문화적·경제적 교류 전개
    → '조천사' 파견, 정기적(하정사·성절사·천추사·동지사), 부정기적(주청사·사은사·진하사·진위사)
  - ㉡ **실질적 관계**: 자주적 실리 외교, 일종의 공무역이자 문화 외교

여진-교린
- ① 강경책
  - ㉠ **태조**: 두만강 지역을 개척하여 여진 정벌
  - ㉡ **세종**: 4군(최윤덕) 6진(김종서) 설치 → 압록강·두만강 경계로 오늘날과 같은 국경선 형성
- ② 회유책
  - ㉠ 귀순 장려(토지와 주택 제공), 무역소를 설치하여 국경 무역 허용(경성, 경원), 북평관 설치
  - ㉡ **사민 정책**: 삼남 지방 주민들을 북방 지역으로 이주시켜 압록강과 두만강 이남 지역을 개발
  - ㉢ **토관 제도**: 국경 일부 군현에 수령을 파견하지 않고 토착민을 관리(토관)로 임명 → 국경 지역민 회유 및 이민족과의 연결 가능성 제거

일본-교린
- ① 강경책 — **쓰시마 섬 정벌**: 태조 때 김사형(1396), 세종 때 이종무(1419)를 파견하여 정벌
- ② 회유책
  - ㉠ **3포 개항(1426)**: 부산포, 제포(진해), 염포(울산)
  - ㉡ **교역 조건 설정**: 계해약조(1443, 세종, 세견선 50척 + 세사미두 200석), 임신약조(1512, 중종, 세견선 25척 + 세사미두 100석), 정미약조(1547, 명종, 세견선 25척)

동남아시아
- ① 건국 초부터 류큐, 시암, 자와 등 동남아시아 여러 나라와 교류
- ② **교역품**: 조공 또는 진상의 형식으로 기호품을 중심으로 한 각종 토산품(물소뿔, 침향 등)을 가져와 옷, 옷감, 문방구 등의 회사품으로 가져감
- ③ **류큐와의 관계**: 교역이 활발 → 불경, 유교 경전, 범종, 부채 등을 전해주어 류큐의 문화 발전에 기여

2. 조선 후기 대외 관계

청과의 관계
- ① 북벌론
  - ㉠ 효종: 서인 세력(원두표, 이완 등 → 송시열, 송준길), 숙종: 남인 세력(윤휴)
  - ㉡ 현실적인 정책의 실행이 없고 서인의 정권 유지 수단으로 전락한 측면이 있음
- ② 북학론
  - ㉠ 청에 다녀온 조선의 사신들에 의해 자명종·화포·만국지도·『천주실의』·천리경 등 새로운 문물이 소개됨
  - ㉡ 청을 무조건 배척하기보다는 우리에게 이로운 것은 적극적으로 배우자는 주장이 대두됨

- ③ **간도 문제**
  - ㉠ **백두산 정계비 건립(1712)**: 청의 목극등과 조선의 박권이 백두산 일대를 답사한 후 국경을 확정하고 정계비를 건립(서위압록, ____1))
  - ㉡ **간도 귀속 문제**: 19세기 토문강의 해석 문제로 분쟁 발생(청은 토문강을 두만강의 상류인 석을수로, 조선은 토문강을 송화강의 지류라고 주장)
  - ㉢ **우리 측 대응**: 서북 경략사 어윤중 파견(1882), 토문 감계사 이중하 파견(1885), 대한 제국 시기 간도 시찰원(1902)·간도 관리사(1903) ____2) 파견
  - ㉣ **일본의 태도**: 통감부 간도 파출소 설치(1907) → 간도가 조선 영토임을 인정한다는 증거
  - ㉤ ____3) **(1909)**: 일본은 남만주 철도(안봉선) 부설권 등의 이권을 얻는 대가로 토문강을 두만강의 상류인 석을수로 인정하는 조약을 청과 체결

일본과의 관계

- ① **국교 재개**
  - ㉠ 에도 막부의 국교 재개 요청을 조선 정부가 수락 → 조선인 포로 송환(1604, 선조): 유정(사명 대사)을 파견해 일본과 강화를 맺고 3,500여 명을 송환
  - ㉡ ____4)(1609, 광해군): 제한된 범위 내에서 교섭 재개(세견선 20척, 세사미두 100석)
- ② **통신사 파견**
  - ㉠ 에도 막부 쇼군이 바뀔 때마다 권위를 인정받기 위해 파견 요청, 12회에 걸쳐 파견(1607~1811년, 처음 세 번의 사절은 회답 겸 쇄환사로 파견)
  - ㉡ 일본은 통신사를 국빈으로 예우하여 조선의 선진 학문과 기술을 배우고자 함 → 통신사는 외교 사절이자 선진 문물을 전파하는 문화 사절의 역할

울릉도와 독도

- ① **지증왕**: 이사부 장군이 우산국을 복속(512)
- ② **고려**: 울릉도를 동계의 울진현에 소속된 섬으로 기록, 중앙 정부 관리를 수시로 파견
- ③ **태종**: 일본 해적의 침략으로 울릉도 주민을 본토로 이주(쇄환 정책)
- ④ **『세종실록』「지리지」**: 울릉도(무릉도)와 독도(우산도) 내용 수록, 울릉도를 강원도 울진현 소속으로 기록
- ⑤ **『신증동국여지승람』**: 팔도총도에 울릉도와 독도를 그려놓음(위치를 반대로 그림)
- ⑥ **안용복의 활약**: 숙종 때 두 차례 일본에 건너가 울릉도와 독도가 조선 영토임을 확인받음(1693, 1696) → 이후 조선 정부는 2~3년 간격으로 울릉도 수토 시작
- ⑦ **고종**: 1882년 울릉도 개척령 선포 → 1883년부터 본토의 주민을 울릉도로 이주시킴
- ⑧ **대한 제국 시기**
  - ㉠ **대한 제국 칙령 제41호 공포(1900. 10.)**: 울릉도를 강원도의 울도군으로 승격하고 관할 구역으로 울릉 전도와 죽도, 석도(독도)를 포함시킴
  - ㉡ **일본**: 러·일 전쟁 중에 일방적으로 독도를 일본 영토로 편입시킴(1905. 2., 시마네현 고시 40호)
- ⑨ **광복 이후**
  - ㉠ **연합국 최고 사령부 지령(1946, SCAPIN 677)**: 독도를 일본 영토에서 제외하고 한국 영토로 인정
  - ㉡ **일본의 주장**: 샌프란시스코 강화 조약(1951)을 근거로 자국 영토라고 주장
  - ㉢ 1952년 1월 우리 정부는 '이승만 라인'(대한민국 인접 해양에 대한 대통령 선언) 선포, 2005년 2월 22일 일본 시마네현에서 '다케시마의 날' 제정
  - ㉣ 독도 의용 수비대 조직(1953), 독도 주민 등록 최초 전입(1981, 최종덕)

독도 관련 일본 측 문헌

- ① **『은주시청합기』(1667)**: 울릉도와 독도를 우리 영토로 인정
- ② **『삼국통람도설』(1785)**: ____5)에 죽도와 그 부속 도서인 우산도가 그려져 있고, 조선과 같은 색으로 채색
- ③ **『통항일람』(1853)**: 일본에서 부산 왜관을 비롯한 외국과 교류했던 사례를 모아 편찬 → 안용복 관련 기록 존재
- ④ **『조선국교제시말내탐서』(1870)**: 일본 외무성이 독도는 울릉도의 부속 섬으로서 조선 영토임을 인정한 문서
- ⑤ ____6) **지령(1877)**: 울릉도와 독도는 일본과 관계없음을 명심하라는 지시를 내무성과 시마네현에 내린 지령

정답 1) 동위토문 2) 이범윤 3) 간도 협약 4) 기유약조 5) 삼국접양지도 6) 태정관

*옳은 문장은 ○, 틀린 문장은 ×에 체크하세요.

핵심 기출 OX 조선의 대외 관계

01 태조 때 이성계가 이인임의 아들이었다는 중국 측 기록을 둘러싼 갈등이 있었다. 2012년 지방직 9급 ○ ×

02 태종은 요동 수복을 포기하지 않고, 삼남 지방의 향리와 부민을 대거 북방으로 강제 이주시켜 압록강 이남 지역의 개발을 추진했다. 2018년 서울시 7급 ○ ×

03 세종 때 일본에 대한 회유책으로 부산포, 제포, 염포를 개항하였다. 2016년 서울시 9급 ○ ×

04 세종은 계해약조를 체결하여 쓰시마 주의 제한적 무역을 허락하였으나 왜구의 침략이 끊이지 않자 쓰시마 섬을 토벌하였다. 2016년 서울시 9급 ○ ×

05 신숙주는 일본에 다녀온 뒤, 일본의 사정을 자세히 소개한 『해동제국기』를 성종 2년(1471)에 편찬하였다. 2018년 서울시 7급 ○ ×

06 조선 초기에는 여진족에 대해서는 포섭 정책만을 구사하여, 국경 지역에서 무역을 허용하고, 조공과 귀화를 권장하였다. 2018년 서울시 7급 ○ ×

07 조선 전기에 명에 파견된 사신은 조천사, 조선 후기 청에 파견된 사신은 연행사로 불렸다. 2016년 지방직 7급 ○ ×

08 15세기에 조선은 류큐에 불경이나 불종을 전해주어 그곳 불교 문화 발전에 기여하였다. 2012년 지방직(상) 9급 ○ ×

09 임진왜란 당시 김시민이 진주성에서 왜군에 맞서 싸워 대승을 거두고 난 후 이순신은 한산도에서 왜군을 크게 무찔렀다. 2021년 경찰직(1차) ○ ×

10 임진왜란 당시 첨사 정발은 부산포에서, 도순변사 신립은 상주에서 일본군과 맞서 싸웠지만 패배하였다. 2017년 지방직 9급(6월) ○ ×

11 정유재란 당시 조선 수군이 명량 해전에서 크게 승리한 후 조·명 연합 수군이 노량 해전에서 승리하였다. 2020년 지방직 7급 ○ ×

12 정유재란 당시 원균이 이끄는 조선 수군이 칠천량에서 크게 패배하였다. 2018년 지방직 9급 ○ ×

13 광해군은 강홍립을 통해 명과 후금 사이에서 중립 외교 정책을 취하였다. 2016년 소방직(10월) ○ ×

14 청은 광해군을 위한 보복을 명분으로 병자호란을 일으켰다. 2018년 경찰직(1차) ○ ×

승범쌤의 기출 포인트

11 **명량 해전** 기출사료

벽파정 뒤에 명량이 있는데 숫자가 적은 수군으로서는 명량을 등지고 진을 칠 수 없었다. 이에 여러 장수들을 불러 모아 말하기를, "반드시 죽고자하면 살고 살려고 하면 죽는다."고 하였다. 이것은 바로 오늘의 우리를 두고 이른 말이다. -『난중일기』

15 인조반정을 주도한 정치 세력은 명나라 신종에게 재조지은(再造之恩)을 갚기 위해 만동묘를 설치하였다. 2013년 경찰직(1차) O X

16 병자호란 이후에 조선은 청과 굴욕적인 형제의 맹약을 맺었다. 2017년 국가직 9급(10월) O X

17 병자호란을 앞두고 척화론을 주장한 세력들은 이후 패전의 책임을 지고 정권에서 완전히 축출되었다. 2010년 지방직 7급 O X

18 정묘호란이 일어난 후 이괄이 평안북도에서 반란을 일으켜 서울까지 점령하였다. 2018년 경찰직(1차) O X

19 병자호란 이후에는 숭정처사, 대명거사로 자처하며 출사를 거부하는 인물이 있었다. 2017년 국가직 9급(10월) O X

20 병자호란으로 끌려갔다가 귀국한 여성 중에는 가족들의 천대와 멸시를 받는 이도 있었다. 2017년 사회복지직 9급 O X

21 효종 때 청과 러시아 사이에 국경 충돌이 일어나자, 청의 요구에 따라 수백 명의 조총 부대를 영고탑에 파견하였다. 2018년 서울시 7급(3월) O X

22 효종은 북벌 운동을 전개하기 위해 어영청을 중심으로 화포병과 기병 등을 조직하였다. 2017년 국가직 7급(10월) O X

23 안용복은 울릉도에 출몰하는 일본 어민들을 쫓아내고, 일본에 건너가 울릉도와 독도가 조선의 영토임을 확인받고 돌아왔다. 2017년 서울시 7급 O X

24 숙종 때 청과 국경을 확정하고 백두산 정계비를 세웠다. 2018년 경찰직(2차) O X

25 숙종 초에 청의 정세 변화를 이용하여 윤휴를 중심으로 북벌 움직임이 제기되었다. 2017년 서울시 7급 O X

승범쌤의 기출 포인트

15 **만동묘와 대보단** 기출개념

만동묘	• 송시열의 문하인 노론 권상하가 세운 것 • 임진왜란 때 조선을 도와준 명나라 신종과 그의 손자인 의종의 위패를 모시고 제사 지내던 곳
대보단	임진왜란 때 원군을 보낸 명나라 신종의 은혜를 기리기 위해 설치한 제단

정답과 해설 01 O | 02 × | 03 O | 04 × | 05 O | 06 × | 07 O | 08 O | 09 × | 10 × | 11 O | 12 O | 13 O | 14 × | 15 O | 16 × | 17 × | 18 × | 19 O | 20 O | 21 O | 22 O | 23 O | 24 O | 25 O

02 태종이 사민 정책을 시행한 것은 맞지만 요동 수복을 포기하고 명과의 관계를 안정시켰다. | 04 세종은 쓰시마 섬을 토벌(1419)한 후에 계해약조를 체결(1443)하였다. | 06 조선은 여진에 대해서 포섭 정책만이 아니라 강경 정책도 함께 시행하였다. | 09 이순신의 한산도 대첩 이후에 김시민의 진주 대첩이 있었다. | 10 상주에서 일본군과 맞서 싸운 인물은 이일이다. 신립은 충주에서 일본군과 맞서 싸웠다. | 14 후금은 광해군을 위한 보복을 명분으로 정묘호란을 일으켰다. | 16 조선과 청이 형제의 맹약을 맺은 것은 정묘호란의 결과이다. | 17 병자호란 이후에도 척화론(주전론)을 주장했던 서인들은 북벌을 명분으로 정권을 유지하였다. | 18 이괄의 난(1624)은 정묘호란 이전에 일어났다.

04 조선의 경제

1. 조선 전기의 경제 정책

중농 정책
- ① **토지 개간과 양전 사업**: 건국 초부터 개간을 장려하고, ______[1]년마다 양전 사업 실시
- ② **농업 기술의 발달**: 밭농사에서 2년 3작의 윤작법 확산, 이앙법의 보급으로 벼와 보리의 이모작 가능(남부 지역에 한정), 시비법의 발달(휴경지 소멸), 과수 재배 확대, 목화 재배 확대(무명옷을 착용하고 무명을 화폐처럼 사용), 농기구 개량, 저수지 확충
- ③ **농서**: ______[2](세종, 정초), 『양화소록』(세조, 강희안), ______[3](성종, 강희맹)
- ④ **농민의 유망에 대한 대책**: 『구황촬요』 보급, 오가작통제와 호패법 실시, 환곡제 시행(정부), 사창 설치 및 향약 시행(향촌 양반)

수공업·광업
- ① **관영 수공업**: 전문 기술자를 공장안에 등록시켜 서울과 지방의 각급 관청에 속하게 하고, 관청에서 필요로 하는 물품을 제작·공급하게 함
- ② **관장**: 관청에 소속되어 물품을 제작하는 장인 – 동원 기간에는 식비 정도만 지급받고, 책임량을 초과한 생산품에 대해 세금을 내고 판매하거나 부역 기간 이외에는 사적으로 물건을 제작해 판매할 수 있음
- ③ **민영 수공업**: 16세기 이후 부역제가 해이해지고 상업이 발달하여 관영 수공업 대신 민영 수공업이 발달하기 시작함 → 농기구나 양반들의 사치품, 각종 포목류 생산
- ④ **광업**: 민간인의 사채를 금하고, 부역제를 통해 국가가 독점적으로 광물 채굴, 연은분리법 개발(16세기 초)

상업
- ① **시전**
  - **의미**: 종로 거리에 상점가를 만들어 개경 상인을 이주시켜 장사하게 하고, 점포세와 상세를 수취
  - **특권**: 관청에서 필요로 하는 물품을 납품하는 대신 특정 상품에 대한 독점 판매권 부여
  - ______[4]: 선전(비단), 면주전(명주), 면포전(무명), 저포전(모시), 지전(종이), 내외어물전(생선)이 시전 중 가장 규모가 큼
- ② **경시서**: 시전의 불법 상행위를 감독하는 관청 → 세조 때 평시서로 개칭
- ③ ______[5]: 15세기 후반에 전라도 지역에서 등장 → 16세기 중엽 전국적 확산, 보부상의 활약, 정부의 통제
- ④ **화폐**: 저화(태종), 조선통보(세종), ______[6](세조) 등을 발행하였으나 유통은 부진

대외 무역
- ① **명과의 무역**: 정기적·비정기적으로 사신을 파견하여 인삼·가죽 등을 바치고 서적·약재·비단 등을 받음, 사신을 따라간 역관들은 사무역을 이용해 부를 축적하기도 함
- ② **여진과의 무역**: 경성과 경원에 설치한 ______[7]를 통해서 교류 – 면포, 옷감, 수공업품, 식료품 등을 수출하고 말, 해동청, 모피 등을 수입
- ③ **일본과의 무역**: 왜관을 통해서 교류 – 면포, 약재, 대장경, 서적 등을 수출하고 구리, 황, 향료, 후추 등을 수입

정답 1) 20 2) 『농사직설』 3) 『금양잡록』 4) 육의전 5) 장시 6) 팔방통보 7) 무역소

2. 조선 전기의 토지 제도

1 과전법

배경 — 국가 재정 확충, 민생 안정, 신진 사대부의 경제 기반 마련

과정 — 토지 제도의 문란 심화 → 위화도 회군 이후 양전 실시 → 기존의 공·사전적을 소각하고 과전법 시행

내용
- ① 직역 수행자들을 18등급으로 나누어 ______[1] 지방의 토지에 대한 수조권 지급(최고 150결~최하 10결)
- ② **지급 대상**: 전·현직 관리에게 지급 → 관리가 사망하거나 반역을 하면 반납(______[2]전, 휼양전, 공신전 등은 세습)
- ③ **전주 전객제**: 전주가 수확량을 조사하여 전객으로부터 수확량의 1/10을 '조'로 거두어 그 가운데서 1/15을 '세'로 납부
- ④ **병작반수제 금지**: 지주가 농민에게 토지를 임대한 뒤 수확량의 1/2을 지대로 거두는 관행을 금지함

종류

공전	______[3](公廨田)	관청 경비 마련
	늠전(廩田)	지방 관청의 경비 조달
	학전(學田)	학교 운영 경비 마련
	둔전(屯田)	군대 주둔 비용 충당
사전	______[4](科田)	문무 관리에게 지급
	수신전(守信田)	관리인 남편 사망 후 수절하는 부인에게 지급
	휼양전(恤養田)	사망한 관리의 어린 자녀에게 20세까지 지급
	______[5](軍田)	지방 한량에게 지급(본전을 몰수하고 5결~10결을 지급)
	______[6](人吏位田)	향리들에게 지급하였다가 폐지
	별사전(別賜田)	외교적 공헌이나 역모를 고발한 자에게 지급(세습 가능)

정답 1) 경기 2) 수신 3) 공해전 4) 과전 5) 군전 6) 인리위전

2 직전법의 실시와 변화

직전법(1466, 세조)

배경: 수신전·휼양전 등의 명목으로 세습되는 토지가 많아 과전의 부족 심화

내용: ______ 1) 관리에게만 수조권 지급, 수신전·휼양전 폐지

결과: 농장의 확대(양반 관료들의 토지 소유욕 증대 → 지주 전호제의 확산 시작)

폐단: 관리들이 재임 기간 중 규정 이상으로 수탈 (전주 답험이 갖는 문제점)

⇨

______ 2)제(1470, 성종)

배경: 전주의 수조권 남용을 방지

내용: 지방 관청에서 그해의 생산량을 조사하여 거둔 후 관리에게 지급하는 방식(수조권의 행사 방식만 변화)

결과: 국가의 ______ 3) 지배권 강화

폐단: 농장 확대, 전호(소작농) 증가, 지주 전호제 심화

⇨

직전법 폐지(1556, 명종)

배경: 농장의 확대와 흉년, 전란으로 지급할 토지 고갈

내용: 현직 관리에게 ______ 4)권 지급 중단 선언(1556) 후 임진왜란을 거치면서 완전 폐지

결과: 관리들에게 녹봉만 지급, 수조권에 입각한 ______ 5)제가 소멸
→ 관료들의 토지 소유 욕구 증대
→ ______ 6)가 일반화됨

3. 조선 전기의 수취 제도

1 조세

과전법상 수취율 — 수확량의 1/10 → 1결당 생산량을 300두로 정하고 1/10인 30두 징수

비옥도 고려 — 비옥도에 따라 3등급으로 구분, ______ 7)척 사용, 대부분의 토지가 3등전으로 편입

풍·흉 고려
- ① **답험 손실법**: 풍흉을 조사하여 손실에 비례하여 조를 공제해줌
- ② 공전은 관청의 담당 관원이, 사전은 전주가 답험 → 조세의 과잉 부과와 중간 수탈이 자행됨

공법(貢法)
- ① **세종**: 1444년 전분 6등법과 연분 9등법을 제정
- ② ______ 8) **6등법**: 토지의 비옥도에 따라 1등전~6등전으로 구분
- ③ ______ 9) **9등법**: 풍흉에 따라 상상년~하하년까지 9등급으로 구분, 조세 액수를 1결당 최고 ______ 10)두에서 최하 ______ 11)두까지 징수
- ④ ______ 12)**법(隨等異尺法)**: 토지의 등급에 따라서 토지를 측량하는 주척(周尺)을 달리 함(6등전 1결의 면적은 1등전 1결의 면적의 약 4배)
- ⑤ **동과수조(同科收租)**: 수등이척법의 시행으로 등급에 관계없이 연분이 동일하면 같은 양의 조세 부과
- ⑥ **공법의 유명무실화**: 복잡한 계산과 관리들의 부정 등으로 15세기 말부터 유명무실화 → 풍흉에 관계없이 4~6두로 고정 → 국가 재정 위축

조운 — ______ 13)도·충청도·황해도는 바다를 통해, ______ 14)도는 낙동강과 남한강을 통해, ______ 15)도는 한강을 통해 운반

잉류 지역 — ______ 16)도·______ 17)도는 사신 접대비와 군사비로 지출, 제주도는 지리적 특성 등으로 잉류

정답 1) 현직 2) 관수 관급 3) 토지 4) 수조 5) 전주 전객 6) 지주 전호제 7) 수지 8) 전분 9) 연분 10) 20 11) 4 12) 수등이척 13) 전라 14) 경상 15) 강원 16) 평안 17) 함경

2 공납과 역

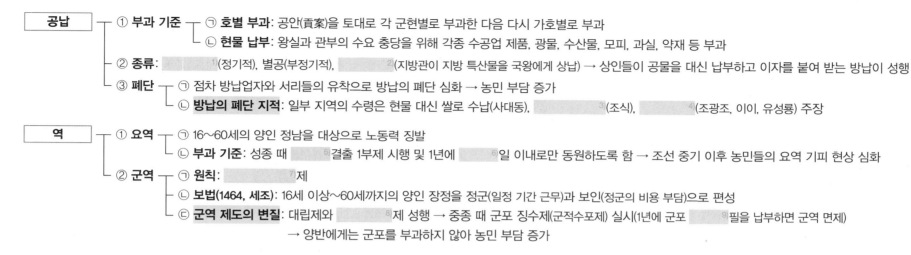

공납
- ① **부과 기준**
  - ㉠ **호별 부과**: 공안(貢案)을 토대로 각 군현별로 부과한 다음 다시 가호별로 부과
  - ㉡ **현물 납부**: 왕실과 관부의 수요 충당을 위해 각종 수공업 제품, 광물, 수산물, 모피, 과실, 약재 등 부과
- ② **종류**: ______1)(정기적), 별공(부정기적), ______2)(지방관이 지방 특산물을 국왕에게 상납) → 상인들이 공물을 대신 납부하고 이자를 붙여 받는 방납이 성행
- ③ **폐단**
  - ㉠ 점차 방납업자와 서리들의 유착으로 방납의 폐단 심화 → 농민 부담 증가
  - ㉡ **방납의 폐단 지적**: 일부 지역의 수령은 현물 대신 쌀로 수납(사대동), ______3)(조식), ______4)(조광조, 이이, 유성룡) 주장

역
- ① **요역**
  - ㉠ 16~60세의 양인 정남을 대상으로 노동력 징발
  - ㉡ **부과 기준**: 성종 때 ______5)결출 1부제 시행 및 1년에 ______6)일 이내로만 동원하도록 함 → 조선 중기 이후 농민들의 요역 기피 현상 심화
- ② **군역**
  - ㉠ **원칙**: ______7)제
  - ㉡ **보법(1464, 세조)**: 16세 이상~60세까지의 양인 장정을 정군(일정 기간 근무)과 보인(정군의 비용 부담)으로 편성
  - ㉢ **군역 제도의 변질**: 대립제와 ______8)제 성행 → 중종 때 군포 징수제(군적수포제) 실시(1년에 군포 ______9)필을 납부하면 군역 면제) → 양반에게는 군포를 부과하지 않아 농민 부담 증가

4. 조선 후기 수취 제도의 개혁

1 영정법(1635, 인조)

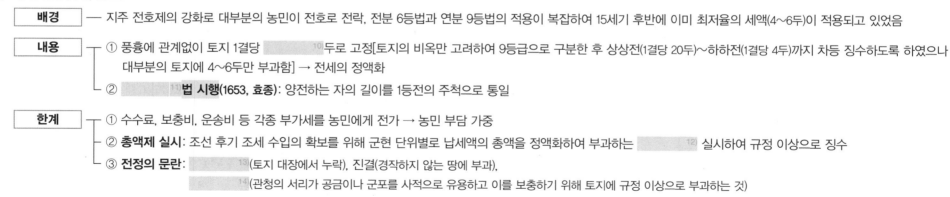

배경 — 지주 전호제의 강화로 대부분의 농민이 전호로 전락, 전분 6등법과 연분 9등법의 적용이 복잡하여 15세기 후반에 이미 최저율의 세액(4~6두)이 적용되고 있었음

내용
- ① 풍흉에 관계없이 토지 1결당 ______10)두로 고정[토지의 비옥만 고려하여 9등급으로 구분한 후 상상전(1결당 20두)~하하전(1결당 4두)까지 차등 징수하도록 하였으나 대부분의 토지에 4~6두만 부과함] → 전세의 정액화
- ② ______11)**법 시행(1653, 효종)**: 양전하는 자의 길이를 1등전의 주척으로 통일

한계
- ① 수수료, 보충비, 운송비 등 각종 부가세를 농민에게 전가 → 농민 부담 가중
- ② **총액제 실시**: 조선 후기 조세 수입의 확보를 위해 군현 단위별로 납세액의 총액을 정액화하여 부과하는 ______12) 실시하여 규정 이상으로 징수
- ③ **전정의 문란**: ______13)(토지 대장에서 누락), 진결(경작하지 않는 땅에 부과), ______14)(관청의 서리가 공금이나 군포를 사적으로 유용하고 이를 보충하기 위해 토지에 규정 이상으로 부과하는 것)

정답 1) 상공 2) 진상 3) 서리망국론 4) 수미법 5) 8 6) 6 7) 양인 개병 8) 방군수포 9) 2 10) 4~6 11) 양척동일 12) 비총제 13) 은결 14) 도결

2 대동법(1608~1708, 광해군~숙종)

목적 — 부족한 국가 재정 보완, 농민의 부담 감소, 방납의 폐단 해결

시작 — 광해군 때 이원익, 한백겸 등의 주장으로 ______ [1]을 설치(지방에는 대동청), 경기도에서 시범 실시

부과 기준 — 가호 기준, 현물 징수 → 토지 결수 기준, 쌀, 삼베, 무명, 동전 등으로 납부, **징세율**: 대체로 토지 1결당 12두

확대 과정 — **광해군**: ______ [2]도 → **인조**: ______ [3]도 → **효종**: ______ [4]도·전라도 해읍 → **현종**: 전라도 산군 → **숙종**: 경상도·______ [5]도

결과
- ① 농민 부담 감소, 지주 부담 증가, 국가 수입 증대, 조세의 금납화 촉진, 공납의 전세화
- ② 관수품 조달을 위한 ______ [6]의 활동으로 상품 화폐 경제 발달 촉진

한계
- ① **현물 납부 존재**: 별공과 진상 등은 현물 징수
- ② 상납미의 증가, 유치미의 감소 → 지방 재정 악화 → 수령의 수탈 심화, 대동세를 지주가 전호에게 전가

3 균역법(1750, 영조)

배경
- ① **군포 징수제 확산**: 납포군의 증가
- ② 신분 상승으로 인한 군역 대상자 감소
- ③ **군정의 문란**: 관청별 중복 징수, 백골징포·황구첨정·인징·족징 등 성행

양역 변통론 — 양역의 폐단이 심해지자 농민 저항 → 호포론·결포론·구포론·유포론·감필론 등 대두 → 반영되지 않음

실시 과정
- ① **양역사정청 설치(1742)**: 양역의 폐해를 시정하고 양정(良丁)의 부담을 줄이기 위해 설치한 관아
- ② ______ [7] 설치(1750) → 1753년 선혜청에 통합

내용 — 1년에 2필 내던 군포를 1필로 감면

부족분 보충
- ① ______ [8]**포 징수**: 부유한 평민들을 선무군관으로 선발하여 평상시에 군포 1필을 납부하고 유사시에는 소집되어 군졸을 지휘하도록 함
- ② ______ [9] **징수**: 지주에게 토지 1결당 2두 징수
- ③ 어장세·염세·선박세·은여결세 수입을 국가 재정으로 전환

한계 — 결작의 부담을 지주가 전호에게 전가, 세도 정치 시기 군정의 총액화(군총제)로 백골징포·황구첨정·인징·족징 등의 폐단 극심

정답 1) 선혜청 2) 경기 3) 강원 4) 충청 5) 황해 6) 공인 7) 균역청 8) 선무군관 9) 결작

5. 조선 후기의 상업

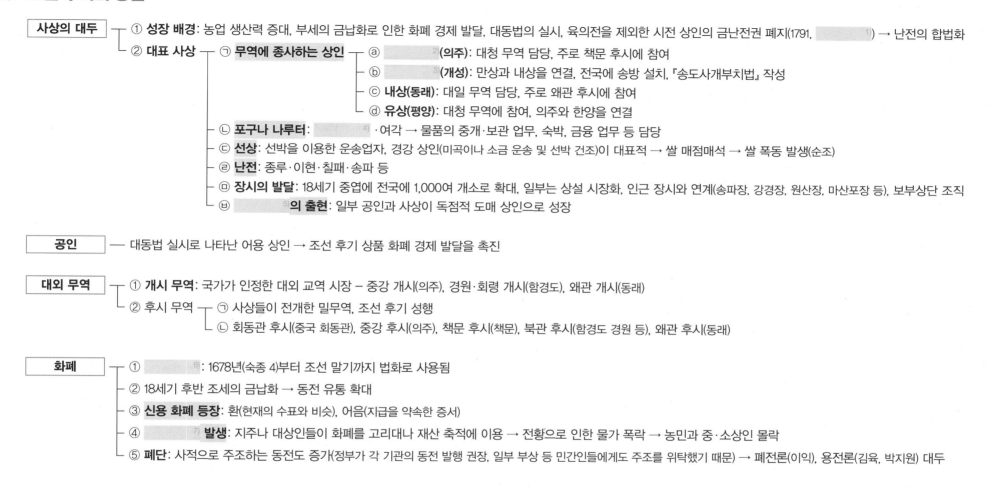

사상의 대두
- ① **성장 배경**: 농업 생산력 증대, 부세의 금납화로 인한 화폐 경제 발달, 대동법의 실시, 육의전을 제외한 시전 상인의 금난전권 폐지(1791, ______1)) → 난전의 합법화
- ② **대표 사상**
  - ㉠ **무역에 종사하는 상인**
    - ⓐ ______2)(의주): 대청 무역 담당, 주로 책문 후시에 참여
    - ⓑ ______3)(개성): 만상과 내상을 연결, 전국에 송방 설치, 『송도사개부치법』 작성
    - ⓒ **내상(동래)**: 대일 무역 담당, 주로 왜관 후시에 참여
    - ⓓ **유상(평양)**: 대청 무역에 참여, 의주와 한양을 연결
  - ㉡ **포구나 나루터**: ______4)·여각 → 물품의 중개·보관 업무, 숙박, 금융 업무 등 담당
  - ㉢ **선상**: 선박을 이용한 운송업자, 경강 상인(미곡이나 소금 운송 및 선박 건조)이 대표적 → 쌀 매점매석 → 쌀 폭동 발생(순조)
  - ㉣ **난전**: 종루·이현·칠패·송파 등
  - ㉤ **장시의 발달**: 18세기 중엽에 전국에 1,000여 개소로 확대, 일부는 상설 시장화, 인근 장시와 연계(송파장, 강경장, 원산장, 마산포장 등), 보부상단 조직
  - ㉥ ______5)**의 출현**: 일부 공인과 사상이 독점적 도매 상인으로 성장

공인 — 대동법 실시로 나타난 어용 상인 → 조선 후기 상품 화폐 경제 발달을 촉진

대외 무역
- ① **개시 무역**: 국가가 인정한 대외 교역 시장 – 중강 개시(의주), 경원·회령 개시(함경도), 왜관 개시(동래)
- ② 후시 무역
  - ㉠ 사상들이 전개한 밀무역, 조선 후기 성행
  - ㉡ 회동관 후시(중국 회동관), 중강 후시(의주), 책문 후시(책문), 북관 후시(함경도 경원 등), 왜관 후시(동래)

화폐
- ① ______6): 1678년(숙종 4)부터 조선 말기까지 법화로 사용됨
- ② 18세기 후반 조세의 금납화 → 동전 유통 확대
- ③ **신용 화폐 등장**: 환(현재의 수표와 비슷), 어음(지급을 약속한 증서)
- ④ ______7) **발생**: 지주나 대상인들이 화폐를 고리대나 재산 축적에 이용 → 전황으로 인한 물가 폭락 → 농민과 중·소상인 몰락
- ⑤ **폐단**: 사적으로 주조하는 동전도 증가(정부가 각 기관의 동전 발행 권장, 일부 부상 등 민간인들에게도 주조를 위탁했기 때문) → 폐전론(이익), 용전론(김육, 박지원) 대두

정답 1) 신해통공 2) 만상 3) 송상 4) 객주 5) 도고 6) 상평통보 7) 전황

6. 조선 후기의 농업

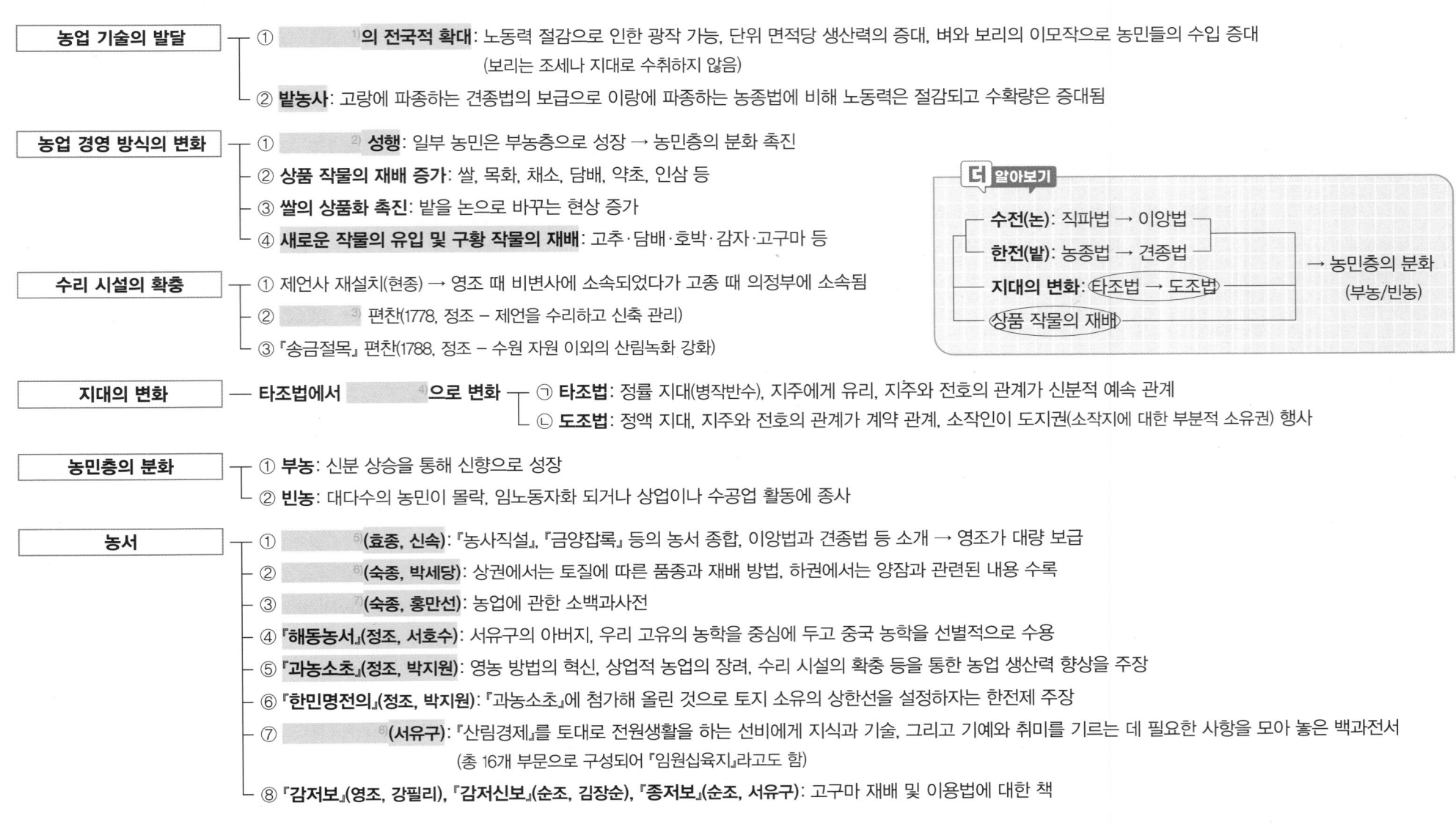

농업 기술의 발달
- ① ______1) **의 전국적 확대**: 노동력 절감으로 인한 광작 가능, 단위 면적당 생산력의 증대, 벼와 보리의 이모작으로 농민들의 수입 증대 (보리는 조세나 지대로 수취하지 않음)
- ② **밭농사**: 고랑에 파종하는 견종법의 보급으로 이랑에 파종하는 농종법에 비해 노동력은 절감되고 수확량은 증대됨

농업 경영 방식의 변화
- ① ______2) **성행**: 일부 농민은 부농층으로 성장 → 농민층의 분화 촉진
- ② **상품 작물의 재배 증가**: 쌀, 목화, 채소, 담배, 약초, 인삼 등
- ③ **쌀의 상품화 촉진**: 밭을 논으로 바꾸는 현상 증가
- ④ **새로운 작물의 유입 및 구황 작물의 재배**: 고추·담배·호박·감자·고구마 등

더 알아보기
- **수전(논)**: 직파법 → 이앙법
- **한전(밭)**: 농종법 → 견종법
- **지대의 변화**: 타조법 → 도조법
- 상품 작물의 재배

→ 농민층의 분화 (부농/빈농)

수리 시설의 확충
- ① 제언사 재설치(현종) → 영조 때 비변사에 소속되었다가 고종 때 의정부에 소속됨
- ② ______3) 편찬(1778, 정조 – 제언을 수리하고 신축 관리)
- ③ 『송금절목』 편찬(1788, 정조 – 수원 자원 이외의 산림녹화 강화)

지대의 변화
- **타조법에서** ______4) **으로 변화**
  - ㉠ **타조법**: 정률 지대(병작반수), 지주에게 유리, 지주와 전호의 관계가 신분적 예속 관계
  - ㉡ **도조법**: 정액 지대, 지주와 전호의 관계가 계약 관계, 소작인이 도지권(소작지에 대한 부분적 소유권) 행사

농민층의 분화
- ① **부농**: 신분 상승을 통해 신향으로 성장
- ② **빈농**: 대다수의 농민이 몰락, 임노동자화 되거나 상업이나 수공업 활동에 종사

농서
- ① ______5) **(효종, 신속)**: 『농사직설』, 『금양잡록』 등의 농서 종합, 이앙법과 견종법 등 소개 → 영조가 대량 보급
- ② ______6) **(숙종, 박세당)**: 상권에서는 토질에 따른 품종과 재배 방법, 하권에서는 양잠과 관련된 내용 수록
- ③ ______7) **(숙종, 홍만선)**: 농업에 관한 소백과사전
- ④ **『해동농서』(정조, 서호수)**: 서유구의 아버지, 우리 고유의 농학을 중심에 두고 중국 농학을 선별적으로 수용
- ⑤ **『과농소초』(정조, 박지원)**: 영농 방법의 혁신, 상업적 농업의 장려, 수리 시설의 확충 등을 통한 농업 생산력 향상을 주장
- ⑥ **『한민명전의』(정조, 박지원)**: 『과농소초』에 첨가해 올린 것으로 토지 소유의 상한선을 설정하자는 한전제 주장
- ⑦ ______8) **(서유구)**: 『산림경제』를 토대로 전원생활을 하는 선비에게 지식과 기술, 그리고 기예와 취미를 기르는 데 필요한 사항을 모아 놓은 백과전서 (총 16개 부문으로 구성되어 『임원십육지』라고도 함)
- ⑧ **『감저보』(영조, 강필리), 『감저신보』(순조, 김장순), 『종저보』(순조, 서유구)**: 고구마 재배 및 이용법에 대한 책

정답 1) 이앙법 2) 광작 3) 『제언절목』 4) 도조법 5) 『농가집성』 6) 『색경』 7) 『산림경제』 8) 『임원경제지』

7. 조선 후기의 수공업과 광업

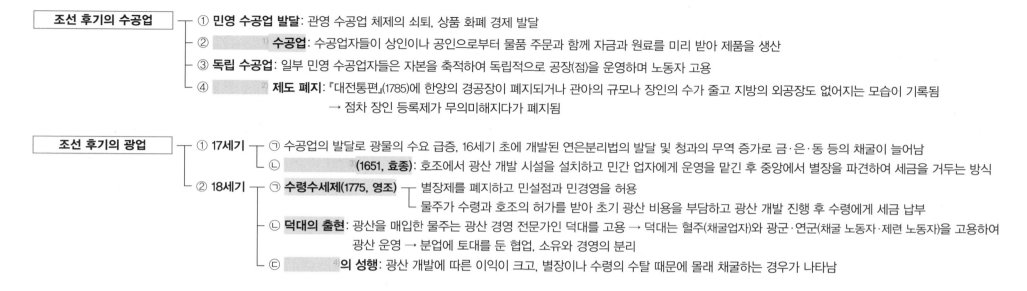

조선 후기의 수공업
- ① **민영 수공업 발달**: 관영 수공업 체제의 쇠퇴, 상품 화폐 경제 발달
- ② ______[1] **수공업**: 수공업자들이 상인이나 공인으로부터 물품 주문과 함께 자금과 원료를 미리 받아 제품을 생산
- ③ **독립 수공업**: 일부 민영 수공업자들은 자본을 축적하여 독립적으로 공장(점)을 운영하며 노동자 고용
- ④ ______[2] **제도 폐지**: 『대전통편』(1785)에 한양의 경공장이 폐지되거나 관아의 규모나 장인의 수가 줄고 지방의 외공장도 없어지는 모습이 기록됨 → 점차 장인 등록제가 무의미해지다가 폐지됨

조선 후기의 광업
- ① **17세기**
  - ㉠ 수공업의 발달로 광물의 수요 급증, 16세기 초에 개발된 연은분리법의 발달 및 청과의 무역 증가로 금·은·동 등의 채굴이 늘어남
  - ㉡ ______[3] **(1651, 효종)**: 호조에서 광산 개발 시설을 설치하고 민간 업자에게 운영을 맡긴 후 중앙에서 별장을 파견하여 세금을 거두는 방식
- ② **18세기**
  - ㉠ **수령수세제(1775, 영조)**
    - 별장제를 폐지하고 민설점과 민경영을 허용
    - 물주가 수령과 호조의 허가를 받아 초기 광산 비용을 부담하고 광산 개발 진행 후 수령에게 세금 납부
  - ㉡ **덕대의 출현**: 광산을 매입한 물주는 광산 경영 전문가인 덕대를 고용 → 덕대는 혈주(채굴업자)와 광군·연군(채굴 노동자·제련 노동자)을 고용하여 광산 운영 → 분업에 토대를 둔 협업, 소유와 경영의 분리
  - ㉢ ______[4]**의 성행**: 광산 개발에 따른 이익이 크고, 별장이나 수령의 수탈 때문에 몰래 채굴하는 경우가 나타남

정답 1) 선대제 2) 공장안 3) 설점수세제 4) 잠채

*옳은 문장은 ○, 틀린 문장은 ×에 체크하세요.

핵심 기출 OX 조선의 경제

01 『농사직설』은 중국의 농서인 『제민요술』, 『농상집요』, 『사시찬요』 등을 참고하였고 모내기법, 토질의 개량법 등 다양한 농법을 소개하였다. 2020년 경찰간부후보생 ○ ×

02 세종 대 농업을 장려하기 위해서 농서인 『금양잡록』을 발행하였다. 2019년 소방직 ○ ×

03 이앙법은 세종 때 편찬된 『농사직설』에도 등장하며 직파법보다 풀 뽑는 노동력을 절약할 수 있었다. 2021년 국가직 9급 ○ ×

04 시전 상인은 왕실이나 관청에 물품을 공급하는 대신에 특정 상품에 대한 독점 판매권을 부여받았다. 2009년 지방직 9급 ○ ×

05 조선 전기에는 국가가 적극적으로 상공업 활동을 권장하여 사회 발전을 꾀하였다. 2012년 서울시 9급 ○ ×

06 조선 전기에 정부가 조선통보를 유통시킴으로써 동전 화폐 유통이 활발해졌다. 2013년 국가직 9급 ○ ×

07 조선 초기 과전법은 전국의 토지를 나누어 전 · 현직 관리에게 해당 토지에 대한 수조권을 지급한 것이다. 2016년 경찰직(1차) ○ ×

08 과전법에서 사전의 소유권은 전객(佃客)에게 있고 수조권은 전주에게 있다. 2014년 기상직 9급 ○ ×

09 관수 관급제 시행 후 수신전과 휼양전이 폐지되었다. 2015년 국가직 9급 ○ ×

10 관수 관급제로 관리가 직접 수조권을 행사하는 것이 금지되었으며, 국가의 토지 지배력이 강화되었다. 2015년 국가직 9급 ○ ×

11 조선 명종 때 직전법이 폐지됨에 따라 자영농의 숫자가 급속히 늘어나게 되었다. 2018년 경찰직(1차) ○ ×

12 소유권에 기반한 지주 전호제는 직전법의 폐지로 더욱 심각해졌다. 2012년 지방직(상) 9급 ○ ×

13 전분 6등법은 토지의 비옥도에 따라 1등전에서 6등전으로 구분하는 것이다. 2010년 지방직 7급 ○ ×

14 세종 때 공법의 실시로 풍흉에 상관없이 1결당 4~6두를 조세로 징수하였다. 2017년 지방직 9급 ○ ×

15 공법이 만들어질 당시에 신속은 『농가집성』을 펴내 벼농사 중심의 농법을 소개하였다. 2011년 국가직 9급 ○ ×

승범쌤의 기출 포인트

07 **과전법** 기출사료

경기는 사방의 근본이니 마땅히 과전을 설치하여 사대부를 우대한다. 경성에 거주하며 왕실을 시위하는 자는 전 · 현직 관리를 막론하고 과(科)에 따라 과전을 받는다. 과전을 받은 자가 죽은 후, 그의 아내가 자식이 있고 재가(再嫁)하지 않는 경우에는 남편의 과전 모두를 전수받고, 자식이 없는 채로 재가하지 않는 경우에는 반을 감하여 전해 받으며, 재가하는 경우에는 이에 해당하지 않는다. 부모가 모두 사망하고 자손이 유약한 자는 마땅히 휼양(恤養)하여야 하니 아버지의 과전 모두를 전해 받고, 20세가 되는 해에 본인의 등급에 따라 받는다. – 『태조실록』

16 조선 시대에는 재정의 토대가 되는 수취 체제를 운영하기 위해 토지 대장인 양안과 인구 대장인 호적을 작성하였다. 2018년 경찰직(2차) O X

17 토지 결수에 따라 지방의 토산물을 거두는 것을 공법이라 한다. 2018년 경찰직(2차) O X

18 조선 성종 때에는 경작하는 토지 8결을 기준으로 한 사람씩 요역에 동원하도록 하였다. 2010년 국가직 7급 O X

19 모내기법은 조선 초기부터 정부에서 적극적으로 권장하여 조선 후기 들어 전국적으로 확산되었다. 2021년 경찰간부후보생 O X

20 모내기를 하면 모를 옮겨심기 전까지 쉬고 있는 논에 보리를 심어 벼와 보리의 이모작이 가능하여 수확량이 늘어났다. 2021년 경찰간부후보생 O X

21 정조는 민간의 광산 개발 참여를 허용하는 설점수세제를 처음 실시하였다. 2018년 국가직 9급 O X

22 영정법은 풍흉에 관계없이 토지 1결당 4~6두로 고정된 조세를 납부하는 것이다. 2017년 지방직 9급(6월) O X

23 영정법 시행의 결과로 관수품 조달을 위한 공인의 활동이 증가하면서 상품 화폐 경제 발달이 촉진되었다. 2019년 서울시 9급(6월) O X

24 대동법은 임진왜란 이후 전후 복구 사업으로 경기도에서 먼저 시행되었다. 2018년 소방직(10월) O X

25 대동법은 상공, 별공, 진상에 모두 적용되어 토지 1결당 12두를 징수하였다. 2014년 경찰직(1차) O X

26 대동법 시행 결과로 공납의 전세화와 조세의 금납화가 나타났다. 2015년 서울시 9급 O X

27 균역법의 실시로 종래 상민에게만 거두었던 군포를 양반에게도 징수하였다. 2020년 국가직 7급 O X

28 19세기에는 군역, 환곡, 잡역 중 일부 또는 전부를 토지에 부과하여 화폐로 징수하였다. 2017년 국가직 9급(10월) O X

29 신해통공으로 육의전의 금난전권이 폐지되었다. 2012년 지방직(상) 9급 O X

30 사상의 대두로 물품의 중개 · 보관, 숙박 등을 담당하는 객주와 여각이 활성화되었다. 2015년 국가직 9급 O X

승범쌤의 기출 포인트

22 영정법 기출사료

삼남 지방은 처음에 각 등급으로 결수를 정하고 조안에 기록하였다. 영남은 상지하(上之下)까지만 있게 하고, 호남과 호서 지방은 중지중(中之中)까지만 있게 하며, 나머지 5도는 모두 하지하(下之下)로 정하여 전례에 의하여 징수한다. 경기 · 삼남 · 해서 · 관동은 모두 1결에 전세 4두를 징수한다.

– 서영보 등, 『만기요람』

31 내상은 동래를 중심으로 운송업 외에 선박 건조업 등 생산 분야에도 진출하였다. 2011년 국가직 7급 (O | X)

32 17세기 중엽 이후 국경 지대를 중심으로 공적으로 허용된 개시가 열렸는데, 중강 개시, 회령 개시, 경원 개시, 동래 개시가 있었다. 2020년 국회직 9급 (O | X)

33 정조 때 신해통공을 통해 모든 시전이 가진 금난전권의 특권을 없애고 모든 상품의 자유로운 판매를 허용하였다. 2020년 국회직 9급 (O | X)

34 숙종 이후 전국적으로 유통된 동전은 교환 수단으로 뿐만 아니라 재산 축적의 수단으로 여겨져 동전의 부족 현상인 전황이 발생하기도 하였다. 2020년 국회직 9급 (O | X)

35 이익은 화폐 사용이 백성들의 삶에 크게 유익하다는 주장을 제기하였다. 2012년 국가직 7급 (O | X)

36 조선 후기에는 상인이나 공인으로부터 물품 주문과 함께 자금과 원료를 미리 받아 제품을 생산하는 선대제 수공업이 나타났다. 2011년 지방직 7급 (O | X)

37 조선 후기 지대 납부 방식은 도조법에서 타조법으로 전환되었다. 2019년 지방직 7급 (O | X)

38 조선 후기 상업 자본가로 성장한 도매 상인인 도고들은 자본을 바탕으로 상품을 독점하여 부를 축적하였다. 2020년 국회직 9급 (O | X)

39 조선 후기 광산 경영 방식에서 덕대제가 유행하기 시작하였다. 2017년 지방직 7급 (O | X)

40 조선 후기에는 수공업자가 독자적으로 물품을 생산 · 판매하는 독립 수공업자들이 나타났다. 2017년 지방직 7급 (O | X)

41 15세기 후반 한성에서 등장한 장시는 16세기 중엽에 전국으로 확대되었다. 2011년 사회복지직 9급 (O | X)

42 조선 시대에는 경시서(평시서)에서 시전 상인들의 불법적 상행위를 단속하였다. 2009년 지방직 9급 (O | X)

43 과전법 체제에서는 지방 전주(田主)들의 수조지를 몰수하고 군전(軍田)을 지급하였다. 2014년 기상직 9급 (O | X)

44 전분 6등법에서는 토지를 측량할 때 등급에 따라서 사용하는 척이 달랐다. 2011년 지방직 7급 (O | X)

승범쌤의 기출 포인트

33 금난전권의 폐지 기출사료

지금 서울 시내의 횡포를 말하자면 시전의 금난전권 행위가 으뜸입니다. …… 그 가게가 아니고서는 다른 곳에서 물건을 살 수가 없습니다. …… 육의전 이외의 시전에는 금난전권을 인정하지 말아야 합니다. -『정조실록』

38 도고의 매점매석 기출사료

영의정 김상철이 말하기를, "도성 백성이 의지하여 살아가는 것은 오로지 시사를 벌여 놓고, 있고 없는 것을 팔고 사며 교역하는 데 달려 있습니다. 그런데 근래에는 기강이 엄하지 않아 간사한 무리들이 어물(魚物)과 약재(藥材) 등의 물종은 물론이고, 도고라 이름하면서 중앙에서 이익을 독점하는 폐단이 그 단서가 한둘이 아닙니다." -『영조실록』

45 조식은 '서리망국론'을 주장하며 방납의 폐단을 지적하였다. 2016년 국가직 9급 O X

46 개성의 송상은 인삼을 재배 · 판매하고 대외 무역에도 깊이 관여하였다. 2011년 국가직 7급 O X

47 조선 후기에는 대일 무역이 활발하게 전개되어 은, 구리, 유황 등을 일본에 수출하였다. 2015년 지방직 7급 O X

48 남부 지방에서 개설되기 시작한 장시는 18세기 중엽에 이르러 1,000여 개소로 늘어났다. 2014년 방재안전직 9급 O X

49 조선 후기에는 상평통보가 널리 유통되면서 환, 어음 등의 신용 화폐는 점차 소멸되었다. 2015년 국가직 7급 O X

50 조선 후기 『감저보』, 『감저신보』는 고구마 재배법을 기술하였다. 2019년 국가직 9급 O X

승범쌤의 기출 포인트

45 조식 기출개념

- 경(敬)과 의(義)를 근본으로 하는 실천적 성리학 강조, 노장 사상에 포용적
- 주요 저술: 『남명집』, 『남명학기유편』, 「무진봉사」

정답과 해설 01 O | 02 × | 03 O | 04 O | 05 × | 06 × | 07 × | 08 O | 09 × | 10 O | 11 × | 12 O | 13 O | 14 × | 15 × | 16 O | 17 × | 18 O | 19 × | 20 O | 21 × | 22 O | 23 × | 24 O | 25 × | 26 O | 27 × | 28 O | 29 × | 30 O | 31 × | 32 O | 33 × | 34 O | 35 × | 36 O | 37 × | 38 O | 39 O | 40 O | 41 × | 42 O | 43 O | 44 O | 45 O | 46 O | 47 × | 48 O | 49 × | 50 O

02 『금양잡록』은 성종 때 강희맹이 저술하였다. | 05 조선 전기에는 농본억상 정책을 실시하였다. | 06 화폐 유통이 활발해진 것은 조선 후기이다. | 07 과전법은 경기 지역의 토지를 대상으로 하였다. | 09 직전법을 실시하면서 수신전과 휼양전이 폐지되었다. | 11 직전법의 폐지로 소작농(전호)의 숫자가 급속히 늘어났다. | 14 공법의 실시로 풍흉에 따라 9등급으로 구분하여 1결당 최고 20두에서 최하 4두를 징수하였다. | 15 공법은 조선 세종 때 만들어졌으며, 신속의 『농가집성』은 효종 때 편찬되었다. | 17 지방의 토산물을 거두는 것을 공납이라 하는데, 대동법 실시 이전에는 가호가 기준이었고 대동법 실시 이후에는 토지 결수가 기준이 되었다. | 19 조선 초기 정부는 모내기법을 금지하였다. | 21 설점수세제는 효종 때 실시되었다. | 23 상품 화폐 경제 발달을 촉진한 것은 대동법이다. | 25 대동법은 상공 부분에만 실시되었다. | 27 균역법은 양반에게 군포를 징수하지 않았다. | 29 신해통공으로 육의전을 제외한 시전 상인의 금난전권이 폐지되었다. | 31 선박 건조업 등 생산 분야에도 진출한 상인은 경강 상인이다. | 33 신해통공을 통해 육의전을 제외한 시전 상인의 금난전권이 폐지되었다. | 35 이익은 화폐 사용이 백성에게 불이익을 끼친다며 폐전론을 주장하였다. | 37 조선 후기 지대 납부 방식은 타조법에서 도조법으로 전환되었다. | 41 장시는 남부 지방에서 처음으로 개설되었다. | 47 은, 구리, 유황 등은 조선이 일본에서 수입하는 물품이었다. | 49 조선 후기에는 환, 어음 등의 신용 화폐도 보급되었다.

05 조선의 사회

1. 조선의 신분 제도

1 ______1) 제도

① 법제적 구분으로 갑오개혁(1894) 이전까지 유지
② **양인**: 과거 응시 가능, 관직 진출 자격 보유, 조세와 국역 등의 의무 부담
③ **천인**: 비자유민으로 개인이나 국가에 소속되었으며 천역 담당

2 반상 제도

의미 — 실제적인 신분 제도

양반
- ① 본래 문반과 무반을 의미 → 점차 그 가족과 가문까지 포함
- ② **특권 유지책**: 문·무 양반의 관직을 받은 자만 사족으로 인정, 중인층과 서얼층 배제
- ③ **특권**: 과거, 음서, 천거 등을 통하여 국가의 고위 관직 독점, 각종 국역 면제, 지주층
- ④ **양반층의 분화**: 붕당 정치의 변질로 일당 전제화 전개 → 다수의 양반이 몰락하여 향반이 되거나 더욱 몰락하여 ______2)이 됨
- ⑤ **양반의 지위 유지 수단**: 족보 작성, 청금록과 향안 작성, 동계와 동약, 동족 마을 형성과 족적 결합 강화, 서원(제사 + 교육)·사우(제사) 설립

중인
- ① 넓은 의미로는 양반과 상민의 중간층(서리, 향리, 서얼 포함), 좁은 의미로는 ______3)을 지칭
- ② 관청의 직역을 세습하는 서리, 향리, 기술관 등으로 관청 근처에 거주하였으며, 같은 신분 내에서 혼인
  → ______4)은 사신 수행을 통해 무역에 관여하여 부를 축적, ______5)는 토착 세력으로 수령을 보좌하면서 영향력 행사
- ③ ______6): 양반 첩에게서 태어난 서얼은 중인과 같은 신분적 처우를 받아 중서(中庶)라고도 지칭
- ④ **서얼의 관직 진출**: 『경국대전』에 차별 조항을 법제화한 이후 서얼은 문과 응시 금지, 무반직에 급제하여도 ______7)에 따라 승진을 제한
- ⑤ 서얼을 제외한 중인은 문과와 생원·진사시에 응시할 수 있고, 조선 후기에는 ______8)를 조직하여 문예 활동을 전개하기도 함
- ⑥ **서얼 허통 과정**
  - ㉠ **1772(영조)**: '통청윤음'을 발표하여 서얼의 청요직 진출과 호부호형 허용
  - ㉡ **1777(정조)**: '서류허통절목'(정유절목)을 발표해 서얼의 관직 진출 확대, 서얼 출신 이덕무·유득공·박제가·서이수를 초대 규장각 검서관으로 발탁(1779)
  - ㉢ **1823(순조)**: '계미절목'을 발표해 서얼들을 종2품까지 한해서 사헌부의 관직을 허용
  - ㉣ **1851(철종)**: '______9)'으로 서얼의 관직 진출 제한 폐지
  - ㉤ **1894(고종)**: '갑오개혁'으로 서얼에 대한 차별이 법적으로 완전히 폐지됨
- ⑦ **기술직 중인들의 ______10) 운동**: 철종 때 역관 1,872명이 허통을 위한 대규모 소청 운동을 전개하였지만 실패 → 갑오개혁 이후 법적인 지위 획득

정답 1) 양천 2) 잔반 3) 기술관 4) 역관 5) 향리 6) 서얼 7) 한품서용 8) 시사 9) 신해허통 10) 소청

상민

- ① 백성의 대다수로 농민, 수공업자, 상인 등으로 구성
- ② **농민**: 조세, 공납, 부역 등의 의무 부담
- ③ **수공업자**: 공장으로 불리며 관영이나 민영 수공업에 종사
- ④ **상인**: 시전 상인과 행상 등이 있었고, 국가가 상거래를 통제
- ⑤ ____1): 신분은 양인이나 천역을 담당한 계층, 조례(관청의 잡역 담당), 나장(형사), 일수(지방 고을의 잡역 담당), 조졸(조운), 수군, 봉군(봉수군), 역보(역졸) 등
- ⑥ **조선 후기 농민층의 분화**
  - ㉠ **부농(요호부민, 경영형 부농)**: 관권과 결탁(납속과 향임직 매매), ____2)에 등재되어 ____3)를 장악(향회는 수령의 부세 자문 기구로 전락)
  - ㉡ **빈농**: 임노동자로 전락하거나 상업이나 수공업에 종사
  - ㉢ ____4) **발생**: 구향과 신향의 대립 격화 → 재지 사족의 힘이 약화되고 수령과 향리 등의 관권이 강화

천인

- ① **노비**
  - ㉠ **공노비**
    - 소속에 따라 내노비(궁노비), 시노비(사섬서 등 중앙의 각 시), 관노비(각 관청), 교노비(향교)
    - 주어진 의무에 따라 선상 노비(일정 기간 차출되어 중앙이나 지방의 관청에서 노역에 종사), 납공 노비(지방에 거주하며 매년 신공으로 현물 등을 바치는 외거 노비)
  - ㉡ **사노비**
    - **솔거 노비**: 주인의 집에 거주하며 재산으로 간주, 주인의 호적에 기록
    - **외거 노비**: 주인과 떨어져 살며 납공 노비와 같이 주인에게 매년 신공을 바침
- ② **기타**: 백정(도축업), 무당, 창기, 광대 등 – 양인 신분이지만 천민 취급을 받는 계층
- ③ **조선 후기 노비제의 변화**
  - ㉠ **국가의 정책 변화**: 군공, 납속을 통한 신분 상승 허용, 입역 노비를 납공 노비로 전환
  - ㉡ 도망 노비의 증가
  - ㉢ ____5) **실시(1731, 영조)**: 노비는 어머니의 신분을 따르도록 하여 양인의 수 증대 노력
  - ㉣ ____6) **해방(1801, 순조)**: 왕실과 중앙 관청의 노비(내시 노비) 66,000여 명을 해방
  - ㉤ **노비 세습제 폐지(1886, 고종)**: '사가노비절목'을 제정하여 실시
  - ㉥ **공·사 노비제 폐지(1894, 고종)**: 갑오개혁으로 법제상 신분제 폐지

정답 1) 신량역천 2) 향안 3) 향회 4) 향전 5) 노비종모법 6) 공노비

2. 사회 정책과 사회 제도

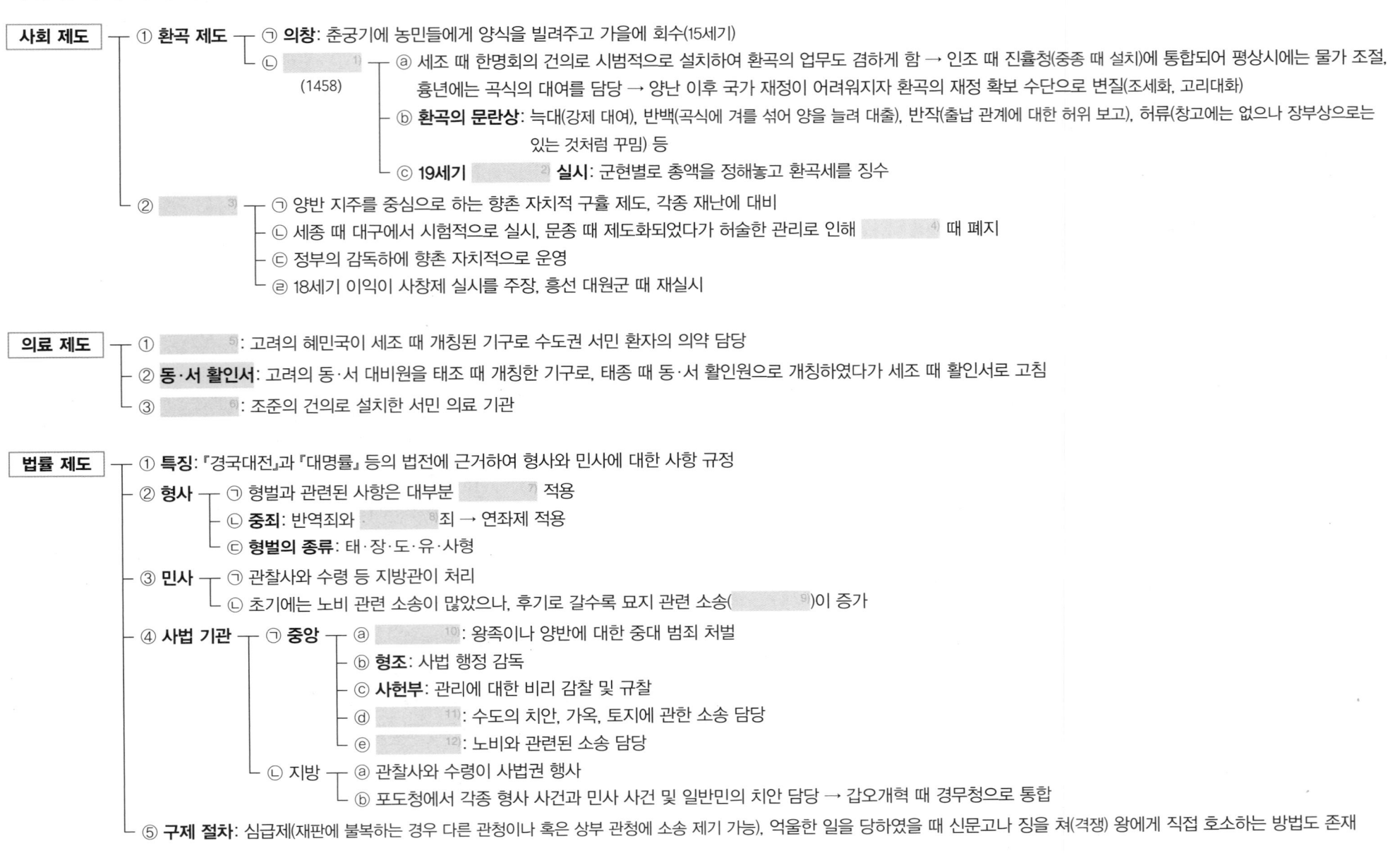

사회 제도
- ① **환곡 제도**
  - ㉠ **의창**: 춘궁기에 농민들에게 양식을 빌려주고 가을에 회수(15세기)
  - ㉡ ______1) (1458)
    - ⓐ 세조 때 한명회의 건의로 시범적으로 설치하여 환곡의 업무도 겸하게 함 → 인조 때 진휼청(중종 때 설치)에 통합되어 평상시에는 물가 조절, 흉년에는 곡식의 대여를 담당 → 양난 이후 국가 재정이 어려워지자 환곡의 재정 확보 수단으로 변질(조세화, 고리대화)
    - ⓑ **환곡의 문란상**: 늑대(강제 대여), 반백(곡식에 겨를 섞어 양을 늘려 대출), 반작(출납 관계에 대한 허위 보고), 허류(창고에는 없으나 장부상으로는 있는 것처럼 꾸밈) 등
    - ⓒ **19세기 ______2) 실시**: 군현별로 총액을 정해놓고 환곡세를 징수
- ② ______3)
  - ㉠ 양반 지주를 중심으로 하는 향촌 자치적 구휼 제도, 각종 재난에 대비
  - ㉡ 세종 때 대구에서 시험적으로 실시, 문종 때 제도화되었다가 허술한 관리로 인해 ______4) 때 폐지
  - ㉢ 정부의 감독하에 향촌 자치적으로 운영
  - ㉣ 18세기 이익이 사창제 실시를 주장, 흥선 대원군 때 재실시

의료 제도
- ① ______5): 고려의 혜민국이 세조 때 개칭된 기구로 수도권 서민 환자의 의약 담당
- ② **동·서 활인서**: 고려의 동·서 대비원을 태조 때 개칭한 기구로, 태종 때 동·서 활인원으로 개칭하였다가 세조 때 활인서로 고침
- ③ ______6): 조준의 건의로 설치한 서민 의료 기관

법률 제도
- ① **특징**: 『경국대전』과 『대명률』 등의 법전에 근거하여 형사와 민사에 대한 사항 규정
- ② **형사**
  - ㉠ 형벌과 관련된 사항은 대부분 ______7) 적용
  - ㉡ **중죄**: 반역죄와 ______8)죄 → 연좌제 적용
  - ㉢ **형벌의 종류**: 태·장·도·유·사형
- ③ **민사**
  - ㉠ 관찰사와 수령 등 지방관이 처리
  - ㉡ 초기에는 노비 관련 소송이 많았으나, 후기로 갈수록 묘지 관련 소송(______9))이 증가
- ④ **사법 기관**
  - ㉠ **중앙**
    - ⓐ ______10): 왕족이나 양반에 대한 중대 범죄 처벌
    - ⓑ **형조**: 사법 행정 감독
    - ⓒ **사헌부**: 관리에 대한 비리 감찰 및 규찰
    - ⓓ ______11): 수도의 치안, 가옥, 토지에 관한 소송 담당
    - ⓔ ______12): 노비와 관련된 소송 담당
  - ㉡ 지방
    - ⓐ 관찰사와 수령이 사법권 행사
    - ⓑ 포도청에서 각종 형사 사건과 민사 사건 및 일반민의 치안 담당 → 갑오개혁 때 경무청으로 통합
- ⑤ **구제 절차**: 심급제(재판에 불복하는 경우 다른 관청이나 혹은 상부 관청에 소송 제기 가능), 억울한 일을 당하였을 때 신문고나 징을 쳐(격쟁) 왕에게 직접 호소하는 방법도 존재

정답 1) 상평창 2) 환총제 3) 사창 4) 성종 5) 혜민서 6) 제생원 7) 『대명률』 8) 강상 9) 산송 10) 의금부 11) 한성부 12) 장례원

3. 향촌 사회의 모습

1 유향소·경재소

특징 — 고려 시대 ______[1] 제도가 분화·발전

유향소
- ① 지방 사족들의 향촌 자치 기구, 수령 보좌·향리 규찰·향촌 사회 풍속 교화 등 담당, 향안 작성·향규 제정·향회 개최
- ② **폐지**: 태종, 세조(1467, ______[2]의 난이 원인)
- ③ **복설**: ______[3](수령의 불법 행위와 향리의 폐단 시정 목적), 성종(사림들의 유향소 복설 운동)
- ④ **사림 세력의 유향소 혁파 주장**: 훈구파가 대부분의 유향소를 경재소를 통해 장악하자 혁파 주장, 유향소는 향청으로 개칭되고, 사림 세력은 서원과 향약을 향촌 자치 수단으로 중시함
- ⑤ ______[4]**의 발생**: 조선 후기에 신향과 구향의 대립, 관권과 결탁한 신향이 향안에 등재되어 향회를 장악
  → 향회가 수령의 부세 자문 기구로 전락, 수령권의 강화와 함께 향리의 수탈 증가

______[5] — 출신지의 유향소를 통제하기 위해 해당 지방 출신 중앙 관리들로 구성, 유향소와 중앙 정부의 연락 담당, 선조 때 폐지(1603)

2 촌락

촌락의 통제
- ① **면리제와 ______[6]제**: 5호(戶)를 1통(統), 5통을 1리(里)로 하고, 몇 개의 리를 합쳐 1면(面)을 만들며 통에는 통주, 리에는 이정, 면에는 권농관을 둠
- ② **면리제의 변화**: 소리(5통~10통), 중리(11통~20통), 대리(21~30통)로 나눔

촌락의 구성
- ① **반촌**: 다양한 성씨의 양반이 거주하는 촌락, 18세기 이후에는 동성 촌락으로 발전
- ② **민촌**: 일반 평민들이 거주하는 촌락, 18세기 이후에는 신분 구성에 변화가 생겨 대다수의 신분이 상승
- ③ **잡거**: 대개의 향촌에는 두서너 개의 씨족이 서로 인척 관계를 맺고 양반과 평민, 천민이 섞여서 거주
- ④ **농민 공동 조직**: ______[7](공동 노동 조직), ______[8](향촌 공동체 조직, 상두꾼을 향도꾼이라고도 함)
- ⑤ ______[9]**와** ______[10]: 본래 양반 사족의 조직, 왜란 후 평민층이 함께 참여하는 상하 합계의 형태로 전환
- ⑥ **특수 마을**: 신분·직역에 따라 교통 기관인 역·진·원에는 역촌·진촌·원촌 형성, 어촌과 수공업품을 생산하는 곳에는 점촌 형성

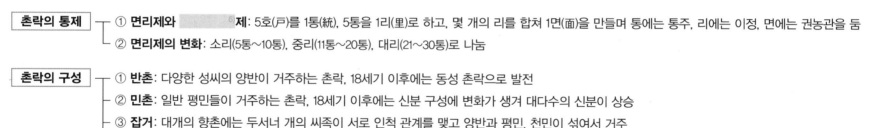

더 알아보기

촌락의 구성: 「오가작통사목」(1675, 숙종 1)

다섯 집을 한 통으로 하여 통수의 관장을 받고, 5~10통을 소리(小里), 11~20통을 중리(中里), 21~30통을 대리(大里)로 하여 이에는 이정과 이유사(里有司) 각 1명을 두도록 하였다. 그리고 이의 행정을 면에 귀속시켰는데, 면에는 도윤(都尹)과 부윤(副尹) 각 1명을 두어 이정을 지휘하게 하였고, 면윤(面尹)은 수령의 감독을 받도록 하였다.

정답 1) 사심관 2) 이시애 3) 세종 4) 향전 5) 경재소 6) 오가작통 7) 두레 8) 향도 9) 동계 10) 동약

3 향약과 유교 윤리의 보급

예학
- ① 16세기 후반 성리학자들에 의해 확산
- ② **영향**: 양반들의 신분적 우월성을 강조, 사림 간 정쟁의 구실로 이용

보학
- ① 종족의 종적인 내력과 횡적인 종족 관계 확인
- ② **기능**: 양반들의 우월성 확보, 종족의 결속 강화, 붕당을 구별하거나 결혼 상대자를 구하는 데 이용
- ③ **조선 전기의 족보**: 『안동 권씨 성화보』(1476, 성종 7, 현존 우리나라 최고의 족보), 『문화 류씨 가정보』(1565)

향약
- ① **기원**: ______1)에 의해 처음 시행(조광조는 '여씨 향약'을 수용하였고, 김안국은 『여씨향약언해』를 간행함)
  → 퇴계의 ______2) 향약, 율곡의 ______3) 향약·서원 향약 등장
- ② **목적**: 유교 윤리를 통해 향촌 질서 유지와 자치적 기능 수행
- ③ **4대 강목**: ______4), 과실상규, 예속상교, 환난상휼
- ④ **조직**: 여성을 비롯해 양반부터 노비까지 향약에 강제로 편성
- ⑤ **운영**: 향교, 서원, 유향소 등을 독회 장소로 활용
- ⑥ **간부**: 약정(도약정, 부약정), ______5)(간사)은 사족이 담당, 향약의 규율 위반 시 마을에서 추방 권한 보유
- ⑦ **영향**: 사림의 지위 강화, 지방 유력자에 의한 농민 수탈의 기반으로 이용

서원
- ① **기능**: 선현에 대한 제사와 교육 담당, 유교 윤리 보급과 향촌 사림 결집의 수단으로 이용
- ② 봄·가을로 향사례와 가을에 향음주례를 지냄
- ③ **구조**: 강당, 동재와 서재, 사당 등
- ④ ______6) 서원(최초, 중종 때 풍기 군수 ______7)이 건립) → ______8) 서원(명종 때 이황의 건의로 사액)

정답 1) 조광조 2) 예안 3) 해주 4) 덕업상권 5) 직월 6) 백운동 7) 주세붕 8) 소수

4. 가족 제도의 변화와 혼인 형태

가족 제도의 변화

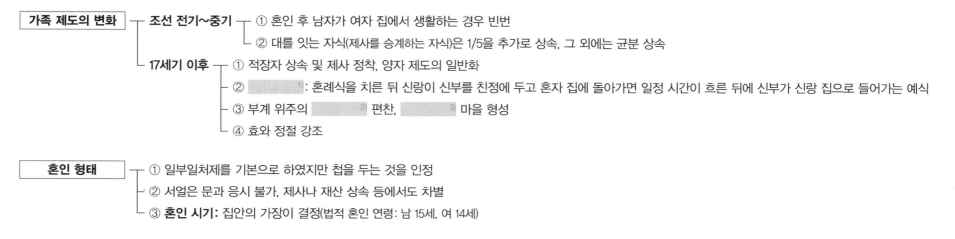

- **조선 전기~중기**
  - ① 혼인 후 남자가 여자 집에서 생활하는 경우 빈번
  - ② 대를 잇는 자식(제사를 승계하는 자식)은 1/5을 추가로 상속, 그 외에는 균분 상속
- **17세기 이후**
  - ① 적장자 상속 및 제사 정착, 양자 제도의 일반화
  - ② ________[1]: 혼례식을 치른 뒤 신랑이 신부를 친정에 두고 혼자 집에 돌아가면 일정 시간이 흐른 뒤에 신부가 신랑 집으로 들어가는 예식
  - ③ 부계 위주의 ________[2] 편찬, ________[3] 마을 형성
  - ④ 효와 정절 강조

혼인 형태

- ① 일부일처제를 기본으로 하였지만 첩을 두는 것을 인정
- ② 서얼은 문과 응시 불가, 제사나 재산 상속 등에서도 차별
- ③ **혼인 시기:** 집안의 가장이 결정(법적 혼인 연령: 남 15세, 여 14세)

정답 1) 신행 2) 족보 3) 동성

*옳은 문장은 ○, 틀린 문장은 ×에 체크하세요.

핵심 기출 OX 조선의 사회

01 조선 시대 외거하는 사노비는 주인으로부터 사경지를 받아 그 수확을 자신이 차지하여 재산을 축적하기도 하였다. 2019년 서울시 7급(2월) ○ ×

02 조선 시대 공노비에게는 유외잡직이라는 벼슬이 주어지기도 하였다. 2021년 경찰직(1차) ○ ×

03 조선 시대에는 유교의 적서 구분에 의해 서얼에 대한 차별이 심했기 때문에 서얼은 관직에 진출하지 못하였다. 2018년 서울시 9급(6월) ○ ×

04 세종 때 서얼차대법이 제정되어 서얼의 문과 응시가 제한되었다. 2021년 경찰직(1차) ○ ×

05 조선 시대에는 삼강오륜을 어긴 것을 강상죄라 하여 중대 범죄로 취급하였다. 2018년 경찰직(3차) ○ ×

06 향약은 향촌 사회의 질서를 유지하고 치안을 담당하는 향촌의 자치 기능을 맡았다. 2020년 경찰간부후보생 ○ ×

07 향약은 어려운 일이 생겼을 때에 서로 돕는 역할을 하였고, 상두꾼도 이 조직에서 유래하였다. 2013년 국가직 9급 ○ ×

08 조선 시대에는 농민의 생활이 어려워졌을 때 지방 자치적으로 의창과 상평창을 설치했고, 환곡제를 실시해 농민을 구제했다. 2010년 서울시 9급 ○ ×

09 조선 전기 족보에는 딸이 재혼하였을 경우 후부(後夫)라 하여 재혼한 남편의 성명을 기재하였다. 2014년 사회복지직 9급 ○ ×

10 조선 후기에는 양천제가 해이해지면서 이를 대신해 반상제를 법제적 신분제로 규정하였다. 2011년 지방직 7급 ○ ×

11 경재소는 중앙 정부가 현직 관료로 하여금 연고지의 유향소를 통제하게 하는 제도로서, 중앙과 지방의 연락 업무를 맡았다. 2016년 경찰직(1차) ○ ×

12 조선 전기 사림 세력은 촌락 단위의 동약을 실시하고, 문중 중심으로 서원과 사우를 많이 세웠다. 2015년 국가직 9급 ○ ×

13 조선 후기 중인들은 시사를 조직하여 문예 활동을 하였다. 2012년 지방직(하) 9급 ○ ×

14 정조 때 규장각 검서관으로 등용된 유득공, 박제가, 이덕무 등은 기술직 중인 계층이다. 2020년 국가직 9급 응용 ○ ×

승범쌤의 기출 포인트

03 서얼에 대한 차별 기출사료

서얼의 자손들이 과거에 응시하고 벼슬에 진출하는 것을 막는 것은 우리나라의 옛 법이 아니다. …… 그런데 『경국대전』을 편찬한 뒤로부터 금고(禁錮)를 가하기 시작하였으니 현재 아직 백 년도 채 되지 못한다. …… 양반 사대부의 자식으로서 다만 외가가 미천하다는 이유만으로 대대로 금고하여 비록 훌륭한 재주와 능력이 있어도 끝내 머리를 숙이고 시골에서 그대로 죽어 향리나 수군만도 못하니 참으로 가련하다.

– 어숙권, 『패관잡기』

15 조선 시대 중앙 관청의 서리는 넓은 의미의 중인에 해당되었다. 2012년 기상직 9급 O X

16 1899년 대한국 국제를 제정하면서 신분제를 철폐함에 따라 노비제가 사라지게 되었다. 2019년 국회직 9급 O X

17 조선 후기 향촌 사회에서는 수령의 권한이 약화되었고, 관권을 맡아보던 향리의 역할도 비례하여 축소되었다. 2010년 서울시 9급 O X

18 조선 후기 향전은 수령과 향리의 권한이 강해지는 결과를 가져왔다. 2018년 법원직 9급 O X

19 조선 후기에는 사대부 가문에서의 4대 봉사가 점차 사라졌다. 2014년 계리직 O X

20 조선 시대 조례, 나장, 일수 등은 상민에 속하였다. 2021년 경찰직(1차) O X

21 조선 시대 향약은 덕업상권, 과실상규, 예속상교, 환난상휼 등을 주요 강령으로 하였다. 2020년 경찰간부후보생 O X

22 조선 전기의 족보 기재 방식은 자녀가 없는 사람은 무후(無後)라 기재하였고, 양자를 들인 사례는 거의 없다. 2014년 사회복지직 9급 O X

23 조선 후기 역관은 외래 문화의 수용에서 선구적 역할을 수행하였다. 2017년 지방직 7급 O X

24 조선 후기에는 동성 마을이 많아지고 부계 중심의 족보가 편찬되었다. 2014년 경찰직(1차) O X

승범쌤의 기출 포인트

18 **향전** 기출사료

- 영남은 평소 사대부의 고장이라 일컬어져 서민들이 양반을 본받기 때문에 전에는 유현(儒賢)이 배출되고 풍속이 보고 느낄만 했습니다. 지금은 인심이 점점 경박해져서 점차 옛날만 못하게 되고 토호들의 향전이 고질적인 폐단을 이루었으며 글을 읽는 사람이 없습니다. -『영조실록』
- 지방 고을의 향전은 마땅히 금지해야 할 것이다. …… 반드시 가볍고 무거움에 따라 양쪽의 주동자를 먼저 다스려 진정시키고 향전을 없애는 것을 위주로 하는 것이 옳다. …… 향임을 임명할 때 한쪽 사람을 치우치게 쓰지 않는 것이 좋다. -『거관대요』

정답과 해설 01 O | 02 O | 03 × | 04 × | 05 O | 06 O | 07 × | 08 × | 09 O | 10 × | 11 O | 12 × | 13 O | 14 × | 15 O | 16 × | 17 × | 18 O | 19 × | 20 O | 21 O | 22 O | 23 O | 24 O

03 조선 시대의 서얼은 무과와 잡과를 통해 관직에 진출할 수 있었다. | 04 서얼차대법은 태종 때 제정되었다. | 07 향약이 아니라 향도에 대한 설명이다. | 08 환곡 제도는 정부가 운영한 것이고, 지방 자치적으로 운영한 것은 사창제이다. | 10 조선 후기에도 법제적 신분제는 양천제였다. | 12 동약을 실시하고, 서원과 사우가 많이 세워진 것은 조선 후기의 일이다. | 14 정조 때 규장각 검서관으로 등용된 유득공, 박제가, 이덕무 등은 서얼이다. | 16 신분제가 철폐됨에 따라 노비제가 철폐된 것은 1894년 1차 갑오개혁 때이다. | 17 조선 후기에는 관권을 맡아보고 있던 수령과 향리의 역할이 커졌다. | 19 조선 후기에는 대부분의 사대부 가문에서 4대 봉사가 일반화되었다.

06 조선의 문화

1. 민족 문화 발달과 훈민정음 창제

조선 초기 민족 문화 발달의 배경 — 민생 안정과 부국강병을 위해 과학 기술과 실용적 학문 중시

훈민정음
- ① **창제 배경**: 고유 문자의 부재, 피지배층의 도덕적 교화 필요성, 농민의 사회적 지위 상승 등
- ② **창제와 반포**: 1443년 창제 후 언문청(정음청)을 설치하여 창제 원리 연구 및 각종 서적을 편찬하게 한 후 1446년에 반포

훈민정음 보급 노력
- ① ________[1] **(세종)**: 6대 조상의 덕을 기림, 최초의 한글 역사 문학 작품, 권제·정인지 편찬
- ② **『동국정운』(세종)**: 왕명에 따라 편찬한 음운서로 훈민정음 창제 원리 연구의 귀중한 자료, 신숙주·성삼문 편찬
- ③ **『석보상절』(세종)**: 소헌 왕후(세종의 비)의 명복을 빌며 쓴 석가의 일대기, 수양 대군 편찬
- ④ **「월인천강지곡」(세종)**: 세종이 『석보상절』을 보고 석가의 불덕을 찬양하며 지은 책
- ⑤ ________[2] **(세조)**: 세조가 『석보상절』과 「월인천강지곡」을 합본한 것
- ⑥ **행정 실무에 이용**: 하급 서리·향리 등을 선발하는 이과(吏科)에 훈민정음 포함

2. 교육 기관

성균관
- ① 최고 학부, 고등 교육 기관, 유학 교육 중심
- ② **입학**
  - ㉠ **자격**: 정원 200명(후에 100명), 원칙적으로 15세 이상의 소과(생원시, 진사시) 합격자가 입학
  - ㉡ **예외**: ________[3]에 합격한 자 또는 현직 관료, 원방의 유생 중 지망자가 입학하는 경우도 생김
- ③ **구조 및 기능**: ________[4](공자의 사당)·동무·서무(성현들의 사당) → '________[5]'로 통칭, ________[6](강의실), 동재·서재(기숙사), 존경각(도서관), ________[7](과거 시험장) 등
- ④ **권리**: 정치적 입장 표명을 위한 집단 상소, ________[8](공관이라고도 하며 일종의 동맹 휴학) 등의 활동을 보장
- ⑤ **시험**: 매달 시험을 치르고 성적 우수자에게는 대과 초시 면제 혜택 부여
- ⑥ **원점(圓點)**: 성균관과 4부 학당에서 유생의 출석을 확인하여 점수를 주는 제도 → 300점 이상이 되어야 관시 응시 자격 부여

4학 (4부 학당)
- ① **특징**: 중앙의 중등 교육 기관
- ② **입학**: 각 학당의 정원은 100명으로 8세 이상의 양인 남성이면 입학이 가능
- ③ **교육**: 교수·훈도가 『소학』과 4서 5경을 중심으로 교육
- ④ **구조**: 재(기숙사)가 존재, 향교와 달리 ________[9]는 없는 순수 교육 기관
- ⑤ **시험**: 성균관 대사성이 학당 학생들을 대상으로 ________[10]를 실시, 합격생은 소과 복시의 응시나 성균관 기재생으로 입학 자격 획득

정답 1) 「용비어천가」 2) 『월인석보』 3) 승보시 4) 대성전 5) 문묘 6) 명륜당 7) 비천당 8) 권당 9) 문묘 10) 승보시

향교
- ① 지방의 중등 교육 기관, 성현에 대한 제사와 유생들의 교육, 지방민의 교화 담당, 부·목·군·현에 하나씩 설립
- ② **입학**: 자격 – 8세 이상의 양인, 정원 – 인구 비례에 따라 책정
- ③ **교육**: 규모와 지역에 따라 중앙에서 교관인 ____1)와 ____2)를 향교에 파견하여 교육
- ④ **구조**: 성균관과 유사(대성전, 동무·서무, 명륜당, 동재·서재 등)
- ⑤ **시험**: 매년 2차례 시험 실시 → 성적 우수자는 소과의 초시 면제, 성적 미달자는 군역을 수행하도록 함

서당
- ① 초등 교육을 담당한 사립 교육 기관
- ② **입학**: 8~9세부터 15~16세 정도의 선비와 평민 자제들이 입학
- ③ **교육**: 『천자문』, 『동몽선습』, 『격몽요결』, 『명심보감』 등

서원
- ① **목적**: 선대의 훌륭한 유학자를 제사 지내고 성리학을 연구하는 사립 교육 기관
- ② **시초**: 풍기 군수 주세붕이 건립한 ____3) 서원(안향 배향) → 명종 때 이황의 건의로 ____4)으로 사액됨
- ③ **기능**: 선현에 대한 봉사와 후진 교육, 봄·가을(3월, 9월)로 향사례와 ____5)(10월)를 개최함, 향촌 사회의 교화에 공헌, 사림의 지위 강화 수단
- ④ **구조**: 강당, 동재와 서재, 사당 등이 있음

기술 교육
- ① 각 과목별로 해당 관청에서 실시, 지방은 각 지방 관아에서 교육
- ② 의학(____6)), 역학(____7)), 산학(호조), 율학(형조), 천문학(____8)), 도학(소격서), 회화(도화서), 악학(____9))

3. 역사서의 편찬

『조선왕조실록』
- ① ____10)~____11)까지 편찬(1997년 유네스코 세계 기록유산으로 등재)
- ② **편찬 과정**: 국왕 사후 춘추관 아래 ____12) 설치 → 사관들이 실록 작성 → 사고(史庫)에 보관
- ③ **실록의 자료**: 『의정부등록』, ____13)(사관들이 정리한 기록과 각 관청의 기록을 정리하여 춘추관에서 편찬), 사관들이 작성한 「사초」(史草), 『승정원일기』, 기타 사찬 기록물
  → 후기에는 『조보』, 『비변사등록』, ____14)(1760~1910) 등도 활용
- ④ **수정·보완**: 수정실록(____15), ____16)), 개수실록(『현종개수실록』), 보궐정오(『숙종실록보궐정오』)
- ⑤ **포쇄 작업**: 실록을 바람에 말려 습기를 제거하는 작업으로 3년마다 시행함
- ⑥ **사고**: 4대 사고(____17)·전주·성주·____18)) → 임진왜란 때 전주 사고본을 제외하고 소실 → 5대 사고(춘추관·태백산·오대산·마니산·묘향산) 설치, 이후 마니산 사고는 ____19) 사고로, 묘향산 사고는 ____20) 사고로 옮김

『____1)일기』
- ① 단일 역사 기록물 중 최대 분량, 2001년 유네스코 세계 기록유산으로 등재
- ② 원래 조선 개국 초부터 일기가 있었으나, 임진왜란 때에 소실되어 1623년(인조)부터 1894년(고종)까지 270여 년간의 일기만이 현존

정답 1) 교수 2) 훈도 3) 백운동 4) 소수 서원 5) 향음주례 6) 전의감 7) 사역원 8) 관상감 9) 장악원 10) 「태조실록」 11) 「철종실록」 12) 실록청 13) 「시정기」 14) 「일성록」 15) 「선조수정실록」 16) 「경종수정실록」 17) 춘추관 18) 충주 19) 정족산 20) 적상산

『국조보감』
- ① 조선 시대 역대 왕의 행적 중 모범이 되는 것을 뽑아 편년체로 편찬
- ② 세종 때 태조와 태종의 보감 편찬 시도 → 세조 때 『4조보감』 편찬 → 숙종, 영조, 정조, 헌종, 순종 때까지 계속 편찬

『시정기』
- ① 사관이 작성한 「사초」와 각 관청의 기록을 분류·정리하여 춘추관에서 편찬
- ② **주요 기록 내용**: 연·월·일과 간지(干支), 날씨와 기상 이변, 국왕의 동정과 상참(常參)·경연(經筵) 현황, 국왕에게 보고된 중요 사건 내용, 대간과 신하들의 상소문 등

『의궤』
- ① 왕실의 중요 행사를 주관하는 도감에서 행사의 과정과 참가자, 비용의 내용과 의궤도를 더해 기록한 책, 유네스코 세계 기록유산으로 등재(2007)
- ② **제작**: 조선 전기부터 제작하였지만 현재는 조선 후기 임진왜란 이후의 『의궤』만 존재
- ③ **현존 최고의 『의궤』**: 선조의 왕비 의인 왕후의 장례 기록인 『의인 왕후 산릉도감 의궤』, 『의인 왕후 빈전 혼전도감 의궤』
- ④ **약탈**: 병인양요 때 프랑스군이 강화도 외규장각에 보관된 『의궤』를 약탈한 후 프랑스 파리 국립 도서관에 보관
- ⑤ **반환**: 2011년에 5년마다 갱신 계약을 하는 임대의 형식으로 반환되어 국립 중앙 박물관에 소장 중

❖ 시기별 대표 역사서

15세기
- ① ______[2] **(태조, 정도전)**: 편년체, 고려 시대 역사 정리, 조선 건국의 정당성 강조
- ② **『동국사략』(태종, 권근·하륜)**: 단군 조선부터 삼국 시대까지를 기록하여 『삼국사략』으로 불림, 마한을 기자의 후예로 보고 백제 지방으로 비정하였고 변한을 고구려 지방으로 비정, 『삼국유사』와 『제왕운기』의 3조선설 수용, 편년체
- ③ **『동국세년가』(세종, 권제)**: 왕명으로 단군 조선에서 고려 말까지의 역사를 영사체 형식으로 정리
- ④ **『고려사』(세종~문종)**: ______[3]체, 본기가 아닌 세가로 정리, 우왕·창왕은 열전에 수록
- ⑤ **『고려사절요』(문종)**: 『고려사』와 상호 보완적 성격의 사서, 편년체
- ⑥ **『삼국사절요』(성종, 신숙주·서거정 등)**: 단군 조선에서 삼국까지의 역사를 편년체로 편찬
- ⑦ ______[4] **(성종, 서거정 등)**: 단군 조선부터 고려까지의 역사를 정리한 최초의 통사, '외기 – 삼국기 – 신라기 – 고려기'로 정리하고 삼국은 무통의 시대로 설정, 엄격한 성리학적 명분론에 입각하였지만 단군을 민족의 기원으로 강조한 자주적 역사서, 편년체

정답 1) 승정원 2) 『고려국사』 3) 기전 4) 『동국통감』

16세기

- ① ________[1](박상): 단군 조선부터 고려까지 기록, 고조선과 고구려의 중심을 한반도로 보았으며 신라의 통일을 강조, 발해를 우리 민족으로 보지 않음, 조선 건국에 반대하고 고려 왕조에 절의를 지킨 인물들을 칭송, 편년체
- ② **『표제음주동국사략』(유희령)**: 단군 조선부터 고려까지 기록, 가야사를 포함(4국 체제), 고구려를 삼국의 서두에 기록, 가락·발해·궁예·견훤 등의 국가를 설정, 마한과 변한의 위치는 최치원의 설을 따름
- ③ ________[2](중종, 박세무): 기자 조선설에 입각한 역사와 오륜에 대한 내용
- ④ **『기자실기』(선조, 이이)**: 기자의 입국~기자 조선의 멸망까지 서술

17세기

- ① **『동사찬요』(선조, 오운)**: 권근의 『동국사략』 계승(신라를 위주로 삼국의 역사를 서술), 기자 조선 강조, 삼한의 위치에 관해서는 최치원설과 권근설 모두 소개한 후에 한백겸의 충고를 듣고 '삼한설'을 따로 기록
- ② **『동국통감제강』(현종, 홍여하)**: 『동국통감』의 고대사 부분을 취사·절충하여 기록, '조선 – 삼국 – 신라기'로 나누어 정리하였고 발해의 존재는 무시, 기자 – 마한 – 신라를 정통 국가로 내세움
- ③ **『동사(東事)』(현종, 허목)**: 조선의 인심과 풍속을 헤아려 그에 순응하는 정치를 주장(『기언』에 수록)
- ④ ________[3](현종, 유계): 고려의 역사를 편년체로 정리

18~19세기

- ① **『동국역대총목』(숙종, 홍만종)**: 단군 조선부터 조선 현종까지의 중요한 사실을 편년체로 엮음, 단군 조선과 기자 조선을 동국통계의 머리로 삼음
- ② **『동사회강』(숙종, 임상덕)**: 삼국~고려 공민왕 때까지를 편년체로 정리한 통사, '삼국기 – 신라기 – 고려기'로 정리, 기자 조선과 마한을 정통 국가로 취급하지 않고, 삼국을 무통의 시대로 간주함
- ③ **『열조통기』(정조 이후, 안정복)**: 조선 태조~영조까지의 역사를 편년체로 기록
- ④ ________[4](정조, 안정복): 독자적 정통 체계 정립(단군 조선 – 기자 조선 – 마한 – 신라 문무왕 – 고려 태조), 삼국을 무통으로 봄, 신라의 통일을 평가 절하, 고증 사학의 토대 마련
- ⑤ ________[5](정조, 유득공): 남북국 명칭 처음 사용, 우리 역사의 무대를 만주로 확대, 9개 부문으로 구성
  → 군고(본기), 신고(열전), 지리고, 직관고(관직), 의장고(복식 등), 물산고(지방의 산물), 국어고(칭호), 국서고(국서), 속국고(정안국 관련)
- ⑥ **『동사(東史)』(순조, ________[6])**: 기전체(본기·세가·열전·연표·표·지), 단군·부여·고구려의 흐름에 중점을 두어 만주 수복을 희구함, 부여·예맥·비류·옥저·고구려·백제 등을 단군의 후예로 간주
- ⑦ ________[7](순조, 한치윤): 540여 종의 다양한 역사서와 외국 사서를 인용하여 역사 인식의 폭 확대, 기전체(세기·지·인물고)
- ⑧ ________[8](이긍익): 실증적이고 객관적인 역사 서술 강조, 기사본말체, 400여 가지에 달하는 야사에서 자료를 수집하고 분류하여 원문을 그대로 기록
- ⑨ **『금석과안록』(철종, 김정희)**: 북한산비와 황초령비가 진흥왕 순수비임을 고증함

정답 1) 『동국사략』 2) 『동몽선습』 3) 『여사제강』 4) 『동사강목』 5) 『발해고』 6) 이종휘 7) 『해동역사』 8) 『연려실기술』

중인층의 저서
- ① **『연조귀감』(1777)**: 정조 때 이진흥이 고려 시대부터 19세기 중엽까지 향리의 사적 정리
- ② **『호산외기』(1844)**: 헌종 때 조희룡이 간행한 42명 위항인의 전기
- ③ ______[1](1858): 철종 때 유림 단체인 달서정사에서 편찬, 서얼의 역사
- ④ **『이향견문록』**: 철종 때 유재건이 308명의 중인층 인물의 행적을 정리한 책(조희룡이 1862년에 쓴 서문이 있어 그 이전에 편찬된 것으로 보임)
- ⑤ **『희조일사』(1866)**: 고종 때 이경민이 편찬, 95명 위항인들의 전기

4. 지도와 지리서

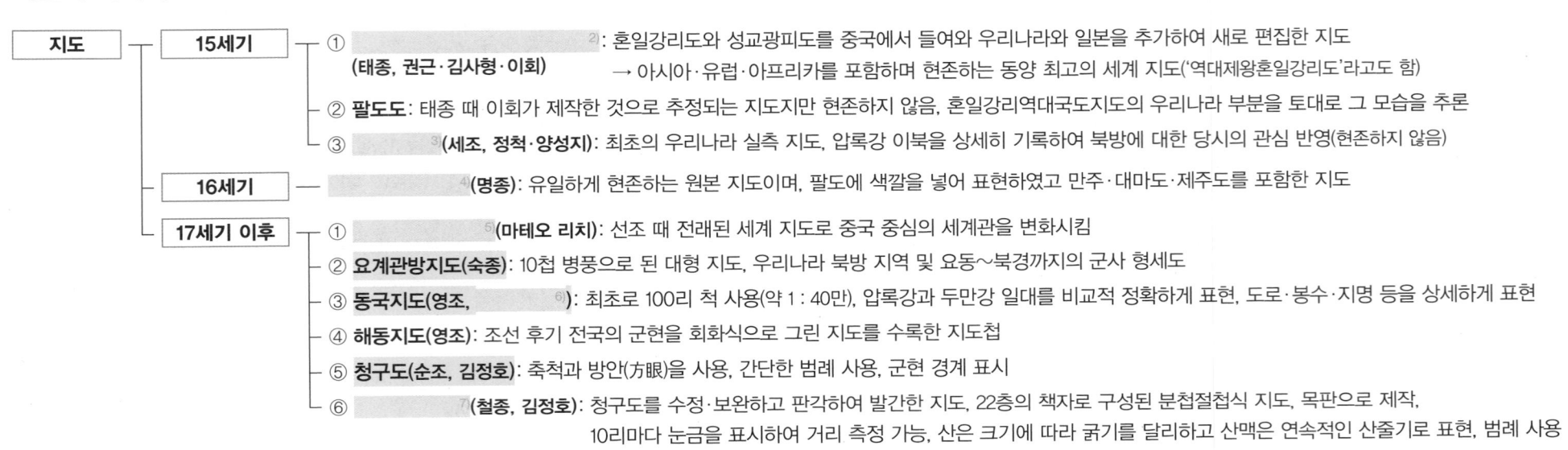

지도
- **15세기**
  - ① ______[2] (태종, 권근·김사형·이회): 혼일강리도와 성교광피도를 중국에서 들여와 우리나라와 일본을 추가하여 새로 편집한 지도
    → 아시아·유럽·아프리카를 포함하며 현존하는 동양 최고의 세계 지도('역대제왕혼일강리도'라고도 함)
  - ② **팔도도**: 태종 때 이회가 제작한 것으로 추정되는 지도지만 현존하지 않음, 혼일강리역대국도지도의 우리나라 부분을 토대로 그 모습을 추론
  - ③ ______[3](세조, 정척·양성지): 최초의 우리나라 실측 지도, 압록강 이북을 상세히 기록하여 북방에 대한 당시의 관심 반영(현존하지 않음)
- **16세기** — ______[4](명종): 유일하게 현존하는 원본 지도이며, 팔도에 색깔을 넣어 표현하였고 만주·대마도·제주도를 포함한 지도
- **17세기 이후**
  - ① ______[5](마테오 리치): 선조 때 전래된 세계 지도로 중국 중심의 세계관을 변화시킴
  - ② **요계관방지도(숙종)**: 10첩 병풍으로 된 대형 지도, 우리나라 북방 지역 및 요동~북경까지의 군사 형세도
  - ③ **동국지도(영조,** ______[6]**)**: 최초로 100리 척 사용(약 1 : 40만), 압록강과 두만강 일대를 비교적 정확하게 표현, 도로·봉수·지명 등을 상세하게 표현
  - ④ **해동지도(영조)**: 조선 후기 전국의 군현을 회화식으로 그린 지도를 수록한 지도첩
  - ⑤ **청구도(순조, 김정호)**: 축척과 방안(方眼)을 사용, 간단한 범례 사용, 군현 경계 표시
  - ⑥ ______[7](철종, 김정호): 청구도를 수정·보완하고 판각하여 발간한 지도, 22층의 책자로 구성된 분첩절첩식 지도, 목판으로 제작,
    10리마다 눈금을 표시하여 거리 측정 가능, 산은 크기에 따라 굵기를 달리하고 산맥은 연속적인 산줄기로 표현, 범례 사용

정답 1) 『규사』 2) 혼일강리역대국도지도 3) 동국지도 4) 조선방역지도 5) 곤여만국전도 6) 정상기 7) 대동여지도

지리서

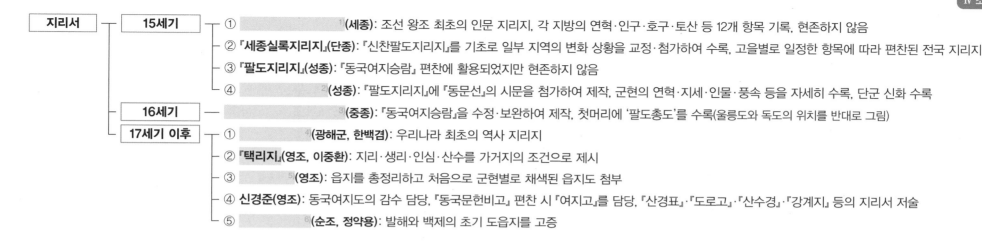

- **15세기**
  - ① ______[1](세종): 조선 왕조 최초의 인문 지리지, 각 지방의 연혁·인구·호구·토산 등 12개 항목 기록, 현존하지 않음
  - ② **『세종실록지리지』(단종)**: 『신찬팔도지리지』를 기초로 일부 지역의 변화 상황을 교정·첨가하여 수록, 고을별로 일정한 항목에 따라 편찬된 전국 지리지
  - ③ **『팔도지리지』(성종)**: 『동국여지승람』 편찬에 활용되었지만 현존하지 않음
  - ④ ______[2](성종): 『팔도지리지』에 『동문선』의 시문을 첨가하여 제작, 군현의 연혁·지세·인물·풍속 등을 자세히 수록, 단군 신화 수록
- **16세기**
  - ______[3](중종): 『동국여지승람』을 수정·보완하여 제작, 첫머리에 '팔도총도'를 수록(울릉도와 독도의 위치를 반대로 그림)
- **17세기 이후**
  - ① ______[4](광해군, 한백겸): 우리나라 최초의 역사 지리지
  - ② **『택리지』(영조, 이중환)**: 지리·생리·인심·산수를 가거지의 조건으로 제시
  - ③ ______[5](영조): 읍지를 총정리하고 처음으로 군현별로 채색된 읍지도 첨부
  - ④ **신경준(영조)**: 동국여지도의 감수 담당, 『동국문헌비고』 편찬 시 『여지고』를 담당, 『산경표』·『도로고』·『산수경』·『강계지』 등의 지리서 저술
  - ⑤ ______[6](순조, 정약용): 발해와 백제의 초기 도읍지를 고증

5. 윤리·의례서

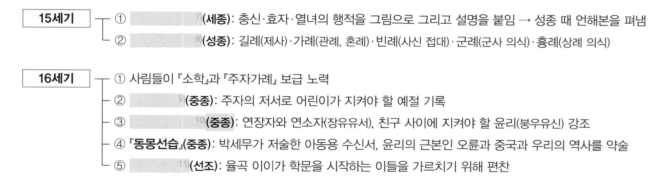

- **15세기**
  - ① ______[7](세종): 충신·효자·열녀의 행적을 그림으로 그리고 설명을 붙임 → 성종 때 언해본을 펴냄
  - ② ______[8](성종): 길례(제사)·가례(관례, 혼례)·빈례(사신 접대)·군례(군사 의식)·흉례(상례 의식)

- **16세기**
  - ① 사림들이 『소학』과 『주자가례』 보급 노력
  - ② ______[9](중종): 주자의 저서로 어린이가 지켜야 할 예절 기록
  - ③ ______[10](중종): 연장자와 연소자(장유유서), 친구 사이에 지켜야 할 윤리(붕우유신) 강조
  - ④ **『동몽선습』(중종)**: 박세무가 저술한 아동용 수신서, 윤리의 근본인 오륜과 중국과 우리의 역사를 약술
  - ⑤ ______[11](선조): 율곡 이이가 학문을 시작하는 이들을 가르치기 위해 편찬

정답 1) 『신찬팔도지리지』 2) 『동국여지승람』 3) 『신증동국여지승람』 4) 『동국지리지』 5) 『여지도서』 6) 『아방강역고』 7) 『삼강행실도』 8) 『국조오례의』 9) 『동몽수지』 10) 『이륜행실도』 11) 『격몽요결』

6. 백과사전

저서	저자	시기	내용
1)	권문해	선조	• 한·중 두 나라의 문헌 중 단군 시대부터 편찬 당시까지 우리나라의 지리·역사·인물·문학·식물·동물 등을 총망라하여 운별(韻別)로 분류한 일종의 사전
2)	이수광	광해군	• 이수광이 세 차례 중국 사신에게서 얻은 견문을 토대로 작성한 것으로 백과사전의 효시가 됨 • 조선, 중국, 일본, 안남(베트남), 유구(오키나와), 섬라(타이), 자바, 말라카 등의 동남아시아 국가와 프랑스, 영국 등 유럽의 일까지도 소개 → 조선인의 세계관 확대
3)	이익	영조	• 천지문·만물문·경사문·인사문·시문문의 5개 부분으로 분류하여 정리 • 역사를 움직이는 힘을 '시세(時勢)', '행불행(幸不幸)', '시비(是非)'의 순서로 봄으로써 도덕 중심의 사관을 비판
4)	관찬	영조	• 역대 우리나라의 문물을 총정리한 한국학 백과사전, 『증보동국문헌비고』(정조), 『증보문헌비고』(순종)
5)	이덕무	정조	• 이덕무의 시문 전집, 역사·인물·사상 등 소개
『동문휘고』	관찬	정조	• 조선 후기의 대청 및 대일 관계의 교섭 문서를 집대성한 책
6)	서유구	19세기	• 농촌 생활에 필요한 다양한 지식을 담은 백과사전, 800여 종의 문헌을 참고하였고, 16개의 지(志)로 구성함
『만기요람』	관찬	순조	• 「재용편(財用篇)」과 「군정편(軍政篇)」으로 구성, 18세기 후반기부터 19세기 초에 이르는 조선 왕조의 재정과 군정에 관한 내용
7)	이규경	19세기	• 역사·경학·천문·지리·불교·도교·서학·풍수·예제·재이·문학·음악·병법·풍습·서화·광물·초목·어충·의학·농업·화폐 등에 관한 내용을 고증학적인 방법으로 소개

정답 1) 『대동운부군옥』 2) 『지봉유설』 3) 『성호사설』 4) 『동국문헌비고』 5) 『청장관전서』 6) 『임원경제지』 7) 『오주연문장전산고』

7. 성리학의 발달

1 성리학의 정착

① [1]파: 혁명파 사대부 계승, 성리학 이외의 타 사상에도 포용적 입장, 『주례』 중시, 사장 중시, 『정관정요』 중시

② [2]파: 온건파 사대부 계승, 성종 때부터 본격적으로 정계 진출을 시작하여 선조 때 정계의 주류를 장악, 『주자가례』 중시, 교화에 의한 통치와 왕도 정치 및 향촌 자치 중시, 경학 중시, 성리학 이외의 학문 비판, 훈구 세력의 비리 비판

2 성리학의 융성

① **서경덕(1489~1546)**: 주기론(기가 스스로 작용하여 만물을 존재하게 함), 기일원론(이를 기 속에 포함시켜 이와 기를 둘로 보지 않는 유기 철학 수립), 불교와 노장 사상에 개방적
→ 이이의 주기론에 영향을 끼침

② [3](1501~1572): 노장 사상에 비교적 포용적, 학문의 실천성을 강조하고 절의와 기개를 중시, 경(敬)과 의(義)를 중시, 방납의 폐단을 지적하며 '서리망국론' 주장

③ **이언적(1491~1553)**: 기보다 이를 중시하는 주리론의 선구자 → 이황을 비롯한 후대 학자들에게 영향을 줌

④ **4단 7정 논쟁**
- ㉠ [4]: 4단은 이(理)가 발한 것으로 순선하며, 7정은 기(氣)가 발한 것으로 선과 악이 혼재
- ㉡ [5]: 4단과 7정을 각각 이와 기의 발로 분리하면 '이기불상리(理氣不相離: 이와 기는 분리되지 않는다)'라는 주자의 학설에 배치된다고 의문을 제기
- ㉢ **이황의 수정안**: "4단은 이가 발하여 기가 따른 것(이발이기수지, 理發而氣隨之)으로 순선하며, 7정은 기가 발하여 이가 올라탄 것(기발이이승지, 氣發而理乘之)으로 선과 악이 혼재한다."

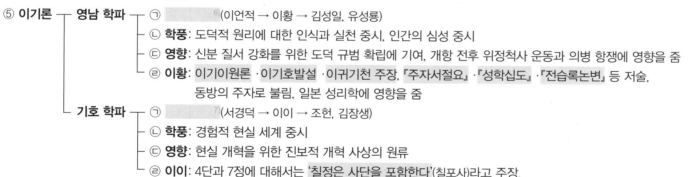

⑤ **이기론**
- **영남 학파**
  - ㉠ [6](이언적 → 이황 → 김성일, 유성룡)
  - ㉡ **학풍**: 도덕적 원리에 대한 인식과 실천 중시, 인간의 심성 중시
  - ㉢ **영향**: 신분 질서 강화를 위한 도덕 규범 확립에 기여, 개항 전후 위정척사 운동과 의병 항쟁에 영향을 줌
  - ㉣ **이황**: 이기이원론·이기호발설·이귀기천 주장, 『주자서절요』·『성학십도』·『전습록논변』 등 저술, 동방의 주자로 불림, 일본 성리학에 영향을 줌
- **기호 학파**
  - ㉠ [7](서경덕 → 이이 → 조헌, 김장생)
  - ㉡ **학풍**: 경험적 현실 세계 중시
  - ㉢ **영향**: 현실 개혁을 위한 진보적 개혁 사상의 원류
  - ㉣ **이이**: 4단과 7정에 대해서는 '칠정은 사단을 포함한다'(칠포사)라고 주장, 일원론적 이기이원론·기발이승일도설·이통기국·이기지묘 주장, 『동호문답』·『성학집요』·『격몽요결』·『기자실기』 등 저술, '구도장원공'으로 불림, 조선의 상황을 중쇠기로 진단하여 사회경장설을 주장(10만 양병, 수미법 등)

⑥ **사림 5현의 문묘 종사**: 40여 년간 끌던 김굉필·정여창·조광조·이언적·이황의 문묘 배향이 결정됨(1610) → 조식의 제자 정인홍이 '회퇴변척소'를 올림(1611)
→ 서인과 남인의 격렬한 반발을 불러일으킴

> **더 알아보기**
> **우율 문묘 종사 문제**
> 우계 성혼과 율곡 이이의 문묘 배향을 인조반정 이후 서인이 줄기차게 주장했으나 남인 계열의 반대 등으로 이루어지지 못하다가 숙종 때 배향됨(경신환국 이후 배향되었다가 기사환국으로 철향, 다시 갑술환국 이후 배향)

정답 1) 관학 2) 사학 3) 조식 4) 이황 5) 기대승 6) 주리론 7) 주기론

8. 성리학의 변화와 새로운 사상의 출현

성리학의 교조화와 성리학에 대한 반성

① **성리학의 교조화(절대화)**: 양난 이후 집권층이 주자 성리학을 절대화함으로써 자신들의 입지를 강화하고 현실 문제를 해결하려 함
→ 현실적·실증적 측면보다는 사변적·형이상학적 경향이 뚜렷해짐

② ____1): 『중용주해』에서 주자의 주해에 불만을 품고 자기의 설로써 대치하여 주자를 업신여겼다는 이유로 사문난적(斯文亂賊)으로 지목됨
→ 송시열과의 예송에서 패한 후 경신환국 이후 사형당함

③ **박세당**: 『사변록』에서 주자의 주해를 다루지 않고 도가 사상에 접근하는 면을 드러내어 사문난적으로 몰림, 육경(六經)을 중시하고 『도덕경』 및 장자의 사상 연구, 양반을 좀(蠹)이라 비판함

노론 내부 호락 논쟁

호론(湖論): 충청도	• ____2)**(人物性異論)**: 인간과 사물의 본성(기질지성)은 다르다는 주장 → 따라서 중화(인간)와 오랑캐(사물)의 본성은 다르다고 주장 → 전통적인 화이론을 계승하여 성리학적 질서를 재확립하려 함 • ____3)의 차별성 강조(권상하·한원진·윤봉구 등이 중심)	**영향**: ____4) → 위정척사 사상
낙론(洛論): 서울	• ____5)**(人物性同論)**: 인간과 사물의 본성(본연지성)이 같다는 주장 → 따라서 중화(인간)와 오랑캐(사물)의 본성은 같다는 주장 → 현실 문제 타개를 위한 실리를 추구함 • ____6)의 보편성 강조(이간·이재·김창협·김원행 등이 중심)	**영향**: ____7) 사상 → 개화 사상

양명학

① **전래**: 중종 때 중국에서 전래된 후 서경덕 학파와 종친들 사이에서 확산 → 이황이 ____8)에서 양명학을 이단으로 간주함
→ 17세기 후반부터 재야 소론 학자와 불우한 종친들 중심으로 수용

② **성격**: 실천성이 강조된 새로운 유학, ____9)(마음이 곧 理이다), 치양지(사욕을 제거하고 양지를 기름), ____10)(앎과 행함은 분리될 수 없다)
→ 일반민을 도덕 실천의 주체로 인정하여 양반 신분제의 폐지를 주장

③ **강화 학파**: 하곡 정제두 이후 강화 학파 형성, 왕양명의 '친민설(親民說)' 지지 → 역사학·국어학·서화·문학 등에서 새로운 경지 개척, 실학자들과도 교류

④ **계승**: ____11)(「유교구신론」), ____12)(「양명학연론」)으로 계승

천주교

① **17세기 중국을 오가던 사신들에 의해서 처음 전래**: 종교가 아닌 서학이라는 학문으로 수용

② **정부의 대응**: 초기에는 방관 → 점차 조상에 대한 ____13) 거부, 신분 질서의 부정 등의 이유로 탄압(신해박해, 을묘박해, 신유박해, 기해박해, 병오박해, 병인박해)

③ ____14): 1783년 청에 가서 최초로 세례를 받고 귀국(1784)

정답 1) 윤휴 2) 인물성이론 3) 기 4) 북벌론 5) 인물성동론 6) 이 7) 북학 8) 『전습록논변』 9) 심즉리 10) 지행합일 11) 박은식 12) 정인보 13) 제사 14) 이승훈

동학
- ① ______ 1) **창시(1860)**: 인내천·시천주(인간 평등 사상), 후천개벽·보국안민(사회 개혁 사상) 등의 교리 강조
- ② 동학을 사교로 규정하여 최제우를 처형(1864) → 2대 교주 최시형이 최제우가 지은 ______ 2)(경전)과 『용담유사』(가사집)를 간행, 포접제 조직을 통해 교세 확장

실학의 발달
- **선구자**
  - ① **이수광**: 『지봉유설』에서 서구 문화를 폭넓게 다루었고, 인조에게 12조의 실학적 개혁안 제시
  - ② **한백겸**: 『동국지리지』에서 우리나라의 역사 지리를 치밀하게 고증(삼한의 위치·고구려의 중심지)
  - ③ **허균**: '호민론'(자신이 받는 부당한 대우와 사회 부조리에 도전하는 호민이 나라의 중심이 되어야 함)과 '유재론'(조선은 인재를 버림)을 주장
  - ④ **허목**: 실학의 기반을 형성해 성호 이익에게 전해줌, 왕과 6조의 기능 강화, 중농 정책 강화, 난전 금지, 부세 완화 등을 주장, 『청사열전』에서 김시습·정희량 등 도가 관련 인물 소개
- **중농학파** (경세치용)
  - ① **학풍**: 주로 근기 남인 중심, 지주제 개혁을 통한 자영농 육성을 가장 중시함
  - ② **주요 학자**
    - ㉠ **유형원(반계)**: ______ 3) 저술, 균전제 주장(신분에 따른 차등 분배), 병농일치의 군사 제도와 사농일치의 교육 제도 주장, ______ 4)(면적 단위) 사용 주장, 양반 문벌 제도·과거 제도·노비 제도 비판
    - ㉡ **이익(성호)**: 『성호사설』 저술, ______ 5)(영업전 지급), 화폐 유통 반대(폐전론), 6좀 주장, 사창을 통한 고리대 근절 주장, 역사 평가에서 시세(時勢)를 강조, 「붕당론」(당쟁의 원인과 대책 등을 논한 글)
    - ㉢ **정약용(다산)**
      - ⓐ 「**탕론**」: 역성혁명의 정당성을 옹호
      - ⓑ 「**전론**」: 공동 농장 제도인 ______ 6) 주장, 균전제·한전제·정전제 등 비판
      - ⓒ 「**원목**」: 목민관은 백성을 위해 존재해야 함을 강조
      - ⓓ ______ 7): 중앙 정부의 행정 개혁안, 정전제(수정안)
      - ⓔ **『목민심서』**: 수령이 목민관으로서 지켜야 할 규범 제시
      - ⓕ ______ 8): 형옥을 맡은 관리들을 위한 지침서
      - ⓖ 기예론, 마진과 종두법 연구(______ 9) 저술, 부록에 『종두방서』 포함), 『아방강역고』(역사 지리서), 거중기와 배다리 설계, 『아언각비』, 『대동수경』
- **중상학파** (이용후생, 북학파)
  - ① **학풍**: 주로 서울의 노론 출신 학파, 상공업 진흥과 기술 혁신을 통한 부국강병 주장, 북학 사상으로 발전
  - ② **주요 학자**
    - ㉠ **유수원(농암)**: ______ 10), 사농공상의 직업적 평등과 전문화 주장, 선대제 수공업 강조, 화폐 사용과 농업의 전문화 강조
    - ㉡ **홍대용(담헌)**: 『담헌연기』(청에 연행사로 가서 견문한 것을 기록)·『의산문답』(실옹과 허자의 대화를 통해 기존의 논리를 비판, 지전설과 무한 우주론 주장, 만물과 인간이 평등하다는 인여물균 주장)·______ 11)(균전제 주장)·『주해수용』(수학), 양반 문벌 제도 비판
    - ㉢ **박지원(연암)**: 『열하일기』·『과농소초』·『한민명전의』(한전제 주장), 「방경각외전」(9편의 전이 수록된 소설집·현재 7편만 전해짐), 수레와 선박 이용, 화폐 유통 강조
    - ㉣ **박제가(초정)**: ______ 12), 청과의 통상 강화, 생산을 위한 소비 권장(우물물 비유), 국제 무역 강조, 존주론에서 북벌론 비판

정답 1) 최제우 2) 『동경대전』 3) 『반계수록』 4) 경무법 5) 한전론(한전제) 6) 여전제 7) 『경세유표』 8) 『흠흠신서』 9) 『마과회통』 10) 『우서』 11) 『임하경륜』 12) 『북학의』

9. 과학 기술의 발달

천문학 및 수학

① **담당 기관**: 관상감(고려 후기 서운관 → 조선 세조 때 관상감으로 개칭)
② **천체 관측**: 간의(세종), 혼의(세종), 규표(세종)
③ **시간 측정**: 자격루(세종), 앙부일구(세종), 옥루기륜(세종), 현주일구(휴대용 해시계), 천평일구(휴대용 해시계)
④ **강우량 측정**: 측우기(세종)
⑤ **토지 측량**: 인지의·규형(세조)
⑥ **천문도**: 1)(태조), 역법 – 2)(세종, 「내편」은 수시력을 해설, 한양 기준 날짜 계산, 「외편」은 회회력을 해설), 시헌력(효종 때 김육·김상범이 수용)
⑦ 3): 『역학도해』에서 우리나라 최초로 지전설을 주장
⑧ **홍대용**: 혼천의 제작, 4)에서 지전설과 무한 우주론 주장
⑨ **최한기**
- ㉠ 『지구전요』에서 지구 자전설과 공전설을 소개, 『명남루총서』에서 뉴턴의 만유인력 법칙 소개
- ㉡ 서양의 경험 철학과 연결: '인, 의, 예, 지'조차 경험으로 얻게 되는 습성에 불과함

⑩ **수학**: 『기하원본』 도입, 『구수략』(최석정), 『이수신편』(황윤석), 『주해수용』(5))

의학

① 『향약제생집성방』(태조)
② **『향약채취월령』(세종)**: 약재 이론서, 우리나라의 자생 약재 소개
③ 6)**(세종)**: 700여 종의 국산 약재 소개, 1천여 종의 병에 대한 치료 예방법 소개
④ 7)**(세종)**: 임산부의 임신과 출산 전후에 관한 대응법 소개
⑤ **『신주무원록』(세종)**: 법의학서
⑥ 8)**(세종)**: 동양 최대의 의학 백과사전
⑦ 9)**(광해군, 허준)**: 동양 의학 백과사전, 의료 지식의 민간 보급, 유네스코 세계 기록유산
⑧ **『신찬벽온방』(광해군, 허준)**: 온열 치료서
⑨ **『침구경험방』(인조, 허임)**: 침술에 관한 의서
⑩ **『벽온신방』(효종, 안경창)**: 온열 치료서
⑪ 10)**(정조, 정약용)**: 마진(홍역)에 대한 치료 방법, 부록 『종두방서』에서 종두법 소개
⑫ **『방약합편』(고종, 황필수)**: 종래에 실용되어 오던 많은 처방들과 약물에 대한 지식을 일목요연하게 정리
⑬ 11)**(고종, 이제마)**: 12) 주장(사람의 체질을 태양인·태음인·소양인·소음인으로 구분하여 같은 병이라도 다른 처방을 해야함을 주장)

정답 1) 천상열차분야지도 2) 『칠정산』 3) 김석문 4) 『의산문답』 5) 홍대용 6) 『향약집성방』 7) 『태산요록』 8) 『의방유취』 9) 『동의보감』 10) 『마과회통』 11) 『동의수세보원』 12) 사상 의학

기타
- **금화도감 설치(세종)**: 한양의 화재 예방 및 진화

인쇄술과 제지술
- ① **태종**: ________[1] 설치, 구리로 계미자 주조
- ② **세종**: 구리로 경자자·갑인자·병진자·경오자 주조, 밀랍으로 활자 고정 방식에서 식자판 조립 방식으로 바꿈
- ③ **제지술**: 조지소 설치(1415, 태종) → ________[2] 개칭(1466, 세조) → 다양한 종이 대량 생산, 수많은 서적 인쇄

10. 병서와 무기

병서(兵書)
- ① **『진도』(태조, 정도전)**: 요동 정벌을 위해 저술
- ② 『진법』(15세기) → 『병장도설』(영조)로 복간
- ③ **『역대병요』(15세기)**: 중국 상고 시대~조선 태조의 주요 전쟁과 그에 대한 선유들의 평을 수록
- ④ ________[3] **(세종)**: 화약 무기 제작, 사용법 정리, 화포의 주조법과 화약의 사용법을 상세히 기록, 그림으로 표시, 정확한 규격 기입
- ⑤ **『동국병감』(문종)**: 고조선에서 고려 말까지의 전쟁사를 정리하여 만든 책
- ⑥ **『제승방략』(선조, 이일)**: 각 진보의 위치, 성곽, 병력, 봉수 등을 기록, 화승총통을 이용한 전법을 최초로 도입
- ⑦ **『속병장도설』(영조)**: 『병장도설』을 보완하여 편찬
- ⑧ **『무예도보통지』(정조)**: 규장각에서 편찬, 무예 24기를 정리

무기 제조
- ① **무기 제작 기구**: 주로 군기감에서 제조(1466년 세조 때 군기시로 개칭)
- ② **최해산**: 최무선의 아들로 화차, 완구, 발화, 신포 등 신무기 개발
- ③ ________[4] **(문종)**: 신기전이라는 화살 100개를 설치하고 심지에 불을 붙이는 일종의 로켓포
- ④ **병선 제조**
  - ㉠ 태종 시기 거북선, 비거도선
  - ㉡ **판옥선(16세기 을묘왜변 이후 건조)**: 조선 수군의 주력 함선이 됨
  - ㉢ **귀선(龜船)**: 일명 거북선, 판옥선의 상체 부분을 개량해서 덮개를 덮은 구조

정답 1) 주자소 2) 조지서 3) 『총통등록』 4) 화차

11. 문학·건축·예술

시기	14~15세기	16~17세기	18~19세기
문학	• ______1)(서거정): 자주적 성격, 삼국~조선 초 뛰어난 작품 선별 • 김시습의 ______2): 5편이 수록된 한문 소설집 • **서거정의 『필원잡기』**: 역사에 누락된 사실과 조야의 한담을 소재로 서술한 수필집 • **시조**: 김종서·남이·길재·원천석 등 • **악장**: 궁중에서 부르던 송축가로서 조선 건국과 그 문화를 찬양하는 내용 –「용비어천가」,「월인천강지곡」 등	• ______3): 성현이 지은 필기잡록류의 작품 (유명인의 일화나 해학담, 일반 대중이나 천인들의 우스갯소리 등 다양한 설화 수록) • **시조**: 황진이, 윤선도('오우가', '어부사시사') • **가사**: 정철의 '관동별곡', '사미인곡', '속미인곡', 송순의 '면앙정가', 박인로의 '누항사' 등 • **풍자 문학(방외인 문학)**: 어숙권의 『패관잡기』, 임제의 『원생몽유록』 등 • **여류 문인**: 신사임당, 허난설헌	• 서민 문화 발달 • ______4) **소설**:「홍길동전」(허균),「춘향전」,「별주부전」,「심청전」,「장화홍련전」 등 • **사설 시조**: 서민의 감정을 솔직히 표현 • **한문학**: 개혁적인 양반층을 중심으로 사회의 부조리한 현실 비판 – **박지원**: 문체 혁신 주장, 『열하일기』에 수록된「허생전」·「호질」, 『방경각외전』에 수록된「마장전」·「예덕선생전」·「민옹전」·「광문자전」·「양반전」 등 – **정약용**: 현실을 사실적으로 묘사한 한시 • ______5): 중인층이 조직한 일종의 시 동호회 → 위항 시집 편찬 (『해동유주』·『소대풍요』·『풍요속선』·『풍요삼선』) • **야담집**: 『어우야담』(광해군 때 유몽인이 저술)
건축	• **궁궐·관아·성문·학교 건축 중심**: 경복궁, 창덕궁, 창경궁, 종묘, 개성 남대문, 평양 보통문, 한양 숭례문 등 • **한양 구조**: 신분에 따른 규모 제한 • **불교 건축**: 무위사 극락전, 해인사 장경판전, 원각사, ______6)지 10층 석탑 등	• **조선 후기 사원 건축** – **보은 법주사 팔상전**: 5층탑 형식의 목조 건물, 신라 진흥왕 때 세운 건물로 1624년(인조 2)에 중건됨 – **김제 금산사 미륵전**: 정유재란 때 불탄 것을 1635년(인조 13)에 다시 지은 3층의 불전 – **구례 화엄사 각황전**: 신라의 의상 대사가 세웠으나 임진왜란 때 소실되어 1703년(숙종 29)에 재건한 2층의 불전 – **공주 마곡사 대웅보전**: 임진왜란으로 폐사된 절을 1651년(효종 2)에 다시 고쳐 지으면서 건립한 2층의 불전 – **기타**: 부농과 상인층의 지원으로 안성 석남사 대웅전, 부안 개암사 대웅전, 논산 쌍계사 대웅전 등이 중건됨	
자기·공예	• ______12), 백자, 청화 백자 등 제작 • 생활 필수품이나 문방구 등 제작	• 담백하고 검소한 아름다움을 풍기는 백자가 유행 • 목공예(장롱, 문갑), 돗자리 공예, 화각 공예, 자개 공예 등 발달	• ______13) **백자**, 철화 백자, 진사 백자 등이 양반층을 중심으로 유행 → 점차 대량으로 생산되어 민간에서 유행
서예	• **안평 대군(세종)**: 송설체	• **김구**: 인수체 • **양사언**: 초서에 능통 • **한호**: 석봉체(왕희지체에 고유의 예술성 가미), 외교 문서 작성	• ______14)(동국진체 – 18세기에 옥동 이서가 서법을 정리하고 원교 이광사에 이르러 완성) • 김정희(추사체)

정답 1)『동문선』 2)『금오신화』 3)『용재총화』 4) 한글 5) 시사 6) 원각사 7) 서원 8) 가람 9) 금산사 10) 각황전 11) 팔상전 12) 분청사기 13) 청화 14) 이광사

그림	• 화원화와 문인화로 구분 • 중국의 화풍을 선택적으로 수용·소화하여 독창적인 화풍을 개발 • ______[1](**안견**): 자연스러운 현실 세계와 환상적인 이상 세계를 능숙하게 처리하고 대각선적인 운동감을 활용한 작품, 일본 덴리 대학 중앙 도서관에 보관 • **고사관수도(강희안)**: 간결하고 과감한 필치로 인물의 내면 세계를 표현	• 강한 필치의 산수화, 선비의 정신 세계를 사군자로 표현하는 등 다양한 화풍 발달 • **신사임당**: 초충도 • **이상좌**: ______[2] • **3절**: 이정(묵죽도·풍죽도 등), 어몽룡(월매도), 황집중(묵포도도) → 시·서·화에 능함 • 이암(모견도·화조구자도) • **김시**: 문인화가, 절파화풍 – '한림제설도', '동자견려도' • 달마도(김명국)	• 18C – **진경산수화(정선)**: 중국의 남종 화법과 북종 화법을 고루 수용하고 우리의 고유한 자연과 풍속을 있는 그대로 묘사함 → '금강전도', '인왕제색도' – **풍속화 및 기타 그림** 김홍도('논갈이', '무동', '서당'), 김득신('노상알현도', '야묘도추') 신윤복('단오풍정', '미인도', '월하정인') 강세황('영통골입구도', 서양 화법) 심사정('초충도'), 변상벽('묘작도') • 19C – 세한도·묵란도(김정희), 홍백매도·호취도·삼인문년도(장승업) – **민화(속화)**: 무명 화가들이 생활 공간 장식이나 민속적인 관습에 따라 그린 그림 → 화조영모도·어해도·작호도·십장생도·풍속도·고사도·문자도·책가도·무속도 등 – **동궐도(1828~1830년 추정)**: 창덕궁과 창경궁 – **서궐도(1829년 이전)**: 경희궁 – **경기감영도(19세기 전반)**: 경기감영 일대
음악	• **박연(세종)**: 아악을 체계화 • 여민락(세종), 정간보(세종, 소리의 장단과 높낮이 표현) • ______[3](**성종, 성현**): 음악의 원리와 역사, 악기, 무용, 의상 및 소도구까지 망라한 음악 이론서 • **음악 담당 기구**: 전악서(궁중 잔치 등에서 향악과 당악 연주), 아악서(아악 연주), 관습도감(태조), 악학(태종), 악학도감(세조) • **장악원(성종)**: 궁중에서 연주하는 음악과 무용에 관한 일을 통합적으로 담당	• 민간에서 당악과 향악을 속악으로 발전시켜 가사, 시조, 가곡 등 우리말 노래의 연주 음악이나 민요에 활용	• 향유층의 확대로 다양한 음악이 출현 • 감정을 솔직하게 표현하는 경향이 강화 • **양반층**: 가곡, 시조 중심 • **서민층**: 민요 애창 • **직업적인 광대나 기생의 활동**: 판소리, 산조, 잡가 등을 창작하고 발전시킴
무용	• **궁중**: 의례 시 음악과 춤을 함께 함 • **민간**: 농악무, 무당춤, 승무, 산대놀이		• 다양한 탈놀이 등 가면극 유행

정답 1) 몽유도원도 2) 송하보월도 3) 『악학궤범』

*옳은 문장은 o, 틀린 문장은 ×에 체크하세요.

핵심 기출 OX 조선의 문화

01 성균관에는 생원이나 진사만 입학할 수 있었다. 2017년 사회복지직 9급 (O | X)

02 향교는 매년 자체적으로 시험을 치러 성적 우수자에게는 성균관 입학 자격을 주었다. 2019년 국가직 7급 (O | X)

03 서원은 지방의 군현에 있던 유일한 관학이다. 2019년 국가직 9급 (O | X)

04 국왕과 대신이 국정을 논의할 때 예문관 한림이 사관으로 참가하여 『시정기』를 작성하였다. 2019년 지방직 7급 (O | X)

05 역대 국왕의 언행을 본보기로 삼기 위해 세조 때부터 『국조보감』을 편찬하였다. 2016년 지방직 7급 응용 (O | X)

06 승정원의 주서(注書)는 왕과 신하 간에 오고 간 문서와 국왕의 일과를 매일 기록하여 『승정원일기』를 작성하였다. 2016년 지방직 7급 (O | X)

07 『동국통감』은 단군 조선에서 삼한까지의 역사를 「외기(外紀)」로 구분하여 서술하였다. 2015년 국가직 7급 (O | X)

08 임상덕의 『동사회강』에서는 마한을 정통으로 인정하지 않고 삼국을 무통으로 보았다. 2017년 국가직 7급(8월) (O | X)

09 홍만종의 『동국역대총목』에서는 단군을 배제하고 기자 – 마한 – 통일 신라의 흐름을 정통으로 규정하였다. 2017년 국가직 7급(8월) (O | X)

10 이익은 역사를 움직이는 힘을 '시세(時勢)', '행불행(幸不幸)', '시비(是非)'의 순서로 봄으로써 도덕 중심 사관을 비판하였다. 2011년 지방직 7급 (O | X)

11 이익은 실증적이며 비판적인 역사 서술을 제시하고, 중국 중심의 역사관에서 벗어나 우리 역사를 체계화할 것을 주장하였다. 2015년 경찰직(2차) (O | X)

12 이긍익은 조선 시대의 정치와 문화를 정리하여 『연려실기술』을 저술하였다. 2015년 경찰직(2차) (O | X)

승범쌤의 기출 포인트

02 향교 기출사료

이제 국가에서는 부(府)·주(州)·군(郡)·현(縣)마다 모두 문묘와 학교를 설치하고는 수령을 보내어 제사를 받들고 교수(敎授)를 두어 교육을 담당하게 하니, 이는 풍화(風化)를 베풀고 예의(禮儀)를 강명(講明)하여 인재(人材)를 양성해서 문명(文明)의 다스림을 돕게 하려고 해서이다.

– 권근, 『양촌집』

13 안정복은 『동사강목』을 통해 단군 조선 – 기자 조선 – 마한 – 신라 문무왕 – 고려 태조로 이어지는 독자적 정통 체계를 주장하였다. 2015년 국가직 7급 O X

14 유득공의 『발해고』에서 남북국의 명칭이 처음으로 사용되었다. 2016년 경찰직(1차) O X

15 김정희는 『금석과안록』을 지어 북한산비가 진흥왕 순수비임을 밝혔다. 2016년 경찰직(1차) O X

16 한치윤은 500여 종의 중국 및 일본의 자료를 참고하여 기전체 형식의 『해동역사』를 저술하였다. 2016년 경찰직(1차) O X

17 『동사강목』은 단군 – 부여 – 고구려의 흐름에 중점을 두어 만주 수복을 희구하였다. 2015년 지방직 9급 O X

18 혼일강리역대국도지도 작성에는 이슬람 지도학의 영향이 있었다. 2016년 국가직 9급 O X

19 팔도도는 양성지 등이 세조 때 완성하였으며, 북방 영토를 실측하여 만들었다. 2017년 국회직 9급 O X

20 요계관방지도에는 우리나라 북방 지역과 만주, 만리장성을 포함하여 중국 동북 지방의 군사 요새지가 상세히 그려져 있다. 2017년 국회직 9급 O X

21 대동여지도가 완성되자 나라의 기밀을 누설시킬 우려가 있다고 하여 판목은 압수 · 소각되었다. 2019년 서울시 9급 O X

22 이수광은 『지봉유설』을 저술하여 문화 인식의 폭을 확대하였고, 한백겸은 『동국지리지』를 저술하여 우리나라의 역사 지리를 치밀하게 고증하였다. 2015년 경찰직(1차) O X

23 『대동운부군옥』 → 『지봉유설』 → 『성호사설』 → 『오주연문장전산고』 순으로 편찬되었다. 2018년 서울시 9급 O X

24 서경덕은 우주를 무한하고 영원한 기로 보는 '태허(太虛)설'을 제기하였다. 2018년 국가직 9급 O X

승범쌤의 기출 포인트

14 유득공의 『발해고』 기출사료

고려가 발해사를 편찬하지 않은 것을 보면 고려가 국세를 떨치지 못했음을 알 수 있다. …… 대씨(발해)가 북방을 차지하고는 발해라 하였으니, 이것을 남북국이라 한다. 당연히 남북국을 다룬 역사책이 있어야 하는데, 고려가 편찬하지 않은 것은 잘못이다. 저 대씨가 어떤 사람인가? 바로 고구려 사람이다. 그들이 차지하고 있던 땅은 어떤 땅인가? 바로 고구려 땅이다. –『발해고』

25 이황은 이언적을 계승하여 주리론을 집대성하였으며, 『성학십도』를 편찬하였다. 2018년 서울시 9급(6월) O X

26 이이의 저서 『주자서절요』는 임진왜란 이후 일본에 전해져 일본 성리학 발달에 많은 영향을 주었다. 2016년 경찰직(1차) O X

27 조식은 학문적 실천성을 강조하며, 경(敬)과 의(義)를 중시하였다. 2016년 경찰직(1차) O X

28 호락 논쟁에서 호론의 주장에는 청나라를 중화로 보려는 대의명분론이 깔려 있었다. 2018년 경찰직(1차) O X

29 양명학은 정권에서 소외된 북인 집안의 후손과 인척을 중심으로 하여 계승되었다. 2011년 지방직 7급 O X

30 허균은 「유재론」에서 노비나 서얼, 개가한 여성의 자식을 등용하지 않는 현실을 비판하였다. 2018년 서울시 9급(3월) O X

31 허목은 『기언』을 저술하였고, 붕당 정치와 북벌 정책의 폐단을 시정하기 위해 왕과 육조의 기능 약화, 호포제의 적극적인 실시 등을 주장하였다. 2016년 경찰직(2차) O X

32 이익은 영업전을 지급해야 한다는 한전론을 주장하며, 화폐 유통에 대해서 반대했다. 2018년 서울시 9급(3월) O X

33 『북학의』를 저술한 박제가는 청과의 통상 강화 등을 비롯하여 국제 무역을 강조했다. 2014년 서울시 9급 O X

34 연암 박지원은 한전론(限田論)을 제안하였는데, 토지 소유의 상한선을 정하면 토지 소유의 양극화를 해소할 수 있다고 생각하였다. 2016년 서울시 7급 O X

35 풍석 서유구는 둔전론(屯田論)을 주장하였는데, 소농 생활의 안정을 위해서는 세금을 줄일 뿐만 아니라 지주제도 철폐해야 한다고 생각하였다. 2016년 서울시 7급 O X

승범쌤의 기출 포인트

25 이황의 성리학 기출사료

- 천하의 모든 사물은 반드시 각각 그렇게 되는 까닭이 있으며 바로 그렇게 되어야 하는 법칙이 있는데 그것이 이(理)이다. 무릇 모든 사물은 모두 능히 그렇게 되는 것이니 이는 사물에 앞서 존재한다.
- 4단과 7정이 다같이 하나의 정감이지만 4단은 인의예지라는 본성에서 발동해 나오고, 7정은 기질에서 발동해 나온다. …… 4단은 이치가 발동하여 기운이 따라오는 것이고, 7정은 기운이 발하여 이치가 타고 올라오는 것이다.

– 『퇴계집』

32 이익의 한전론 기출사료

국가는 마땅히 한 집의 생활에 맞추어 재산을 계산해서 토지 몇 부(負)를 한 호의 영업전으로 한다. 그러나 땅이 많은 자는 빼앗아 줄이지 않고 미치지 못하는 자도 더 주지 않으며, 돈이 있어 사고자 하는 자는 비록 천백 결이라도 허락해 주고, 땅이 많아서 팔고자 하는 자는 다만 영업전 몇 부 이외에는 허락한다. – 이익, 『곽우록』

36 다산 정약용은 정전론(井田論)을 제시하였는데, 구획이 가능한 곳은 정자(井字)로, 불가능한 곳은 계산상으로 구획한 뒤 노동력의 양과 질에 따라 토지를 차등적으로 분급할 것을 주장하였다. 2016년 서울시 7급 O X

37 박지원은 『반계수록』을 저술하였고, 결부법 대신에 경무법을 사용할 것을 주장하였다. 2016년 경찰직(2차) O X

38 홍대용은 『임하경륜』에서 성인 남자에게 2결의 토지를 나누어 주자고 주장하였다. 2017년 국가직 9급(4월) O X

39 유수원은 사 · 농 · 공 · 상 모두에게 차등을 두어 토지를 재분배함으로써 모든 국민을 자영농으로 안정시키고자 하였다. 2013년 경찰직(2차) O X

40 세종 때 시간을 측정하기 위해서 자격루, 앙부일구, 혼천의 등을 만들었다. 2015년 기상직 9급 O X

41 홍대용은 김석문과 함께 지전설을 주장하였고, 지구가 우주의 중심이 아니라는 무한 우주론을 주장하였다. 2019년 경찰직(2차) O X

42 이광정은 『지구전요』에서 지구의 자전과 공전을 함께 주장하였고, 자전과 공전설이 코페르니쿠스의 것임을 밝혔다. 2019년 경찰직(2차) O X

43 사람의 체질을 태양인 · 태음인 · 소양인 · 소음인으로 구분하여 치료하는 체질 의학 이론을 담고 있는 서적은 『동의수세보원』이다. 2011년 국가직 9급 O X

44 태종은 경자자(庚子字), 갑인자(甲寅字) 등 금속 활자를 주조하였다. 2016년 지방직 9급 O X

45 세종 때에는 밀랍 대신 식자판을 조립하는 방법으로 인쇄 기술이 더욱 발전하였다. 2015년 서울시 7급 O X

46 정조는 한구자(韓構字)와 정리자(整理字)를 주조하였다. 2018년 지방직 7급 O X

승범쌤의 기출 포인트

41 홍대용의 지전설 기출사료

천체가 운행하는 것이나 지구가 자전하는 것은 그 세가 동일하니, 분리해서 설명할 필요가 없다. …… 칠정(七政, 태양, 달, 화성, 수성, 목성, 금성, 토성)이 수레바퀴처럼 자전함과 동시에, 맷돌을 돌리는 나귀처럼 둘러싸고 있다. 지구에서 가까이 보이는 것을 사람들은 해와 달이라 하고, 지구에서 멀어 작게 보이는 것을 사람들은 오성(五星, 수성, 금성, 화성, 목성, 토성)이라 하지만, 사실은 모두가 동일하다. – 홍대용, 『담헌집』

47 문종 대에 편찬된 『동국병감』은 고조선에서 고려 말까지의 전쟁을 정리한 병서이다. 2019년 국가직 9급
O X

48 조선 전기에는 『어우야담』을 비롯한 야담, 잡기류가 성행하였다. 2020년 국가직 9급
O X

49 노비 출신으로 화원에 발탁된 이상좌의 고사관수도는 바위틈에 뿌리를 박고 모진 비바람을 이겨내고 있는 나무를 통하여 강인한 정신과 굳센 기개를 표현하였다. 2010년 국가직 9급
O X

50 조선 초에는 청화 백자가 주로 제작되었다. 2011년 지방직 9급
O X

51 조선 초기 건축물로는 무위사 극락전, 금산사 미륵전이 있다. 2012년 국가직 7급
O X

52 세종 때 음악의 원리와 역사, 악기, 무용 등을 망라한 음악 이론서인 『악학궤범』이 편찬되었다. 2015년 경찰직(2차)
O X

53 『동문선』은 서거정이 저술한 것으로, 삼국 시대부터 조선 초까지 시와 산문 중 뛰어난 것을 선별하여 저술한 책이다. 2012년 국가직 7급
O X

54 18세기에 들어서 우리 고유의 자연과 풍속을 표현한 진경산수화가 나타났으며, 대표적 화가로는 정선이 있다. 2016년 경찰직(2차)
O X

55 18세기에는 미술에 서양화의 기법이 반영되어 사물을 실감나게 표현하였다. 2009년 지방직 9급
O X

56 조선 후기에는 무위사 극락전, 화엄사 각황전, 법주사 팔상전 등의 건축물이 만들어졌다. 2015년 기상직 9급
O X

57 이광사는 우리의 정서와 개성을 추구한 동국진체를 완성하였다. 2011년 사회복지직 9급
O X

승범쌤의 기출 포인트

53 『동문선』 서문 기출사료

우리는 상감(上監)의 분부를 우러러 받아 삼국 시대부터 뽑기 시작하여 당대의 사부(辭賦)·시문에 이르기까지 약간의 글을 합하여서, 글의 이치가 순정하여 백성을 다스리고 가르치는 데 도움이 되는 것을 취하고 부문으로 나누고 종류대로 모아 130권으로 정리하여 올린 바, 『동문선』이라고 이름을 내리셨습니다. – 서거정, 『동문선』

승범쌤의 기출 포인트

58 조선 후기에는 양반 사회를 풍자하는 「양반전」, 「허생전」 등 한글 소설이 등장했다. 2009년 지방직 9급 ○ ×

59 조선 후기 등장한 사설 시조는 현실에 대한 비판, 남녀 간의 사랑 등 감정이 솔직하게 표현되어 있다. 2015년 기상직 9급 ○ ×

60 『어우야담』, 『소대풍요』, 『연조귀감』, 『호산외기』 중 조선 후기 위항 시집은 『연조귀감』이다. 2018년 국가직 7급 ○ ×

정답과 해설

01 × | 02 × | 03 × | 04 × | 05 ○ | 06 ○ | 07 ○ | 08 ○ | 09 × | 10 ○ | 11 ○ | 12 ○ | 13 ○ | 14 ○ | 15 ○ | 16 ○ | 17 × | 18 ○ | 19 × | 20 ○ | 21 × | 22 ○ | 23 ○ | 24 ○ | 25 ○ | 26 × | 27 ○ | 28 × | 29 × | 30 ○ | 31 × | 32 ○ | 33 ○ | 34 ○ | 35 × | 36 ○ | 37 × | 38 ○ | 39 × | 40 × | 41 ○ | 42 × | 43 ○ | 44 × | 45 ○ | 46 ○ | 47 ○ | 48 × | 49 × | 50 × | 51 × | 52 × | 53 ○ | 54 ○ | 55 ○ | 56 × | 57 ○ | 58 × | 59 ○ | 60 ×

01 성균관에는 생원이나 진사 외에 승보시에 합격하거나 음서 등을 통해 입학할 수 있었다. | 02 향교에서는 학업 우수자에게 소과의 초시 면제 혜택을 주었다. | 03 서원은 학문 연구와 선현의 제사를 위해 설립된 사설 교육 기관이다. | 04 『시정기』는 춘추관에서 「사초」와 각 기관의 『등록』 등을 모아 정기적으로 편찬하는 자료이다. | 09 『동국역대총목』은 단군 조선을 우리 역사의 시작으로 규정하였으며 단군 조선 – 기자 조선으로 이어지는 정통론을 제시하였다. | 17 단군 – 부여 – 고구려의 흐름에 중점을 두고 만주 수복을 희구한 역사서는 이종휘의 『동사』이다. | 19 양성지 등이 북방의 영토를 실측하여 세조 때 완성한 지도는 동국지도이다. | 21 대동여지도의 판목은 숭실 대학교 박물관과 국립 중앙 박물관에서 소장하고 있다. | 26 『주자서절요』는 이황의 저서이다. | 28 호론은 명을 중화로 보고 청을 오랑캐로 보려는 대의명분론이 깔려 있었다. | 29 양명학은 정권에서 소외된 소론 계열의 학자들을 중심으로 하여 가학의 형태로 계승되었다. | 31 허목은 『기언』에서 왕과 육조의 기능 강화, 호포제 실시 반대 등을 주장하였다. | 35 서유구의 둔전론은 지주제 폐지를 주장한 것이 아니라 부농층에게 국영 농장의 운영을 맡기고 무전 농민을 고용하자는 방식이다. | 37 『반계수록』을 저술하였고, 경무법 사용을 주장한 인물은 유형원이다. | 39 사·농·공·상 모두에게 차등을 두어 토지를 재분배하자고 주장한 인물은 유형원이다. | 40 혼천의는 천문 관측 기구이다. | 42 『지구전요』는 최한기의 저서이다. | 44 태종은 계미자를 주조하였다. 경자자와 갑인자는 세종 때 주조하였다. | 48 『어우야담』은 광해군 때 유몽인이 지은 야담집으로 조선 후기에 해당한다. | 49 고사관수도는 조선 전기에 강희안이 그린 것이다. | 50 청화 백자는 조선 후기에 주로 제작되었다. | 51 금산사 미륵전은 조선 후기의 건물이다. | 52 『악학궤범』은 성종 때 편찬되었다. | 56 무위사 극락전은 조선 전기 사원 건축물이다. | 58 「양반전」, 「허생전」 등은 한문 소설이다. | 60 제시된 작품 중 위항 시집은 『소대풍요』이다.

V
근대

01 흥선 대원군의 개혁 정책

1. 19세기 말 국내외 정세

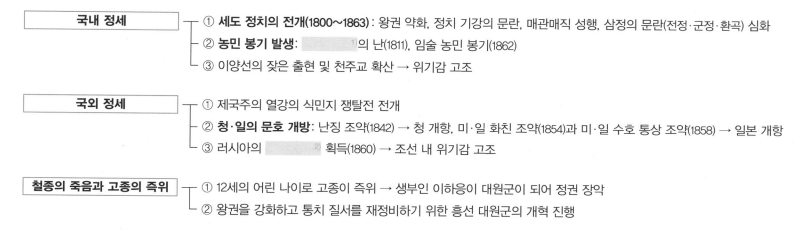

국내 정세
- ① **세도 정치의 전개(1800~1863)**: 왕권 약화, 정치 기강의 문란, 매관매직 성행, 삼정의 문란(전정·군정·환곡) 심화
- ② **농민 봉기 발생**: ______[1]의 난(1811), 임술 농민 봉기(1862)
- ③ 이양선의 잦은 출현 및 천주교 확산 → 위기감 고조

국외 정세
- ① 제국주의 열강의 식민지 쟁탈전 전개
- ② **청·일의 문호 개방**: 난징 조약(1842) → 청 개항, 미·일 화친 조약(1854)과 미·일 수호 통상 조약(1858) → 일본 개항
- ③ 러시아의 ______[2] 획득(1860) → 조선 내 위기감 고조

철종의 죽음과 고종의 즉위
- ① 12세의 어린 나이로 고종이 즉위 → 생부인 이하응이 대원군이 되어 정권 장악
- ② 왕권을 강화하고 통치 질서를 재정비하기 위한 흥선 대원군의 개혁 진행

2. 흥선 대원군의 개혁

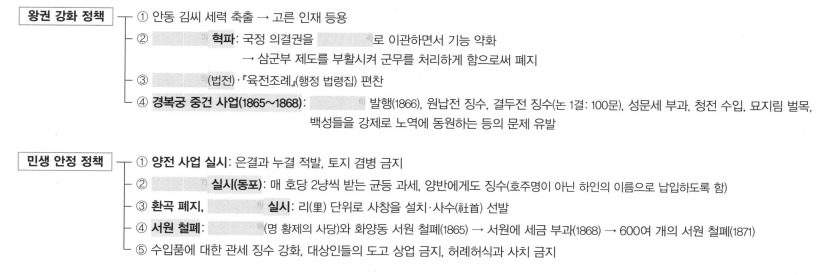

왕권 강화 정책
- ① 안동 김씨 세력 축출 → 고른 인재 등용
- ② ______[3] **혁파**: 국정 의결권을 ______[4]로 이관하면서 기능 약화
  → 삼군부 제도를 부활시켜 군무를 처리하게 함으로써 폐지
- ③ ______[5](법전)·『육전조례』(행정 법령집) 편찬
- ④ **경복궁 중건 사업(1865~1868)**: ______[6] 발행(1866), 원납전 징수, 결두전 징수(논 1결: 100문), 성문세 부과, 청전 수입, 묘지림 벌목, 백성들을 강제로 노역에 동원하는 등의 문제 유발

민생 안정 정책
- ① **양전 사업 실시**: 은결과 누결 적발, 토지 겸병 금지
- ② ______[7] **실시(동포)**: 매 호당 2냥씩 받는 균등 과세, 양반에게도 징수(호주명이 아닌 하인의 이름으로 납입하도록 함)
- ③ **환곡 폐지,** ______[8] **실시**: 리(里) 단위로 사창을 설치·사수(社首) 선발
- ④ **서원 철폐**: ______[9](명 황제의 사당)와 화양동 서원 철폐(1865) → 서원에 세금 부과(1868) → 600여 개의 서원 철폐(1871)
- ⑤ 수입품에 대한 관세 징수 강화, 대상인들의 도고 상업 금지, 허례허식과 사치 금지

정답 1) 홍경래 2) 연해주 3) 비변사 4) 의정부 5) 『대전회통』 6) 당백전 7) 호포법 8) 사창제 9) 만동묘

통상 수교 거부 — **통상 수교는 거부했으나 서양식 신무기 제조에는 관심을 보임**: 방탄조끼(면제배갑)·수뢰포·투구·학우조비선 제작 → 양요(洋擾) 유발

의의 및 한계
- **의의**: 국가 기강 확립과 민생 안정에 기여
- **한계**: 근대 지향적인 부분 결여(전제 군주제·지주 전호제·신분제 유지)

3. 통상 수교 거부 정책과 양요

병인양요 (1866. 9.)
- ① **배경**: 병인박해(1866. 1.)
- ② **경과**: 프랑스군의 강화부 점령(로즈 제독) → ______1) 부대(문수산성)와 양헌수 부대(______2)산성)의 활약으로 격퇴
- ③ **결과**: ______3) 문서(『의궤』) 약탈당함

제너럴셔먼호 사건 (1866. 7.) — 미국 상선 제너럴셔먼호가 ______4)강을 거슬러와 통상을 요구했으나 거부당하자 관리를 살해하고 민가 약탈 → 평안도 관찰사 ______5)와 평양 주민들이 상선을 공격하여 침몰시킴

______6) 도굴 사건 (1868. 4.) — 독일인 오페르트, 미국인 젠킨스, 프랑스인 페롱 등이 충청도 덕산의 흥선 대원군의 아버지인 남연군의 묘 도굴 시도 → 통상 수교 거부 정책 강화

신미양요 (1871. 4.)
- ① **배경**: 제너럴셔먼호 사건(1866. 7.)
- ② **경과**: 미군이 초지진과 덕진진 점령, 광성보 공격(로저스 제독) → ______7) 부대가 광성보, 갑곶 등지에서 격퇴
- ③ **영향**: ______8) 건립

  "洋夷侵犯, 非戰則和, 主和賣國"(서양 오랑캐가 침입하는데 싸우지 않으면 화친하는 것이요, 화친을 주장하는 것은 나라를 파는 것이다.)
  "戒我萬年子孫 丙寅作 辛未立"(우리들 만대 자손에게 경고하노라, 병인년에 짓고 신미년에 세운다.)

정답 1) 한성근 2) 정족 3) 외규장각 4) 대동 5) 박규수 6) 오페르트 7) 어재연 8) 척화비

핵심 기출 OX 흥선 대원군의 개혁 정책

01 흥선 대원군은 왕권의 강화를 위해 의정부를 혁파하였다. 2018년 경찰직(1차) ○ ×

02 흥선 대원군은 『육전조례』와 『대전통편』을 편찬하여 왕권을 강화하고 통치 질서를 바로 세우고자 하였다. 2012년 서울시 9급 ○ ×

03 흥선 대원군은 전국적으로 양전 사업을 실시하여 은결과 누결을 적발하고 토지 겸병을 금지하였다. 2014년 지방직 7급 ○ ×

04 호포제의 실시로 농민에게만 부과되던 군역의 의무가 양반에게까지 확대되었다. 2015년 사회복지직 9급 ○ ×

05 오페르트 도굴 사건으로 인해 흥선 대원군의 통상 수교 거부 정책이 강화되었다. 2018년 소방직(10월) ○ ×

06 병인양요 당시 정족산성의 한성근 부대의 활약으로 프랑스군을 격퇴하였다. 2018년 서울시 9급(6월) ○ ×

07 흥선 대원군은 통리기무아문을 설치하였다. 2015년 지방직 9급 ○ ×

08 흥선 대원군은 경기, 삼남, 해서 등지에 사창제를 실시하였다. 2015년 사회복지직 9급 ○ ×

09 흥선 대원군이 추진한 호포법은 성리학적 명분론을 바탕으로 양반의 반발이 심하였다. 2013년 법원직 9급 ○ ×

10 영조의 균역법과 흥선 대원군의 호포법은 모두 과세 대상이 확대되는 계기가 되었다. 2013년 법원직 9급 ○ ×

11 흥선 대원군은 전국 여러 곳에 척화비를 세우도록 하였다. 2022년 국가직 9급 ○ ×

12 흥선 대원군 집권 시기에 미군이 강화도의 초지진을 함락하고 광성보를 공격하였다. 2022년 법원직 9급 ○ ×

13 신미양요는 오페르트의 남연군 묘 도굴 사건으로 이어졌다. 2022년 지방직 9급 ○ ×

승범쌤의 기출 포인트

01 비변사 축소·폐지 기출사료

의정부와 비변사를 한 관청으로 합치되 비변사 건물은 의정부의 대기 처소로 만들고 …… 비변사의 인장은 영영 녹여 없애며 모든 공문서는 의정부의 이름으로 올리게 하라. - 『고종실록』

06 외세의 침입 순서 기출개념

- 병인박해(1866. 1.)
- 제너럴셔먼호 사건(1866. 7.)
- 병인양요(1866. 9.)
- 오페르트 도굴 사건(1868. 4.)
- 신미양요(1871. 4.)
- 척화비 건립(1871)

정답과 해설 01 × | 02 × | 03 ○ | 04 ○ | 05 ○ | 06 × | 07 × | 08 ○ | 09 ○ | 10 ○ | 11 ○ | 12 ○ | 13 ×

01 의정부 혁파가 아닌 비변사를 혁파하고 의정부의 권한을 복구하고 삼군부를 부활시켰다. | 02 흥선 대원군은 『대전통편』(정조)이 아닌 『대전회통』을 편찬하였다. | 06 문수산성의 한성근 부대, 정족산성의 양헌수 부대이다. | 07 통리기무아문은 흥선 대원군 실각 후인 1880년에 설치되었다. | 13 신미양요는 1871년에 일어났고 오페르트의 남연군 묘 도굴 사건은 1868년에 일어났다.

02 개항과 불평등 조약의 체결

1. 조약 체결의 배경

대원군의 하야 — ______ 1)의 상소 → 대원군의 하야(1873): 고종의 친정 체제 수립 → 통상 수교 거부 정책 완화

통상 개화론 대두 — 박규수(양반), ______ 2)(역관), 유홍기(의관) 등

일본의 침략 의도
- ① 메이지 유신(1868)을 통하여 근대 국가 체제를 갖춘 일본은 ______ 3)(외교 문서)를 수차례 보내 조선에 국교 수립을 요구, 조선은 '대일본', '천황' 등의 용어가 전통적인 외교 격식에 어긋난다고 하여 거부
- ② ______ 4)(征韓論) 대두 → 운요호 사건 발생(1875): 일본 군함 운요호가 강화도 초지진 포대까지 불법적으로 접근했다가 조선군의 포격을 받음, 이에 일본은 우세한 화력으로 응전하였고 영종도에 상륙하여 약탈 → 조·일 수호 조규(강화도 조약) 체결(1876. 2., 연무당, 구로다 – 신헌)

2. 내용 및 성격

청의 종주권 부인 — **제1관**: 조선은 자주의 나라이며, 일본과는 평등한 권리를 갖는다.

정치·경제·군사적 거점 확보 — **제5관**: 부산 이외 조선의 5도 중 2개 항을 20개월 이내에 개항한다.
→ 부산에 이어 원산(1880)과 ______ 5)(1883)을 개항 → 부산은 ______ 6)적 목적, 원산은 ______ 7)적 목적, 인천은 ______ 8)적 목적

주권 침탈
- **제7관**: 일본국의 항해자가 자유로이 해안을 측량하도록 허가한다. → 영해 주권 침해
- **제10관**: 일본국 인민이 조선국 지정의 각 항구에 머무르는 동안에 죄를 범한 것이 조선국 인민에게 관계되는 사건일 때에는 모두 일본 관원이 심판할 것이다.
  → 조선 거주 일본인들에게 ______ 9)을 인정하여 조선의 주권 침해

일본 상인의 진출 — **제9관**: 양국의 민간 무역 활동에서 관리의 간섭을 받지 않는다. → 국내 상업 보호 불가

조약 개정 불가 — **제12관**: 위 11조관을 영원히 신의로써 준수하며 변경할 수 없다. → 불평등 조약 관계 지속 의도

성격 — 우리나라 최초의 근대적 조약이자 불평등 조약

3. 부속 조약

조·일 수호 조규 부록 (1876. 7.)
- ① 개항장에서 일본인이 자유롭게 활동할 수 있는 범위 설정(부두로부터 직선 거리로 10리 이내), 개항장에서 일본 ______ 10) 사용 허용
- ② 일본 외교관의 내지 여행 허용(위급한 일이 있는 경우 지방관에 알리는 것을 전제로 함)

______ 11) (조·일 통상 장정, 1876. 7.) — 일본 선박의 무항세, 일본 상품의 ______ 12), 쌀과 잡곡의 무제한 유출 허용

정답 1) 최익현 2) 오경석 3) 서계 4) 정한론 5) 인천 6) 경제 7) 군사 8) 정치 9) 치외법권 10) 화폐 11) 조·일 무역 규칙 12) 무관세

4. 서양 열강과의 조약

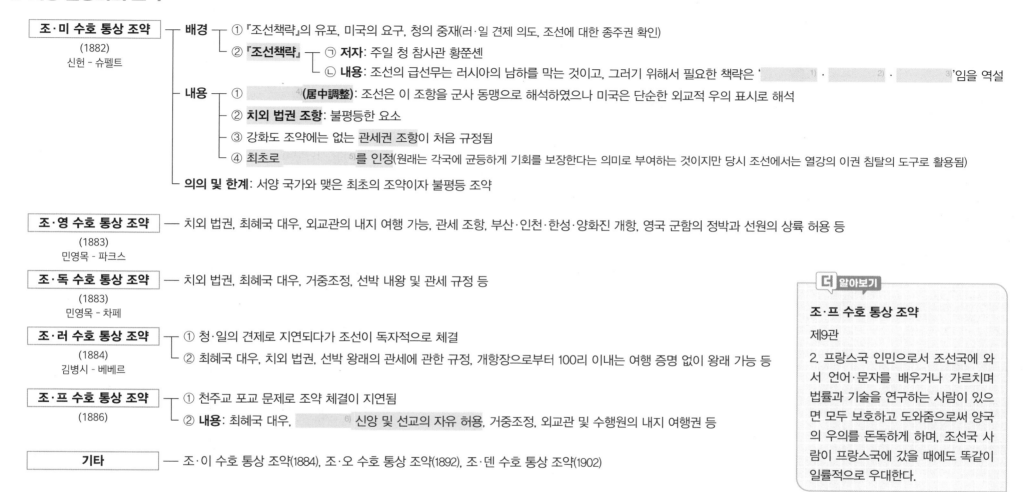

조·미 수호 통상 조약
(1882)
신헌 - 슈펠트

- **배경**
  - ① 『조선책략』의 유포, 미국의 요구, 청의 중재(러·일 견제 의도, 조선에 대한 종주권 확인)
  - ② **『조선책략』**
    - ㉠ **저자**: 주일 청 참사관 황쭌셴
    - ㉡ **내용**: 조선의 급선무는 러시아의 남하를 막는 것이고, 그러기 위해서 필요한 책략은 '______[1] · ______[2] · ______[3]'임을 역설
- **내용**
  - ① ______[4](**居中調整**): 조선은 이 조항을 군사 동맹으로 해석하였으나 미국은 단순한 외교적 우의 표시로 해석
  - ② **치외 법권 조항**: 불평등한 요소
  - ③ 강화도 조약에는 없는 관세권 조항이 처음 규정됨
  - ④ 최초로 ______[5]를 인정(원래는 각국에 균등하게 기회를 보장한다는 의미로 부여하는 것이지만 당시 조선에서는 열강의 이권 침탈의 도구로 활용됨)
- **의의 및 한계**: 서양 국가와 맺은 최초의 조약이자 불평등 조약

조·영 수호 통상 조약
(1883)
민영목 - 파크스

— 치외 법권, 최혜국 대우, 외교관의 내지 여행 가능, 관세 조항, 부산·인천·한성·양화진 개항, 영국 군함의 정박과 선원의 상륙 허용 등

조·독 수호 통상 조약
(1883)
민영목 - 차페

— 치외 법권, 최혜국 대우, 거중조정, 선박 내왕 및 관세 규정 등

조·러 수호 통상 조약
(1884)
김병시 - 베베르

- ① 청·일의 견제로 지연되다가 조선이 독자적으로 체결
- ② 최혜국 대우, 치외 법권, 선박 왕래의 관세에 관한 규정, 개항장으로부터 100리 이내는 여행 증명 없이 왕래 가능 등

조·프 수호 통상 조약
(1886)

- ① 천주교 포교 문제로 조약 체결이 지연됨
- ② **내용**: 최혜국 대우, ______[6] 신앙 및 선교의 자유 허용, 거중조정, 외교관 및 수행원의 내지 여행권 등

기타

— 조·이 수호 통상 조약(1884), 조·오 수호 통상 조약(1892), 조·덴 수호 통상 조약(1902)

더 알아보기

조·프 수호 통상 조약

제9관

2. 프랑스국 인민으로서 조선국에 와서 언어·문자를 배우거나 가르치며 법률과 기술을 연구하는 사람이 있으면 모두 보호하고 도와줌으로써 양국의 우의를 돈독하게 하며, 조선국 사람이 프랑스국에 갔을 때에도 똑같이 일률적으로 우대한다.

정답 1) 친중국 2) 결일본 3) 연미국 4) 거중조정 5) 최혜국 대우 6) 천주교

*옳은 문장은 ○, 틀린 문장은 ×에 체크하세요.

핵심 기출 OX 개항과 불평등 조약의 체결

01 조 · 미 수호 통상 조약은 러시아를 견제하기 위한 일본의 적극적인 알선과 중재로 체결되었다. 2017년 국가직 7급(8월) ○ ×

02 조 · 일 수호 조규는 조선이 자주국임을 명시하였다. 2020년 국회직 9급 ○ ×

03 조 · 일 수호 조규로 인해 부산 · 인천 · 울산 3항구를 개항하여 무역을 허용하였다. 2012년 경찰직(2차) ○ ×

04 조 · 일 수호 조규 이후 군사적 목적으로 청진이 개항되었다. 2017년 서울시 7급 ○ ×

05 조 · 일 수호 조규는 일본 상인들이 내지까지 들어와 통상할 수 있는 내지 통상권을 허용하였다. 2013년 법원직 9급 ○ ×

06 조 · 일 무역 규칙 결과 일본 선박의 무항세, 상품의 무관세 조항이 시행되었다. 2017년 국가직 7급(8월) ○ ×

07 조 · 일 수호 조규의 결과 공사관 경비를 구실로 일본 군대가 주둔하게 되었다. 2015년 사회복지직 9급 ○ ×

08 조 · 일 수호 조규 부록으로 조선 전국에서 일본 화폐 사용이 허용되었다. 2015년 국가직 7급 ○ ×

09 『조선책략』의 유포는 조 · 미 수호 통상 조약이 체결되는 데 영향을 미쳤다. 2013년 법원직 9급 ○ ×

10 조 · 미 수호 통상 조약에는 무관세, 무항세 조항이 포함되어 있다. 2017년 국가직 7급(8월) ○ ×

11 조 · 미 수호 통상 조약에는 다른 나라의 압박을 받으면 거중조정 한다는 내용이 들어가 있다. 2017년 국가직 7급(8월) ○ ×

12 최혜국 대우 조항은 조 · 일 수호 조규에 최초로 명시되어 있다. 2017년 경찰직(1차) ○ ×

13 조 · 일 무역 규칙(조 · 일 통상 장정)으로 방곡령 규정이 합의되었다. 2016년 국가직 9급 ○ ×

14 강화도 조약에는 '조선국은 인근국으로 일본국과 평등한 권리를 보유한다.'는 조항이 있다. 2018년 서울시 9급(3월) ○ ×

15 1876년 체결된 조 · 일 수호 조규에는 '인천과 부산에 일본 공관을 둔다.'는 조항이 명시되어 있다. 2019년 서울시 9급(2월) ○ ×

승범쌤의 기출 포인트

12 **최혜국 대우** 기출개념

통상 조약을 체결한 나라가 제3국에 부여하고 있는 가장 유리한 대우를 조약을 체결한 상대국에게도 부여하도록 규정한 것이다.

16 조 · 일 수호 조규에는 '일본인 거주 지역 내에서의 치외 법권을 인정한다.'는 조항이 명시되어 있다. 2019년 서울시 9급(2월) ○ ×

17 조 · 일 수호 조규와 그 부속 조약이 체결된 이후 쌀 유출이 허용되면서 쌀값이 폭등하고 쌀의 상품화가 촉진되었다. 2013년 지방직 9급 ○ ×

18 강화도 조약은 최혜국 대우가 인정되어 불평등 조약으로 평가받는다. 2017년 경찰직(2차) ○ ×

19 '영국 군함은 개항장 이외에 조선 국내 어디서나 정박할 수 있고 선원을 상륙할 수 있게 한다.'는 조약 이후 거중조정 조항이 있는 조 · 미 수호 통상 조약이 체결되었다. 2010년 국가직 9급 ○ ×

20 러시아와 조선은 서양 국가 중에서 최초로 조약을 체결하였다. 2020년 법원직 9급 ○ ×

21 조 · 일 무역 규칙에는 일본 정부에 소속된 선박의 항세를 면제하는 조항이 있다. 2020년 국회직 9급 ○ ×

22 김홍집이 일본에서 가져온 황준헌의 『조선책략』의 영향으로 조 · 미 수호 통상 조약이 체결되었다. 2019년 국가직 9급 ○ ×

승범쌤의 기출 포인트

18 **강화도 조약과 조·미 수호 통상 조약**

기출개념

구분	강화도 조약	조 · 미 수호 통상 조약
해안 측량권	○	×
치외 법권 (영사재판권)	○	○
관세 규정	×	○
거중조정	×	○
최혜국 대우	×	○

정답과 해설 01 × | 02 ○ | 03 × | 04 × | 05 × | 06 ○ | 07 × | 08 × | 09 ○ | 10 × | 11 ○ | 12 × | 13 × | 14 × | 15 × | 16 ○ | 17 ○ | 18 × | 19 × | 20 × | 21 ○ | 22 ○

01 조·미 수호 통상 조약은 러시아와 일본을 견제하기 위한 청의 적극적인 알선과 중재로 체결되었다. | 03 조·일 수호 조규로 개항된 곳은 부산(1876), 원산(1880), 인천(1883)이다. | 04 청진이 아닌 원산이다. | 05 일본 상인의 내지 통상권은 조·일 통상 장정 개정의 최혜국 대우 조항으로 인해 허용되었다. | 07 일본 공사관에 일본군이 주둔하도록 하는 조항은 제물포 조약에 있다. | 08 조선 전국이 아닌 개항장에서 일본 화폐의 사용이 허용되었다. | 10 조·미 수호 통상 조약에는 조·일 수호 조규에는 없는 관세권 조항이 처음으로 규정되어 있다. | 12 최혜국 대우 조항은 조·일 수호 조규가 아닌 조·미 수호 통상 조약에 최초로 명시되었다. | 13 방곡령 규정은 1883년 조·일 통상 장정 개정에서 규정되었다. | 14 일본은 조·일 수호 조규의 제1관에 조선이 자주국임을 명시하여 청의 종주권을 부인하고 일본과 조선과의 문제에 청이 개입하는 것을 방지하고자 하였다. | 15 조·일 수호 조규에 인천과 부산에 일본 공관을 둔다는 조항은 없다. | 18 강화도 조약에는 최혜국 대우 규정이 없다. | 19 조·영 수호 통상 조약은 조·미 수호 통상 조약 이후에 체결되었다. | 20 조선이 최초로 조약을 체결한 서양 국가는 미국이다.

03 개화 정책과 위정척사 운동의 전개

1. 개화파의 형성과 분파

개화파의 형성

- ① 개화 사상 형성 배경
  - ㉠ 중국과 일본의 문호 개방, 서양 세력에 의한 베이징 점령
  - ㉡ 조선 후기 북학 사상의 영향을 받은 통상 개화론의 확산
- ② **대표적인 통상 개화론자**: ______ 1)(양반), ______ 2)(역관), ______ 3)(의관)
- ③ **개화파 형성 과정**: 박규수·오경석·유홍기 → 김옥균·박영효·홍영식·서광범·유길준·김윤식 등 개화파 형성
  → 1880년대 정부의 개화 정책과 외국 시찰단 파견에 관여
- ④ **개화파의 분화**: 개화 방법, 속도, 외교 정책 등을 둘러싼 갈등(______ 4) 이후 극한 대립)

개화 사상가

- ① 이규경 – 영국 상선의 통상 요구 수용 주장
- ② 최한기 – 『지구전요』·『명남루총서』 저술, 문호 개방 주장
- ③ 박규수 – 임술 농민 봉기 때 안핵사로 파견, 이후 평안도 관찰사로 재임 중 제너럴셔먼호 사건 발생
- ④ 오경석 – 양반 출신 역관, 청에 내왕하면서 『해국도지』·『영환지략』·『박물신편』 등의 책을 들여옴
- ⑤ 유홍기 – 양반 출신 의관(유의)으로서 박규수, 오경석 사후 개화파 세력을 지도, '백의정승'이라 불림
- ⑥ 강위 – 강화도 조약 당시 전권대신 신헌의 보좌관으로 필담(筆談)을 주도함
- ⑦ 이동인 – 개화 승려로 개항기에 외교 실무자로 참여함

개화 세력의 분화

구분	온건 개화파(______ 5)당, 수구당)	급진 개화파(독립당, ______ 6)당)
개화 방법	점진적 개혁	급진적 개혁
개화 내용	서양 과학 기술 수용	정치 체제, 사상과 제도의 개혁
개화 모델 및 사상	청의 ______ 7), ______ 8)론(동양의 정신 + 서양의 기술)	일본의 ______ 9), 문명개화론(정신 문명과 물질 문명 모두 서구화)
인물	김윤식, 김홍집, 어윤중 등	김옥균, 박영효, 홍영식, 서광범 등
외교 정책	청과의 관계 중시	청과의 사대 관계 청산
개혁 운동	갑오개혁 주도	______ 10) 주도
공통점	토지 개혁에 대한 내용 부재 → 민중의 지지 결여	

정답 1) 박규수 2) 오경석 3) 유홍기 4) 임오군란 5) 사대 6) 개화 7) 양무운동 8) 동도 서기 9) 메이지 유신 10) 갑신정변

2. 개화 정책의 추진

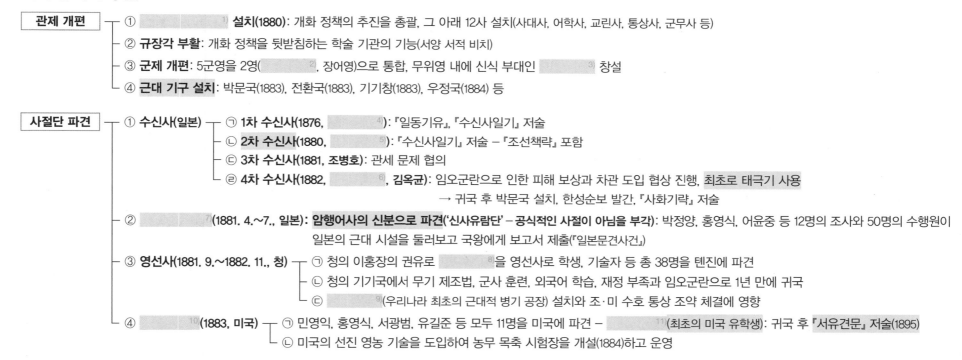

관제 개편
- ① ______1) **설치(1880)**: 개화 정책의 추진을 총괄, 그 아래 12사 설치(사대사, 어학사, 교린사, 통상사, 군무사 등)
- ② **규장각 부활**: 개화 정책을 뒷받침하는 학술 기관의 기능(서양 서적 비치)
- ③ **군제 개편**: 5군영을 2영(______2), 장어영)으로 통합, 무위영 내에 신식 부대인 ______3) 창설
- ④ **근대 기구 설치**: 박문국(1883), 전환국(1883), 기기창(1883), 우정국(1884) 등

사절단 파견
- ① **수신사(일본)**
  - ㉠ **1차 수신사(1876,** ______4)**)**: 『일동기유』, 『수신사일기』 저술
  - ㉡ **2차 수신사(1880,** ______5)**)**: 『수신사일기』 저술 – 『조선책략』 포함
  - ㉢ **3차 수신사(1881, 조병호)**: 관세 문제 협의
  - ㉣ **4차 수신사(1882,** ______6)**, 김옥균)**: 임오군란으로 인한 피해 보상과 차관 도입 협상 진행, 최초로 태극기 사용
    → 귀국 후 박문국 설치, 한성순보 발간, 『사화기략』 저술
- ② ______7)**(1881. 4.~7., 일본)**: **암행어사의 신분으로 파견('신사유람단' – 공식적인 사절이 아님을 부각)**: 박정양, 홍영식, 어윤중 등 12명의 조사와 50명의 수행원이 일본의 근대 시설을 둘러보고 국왕에게 보고서 제출(『일본문견사건』)
- ③ **영선사(1881. 9.~1882. 11., 청)**
  - ㉠ 청의 이홍장의 권유로 ______8)을 영선사로 학생, 기술자 등 총 38명을 톈진에 파견
  - ㉡ 청의 기기국에서 무기 제조법, 군사 훈련, 외국어 학습, 재정 부족과 임오군란으로 1년 만에 귀국
  - ㉢ ______9)(우리나라 최초의 근대적 병기 공장) 설치와 조·미 수호 통상 조약 체결에 영향
- ④ ______10)**(1883, 미국)**
  - ㉠ 민영익, 홍영식, 서광범, 유길준 등 모두 11명을 미국에 파견 – ______11)(최초의 미국 유학생): 귀국 후 『서유견문』 저술(1895)
  - ㉡ 미국의 선진 영농 기술을 도입하여 농무 목축 시험장을 개설(1884)하고 운영

3. 위정척사 운동

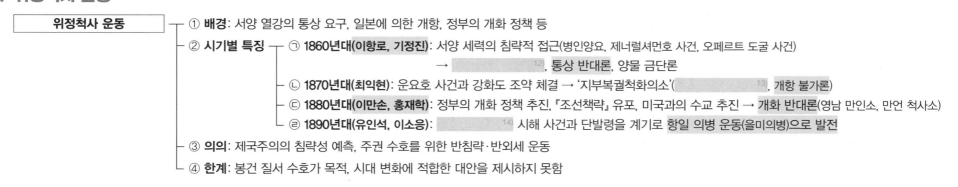

위정척사 운동
- ① **배경**: 서양 열강의 통상 요구, 일본에 의한 개항, 정부의 개화 정책 등
- ② **시기별 특징**
  - ㉠ **1860년대(이항로, 기정진)**: 서양 세력의 침략적 접근(병인양요, 제너럴셔먼호 사건, 오페르트 도굴 사건)
    → ______12), 통상 반대론, 양물 금단론
  - ㉡ **1870년대(최익현)**: 운요호 사건과 강화도 조약 체결 → '지부복궐척화의소'(______13), 개항 불가론)
  - ㉢ **1880년대(이만손, 홍재학)**: 정부의 개화 정책 추진, 『조선책략』 유포, 미국과의 수교 추진 → 개화 반대론(영남 만인소, 만언 척사소)
  - ㉣ **1890년대(유인석, 이소응)**: ______14) 시해 사건과 단발령을 계기로 항일 의병 운동(을미의병)으로 발전
- ③ **의의**: 제국주의의 침략성 예측, 주권 수호를 위한 반침략·반외세 운동
- ④ **한계**: 봉건 질서 수호가 목적, 시대 변화에 적합한 대안을 제시하지 못함

정답 1) 통리기무아문 2) 무위영 3) 별기군 4) 김기수 5) 김홍집 6) 박영효 7) 조사 시찰단 8) 김윤식 9) 기기창 10) 보빙사 11) 유길준 12) 척화 주전론 13) 왜양 일체론 14) 명성 황후

*옳은 문장은 ○, 틀린 문장은 ×에 체크하세요.

핵심 기출 OX 개화 정책과 위정척사 운동의 전개

01 오경석은 일본에 내왕하면서 『해국도지』, 『영환지략』 등의 책을 들여왔다. 2006년 서울시 9급 응용 ○ ×

02 동도 서기론은 근대 문물 수용의 사상적 기반이 되었다. 2020년 국가직 9급 ○ ×

03 온건 개화파는 청의 양무운동을 개화 모델로 삼아 급진 개화파와는 달리 민중의 지지를 받았다. 2015년 법원직 9급 ○ ×

04 1차 수신사 김홍집은 귀국하면서 황쭌셴이 지은 『조선책략』을 가지고 들어왔다. 2018년 국가직 7급 ○ ×

05 온건 개화파는 동학 농민군의 요구를 일부 받아들여 제1차 갑오개혁을 추진하였다. 2012년 기상직 9급 ○ ×

06 김홍집, 어윤중은 정신 문명과 물질 문명 모두를 서구화하는 문명개화론을 주장했다. 2010년 지방직 7급 ○ ×

07 청나라 이홍장의 권유로 영선사를 파견했지만 재정 부족으로 인해 조기 귀국하였다. 2012년 지방직(하) 9급 ○ ×

08 최초의 미국 유학생인 유길준은 『서유견문』을 저술하였다. 2017년 서울시 9급 ○ ×

09 조사 시찰단은 일본의 정세를 파악하고, 각종 산업 시설을 시찰하기 위해 공식적으로 파견되었다. 2017년 사회복지직 9급 ○ ×

10 강화도 조약이 체결되려 하자 홍재학은 개항 반대 상소를 올려 왜양 일체론을 주장하였다. 2019년 서울시 9급(6월) ○ ×

11 김홍집이 가져와 유포시킨 『조선책략』을 비난하며 이만손이 소두가 되어 영남 만인소를 올렸다. 2019년 서울시 9급(6월) ○ ×

12 일본의 정세를 파악하고 각종 산업 시설을 시찰하기 위해 비밀리에 사절단을 파견한 후, 청의 근대 무기 제조술과 군사 훈련법을 배우기 위해 영선사를 파견하였다. 2016년 서울시 7급 ○ ×

13 『조선책략』이 조선 조정에 소개된 이후에 최익현은 일본과 통상을 반대하는 오불가소를 올렸다. 2017년 지방직 9급(6월) ○ ×

14 홍재학은 주화매국의 신료를 처벌하고 서양 물품과 서양 서적을 불태울 것을 주장하였다. 2019년 서울시 9급(6월) ○ ×

15 보부상단을 통괄하는 혜상공국의 설치를 주장한 이는 온건 개화파의 김병국이다. 2016년 국가직 7급 ○ ×

승범쌤의 기출 포인트

04 『조선책략』의 내용과 영향 기출개념

내용	러시아의 남하에 대응하기 위해 친중국, 결일본, 연미국 정책을 펴야한다는 주장, 서양의 기술을 배울 것 등의 내용
영향	• 조·미 수호 통상 조약 체결 • 개화 운동에 자극, 위정척사 운동(영남 만인소)

09 조사 시찰단 기출사료

동래부 암행어사 이헌영은 뜯어보라. 일본 사람의 조정 논의와 시세 형편, 풍속, 인물과 다른 나라들과의 수교·통상 등의 대략을 한번 염탐하는 것이 아주 좋겠다. …… 이 밖에 뒷일은 별도 문서로 조용히 보고하라. – 이헌영, 『일사집략』

16 기정진 등 영남 유생들이 만인소를 올려 『조선책략』을 들여온 김홍집의 처벌을 요구하였다. 2019년 서울시 9급(6월) O | X

17 개항 이전 통상 개화를 주장하던 인사들 중에는 유대치와 오경석 등 중인 출신 인물들이 포함되었다. 2012년 서울시 7급 O | X

18 이항로는 『화서아언』에서 서양과의 통상 수교 반대 및 서양 세력에 항전해야 한다고 주장하였다. 2014년 국가직 7급 O | X

19 개항 이전 통상 개화 주장은 18세기 북학파의 대외 통상론에서 찾을 수 있다. 2012년 서울시 7급 O | X

20 개화 정책의 일환으로 5군영에서 병사를 선발하여 별기군을 설치하였다. 2018년 지방직 9급 O | X

21 강화도 조약 체결 이후 근대 문물 수용의 필요성을 느낀 조선 정부는 일본에 공식적으로 수신사를 파견하였다. 1차 수신사로 파견된 김기수는 일본에서 각종 신식 제도와 문물을 시찰하고 돌아와 『수신사일기』와 『일동기유』를 저술하였다. 2017년 사회복지직 9급 응용 O | X

22 1880년대 개화 정책을 총괄하기 위한 기구로 교정청이 있었다. 2018년 국가직 7급 O | X

23 『조선책략』의 유입으로 조 · 미 수호 통상 조약이 체결되었고, 그 결과 청나라에 의존하는 사대 외교 관계가 청산되었다. 2016년 소방직(복원) 응용 O | X

24 최익현은 왕궁, 일본 공사관, 민씨 일족을 습격하고 대원군을 옹립하고자 하였다. 2014년 국가직 7급 O | X

25 최익현은 흥선 대원군의 하야와 고종의 친정을 주장하는 상소를 올려 흥선 대원군을 물러나게 한 인물이다. 2014년 국가직 7급 응용 O | X

승범쌤의 기출 포인트

16 영남 만인소 기출사료

청은 우리가 신하로서 섬기는 바이며 신의와 절도를 지키고 속방의 직분을 충실히 지킨 지 벌써 2백년이나 되었습니다. …… 일본은 이미 우리의 수륙 요충 지대를 점거하고 있어 우리의 허술함을 알고 충돌을 자행할 경우 이를 제지할 길이 없습니다. 미국을 끌어들일 경우 만약 그들이 재물을 요구하고 우리의 약점을 알아차려 어려운 청을 하거나 과도한 경우를 떠맡긴다면 거기에 응하지 않을 도리가 없습니다. 러시아는 우리와 혐의가 없는 바, 이제 공연히 남의 말만 들어 틈이 생긴다면 우리의 위신이 손상될 뿐만 아니라 이를 구실로 침략해 온다면 구제할 길이 없습니다.

– 『일성록』

정답과 해설 01 × | 02 O | 03 × | 04 × | 05 O | 06 × | 07 O | 08 O | 09 × | 10 × | 11 O | 12 O | 13 × | 14 O | 15 O | 16 × | 17 O | 18 O | 19 O | 20 × | 21 O | 22 × | 23 × | 24 × | 25 O

01 일본이 아닌 청에서 들여왔다. | 03 온건 개화파와 급진 개화파 모두 토지 개혁에 대한 내용이 부재하여 민중의 지지를 받지 못했다. | 04 김홍집은 2차 수신사로 갔다가 『조선책략』을 가지고 귀국하였다. | 06 문명개화론은 급진 개화파의 주장이다. | 09 조사 시찰단은 비밀리에 파견되었다. | 10 왜양 일체론을 주장한 인물은 최익현이다. | 13 최익현이 강화도 조약에 반대하는 다섯 가지 근거를 적은 상소문인 5불가소를 올린 것은 『조선책략』이 조선에 소개되기 이전이다. | 16 기정진은 이항로와 함께 1860년대 서양 국가의 통상 수교 요구에 대항하여 척화 주전론을 주장한 위정척사론자이다. | 20 개화 정책의 일환으로 5군영이 무위영과 장어영의 2영으로 개편되었고, 기존 5군영에서 신체가 강건한 80명의 지원자를 특선(特選)하여 이들을 무위영에 소속케 하고, 별기군을 설치하였다. | 22 교정청은 전주 화약 이후에 동학 농민군의 요구 사항을 수용하고 자주적 개혁을 추진하기 위해 조선 정부가 설치한 기관이다. | 23 『조선책략』의 유입과 청의 알선으로 조선은 미국과 조·미 수호 통상 조약을 체결하였는데 이는 청과의 사대 외교 관계 청산과 관련이 없다. | 24 최익현이 아닌 임오군란을 일으킨 구식 군인들이다.

04 임오군란

임오군란 (1882)

- ① **배경**
  - ㉠ 일본으로의 과도한 곡물 유출로 인한 곡가 폭등
  - ㉡ 구식 군인에 대한 차별 정책
  - ㉢ 개화 정책 추진에 따른 재정 지출 증가 → 세금 부담 증가
- ② **과정**: 구식 군인과 도시 빈민들의 봉기, 선혜청의 창고 도봉소·일본 공사관 습격 → ______1) 재집권
  → 청군의 조선 출병(흥선 대원군 청으로 압송) → 민씨 일파 재집권
- ③ **결과**
  - ㉠ **청의 내정 간섭 심화**: 청군 주둔, 고문 파견 → 정치·외교(마젠창, ______2)), 군사(위안스카이)
  - ㉡ **조·청 상민 수륙 무역 장정 체결(1882. 8. 23.)**: 청의 경제적 침투 확대 → 일본과 경쟁
  - ㉢ **일본과 체결**
    - ⓐ ______3) **조약(1882. 7. 17.)**: 배상금 지불, 공사관 경비 병력 주둔 인정
    - ⓑ ______4) **속약(1882. 7. 17.)**: 거류지의 범위를 50리로 확대(2년 후 100리), 일본 외교관과 그 수행원·가족의 조선 각지 여행 허가
    - ⓒ **조·일 통상 장정 개정(1883)**: 관세 조항, ______5) 대우, ______6) 규정(1개월 전 일본 영사관에 통보)

더 알아보기

제물포 조약

제3조 조선국은 5만 원을 내어 해를 당한 일본 관리들의 유족 및 부상자에게 주도록 한다.
제4조 흉도의 폭거로 일본국이 받은 피해 및 공사를 호위한 육해군 경비 중에서 50만 원은 조선국이 채워 준다. 해마다 10만 원씩 5개년 동안 완납한다.
제5조 일본 공사관에 군인 약간을 두어 경비한다. 그 비용은 조선국이 부담한다.

조·청 상민 수륙 무역 장정

- **전문**: 조선이 속방임을 규정하여 종속 관계 명문화, 조·미 수호 통상 조약의 최혜국 대우 견제 의도
- **제1조**: 청의 일개 관리와 조선의 국왕이 동등함을 규정한 불평등한 내용
- **제2조**: 청의 일방적인 치외 법권(영사 재판권) 인정
- **제4조**: 개항장이 아닌 양화진과 도성 안에서도 청국인이 점포를 개설할 수 있는 권리와 도성에서의 상행위 허용
  → 사실상 내지 통상 가능, 최혜국 대우 조항에 의해 일본·서구 열강들에게 적용 → 내륙 상권은 청과 일본의 각축장이 됨

정답 1) 흥선 대원군 2) 묄렌도르프 3) 제물포 4) 조·일 수호 조규 5) 최혜국 6) 방곡령

*옳은 문장은 ○, 틀린 문장은 ×에 체크하세요.

핵심 기출 OX 임오군란

01 임오군란 과정에서 흥선 대원군이 재집권하였다. 2016년 지방직 7급 ○ ×

02 임오군란의 결과 일본의 영향력이 강화되고 상대적으로 청의 영향력은 약화되었다. 2018년 소방직(10월) ○ ×

03 임오군란 이후 체결된 제물포 조약의 제5조에는 공사관 경비를 위해 약간의 병력을 한성에 주둔시킨다고 하였지만 실제로는 1개 대대의 병력을 주둔시키고 그 비용은 조선에 부담시켰다. 2018년 경찰직(3차) ○ ×

04 임오군란은 정부의 개화 정책에 반대하는 서울의 하층민들도 참여하였다. 2016년 지방직 9급 ○ ×

05 임오군란의 결과 체결된 제물포 조약에 근거하여 청 · 일 양국은 장차 조선에 군대를 파병할 때에는 상대국에 서로 알릴 것 등을 약속하였다. 2018년 경찰직(3차) ○ ×

06 임오군란 이후 스티븐스가 외교 고문에 임명되었다. 2018년 지방교육행정직 ○ ×

07 조선 정부는 청의 근대 무기 제조술을 습득하기 위해 김윤식 등을 영선사로 파견하였지만 1년 뒤 임오군란이 발발하자 영선사를 조기 귀국시켰다. 2018년 지방교육행정직 응용 ○ ×

08 조 · 청 상민 수륙 무역 장정에서는 조선이 속방임을 규정하는 내용이 명문화되어 있다. 2018년 서울시 9급(3월) ○ ×

09 충의를 위해 역적을 토벌한다는 명분을 내걸고 유생들이 임오군란을 주동하였다. 2016년 지방직 9급 ○ ×

10 임오군란 이후 청 상인을 보호 · 감독하는 관리인 상무위원이 청으로부터 파견되었으며 상무위원의 영사 재판권도 인정되었다. 2015년 국가직 7급 ○ ×

11 임오군란의 결과 조선은 청과 조 · 청 상민 수륙 무역 장정을 체결하였다. 2019년 소방직 ○ ×

12 임오군란 이후에 체결된 조약으로 인해 양화진에서 청국 상인의 통상을 인정하게 되었다. 2015년 국가직 7급 ○ ×

승범쌤의 기출 포인트

03 **제물포 조약** 기출사료

제4조 흉도들의 포악한 행동으로 인하여 일본국이 입은 손해와 공사를 호위한 해군과 육군의 군비중에서 50만 원을 조선국에서 보충한다.

제5조 일본 공사관에 군사 몇 명을 두어 경비를 서게 한다. 병영을 설치하고 수리하는 것은 조선국이 맡아 한다. 만약 조선의 군사와 백성들이 규약을 지켜 1년이 지난 뒤에 일본 공사가 직접 경비가 필요하지 않다고 할 때에는 군사를 철수해도 무방하다.

제6조 조선국은 사신을 특파하여 국서를 가지고 일본국에 사과한다. -『고종실록』

정답과 해설 01 ○ | 02 × | 03 ○ | 04 ○ | 05 × | 06 × | 07 ○ | 08 ○ | 09 × | 10 ○ | 11 ○ | 12 ○

02 청의 영향력이 강화되어 고문이 파견되는 등 내정 간섭이 심화되었다. | 05 청·일 양국이 조선에 군대를 파병할 때 상대국에게 서로 알릴 것을 약속한 조약은 갑신정변 이후 체결된 톈진 조약이다. | 06 스티븐스가 외교 고문에 임명된 것은 제1차 한·일 협약(1904)의 결과이다. | 09 충의를 위해 역적을 토벌한다는 명분을 내걸고 유생들이 주동한 것은 의병 운동이다.

05 갑신정변과 이후의 국내외 정세

갑신정변 (1884. 10.)

- ① **배경**
  - 임오군란 이후: 청의 간섭 심화, 개화 정책 후퇴 / 개화당의 입지 약화: 김옥균의 차관 도입 실패가 원인
  - 청·프 전쟁 발발: 청군 일부 철수, 다케조에 일본 공사의 지원 약속
- ② **과정**: ______1) 개국 축하연을 이용하여 정변을 일으키고 일본 공사관 경비병 동원 → 국왕을 ______2)으로 옮기고 정권 장악 → 개화당 정부 수립 → 14개조 개혁 정강 발표 → 청군의 개입으로 3일 천하로 끝남 → ______3) ·박영교 사망, 김옥균·박영효·서광범·서재필 등은 일본으로 망명
- ③ **영향**: 청의 내정 간섭 더욱 심화, ______4) 조약(1884. 11., 조 – 일: 일본에 배상금과 공사관 신축 비용 지불), 톈진 조약(1885. 3., 청 – 일: 공동 철병·공동 파병권) 체결
- ④ **의의**: 우리나라 최초의 근대적 정치 개혁 운동(______5) 군주제 지향)
- ⑤ **한계**: 정치적·군사적 기반 미약, 일본에 지나친 의존, 민중의 지지가 결여된 위로부터의 개혁(______6) 제도 개혁 부재), 자주권 수호를 위한 국방 문제 개혁 소홀 등

더 알아보기

14개조 개혁 정강

1. 청에 잡혀간 대원군을 돌아오도록 하게 하며 종래 청에 대한 조공의 허례를 폐지한다.
2. ______7)을 폐지하여 인민 평등의 권리를 세워 능력에 따라 관리를 임명한다.
3. ______8)을 개혁하여 관리의 부정을 막고 백성을 보호하며 국가 재정을 넉넉하게 한다.
4. 내시부를 없애고 그중에 우수한 인재를 등용한다.
5. 부정한 관리 중 그 죄가 심한 자는 치죄한다.
6. 각 도의 환상미를 영구히 받지 않는다.
7. ______9)을 폐지한다.
8. 급히 순사를 두어 도둑을 방지한다.
9. ______10)을 혁파한다.
10. 귀양살이를 하고 있는 자와 옥에 갇혀 있는 자는 그 정상을 참작하여 적당히 형을 감한다.
11. 4영을 합하여 1영으로 하되 영 중에서 장정을 선발하여 ______11)를 급히 설치한다.
12. 모든 재정은 ______12)에서 통할한다.
13. 대신과 참찬은 ______13)에 모여 정령을 의결하고 반포한다.
14. 의정부, 6조 외의 모든 불필요한 기관을 없앤다.

갑신정변 이후의 한반도 정세

- ① **영국의 거문도 불법 점령(1885. 3.)**
  - ㉠ **배경**: 조·러 수호 통상 조약(1884) → 갑신정변(1884) → 조·러 ______14) 협약 추진 → 청의 방해로 실패 → 영국이 러시아를 견제하기 위해 무단으로 거문도를 점령 후 해밀턴 항으로 개칭
  - ㉡ **결과**
    - 조선은 미국에 거중조정을 요구하였으나 거절당함
    - 명성 황후를 견제하기 위해 ______15)을 귀국시키고, 러시아와의 접촉을 도와준 ______16)를 파면, 영국은 러시아가 조선의 영토를 침략하지 않는다는 약속을 받고 철수(1887. 2.)
- ② **한반도 중립화론 제기**
  - ㉠ 독일 부영사 ______17)와 유길준, 김옥균 등이 주장 → 조선 정부는 받아들이지 않음
  - ㉡ 용암포 사건(1903) 이후 고종 국외 중립 선언(1904. 1.)으로 중립화론이 다시 출현 → 열강의 외면

정답 1) 우정국(우정총국) 2) 경우궁 3) 홍영식 4) 한성 5) 입헌 6) 토지 7) 문벌 8) 지조법 9) 규장각 10) 혜상공국 11) 근위대 12) 호조 13) 의정소 14) 비밀 15) 흥선 대원군 16) 묄렌도르프 17) 부들러

*옳은 문장은 ○, 틀린 문장은 ×에 체크하세요.

핵심 기출 OX 갑신정변과 이후의 국내외 정세

01 한성 조약에는 일본에 배상금과 공사관 신축 비용을 지불하라는 조항이 포함되어 있다. 2017년 사회복지직 9급 ○ ×

02 14개조 개혁 정강에는 '모든 재정을 호조에서 관리한다'고 명시하고 있다. 2017년 국가직 7급(8월) ○ ×

03 갑신정변 당시 급진 개화파는 경복궁에 침범하여 왕과 왕비를 경우궁으로 옮겼다. 2016년 국가직 9급 ○ ×

04 제물포 조약은 청과 일본이 체결한 조약으로 공동 철병 · 공동 파병권에 관한 것이다. 2015년 사회복지직 9급 ○ ×

05 독일 부영사 부들러는 조선의 영세 중립화를 건의하였다. 2017년 국가직 9급(4월) ○ ×

06 갑신정변은 청 · 불 전쟁 때문에 조선에 주둔하던 청군 일부가 베트남으로 이동한 것이 배경이 되었다. 2019년 경찰간부후보생 ○ ×

07 박은식은 『한국통사』에서 '일본인들이 진심으로 성공을 도모했을 리 없다.'라고 하며 외세의 힘을 빌려 갑신정변을 주도한 급진 개화파를 비판하였다. 2015년 서울시 9급 ○ ×

08 갑신정변 이후 체결된 시모노세키 조약으로 청과 일본의 군대가 조선에서 철수하였다. 2019년 경찰간부후보생 ○ ×

09 갑신정변을 통해 급진 개화파는 전제 군주제를 입헌 군주제로 바꾸어 근대 국민 국가를 수립하고자 하였다. 2011년 국가직 7급 ○ ×

10 갑신정변은 토지 개혁에 관한 내용이 포함되어 민중의 지지를 얻을 수 있었다. 2015년 법원직 9급 ○ ×

11 갑신정변은 정동 구락부 세력이 주도하였다. 2016년 국가직 9급 ○ ×

12 갑신정변은 차관 도입을 위한 수신사 파견의 계기가 되었다. 2016년 국가직 9급 ○ ×

승범쌤의 기출 포인트

03 갑신정변 전개도 기출자료

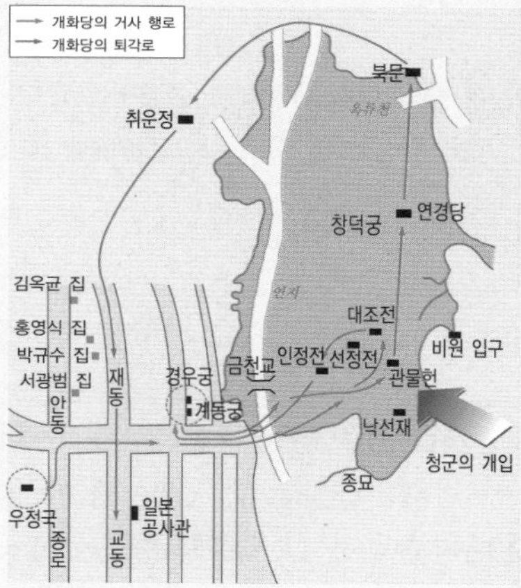

정답과 해설 01 ○ | 02 ○ | 03 × | 04 × | 05 ○ | 06 ○ | 07 ○ | 08 × | 09 ○ | 10 × | 11 × | 12 ×

03 경복궁이 아닌 창덕궁을 침범하였다. | 04 제물포 조약이 아닌 톈진 조약에 해당된다. | 08 갑신정변 이후 체결된 톈진 조약으로 청과 일본의 군대가 조선에서 철수하였다. | 10 토지 제도가 부재하여 민중의 지지를 얻지 못했다. | 11 갑신정변을 주도한 것은 김옥균 등의 급진 개화파이다. 정동 구락부 세력은 서울 정동에서 개화파 지식인들이 만든 사교 모임으로 갑신정변과는 관련이 없다. | 12 차관 도입을 위한 수신사 파견은 1882년으로 갑신정변 전이다.

06 동학 농민 운동의 전개

배경
- ① 지배층의 부패와 수탈 극심, 영국산 ____1)의 유입과 곡물의 과다한 유출로 인한 곡가 폭등
- ② **교세 확장**: 최제우 처형(1864) → 2대 교주 ____2)의 포교 활동 – 교리와 교단 조직 정비(포접제·개접제·육임제), 경전 ____3)·가사집 ____4) 간행

교조 신원 운동
- ① **삼례 집회(1892)**: 최제우의 사면과 포교의 자유를 요구
- ② **복합 상소 운동(1893. 2.)**: ____5) 앞에서 손병희·박광호 등이 교조 신원을 요구
- ③ **보은 집회(1893. 3.)**: 동학 교도 외에도 농민층이 참여, 탐관오리의 숙청과 '____6)'를 주장, 종교 운동에서 정치 운동으로 변화
- ④ ____7) **집회(1893. 3.)**: 전봉준이 주도하여 남접 중심으로 개최, 보은 집회 세력과 연대하여 서울 진공을 계획함

전개
- **고부 민란(1894. 1.)**: 고부 군수 조병갑의 수탈 – ____8) 수세 징수, 부친의 공덕비 건립 비용 수탈 등 → '사발통문'을 돌리고 고부 관아 점령 → 신임 군수 박원명 파견 → 해산
- **제1차 농민 전쟁(반봉건 투쟁)**: 안핵사 ____9)의 폭정이 원인, 남접 주도(전봉준, 손화중, 김개남), 전라도 무장 → ____10) 봉기(호남 창의소 설치·4대 강령 제정·창의문 발표)
  → 황토현 전투 승리(전라 감영군 격파) → 장성 ____11) 전투 승리(서울 경군 격파) → ____12) 점령(4. 27.)
  → 정부의 청군 파병 요청으로 청군 파병(아산만, 5. 5.) → 텐진 조약 의거 일본군 파병(제물포, 5. 6.) → 전주 화약 체결(5. 7.) → 동학 농민군 해산
- **전주 화약기**: 전라도 일대에 ____13)를 설치(53개 군·현, 폐정 개혁 12개조 요구), 조선 정부는 청·일 양군의 철수를 요구, 자주적 개혁을 위해 ____14) 설치
- **제2차 농민 전쟁(반외세 투쟁)**: 일본군의 ____15) 점령 → 청·일 전쟁 발발(6. 23.) → 1차 갑오개혁 → 삼례에서 동학 농민군 재봉기 → 논산에서 남·북접이 연합
  → 공주 ____16) 전투 패배(11월) → 2차 갑오개혁 강요 → 전봉준 체포·처형(12월)

의의 및 한계
- ① **의의**: 반외세·반봉건 투쟁이자 동학의 요구 중 일부가 ____17)에 반영(신분제 폐지, 과부의 재가 허용 등), 잔여 세력이 을미의병에 가담
- ② **한계**: 구체적인 근대화 방안 부재, 농민층 이외의 보다 넓은 지지 기반 확보 미흡(양반들이 조직한 민보군이 동학의 잔여 세력 추적), 일본군에 비해 부족한 군사적 역량

더 알아보기

농민군 4대 강령
1. 사람을 죽이지 말고 물건을 해치지 말라.
2. 충효를 온전히 하여 세상을 구제하고 백성을 편안히 하라.
3. 왜양(倭洋)을 축멸하고 성군의 도를 깨끗이 하라.
4. 병을 거느리고 서울로 진격하여 권귀(權貴)를 멸하라.

폐정 개혁 12개조
1. 동학도는 정부와의 원한을 씻고 서정(행정)에 협력한다.
2. 탐관오리는 그 죄상을 조사하여 엄징한다.
3. 횡포한 부호를 엄징한다.
4. 불량한 유림과 양반의 무리를 징벌한다.
5. 노비 문서를 소각한다.
6. 7종의 천인 차별을 개선하고 백정이 쓰는 평량갓을 없앤다.
7. 청상과부의 개가를 허용한다.
8. 무명의 잡세는 일체 폐지한다.
9. 관리 채용에는 지벌을 타파하고 인재를 등용한다.
10. 왜와 통하는 자는 엄징한다.
11. 공사채를 막론하고 기왕의 것은 무효로 한다.
12. 토지는 평균하여 분작한다.

정답 1) 면직물 2) 최시형 3) 『동경대전』 4) 『용담유사』 5) 광화문 6) 척왜양창의 7) 금구 8) 만석보 9) 이용태 10) 백산 11) 황룡촌 12) 전주성 13) 집강소 14) 교정청 15) 경복궁 16) 우금치 17) 갑오개혁

*옳은 문장은 ○, 틀린 문장은 ×에 체크하세요.

핵심 기출 OX 동학 농민 운동의 전개

01 제1차 동학 농민 봉기는 안핵사 이용태의 폭정이 원인이 되었다. 2018년 국가직 9급 ○ ×

02 황토현 전투와 황룡촌 전투는 고부 농민 봉기의 대표적 전투이다. 2015년 경찰직(1차) ○ ×

03 동학 농민군은 폐정 개혁 12조를 통해 토지의 평균 분작을 주장하였다. 2013년 지방직 7급 ○ ×

04 전주 화약 이후 전국에 집강소가 설치되어 치안과 행정을 담당하였다. 2018년 국가직 9급 ○ ×

05 일본군이 경복궁을 점령하자 동학 농민군은 남접과 북접이 연합하여 재봉기를 일으켰다. 2019년 서울시 7급(2월) ○ ×

06 전주 화약 후 조선 정부는 자주적인 개혁을 추진하기 위해서 교정청을 설치하였다. 2015년 경찰직(2차) ○ ×

07 동학 농민군은 황토현 전투와 장성 황룡촌, 우금치 등에서 관군을 물리치고 북상하여 전주성을 점령하였다. 2015년 경찰직(1차) ○ ×

08 동학 농민 운동의 결과 흥선 대원군은 청으로 압송되었다. 2018년 소방직(10월) ○ ×

09 동학 농민군은 삼정의 문란을 비판하고 전운사를 혁파하려 하였다. 2014년 국가직 7급 ○ ×

10 일본이 명성 황후를 무참히 살해한 을미사변을 일으킨 것은 동학 농민군이 진압된 이후의 사실이다. 2019년 서울시 7급(2월) ○ ×

11 조선에 군대를 파견한 일본군이 경복궁을 점령하고 선전 포고와 함께 청 · 일 전쟁을 일으켰다. 2020년 경찰직(2차) ○ ×

12 농민군은 청 · 일 양군에 대한 철병 요구와 폐정 개혁을 조건으로 관군과 전주 화약을 맺고 해산하였다. 2020년 경찰직(2차) ○ ×

13 폐정 개혁안 12개조의 조항 중 '토지는 균등히 나누어 경작한다.'는 갑오개혁에 반영되지 않았다. 2020년 서울시 9급(특수직렬) ○ ×

14 동학 농민군이 제시한 폐정 개혁안 12개조에는 '과부가 된 여성의 재혼을 허용한다.'는 내용이 있다. 2020년 서울시 9급(특수직렬) ○ ×

승범쌤의 기출 포인트

09 전운사 기출개념

지방의 세곡을 서울로 운송하는 일을 담당한 관리로, 전세와 대동미, 각종 잡세를 징수하여 운송하였는데 운송료인 선가(船價)를 농민에게 징수하는 등 폐단이 많았다.

정답과 해설 01 ○ | 02 × | 03 ○ | 04 × | 05 ○ | 06 ○ | 07 × | 08 × | 09 ○ | 10 ○ | 11 × | 12 ○ | 13 ○ | 14 ○

02 제1차 동학 농민 봉기의 대표적인 전투이다. | 04 전국이 아닌 전라도 일대에 집강소가 설치되었다. | 07 우금치 전투는 전주성 점령 이후의 사실로, 제2차 동학 농민 봉기에 해당한다. | 08 흥선 대원군이 청으로 압송된 것은 임오군란의 결과이다. | 11 일본은 선전 포고 없이 청·일 전쟁을 일으켰다.

07 갑오·을미개혁

더 알아보기

- **1894년**: 동학 농민군 1차 봉기 → 1차 갑오개혁
  → 동학 농민군 2차 봉기 → 2차 갑오개혁
- **1895년**: 시모노세키 조약 → 삼국 간섭 → 을미사변 → 을미개혁

배경 — 개화 세력의 개혁 의지, 동학 농민군의 개혁 요구, 일본의 내정 개혁 강요

교정청 설치 — 갑신정변과 동학 농민군의 요구 가운데 일부 수용 → 자주적 개혁 추진

개혁 과정
- **1차 갑오개혁(1차 김홍집 내각)**: 일본군이 경복궁 점령 → 흥선 대원군의 섭정, 교정청을 폐지하고 ______1) **설치**(총재: 김홍집, 부총재: 박정양)
  → 청·일 전쟁으로 일본의 간섭이 약한 상태에서 진행
- **2차 갑오개혁(2차 김홍집·______2) 연립 내각)**: 청·일 전쟁에서 승기를 잡고 동학 농민군 대부분 진압 후 강요 → 흥선 대원군 축출, 박영효·서광범 귀국, 군국기무처 폐지
  → 고종이 문무 백관을 거느리고 종묘에 나가 ______3)을 바치고 홍범 14조를 반포함
- **3차 개혁(을미개혁)(4차 김홍집 내각)**: ______4) 조약(1895. 3.) → 삼국 간섭 후 일본 세력 약화(______5) 실각, 3차 김홍집 내각 수립)
  → 세력 만회를 노린 일본이 ______6) 도발(1895. 8., 경복궁) → 을미사변 후 친일 내각 성립(4차 김홍집 내각), 을미개혁 실시
  → ______7) 사건(1895. 10., 친미·친러파들이 고종을 경복궁 밖으로 나오게 하여 권력을 잡으려다 실패한 사건)
  → 친러파의 주도로 ______8) 단행(1896. 2.) → 을미개혁 중단(단발령 철회)

1차 갑오개혁
- **외교면**: ______9)을 연호로 사용(청의 연호 폐지) → 청과 종주 관계 청산
- **정치면**
  - ① ______10) **신설**: 왕실 사무와 정부 사무(의정부) 분리, 국왕의 인사권 축소
  - ② 6조를 8아문으로 개편(내무아문, 외무아문, 탁지아문, 군무아문, 법무아문, 학무아문, 농상아문, 공무아문) → 국왕의 전제권 제한 + 행정권 배분
  - ③ **관품 체제 변화**: 칙임관(1~2품), 주임관(3~6품), 판임관(7~9품)
  - ④ 과거제 폐지, 경찰 제도 실시(______11) 신설), 도찰원 설치(감찰 기구), 대간 제도와 상소 제도 및 삼사와 언론 기관 폐지
- **경제면**
  - ① **재정 기관 일원화**: ______12)
  - ② ______13) 화폐 제도 실시, 조세 항목 단순화(지세·호세) 및 금납화, 도량형 개정 및 통합, 육의전의 금난전권 폐지
- **사회면**: 신분 제도 철폐, 인신매매 금지, 능력 중심의 관리 등용, 조혼 금지, 과부의 재가 허용, 고문과 연좌제 폐지, 의복 제도 간소화

정답 1) 군국기무처 2) 박영효 3) 독립 서고문 4) 시모노세키 5) 박영효 6) 을미사변 7) 춘생문 8) 아관 파천 9) 개국 10) 궁내부 11) 경무청 12) 탁지아문 13) 은 본위

2차 갑오개혁 (1894. 12.)

- ① **중앙 행정 개편**: 의정부와 80아문을 내각과 7부 체제로 변경(내부, 외부, 탁지부, 군부, 법부, 학부, 농상공부)
- ② **지방 행정 조직**: 8도 → ______[1]부 337군
- ③ **사법권의 독립**: 지방관으로부터 ______[2] 박탈, 재판소 설치 → 국민의 체포·구금·재판 업무는 경찰과 사법 기관이 담당
- ④ ______[3](신식 군대), ______[4](국왕 호위 부대) 설치, 훈련대 사관 양성소 설치
- ⑤ ______[5] **반포**: '한성 사범 학교' 관제 공포, 외국어 학교 관제 공포 → 사범 학교, 외국어 학교 설립
- ⑥ 탁지부 산하에 관세사와 징세서 설치, 회계원(왕실 경비 취급)과 ______[6](왕실 재산 관리) 설치
- ⑦ 삼국 간섭으로 박영효가 실각하면서 중단 → 박영효 실각 후 친러적 성격의 3차 김홍집 내각 수립(이완용, 이범진 등이 주도)

더 알아보기

홍범 14조

1. 청국에 의탁하는 생각을 끊어버리고 확실히 자주독립하는 기초를 확고히 세울 것
4. 왕실 사무와 국정 사무를 모름지기 나누어 서로 혼합하지 아니할 것
6. 인민이 부세를 냄은 다 법령으로 작정하고 함부로 명목을 만들어 거두지 말 것
7. 조세 과징과 경비 지출은 모두 탁지아문이 관할할 것
10. 지방 관제를 속히 개정하여 지방 관리의 직권을 제한할 것
11. 국중의 총명한 자제를 널리 파견하여 외국의 기예를 견습할 것
12. 장관을 교육하고 징병하는 법을 사용하여 군제의 기초를 확정할 것
13. 민법과 형법을 엄격하게 제정하고 함부로 사람을 가두거나 징벌하지 말게 하여 인민의 생명과 재산을 보전할 것
14. 사람을 쓰는 데 문벌에 구애받지 아니하고 선비를 구함에 두루 조야 미쳐 인재의 등용을 넓힐 것

을미개혁(3차) (1895. 8.)

- ① 연호 사용(______[7]), ______[8]력 사용, 단발령, ______[9] 실시(천연두 예방), 양복 착용, 우체사 설치, 소학교 설립
- ② **군제 개편**: 훈련대를 ______[10](서울)로 개편, 지방에 ______[11] 설치, 시위대는 폐지 후 재설치
- ③ ______[12]으로 개혁 중단

의의 및 한계

- 의의
  - ① 갑신정변, 동학 농민 운동에서 제기된 요구를 일부 수용한 자주적 개혁
    - ㉠ **갑신정변과 갑오개혁의 공통점**: ______[13] 기구 일원화, 경찰제 실시, 청의 종주권 부인, ______[14] 권한 강화, 국왕권 약화
    - ㉡ **갑신정변·동학과 갑오개혁의 공통점**: 조세 제도 개혁, ______[15] 철폐
    - ㉢ **동학과 갑오개혁의 공통점**: ______[16]의 재가 허용
    - ㉣ **동학에만 있는 요구 사항**: ______[17] 분배, 반일 사상
  - ② 정치·경제·사회·문화 전 분야에 걸친 근대적 개혁 실시
- 한계
  - ① 일본의 강요에 의해 추진되어 일본의 조선 침략의 토대 마련
  - ② ______[18]**의 지지 결여**: 토지 제도의 개혁 부재, 국방력 강화를 위한 개혁 소홀

정답 1) 23 2) 사법권 3) 훈련대 4) 시위대 5) 교육 입국 조서 6) 내장원 7) 건양 8) 태양 9) 종두법 10) 친위대 11) 진위대 12) 아관 파천 13) 재정 14) 내각 15) 신분제 16) 과부 17) 토지 18) 민중

*옳은 문장은 o, 틀린 문장은 ×에 체크하세요.

핵심 기출 OX 갑오·을미개혁

01 1차 갑오개혁은 교정청을 통해 추진되었다. 2017년 국가직 9급(4월) O X

02 1차 갑오개혁 때 왕실 사무와 정부 사무를 분리하기 위해서 궁내부를 신설하였다. 2018년 국가직 7급 O X

03 1차 갑오개혁 당시 국가 재정은 탁지부에서 전관하고 예산과 결산을 국민에게 공표하도록 하고자 했다. 2017년 국가직 7급(8월) O X

04 1차 갑오개혁은 은 본위 제도 채택과 조세의 금납화를 통해 경제 제도를 정비하였다. 2018년 지방직 9급 O X

05 2차 갑오개혁은 김홍집과 박영효의 연립 내각에서 시행되었다. 2019년 법원직 9급 O X

06 홍범 14조에서는 '의정부와 6조 이외에 불필요한 관청은 모두 없애야 한다.'는 내용이 명시되어 있다. 2015년 서울시 9급 O X

07 2차 갑오개혁에선 의정부를 내각으로 8아문은 다시 6조로 개혁하였다. 2016년 지방직 7급 O X

08 교육 입국 조서를 통해 한성 사범 학교 설립과 외국어 학교 관제에 관한 내용이 공포되었다. 2018년 법원직 9급 O X

09 교육 입국 조서 발표 이후 소학교가 설립되었다. 2014년 국가직 7급 O X

10 갑오·을미개혁은 토지 제도 개혁 부재와 국방력 강화를 위한 개혁에 소홀하여 민중의 지지를 받지 못했다. 2015년 법원직 9급 O X

11 아관 파천의 단행으로 을미개혁이 중단되고 단발령이 철회되었다. 2016년 소방직(복원) O X

12 2차 갑오개혁 때 재판소가 설치되어 사법권이 행정권으로부터 독립되었다. 2014년 지방직 7급 O X

13 경무청을 신설하여 근대식 경찰 제도를 도입한 것은 제1차 갑오개혁 때이다. 2018년 국가직 7급 O X

14 1차 갑오개혁 때 왕실의 재산을 따로 관리하는 내장원이 설치되었다. 2018년 지방직 7급 O X

15 1차 갑오개혁은 일본의 주도로 동학 농민 운동 당시의 요구가 수용되지 않았다. 2016년 지방직 9급 O X

승범쌤의 기출 포인트

10 **근대적 개혁 운동** 기출자료

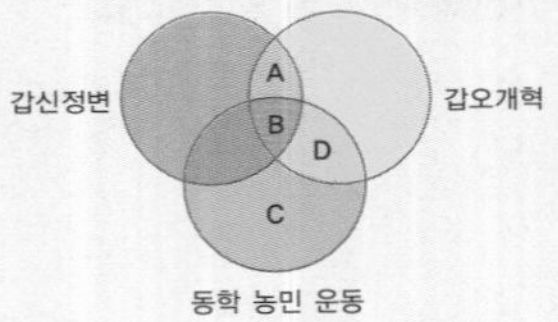

A: 재정 일원화, 경찰제 실시, 청의 종주권 부인, 내각 권한 강화, 국왕권 약화

B: 문벌 폐지, 인재 등용, 재정 개혁, 세제 개혁, 신분제 철폐

C: 토지 분배, 반외세(반일)

D: 과부의 재가 허용

16 고종은 홍범 14조에서 청의 종주권을 부인하고 조세법 개정과 예산 제도의 수립 등을 통한 경제 개혁을 추진할 것을 천명하였다. 2018년 법원직 9급 O X

17 1차 갑오개혁 당시 정부는 혜상공국을 폐지하여 자유로운 상업의 발전을 꾀하였다. 2014년 기상직 9급 O X

18 을미개혁 때 지방 행정 제도를 개편하여 8도제를 폐지하고 전국을 23부 337군으로 재편하였다. 2018년 지방직 7급 O X

19 2차 갑오개혁을 추진하며 지방 행정 체제를 23부에서 13도로 개편하였다. 2018년 법원직 9급 O X

20 을미개혁 때에는 갑오개혁 때 사용하던 '개국 기년'을 폐지하고 '건양' 이라는 연호를 제정하였다. 2014년 국가직 7급 O X

21 1차 갑오개혁에서 청과 종주 관계를 청산한다는 뜻으로 청의 연호를 폐지하고, '광무'를 연호로 사용하였다. 2016년 국가직 7급 O X

22 2차 갑오개혁으로 훈련대는 친위대로 개편되고 지방에는 진위대가 설치되었다. 2018년 법원직 9급 O X

23 '홍범 14조'에는 종실, 외척의 정치 간섭을 용납하지 않는다는 내용이 포함되어 있다. 2014년 지방직 7급 O X

24 러 · 일 전쟁은 한반도와 만주에 대한 지배권을 둘러싸고 러시아와 일본 사이에 발발한 전쟁으로 을미개혁 이후에 전개되었다. 2013년 법원직 9급 O X

25 을미개혁으로 단발령을 폐지하고 의정부를 다시 설치하였다. 2014년 국가직 7급 O X

승범쌤의 기출 포인트

17 **혜상공국** 기출개념

- 1883년 김병국의 건의에 따라 군국아문 관할하에 보부상을 총괄하는 기관으로 '혜상공국'을 설치
- 1898년 황국 협회가 창립되면서 이에 이속
- 1899년 상무사로 개칭
- 1904년에 혁파

정답과 해설 01 × | 02 O | 03 × | 04 O | 05 O | 06 × | 07 × | 08 O | 09 O | 10 O | 11 O | 12 O | 13 O | 14 × | 15 × | 16 O | 17 × | 18 × | 19 × | 20 O | 21 × | 22 × | 23 O | 24 O | 25 ×

01 군국기무처를 통해 1차 갑오개혁이 추진되었다. | 03 해당 사항은 관민 공동회에서 결의한 헌의 6조의 내용이다. | 06 14개조 혁신 정강에 해당되는 내용이다. | 07 8아문을 7부(내무부, 외무부, 탁지부, 군무부, 법무부, 학무부, 농상공부)로 개혁하였다. | 14 2차 갑오개혁 때 내장원이 설치되었다. | 15 1차 갑오개혁은 동학 농민군의 요구를 일부 수용하여 공·사 노비 제도를 폐지하고 과부의 재가를 허용하는 조항을 포함하였다. | 17 갑오개혁이 아닌 갑신정변 때의 일이다. | 18 을미개혁이 아닌 2차 갑오개혁 때의 일이다. | 19 지방 행정 체제가 23부에서 13도로 개편된 것은 제2차 갑오개혁 이후인 아관 파천 시기의 사실이다. | 21 1차 갑오개혁 당시 '개국'을 연호로 삼았다. | 22 을미개혁으로 인해 친위대와 진위대가 설치되었다. | 25 단발령이 폐지되고 의정부가 다시 설치된 것은 아관 파천 시기의 사실이다.

08 독립 협회와 대한 제국

1. 독립 협회

아관 파천 이후의 정세

1896년	2월	아관 파천
	4월	독립신문 창간
	5월	베베르 – 고무라 각서: 일본이 을미사변에 대한 책임, 고종의 아관 파천 인정
	6월	로바노프 – 야마가타 협정: 한반도 분할 논의, 일본이 39도선의 완충 지대 설정 제안 → 러시아 거부
	7월	독립 협회 결성
1898년	4월	로젠 – 니시 협정: 조선에서 가지고 있는 이권 상호 승인, 대한 제국의 주권과 완전한 독립을 확인하고 내정 간섭을 하지 않기로 합의

국내외 정세
- ① 아관 파천(1896. 2.~1897. 2.) → 갑오·을미개혁 중단, 고종의 해산 권고 조칙으로 인해 을미의병 자진 해산
- ② 러시아와 일본의 세력 균형 상태 형성, 열강의 이권 침탈 본격화

독립 협회의 창립
- ① ____1)의 귀국(1895. 12.) → 독립신문 창간(1896. 4.) → 독립 협회 창립(1896. 7.)
- ② **독립 협회 창립 구성원**: 서재필·윤치호·이상재 등 변법 자강파(____2) 지향), 남궁억·정교 등 유교 혁신파, 시민, 학생, 노동자, 여성, 천민 등 광범위한 사회 계층
- ③ **독립 협회 초대 임원**: 안경수(회장), 이완용(위원장), 서재필(고문) 등
- ④ **독립 협회 기관지**: 『대조선독립협회회보』(1896년 11월 창간된 공식 기관지), 황성신문(1898~)

독립 협회의 활동 (1896~1898)
- **창립**
  - 미국에 있던 서재필이 귀국한 후 **독립신문 창간(1896. 4.)**
  - 서재필을 중심으로 정동 구락부 세력, 건양 협회, 관료층 등이 주도하고 시민·학생·여성·천민 출신 등 다양한 계층이 참여하여 설립됨(1896. 7.)
- **활동**
  - **민중 계몽 운동**: 청의 사신을 맞이하던 영은문과 모화관을 철거하고 **독립관(1897. 5.)과 독립문(1897. 11.)** 건립, 토론회·강연회 개최
  - **자주 국권 운동**: ____3)를 개최하여 열강의 이권 침탈 규탄 → 러시아의 ____4) 조차 요구 및 목포와 진남포 해역 매도 요구 저지, 일본의 월미도 저탄소 반환 요구, 러시아 재정 고문·군사 교련단 철수 요구, 독일·프랑스의 광산 채굴권 요구 저지, 한·러은행 폐쇄 등의 활동 전개
  - **자유 민권 운동**: 언론·출판·집회·결사의 자유 요구, 국민 참정권 운동 전개
  - **의회 설립 운동**: 김홍륙 독차 사건 이후 보수파 관료들이 주도하여 연좌제 부활 등을 시도 → 독립 협회가 민중의 지지를 토대로 보수파 내각을 총사퇴시킴 → ____5) 진보 내각 구성 후 **관민 공동회를 개최**하여 '헌의 6조(고종이 수용하여 조칙 5조 반포)' 채택 및 중추원 관제(관선 25명과 민선 25명으로 의회 개설 계획) 반포
- **해산**: 보수파 세력이 조작한 **익명서 사건(공화정 추진설)** 발생 → 고종이 독립 협회 해산령 반포 → 만민 공동회 저항 → 보수파 세력이 황국 협회를 동원하여 탄압 → 독립 협회 해산(1898. 12.)

정답 1) 서재필 2) 입헌 군주제 3) 만민 공동회 4) 절영도 5) 박정양

더 알아보기

헌의 6조

1조 외국인에게 의지하지 않고 관민이 합심하여 전제 황권을 공고히 할 것
2조 외국과의 이권 계약은 각 대신과 ________[1] 의장이 합동 날인하여 시행할 것
3조 국가 재정은 ________[2]에서 전관하고, 예산과 결산을 국민에게 공포할 것
4조 중대 범죄인은 반드시 재판을 통하여 판결할 것
5조 ________[3]은 정부에 자문하여 그 과반수에 따라 임명할 것
6조 정해진 규칙을 실천할 것

찬반 세력
- **우호적 단체**: 찬양회(1898), 황국중앙총상회(1898)
- **반대 세력**: ________[4](1898, 보부상 조직)

의의와 한계
- **의의**: 민중의 참여를 기반으로 한 최초의 정치 운동, 근대 의식과 국권 수호 의식 확산에 기여
- **한계**: 사회 진화론적 사고, 동학과 항일 의병을 비도로 취급, 러시아와 프랑스 이외의 열강의 이권 침탈에 대해 우호적

2. 대한 제국

1 대한 제국의 수립(1897)

배경 — 유생·관료·신지식인 등의 고종의 환궁 요구, 러·일의 세력 균형으로 열강의 간섭 약화 → 경운궁으로 환궁(1897. 2.)

과정
- ① ________[5] **설치(3월)**: 신구 법식과 제반 법규를 하나로 모으기 위해 설치 → 1899년에 법규 교정소로 개편
- ② **사례소 설치(6월)**: 조선 왕조 역대 임금의 치적 재정리
- ③ **연호 제정(8월)**: 광무 → 황제 즉위식 거행(10월, ________[6] 또는 환구단) → 명성 황후 장례식 거행(11월)

정답 1) 중추원 2) 탁지부 3) 칙임관 4) 황국 협회 5) 교전소 6) 원구단

2 광무개혁의 추진: ______[1](舊本新參)의 정신

정치·외교
- ① **전제 왕권 강화**: 내각제 폐지·의정부 제도 복구, 법규 교정소에서 ______[2] 반포(1899. 8.)
- ② **지방 제도 개편**: 지방 행정 구역을 13도로 구분
- ③ 평양을 서경으로 격상하고 ______[3]이라는 행궁 건설(양경 체제), 국가·어기·친왕기·군기·훈장 등 제정
- ④ ______[4] **조약 체결(1899. 9.)**: 청과 대등한 관계를 명문화
- ⑤ **칙령 41호 반포(1900)**: ______[5]를 군으로 승격시켜 독도 관할 → 러·일 전쟁 중 일본이 강탈
- ⑥ ______[6]에 '해삼위 통상 사무'를 설치(1900), ______[7] 가입(1900, 해외 우편 교류 가능), 파리 만국 박람회 참석(1900), 국제 적십자사 가입(1903)
- ⑦ **간도 영유권 분쟁**: 백두산 정계비의 토문강에 대한 해석 문제 → 서북 경략사 어윤중 파견(1882), 토문 감계사 ______[8] 파견(1885), 간도 관리사 ______[9]을 파견(1902년 간도 시찰원으로 파견 후 1903년 간도 관리사로 임명) → 청과 일본 사이의 ______[10](1909) 체결로 간도 지역이 청의 영토로 인정
- ⑧ 용암포 사건(1903)으로 러·일 전쟁 위기가 고조 → 고종의 국외중립 선언(1904. 1.)

경제
- ① ______[11] **발급**
  - ㉠ 양지아문 설치(1898) → 지계아문 설치(1901) → 양지아문을 지계아문에 통합(1902)
  - ㉡ 토지의 매매·양도 시 발급, 외국인은 개항장 이외 지역의 토지 소유 금지 → 산림, 가옥까지 발급을 확대하면서 지계의 명칭을 ______[12]로 개칭
  - ㉢ 러·일 전쟁으로 중단
- ② **상공업 진흥책 실시(식산 흥업 정책)**
  - ㉠ 금융: 백동화 발행(1892~1904), ______[13]제 화폐 개혁과 중앙 은행 설립 시도
  - ㉡ 회사 설립 지원: 잠업 시험장, 양잠 전습소, 연초 회사, 서북 철도국(1900) 등
  - ㉢ 황실 재정 확충: 궁내부 소속 ______[14]에 재원 집중
  - ㉣ 기타: 도량형 개정(평식원 설치), ______[15] 설치(1899, 보부상단 관리)

사회
- 고등 재판소를 ______[16]으로 개칭

군사
- ① ______[17]를 설치(1899)하여 황제가 군권을 장악, 육군 헌병대 설치, 고종 자신도 유럽식 군복 착용
- ② 친위대, 시위대 개편·증설, 지방에 진위대 대폭 강화
- ③ 무관 학교 설립(1898), 징병제 실시를 위한 조치 발표 및 해군 도입 계획(1903)

교육
- 기예 학교, 의학교, 상공 학교, 광무 학교, 외국어 학교를 비롯하여 양잠소, 공업 전습소 등 설립, 유학생 파견

정답 1) 구본신참 2) 대한국 국제 3) 풍경궁 4) 한·청 통상 5) 울릉도 6) 연해주 7) 만국 우편 연합 8) 이중하 9) 이범윤 10) 간도 협약 11) 지계 12) 관계 13) 금 본위 14) 내장원 15) 상무사 16) 평리원 17) 원수부

3 대한 제국 시기의 대표적 농민 봉기

남학당 (제주도)
- ① **방성칠의 난(1898)**: 독자적인 왕국의 건설을 목표로 함
- ② ______[1]**의 난(1901)**: 과중한 수탈과 프랑스 선교사의 강압적인 선교 활동이 원인

영학당
- 전라도 일대 동학 남접의 잔존 세력이 일으킴(이화삼의 난, 1898. 12.)

활빈당 (1900~1904)
- ① **구성**: 동학의 잔여 세력, 동학당, 남학당, 영학당, 북대, 남대 등 다양한 세력
- ② **대한사민논설 발표**(1900)
- ③ **해체**: 1904년 전후로 일제에 의해 지도부가 다수 체포되어 세력 약화

더 알아보기

대한사민논설 13조목

5. 시급히 ______[2]을 실시하고 구민법을 채용할 것
6. 시장에 외국 상인의 출입을 엄금할 것
8. 금광의 채굴을 금지하고 인민의 방책을 꾀할 것
9. ______[3]을 혁파하고 균전으로 하는 구민법을 채택할 것
11. 만민의 바람을 받아들여 악형의 여러 법을 혁파할 것
12. 소 도살을 엄금하여 농사를 못 짓게 하는 폐해를 제거할 것
13. 다른 나라에 ______[4] 부설권을 허용하지 말 것

정답 1) 이재수 2) 방곡령 3) 사전 4) 철도

*옳은 문장은 o, 틀린 문장은 ×에 체크하세요.

핵심 기출 OX 독립 협회와 대한 제국

01 헌의 6조에서는 '국가 재정은 탁지아문에서 전관하고 예산과 결산을 국민에게 공포할 것'이라는 내용이 있다. 2013년 지방직 7급 O X

02 독립 협회는 자유 민권 운동과 국민 참정권 운동 전개를 통해 민중을 중심으로 하는 국가를 건설하고자 했다. 2013년 경찰직(2차) O X

03 관민 공동회에서는 러시아의 절영도 조차 요구를 저지하고 러시아 군사 교관과 재정 고문의 철수를 요구했다. 2019년 지방직 7급 O X

04 한 · 청 통상 조약 체결을 통해 청과 대한 제국의 대등한 관계를 명문화하였다. 2016년 국가직 9급 O X

05 대한 제국 정부는 양지아문을 설치하여 토지의 소유권을 법적으로 증명하는 지계를 발급하였다. 2017년 서울시 7급 O X

06 광무개혁에서는 화폐 제도를 개혁하고자 신식 화폐 발행 장정을 공포하였다. 2013년 국가직 9급 O X

07 광무개혁은 국내 산업의 보호와 육성을 위해 상무사를 설치하여 보부상을 관리하였다. 2011년 서울시 9급 O X

08 광무개혁 당시 고종은 군권을 장악하기 위해 원수부를 설치하였다. 2011년 지방직 9급 O X

09 독립 협회는 헌정 연구회의 활동을 계승하여 월보를 간행하고 지회를 설치하였다. 2020년 지방직 9급 O X

10 고종은 황제 직속의 최고 군 통수 기관인 원수부를 설치하고 서울과 지방의 모든 군대의 지휘 · 통제권을 원수부로 이관시킴으로써 황제권의 강화를 도모하였다. 2017년 국가직 9급(4월) O X

11 독립 협회는 월보를 간행하고 고종 퇴위 반대 운동을 벌였다. 2013년 법원직 9급 O X

12 고종은 평양을 서경으로 높이고 풍경궁이라는 행궁을 건설하여 양경 체제를 갖추었다. 2014년 서울시 7급 O X

13 대한 제국의 광무개혁은 '옛 것을 근본으로 하고 새로운 것을 참작한다.'라는 구본신참의 원칙을 내세워 개혁을 추진하였다. 2020년 경찰직(1차) O X

14 광무개혁 당시 산업 정책을 담당하는 공무아문을 설치하였다. 2016년 지방직 7급 O X

승범쌤의 기출 포인트

01 재정의 일원화 기출개념

갑신정변의 혁신 정강	호조에서 일원화 주장
1차 갑오개혁 내용	탁지아문에서 일원화
독립 협회의 헌의 6조	탁지부에서 일원화

08 원수부 기출개념

- 1899년에 설치된 황제 직속의 군 통수 기관
- 황제가 대원수, 황태자가 원수를 맡아 국방 · 용병 · 군사의 명령을 장악하고 육해군 통솔

15 대한 제국 정부는 황제를 호위하는 시위대, 서울의 중앙군인 친위대, 지방의 진위대의 군사 수를 증강하였다. 2019년 지방직 9급 O X

16 관민 공동회에서 헌의 6조를 건의한 이후 고종이 러시아 공사관으로 거처를 옮기게 되었다. 2017년 국가직 9급(4월) O X

17 대한 제국은 입헌 군주제와 의회 설립을 통한 민주주의 체제를 지향하였다. 2018년 경찰직(1차) O X

18 고종이 연호를 광무라고 선포한 이후 황제 즉위식을 거행한 곳은 환구단이다. 2016년 서울시 9급 O X

19 대한 제국은 1900년 만국 우편 연합에 정식 가입하였고 같은 해에 파리 만국 박람회에 참여하였다. 2017년 서울시 7급 O X

20 독립신문이 창간된 것은 대한 제국이 성립되기 이전의 사실이다. 2019년 지방직 9급 O X

21 러시아 공사관에 머물고 있던 고종은 1897년 2월 경복궁으로 환궁하였다. 2018년 경찰직(2차) O X

22 독립 협회는 관민 공동회에서 헌의 6조를 채택하고 중추원 신관제를 반포하였다. 2018년 경찰직(2차) O X

23 시전 상인 출신이 독립 협회의 만민 공동회 회장으로 선출되기도 하였다. 2019년 법원직 9급 O X

24 고종은 1899년에 대한국 국제를 반포하여 전제 군주 체제를 더욱 강화하였다. 2016년 법원직 9급 O X

25 대한 제국 정부는 중앙 은행의 창립을 추진하고 금 본위 화폐 제도를 추진하여 성공하였다. 2019년 지방직 9급 O X

승범쌤의 기출 포인트

18 **환구단** 기출자료

- 1897년 하늘에 제사를 지내는 환구단(원구단)을 건축하여 고종이 황제 즉위식 거행
- 일제에 의해 철거되었으며, 현재는 신위를 모신 부속 건물인 황궁우만 남아 있음

정답과 해설 01 × | 02 O | 03 × | 04 O | 05 × | 06 × | 07 O | 08 O | 09 × | 10 O | 11 × | 12 O | 13 O | 14 × | 15 O | 16 × | 17 × | 18 O | 19 O | 20 O | 21 × | 22 O | 23 O | 24 O | 25 ×

01 탁지아문이 아닌 탁지부에서 전관할 것을 요구하였다. | 03 관민 공동회가 아닌 만민 공동회가 주장한 내용이다. | 05 지계아문에서 지계를 발급하였다. | 06 1차 갑오개혁에서 신식 화폐 발행 장정을 공포하였다. | 09 헌정 연구회의 후신은 독립 협회가 아닌 대한 자강회이다. | 11 독립 협회가 아닌 대한 자강회이다. | 14 산업 정책을 담당하는 공무아문을 설치한 것은 제1차 갑오개혁의 내용이다. | 16 아관 파천은 1896년으로 헌의 6조 결의 이전의 사실이다. | 17 입헌 군주제가 아닌 전제 군주제를 지향하였다. | 21 고종은 경운궁으로 환궁하였다. | 25 재정 부족 등으로 실패하였다.

09 항일 의병 투쟁과 애국 계몽 운동의 전개

1. 항일 의병 투쟁

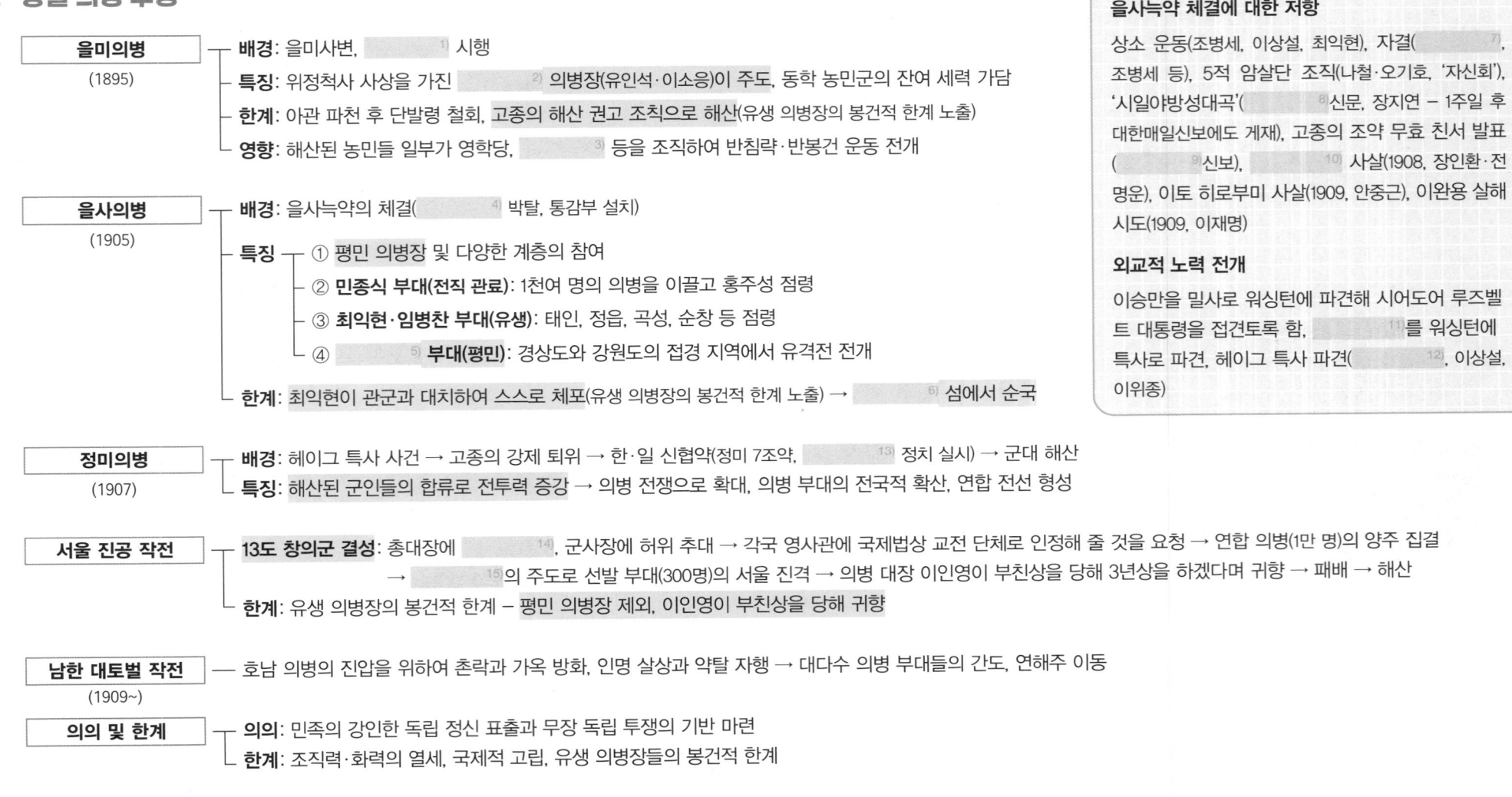

을미의병 (1895)
- **배경**: 을미사변, ______1) 시행
- **특징**: 위정척사 사상을 가진 ______2) 의병장(유인석·이소응)이 주도, 동학 농민군의 잔여 세력 가담
- **한계**: 아관 파천 후 단발령 철회, 고종의 해산 권고 조칙으로 해산(유생 의병장의 봉건적 한계 노출)
- **영향**: 해산된 농민들 일부가 영학당, ______3) 등을 조직하여 반침략·반봉건 운동 전개

을사의병 (1905)
- **배경**: 을사늑약의 체결(______4) 박탈, 통감부 설치)
- **특징**
  - ① 평민 의병장 및 다양한 계층의 참여
  - ② **민종식 부대(전직 관료)**: 1천여 명의 의병을 이끌고 홍주성 점령
  - ③ **최익현·임병찬 부대(유생)**: 태인, 정읍, 곡성, 순창 등 점령
  - ④ ______5) **부대(평민)**: 경상도와 강원도의 접경 지역에서 유격전 전개
- **한계**: 최익현이 관군과 대치하여 스스로 체포(유생 의병장의 봉건적 한계 노출) → ______6) 섬에서 순국

정미의병 (1907)
- **배경**: 헤이그 특사 사건 → 고종의 강제 퇴위 → 한·일 신협약(정미 7조약, ______13) 정치 실시) → 군대 해산
- **특징**: 해산된 군인들의 합류로 전투력 증강 → 의병 전쟁으로 확대, 의병 부대의 전국적 확산, 연합 전선 형성

서울 진공 작전
- **13도 창의군 결성**: 총대장에 ______14), 군사장에 허위 추대 → 각국 영사관에 국제법상 교전 단체로 인정해 줄 것을 요청 → 연합 의병(1만 명)의 양주 집결 → ______15)의 주도로 선발 부대(300명)의 서울 진격 → 의병 대장 이인영이 부친상을 당해 3년상을 하겠다며 귀향 → 패배 → 해산
- **한계**: 유생 의병장의 봉건적 한계 – 평민 의병장 제외, 이인영이 부친상을 당해 귀향

남한 대토벌 작전 (1909~)
- 호남 의병의 진압을 위하여 촌락과 가옥 방화, 인명 살상과 약탈 자행 → 대다수 의병 부대들의 간도, 연해주 이동

의의 및 한계
- **의의**: 민족의 강인한 독립 정신 표출과 무장 독립 투쟁의 기반 마련
- **한계**: 조직력·화력의 열세, 국제적 고립, 유생 의병장들의 봉건적 한계

> **더 알아보기**
>
> **을사늑약 체결에 대한 저항**
>
> 상소 운동(조병세, 이상설, 최익현), 자결(______7), 조병세 등), 5적 암살단 조직(나철·오기호, '자신회'), '시일야방성대곡'(______8)신문, 장지연 – 1주일 후 대한매일신보에도 게재), 고종의 조약 무효 친서 발표(______9)신보), ______10) 사살(1908, 장인환·전명운), 이토 히로부미 사살(1909, 안중근), 이완용 살해 시도(1909, 이재명)
>
> **외교적 노력 전개**
>
> 이승만을 밀사로 워싱턴에 파견해 시어도어 루즈벨트 대통령을 접견토록 함, ______11)를 워싱턴에 특사로 파견, 헤이그 특사 파견(______12), 이상설, 이위종)

정답 1) 단발령 2) 유생 3) 활빈당 4) 외교권 5) 신돌석 6) 쓰시마 7) 민영환 8) 황성 9) 대한매일 10) 스티븐스 11) 헐버트 12) 이준 13) 차관 14) 이인영 15) 허위

더 알아보기

을미의병

우리 국모의 원수를 생각하며 이미 이를 갈았는데, 참혹한 일이 더하여 우리 부모에게서 받은 머리털을 풀 베듯이 베어 버리니 이 무슨 변고란 말인가 …… 이에 감히 의병을 일으켜 마침내 이 뜻을 세상에 포고하노니, 위로는 공경에서 아래로는 서민까지 어느 누가 애통하고 절박하지 않으리.

– 유인석, 『의암집』

정미의병

군대 해산

시위대 참령이 …… "내가 몇 해 동안 군사를 거느리고 있었는데, 갑자기 해산을 당하고 말았으니 차마 내 병정들을 대할 면목이 없다."라고 말하고 차고 있던 군도를 빼어 스스로 목을 찔러 죽으니 병정들이 분기를 이기지 못하였다고 한다.

13도 창의군 조직

동포들이여! 우리는 함께 뭉쳐 우리의 조국을 위해 헌신하여 우리의 독립을 되찾아야 한다. 우리는 야만 일본 제국의 잘못과 광란에 대해서 전 세계에 호소해야 한다. 간교하고 잔인한 일본 제국주의자들은 인류의 적이요, 진보의 적이다.

– 광무 11년(1907) 9월 25일. 대한 관동 창의 대장 이인영

서울 진공 작전

군사장(허위)은 미리 군비를 신속히 정돈하여 철통과 같이함에 한 방울의 물도 샐 틈이 없는지라. …… (허위가) 300명을 인솔하고 선두에 서서 동대문 밖 삼십 리 부근에 나아가고, 전군이 오기를 기다려 일거에 서울을 공격하여 들어오기로 계획하였다.

– 대한매일신보

2. 애국 계몽 운동의 전개

1 애국 계몽 운동

시기 — 을사늑약 전후에 활발한 활동 전개

성격 — ______[1]의 영향으로 문화, 교육, 언론, 식산 흥업 등 실력 양성 운동에 중점을 둠

정치 결사

단체 이름	설립 시기	중심 인물	단체 성격 및 주요 활동
보안회	1904. 7.	원세성 신기선 송수만 심상진	① 유생과 봉건 관료층이 주도, '보안'은 보국안민(保國安民)을 의미 ② 일제가 ______[2] 개척권을 요구하자 이에 대항하기 위하여 서울에서 조직 ③ 1904년 9월 협동회로 명칭이 바뀌면서 활동 위축
______[3]회	1905. 5.	이준 윤효정	① 입헌 군주제 수립을 위해 만든 애국 단체(독립 협회 계승) ② 대표적인 친일 단체인 일진회(一進會)와 대립
______[4]회	1906. 4.	장지연 윤효정	① 독립 협회 참여 인사들이 주도, 지방 상공인 지주·유생층 등을 포함 ② 대한 자강회 월보 간행, 강연회 개최, 전국에 25개 지회 설치 ③ ______[5]의 강제 퇴위 반대 및 정미 7조약 체결에 반대하다가 강제 해산(1907)
대한 협회	1907. 11.	장지연 오세창 남궁억	① 대한 자강회와 천도교 인사들이 설립 ② 회장이 남궁억에서 김가진으로 교체된 후 친일 단체로 전락

정답 1) 사회 진화론 2) 황무지 3) 헌정 연구 4) 대한 자강 5) 고종

2 신민회(1907. 4.)

조직
- ① 전국 규모의 비밀 결사(실력 양성론 + 독립 전쟁론)
- ② **주요 인물**: 양기탁(총감독), 윤치호(회장), 안창호(부회장), 장지연, 신채호, 박은식, 이동휘, 이갑, 이종호, 이승훈, 안태국, 이동녕, 이회영, 김구 등

목표
- 국권의 회복, ______[1]체의 국민 국가 건설

활동
- ① **교육 구국 운동**: ______[2] 학교(1907, 정주, 이승훈), ______[3] 학교(1908, 평양, 안창호) 등의 사립 학교 설립 → 일제는 ______[4]령(1908)으로 탄압
- ② **강연 활동**: 안악군 면학회, 해서 교육 총회, 평양 청년 권장회, 서북 학회 등 각종 학회와 강연회, 토론회 등에 적극 참여
- ③ **잡지 및 서적 출판 활동**
  - ㉠ 서적 출판·보급: ______[5](평양·서울·대구) 설립
  - ㉡ ______[6]를 기관지로 이용
  - ㉢ 조선 광문회(민족 고전 정리) 지원, 최남선이 발행하는 잡지 ______[7] 간행 지원
- ④ **산업 진흥 운동**: ______[8] 회사 설립(1908, 평양), 협성동사, 상무동사, 조선 실업 회사 설립, 황해도 사리원에 모범 농촌 운영
- ⑤ **국외 독립운동 기지 건설**
  - ㉠ 서간도 ______[9]에 신한민촌 건설, 자치 단체인 경학사 설립, 신흥 강습소(1911, 이후 신흥 무관 학교로 개칭) 설립
  - ㉡ 북만주 밀산현에 한흥동 건설
- ⑥ **내부 단체**: 청년 학우회(합법적 단체), 대동 청년단(비밀 조직)
- ⑦ **외곽 단체**: 대한매일신보, 조선 광문회

노선 분화
- ① **개화사상 계승**: 무실역행의 문화 운동 주장(안창호)
- ② **점진적 독립 전쟁 준비론**: 신민회의 기본 노선(황성신문 및 대한매일신보 계열)
- ③ **즉각적 독립 전쟁론**: 급진적 노선(이동휘, 양기탁, 신채호, 이시영)

해체
- ① **안악 사건(1910)**: 평북 선천에서 안명근이 체포 → 일제는 데라우치 총독 암살 미수 사건으로 규정하고 그 배후로 신민회를 지목 후 수많은 인사들을 체포
- ② ______[10]**인 사건(1911)**: 안악 사건 관련자들에게 악랄한 고문을 자행한 끝에 105명을 기소, 2심에서 대부분 무죄가 선고됐지만 신민회는 해체 수순을 밟게 됨

> **더 알아보기**
>
> **신민회 4대 강령**
> 1. 국민에게 민족의식과 독립사상을 고취할 것
> 2. 동지를 찾아 단합하여 민족 운동의 역량을 축적할 것
> 3. 각종 상공업 기관을 만들어 단체의 재정과 국민의 부력(富力)을 증진할 것
> 4. 교육 기관을 각지에 설치하여 청소년 교육을 진흥할 것

정답 1) 공화정 2) 오산 3) 대성 4) 사립 학교 5) 태극 서관 6) 대한매일신보 7) 『소년』 8) 자기 9) 삼원보 10) 105

*옳은 문장은 o, 틀린 문장은 ×에 체크하세요.

핵심 기출 OX 항일 의병 투쟁과 애국 계몽 운동의 전개

01 을미의병에서 활약한 신돌석은 최초의 평민 의병장이다. 2015년 법원직 9급 O X

02 전 참판 민종식은 충남 정산에서 을사늑약 체결에 항거하여 의병을 일으켜 홍주성을 점령하였다. 2018년 서울시 7급(3월) O X

03 이인영을 총대장으로 한 13도 창의군은 서울 진공 작전을 전개하였다. 2012년 지방직 7급 O X

04 활빈당은 1900년 전후 충청과 경기, 낙동강 동쪽의 경상도 등지에서 활동하였다. 2017년 지방직 7급 O X

05 헌정 연구회는 고종의 강제 퇴위 반대 운동을 주도하다가 1907년 보안법에 의해 강제 해산되었다. 2018년 경찰직(2차) O X

06 신민회는 기회주의를 배격하고 정치, 경제적 각성을 촉구하였다. 2011년 서울시 9급 O X

07 신민회는 평양에 대성 학교, 정주에 오산 학교를 설립하여 교육 구국 운동을 진행하였다. 2016년 서울시 9급 O X

08 신민회의 국내 조직은 일본이 날조한 105인 사건으로 인해 와해되었다. 2015년 경찰직(1차) O X

09 고종의 강제 퇴위와 한·일 신협약에 의한 군대 해산에 반발하여 정미의병이 일어났다. 2018년 경찰직(2차) O X

10 고종 황제의 강제 퇴위 이후 장지연이 민족의식을 고취하는 '시일야방성대곡'을 황성신문에 발표하였다. 2015년 국가직 9급 O X

11 을사늑약으로 설치된 통감부는 보안회가 결성되는 계기가 되었다. 2015년 국가직 7급 O X

12 을미의병은 아관 파천 이후 고종의 해산 조칙을 계기로 대부분 해산하였다. 2015년 지방직 7급 O X

13 정미의병은 1907년 고종의 강제 퇴위와 군대 해산에 반발하여 일어났으며 다양한 계층이 참여하였다. 2013년 법원직 9급 O X

14 신민회의 궁극적인 목표는 실력 양성을 통한 국권 회복과 공화정체의 근대 국민 국가를 건설하는 것이었다. 2011년 서울시 9급 O X

15 신민회는 통감부가 설치된 직후에 정치 집회가 금지되면서 해산당했다. 2016년 서울시 7급 O X

승범쌤의 기출 포인트

01 을미의병 기출사료

- 신이 듣건대 각국이 화친을 맺는 데에는 이른바 공법이라는 것이 있습니다. 그 공법에 남의 나라 임금을 위협하고 남의 나라 국모를 시해한다는 조문이 있단 말입니까? 보나마나 그럴 리가 없을 것입니다. …… 응당 왜놈들의 죄를 따지고 각국에 공문을 띄워 군사를 일으켜 가지고 죄를 따지는 것이 대의(大義)일 것입니다. …… 지금 여러 지역에서 의병들이 일어나서 왜적을 치지 않고서는 원수를 갚을 수 없다고 하는데 정당하고 타당합니다. – 『고종실록』
- 오늘 병사를 일으키려는 것은 자위하려는 것이 아니고 국모(國母)의 원수를 갚으려는 것이다. 대개 어머니의 원수를 갚기 위해 아버지의 군사를 부리는 것은 떳떳한 이치이며, 대의(大義)이다. – 민용호, 『관동창의록』

16 일제에 의한 군대 해산 이후 이인영을 총대장으로 하는 13도 연합 의병 부대가 서울 진공 작전을 시도하였다. 2015년 국가직 9급 O X

17 일본군의 '남한 대토벌 작전' 이후 많은 의병들은 간도와 연해주 등으로 근거지를 옮겨 일제에 항전을 계속했다. 2018년 경찰직(2차) O X

18 정미의병 당시 허위가 이끄는 선발 부대는 동대문 인근까지 진출하였다. 2012년 지방직 7급 O X

19 을미사변 이후 장지연의 '시일야방성대곡'이 황성신문에 게재되었다. 2015년 국가직 7급 O X

20 일제가 강제로 군대를 해산하자 해산된 군인들은 의병에 합류하였다. 2016년 소방직(복원) O X

21 보안회는 일제가 황무지 개척권을 요구하자 이에 대항하기 위해서 서울에서 조직되었지만 일제의 요구를 저지하지는 못했다. 2011년 서울시 9급 O X

22 신민회는 평양과 대구 등의 지역에 태극 서관을 설립하였다. 2016년 지방교육행정직 O X

23 신민회는 국한문 혼용체의 황성신문을 발행하였다. 2016년 지방교육행정직 O X

24 신민회는 해외 독립운동 기지 건설에 앞장섰다. 2020년 법원직 9급 O X

승범쌤의 기출 포인트

16 항일 의병 운동의 전개 기출자료

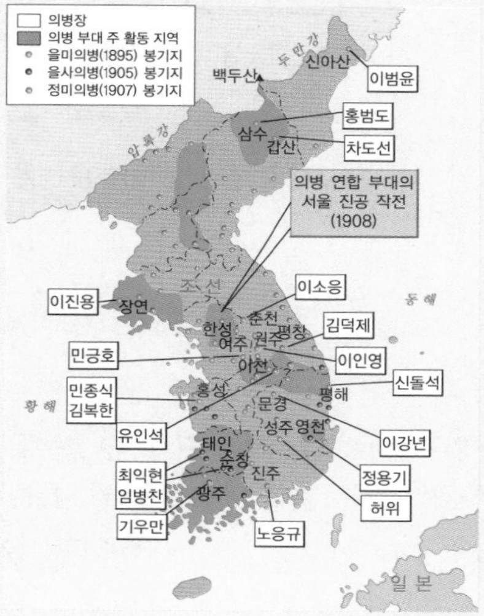

정답과 해설 01 × | 02 O | 03 O | 04 O | 05 × | 06 × | 07 O | 08 O | 09 O | 10 × | 11 × | 12 O | 13 O | 14 O | 15 × | 16 O | 17 O | 18 O | 19 × | 20 O | 21 × | 22 O | 23 × | 24 O

01 신돌석은 을사의병에서 활약한 인물이다. | 05 대한 자강회에 해당되는 내용이다. | 06 기회주의를 배격하고 정치, 경제적 각성을 촉구한 단체는 신간회(1927~1931)이다. | 10 장지연이 '시일야방성대곡'을 황성신문에 발표한 것은 을사늑약(1905) 직후이다. | 11 보안회는 1904년에 결성되었다. | 15 신민회는 통감부가 아닌 조선 총독부가 설치된 이후 105인 사건으로 와해되었다. | 19 을미사변이 아닌 을사늑약 이후 '시일야방성대곡'이 게재되었다. | 21 일제의 요구를 저지하는 데 성공했다. | 23 신민회의 기관지 역할을 담당한 것은 대한매일신보이다. 황성신문은 남궁억이 창간한 신문이다.

10 국권 피탈 과정 → 순서와 내용 확실히 숙지!!

용암포 사건(1903. 5.~1904. 3.)	– 러시아군이 압록강 하구의 용암포를 점령하고 조차를 요구 → 용암포를 둘러싼 러시아와 일본의 대립 심화
⇩	
고종의 국외중립 선언(1904. 1.)	– 러시아와 일본의 전쟁 가능성이 높아지자 고종은 국외 중립을 선언
⇩	
러 · 일 전쟁(1904. 2. 8.)	– 2월 10일 일본이 러시아에 선전 포고를 했으나 이틀 전 이미 러시아 함대를 기습 공격
⇩	
한 · 일 의정서(1904. 2. 23.)	– 시정 개선에 대한 ______1), 한국의 독립과 영토 보존 약속, 군사적 요충지 사용권, 외교권 제한
⇩	
대한 시설 강령(1904. 5.)	– 군사 전략상 필요한 지역을 수용하는 것은 국방상 없어서는 안 될 일임을 강조 – 일본인 고문을 들여와 재정 개혁과 징세법 개량, 화폐 제도 개혁 시행 등을 주장
⇩	
1차 한 · 일 협약(1904. 8.)	– 고문 정치 실시: 외교 고문에 미국인 ______2), 재정 고문에 일본인 ______3) 파견
⇩	
가쓰라 · 태프트 밀약(1905. 7.)	– 일본은 미국의 ______4) 지배권을 인정하고 미국은 ______5)에 대한 일본의 지배적 지위 인정
⇩	
2차 영 · 일 동맹(1905. 8.)	– 영국이 일본의 한국 보호권 인정, 공수 동맹 체결
⇩	
______6) 조약(1905. 9.)	– 러시아가 한국에 있어서의 일본의 우월권 인정
⇩	
을사늑약(1905. 11.) (2차 한 · 일 협약)	– 외교권 박탈(일본의 중개를 거치지 않고서는 어떠한 조약도 맺을 수 없음) – ______7) 설치
⇩	
헤이그 특사 파견(1907. 6.)	– 러시아 황제가 비밀리에 초청장 발송(1907. 6.) → 대한 제국 정부는 이준·이상설·______8)을 특사로 네덜란드 헤이그에 파견 → 회의에 참석하지 못함
⇩	
고종의 강제 퇴위(1907. 7. 20.)	– 헤이그 특사 사건을 빌미로 고종을 강제로 퇴위시킴
⇩	
______9)(1907. 7. 24.) = 정미 7조약	– 통감의 권한 강화 – 부수 비밀 각서에 따라 각 부에 일본인 차관을 두어 내정을 간섭(차관 정치), 대한 제국 군대 해산
⇩	
기유각서(1909)	– 사법권과 ______10)권 박탈
⇩	
경찰권 박탈(1910. 6.)	– 한국 경찰권 위탁 각서 체결
⇩	
국권 피탈(1910. 8. 29.)	– 대한 제국의 통치권이 일왕에게 넘어감 (1910. 8. 22., 한·일 병합 조약 조인 → 8. 29., 발표)

정답 1) 충고권 2) 스티븐스 3) 메가타 4) 필리핀 5) 한국 6) 포츠머스 7) 통감부 8) 이위종 9) 한·일 신협약 10) 감옥 사무

더 알아보기

▨ 한·일 의정서. 1904. 2.

제1조 한국 정부는 일본을 신임하여 시정(施政)의 개선에 관한 충고를 받아들일 것
제3조 일본은 한국의 독립과 영토보전을 보장할 것
제4조 제3국의 침략으로 한국에 위험사태가 발생할 경우 일본은 이에 신속히 대처하며, 한국 정부는 이와 같은 일본의 행동을 용이하게 하기 위하여 충분한 편의를 제공하고 일본 정부는 목적을 달성하기 위해 전략상 필요한 지역을 언제나 사용할 수 있도록 할 것
제5조 한국과 일본은 상호 간의 승인을 거치지 않고서는 협정의 취지에 위배되는 협약을 제3국과 맺지 못함

▨ 제1차 한·일 협약. 1904. 8.

제1조 대한 정부는 대일본 제국 정부가 추천한 일본인 1명을 재정 고문에 초빙하여 재무에 관한 사항은 모두 그의 의견을 들어 시행할 것
제2조 대한 제국 정부는 대일본 제국 정부가 추천한 외국인 1명을 외교 고문으로 외부에서 초빙하여 외교에 관한 주요한 업무는 모두 그의 의견을 들어 시행할 것

▨ 을사늑약. 1905. 11.

제2조 일본국 정부는 한국과 타국 간에 현존하는 조약의 실행을 완수하는 임무를 담당하고 한국 정부는 지금부터 일본국 정부의 중개를 거치지 않고서는 국제적 성질을 가진 어떤 조약이나 약속을 맺지 않을 것을 서로 약속한다.
제3조 일본국 정부는 그 대표자로 한국 황제 밑에 1명의 통감을 두되 통감은 오로지 외교에 관한 사항을 관리하기 위하여 경성에 주재하고 친히 한국 황제 폐하를 만날 수 있는 권리를 가진다.

▨ 한·일 신협약. 1907. 7. 정미 7조약

제1조 한국 정부는 시정 개선에 관하여 통감의 지도를 받을 것
제2조 한국 정부는 법령 제정 및 중요한 행정상의 처분은 미리 통감의 승인을 거칠 것
제5조 한국 정부는 통감이 추천한 일본인을 한국 관리로 임명할 것

*옳은 문장은 o, 틀린 문장은 ×에 체크하세요.

핵심 기출 OX 국권 피탈 과정

01 한 · 일 의정서에 일본이 러 · 일 전쟁을 원활히 수행하기 위해서 대한 제국 내 군사 기지를 자유롭게 사용할 수 있다는 조항이 포함되어 있다. 2016년 서울시 9급 O | X

02 을사늑약으로 인해 외교권과 사법권을 박탈당했다. 2019년 서울시 9급(6월) O | X

03 한 · 일 의정서에는 대한 제국 정부가 일본 정부의 시정 개선에 관한 충고를 받아들인다는 내용이 포함되어 있다. 2017년 경찰직(2차) O | X

04 한국 정부의 법령 제정 및 중요한 행정상의 처분은 미리 통감의 승인을 거쳐야 한다는 것은 한 · 일 신협약의 내용이다. 2020년 경찰직(1차) O | X

05 1차 한 · 일 협약으로 인해 고문 정치가 실시되어 묄렌도르프가 파견되었다. 2016년 경찰직(1차) O | X

06 대한 제국 정부가 국외 중립 선언을 하자 일본군이 러시아에 선전 포고를 하고 인천항에 정박한 러시아 군함 2척을 공격하였다. 2018년 서울시 9급(3월) O | X

07 제2차 한 · 일 협약(을사늑약)은 일본의 러 · 일 전쟁 승리 이후 체결된 조약이다. 2018년 경찰직(3차) O | X

08 메가타 다네타로와 스티븐스는 대한 제국 정부에 고용된 관료였으나 일본의 이익을 위해 활동했다. 2019년 서울시 7급(2월) O | X

09 한 · 일 신협약에는 고등 관리의 임면에 대해 통감이 간섭한다는 사항이 있다. 2016년 경찰직(1차) O | X

10 일본이 영 · 일 동맹, 가쓰라 · 태프트 밀약, 포츠머스 조약을 통해 열강들로부터 대한 제국에 대한 지배를 인정받은 것은 을사늑약 체결 직전의 상황이다. 2016년 서울시 7급 O | X

11 일본은 러 · 일 전쟁의 원활한 수행을 위해 대한 제국의 국외 중립 선언을 무시하고 1차 한 · 일 협약을 체결하였다. 2017년 경찰직(2차) O | X

12 일본과 영국은 극동의 평화를 구실로 각각 필리핀과 한국 지배를 상호 인정하는 가쓰라 · 태프트 밀약을 체결하였다. 2018년 경찰직(3차) O | X

13 일본 육군 대신 데라우치는 2천여 명의 헌병을 데리고 들어와 경찰 업무를 담당하게 하였고, 순종에게 양위의 조서를 내리도록 강요하였다. 2016년 서울시 7급 O | X

승범쌤의 기출 포인트

10 **제2차 영·일 동맹(1905. 8.)** 기출사료

제3조 일본은 한국에 있어서 정치, 군사 및 경제적으로 탁월한 이익을 가지므로 영국은 일본이 그 이익을 옹호·증진하기 위하여 정당하고 필요하다고 인정하는 지도, 감리 및 보호 조치를 한국에 있어서 취할 권리를 승인한다.

14 일본이 러시아로부터 한국에 대한 지도 · 보호 및 감독의 권리를 인정받은 것은 통감부 설치 이후이다. 2015년 서울시 9급 O X

15 정미 7조약에는 대한 제국의 감옥 사무권을 장악하는 내용이 포함되어 있다. 2017년 국가직 9급(4월) O X

16 영국은 한국에서 일본의 특수 이익을, 일본은 영국의 인도 지배를 서로 승인한 협정은 가쓰라 · 태프트 밀약 이전에 체결되었다. 2017년 국가직 9급(4월) O X

17 한국의 고등 관리의 임면은 통감의 동의로써 행한다는 조항은 정미 7조약의 내용이다. 2016년 경찰직(1차) O X

18 한 · 일 신협약은 메가타가 주도한 화폐 정리 사업이 시행되는 결과를 가져왔다. 2020년 소방간부후보생 O X

19 헤이그 특사 파견과 안중근 의거 사이에 대한 제국의 군대가 해산되었다. 2021년 소방간부후보생 O X

20 한 · 일 신협약으로 인해 고종이 헤이그 특사를 파견하였다. 2018년 지방직 9급 O X

21 일제는 통감부를 설치하여 대한 제국의 외교권을 완전히 장악한 후 외교 고문으로 스티븐스를 파견하였다. 2015년 서울시 7급 O X

22 한 · 일 신협약이 체결된 이후 네덜란드 헤이그에서 열린 만국 평화 회의에 이상설, 이준, 이위종을 특사로 파견하였다. 2019년 서울시 9급(6월) O X

23 한 · 일 신협약은 경찰권을 박탈하는 내용을 담았다. 2020년 소방간부후보생 O X

24 '육군 1대대를 존치하여 황궁 수위를 담당하게 하고 기타를 해산할 것'이라는 조항과 '일본 제국 정부는 전략상 필요한 지점을 형편에 따라 사용할 수 있다'는 조항은 모두 한 · 일 의정서의 내용이다. 2021년 경찰간부후보생 O X

승범쌤의 기출 포인트

19 의거 활동 기출개념

- 장인환, 전명운(1908): 미국 샌프란시스코에서 일제 침략 행위를 옹호하던 외교 고문 스티븐스 사살
- 안중근(1909): 만주 하얼빈 역에서 초대 통감 이토 히로부미 사살
- 이재명(1909): 을사 5적 중 한명인 이완용을 칼로 찔러 중상을 입힘

정답과 해설 01 O | 02 × | 03 O | 04 O | 05 × | 06 × | 07 O | 08 O | 09 O | 10 O | 11 × | 12 × | 13 O | 14 × | 15 × | 16 × | 17 O | 18 × | 19 O | 20 × | 21 × | 22 × | 23 × | 24 ×

02 사법권은 기유각서(1909)에서 박탈당했다. | 05 묄렌도르프가 아닌 스티븐스와 메가타이다. | 06 일본군은 러시아를 기습 공격하고 이틀 후에 선전 포고를 하였다. | 11 일본은 대한 제국의 국외 중립 선언을 무시하고 서울을 점령한 후, 한·일 의정서를 강제로 체결하였다. | 12 가쓰라·태프트 밀약은 미국과 일본 사이에 체결되었다. | 14 일본이 러시아로부터 한국에 대한 지도·보호 및 감독의 권리를 인정받은 것은 포츠머스 조약으로 통감부 설치 이전이다. | 15 대한 제국의 사법권과 감옥 사무권을 장악하게 된 것은 기유각서이다(1909. 7.). | 16 가쓰라·태프트 밀약 이후에 제2차 영·일 동맹이 체결되었다. | 18 화폐 정리 사업은 한·일 신협약 체결 전에 시작되었다. | 20 헤이그 특사 파견 때문에 고종이 강제 퇴위를 당하였고 순종이 즉위한 후에 한·일 신협약이 체결되었다. | 21 제1차 한·일 협약(1904)에 의해 외교 고문으로 스티븐스가 파견되었으므로, 통감부 설치 이전의 사실이다. | 22 한·일 신협약이 체결되기 이전 고종은 을사늑약의 부당성을 알리기 위해 헤이그 특사를 파견하였다. | 23 경찰권 박탈은 1910년 6월이다. | 24 '육군 1대대를 존치하여 황궁 수위를 담당하게 하고 기타를 해산할 것'은 한·일 신협약(1907. 7. 24.) 이후 비밀리에 체결된 부수각서에 따른 것이다.

11 개항 이후의 경제와 사회

1. 경제 침탈

강화도 조약 (1876)

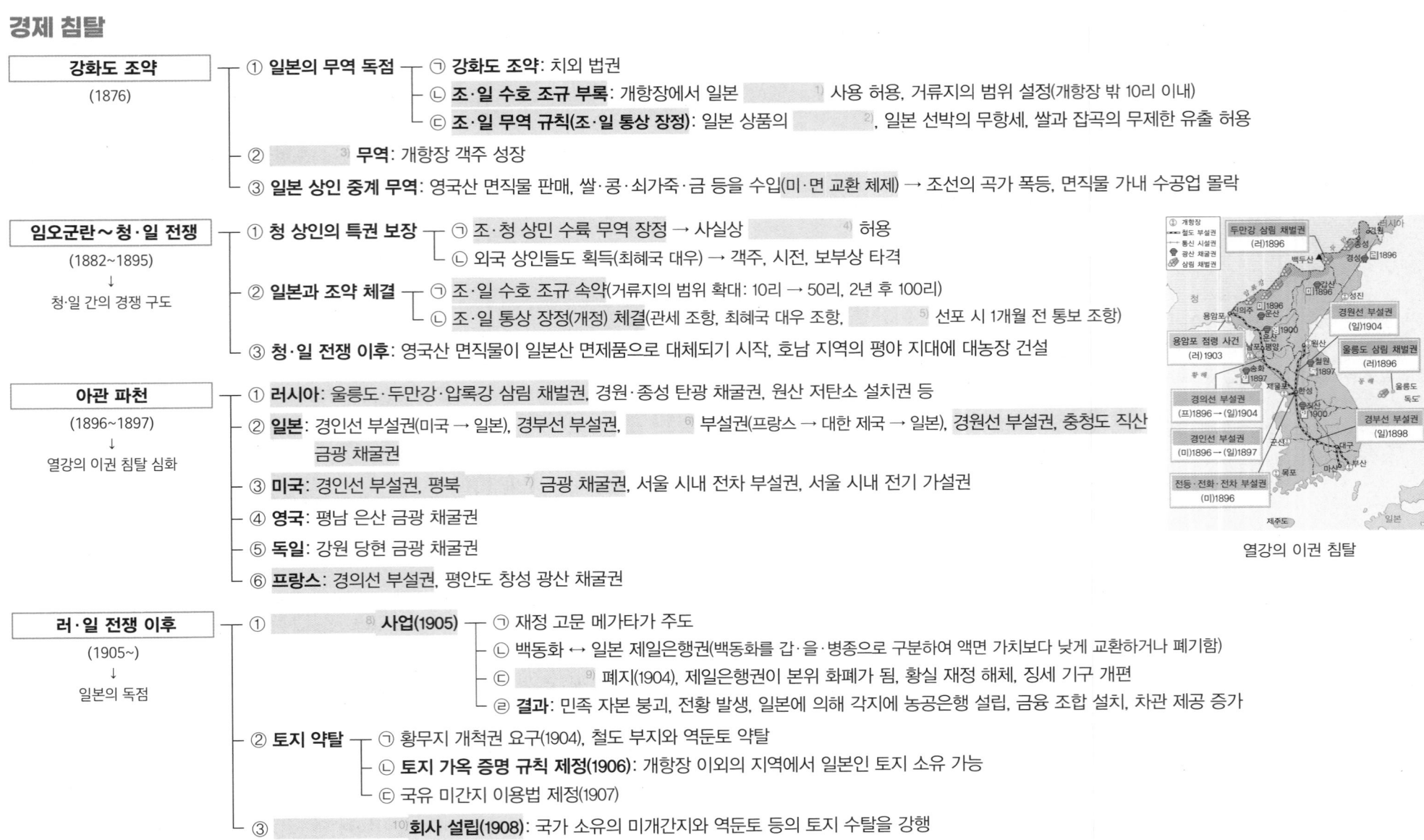

- ① **일본의 무역 독점**
  - ㉠ **강화도 조약**: 치외 법권
  - ㉡ **조·일 수호 조규 부록**: 개항장에서 일본 ______ 1) 사용 허용, 거류지의 범위 설정(개항장 밖 10리 이내)
  - ㉢ **조·일 무역 규칙(조·일 통상 장정)**: 일본 상품의 ______ 2), 일본 선박의 무항세, 쌀과 잡곡의 무제한 유출 허용
- ② ______ 3) **무역**: 개항장 객주 성장
- ③ **일본 상인 중계 무역**: 영국산 면직물 판매, 쌀·콩·쇠가죽·금 등을 수입(미·면 교환 체제) → 조선의 곡가 폭등, 면직물 가내 수공업 몰락

임오군란~청·일 전쟁 (1882~1895) ↓ 청·일 간의 경쟁 구도

- ① **청 상인의 특권 보장**
  - ㉠ 조·청 상민 수륙 무역 장정 → 사실상 ______ 4) 허용
  - ㉡ 외국 상인들도 획득(최혜국 대우) → 객주, 시전, 보부상 타격
- ② **일본과 조약 체결**
  - ㉠ 조·일 수호 조규 속약(거류지의 범위 확대: 10리 → 50리, 2년 후 100리)
  - ㉡ 조·일 통상 장정(개정) 체결(관세 조항, 최혜국 대우 조항, ______ 5) 선포 시 1개월 전 통보 조항)
- ③ **청·일 전쟁 이후**: 영국산 면직물이 일본산 면제품으로 대체되기 시작, 호남 지역의 평야 지대에 대농장 건설

아관 파천 (1896~1897) ↓ 열강의 이권 침탈 심화

- ① **러시아**: 울릉도·두만강·압록강 삼림 채벌권, 경원·종성 탄광 채굴권, 원산 저탄소 설치권 등
- ② **일본**: 경인선 부설권(미국 → 일본), 경부선 부설권, ______ 6) 부설권(프랑스 → 대한 제국 → 일본), 경원선 부설권, 충청도 직산 금광 채굴권
- ③ **미국**: 경인선 부설권, 평북 ______ 7) 금광 채굴권, 서울 시내 전차 부설권, 서울 시내 전기 가설권
- ④ **영국**: 평남 은산 금광 채굴권
- ⑤ **독일**: 강원 당현 금광 채굴권
- ⑥ **프랑스**: 경의선 부설권, 평안도 창성 광산 채굴권

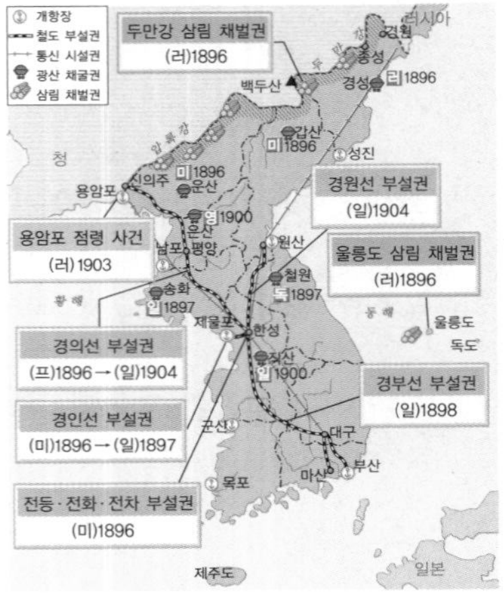

열강의 이권 침탈

러·일 전쟁 이후 (1905~) ↓ 일본의 독점

- ① ______ 8) **사업(1905)**
  - ㉠ 재정 고문 메가타가 주도
  - ㉡ 백동화 ↔ 일본 제일은행권(백동화를 갑·을·병종으로 구분하여 액면 가치보다 낮게 교환하거나 폐기함)
  - ㉢ ______ 9) 폐지(1904), 제일은행권이 본위 화폐가 됨, 황실 재정 해체, 징세 기구 개편
  - ㉣ **결과**: 민족 자본 붕괴, 전황 발생, 일본에 의해 각지에 농공은행 설립, 금융 조합 설치, 차관 제공 증가
- ② **토지 약탈**
  - ㉠ 황무지 개척권 요구(1904), 철도 부지와 역둔토 약탈
  - ㉡ **토지 가옥 증명 규칙 제정(1906)**: 개항장 이외의 지역에서 일본인 토지 소유 가능
  - ㉢ 국유 미간지 이용법 제정(1907)
- ③ ______ 10) **회사 설립(1908)**: 국가 소유의 미개간지와 역둔토 등의 토지 수탈을 강행

정답 1) 화폐 2) 무관세 3) 거류지 4) 내지 통상 5) 방곡령 6) 경의선 7) 운산 8) 화폐 정리 9) 전환국 10) 동양 척식 주식

2. 경제적 구국 운동의 전개

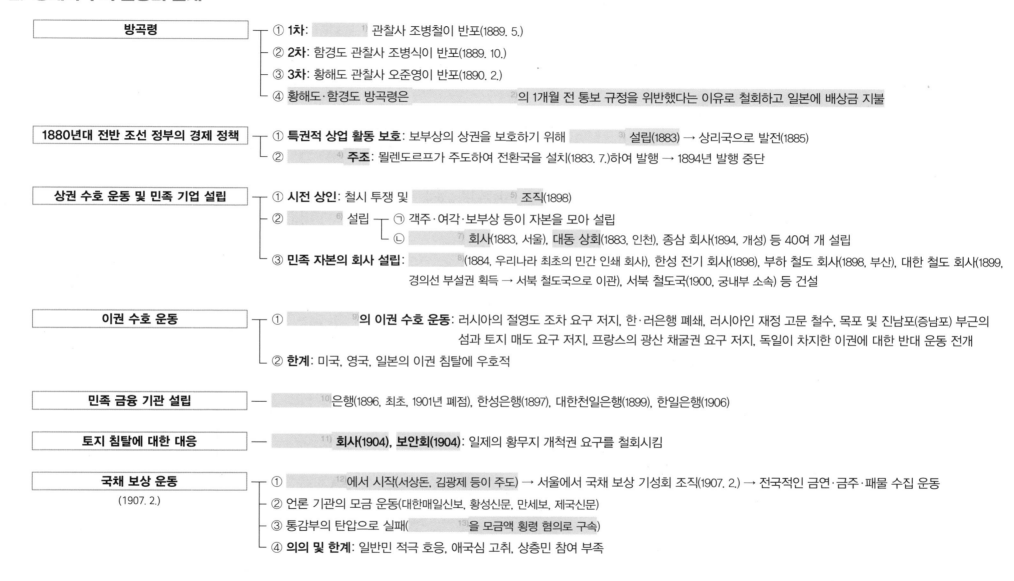

방곡령
- ① **1차**: ______1) 관찰사 조병철이 반포(1889. 5.)
- ② **2차**: 함경도 관찰사 조병식이 반포(1889. 10.)
- ③ **3차**: 황해도 관찰사 오준영이 반포(1890. 2.)
- ④ 황해도·함경도 방곡령은 ______2)의 1개월 전 통보 규정을 위반했다는 이유로 철회하고 일본에 배상금 지불

1880년대 전반 조선 정부의 경제 정책
- ① **특권적 상업 활동 보호**: 보부상의 상권을 보호하기 위해 ______3) 설립(1883) → 상리국으로 발전(1885)
- ② ______4) **주조**: 묄렌도르프가 주도하여 전환국을 설치(1883. 7.)하여 발행 → 1894년 발행 중단

상권 수호 운동 및 민족 기업 설립
- ① **시전 상인**: 철시 투쟁 및 ______5) 조직(1898)
- ② ______6) 설립
  - ㉠ 객주·여각·보부상 등이 자본을 모아 설립
  - ㉡ ______7) 회사(1883, 서울), 대동 상회(1883, 인천), 종삼 회사(1894, 개성) 등 40여 개 설립
- ③ **민족 자본의 회사 설립**: ______8)(1884, 우리나라 최초의 민간 인쇄 회사), 한성 전기 회사(1898), 부하 철도 회사(1898, 부산), 대한 철도 회사(1899, 경의선 부설권 획득 → 서북 철도국으로 이관), 서북 철도국(1900, 궁내부 소속) 등 건설

이권 수호 운동
- ① ______9)**의 이권 수호 운동**: 러시아의 절영도 조차 요구 저지, 한·러은행 폐쇄, 러시아인 재정 고문 철수, 목포 및 진남포(증남포) 부근의 섬과 토지 매도 요구 저지, 프랑스의 광산 채굴권 요구 저지, 독일이 차지한 이권에 대한 반대 운동 전개
- ② **한계**: 미국, 영국, 일본의 이권 침탈에 우호적

민족 금융 기관 설립
- ______10)은행(1896, 최초, 1901년 폐점), 한성은행(1897), 대한천일은행(1899), 한일은행(1906)

토지 침탈에 대한 대응
- ______11) **회사(1904), 보안회(1904)**: 일제의 황무지 개척권 요구를 철회시킴

국채 보상 운동
(1907. 2.)
- ① ______12)에서 시작(서상돈, 김광제 등이 주도) → 서울에서 국채 보상 기성회 조직(1907. 2.) → 전국적인 금연·금주·패물 수집 운동
- ② 언론 기관의 모금 운동(대한매일신보, 황성신문, 만세보, 제국신문)
- ③ 통감부의 탄압으로 실패(______13)을 모금액 횡령 혐의로 구속)
- ④ **의의 및 한계**: 일반민 적극 호응, 애국심 고취, 상층민 참여 부족

정답 1) 황해도 2) 조·일 통상 장정(개정) 3) 혜상공국 4) 당오전 5) 황국 중앙 총상회 6) 상회사 7) 장통 8) 광인사 9) 독립 협회 10) 조선 11) 농광 12) 대구 13) 양기탁

3. 평등 사회로의 이행 과정

조선 후기
① 양반 중심의 신분 질서 동요
② 실학자들의 신분제 모순 지적

⇨

____[1] 해방(1801)

⇨

서얼·중인을 포함한 모든 계층의 관직 진출 허용(1882)

⇨

갑신정변(1884)
① 14개조 혁신 정강
② 신분제 폐지 요구

⇨

____[2] 폐지(1886)

⇨

동학 농민 운동
① 신분제 폐지 요구(폐정 개혁안 12개조)
② 청상과부의 재가 허용 요구
③ 7종 천인의 대우 개선 요구
④ 백정의 평량갓을 없애줄 것을 요구

⇨

갑오·을미개혁(1894~)
① 법적으로 신분제 폐지
② **공사 노비 제도의 혁파**
③ 고문과 연좌제 폐지
④ 인신매매 금지
⑤ 여성의 지위 향상
⑥ ____[3]**령 발표(1895)**: 남·녀 교육 기회의 균등을 법으로 제정

⇨

호적 제도 개편(1896, 호구 조사 규칙): 호적에 신분 대신 직업 기재

4. 여성의 사회 참여 확산

① **양반·중인 출신 여성**: 여자 교육회·진명 부인회 조직, 양규의숙·진명 여학교 설립

② **외국 유학 여성 및 개신교 여성**: 교사, 개신교 전도부인으로 활동(하란사, 최활란 등)

③ ____[4]: 한국 최초의 여의사

④ **윤희순**: 의병들의 군자금을 모금하고 의병가를 지음

⑤ **국채 보상 운동(1907) 시기**: 전국 각지에서 여성들이 단체를 조직하여 기금 마련에 크게 기여

⑥ **소학교령(1895)**: 남녀 교육의 기회 균등 규정

⑦ **독립 협회의 활동**: 여성의 권리 존중과 남녀평등 강조

⑧ ____[5] **설립(1898)**: 서울 북촌 양반 부인들 중심으로 여권통문(여학교 설시 통문) 발표 후 설립한 단체

⑨ ____[6] **여학교(1899)**: 찬양회의 주도로 설립된 근대식 사립 여학교

정답 1) 공노비 2) 노비 세습제 3) 소학교 4) 박에스더 5) 찬양회 6) 순성

5. 국외 이주 동포들의 생활

배경 — 일제의 침탈로 인한 생활고, 자연재해, 전염병, 독립운동 공간 마련

만주 지역
- ① **19세기 후반**: 함경도와 평안도 등지의 농민들이 삶의 터전 확보를 위해 이주
- ② **1910년경**: 만주 지역에 약 20만 명 이상의 한인 거주
- ③ **특징**: 독립 투쟁의 중심지

연해주 지역
- ① **20세기 초**: 약 8~10만 명 정도 한인 거주 → 연해주의 대부분을 개척
- ② **특징**: 집단 마을(신한촌) 형성, 자치 기구 조직, 자녀 교육 → 독립운동 기지화

미주 지역
- ① **이민**: 최초의 하와이 이민단이 1902년 12월 22일 인천항을 출발하여 1903년 1월 12일 하와이 호놀룰루에 도착(하와이 농장주 협회의 요청을 받은 주한 미국 공사 알렌이 고종에게 건의하여 성사됨) → 이후 주로 도시 지역 출신자들이 경제적·정치적·교육적·종교적 동기로 이주
- ② **단체**: ________[1] 조직(1910, 샌프란시스코), 대조선 국민 군단 조직(1914, 하와이)
- ③ **특징**: 인종 차별 등 어려움 속에서 독립운동을 지원하여 민족 운동의 근거지를 마련함

일본
- ① 초기에는 유학생 중심 → 점차 노동자와 이주민 증가
- ② 징용·징병 등으로 강제 동원 → 1930년대 이후 한국인 이주 급증

정답 1) 대한인 국민회

*옳은 문장은 o, 틀린 문장은 ×에 체크하세요.

핵심 기출 OX 개항 이후의 경제와 사회

01 조 · 일 수호 조규 이후 거류지 무역이 활성화되어 개항장의 객주가 성장하였다. 2018년 서울시 7급 응용 O X

02 조 · 일 통상 장정(개정)에는 방곡령 선포 시 3개월 전에 통보해야 한다는 조항이 포함되어 있다. 2019년 지방직 9급 응용 O X

03 조 · 청 상민 수륙 무역 장정에 따라 서울 양화진에 청국인이 점포를 개설할 수 있었다. 2017년 경찰간부후보생 O X

04 러시아가 침탈한 대표적인 이권은 압록강 · 두만강 · 울릉도 삼림 벌채권과 운산 금광 채굴권이었다. 2017년 경찰간부후보생 O X

05 러시아는 석탄 저장고를 확보하기 위해 절영도를 조차하고자 하였다. 2015년 법원직 9급 O X

06 농광 회사는 황무지 개간권 요구에 대응하여 설립된 특허 회사였다. 2018년 국가직 9급 O X

07 화폐 정리 사업 시 필요한 자금을 대느라 거액의 국채가 발생하였다. 2019년 국가직 7급 O X

08 미국이 침탈한 대표적인 이권은 평남 은산 금광 채굴권과 전등 · 전화 부설권 등이었다. 2019년 서울시 9급 O X

09 메가타가 주도한 화폐 정리 사업으로 제일은행권이 본위 화폐가 되었다. 2019년 국가직 7급 응용 O X

10 시전 상인들은 황국 중앙 총상회를 조직하여 상권 수호 운동을 펼쳤다. 2018년 국가직 9급 O X

11 국채 보상 운동은 '내 살림 내 것으로', '조선 사람 조선 것' 등의 표어를 내걸었다. 2016년 사회복지직 9급 O X

12 서울에서 서상돈, 김광제 등의 주도로 시작된 국채 보상 운동은 이후 전국으로 확산되었다. 2014년 국가직 7급 응용 O X

13 국채 보상 운동은 대한매일신보, 만세보 등 언론 기관의 후원을 받았다. 2014년 경찰간부후보생 응용 O X

14 일본은 국채 보상 운동이 전개되던 시기에 경원선 부설권을 약탈하였다. 2014년 지방직 7급 O X

15 재정 고문인 메가타가 화폐 정리 사업을 추진하자 고종은 적극적인 지원 하에 대한천일은행을 설립하였다. 2018년 서울시 7급(6월) O X

승범쌤의 기출 포인트

02 방곡령 기출사료

제37관 조선국에서 가뭄과 홍수, 전쟁 등의 일로 인하여 국내에 양식이 결핍할 것을 우려하여 일시 쌀 수출을 금지하려고 할 때에는 1개월 전에 지방관이 일본 영사관에게 통지하여 미리 그 기간을 항구에 있는 일본 상인들에게 전달하여 일률적으로 준수하는 데 편리하게 한다.

– 조 · 일 통상 장정 개정(1883)

16 개항 초기 조선 정부는 보부상을 보호하기 위해 서구 근대의 회사 조직을 본떠 혜상공국을 설립하였다. 2013년 서울시 7급 O X

17 화폐 정리 사업은 액면가대로 바꾸어 주는 화폐 교환 방식을 따랐다. 2013년 국가직 9급 O X

18 을미사변과 을사늑약 체결 사이의 시기에 시전 상인을 중심으로 황국 중앙 총상회가 조직되었다. 2019년 국가직 9급 O X

19 을사늑약 체결과 13도 창의군의 서울 진공 작전 전개 사이 시기에 보안회가 창설되었다. 2019년 국가직 9급 O X

20 국채 보상 운동은 한·일 신협약에 따라 중지되었다. 2014년 국가직 7급 O X

21 미국은 삼국 간섭에 참여하였다. 2019년 서울시 9급(6월) O X

22 조·일 통상 장정(1876)에서 곡물 유출을 막는 방곡령 규정이 합의되었다. 2016년 국가직 9급 O X

23 '여학교 설시 통문'은 아관 파천과 을사늑약 사이에 발표되었다. 2017년 경찰직(2차) O X

24 1903년에 처음으로 우리나라 공식 이민단이 도착한 지역은 하와이이다. 2017년 국가직 9급(4월) O X

승범쌤의 기출 포인트

17 화폐 정리 사업 기출사료

상태가 매우 양호한 갑종 백동화는 개당 2전 5리의 가격으로 새 돈과 교환하여 주고, 상태가 좋지 않은 을종 백동화는 개당 1전의 가격으로 정부에서 매수하며, …… 단, 형질이 조악하여 화폐로서 인정하기 어려운 백동화는 매수하지 않는다.

– 탁지부령 제1호(1905. 6.)

정답과 해설 01 O | 02 × | 03 O | 04 × | 05 O | 06 O | 07 O | 08 × | 09 O | 10 O | 11 × | 12 × | 13 O | 14 × | 15 × | 16 O | 17 × | 18 O | 19 × | 20 × | 21 × | 22 × | 23 O | 24 O

02 3개월 전이 아닌 1개월 전 통보이다. | 04 운산 금광 채굴권은 미국이 획득하였다. | 08 미국은 평북 운산 금광 채굴권을 침탈하였다. | 11 해당 표어를 내건 운동은 1920년대 전개된 물산 장려 운동이다. | 12 서울이 아닌 대구에서 시작되어 전국으로 확산되었다. | 14 일본이 서울과 원산을 잇는 철도인 경원선 부설권을 강탈한 것은 1904년의 일이다. 국채 보상 운동은 1907년~1908년까지 전개되었다. | 15 화폐 정리 사업은 1차 한·일 협약 이후 메가타가 1905년에 추진한 사업이다. 대한천일은행은 그 이전인 1899년에 설립된 민족계 은행이다. | 17 화폐 정리 사업은 구 화폐에 매긴 등급에 따라 차등을 두고 제일은행권으로 교환해 주는 방식을 따랐다. | 19 서울 진공 작전은 1908년에 전개되었고 보안회는 을사늑약(1905년) 이전 시기인 1904년에 창설되었다. | 20 국채 보상 운동은 일진회의 방해와 통감부의 탄압으로 1908년 7월에 중단되었다. | 21 삼국 간섭에 참여하였던 나라는 러시아, 독일, 프랑스이다. | 22 곡물 유출을 막는 방곡령 규정은 1883년에 개정된 조·일 통상 장정에서 합의되었다.

12 근대의 문화

1. 근대 교육 기관

관립 교육 기관
- ① **동문학(1883)**: 정부에서 설립한 영어 강습 기관, 묄렌도르프의 건의, 통역관 양성
- ② ______1)**(1886)**: 우리나라 최초의 근대적 관립 학교, 현직 관료 및 양반층 자제에게 각종 근대 학문 교육, 헐버트·길모어를 교사로 초빙
- ③ **연무 공원(1888)**: 신식 군대와 장교 양성
- ④ **갑오~광무개혁**
  - ㉠ **교육 입국 조서 반포**: 한성 외국어 학교(1895), 소학교(1895), 한성 사범 학교(1895)
  - ㉡ **교과서 편찬**: 『국민소학독본』(1895, 우리나라 최초의 관찬 교과서)
  - ㉢ **광무개혁 시기**: 상공 학교, 의학교, 광무 학교, 한성 중학교 등 설립

사립 교육 기관
- ① ______2): 우리나라 최초의 근대적 사립 학교(1883), 덕원부사 정현석이 주도, 근대 학문과 무술 교육
- ② **선교사 설립**: ______3)(최초, 1885, 아펜젤러), ______4)(1886, 우리나라 최초의 여학교, 스크랜튼), 경신 학교(1886, 언더우드), 정신 여학교(1887, 엘레스), 숭실 학교(1897, 베어드), 숭의 여학교(1903, 모펫)
- ③ **민족 사립 학교**: 흥화 학교(1898, 민영환), 점진 학교(1899, 우리나라 최초의 남녀 공학, 안창호), 순성 여학교(1899, 찬양회), 보성 학교(1906, 이용익), 오산 학교(1907, 이승훈, 정주), 대성 학교(1908, 안창호, 평양), 동덕 여자 의숙(1908, 조동식)

일제의 사립 학교 탄압 — ______5) 제정(1908), 교과서 검정 규정 제정(1908)

2. 통신과 교통 시설

통신 시설
- ① **전신**
  - ㉠ **조·청 전선 조약 체결(1885. 7.)**: 인천 – 서울 – 의주의 전신 개통(서로 전신선)
  - ㉡ **통신 사무 담당 기구**: 우정사(1882), ______6)(1885), 통신원(1900)
- ② **전기**: 경복궁에 최초로 전등 점화(1887), 한성 전기 회사가 서울에 가로등 설치(1900)
- ③ **전화**: ______7) 내부에 전화 가설(1898. 1.) → 서울~인천 사이에 공중 전화 개통(1902. 3.)
- ④ **우편**: 1884년에 설립된 우정국이 갑신정변으로 중단, 을미개혁 때 우체사 설치(1895), 1900년에는 만국 우편 연합에 가입

교통 시설
- ① **철도**
  - ㉠ **러·일 전쟁 전 개통**: ______8)(1899, 일본) – 미국인 모스가 부설권 획득, 일본에 매각
  - ㉡ **러·일 전쟁 중 가설 및 개통**: 경부선(1905, 일본), ______9)(1905년 대부분 구간 개통 후 1906년 완전 개통, 일본), 마산선(1905, 일본) → 전쟁 수행 목적
  - ㉢ **국권 피탈 후 개통**: 경원선(1914, 일본), ______10)(1914, 일본), 함경선(1928, 일본)
- ② **전차**
  - ㉠ ______11) **설립(1898)**: 황실과 미국인 콜브란이 합자하여 설립
  - ㉡ 전차 운행(1899, 서대문~______12))

정답 1) 육영 공원 2) 원산 학사 3) 배재 학당 4) 이화 학당 5) 사립 학교령 6) 한성 전보 총국 7) 경운궁 8) 경인선 9) 경의선 10) 호남선 11) 한성 전기 회사 12) 청량리

3. 의료 시설과 건축

의료 시설

- ① ______[1]: 정부 지원을 받아 알렌이 세운 우리나라 최초의 근대식 병원(1885) → 2주일 만에 제중원으로 개칭 → 세브란스 병원으로 개편(1904)
- ② **광제원**: 정부가 설립한 국립 병원(1900) → ______[2](1907)
- ③ ______[3]: 전국 각지에 설치된 근대식 국립 의료원으로 도립 병원의 전신(1909)
- ④ **지석영이 종두법을 연구·보급**: 『우두신설』 저술(1885)

근대 건축

- ① **대불 호텔**: 우리나라 최초의 서양식 호텔, 1885년 이전에 설립 추정, 아펜젤러가 묵었다는 기록이 있음
- ② ______[4]: 우리나라 최초의 개신교 교회(1897, 아펜젤러)
- ③ **독립문**: 프랑스의 개선문 모방(1897), 독립 협회가 설립
- ④ ______[5]: 우리나라 최초의 서양식 교회 건축(1892, 부분적인 고딕 양식)
- ⑤ **구 러시아 공사관**: 러시아인 사바틴이 설계(1890), 3층의 벽돌 건물, 아관 파천의 현장
- ⑥ ______[6]: 중세 고딕 양식으로 건축(1898)
- ⑦ **덕수궁 중명전**: 황실 도서관으로 이용되던 수옥헌이 1901년에 화재로 전소되자 사바틴의 설계로 2층 벽돌 건물로 재건 → ______[7] 체결 장소
- ⑧ **손탁 호텔(1902)**: 독일인 손탁이 지은 호텔
- ⑨ **덕수궁** ______[8]: 르네상스 양식으로 건축(1910), 영국인 하딩과 로벨이 설계

독립문

덕수궁 석조전

구 러시아 공사관

명동 성당

약현 성당(중림동 성당)

4. 근대 언론

한성순보(1883~1884)	우리나라 최초의 근대적 신문, ______[9]에서 발행, 관보적 성격, ______[10]체, 갑신정변 이후 중단
한성주보(1886~1888)	폐간된 한성순보 계승, 주간지, 최초의 국·한문 혼용체, 최초로 ______[11] 게재 → 박문국 폐지(재정난)로 폐간
독립신문(1896~1899)	① 서재필 등이 민중 계몽을 위해 발행(한글판·______[12]) ② 우리나라 최초의 민간 발행 신문

정답 1) 광혜원 2) 대한 의원 3) 자혜 의원 4) 정동 교회 5) 약현 성당 6) 명동 성당 7) 을사늑약 8) 석조전 9) 박문국 10) 순 한문 11) 상업 광고 12) 영문판

5. 대한 제국 시기의 신문

______1)(1898~1899)	우리나라 최초의 일간지, 순 한글체의 언문 일치 문장 사용(사장: 양홍묵, 기재원: 이승만 등)
______2)(1898~1910)	이종일이 순 한글로 발행 → 주로 서민층과 부녀자들 대상, 자주독립과 개화 역설
황성신문(1898~1910)	① ______3), 유근 등에 의해 국·한문 혼용체로 발간 → 주로 유림층 대상, 보안회의 활동 홍보 ② ______4)의 '시일야방성대곡'과 '오건조약청체전말' 게재(을사늑약 체결 과정을 밝힘)
______5)신보(1904~1910)	① 영국인 베델이 창간 → 일본의 검열로부터 자유로움, 가장 강력한 항일 논조의 기사, 가장 많은 독자층 확보 ② 애국심 고취, 정치 의식화 기여 → 호외로 '한일신조약청체전말'을 싣고, 뒷면에 '시일야방성대곡'을 영문으로 기록, 국채 보상 운동 기사 게재, 을사늑약의 부당성을 폭로하는 고종의 친서 게재 ③ 순 한글, 국·한문 혼용체, 영문 3종류로 발행, 당시 최대 발행 부수 기록, 논설진으로 양기탁, 박은식, 신채호 등 참여 ④ 국권 피탈 이후 조선 총독부 기관지로 전락
만세보(1906~1907)	① 손병희, 오세창이 창간한 ______6)계 신문, 여성 교육과 여권 신장에 관심을 가짐, 국한문 혼용체 ② 일진회의 국민신보(1906~1910)에 대항 ③ 우리나라 최초의 신소설인 이인직의 ______7) 연재 ④ 이완용의 사주를 받은 이인직이 시설을 매수, 친일 내각의 기관지인 '대한신문'으로 제호를 변경(1907. 7.)
경향신문(1906~1910)	천주교의 기관지, 순 한글 신문
경남일보(1909~1914)	______8)을 주필로 한 우리나라 최초의 지방 신문
대한민보(1909~1910)	대한 협회의 기관지로 일진회에 대항하다 국권 피탈 직후 강제 폐간
친일 신문	한성신보(1895년 추정, 일본인이 창간), 국민신보(1906), 대한신문(1907), 시사신문(1910)

정답 1) 매일신문 2) 제국신문 3) 남궁억 4) 장지연 5) 대한매일 6) 천도교 7) 「혈의 누」 8) 장지연

6. 해외 발행 신문

미국	공립신보(1905), 신한민보(1909), 한인합성신보(1907) 등
연해주	해조신문(1908), 대동공보(1908), 권업신문(1912)
일제의 언론 탄압	① ______[1] **제정(1907)**: 언론 활동을 제약하고 한국 신문의 반일 논조를 억압하기 위해 일제 통감부가 제정 → 1908년 개정(해조신문, 대한매일신보 등 탄압을 위해) ② 국권 피탈 전·후에 대부분의 신문 폐간

7. 근대의 국학 연구

계몽 사학

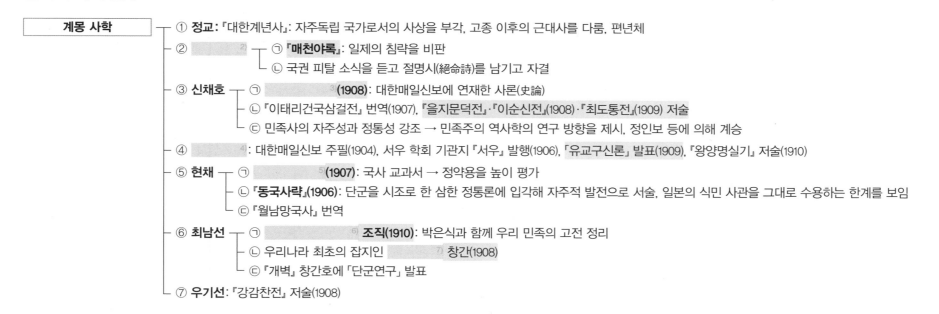

- ① **정교**: 『대한계년사』: 자주독립 국가로서의 사상을 부각, 고종 이후의 근대사를 다룸, 편년체
- ② ______[2]
  - ㉠ **『매천야록』**: 일제의 침략을 비판
  - ㉡ 국권 피탈 소식을 듣고 절명시(絕命詩)를 남기고 자결
- ③ **신채호**
  - ㉠ ______[3] **(1908)**: 대한매일신보에 연재한 사론(史論)
  - ㉡ 『이태리건국삼걸전』 번역(1907), 『을지문덕전』·『이순신전』(1908)·『최도통전』(1909) 저술
  - ㉢ 민족사의 자주성과 정통성 강조 → 민족주의 역사학의 연구 방향을 제시, 정인보 등에 의해 계승
- ④ ______[4]: 대한매일신보 주필(1904), 서우 학회 기관지 『서우』 발행(1906), 「유교구신론」 발표(1909), 『왕양명실기』 저술(1910)
- ⑤ **현채**
  - ㉠ ______[5] **(1907)**: 국사 교과서 → 정약용을 높이 평가
  - ㉡ **『동국사략』(1906)**: 단군을 시조로 한 삼한 정통론에 입각해 자주적 발전으로 서술, 일본의 식민 사관을 그대로 수용하는 한계를 보임
  - ㉢ 『월남망국사』 번역
- ⑥ **최남선**
  - ㉠ ______[6] **조직(1910)**: 박은식과 함께 우리 민족의 고전 정리
  - ㉡ 우리나라 최초의 잡지인 ______[7] 창간(1908)
  - ㉢ 『개벽』 창간호에 「단군연구」 발표
- ⑦ **우기선**: 『강감찬전』 저술(1908)

정답 1) 신문지법 2) 황현 3) 「독사신론」 4) 박은식 5) 『유년필독』 6) 조선 광문회 7) 『소년』

외국인의 한국사 연구

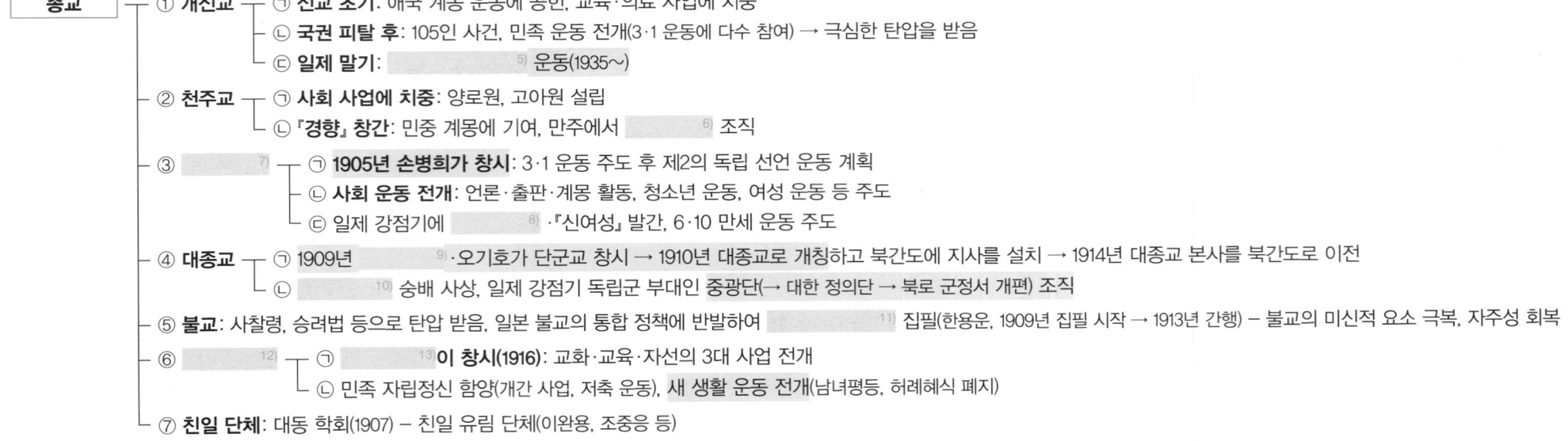

- ① **멕켄지(영국)**
  - ㉠ 『조선의 비극』(1908), 『자유를 위한 한국인의 투쟁』(1920) 저술
  - ㉡ 영국 데일리메일 기자로 1907년 의병 관련 취재 중 일제의 야만적 진압을 목격하고 일제의 한국 침략을 비판
- ② **헐버트(미국)**
  - ㉠ ______1): 육영 공원 재직 시 서술한 우리나라 최초의 세계 지리 교과서
  - ㉡ 을사늑약 후 고종의 밀서를 휴대하고 미국에 돌아가 국무장관과 대통령 면담 시도(실패)
  - ㉢ 헤이그 특사 파견 건의 및 헤이그에 가서 「회의시보」에 한국 대표단의 호소문을 싣게 함
- ③ **그리피스(미국)**: 『은둔의 나라 한국』(1882) – 최초의 영문 한국사 서적

국문 연구

- ① **유길준**: ______2)(1897~1902년 사이, 최초의 국어 문법서), 『대한문전』(1909)
- ② **이봉운**: 『국문정리』(1897) – 국문에 관한 주장을 종합한 연구서
- ③ **지석영**: 『신정국문』(1905) – 지석영이 상소하여 공포된 대한 제국의 국문 개혁안, 6항목으로 된 맞춤법 통일안 제시
- ④ **주시경**
  - ㉠ 국문 동식회(1896) 활동, 지석영과 함께 학부 소속의 ______3) 설립(1907)
  - ㉡ ______4)**(1910)**: 한글 맞춤법 통일안의 기본 이론 정리 / ㉢ **『말의소리』(1914)**: 국어 문법서

8. 근대의 종교와 문학

종교

- ① **개신교**
  - ㉠ **선교 초기**: 애국 계몽 운동에 공헌, 교육·의료 사업에 치중
  - ㉡ **국권 피탈 후**: 105인 사건, 민족 운동 전개(3·1 운동에 다수 참여) → 극심한 탄압을 받음
  - ㉢ **일제 말기**: ______5) 운동(1935~)
- ② **천주교**
  - ㉠ **사회 사업에 치중**: 양로원, 고아원 설립
  - ㉡ **『경향』 창간**: 민중 계몽에 기여, 만주에서 ______6) 조직
- ③ ______7)
  - ㉠ **1905년 손병희가 창시**: 3·1 운동 주도 후 제2의 독립 선언 운동 계획
  - ㉡ **사회 운동 전개**: 언론·출판·계몽 활동, 청소년 운동, 여성 운동 등 주도
  - ㉢ 일제 강점기에 ______8)·『신여성』 발간, 6·10 만세 운동 주도
- ④ **대종교**
  - ㉠ 1909년 ______9)·오기호가 단군교 창시 → 1910년 대종교로 개칭하고 북간도에 지사를 설치 → 1914년 대종교 본사를 북간도로 이전
  - ㉡ ______10) 숭배 사상, 일제 강점기 독립군 부대인 중광단(→ 대한 정의단 → 북로 군정서 개편) 조직
- ⑤ **불교**: 사찰령, 승려법 등으로 탄압 받음, 일본 불교의 통합 정책에 반발하여 ______11) 집필(한용운, 1909년 집필 시작 → 1913년 간행) – 불교의 미신적 요소 극복, 자주성 회복
- ⑥ ______12)
  - ㉠ ______13)**이 창시(1916)**: 교화·교육·자선의 3大 사업 전개
  - ㉡ 민족 자립정신 함양(개간 사업, 저축 운동), 새 생활 운동 전개(남녀평등, 허례혜식 폐지)
- ⑦ **친일 단체**: 대동 학회(1907) – 친일 유림 단체(이완용, 조중응 등)

정답 1) 『사민필지』 2) 『조선문전』 3) 국문 연구소 4) 『국어문법』 5) 신사 참배 거부 6) 의민단 7) 천도교 8) 『개벽』 9) 나철 10) 단군 11) 『조선불교유신론』 12) 원불교 13) 박중빈

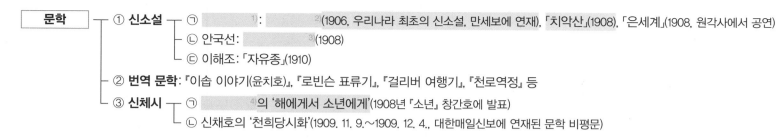

문학
- ① **신소설**
  - ㉠ ______1): ______2)(1906, 우리나라 최초의 신소설, 만세보에 연재), 「치악산」(1908), 「은세계」(1908, 원각사에서 공연)
  - ㉡ 안국선: ______3)(1908)
  - ㉢ 이해조: 「자유종」(1910)
- ② **번역 문학**: 『이솝 이야기(윤치호)』, 『로빈슨 표류기』, 『걸리버 여행기』, 『천로역정』 등
- ③ **신체시**
  - ㉠ ______4)의 '해에게서 소년에게'(1908년 『소년』 창간호에 발표)
  - ㉡ 신채호의 '천희당시화'(1909. 11. 9.~1909. 12. 4., 대한매일신보에 연재된 문학 비평문)

9. 예술의 새 경향

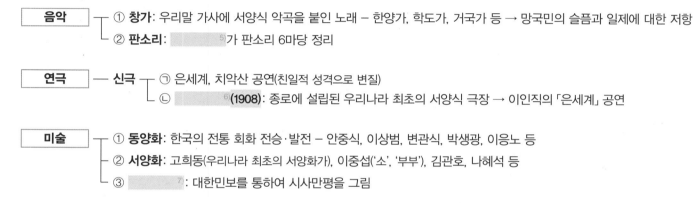

음악
- ① **창가**: 우리말 가사에 서양식 악곡을 붙인 노래 – 한양가, 학도가, 거국가 등 → 망국민의 슬픔과 일제에 대한 저항
- ② **판소리**: ______5)가 판소리 6마당 정리

연극 — **신극**
- ㉠ 은세계, 치악산 공연(친일적 성격으로 변질)
- ㉡ ______6)**(1908)**: 종로에 설립된 우리나라 최초의 서양식 극장 → 이인직의 「은세계」 공연

미술
- ① **동양화**: 한국의 전통 회화 전승·발전 – 안중식, 이상범, 변관식, 박생광, 이응노 등
- ② **서양화**: 고희동(우리나라 최초의 서양화가), 이중섭('소', '부부'), 김관호, 나혜석 등
- ③ ______7): 대한민보를 통하여 시사만평을 그림

정답 1) 이인직 2) 「혈의 누」 3) 「금수회의록」 4) 최남선 5) 신재효 6) 원각사 7) 이도영

*옳은 문장은 ○, 틀린 문장은 ×에 체크하세요.

핵심 기출 OX 근대의 문화

01 덕수궁 석조전은 서양 고딕 양식의 건물이다. 2018년 지방직 9급 ○ ×

02 1898년과 1908년 사이에 최초의 중등 교육 기관인 한성 중학교가 설립되었다. 2012년 법원직 9급 ○ ×

03 아관 파천 시기에 백동화를 주조하는 주전관을 볼 수 있다. 2016년 지방직 7급 ○ ×

04 대한 제국 시기에 한성순보를 읽는 관리를 볼 수 있다. 2015년 국가직 7급 ○ ×

05 대한 제국은 한성은행, 대한천일은행 등 민족계 은행을 지원하였다. 2016년 국가직 9급 ○ ×

06 한성순보는 최초로 국한문을 혼용하였고 내용에 따라 한글 혹은 한문만을 쓰기도 하며 독자층을 넓혀나가고자 하였다. 2017년 사회복지직 9급 ○ ×

07 국한문 혼용체를 사용한 황성신문은 장지연의 '시일야방성대곡'을 실어 을사조약을 비판하고 민족의식을 고취하였다. 2016년 경찰직(1차) ○ ×

08 고종은 을사조약의 부당성을 폭로하는 친서를 대한매일신보에 발표하였다. 2011년 국가직 9급 ○ ×

09 베델은 세계 각국의 산천 · 풍토 등을 한글로 소개한 『사민필지』를 저술하였다. 2019년 경찰간부후보생 ○ ×

10 1896년에 설립된 국문 동식회는 최초의 국문 연구회이다. 2019년 경찰간부후보생 ○ ×

11 배재 학당는 선교사 아펜젤러가 서울에 설립한 사립 학교이다. 2018년 서울시 9급(6월) ○ ×

12 동문학은 통역관 양성을 위해 정부가 설립한 외국어 교육 기관이다. 2018년 서울시 9급(6월) ○ ×

13 경신 학교는 고종의 교육 입국 조서에 따라 설립된 관립 학교이다. 2018년 서울시 9급(6월) ○ ×

14 고종은 광무개혁의 일환으로 교육 입국 조서를 반포하며 지 · 덕 · 체를 아우르는 교육을 내세웠고 이에 따라 소학교, 한성 사범 학교 등이 설립되었다. 2016년 경찰직(2차) ○ ×

승범쌤의 기출 포인트

07 장지연의 시일야방성대곡 기출사료

지난번에 이토가 한국에 옴에 우리 인민들이 서로 말하기를, "이토는 동양 삼국의 평화를 널리 주선하던 인물이라. ……" … (중략) … 천만 뜻밖에도 5조약을 어떤 까닭으로 제출하였는가. 이 조약은 비단 우리나라 뿐 아니라 동양 삼국이 분열하는 조짐을 보인 것이니 이토의 본래의 뜻은 과연 무엇이었는가? 그러나 우리 대황제 폐하께서 강경하신 뜻으로 이를 거절하고 말았으니 이 조약이 성립할 수 없음은 이토 스스로도 알 수 있는 일이거늘, 슬프다! – 황성신문

15 대성 학교, 오산 학교, 서전서숙, 보성 학교는 국내에 설립된 교육 기관이다. 2016년 경찰직(2차) O X

16 광혜원은 알렌이 설립한 최초의 서양식 병원으로 이후 제중원으로 개칭되었다. 2015년 법원직 9급 응용 O X

17 국문 연구소는 주시경, 지석영을 중심으로 국문의 정리와 국어의 이해 체계 확립을 위해 노력하였다. 2019년 경찰간부후보생 O X

18 독립신문은 서재필 등이 민중 계몽을 위해 발행한 최초의 민간 신문이다. 2019년 소방직 O X

19 황성신문은 국한문 혼용체를 사용한 일간지로 주로 유학자층의 계몽에 앞장섰다. 2017년 사회복지직 9급 O X

20 최초의 사립 학교인 육영 공원은 함경도 덕원 주민들과 개화파 인사들의 합자로 설립되었으며 외국어 · 자연 과학 · 국제법 등 근대 학문과 함께 무술을 가르쳤다. 2016년 경찰직(2차) O X

21 일제는 언론 활동을 억제하기 위해서 1907년 신문지법을 제정하였으며 이로 인해 국권 피탈 전후로 대부분의 신문이 폐간되었다. 2016년 경찰직(1차) O X

22 신채호는 황성신문에 「독사신론」을 게재하였다. 2017년 지방직 7급 O X

23 이인직이 저술한 「치악산」은 최초의 신소설이다. 2016년 서울시 9급 O X

승범쌤의 기출 포인트

17 **주시경** 기출개념

- 1896년 독립신문 창간에 참여, 신문의 한글 표기 통일을 위해 국문 동식회 조직
- 1897년 독립신문에 논설 「국문론」 발표
- 1906년 『대한국어문법』 편찬
- 1907년 국문 연구소 주임 위원 역임
- 1908년 국어 연구 학회 조직
- 1910년 『국어문법』 편찬

정답과 해설 01 × | 02 O | 03 O | 04 × | 05 O | 06 × | 07 O | 08 O | 09 × | 10 O | 11 O | 12 O | 13 × | 14 × | 15 × | 16 O | 17 O | 18 O | 19 O | 20 × | 21 O | 22 × | 23 ×

01 덕수궁 석조전은 르네상스 양식이다. 대표적인 고딕 양식의 건물은 명동 성당이다. | 04 한성순보는 1883년에 간행되었으나 1884년 갑신정변으로 폐간되었다. | 06 한성순보는 순 한문으로 발행되었다. | 09 『사민필지』를 저술한 인물은 헐버트이다. | 13 경신 학교는 선교사 언더우드가 1886년에 설립하였다. | 14 광무개혁이 아닌 2차 갑오개혁의 일환으로 교육 입국 조서가 반포되었다. | 15 서전서숙은 이상설이 1906년 간도에 설립한 학교이다. | 20 우리나라 최초의 사립 학교는 원산 학사이다. | 22 신채호는 대한매일신보에 「독사신론」을 게재하였다. | 23 우리나라 최초의 신소설은 1906년에 발표한 이인직의 「혈의 누」이다.

Ⅵ

일제 강점기

01 일제의 식민 통치

1. 조선 총독부

조선 총독의 자격
- ① 「조선 총독부 및 소속 관서의 관제」에 따르면 '일왕에게 직접 임명장을 받는 친임관(親任官)으로서 육해군 ____[1]에서 충원'하는 것으로 명시
- ② **일본 국왕 직속**: 일본 내각이나 의회의 통제를 받지 않음
- ③ 외교권을 제외한 입법, 행정, 사법, 군대 통수권 등 막강한 권한 보유 → 일왕의 칙령과 조선 총독이 정하는 제령으로 통치

총감
- ① ____[2]**총감**: 총독 다음의 서열로 조선의 행정 사무를 총지휘 → 그 아래 ____[3] 및 5부(총무, 내무, 탁지, 농상공, 사법), 9국(局) 설치
- ② ____[4]**총감**: 조선의 치안을 담당 → 정무총감보다 실권을 더 많이 보유, 무단 통치 시기에는 ____[5]이 경무총감을 겸직

기타
- ① **경제 침탈 기구**: 철도국, 통신국, 전매국, 임시 토지 조사국, 공업 전습소, 세관 등 설치
- ② **사법 기구**: 3급 3심제(고등 법원, 복심 법원, 지방 법원)를 기본으로 함 → 한민족 탄압과 수탈을 위한 절차 및 시설에 불과

2. ____[6]

목적 — 조선 총독부의 자문 기관(형식적 기구), 한국인들의 정치 참여를 선전하고 한국인들을 회유하기 위한 목적 → 3·1 운동 때까지 한 번도 소집되지 않음

구성원 — 정무총감(의장), 이완용, 송병준 등의 친일 인사들이 부의장, 고문과 찬의(3·1 운동 이후 참의)를 맡음, 한국인 고문은 의장의 허락 없이 발언할 수 없음

관제 개정 — 1915년 개정된 관제에서 구관(조선의 관습과 제도) 조사 및 풍속, 법령 제정에 이르는 데까지 자문의 범위를 넓힘

정답 1) 대장 2) 정무 3) 총독관방 4) 경무 5) 헌병 사령관 6) 중추원

3. 시기별 일제의 통치 방식

무단 통치 (1910년대)

- ① ______1) **제도**
  - ㉠ 2만여 명의 헌병 경찰을 전국에 배치하여 강력한 무단 식민 통치 실시
  - ㉡ 헌병 사령관이 중앙의 ______2)이 되고, 각 도의 헌병 대장이 해당 도의 경무부장이 되어 경찰 임무 대행
  - ㉢ **권한**: 독립운동가 색출, 민사 쟁송 조정, 농사 개량, 납세, 의병 토벌, 각종 사법권 행사 등 다양한 분야에서 막강한 권한 행사
- ② 악법 제정
  - ㉠ **범죄 즉결례(1910)**: 재판을 거치지 않고 조선인에게 벌금 부과 및 구류 등 처벌(즉결 처분권)
  - ㉡ **경찰범 처벌 규칙(1912)**: 한국인의 일상 생활 전반을 규제(1908, 경찰범 처벌령 제정)
  - ㉢ 조선인에게만 적용되는 민사 및 형사에 관한 사항을 규정하기 위해 1912년 조선 민사령·조선 형사령(조선 총독부 제령 제7호·제11호) 제정
  - ㉣ **조선 태형령(1912)**: 조선인에게만 차별적으로 태형을 적용
- ③ **기본권 박탈**: 신문지법(1907), 출판법(1909), 보안법(1907), 학회령(1908), 집회·취체에 관한 건 제정(1910. 8.) → 언론, 출판, 집회, 결사의 자유 박탈
- ④ **제복의 착용과 착검**: 일반 관리는 물론 교원에게까지 제복 착용 및 착검 시행
- ⑤ **민족 교육에 대한 규제**: 1차 ______3)(1911, 보통학교의 수업 연한 4년, 대학 설립 불가), 사립 학교 규칙(1911), 서당 규칙(1918) 제정
- ⑥ **민족 독립운동 탄압**: 안악 사건(1910), 105인 사건(1911)

문화 통치 (1920년대)

- ① **배경**: 일본 내의 민주주의 요구(다이쇼 데모크라시), 3·1 운동을 통한 조선인의 반발 및 국제 여론 악화
- ② **성격**
  - ㉠ 3대 총독 사이토 마코토 부임 후 친일파 양성을 통한 민족 분열과 이간책 실시
  - ㉡ 동화 교육을 통해 일본 국민으로서 자각하도록 세뇌
- ③ **실상**
  - ㉠ ______4) 총독 임명 가능 → but, 해방까지 한 명도 임명하지 않음
  - ㉡ 보통 경찰제로 전환 → but, 인원과 유지비 크게 증가, ______5) 경찰제 실시(전국 각 경찰서에 고등 경찰계 두어 공포 정치의 도구로 이용)
  - ㉢ **단체 설립 가능 → but, ______6) 제정(1925)**: 사유 재산제와 국체를 부정하는 단체 처벌 → 친일 단체와 정치적 성격을 갖지 않는 단체만 설립 가능
  - ㉣ **신문 발행 허용**: 조선, 동아일보 발행(1920) → but, 검열·정간·기사 삭제 자행
  - ㉤ **지방 행정에 조선인 참여**: 도 평의회, 부·면 협의회 설치 → but, 선거권 제한, 친일파 및 상층 자산가만 참여
  - ㉥ **교육 기회 확대**: 2차 조선 교육령(______7)의 수업 연한이 6년으로 증가, 대학 설립 규정 신설 등)
    → but, 초등·실업 교육 위주, 일본 학생에 비해 취학률이 낮음(1/6 수준), 민립 대학 설립 운동을 방해하고 ______8) 대학 설립(1924)
- ④ 기타
  - ㉠ 중추원 확대·개편, 제복·착검·태형 폐지, 한국인 관리 임명(말단 행정에 한정)
  - ㉡ 친일파 양성, 식민 사관 정립(1925, ______9)회 설치) 등
- ⑤ **영향**: 민족 운동 세력 내부의 분열 발생(자치론 VS 비타협적 민족주의), 실력 양성을 명분으로 한 다양한 친일 단체 등장

정답 1) 헌병 경찰 2) 경무총감 3) 조선 교육령 4) 문관 5) 고등 6) 치안 유지법 7) 보통학교 8) 경성 제국 9) 조선사 편수

민족 말살 통치 (1930년~)

- ① **배경**: 대공황 극복을 위한 대륙 침략 전쟁 시작 → 한국인의 민족성을 말살하여 황국 신민화 → 전쟁에 동원
- ② ______1)**화 정책**
  - ㉠ **사상 선전**: 내선일체·일선동조론
  - ㉡ **사상 강요**: 신사 참배, 황국 신민 서사 암송, 궁성 요배 등 강요
  - ㉢ **교육 탄압**
    - ⓐ **3차 조선 교육령(1938)**: 보통학교를 심상소학교로 개칭하고 조선어와 조선 역사를 ______2)(선택) 과목으로 전환하여 사실상 폐지
    - ⓑ **국민학교령(1941)**: 심상소학교를 국민학교로 개칭
    - ⓒ **4차 조선 교육령(1943)**: 조선어·조선사 교육 금지, 교육 연한 축소(국민학교·중학교 각 4년)
  - ㉣ **언론 탄압 및 신문 폐간**: 일장기 삭제 사건(1936, 동아일보·조선중앙일보), 조선일보·동아일보 폐간(1940), 조선어 학회 해체(1942) 및 진단 학회 활동 중단
  - ㉤ 집회·결사에 대한 허가제 시행
  - ㉥ ______3): 창씨개명을 하지 않으면 불령선인(不逞鮮人)이라 부르며 여러 가지 불이익을 줌
  - ㉦ 사상과 주민 생활 통제
    - ⓐ ______4)(1936), 조선 사상범 예방(예비) 구금령(1941) 제정, 시국 대응 전선 사상 보국 연맹 조직(1938) → 대화숙으로 통일(1940)
    - ⓑ 국민 정신 총동원 조선 연맹(1938), ______5) 조선 연맹(1940)을 조직하고 10호 단위의 ______6)을 조직하여 모든 조선인을 가입시킴(반상회 시 일장기 게양·애국 저금 강요 등)
    - ⓒ 동아 신질서론, 대동아 공영권 등 주장

정답 1) 황국 신민 2) 수의 3) 창씨개명 4) 조선 사상범 보호 관찰령 5) 국민 총력 6) 애국반

*옳은 문장은 ○, 틀린 문장은 ×에 체크하세요.

핵심 기출 OX 일제의 식민 통치

01 일왕이 임명하는 조선 총독은 외교권을 포함한 입법, 행정, 사법, 군대 통수권 등 막강한 권한을 가지고 있었다. 2019년 서울시 7급(2월) ○ ×

02 일본은 자국의 '헌법'과 '법률'을 적용하여 한국에 무단 통치를 실시하였다. 2019년 서울시 7급(2월) ○ ×

03 무단 통치기 경무총감은 헌병 대장을 겸직하였다. 2018년 경찰간부후보생 ○ ×

04 1920년대 이후로 조선일보와 동아일보의 발행이 허용되었다. 2017년 국회직 9급 ○ ×

05 2차 조선 교육령으로 보통학교의 수업 연한이 4년이 되었으며 대학 설립과 관련된 규정 역시 신설되었다. 2012년 법원직 9급 ○ ×

06 1924년에 설립된 경성 제국 대학은 민립 대학 설립 운동을 방해하는 차원에서 지어진 것이다. 2012년 법원직 9급 ○ ×

07 황국 신민화 정책의 기본 사상은 내선일체와 일선동조론이다. 2010년 지방직 9급 ○ ×

08 1938년에 소학교가 보통학교로 개칭되고 1941년에 보통학교가 다시 국민학교로 개칭되었다. 2010년 지방직 9급 응용 ○ ×

09 일제는 문화 통치 시기인 1925년에 치안 유지법을 제정하여 식민 체제를 부인하는 반정부 · 반체제 사상이나 사회주의 단체의 조직과 활동을 탄압하였다. 2018년 지방직 7급 ○ ×

10 국가 총동원법을 제정한 후에는 토지 현황을 더욱 자세히 알기 위해 전국적으로 토지 소유권을 조사하였다. 2015년 지방직 9급 ○ ×

11 1922년 발표된 일제의 2차 교육령에선 보통학교 4년, 고등 보통학교 4년을 명시하고 있다. 2012년 법원직 9급 ○ ×

12 2차 교육령에서 조선어는 필수 과목으로 변경되었다가 3차 교육령에서 다시 선택 과목으로 전환되었다. 2014년 경찰직(2차) ○ ×

13 무단 통치 시기에 일제가 발표한 토지 조사령(1912)에 황무지의 국유지 편입 규정은 없었다. 2016년 지방직 7급 ○ ×

14 국민 징용령은 1939년, 징병제는 1944년에 실시되었다. 2013년 서울시 9급 ○ ×

15 경성 제국 대학이 설립되었을 당시 내선일체를 강조하고 조선어 사용을 금지하였다. 2015년 서울시 7급 ○ ×

승범쌤의 기출 포인트

05 2차 조선 교육령 기출사료

제5조 보통학교의 수업 연한은 6년으로 한다. 단, 지역의 정황에 따라 5년 또는 4년으로 할 수 있다. 보통학교에 입학하는 자는 연령 6년 이상의 자로 한다.

09 치안 유지법 기출사료

제1조 국체를 변혁하는 것을 목적으로 결사를 조직하는 자 또는 결사의 임원, 그 외 지도자로서 임무에 종사하는 자는 사형, 무기, 또는 5년 이상의 징역 또는 금고에 처한다. 사유 재산 제도를 부인하는 것을 목적으로 결사를 조직하는 자, 결사에 가입하는 자, 또는 결사의 목적 수행을 위한 행위를 돕는 자는 10년 이하의 징역 또는 금고에 처한다.

16 조선 총독부가 문화 통치의 실시를 추진하고자 전국 각지에 대화숙을 설치하여 사상범에게 전향을 강요하였다. 2018년 지방직 7급 (O | X)

17 1930년대 우가키 총독이 농촌 개발을 명분으로 농촌 진흥 운동을 주장하였다. 2013년 지방직 9급 (O | X)

18 헌병 경찰은 구류, 태형, 3개월 이하의 징역 등에 해당하는 한국인의 범죄에 대해 법 절차나 재판 없이 즉결 처분할 수 있는 권한이 있었다. 2019년 서울시 7급(2월) (O | X)

19 중 · 일 전쟁 이후 육군 특별 지원병령을 통해 한국의 청년들을 전쟁에 동원하였던 일제는 1943년 학도 지원병 제도를 통하여 전문학교 학생들과 대학생들까지 전쟁에 동원하였다. 2020년 국가직 9급 (O | X)

20 조선 총독부의 자문 기구인 중추원은 한국인들을 회유하기 위해 설치한 것으로 3 · 1 운동 전까지 수시로 소집되었다. 2018년 경찰간부후보생 (O | X)

21 3 · 1 운동 이후 문관 총독이 임명되었다. 2018년 지방직 7급 (O | X)

22 문화 통치 시기에 조선 광업령을 공포하여 광업권에 대한 허가제를 실시하였다. 2016년 경찰직(2차) (O | X)

23 일제 강점기에 육군 특별 지원병령은 물자 통제령보다 먼저 제정되었다. 2018년 국가직 9급 (O | X)

24 일제가 한국을 병합한 직후부터 3 · 1 운동이 벌어진 때까지의 시기를 무단 통치 시기라고 부른다. 2022년 국가직 9급 (O | X)

승범쌤의 기출 포인트

16 문화 통치의 실시 기출사료

정부는 관제를 개혁하여 총독 임용의 범위를 확장하고 경찰 제도를 개정하며, 또한 일반 관리나 교원 등의 복제를 폐지함으로써 시대의 흐름에 순응하고 …… 조선인의 임용과 대우 등에 관해서 더욱 고려하여 각각 그 할 바를 얻게 하고 …… 장래 기회를 보아 지방 자치 제도를 실시하여 국민 생활을 안정시키고 일반 복리를 증진시킬 것이다.

– 1919. 9., 사이토 총독의 시정 방침 훈시

정답과 해설 01 × | 02 × | 03 × | 04 O | 05 × | 06 O | 07 O | 08 × | 09 O | 10 × | 11 × | 12 O | 13 O | 14 O | 15 × | 16 × | 17 O | 18 O | 19 O | 20 × | 21 × | 22 × | 23 O | 24 O

01 조선 총독은 외교권이 없었다. | 02 일제는 1910년 '조선에 시행할 법령에 관한 건'을 제정해 일왕의 칙령과 조선 총독의 제령으로 무단 통치를 실시하였다. | 03 헌병 사령관은 경무총감에 임명되었고, 헌병 대장은 경무부장에 임명되었다. | 05 2차 조선 교육령의 보통학교 수업 연한은 6년이었다. | 08 1938년 3차 조선 교육령으로 보통학교가 심상소학교로 개칭되었고 이후 1941년 국민학교령으로 심상소학교가 국민학교로 개칭되었다. | 10 토지 소유권 조사는 1910년대 있었던 토지 조사 사업이다. | 11 2차 조선 교육령에서는 보통학교의 수업 연한을 4년에서 6년으로, 고등 보통학교의 수업 연한을 4년에서 5년으로 늘렸다. | 15 경성 제국 대학은 문화 통치 시기였던 1924년에 설립되었다. | 16 전국 각지에 대화숙을 설치하여 사상범에게 전향을 강요한 것은 민족 말살 통치 시기의 사실이다. | 20 3·1 운동 전까지 한 번도 소집되지 않았다. | 21 문관 총독 임명이 가능해졌지만 해방까지 단 한 명도 임명하지 않았다. | 22 조선 광업령이 공포된 것은 1915년으로 무단 통치 시기에 해당한다.

02 일제의 경제 수탈

무단 통치 (1910년대)

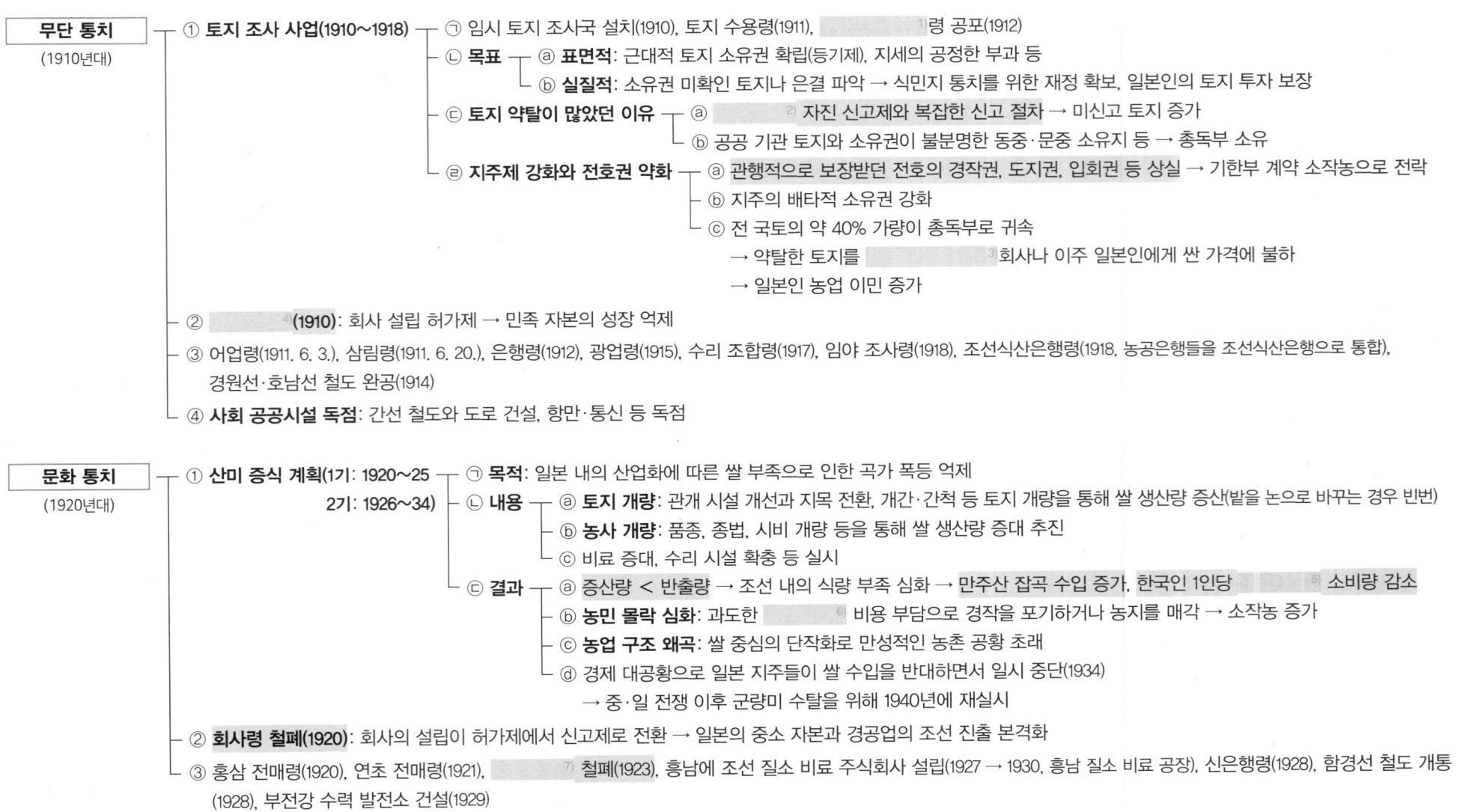

- ① **토지 조사 사업(1910~1918)**
  - ㉠ 임시 토지 조사국 설치(1910), 토지 수용령(1911), ____1)령 공포(1912)
  - ㉡ **목표**
    - ⓐ **표면적**: 근대적 토지 소유권 확립(등기제), 지세의 공정한 부과 등
    - ⓑ **실질적**: 소유권 미확인 토지나 은결 파악 → 식민지 통치를 위한 재정 확보, 일본인의 토지 투자 보장
  - ㉢ **토지 약탈이 많았던 이유**
    - ⓐ ____2) 자진 신고제와 복잡한 신고 절차 → 미신고 토지 증가
    - ⓑ 공공 기관 토지와 소유권이 불분명한 동중·문중 소유지 등 → 총독부 소유
  - ㉣ **지주제 강화와 전호권 약화**
    - ⓐ 관행적으로 보장받던 전호의 경작권, 도지권, 입회권 등 상실 → 기한부 계약 소작농으로 전락
    - ⓑ 지주의 배타적 소유권 강화
    - ⓒ 전 국토의 약 40% 가량이 총독부로 귀속
      → 약탈한 토지를 ____3)회사나 이주 일본인에게 싼 가격에 불하
      → 일본인 농업 이민 증가
- ② ____4)**(1910)**: 회사 설립 허가제 → 민족 자본의 성장 억제
- ③ 어업령(1911. 6. 3.), 삼림령(1911. 6. 20.), 은행령(1912), 광업령(1915), 수리 조합령(1917), 임야 조사령(1918), 조선식산은행령(1918, 농공은행들을 조선식산은행으로 통합), 경원선·호남선 철도 완공(1914)
- ④ **사회 공공시설 독점**: 간선 철도와 도로 건설, 항만·통신 등 독점

문화 통치 (1920년대)

- ① **산미 증식 계획(1기: 1920~25 2기: 1926~34)**
  - ㉠ **목적**: 일본 내의 산업화에 따른 쌀 부족으로 인한 곡가 폭등 억제
  - ㉡ **내용**
    - ⓐ **토지 개량**: 관개 시설 개선과 지목 전환, 개간·간척 등 토지 개량을 통해 쌀 생산량 증산(밭을 논으로 바꾸는 경우 빈번)
    - ⓑ **농사 개량**: 품종, 종법, 시비 개량 등을 통해 쌀 생산량 증대 추진
    - ⓒ 비료 증대, 수리 시설 확충 등 실시
  - ㉢ **결과**
    - ⓐ 증산량 < 반출량 → 조선 내의 식량 부족 심화 → 만주산 잡곡 수입 증가, 한국인 1인당 ____5) 소비량 감소
    - ⓑ **농민 몰락 심화**: 과도한 ____6) 비용 부담으로 경작을 포기하거나 농지를 매각 → 소작농 증가
    - ⓒ **농업 구조 왜곡**: 쌀 중심의 단작화로 만성적인 농촌 공황 초래
    - ⓓ 경제 대공황으로 일본 지주들이 쌀 수입을 반대하면서 일시 중단(1934)
      → 중·일 전쟁 이후 군량미 수탈을 위해 1940년에 재실시
- ② **회사령 철폐(1920)**: 회사의 설립이 허가제에서 신고제로 전환 → 일본의 중소 자본과 경공업의 조선 진출 본격화
- ③ 홍삼 전매령(1920), 연초 전매령(1921), ____7) 철폐(1923), 흥남에 조선 질소 비료 주식회사 설립(1927 → 1930, 흥남 질소 비료 공장), 신은행령(1928), 함경선 철도 개통(1928), 부전강 수력 발전소 건설(1929)

정답 1) 토지 조사 2) 기한부 3) 동양 척식 주식 4) 회사령 5) 쌀 6) 증산 7) 관세

민족 말살 통치 (1930년~)

- ① ______1) **정책(1932~)**: 남한 지역은 면화 재배, 북한 지역은 면양 사육 강요 → 면방직 공업의 원료 수탈
- ② ______2) **기지화 정책**
  - ㉠ 일제의 대륙 침략을 위한 군수 산업, 중공업 중심의 산업 구조로 재편 → 한국 공업의 기형적 발전
  - ㉡ **공장법 미적용**: 일본 독점 자본의 한국 노동자 수탈을 방관
- ③ **북선 개척(1932~)**: 압록강과 두만강 유역의 삼림 벌채
- ④ **산금 장려 정책(1932~)**: 금광 개발 확대
- ⑤ ______3) **운동 전개(1932~1940)**
  - ㉠ **성격**: 일제 주도의 관제 운동으로 농촌의 불만을 무마하고 농민들을 회유하기 위한 정책
  - ㉡ **내용**: 소작농 보호, 춘궁 퇴치, 자력갱생, 부채 정리를 통한 농촌 경제 안정
  - ㉢ **주요 운동**: 자작 농지 설정 사업(1932), 조선 소작 조정령(1932), ______4)령(1934)
  - ㉣ **결과**: 농촌 경제는 더욱 악화, 국민 총력 운동이 시작되면서 1940년에 중단
- ⑥ **물적 자원 수탈**: 염수 이입 관리령(1930), ______5)법 공포(1938. 4.), 조선 미곡 배급 조정령(1939), 물자 통제령(1941), 금속 회수령(1941), 식량 관리령(1943), 조선염 전매령(1942) 등 제정, 가축 증식 계획 수립 등

인적 자원의 수탈

육군 특별 지원병령	1938. 2.	중·일 전쟁 직후의 조선 청년 동원
근로 보국대	1938. 6.	조선인 학생, 여성과 농촌 노동력을 동원하기 위해 조직
국민 ______6)	1939	1939년부터 모집 형태로, 1940년부터 알선 형식으로 1백만 명 이상 동원
국민 근로 보국령	1941	주로 도로·철도·비행장·신사(神社) 등을 건설하기 위해 다양한 근로 보국대를 동원
학도 지원병제	1943	조선인 전문학교·대학교 학생들을 전쟁에 동원
______7)	1944. 4.	약 20만 명 이상 동원, 이 중 일부는 탈출하여 광복군 일원이 됨
여자 정신대 근무령	1944. 8.	12~40세 여자 수십만 명을 강제 동원, 이 중 5~7만 명이 일본군 '위안부'로 동원

정답 1) 남면북양 2) 병참 3) 농촌 진흥 4) 조선 농지 5) 국가 총동원 6) 징용령 7) 징병제

*옳은 문장은 ㅇ, 틀린 문장은 ×에 체크하세요.

핵심 기출 OX 일제의 경제 수탈

01 1912년에 공포된 토지 조사령은 기한부 신고제와 복잡한 절차로 인해 많은 농민들이 토지를 빼앗길 수밖에 없었다. 2018년 경찰직(1차) O X

02 일제가 민족 자본의 성장을 억제하기 위해 1910년 제정한 회사령은 조선인이 회사 설립을 하지 못하도록 규정한 것이다. 2019년 국가직 7급 O X

03 총독부는 토지 조사 사업으로 약탈한 토지를 동양 척식 주식회사나 이주 일본인에게 싼 가격에 불하하였기 때문에 일본인 농업 이민이 증가하였다. 2019년 경찰직(2차) O X

04 산미 증식 계획의 추진 결과 쌀 생산량의 증가보다 일본으로의 수출량 증가가 두드러졌다. 2013년 서울시 9급 O X

05 농민들의 불만을 무마하고 회유하기 위해 1932년 시작된 농촌 진흥 운동은 해방 때까지 지속되었다. 2013년 지방직 9급 O X

06 1938년 국가 총동원법을 제정하여 각종 인적 · 물적 자원을 수탈하였다. 2014년 지방직 7급 O X

07 1930년대 말 일제는 근로 보국대라는 이름으로 여성들도 강제 동원하였다. 2014년 지방직 7급 O X

08 조선 어업령은 1911년에 일제가 한반도에서 일본인들이 어업 활동을 독점할 수 있도록 제정한 법령이다. 일제는 어업을 조선 총독의 허가 사항으로 하여 우리 어민의 활동을 억압하였다. 2016년 국회직 9급 O X

09 산미 증식 계획으로 생산된 쌀이 일본으로 대량 유출되고 한국인들은 만주로부터 수입한 잡곡으로 연명하면서 한국인의 1인당 연간 쌀 소비량이 줄어들었다. 2015년 서울시 9급 O X

10 농민들의 관습적인 경작권이 부정된 것은 1910년대 전개된 토지 조사 사업을 통해서이다. 2013년 서울시 9급 O X

11 토지 조사 사업의 결과 약탈된 토지가 동양 척식 주식회사와 일본인 이주민 등에게 싼값에 불하되면서 일본인 지주가 증가하게 되었다. 2019년 경찰직(2차) O X

12 조선 총독부는 토지 조사령에서 황무지의 국유지 편입을 규정하였다. 2016년 지방직 7급 O X

13 일제는 회사령 이후 조선 어업령, 토지 조사령 그리고 조선 광업령 순서로 시행하였다. 2016년 국회직 9급 O X

승범쌤의 기출 포인트

03 동양 척식 주식회사 기출자료

조선의 토지와 자원을 빼앗기 위해 1908년 일본이 만든 식민지 착취 기구

14 토지 조사령에서 일제는 토지의 주소와 성명, 소유지의 명칭, 소재지의 지목 · 번호 · 목표 · 등급 · 지적 · 결수를 정해진 기간에 토지 조사국에 신고할 것을 명시하였다. 2016년 국가직 9급 O X

15 1930년대 조선 총독부는 농공은행을 통합하여 조선식산은행을 설립하였다. 2016년 국가직 7급 O X

16 일제는 침략 전쟁을 수행하는 데 필요한 전쟁 물자를 마련하기 위해 1943년에 조선 식량 관리령을 제정하여 공출의 범위를 미곡에서 전체 식량으로 확대하였다. 2016년 국가직 7급 O X

17 일제는 국가 총동원령을 제정한 이후에 육군 특별 지원병령을 제정하였다. 2018년 국가직 9급 O X

18 일제는 만주 사변 도발과 함께 국가 총동원법을 제정하여 전시 동원 체제를 확립하고 조선에도 이를 적용하였다. 2014년 지방직 7급 O X

19 조선 태형령이 시행된 시기에 토지를 조사하고 지계를 발급하였다. 2021년 소방간부후보생 O X

20 산미 증식 계획의 영향으로 지주들은 일본으로 쌀을 수출하여 이익을 증대시켰다. 2018년 서울시 7급 O X

21 1920년 들어 시작된 산미 증식 계획은 조선 내 식량 부족을 해결하였다. 2018년 서울시 7급(6월) O X

22 무단 통치 시기에 동양 척식 주식회사의 설립식에 참석한 기자를 볼 수 있다. 2016년 지방직 9급 O X

23 일제는 1910년대에 조선 광업령 · 어업령 · 삼림령과 조선 임야 조사령 등을 제정하여 한반도의 광산 · 어장 · 산림 자원들을 수탈하였다. 2018년 경찰직(1차) O X

24 일제는 만주 사변 이후에 수풍 발전소와 흥남 질소 비료 공장을 건설하였다. 2019년 국회직 9급 O X

승범쌤의 기출 포인트

14 토지 조사령 기출사료

제4조 토지 소유자는 조선 총독이 정하는 기간 안에 주소, 씨명, 명칭 및 소유지의 소재, 지목, 자번호(字番號), 사표(四標), 등급, 결수를 임시 토지 조사 국장에게 신고해야 한다. 단, 국유지는 보관 관청이 임시 토지 조사 국장에게 통보해야 한다.

제5조 토지 소유자나 임차인, 기타 관리인은 조선 총독이 정하는 기간 안에 토지의 사방 경계에 표식을 세우고, 지목 자번호 및 민유지에서는 소유자의 씨명, 명칭을, 국유지는 보관 관청명을 써야 한다.

정답과 해설 01 O | 02 X | 03 O | 04 O | 05 X | 06 O | 07 O | 08 O | 09 O | 10 O | 11 O | 12 X | 13 O | 14 O | 15 X | 16 O | 17 X | 18 X | 19 X | 20 O | 21 X | 22 X | 23 O | 24 X

02 회사령은 조선인의 회사 설립을 억제한 것이지 회사 설립을 하지 못하도록 규정한 것은 아니다. | 05 국민 총력 운동이 시작되면서 1940년대에 중단되었다. | 12 무단 통치 시기에 일제가 발표한 토지 조사령에 황무지의 국유지 편입 규정은 없었다. | 15 조선식산은행은 종래의 농공은행을 통합하여 1918년에 설립되었다. | 17 국가 총동원령 제정은 1938년 4월이고 육군 특별 지원병령 제정은 1938년 2월이다. | 18 중·일 전쟁(1937) 발발과 함께 국가 총동원법(1938)이 제정되었다. | 19 조선 태형령은 1912년~1920년에 시행되었고 토지를 조사하여 지계를 발급한 것은 광무개혁 시기이다. | 21 증산량보다 반출량이 훨씬 많아 조선 내 식량 부족이 심화되었다. | 22 동양 척식 주식회사는 대한 제국 시기인 1908년에 설립되었다. | 24 수풍 발전소는 1943년에 건설되었지만 흥남 질소 비료 공장은 1927년에 조선 질소 비료 주식회사 흥남 공장으로 설립되어 1930년 흥남 질소 비료 공장으로 개칭되었다.

03 3·1 운동과 대한민국 임시 정부

1. 1910년대 국내 민족 운동

의병 활동
- ① **강기동**: 헌병 보조원으로 일하던 중 체포된 의병들을 풀어주고 자신도 의병 항쟁에 투신 → 함경남도 원산에서 체포되어 총살당함
- ② ______[1]: 대한 제국의 군인 출신으로 1915년 평안도 일대에서 의병 활동 전개 중 체포되어 순국, 마지막 의병장
- ③ 만주·연해주 등지로 이동하여 항일 독립군으로 전환

비밀 결사
- ① **항일 의병 계열**
  - ㉠ ______[2](1912): 고종의 밀지를 받고 임병찬이 전국의 의병장과 유생들을 규합해 조직(복벽주의), 일본 총리대신과 조선 총독에게 국권 반환 요구서를 보내려고 함
  - ㉡ **대한 광복단(풍기 광복단, 1913)**: 풍기에 거주하던 ______[3]의 주도로 설립
  - ㉢ ______[4](1915): 경북 문경에서 국권 회복을 목표로 결성
- ② **애국 계몽 운동 계열**
  - ㉠ ______[5](1915): 시회(詩會)를 가장하여 경북 지역에서 결성, 단군 숭배, 군자금 모금, 3·1 운동에 적극 가담(4·3 창원 만세 운동), 파리 강화 회의에 독립 청원서 제출 참여(파리 장서 사건)
  - ㉡ ______[6](1913): 평양의 숭의 여학교 교사들과 학생들 중심
  - ㉢ **조선 산직 장려계(1915)**: 경성 고등 교원 양성소 재학생 이우용 주동, 민족 경제 자립 목적
  - ㉣ ______[7](1914): 평양에서 결성한 항일 학생 조직, '기성 야구단', 대성 학교 출신
  - ㉤ **자립단(1915)**: 민족 경제 진흥, 청년 교육 등 민족 자립 목적, 함경남도 단천에서 결성
- ③ **항일 의병 계열 + 애국 계몽 운동 계열**
  - ㉠ ______[8]**(1915, 풍기 광복단 + 조선 국권 회복단)**: 박상진, 이석대, 김좌진 등 → 공화정 주장, 군대식 조직, 군자금 모금을 통한 만주 지역에 무관 학교 설립 목표, 친일파 처단(행형부 설치)
  - ㉡ ______[9](1915): 평양의 숭실 학교 학생과 기독교 청년들을 중심으로 결성, 하와이의 대조선 국민 군단의 국내 지부 성격

정답 1) 채응언 2) 독립 의군부 3) 채기중 4) 민단 조합 5) 조선 국권 회복단 6) 송죽회 7) 기성단 8) 대한 광복회 9) 조선 국민회

2. 1910년대 국외 독립운동 기지 건설

만주 지역

- ① **서간도** ______1)
  - ㉠ **자치 기구**: 경학사(1911) → 부민단(1912) → ______2)(1919)
  - ㉡ **학교 설립**: 신흥 강습소(1911) → 신흥 중학교(1913) → ______3) 학교(1919)
  - ㉢ **독립군 부대**: ______4)(1919, 지청천)
- ② **북간도**
  - ㉠ **학교 설립**: ______5)(1906, 이상설), 명동 학교(1908, 김약연)
  - ㉡ **자치 기구**: 간민 교육회(국권 피탈 전 설립) → ______6)(1913) → 3·1 운동 이후 대한 국민회(1919)
  - ㉢ **독립군 부대**: ______7)(1911, 서일 등이 국내에서 탈출한 의병 등을 모아 조직)
    → 대한 독립 선언서(민족 대표 39인) 발표 후 (대한)정의단으로 개편(1919)
    → 김좌진을 맞아 군정부로 개편 → ______8)로 개편(1919. 12.)
- ③ **북만주 밀산부**
  - ㉠ 소련과 만주의 국경 지대, 이상설을 중심으로 ______9) 건설
  - ㉡ 이상설·이승희 등이 한민 학교 건설(1909), 홍범도는 밀산 무관 학교 교관으로 활약

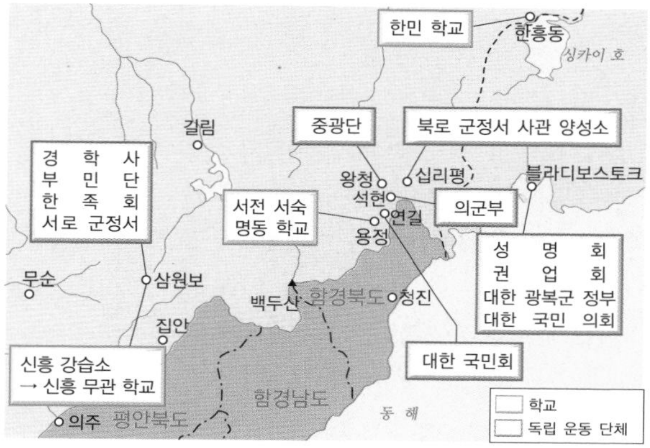

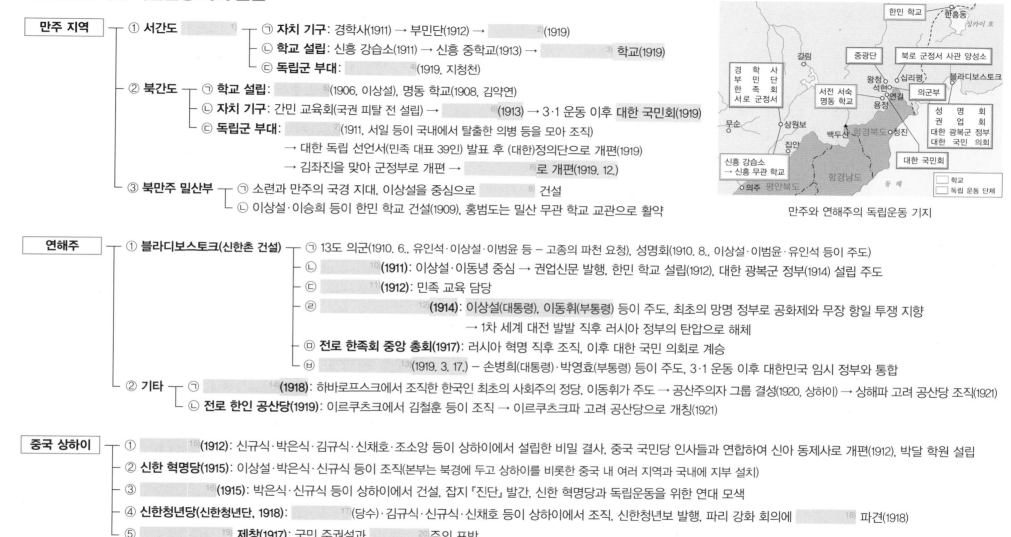

만주와 연해주의 독립운동 기지

연해주

- ① **블라디보스토크(신한촌 건설)**
  - ㉠ 13도 의군(1910. 6., 유인석·이상설·이범윤 등 – 고종의 파천 요청), 성명회(1910. 8., 이상설·이범윤·유인석 등이 주도)
  - ㉡ ______10)**(1911)**: 이상설·이동녕 중심 → 권업신문 발행, 한민 학교 설립(1912), 대한 광복군 정부(1914) 설립 주도
  - ㉢ ______11)**(1912)**: 민족 교육 담당
  - ㉣ ______12)**(1914)**: 이상설(대통령), 이동휘(부통령) 등이 주도, 최초의 망명 정부로 공화제와 무장 항일 투쟁 지향
    → 1차 세계 대전 발발 직후 러시아 정부의 탄압으로 해체
  - ㉤ **전로 한족회 중앙 총회(1917)**: 러시아 혁명 직후 조직, 이후 대한 국민 의회로 계승
  - ㉥ ______13)(1919. 3. 17.) – 손병희(대통령)·박영효(부통령) 등이 주도, 3·1 운동 이후 대한민국 임시 정부와 통합
- ② **기타**
  - ㉠ ______14)**(1918)**: 하바로프스크에서 조직한 한국인 최초의 사회주의 정당, 이동휘가 주도 → 공산주의자 그룹 결성(1920, 상하이) → 상해파 고려 공산당 조직(1921)
  - ㉡ **전로 한인 공산당(1919)**: 이르쿠츠크에서 김철훈 등이 조직 → 이르쿠츠크파 고려 공산당으로 개칭(1921)

중국 상하이

- ① ______15)**(1912)**: 신규식·박은식·김규식·신채호·조소앙 등이 상하이에서 설립한 비밀 결사, 중국 국민당 인사들과 연합하여 신아 동제사로 개편(1912), 박달 학원 설립
- ② **신한 혁명당(1915)**: 이상설·박은식·신규식 등이 조직(본부는 북경에 두고 상하이를 비롯한 중국 내 여러 지역과 국내에 지부 설치)
- ③ ______16)**(1915)**: 박은식·신규식 등이 상하이에서 건설, 잡지 『진단』 발간, 신한 혁명당과 독립운동을 위한 연대 모색
- ④ **신한청년당(신한청년단, 1918)**: ______17)(당수)·김규식·신규식·신채호 등이 상하이에서 조직, 신한청년보 발행, 파리 강화 회의에 ______18) 파견(1918)
- ⑤ ______19) **제창(1917)**: 국민 주권설과 ______20)주의 표방

정답 1) 삼원보 2) 한족회 3) 신흥 무관 4) 서로 군정서 5) 서전서숙 6) 간민회 7) 중광단 8) 북로 군정서 9) 한흥동 10) 권업회 11) 한민 학교 12) 대한 광복군 정부 13) 대한 국민 의회 14) 한인 사회당 15) 동제사 16) 대동 보국단 17) 여운형 18) 김규식 19) 대동 단결 선언 20) 공화

미국
- ① **국권 피탈 이전**: 신민회(1903, 하와이), 공립 협회(1905, 샌프란시스코), 대동 보국회(1907, 샌프란시스코), 한인 합성 협회(1907, 하와이) → 국민회(1909, 신한민보 발간)를 거쳐 ______[1]로 통합(1910, 샌프란시스코, 안창호)
- ② **국권 피탈 이후**: 흥사단(1913, 샌프란시스코) → 국내 조직으로 수양 동우회 설립(1926), ______[2](1914, 하와이, 박용만, 무장 투쟁), 동지회(1921, 하와이, 이승만, 임시 정부 후원)

멕시코
- ______[3]**(1910)**: 무관 양성을 표방하며 이근영, 조병하 등이 설립

3. 3·1 운동(1919)

배경
- ① 러시아 혁명(1917) → ______[4]의 식민지 해방 지원 선언
- ② ______[5]**주의(1918)**: 파리 강화 회의에서 미국 대통령 윌슨이 주장(패전국의 식민지에만 적용)
- ③ 고종의 독살설, 무단 통치에 대한 반발
- ④ **국외 독립 선언**: 2·8 독립 선언(1919, 동경, 조선 청년 독립단, 민족 자결주의)
- ⑤ **국내외 민족 운동가들의 노력**
  - ㉠ **신한청년당**: 김규식을 파리 강화 회의에 파견, 독립 청원서를 미국 특사에게 전달
  - ㉡ **대한인 국민회**: 정한경과 이승만을 파리 강화 회의에 파견하려 했으나 실패, 이후 이승만이 위임 통치 청원서를 윌슨 대통령에게 보냈으나 면담은 이루어지지 못함(1919. 2.)

전개 과정
- ① **준비**: ______[6]교 측의 제안으로 기독교 측 참여, 이후 학생들과 불교계 동참
- ② **독립 선언서 및 공약 3장 작성**: 최남선이 독립 선언서 작성, 민족 대표 33인 서명 → 대중화·일원화·비폭력화의 3대 원칙 확립
- ③ 민족 대표들은 태화관에서 독립 선언서 낭독 후 자수, 학생들에 의해 탑골 공원에서 시위 전개
- ④ 대도시에서 시작하여 중·소도시, 읍면 지역 등 농촌 지역과 해외로 확산
- ⑤ 농민층이 참여하면서 폭력적 투쟁도 일부 발생 → 유관순 열사 순국, ______[7] 학살로 탄압
- ⑥ 경성 철도 노동자 및 총독부 인쇄공 파업 진행 → 3월 22일 서울에서 노동자 대회 개최

영향
- ① **독립운동의 참여 계층 확대**: ______[8]주의 쇠퇴, 공화주의 확산
- ② ______[9] 운동과 사회주의 운동의 본격화
- ③ 국외 독립군 투쟁과 개인적 의열 투쟁 활성화
- ④ ______[10] 수립의 계기 마련
- ⑤ 중국의 5·4 운동과 인도의 민족 운동에 영향
- ⑥ 일제의 통치 방식 변화(무단 통치 → 문화 통치)

> **더 알아보기**
>
> **공약 3장**
>
> 1. 금일 오인(吾人)의 차거는 정의, 인도, 생존, 번영을 위한 민족 전체의 요구이니, 오직 자유의 정신을 나타낼 것이며, 남을 배척하는 감정으로 그릇되게 달려 나가지 말라.
> 2. 마지막 한 사람까지, 마지막 한 순간까지 민족의 정당한 요구를 시원스럽게 발표하라.
> 3. 모든 행동은 가장 질서를 존중하여 오인의 주장과 태도로 하여금 어디까지든지 밝고 정당하게 하라.

정답 1) 대한인 국민회 2) 대조선 국민 군단 3) 숭무 학교 4) 레닌 5) 민족 자결 6) 천도 7) 화성 제암리 8) 복벽 9) 실력 양성 10) 대한민국 임시 정부

4. 대한민국 임시 정부

임시 정부 수립 과정

- ① **배경**: 3·1 운동 이후 독립운동의 체계화와 조직화의 필요성 대두
- ② **각지에 임시 정부 수립**

대한 국민 의회(1919. 3. 17.)	블라디보스토크	대통령 ______1), 국무총리 이승만
조선민국 임시 정부(1919)	서울	정도령 손병희, 부도령 이승만
대한민국 임시 정부(1919. 4. 11.)	______2)	임시 의정원 의장 이동녕, 국무총리 이승만
신한민국 정부(1919)	철산·의주 지역	집정관 이동휘, 국무총리 이승만
______3) 정부(1919. 4. 23.)	서울	집정관 총재 이승만, 국무총리 총재 이동휘

- ③ **임시 정부의 통합**: 외교 독립론의 상하이 중심론과 무장 투쟁론의 만주·연해주 중심론 대립 → 상하이로 통합(1919. 9.)
- ④ **통합의 원칙**: ______4)의 법통을 계승하고, 위치는 상하이로 함
- ⑤ **임시 정부 체제**: 최초의 삼권 분립(행정: ______5), 입법: ______6), 사법: 법원)에 입각한 민주 공화제 정부, 대통령 이승만, 국무총리 ______7) 임명

임시 정부 활동

- ① **비밀 조직**
  - ㉠ ______8)**(1919)**: 국내외를 연결하는 비밀 행정 조직망이자 지방 행정 조직 성격, 서울에 총판을 두고 각 도에 독판, 부와 군에 부장과 군감, 면에 면감 등 책임자 임명, 정부 문서와 명령 전달
  - ㉡ ______9)**(1919)**: 정보 수집 및 분석과 교환 업무를 담당한 통신 기관
  - ㉢ 부산의 ______10)(안희제)와 만주의 ______11)(아일랜드인 쇼)을 중심으로 군자금 모금
- ② **활동**
  - ㉠ **군자금 마련**: ______12) 발행, 인두세 징수, 국민 의연금 모금, 해외 동포들의 송금 등
  - ㉡ **군사 활동**: 행정부 아래 군무부 설치, 육군 무관 학교 설립(상하이)·한인 비행사 양성소 설치(1920, 미국)·적십자 간호원 양성소(1920) 등을 설립, ______13) 사령부(1920), 육군 주만 ______14)(1923, 남만주), 한국광복군(1940) 등 창설
  - ㉢ **외교 활동**: 파리 강화 회의에 김규식 파견, ______15) 설치(이승만), 파리 위원부 설치, 스위스 제2차 인터내셔널 회의(1919, 조소앙), 소비에트 러시아 정부와 대일 한로 공수 동맹 체결(1920, 국무총리 이동휘가 주도), 모스크바 극동 민족 대회에 대표단 파견(1922. 1., 김규식·김상덕·여운형·홍범도 등)
  - ㉣ **문화 활동**: 독립신문 간행, '임시 사료 편찬회' 설립(1919. 7. 11. → 『한·일 관계 사료집』 편찬 후 9월 23일 해체)
  - ㉤ **학교 설립**: 상하이에 인성 학교 운영(1917년 설립), 상해 고등 보수학원 설립(1924, 삼일 중학)

정답 1) 손병희 2) 상하이 3) 한성 4) 한성 정부 5) 국무원 6) 임시 의정원 7) 이동휘 8) 연통제 9) 교통국 10) 백산 상회 11) 이륭 양행 12) 애국 공채 13) 광복군 14) 참의부 15) 구미 위원부

임시 정부의 갈등과 약화

- ① **배경**: 인력난과 자금난, 독립운동의 전략 차이로 갈등 심화, 이승만의 ________ 1) 문제
- ② ________ 2) **회의 개최(1923)**: 임시 정부 내의 대립 해결 목적 → 창조파(새로운 정부 수립, 무장 독립론, 신채호 등)와 개조파(기존 정부 유지, 준비론, 안창호 등)로 양분 → 결렬 → 다수의 중요 인사가 임시 정부를 떠남 → 대표성 상실 → 이승만 탄핵안 가결 및 2대 대통령 ________ 3) 선출(1925. 3.)
- ③ **자구 노력**: 헌법 개정(2차, 3차 개헌), ________ 4) 조직(1931) → 이봉창·윤봉길 의거(1932)
- ④ **국민 대표 회의 주요 참가 세력**

구분	참가 세력		인물	이념	성향	
					임정 인정 여부	운동 노선
개조파	상해 개조파	임정 내 개조파	안창호 등 서북파	민족주의	임정 인정	실력 양성론
		상해파 고려 공산당	이동휘, 윤자영 등	공산주의	임정 인정	무장 독립론
	서간도 개조파(서로 군정서, 한족회)		김동삼, 이진산 등	민족주의	임정 인정	무장 독립론
창조파	북경 창조파		박용만, 신숙, 신채호 등	민족주의	임정 불신임	무장 투쟁론
	상해·노령 창조파	이르쿠츠크파 고려 공산당	김만겸 등	공산주의	임정 불신임	무장 투쟁론
		대한 국민회파	문창범 등	공산주의	임정 불신임	무장 투쟁론
현상 유지파	대한민국 임시 정부		이동녕, 김구	민족주의	국민 대표 회의 개최 자체 반대	

임시 정부 개헌

- **상하이 시기**
  - ① **임시 헌장 제정(1919. 4.)**: 임시 의정원을 중심으로 헌법 제정
  - ② **1차 개헌(1919. 9.)**: 대통령 중심제(대통령: 이승만, 국무총리: 이동휘)
  - ③ **2차 개헌(1925. 4.)**: ________ 5) 중심의 내각 책임제(국무령: 이상룡, 홍진, 김구 등)
  - ④ **3차 개헌(1927. 4.)**: 국무위원 중심의 ________ 6) 체제(국무위원: 김구, 이동녕 등 10여 명)
- **충칭 시기**
  - ① **4차 개헌(1940. 10.)**: 주석 중심의 강력한 단일 지도 체제로 전환(주석: 김구)
  - ② **5차 개헌(1944. 4.)**: 주석·부주석 중심 체제로 전환(주석: 김구, 부주석: 김규식)

임시 정부의 이동

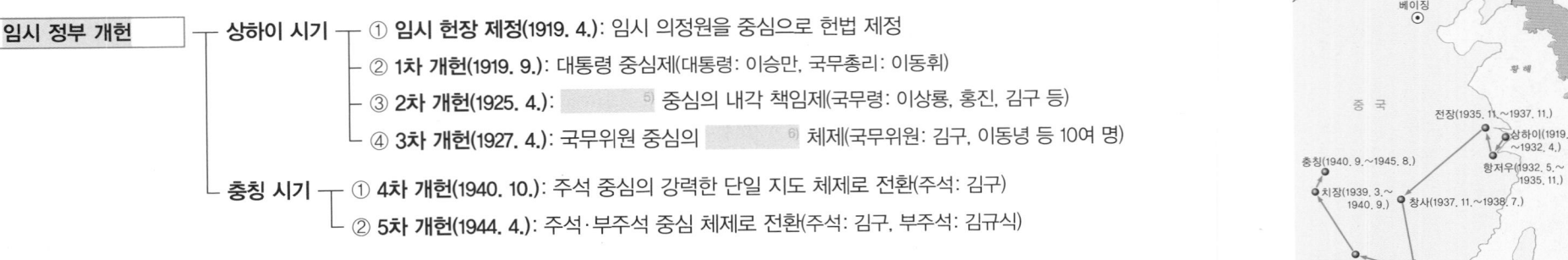

정답 1) 위임 통치 청원 2) 국민 대표 3) 박은식 4) 한인 애국단 5) 국무령 6) 집단 지도

더 알아보기

▨ 2·8 독립 선언서

본 단체는 한 · 일 병합이 우리의 자유의사로 된 것이 아닐 뿐 아니라 우리의 생존과 발전을 위협하고 동양의 평화를 위협하는 원인이 되는 이유로 인하여 독립을 주장한다. 본 단체는 일본 의회와 정부에 대하여 조선 민족 대회를 소집하여 그 결의로써 우리 민족의 운명을 결정할 기회를 부여할 것을 요구한다. 본 단체는 파리 강화 회의의 민족 자결주의를 우리 민족에게도 적용할 것을 요청하며 그 목적을 달성하기 위하여 일본에 주재하는 각 나라 대사에 대하여 본 단체의 의사를 각 정부에 전달할 것을 의뢰하는 동시에 위원 3인을 만국 평화 회의에 파견할 것이며 …… 위의 요구가 거절될 때에는 우리는 일본에 대하여 영원히 혈전을 선포할 것이며, 이로 인하여 생겨나는 참화는 우리 민족에게는 책임이 없도다.

▨ 기미 독립 선언서

오등은 이에 아(我) 조선의 독립국임과 조선인의 자유민임을 선언하노라. 이로써 세계 만방에 고하여 인류 평등의 대의를 극명하며, 이로써 자손만대에 고하여 민족자존의 정권을 영유하게 하노라. 반만 년 역사의 권위를 장하여 이를 선언함이며, 2천만 민중의 충성을 합하여 이를 표명함이며, 민족의 항구 여일한 자유 발전을 위하여 이를 주장함이며, 인류적 양심으로 발로에 기인한 세계 개조의 대 기운에 순응 병진하기 위하여 이를 제기함이니 …… 오늘날 우리의 맡은 바 임무는 다만 자기의 건설이 있을 뿐이요, 결코 타인의 파괴에 있지 아니하도다.

▨ 3·1 운동의 전개

봉기는 낮과 밤으로 일어나고 있었다. …… 전국에서 학생들이 동맹 휴학을 했다. …… 상당히 많은 농민들은 씨 뿌리기를 거부하였고, 상인들은 날마다 가게 문을 열라고 총검으로 위협을 할 때까지 문 열기를 거부하고 있다. …… 처음 봉기가 일어난 지 2개월이 지난 오늘도 잡혀 오는 사람이 있다.

– 일제하 독립운동가의 서한집

*옳은 문장은 o, 틀린 문장은 ×에 체크하세요.

핵심 기출 OX 3·1 운동과 대한민국 임시 정부

01 조선 국권 회복단은 3·1 운동이 일어나자 이에 적극 가담하여 각 지방의 만세 운동을 주도하였다. 2018년 지방직 7급 O X

02 신흥 무관 학교는 독립군을 양성하기 위해 삼원보에 설립되었다. 2017년 경찰직(2차) O X

03 러시아 연해주로 거점을 옮긴 대종교는 중광단이라는 무장 독립 단체를 만들었으며 이는 이후 북로 군정서로 발전하였다. 2018년 지방직 7급 O X

04 1915년 국내에서 설립된 비밀 결사 조직 대한 광복회는 입헌 군주정을 지향했다. 2018년 경찰직(2차) O X

05 이상설과 이동녕을 중심으로 설립된 권업회는 이후 대한 광복군 정부 설립을 주도하였다. 2019년 서울시 7급(10월) O X

06 연해주에서 설립된 대한 국민 의회는 3·1 운동 이후 상하이 임시 정부와 통합되었다. 2017년 지방직 7급 O X

07 여운형을 당수로 조직된 신한 혁명당은 김규식을 파리 강화 회의에 파견하였다. 2017년 국가직 9급(4월) O X

08 신규식과 박은식은 상하이에서 대동 보국단을 조직하고 잡지 『진단』을 발간했다. 2012년 국가직 9급 O X

09 대한 광복회는 이상룡 등이 서간도 지역의 삼원보에 터를 잡고 조직하였다. 2018년 경찰직(2차) O X

10 이회영은 간민회를 기반으로 서전서숙과 명동 학교 등 학교를 세워 민족 교육을 실시하였다. 2019년 서울시 9급(2월) O X

11 이상설은 13도 의군에 참여하였고 권업회를 결성하였으며 대한 국민 의회를 조직하였다. 2018년 법원직 9급 O X

12 하와이에서 군사 양성 기관인 대조선 국민 군단이 만들어졌다. 2017년 국가직 9급(4월) O X

13 대한민국 임시 정부는 연통제과 교통국을 이용해 비밀리에 조직을 운영하였다. 2017년 지방직 7급 O X

14 대한민국 임시 정부는 한성 정부의 법통을 계승, 위치는 상하이로 하여 수립되었다. 2017년 지방직 7급 O X

승범쌤의 기출 포인트

09 대한 광복회 실천 강령 기출사료

1. 부호의 의연금 및 일인이 불법 징수하는 세금을 압수하여 무장을 준비한다.
2. 남북 만주에 군관 학교를 세워 독립 전사를 양성한다.
3. 종래의 의병 및 해산 군인과 만주 이주민을 소집하여 훈련한다.
4. 중국·러시아 등 여러 나라에 의뢰하여 무기를 구입한다.

15 대한민국 임시 정부는 최초로 삼권 분립에 입각한 민주 공화제 정부로 대통령에 이승만 · 국무총리에 이상설을 임명하였다. 2019년 경찰직(1차) O X

16 안창호는 점진 학교를 설립하고 신민회에 참여하였으며 미국에서 흥사단을 조직하였다. 2018년 지방직 7급 O X

17 대한민국 임시 정부는 애국 공채를 발행하고 인두세를 징수하는 등의 방법으로 군자금을 모금하였다. 2017년 서울시 9급 O X

18 대한민국 임시 정부 제2대 대통령으로 이동휘가 선출되었다. 2016년 사회복지직 9급 O X

19 신채호는 국민 대표 회의에서 이승만의 위임 통치 청원을 강하게 비판하며 새로운 정부를 수립해야 한다고 주장했다. 2014년 지방직 7급 O X

20 1925년 대한민국 임시 정부는 2차 개헌을 통해 집단 지도 체제로 개정하였다. 2018년 서울시 7급(3월) O X

21 미국 대통령 윌슨의 민족 자결주의는 제1차 세계 대전 이후 지구상의 모든 식민지 처리에 적용되었다. 2019년 경찰직(1차) O X

22 3 · 1 운동 이후 서울에는 이동녕을 집정관 총재, 이동휘를 국무총리 총재로 하는 한성 정부가 설립되었다. 2011년 지방직 7급 O X

23 1923년 상해에서 개최된 국민 대표 회의를 통해 분열되었던 임시 정부가 다시 통합되었다. 2016년 사회복지직 9급 O X

24 대한민국 임시 정부는 외교를 위해 미국, 이탈리아, 독일에 각각 위원부를 두었다. 2012년 경찰직(2차) O X

승범쌤의 기출 포인트

16 흥사단 기출자료

- 안창호가 샌프란시스코에서 기독교인을 중심으로 흥사단을 조직
- 국내 지부로 수양 동우회 설립(1926)
- 잡지 『동광』 발간

정답과 해설 01 O | 02 O | 03 X | 04 X | 05 O | 06 O | 07 X | 08 O | 09 X | 10 X | 11 X | 12 O | 13 O | 14 O | 15 X | 16 O | 17 O | 18 X | 19 O | 20 X | 21 X | 22 X | 23 X | 24 X

03 러시아 연해주가 아닌 북간도에 중광단이 만들어졌다. | 04 대한 광복회는 공화정을 지향하였다. | 07 신한 혁명당이 아닌 신한청년당이 김규식을 파리 강화 회의에 파견하였다. | 09 대한 광복회는 국내 비밀 결사이다. | 10 이회영은 서간도 삼원보에서 신흥 강습소 등을 설립하였다. | 11 이상설이 13도 의군에 참여하고 권업회를 결성한 것은 맞지만 1917년에 순국하였기 때문에 1919년에 조직된 대한 국민 의회에 참여할 수 없었다. | 15 국무총리에 이동휘가 임명되었다. | 18 이동휘가 아닌 박은식이 선출되었다. | 20 2차 개헌으로 국무령 중심의 내각 책임제로 변경되었고 3차 개헌으로 국무위원 집단 지도 체제로 변경되었다. | 21 윌슨의 민족 자결주의는 패전국의 식민지에만 적용되었다. | 22 한성 정부의 집정관 총재는 이승만이다. | 23 국민 대표 회의는 결렬되어 다수의 인사가 임시 정부를 떠났다. | 24 대한민국 임시 정부는 프랑스 파리와 미국 워싱턴에만 위원부를 두었다.

04 국내 무장 항일 투쟁과 의열 투쟁

1. 국내 무장 항일 투쟁

- **천마산대** (1919) — 최시흥 등 한말의 군인들이 결성하여 평북 의주 천마산을 중심으로 식민 통치 기관 파괴, 친일파 처단, 광복군 총영에 편입
- ______1) (1920) — 김시황, 김동식, 백운기 등이 중심이 되어 평안북도 의주에서 조직, 군자금을 모집하여 임시 정부에 보내고, 친일파 숙청
- **구월산대** (1920) — 만주에서 활동하던 대한 독립단의 이명서가 중심이 되어 결성, 황해도 구월산을 중심으로 일제 관리와 밀정 처단

2. 개인적 의열 투쟁

______2) (1919)

- ① **조직**: 김원봉, 윤세주 등이 신흥 무관 학교 출신 중심으로 만주 ______3)에서 결성(단장: ______4))
- ② **목표**
  - ㉠ 중요 목표: 구축왜노, 광복조국, 평균지권, 타파계급
  - ㉡ 5파괴: 조선 총독부, ______5)사, 동양 척식 주식회사, 각 경찰서, 일본의 주요 기관
  - ㉢ 7가살: 조선 총독 이하 고관, 일본 군부 수뇌, 대만 총독, 매국노, 친일파 거두, 적탐(적의 밀정), 반민족 토호열신(악덕 지주)
- ③ **지침**: **신채호의 ______6)(1923)**: 외교론, 문화 운동론, 준비론, 자치론 등 비판 → 민중의 직접 혁명론 주장
- ④ **활동**
  - ㉠ **박재혁 의거(1920)**: 부산 경찰서에 폭탄 투척
  - ㉡ ______7) **의거(1920)**: 밀양 경찰서에 폭탄 투척
  - ㉢ **김익상 의거(1921)**: ______8)에 폭탄 투척
  - ㉣ **상하이 황포탄 의거(1922)**: 육군 대장 ______9) 저격 시도(오성륜, ______10), 이종암)
  - ㉤ ______11) **의거(1923)**: 종로 경찰서 폭탄 투척
  - ㉥ ______12) **의거(1924)**: 도쿄 궁성 근처 이중교에 폭탄 투척(니주바시 의거)
  - ㉦ ______13) **의거(1926)**: 조선식산은행과 동양 척식 주식회사에 폭탄 투척(김구, 김창숙 등과 사전 협의)
- ⑤ **노선 변경**
  - ㉠ 1926년 김원봉과 단원들은 중국 황포 군관 학교에 입교
  - ㉡ **1926년 '20개조 강령' 발표**: ______14) 사상 수용
  - ㉢ 1928년 '21개조 강령' 발표 후 북경 ML파와 조선 공산당 재건 동맹 결성(1929)
  - ㉣ 중국 국민당과 공산당의 북벌에 참여해 중국 국민당의 ______15)로부터 지원 획득 → ______16) 학교 설립(1932)
  - ㉤ **1935년 좌·우 합작으로 ______17) 창당**: 의열단, 한국 독립당, 신한 독립당, 조선 혁명당, (미주) 대한(인) 독립당 참여

정답 1) 보합단 2) 의열단 3) 지린(길림) 4) 김원봉 5) 매일신보 6) 「조선혁명선언」 7) 최수봉 8) 조선 총독부 9) 다나카 10) 김익상 11) 김상옥 12) 김지섭 13) 나석주 14) 사회주의 15) 장제스 16) 조선 혁명 간부 17) 민족 혁명당

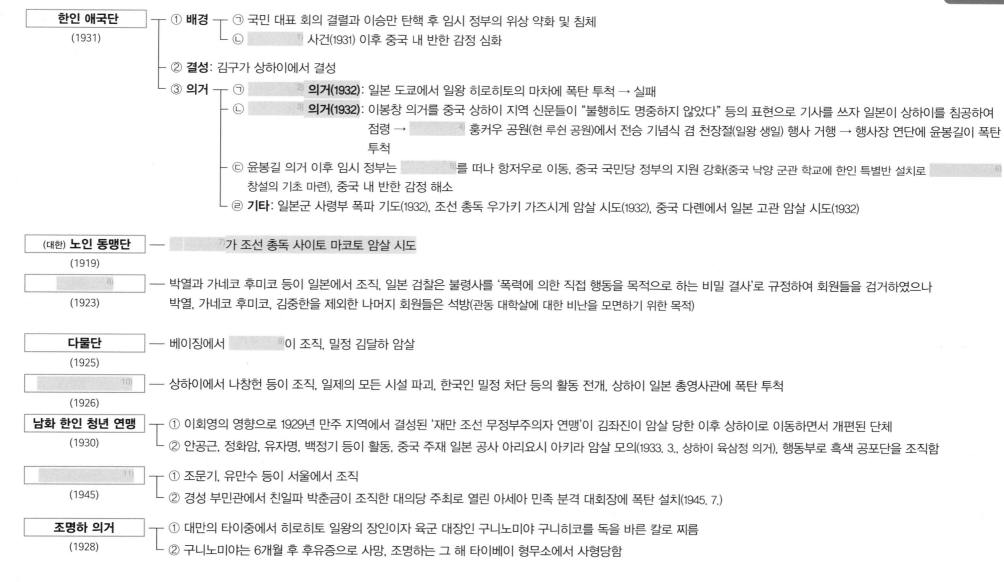

한인 애국단 (1931)
- ① **배경**
  - ㉠ 국민 대표 회의 결렬과 이승만 탄핵 후 임시 정부의 위상 약화 및 침체
  - ㉡ ________1) 사건(1931) 이후 중국 내 반한 감정 심화
- ② **결성**: 김구가 상하이에서 결성
- ③ **의거**
  - ㉠ ________2) **의거(1932)**: 일본 도쿄에서 일왕 히로히토의 마차에 폭탄 투척 → 실패
  - ㉡ ________3) **의거(1932)**: 이봉창 의거를 중국 상하이 지역 신문들이 "불행히도 명중하지 않았다" 등의 표현으로 기사를 쓰자 일본이 상하이를 침공하여 점령 → ________4) 훙커우 공원(현 루쉰 공원)에서 전승 기념식 겸 천장절(일왕 생일) 행사 거행 → 행사장 연단에 윤봉길이 폭탄 투척
  - ㉢ 윤봉길 의거 이후 임시 정부는 ________5)를 떠나 항저우로 이동, 중국 국민당 정부의 지원 강화(중국 낙양 군관 학교에 한인 특별반 설치로 ________6) 창설의 기초 마련), 중국 내 반한 감정 해소
  - ㉣ **기타**: 일본군 사령부 폭파 기도(1932), 조선 총독 우가키 가즈시게 암살 시도(1932), 중국 다롄에서 일본 고관 암살 시도(1932)

(대한) **노인 동맹단** (1919)
- ________7)가 조선 총독 사이토 마코토 암살 시도

________8) (1923)
- 박열과 가네코 후미코 등이 일본에서 조직, 일본 검찰은 불령사를 '폭력에 의한 직접 행동을 목적으로 하는 비밀 결사'로 규정하여 회원들을 검거하였으나 박열, 가네코 후미코, 김중한을 제외한 나머지 회원들은 석방(관동 대학살에 대한 비난을 모면하기 위한 목적)

다물단 (1925)
- 베이징에서 ________9)이 조직, 밀정 김달하 암살

________10) (1926)
- 상하이에서 나창헌 등이 조직, 일제의 모든 시설 파괴, 한국인 밀정 처단 등의 활동 전개, 상하이 일본 총영사관에 폭탄 투척

남화 한인 청년 연맹 (1930)
- ① 이회영의 영향으로 1929년 만주 지역에서 결성된 '재만 조선 무정부주의자 연맹'이 김좌진이 암살 당한 이후 상하이로 이동하면서 개편된 단체
- ② 안공근, 정화암, 유자명, 백정기 등이 활동, 중국 주재 일본 공사 아리요시 아키라 암살 모의(1933. 3., 상하이 육삼정 의거), 행동부로 흑색 공포단을 조직함

________11) (1945)
- ① 조문기, 유만수 등이 서울에서 조직
- ② 경성 부민관에서 친일파 박춘금이 조직한 대의당 주최로 열린 아세아 민족 분격 대회장에 폭탄 설치(1945. 7.)

조명하 의거 (1928)
- ① 대만의 타이중에서 히로히토 일왕의 장인이자 육군 대장인 구니노미야 구니히코를 독을 바른 칼로 찌름
- ② 구니노미야는 6개월 후 후유증으로 사망, 조명하는 그 해 타이베이 형무소에서 사형당함

정답 1) 만보산 2) 이봉창 3) 윤봉길 4) 상하이 5) 상하이 6) 한국광복군 7) 강우규 8) 불령사 9) 김창숙 10) 병인 의용대 11) 대한 애국 청년당

*옳은 문장은 ○, 틀린 문장은 ×에 체크하세요.

핵심 기출 OX 국내 무장 항일 투쟁과 의열 투쟁

01 만주 길림에서 결성된 의열단은 신채호의 「조선혁명선언」을 강령으로 삼았다. 2016년 국가직 9급 ○ ×

02 1926년 나석주는 조선식산은행과 동양 척식 주식회사에 폭탄을 투척하였다. 2016년 경찰직(1차) ○ ×

03 의열단은 1930년대 중국 국민당 장제스의 지원으로 조선 혁명 간부 학교를 설립하였다. 2016년 경찰직(1차) ○ ×

04 이재명의 이완용 습격은 의열단이 결성되기 이전의 일이다. 2014년 지방직 9급 ○ ×

05 오성륜은 1922년에 의열단원인 김익상, 이종암과 함께 중국 상해의 황포탄 부두에서 일본 육군 대장 다나카 기이치를 권총으로 저격하려 하였다. 2018년 경찰간부후보생 ○ ×

06 의열단은 대한민국 임시 정부에 활력을 불어넣고자 결성하였다. 2019년 지방직 9급 ○ ×

07 의열단 단원인 백정기, 이강훈, 원심창이 상해 육삼정에서 일본 공사 아리요시를 암살하려고 하였다. 2018년 서울시 9급(3월) ○ ×

08 새로 부임하는 사이토 총독에게 폭탄을 투척한 인물은 노인 동맹단 소속의 강우규이다. 2018년 지방직 9급 ○ ×

09 의열단 단원 김지섭은 일본 제국 의회와 황궁을 공격할 계획을 세웠다. 2018년 국가직 9급 ○ ×

10 「조선혁명선언」의 저자는 『한국독립운동지혈사』도 저술하였다. 2013년 서울시 7급 ○ ×

11 의열단은 중국 국민당의 북벌에 참가하여 장제스의 지원을 이끌어냈다. 2014년 경찰간부후보생 ○ ×

12 도쿄에서 황궁으로 들어가는 이중교에 폭탄을 던져 일제에게 두려움을 안겨준 인물은 의열단 소속의 김지섭이다. 2012년 국가직 7급 ○ ×

13 의열단 소속의 장인환은 샌프란시스코에서 외교 고문 스티븐스를 사살하였다. 2014년 지방직 9급 ○ ×

14 의열단 소속의 이재명은 이완용을 습격해 중상을 입혔다. 2014년 지방직 9급 ○ ×

15 의열단은 민족 혁명당 창당에 가담하였다. 2016년 국가직 9급 ○ ×

승범쌤의 기출 포인트

01 「조선혁명선언」 기출사료

민중은 우리 혁명의 대본영(大本營)이다. 폭력은 우리 혁명의 유일한 무기이다. 우리는 민중 속으로 가서 민중과 손을 맞잡아 끊임없는 폭력, 암살, 파괴, 폭동으로써 강도 일제의 통치를 타도하고, 우리 생활에 불합리한 일체의 제도를 개조하여 인류로써 인류를 압박하지 못하며, 사회로써 사회를 박탈하지 못하는 이상적인 조선을 건설할지니라.

– 신채호

16 조명하는 1928년에 대만의 타이중에서 독검으로 일왕 히로히토의 장인이자 육군 대장인 구니노미야의 암살을 시도하여 부상을 입혔다. 2018년 경찰간부후보생 O X

17 한인 애국단 단원인 이봉창이 도쿄에서 일본 국왕을 향해 폭탄을 던졌다. 2014년 경찰간부후보생 O X

18 중국 정부가 중국 영토 내에서 우리 민족의 무장 독립 활동을 승인하게 된 것은 윤봉길 의거의 영향이다. 2011년 국가직 9급 O X

19 한인 애국단은 중국 관내 최초의 한인 무장 부대로, 중국 국민당 정부의 지원을 받았다. 2021년 서울시 9급(특수직렬) O X

20 한인 애국단의 윤봉길은 동경에서 일왕 히로히토에게 폭탄을 던졌다. 2018년 서울시 9급(3월) 응용 O X

21 의열단은 신채호의 「조선혁명선언」을 활동 지침으로 삼아 의열 투쟁을 전개하였다. 2014년 경찰간부후보생 O X

22 의열단은 개별적인 민중의 폭력 혁명을 통한 독립을 주장하였으며 준비론에 대해 비판적이었다. 2013년 서울시 7급 O X

23 의열단은 일부 단원들을 황푸 군관 학교에 보내 군사 훈련을 받도록 하였다. 2018년 지방직 9급 O X

24 윤봉길 의거를 계기로 미쓰야 협정이 체결되었다. 2012년 지방직(상) 9급 O X

승범쌤의 기출 포인트

17 이봉창 의거 기출사료

대한민국 13년 12월 초순, 고난을 참아가며 기다리던 호기가 찾아왔다. 제조 중인 폭탄이 완성되었다. 타지에서 노동하는 동포들이 피와 땀을 짜내어 돈을 약간 부쳐 온 것이었다. 김구 선생은 이 돈을 전부 의사에게 주기로 하고 그가 반드시 성공하리라는 것을 깊이 믿으셨다. 이듬해 1월 8일 사쿠라다몬(櫻田門) 앞에서 폭탄을 던져 왜왕(倭王)의 가슴을 서늘하게 만든 의사는 적의 군중들이 놀라 아우성을 칠 때 그 자리에서 태극기를 꺼내들고 소리 높여 '대한 독립 만세'를 세 번 부르고 조용히 놈들의 체포를 받았다.

– 김구, 『도왜실기』

정답과 해설 01 O | 02 O | 03 O | 04 O | 05 O | 06 × | 07 × | 08 O | 09 O | 10 × | 11 O | 12 O | 13 × | 14 × | 15 O | 16 O | 17 O | 18 O | 19 × | 20 × | 21 O | 22 O | 23 O | 24 ×

06 대한민국 임시 정부에 활력을 불어넣고자 결성된 단체는 한인 애국단이다. | 07 상해 육삼정 의거(1933. 3.)는 남화 한인 청년 연맹 행동 단체인 흑색공포단이 주도하였다. | 10 「조선혁명선언」은 신채호, 『한국독립운동지혈사』는 박은식이 저술하였다. | 13 장인환의 스티븐스 저격(1908)은 의열단이 조직되기 전이다. | 14 이재명 의거(1909)는 의열단이 조직되기 전이다. | 19 중국 관내 최초의 항일 무장 부대는 조선 의용대(1938)이다. | 20 일왕 히로히토에게 폭탄을 던진 인물은 이봉창이다. | 24 미쓰야 협정은 1925년에 체결되었으며 윤봉길 의거는 1932년에 일어났다.

05 1920년대 무장 독립 전쟁

1. 국외 독립군 부대의 조직

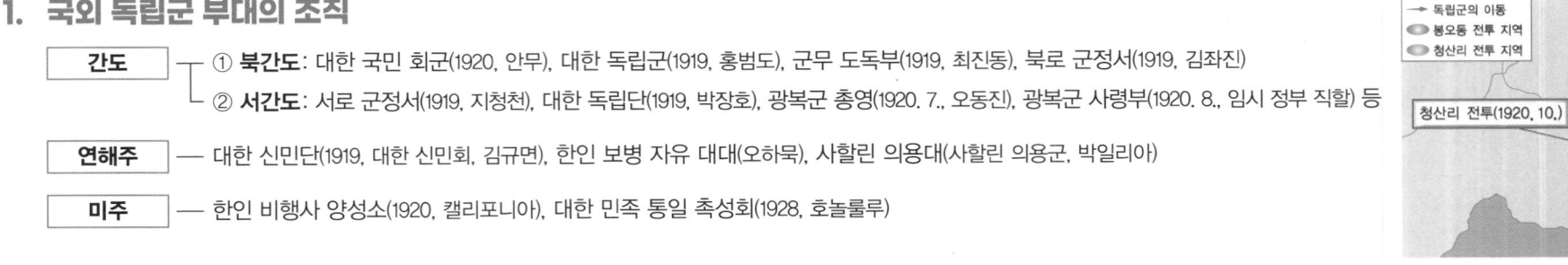

간도
- ① **북간도**: 대한 국민 회군(1920, 안무), 대한 독립군(1919, 홍범도), 군무 도독부(1919, 최진동), 북로 군정서(1919, 김좌진)
- ② **서간도**: 서로 군정서(1919, 지청천), 대한 독립단(1919, 박장호), 광복군 총영(1920. 7., 오동진), 광복군 사령부(1920. 8., 임시 정부 직할) 등

연해주 — 대한 신민단(1919, 대한 신민회, 김규면), 한인 보병 자유 대대(오하묵), 사할린 의용대(사할린 의용군, 박일리아)

미주 — 한인 비행사 양성소(1920, 캘리포니아), 대한 민족 통일 촉성회(1928, 호놀룰루)

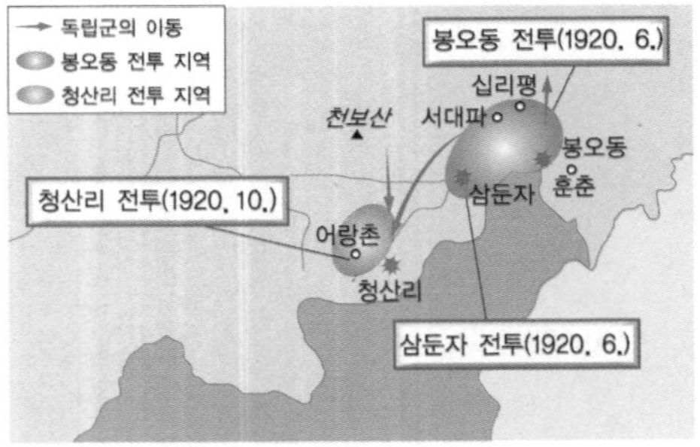

봉오동 전투와 청산리 대첩

2. 1920년대 만주 지역 독립군 전투의 전개

______1) 전투 (1920. 6.) — 대한 독립군(홍범도)과 군무 도독부(최진동) 등이 함경북도 종성군 ______2)에 주둔하고 있던 일본군을 기습하여 1개 소대를 격파한 후 화룡현 삼둔자로 귀환
→ 일본군 1개 대대 병력이 추격하여 삼둔자에서 전투 → 일본군 120명 전사, 200여 명 부상

______3) 전투 (1920. 6.) — 대한 독립군, 대한 국민 회군, 군무 도독부가 연합하여 결성한 대한 북로 독군부와 대한 신민단의 연합 부대가 일본군을 크게 격퇴함
→ 일본군 157명 전사, 200여 명 부상

훈춘 사건 (1920. 10.) — 봉오동 전투 패배에 대한 보복을 위하여 일본군은 중국 마적 두목과 내통하여 훈춘의 일본 영사관을 습격하도록 사주하고 마적단 토벌을 핑계로 3개 사단을 출동시켜 조선인에 대한 대대적 학살 자행

______4) 전투 (1920. 10.) — 훈춘 사건을 조작한 일본군 대부대가 만주로 출동 → 독립군 부대들은 청산리 일대에 집결 → 김좌진의 북로 군정서, 홍범도의 대한 독립군 등의 부대가 **백운평·어랑촌·완루구·천수평·고동하** 등지에서 일본군 대파(6일간 10여 차례 전투 전개), 독립군 전투 사상 가장 빛나는 전과를 올린 대첩

간도 참변(______5) 참변) (1920. 10.) — 봉오동·청산리 전투의 패배에 대한 보복으로 간도 지역의 독립군 근거지 소탕 과정에서 3,500여 명의 한국인을 학살함(10월 9일~11월 5일까지의 통계)

______6) 편성 (1920. 12.) — 간도 참변과 중국 측의 요구로 간도 지역의 독립군들은 새로운 항일전 기지를 건설하기 위해 북만주 ______7)로 이동
→ 서일(총재), 홍범도, 김좌진, 최진동, 지청천 등의 지휘관들과 3,500여 명의 병력으로 구성 → 헤이룽강을 건너 러시아령 자유시 일대에 주둔

자유시 참변 (1921, 흑하 사변)
- ① **연해주 지역의 상황**: 적색군(러시아 공산주의 혁명 부대)과 백색군(제정 러시아 정부군)의 내전 전개
  → 일본군은 ______8)을 지원하였고, 한국인 공산주의 계열의 부대는 ______9)을 지원
- ② **한국인 독립군 부대 현황**: 상하이파 고려 공산당 계열의 부대(사할린 의용대, 다반 군대 등)와 이르쿠츠크파 고려 공산당 계열의 부대(자유 대대) 및 대한 독립 군단 소속의 부대
- ③ **경과**: 상하이파와 이르쿠츠크파 간의 지휘권 다툼과 독립군 부대에 대한 적색군의 강제 무장 해제 조치로 인해 수많은 독립군 부대원이 사망하거나 실종됨

정답 1) 삼둔자 2) 강양동 3) 봉오동 4) 청산리 5) 경신 6) 대한 독립 군단 7) 밀산부 8) 백색군 9) 적색군

3부 성립
(1923~1925)

- ① **대한 통의부(1922. 8.)**: 만주 지역에서 활약하던 독립군 부대들이 연합하여 1922년 2월 대한 통군부를 결성
  → 지방 자치 행정과 군사 양성 기관 및 무장 독립군 결성 → 대한 통의부로 확대·개편
- ② **대한 통의부 분열**: 1923년 2월 전덕원 등이 이탈해 의군부를 만들고, 유응하·여순근 등은 대한 군민부를 만드는 등 분열되었다가 참의부·정의부로 흡수됨
- ③ **참의부(1923)**: 대한 통의부 분열 후, 독립군 지도자들은 임시 정부 직할 부대를 중심으로 만주 지역의 독립군을 통합하기 위해 임시 정부에 요청하여 육군 주만 참의부를 조직
- ④ [1]**(1924)**: 대한 통의부·군정서·광정단 등의 단체들이 통합 회의를 개최하여 독립운동 연합체를 조직
- ⑤ [2]**(1925)**: 대한 독립 군단을 중심으로 대한 독립 군정서(김혁, 조성환) 등 북만주 항일 단체들이 통합하여 발족 → 군정파와 민정파로 분열([3]는 혁신 의회로 계승됨, [4]는 국민부에 참여함)

3부의 관할 구역

[5] 협정
(1925)

— 독립군의 활동을 위축시키기 위해 조선 총독부 경무국장 미쓰야와 봉천성 경무국장 우진이 체결한 협정('불령선인 취체 방법에 관한 조선 총독부와 봉천성의 협정')

3부 통합 운동
(민족 유일당 운동)

- ① **배경**: 1926년 한국 독립 유일당 북경 촉성회 설립(안창호 주도), 국내 신간회 설립(1927) 등
- ② [6]**(1928)**: 신민부 군정파와 참의부 김승학 계열, 정의부 김동삼·지청천 계열이 기존 단체를 해체하고 개인 자격으로 통합
  (북만주)
  → 1929년 해체 후 한족 총연합회·한족 자치 연합회로 계승
  → 1930년 한국 독립당에 흡수(7월) → 만주 사변(1931. 9.) 후 한국 독립군 조직(1931. 10.)
- ③ [7]**(1929)**: 신민부 민정파와 참의부와 정의부 일부 인사들이 조직
  (남만주)
  → 국민부는 자치 행정만 담당하고 독립운동 사업은 민족 유일당 조직 동맹이 담당
  → 1929년 12월 조직 동맹은 조선 혁명당으로 강화되고 독립군 부대는 조선 혁명군으로 개편

정답 1) 정의부 2) 신민부 3) 군정파 4) 민정파 5) 미쓰야 6) 혁신 의회 7) 국민부

*옳은 문장은 O, 틀린 문장은 ×에 체크하세요.

핵심 기출 OX 1920년대 무장 독립 전쟁

01 1920년대에 편성된 대한 독립 군단은 총재에 서일, 부총재에 김좌진 · 홍범도 · 조성환을 임명하였다. 2016년 지방직 7급 (O / ×)

02 자유시 참변 이후 서로 군정서와 대한 독립단이 통합하여 통의부로 확대 · 개편되었다. 2014년 국회직 9급 (O / ×)

03 정의부는 백광운을 중심으로 임시 정부 산하에 조직된 것으로 압록강 건너편을 관할하였다. 2016년 국가직 9급 (O / ×)

04 일제와 만주 군벌은 독립군의 활동을 위축시키기 위해 1925년 미쓰야 협정을 체결하였다. 2017년 국가직 7급(8월) (O / ×)

05 대종교 계통의 인사들이 신민부를 결성하였다. 2016년 국가직 9급 (O / ×)

06 3부는 대한민국 임시 정부 직할 조직으로 해당 지역의 민정과 군정을 담당하였다. 2011년 지방직 9급 (O / ×)

07 혁신 의회는 1920년대 후반에 추진된 3부 통합 운동의 결과 북만주 지역에서 조직된 독립운동 단체이다. 2017년 서울시 7급 (O / ×)

08 1920년대 후반 민족 유일당 운동의 일환으로 추진된 3부 통합 운동의 결과 남만주 지역에서 조직된 단체는 국민부이다. 2017년 서울시 7급 (O / ×)

09 일제는 중국 마적단을 매수하여 훈춘의 일본 영사관을 공격하게 하는 조작 사건을 일으켰다. 2017년 국가직 7급 (O / ×)

10 독립군의 통합 운동으로 참의부, 정의부, 신민부가 조직되어 각각 입법부, 사법부, 행정부의 역할을 담당하였다. 2011년 지방직 9급 (O / ×)

11 백운평 전투를 시작으로 일본군과 6일 동안 10여 회에 걸친 전투를 벌여 큰 승리를 거둔 것은 청산리 전투이다. 2019년 경찰직(2차) (O / ×)

12 김좌진이 이끄는 북로 군정서군이 백운평 전투와 천수평, 어랑촌 전투에서 대승을 거두었다. 2021년 법원직 9급 (O / ×)

13 일본군이 패전에 대한 보복으로 간도 동포를 무차별로 학살한 것은 청산리 전투 이전이다. 2021년 법원직 9급 응용 (O / ×)

14 홍범도, 최진동, 안무 등이 연합하여 봉오동에서 일본군을 급습하여 크게 이겼다. 2020년 경찰직(1차) (O / ×)

15 참의부, 정의부, 신민부의 3부가 혁신 의회와 국민부로 재편되었다. 2021년 법원직 9급 (O / ×)

승범쌤의 기출 포인트

04 미쓰야 협정 기출사료

- 한국인이 무기를 가지고 다니거나 한국으로 침입하는 것을 엄금하며, 위반자는 검거하여 일본 경찰에 인도한다.
- 만주에 있는 한인 단체를 해산시키고 무장을 해제하며, 무기와 탄약을 몰수한다.
- 일본이 지명하는 독립운동가를 체포하여 일본 경찰에 인도한다.
- 한국인 취체(법을 지키도록 통제)의 실황을 상호 통보한다.

10 3부의 성격 기출개념

3부는 모두 행정부, 입법부, 사법부의 3권 분립 체제로 구성되었으며, 민정 조직과 군정 조직을 갖춘 기관이었다.

16 한국인이 무기를 가지고 다니거나 한국으로 침입하는 것을 엄금하며, 위반자는 검거하여 일본 경찰에 인도한다는 내용은 미쓰야 협정이다. 2021년 경찰간부후보생 O | X

17 서일을 총재로 하는 대한 독립 군단이 밀산에서 결성된 것은 이봉창 의거 이전이다. 2021년 소방간부후보생 O | X

18 홍범도는 13도 창의군을 결성하고 서울 진공 작전을 개시하였다. 2018년 서울시 9급(3월) O | X

19 1920년대 만주 지역에서는 민족 유일당 운동의 일환으로 국민부가 결성되었다. 2016년 국가직 9급 O | X

20 자유시 참변 이후에 서간도 지방에서 통의부가 조직되었다. 2014년 국회직 9급 응용 O | X

21 봉오동 전투와 청산리 전투에서 패배한 일제는 이에 대한 보복으로 간도 참변을 일으켰다. 2015년 경찰직(1차) O | X

22 홍범도의 대한 독립군과 김좌진의 북로 군정서군 등이 봉오동과 청산리에서 일본군과 전투를 벌여 큰 승리를 거두었다. 2016년 경찰직(2차) O | X

23 연해주의 자유시로 이동한 독립군은 적색군에 의해 무장 해제를 당하였다. 2011년 지방직 9급 O | X

24 홍범도의 대한 독립군은 산포수들을 모아 구성하였다. 2018년 서울시 9급(3월) O | X

25 1920년대에는 한·중 연합 작전으로 동경성에서 승리하였다. 2016년 국가직 9급 O | X

승범쌤의 기출 포인트

18 **홍범도** 기출사료

그는 평안도 양덕 사람으로 …… 체격이 장대하고 지기가 왕성하였는데, 비록 글은 배우지 못하였으나 천성적인 의협심이 있어, 남을 돕는 일을 급무로 삼은 연유로 사람들이 많이 따랐다. 1907년 겨울에 차도선, 송상봉, 허근 등 여러 사람들과 의병을 일으켜 …… 전투를 벌였다.

정답과 해설 01 O | 02 O | 03 X | 04 O | 05 O | 06 X | 07 O | 08 O | 09 O | 10 X | 11 O | 12 O | 13 X | 14 O | 15 O | 16 O | 17 O | 18 X | 19 O | 20 O | 21 O | 22 O | 23 O | 24 O | 25 X

03 정의부가 아닌 참의부이다. | 06 3부 중 대한민국 임시 정부의 직할 조직은 참의부이다. | 10 3부는 각각 3권 분립 체제를 갖춘 별도의 단체들이었다. | 13 청산리 전투 이후 간도 참변이 발생하였다. | 18 13도 창의군을 결성하고 서울 진공 작전을 개시한 대표적인 인물은 이인영과 허위이다. | 25 한·중 연합 작전으로 동경성에서 승리한 것은 1933년이다.

06 1930년대 이후 무장 독립 전쟁

1. 만주

한·중 연합군 결성 (1930년대 전반기)
- ① **배경**: 일제가 만주 사변(1931. 9.)을 일으킨 후 만주국 수립(1932. 3.)
- ② ______1)(**지청천**): 북만주 일대에서 중국 ______2) 등과 연합하여 쌍성보·경박호·사도하자·동경성·대전자령 전투 등 전개(1932~1933)
- ③ ______3)(**양세봉**): 남만주 일대에서 중국 ______4)과 연합하여 영릉가·흥경성 전투 등 전개(1932~1933)

1930년대 전반기 만주 및 중국 관내 지역의 대표적 민족 운동 단체
- ① **만주**: 한국 독립당(1930. 7., 북만주, 한국 독립군, 지청천·홍진 등), 조선 혁명당(1929, 지린, 조선 혁명군, 양세봉)
- ② **중국 관내 지역**: 한국 혁명당(1929, 난징, 신익희·민병길 등), 한국 독립당(1930. 1., 상하이, 이시영·김구·조소앙 등), 신한 독립당(1933, 난징, 북만주에서 이동한 한국 독립당 일부 + 한국 혁명당)

만주 지역의 유격대
- ① **동북 항일 연군(1936)**
  - ㉠ **배경**: 만주 사변 이후 공산주의자들의 주도로 추수 투쟁과 춘황 투쟁 전개 → 소규모 유격대를 중심으로 한 항일 무장 투쟁으로 변화
  - ㉡ **동북 인민 혁명군 결성(1933)**: 중국 공산당 계열의 정규 유격대(조선인 일부 참여)
  - ㉢ ______5) **결성(1936)**: 항일 연합군의 성격으로 확대
- ② ______6)(1936)
  - ㉠ 동북 항일 연군의 조선인 간부들이 반일 민족 연합의 통일 전선을 실현하고 독립적인 인민 정부를 수립하고자 조직
  - ㉡ 국내 민족주의자 및 공산주의자들과 연결망을 구축하여 함경도 일대로 조직이 확대
- ③ **보천보 전투(1937)**: 동북 항일 연군과 조국 광복회가 함경남도 갑산의 보천보를 습격하여 경찰 주재소 등을 파괴 → 이후 조국 광복회 조직 와해

2. 중국 관내

1 ______7)(1935)

결성 및 활동
- ① 한국 독립당(조소앙), 신한 독립당(지청천), 조선 혁명당(최동오), ______8)(김원봉), 미주 대한인 독립당(대한인 독립당, 김규식) 등 대표가 난징에서 회합하여 1935년 결성
- ② 사상과 이념을 초월한 민족 연합 전선 형태의 조직을 갖추는 것을 목적으로 함(민족 유일당) → 임시 정부를 옹호하는 ______9) 내의 일부 세력이 불참
- ③ 김규식, 지청천, 김두봉, 김원봉, 성주식 등 중요 간부, 기관지로 『민족혁명』 발행

변화
— 의열단 계열이 당권을 장악하자 ______10) 탈퇴(조소앙은 1935년 9월 한국 독립당 재조직) → 조선 민족 혁명당으로 개편(1937. 1.)
→ ______11) 탈퇴(지청천은 1937년 4월 조선 혁명당 조직) → 좌익 계열의 단체들을 규합하여 ______12)으로 전환(1937. 12., 좌파 연합)

정답 1) 한국 독립군 2) 호로군 3) 조선 혁명군 4) 의용군 5) 동북 항일 연군 6) 조국 광복회 7) 민족 혁명당 8) 의열단 9) 한국 독립당 10) 조소앙 11) 지청천 12) 조선 민족 전선 연맹

조선 민족 전선 연맹 (1937. 12.)
- ① 조선 민족 혁명당·조선 민족 해방자 동맹·조선 혁명자 연맹·조선 청년 전위 동맹 등 4개 단체가 참가하여 결성한 좌파계의 항일 민족 연합 전선, 대표는 김원봉, 김규광, 최창익, 유자명 등
- ② **1938년 10월 한커우에서 ＿＿＿＿1) 창설**: 중국 관내 지역 최초의 항일 독립군 부대
- ③ 우파 연합인 한국 광복 운동 단체 연합회와 서로 합작하고자 ＿＿＿＿2) 협회(1939. 5.)를 조직했으나 이념적 차이를 극복하지 못하고 실패

조선 의용대의 분열
- ① 조선 의용대 본부는 충칭으로 이동하고 박효삼 등이 지휘하는 부대원들은 화북으로 이동 → ＿＿＿＿3) 결성(1941. 7.)
  → 그 뒤 화북 지대는 태항산 일대에서 ＿＿＿＿4) 전투(1941. 12.)·반소탕전(1942. 5.~) 등을 전개함
  → 1942년 5월 충칭에 있던 조선 의용대 본부가 ＿＿＿＿5)으로 편입(1942. 5., 김원봉이 부사령관 및 제1지대장을 겸직)
- ② 조선 의용대 화북 지대는 1942년 7월 조선 독립 동맹 산하의 ＿＿＿＿6)으로 개편(사령관: 무정)

2 ＿＿＿＿7)(1935)

결성 및 활동
- ① 1935년 11월 이동녕과 김구가 주체가 되어 설립한 정치 단체
- ② 김원봉의 ＿＿＿＿8)에 대항하여 대한민국 임시 정부를 보좌할 목적으로 설립하였으며, 순수한 민족주의에 입각한 정당으로 중국 국민당과 밀접한 관계를 맺음

변화
- ① ＿＿＿＿9)**(1937. 8.)로 확대**: 김구의 한국 국민당, 지청천의 조선 혁명당, 조소앙의 한국 독립당 등 9개 단체가 연합하여 결성(우파 연합)
- ② 이후 임시 정부 산하의 ＿＿＿＿10)으로 통합(1940. 5., 한국 국민당 + 한국 독립당 + 조선 혁명당)
  → 충칭으로 이동 후 한국광복군 창설(1940. 9.), 대한민국 건국 강령 발표(1941. 11.)
- ③ 김원봉의 조선 의용대 일부 병력(민족 혁명당 계열) 흡수(1942. 5.)

3 대한민국 임시 정부 활동 시기별 정리

상하이 시기 (1919~1932)
- ① 임시 정부 통합과 1차 개헌(1919. 9., 내각제 → 대통령제), ＿＿＿＿11) 개최(1923. 1.), 이승만 파면(1925. 3., 2대 대통령에 박은식)
- ② 2차 개헌(1925. 4., 대통령제 → ＿＿＿＿12) 중심의 내각제), 3차 개헌(1927. 4., ＿＿＿＿13) 집단 지도 체제), ＿＿＿＿14) 조직(1931), 이봉창·윤봉길 의거(1932)

이동 시기 (1932~1940)
- ① 한국 국민당 창당 지원(1935, 우익), 한국 광복 운동 단체 연합회 창당 지원(1937, 우익) → 좌익 계열인 조선 민족 전선 연맹과 통합 시도(1939, 전국 연합 진선 협회 조직)
- ② ＿＿＿＿15) **창당(1940. 5.)**: 한국 국민당(김구) + 조선 혁명당(지청천) + 한국 독립당(조소앙)

충칭 시기 (1940~1945)
- ① 한국광복군 창설(1940. 9.), 4차 개헌(1940. 10., 주석 중심제)
- ② ＿＿＿＿16) **발표(1941. 11.)**: 조소앙의 삼균주의를 기반으로 함
- ③ **5차 개헌(1944. 4.)**: 주석·부주석 중심제(주석: 김구, 부주석: 김규식)
- ④ 국내 정진군 편성 후 국내 진공 작전 계획(1945. 8.)

귀국 — 광복 후 중국에서 대기하다가 1945년 11월 김구를 포함한 임시 정부 요인들이 개인 자격으로 귀국

정답 1) 조선 의용대 2) 전국 연합 진선 3) 조선 의용대 화북 지대 4) 호가장 5 한국광복군 6) 조선 의용군 7) 한국 국민당 8) 민족 혁명당 9) 한국 광복 운동 단체 연합회 10) 한국 독립당 11) 국민 대표 회의 12) 국무령 13) 국무위원 14) 한인 애국단 15) 한국 독립당 16) 대한민국 건국 강령

________1)

① 대한민국 임시 정부의 ________2)이 독립운동 내부의 좌·우익 사상의 대립을 지양·종합하여 독립운동의 기본 방략 및 미래 조국 건설의 지침으로 삼기 위해 체계화한 민족주의적 정치사상 → 1941년 11월 대한민국 임시 정부가 건국의 기본 이념으로 공포

② '개인과 개인, 민족과 민족, 국가와 국가 간에 균등 생활을 실시'하려는 주의, 개인과 개인의 균등은 ________3)적 · ________4)적 · ________5)적 균등을 통해, 민족과 민족의 균등은 ________6)을 통해, 국가와 국가의 균등은 식민 정책과 자본 제국주의를 부정하고 침략 전쟁 행위를 금지하여 모든 국가들이 서로 간섭·침탈 행위를 하지 않음으로써 이룩된다고 봄

③ 정치적 균등을 위해서는 ________7)의 실시, 경제적 균등을 위해서는 대생산 시설의 ________8), 교육의 균등을 위해서는 국비에 의한 ________9) 실시를 제시

________10)의 활동

① 대일 선전 포고(1941. 12.), ________11)의 민족 혁명당(조선 의용대 일부 병력) 흡수(1942. 5.), ________12)군과 인도·미얀마 전선에서 협력(1943)

② ________13) **편성**: 미국 전략 사무국(Office of Strategic Service, OSS)이 특수 공작 훈련 실시 → 국내 진공을 준비 중 일본의 항복으로 계획이 백지화됨

한국광복군 ________14)
(1941. 11.)

① **내용**: 한국광복군은 ________15)군 참모총장의 명령과 지휘를 받아야 하며, 임시 정부는 단지 명의상으로만 통수권을 갖는다는 점을 명시

② **작전권 환수**: 9개항 행동 준승 폐기(1944. 8.) → 한국광복군의 지휘권이 임시 정부 통수부(統帥府)로 귀속

조선 독립 동맹
(1942, 옌안)

① **결성 및 활동**: 1941년 1월 10일 중국 공산당 ________16) 전방 총사령부 소재지인 태항산에서 중국 공산당 지원 아래 중국의 항일전에 참가하고 있던 각 전선 대표들이 모여 화북 조선 청년 연합회 결성 → 1942년 7월 10일 조선 독립 동맹으로 개편(위원장: 김두봉)

② **조선 의용군(1942. 7.)**
- ㉠ 조선 독립 동맹 소속의 독립군 부대로 조선 의용대 화북 지대를 기반으로 조직(사령관: ________17))
- ㉡ 중국 공산당에서 조선 의용군의 옌안 이동을 결정하여 1943년 12월부터 1944년 3월까지 화북의 ________18)으로 이동을 완료
- ㉢ 광복 이후 북한으로 이동하여 인민군에 편성

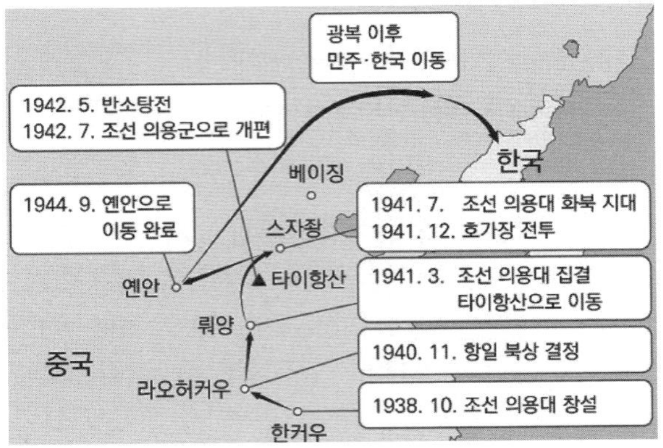

조선 의용대의 이동

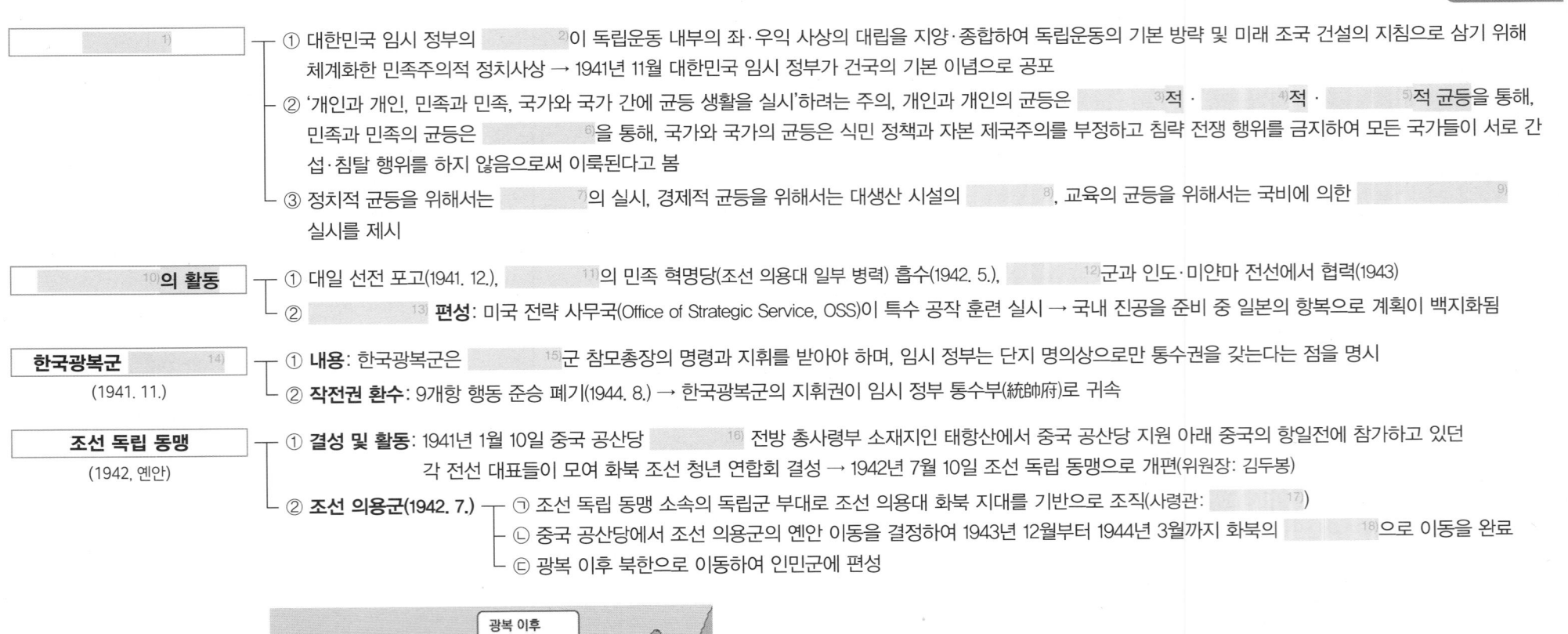

정답 1) 삼균주의 2) 조소앙 3) 정치 4) 경제 5) 교육 6) 민족 자결 7) 보통 선거 8) 국유화 9) 무상 의무 교육 10) 한국광복군 11) 김원봉 12) 영국 13) 국내 정진군 14) 9개 행동 준승 15) 중국 16) 팔로군(8로군) 17) 무정(김무정) 18) 옌안

3. 일제 강점기 항일 무장 투쟁 핵심 요약

1910년대

❖ 독립운동 기지 건설
- 간도 지역
- 연해주 지역
- 상하이
- 미주 지역

1920년대 초반

❖ 삼둔자 전투, 봉오동 전투, 청산리 전투(1920)

❖ **간도 참변(경신참변, 1920)**: 일제가 독립군 근거지 소탕을 명분으로 간도 지역의 한인을 집단 학살

❖ **대한 독립 군단 편성**: 북만주 밀산에서 독립군 연합 부대 조직 후 자유시로 이동

❖ **자유시 참변(1921)**: 적색군의 무장 해제 요구 + 독립군의 내분

❖ **3부 성립(1923~1925)**: 통의부 → 참의부·정의부·신민부
* 민정과 군정을 담당한 자치 정부

1920년대 중·후반

❖ **미쓰야 협정(1925)**: 조선 총독부 경무국장 미쓰야 + 봉천성 경무국장 우진

❖ 3부 통합(1928~1929)

❖ **개인 본위 통합론(전 민족 유일당 조직 촉성회)**: 혁신 의회(북만주) ⇨ 한국 독립당(1930)·한국 독립군(1931)

❖ **단체 본위 통합론(전 민족 유일당 조직 협의회)**: 국민부(남만주) ⇨ 조선 혁명당·조선 혁명군(1929)

1930년대 전반(1931~1934)

❖ 만주 사변(1931)

❖ **한·중 연합 작전**
- **한국 독립군(지청천) + 중국 호로군 등**: 쌍성보, 경박호, 사도하자, 동경성, 대전자령 전투
- **조선 혁명군(양세봉) + 중국 의용군**: 영릉가, 흥경성 전투

1930년대 중반~1940년대

❖ **중국 관내 무장 독립 투쟁의 전개**

- **사회주의 계열**
  - **만주**: **추수 투쟁·춘황 투쟁** ⇨ **동북 인민 혁명군(1933)** ⇨ **동북 항일 연군(1936)**: 보천보 전투(1937, 조국 광복회와 공조)
  - **화북 지역**: 화북 조선 청년 연합회(1941, 화북 지역 사회주의자 + 조선 의용대 화북 지대) ⇨ 조선 독립 동맹·조선 의용군(1942. 7., 무정·김두봉)
- **민족 유일당**
  - 민족 혁명당(1935, 좌익 + 우익): 의열단 + 한국 독립당 + 신한 독립당 + 조선 혁명당 + 대한 독립당 → 조소앙·지청천 탈퇴 ⇨ 조선 민족 혁명당(1937) ⇨ 조선 민족 전선 연맹(1937, 좌익 연합) 조선 의용대 창설(1938, 한커우) ⇨ 조선 의용대 분열: 김원봉 계열은 한국광복군에 합류하고, 조선 의용대 화북 지대는 조선 의용군으로 개편됨
- **민족주의 계열**
  - 한국 국민당(1935) ⇨ 한국 광복 운동 단체 연합회(1937, 우익 연합) ⇨ 한국 독립당(1940. 5.): 한국 국민당 + 조선 혁명당 + 한국 독립당 ⇨ 한국광복군 창설(1940. 9., 충칭)

*옳은 문장은 ○, 틀린 문장은 ×에 체크하세요.

핵심 기출 OX 1930년대 이후 무장 독립 전쟁

01 지청천이 이끄는 한국 독립군은 조선 의용군과 연합하여 쌍성보 · 대전자령 전투 등을 전개했다. 2016년 국가직 9급 ○ ×

02 이시영, 김구, 조소앙 등은 1930년 상하이에서 한국 독립당을 창설하였다. 2018년 국가직 7급 ○ ×

03 민족 혁명당은 조소앙의 한국 독립당, 지청천의 신한 독립당, 김원봉의 의열단 등이 난징에서 화합하여 1935년 결성한 것이다. 2018년 국가직 7급 ○ ×

04 임시 정부를 옹호하는 한국 독립당의 일부 세력은 민족 혁명당에 참여하지 않았다. 2012년 법원직 9급 ○ ×

05 조선 민족 전선 연맹은 1938년 한커우에서 중국 관내 최초의 항일 독립군 부대인 조선 의용군을 창설하였다. 2012년 법원직 9급 ○ ×

06 김구의 한국 국민당, 지청천의 조선 혁명당, 김원봉의 민족 혁명당이 연합하여 1940년 한국 독립당을 재창당하였다. 2015년 기상직 7급 ○ ×

07 삼균주의에서 개인과 개인의 균등은 정치적, 경제적, 민주적 균등을 지칭한다. 2018년 서울시 7급(3월) ○ ×

08 1943년 한국광복군은 인도 · 미얀마 전선에서 미국과 협력하였다. 2016년 경찰직(2차) ○ ×

09 화북 조선 독립 동맹의 주석으로 선출되어 활동한 인물은 김두봉이다. 2018년 서울시 9급(6월) ○ ×

10 1935년 난징에서 의열단, 조선 혁명당, 한국 독립당, 신한 독립당, 대한 독립당이 결집하여 민족 혁명당이 창당되었다. 2019년 국가직 7급 ○ ×

11 한국광복군은 총사령에 이청천, 참모장에 이범석을 선임하였다. 2014년 국가직 9급 ○ ×

12 3차 교육령을 반포하기 직전에 조선 민족 혁명당은 민족 연합 전선을 강화하기 위해 다른 단체들과 함께 조선 민족 전선 연맹을 결성하였다. 2018년 경찰직(2차) 응용 ○ ×

13 윤봉길 의거 이후 중국 내 독립운동 조직을 통합하기 위해 의열단이 중심이 되어 민족주의 계열과 사회주의 계열이 통합된 민족 혁명당이 결성되었다. 2020년 경찰직(1차) ○ ×

승범쌤의 기출 포인트

01 1930년대 국외 무장 투쟁 기출자료

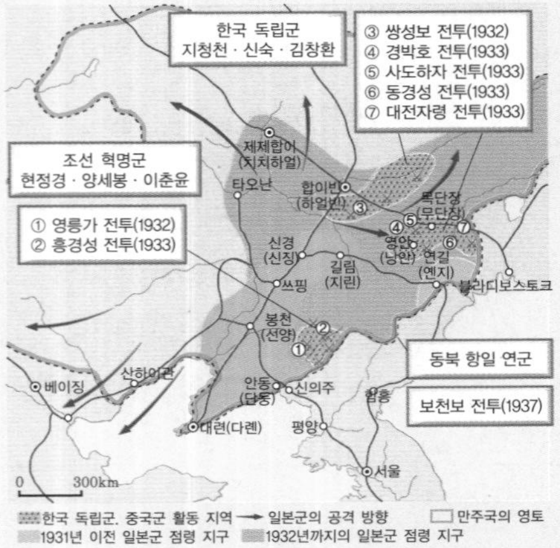

14 민족 혁명당은 동북 항일 연군을 산하의 군사 조직으로 두었다. 2018년 국가직 7급 (O | X)

15 윤봉길의 의거 이후 중국 공산당은 대한민국 임시 정부에 대한 지원을 강화하며 중국 낙양 군관 학교에 한인 특별반을 설치하였다. 2012년 지방직(상) 9급 (O | X)

16 1940년 만주와 시베리아 지역에서 활동하고 있던 신흥 무관 학교 출신의 독립군 간부와 중국 대륙에 있던 청년들을 모아 창설한 단체는 한국광복군이다. 2017년 경찰직(1차) (O | X)

17 대한민국 임시 정부가 주석 · 부주석 중심제로 개편한 후 삼균주의를 바탕으로 한 건국 강령이 공포되었다. 2015년 법원직 9급 (O | X)

18 대한민국 임시 정부가 대일 선전 포고를 한 이후에 주석 중심제로 개헌하였다. 2020년 국가직 9급 (O | X)

19 대한민국 임시 정부는 대한민국 건국 강령을 제정하고 김구를 주석으로 하는 단일 지도 체제로 개편하였다. 2020년 국가직 7급 (O | X)

20 조소앙의 삼균주의는 쑨원의 삼민주의의 영향을 받았다. 2018년 서울시 7급(3월) (O | X)

21 1941년 발표된 대한민국 건국 강령은 조소앙의 삼균주의를 기반으로 한다. 2012년 서울시 7급 (O | X)

22 삼균주의에서는 경제적인 발전을 위해서 대생산 시설의 사유화를 주장하였다. 2019년 국가직 7급 (O | X)

23 한국광복군은 미 전략 사무국(OSS)과 협력하여 국내 진공 작전을 계획하였다. 2021년 서울시 9급(특수직렬) (O | X)

24 한국광복군은 연합군과 함께 인도와 미얀마 전선에 참전하였고 미국과 협조하여 국내 진공 작전을 준비하였으나 일본의 패망으로 실현하지는 못하였다. 2017년 경찰직(1차) (O | X)

승범쌤의 기출 포인트

17 삼균주의 기출개념

- 조소앙의 삼균주의는 중국 사상가 쑨원(孫文)의 삼민주의에서 영향을 받음
- 개인과 개인, 민족과 민족, 국가와 국가 간의 균등을 이루고자 함

정답과 해설 01 × | 02 O | 03 O | 04 O | 05 × | 06 × | 07 × | 08 × | 09 O | 10 O | 11 O | 12 O | 13 O | 14 × | 15 × | 16 O | 17 × | 18 × | 19 × | 20 O | 21 O | 22 × | 23 O | 24 O

01 중국 의용군이 아닌 중국 호로군과 연합하였다. | 05 조선 의용군이 아닌 조선 의용대를 창설하였다. | 06 김원봉의 민족 혁명당 대신 조소앙의 한국 독립당이 연합하였다. | 07 민주적 균등이 아닌 교육적 균등이다. | 08 영국과 협력하였다. | 14 동북 항일 연군은 만주에서 1936년에 조직된 단체로 민족 혁명당과 관련이 없다. | 15 공산당이 아닌 국민당의 지원이다. | 17 대한민국 건국 강령은 1941년에 공포되었고 주석·부주석제는 5차 개헌(1944)으로 실시되었다. | 18 주석 중심제는 4차 개헌(1940)이고 대일 선전 포고는 1941년이다. | 19 대한민국 임시 정부는 1940년 10월 주석 중심제로 4차 개헌을 단행한 후 1941년 11월 건국 강령을 제정하였다. | 22 대생산 시설의 국유화를 주장하였다.

07 사회주의 운동과 사회·경제적 민족 운동의 전개

1. 사회주의 운동

1 사회주의 사상의 수용

① **배경**: 열강에 대한 실망(민족 자결주의의 허구성 확인), 레닌의 약소 민족에 대한 독립 지원 선언으로 사회주의에 대한 관심 증대

② **확산**: 연해주 한인 사회 → 중국 내 지식인, 일본 유학생들 사이에서 확산 → 3·1 운동 이후 소수 지식인·청년층 중심으로 확산

③ **영향**
- ㉠ 청년 운동, 학생 운동, 농민·노동 운동, 형평 운동, 여성 운동 등 계급적 차별 철폐 운동 활성화(사회·경제적 대중 운동)
- ㉡ 민족주의 진영과 사회주의 진영의 이념적 대립으로 민족 독립운동의 역량 약화

2 사회주의 단체의 설립

국외
- ① ________[1] **(1918)**: 이동휘를 중심으로 조직된 최초의 사회주의 단체(하바로프스크) → 상하이파 고려 공산당(1921)
- ② **이르쿠츠크파 고려 공산당(1921)**: 김철훈 등을 중심으로 이르쿠츠크에서 조직
- ③ **북성회(1923)**: 김약수가 일본 유학생들을 중심으로 동경에서 조직 → 국내의 북풍회(1924)로 연결

국내
- ① **서울 청년회(1921)**
  - ㉠ 민족주의 계열(이득년·장덕수)과 사회주의 계열(김사국·이영)이 결성 → 조선 청년 연합회에 참여
  - ㉡ 1922년 김윤식의 사회장 문제 등으로 갈등을 겪다가 사회주의 단체로 재편(1922)
- ② **화요회(1924)**: 홍명희, 김찬 등이 조직한 신사상 연구회(1923)를 개칭, 박헌영, 조봉암, 일본 유학생들이 참여
- ③ **북풍회(1924)**: 김약수 등 일본 유학생들 중심으로 조직, 화요회와 긴밀한 협조 유지
- ④ ________[2] **(1925)**
  - ㉠ 김재봉을 책임 비서로 하여 화요회, 북풍회, 무산자 동맹 등 공산주의자들이 서울에서 비밀리에 조직
  - ㉡ 화요회와 대립했던 서울 청년회는 참여하지 않음

3 조선 공산당

활동 — **김재봉, 박헌영 등**: 6·10 만세 운동(1926), 노동·농민 운동 등 주도, 민족주의 좌파 계열과 연계하여 신간회 결성(1927)

탄압 — 일제가 ________[3](1925)을 제정하여 조선 공산당 활동 탄압

정답 1) 한인 사회당 2) 조선 공산당 3) 치안 유지법

2. 사회·경제적 민족 운동

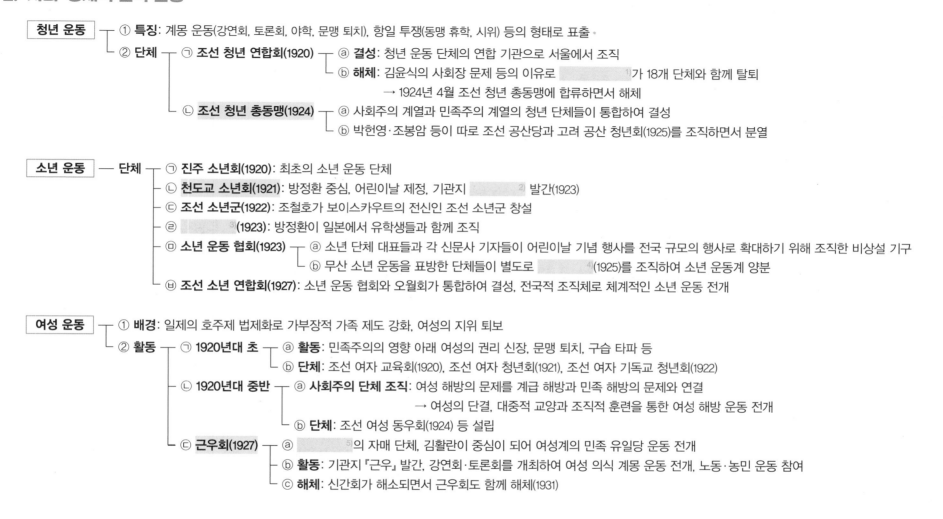

청년 운동
- ① **특징**: 계몽 운동(강연회, 토론회, 야학, 문맹 퇴치), 항일 투쟁(동맹 휴학, 시위) 등의 형태로 표출
- ② **단체**
  - ㉠ **조선 청년 연합회(1920)**
    - ⓐ **결성**: 청년 운동 단체의 연합 기관으로 서울에서 조직
    - ⓑ **해체**: 김윤식의 사회장 문제 등의 이유로 ______[1]가 18개 단체와 함께 탈퇴 → 1924년 4월 조선 청년 총동맹에 합류하면서 해체
  - ㉡ **조선 청년 총동맹(1924)**
    - ⓐ 사회주의 계열과 민족주의 계열의 청년 단체들이 통합하여 결성
    - ⓑ 박헌영·조봉암 등이 따로 조선 공산당과 고려 공산 청년회(1925)를 조직하면서 분열

소년 운동 — 단체
- ㉠ **진주 소년회(1920)**: 최초의 소년 운동 단체
- ㉡ **천도교 소년회(1921)**: 방정환 중심, 어린이날 제정, 기관지 ______[2] 발간(1923)
- ㉢ **조선 소년군(1922)**: 조철호가 보이스카우트의 전신인 조선 소년군 창설
- ㉣ ______[3](1923): 방정환이 일본에서 유학생들과 함께 조직
- ㉤ **소년 운동 협회(1923)**
  - ⓐ 소년 단체 대표들과 각 신문사 기자들이 어린이날 기념 행사를 전국 규모의 행사로 확대하기 위해 조직한 비상설 기구
  - ⓑ 무산 소년 운동을 표방한 단체들이 별도로 ______[4](1925)를 조직하여 소년 운동계 양분
- ㉥ **조선 소년 연합회(1927)**: 소년 운동 협회와 오월회가 통합하여 결성, 전국적 조직체로 체계적인 소년 운동 전개

여성 운동
- ① **배경**: 일제의 호주제 법제화로 가부장적 가족 제도 강화, 여성의 지위 퇴보
- ② **활동**
  - ㉠ **1920년대 초**
    - ⓐ **활동**: 민족주의의 영향 아래 여성의 권리 신장, 문맹 퇴치, 구습 타파 등
    - ⓑ **단체**: 조선 여자 교육회(1920), 조선 여자 청년회(1921), 조선 여자 기독교 청년회(1922)
  - ㉡ **1920년대 중반**
    - ⓐ **사회주의 단체 조직**: 여성 해방의 문제를 계급 해방과 민족 해방의 문제와 연결 → 여성의 단결, 대중적 교양과 조직적 훈련을 통한 여성 해방 운동 전개
    - ⓑ **단체**: 조선 여성 동우회(1924) 등 설립
  - ㉢ **근우회(1927)**
    - ⓐ ______[5]의 자매 단체, 김활란이 중심이 되어 여성계의 민족 유일당 운동 전개
    - ⓑ **활동**: 기관지 『근우』 발간, 강연회·토론회를 개최하여 여성 의식 계몽 운동 전개, 노동·농민 운동 참여
    - ⓒ **해체**: 신간회가 해소되면서 근우회도 함께 해체(1931)

정답 1) 서울 청년회 2) 『어린이』 3) 색동회 4) 오월회 5) 신간회

형평 운동
- ① **배경**: 신분 차별 의식 잔존
  - ㉠ 백정 출신 호적에 '______1)(屠漢)'이라 기록하거나 붉은 점을 찍어 차별, 보통학교 입학 통지서에도 신분을 기재하여 차별
  - ㉡ 의미: 저울의 눈금처럼 평등한 사회를 만들자
- ② **활동**
  - ㉠ **1920년대 초**: 진주에서 이학찬 중심으로 ______2) 창립(1923) → 신분 해방 운동 전개
  - ㉡ **1920년대 중반~30년대**: 사회주의와 연계, 파업과 소작 쟁의에 참여하는 등 민족 해방 운동으로 발전
  - ㉢ **쇠퇴**
    - ⓐ **내부 이념 대립**: 온건파(신분 해방)와 급진파(계급 투쟁)의 대립 격화
    - ⓑ **반형평 운동**: 대중들이 소고기 불매 운동 전개, 백정의 집 공격 등 형평 운동에 반발
    - ⓒ **변질**: 일제의 탄압이 심화되자 ______3)로 개칭(1935)하여 친일 단체로 변질, 경제적 이익 향상 운동으로 변질

농민 운동
- ① **배경**
  - ㉠ 토지 조사 사업~산미 증식 계획의 실시로 농민의 불만 고조
  - ㉡ 3·1 운동 이후 농민 의식 성장(자아의식 + 민족의식 고취)
- ② **1920년대**
  - ㉠ **특징**: 소작인 조합이 중심이 되어 소작료 인하와 소작권 이전 반대 등의 생존권 확보를 위한 경제적 권익 투쟁
  - ㉡ **단체**
    - ⓐ ______4)**(1920)**: 최초의 전국적 노동자 단체, 소작인을 노동자로 간주
    - ⓑ ______5)**(1924)** → 조선 노동 총동맹·조선 농민 총동맹으로 분화(1927)
  - ㉢ **소작 쟁의**: 전남 신안군 ______6) 소작 쟁의(1923~1924), 황해도 재령 북률 동양 척식 주식회사 농장의 소작 쟁의(1924~1925), 평북 용천 불이흥업 농장의 소작 쟁의(1925년~1932년까지 5차례 전개)
  - ㉣ **갑산 화전민 항일 운동(1929)**: 함경남도 갑산 화전민들이 일제의 화전민 강제 추방 정책에 대항하여 일으킨 항일 운동
- ③ **1930년대**
  - ㉠ 식민지 수탈 정책에 근본적으로 저항
  - ㉡ 사회주의와 연계 아래 일본 제국주의 타도와 농민의 토지 소유 실현 등의 기치를 내건 비합법적·혁명적 농민 조합 결성
  - ㉢ 1930년대 중반 이후 일제의 탄압으로 쇠퇴
- ④ **일제의 회유책**
  - ㉠ **조선 소작 조정령(1932)**: 자본가와 지주 등을 중심으로 소작 위원회를 구성하여 소작료 조정을 위임 → 지주에게 유리
  - ㉡ ______7)**(1934)**: 소작지의 임대차 기간 설정(3년 이상), 마름의 횡포 단속 등으로 소작권을 보호한다는 내용 → 농민 회유책, 오히려 지주의 이익은 더욱 증가, 소작 쟁의 지속

더 알아보기

암태도 소작 쟁의

지주 문재철과 소작 쟁의 중인 전남 무안군 암태도 소작인 남녀 500여 명은 …… 광주지방법원 목포 지청에 몰려들어 왔는데 …… 무엇보다도 두려운 죽음에 불구하고 다시 이 법정에 들어온 것은 사활 문제가 이때에 있다 하며, …… 이번 운동의 결과를 얻지 못할 경우면 아사 동맹을 결속하고 자기들의 집에서 떠날 때부터 지금까지 식사를 폐지하였다고 한다.

정답 1) 도한 2) 조선 형평사 3) 대동사 4) 조선 노동 공제회 5) 조선 노동 총동맹 6) 암태도 7) 조선 농지령

노동 운동

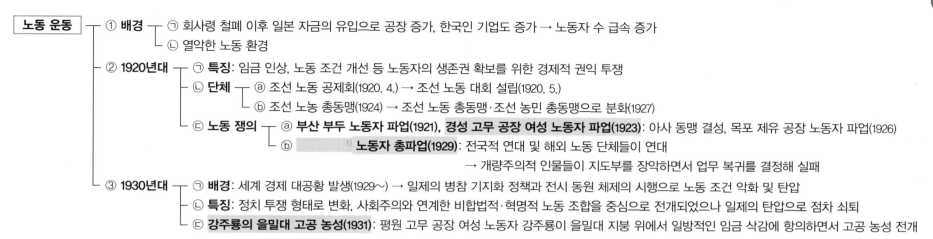

- ① **배경**
  - ㉠ 회사령 철폐 이후 일본 자금의 유입으로 공장 증가, 한국인 기업도 증가 → 노동자 수 급속 증가
  - ㉡ 열악한 노동 환경
- ② **1920년대**
  - ㉠ **특징**: 임금 인상, 노동 조건 개선 등 노동자의 생존권 확보를 위한 경제적 권익 투쟁
  - ㉡ **단체**
    - ⓐ 조선 노동 공제회(1920. 4.) → 조선 노동 대회 설립(1920. 5.)
    - ⓑ 조선 노동 총동맹(1924) → 조선 노동 총동맹·조선 농민 총동맹으로 분화(1927)
  - ㉢ **노동 쟁의**
    - ⓐ **부산 부두 노동자 파업(1921), 경성 고무 공장 여성 노동자 파업(1923)**: 아사 동맹 결성, 목포 제유 공장 노동자 파업(1926)
    - ⓑ ______[1] **노동자 총파업(1929)**: 전국적 연대 및 해외 노동 단체들이 연대 → 개량주의적 인물들이 지도부를 장악하면서 업무 복귀를 결정해 실패
- ③ **1930년대**
  - ㉠ **배경**: 세계 경제 대공황 발생(1929~) → 일제의 병참 기지화 정책과 전시 동원 체제의 시행으로 노동 조건 악화 및 탄압
  - ㉡ **특징**: 정치 투쟁 형태로 변화, 사회주의와 연계한 비합법적·혁명적 노동 조합을 중심으로 전개되었으나 일제의 탄압으로 점차 쇠퇴
  - ㉢ **강주룡의 을밀대 고공 농성(1931)**: 평원 고무 공장 여성 노동자 강주룡이 을밀대 지붕 위에서 일방적인 임금 삭감에 항의하면서 고공 농성 전개

더 알아보기

평원 고무 공장 노동자 파업

우리는 49명 우리 파업단의 임금 삭감을 중요하게 생각하는 것이 아닙니다. 이것이 결국은 평양의 2,300명 고무 직공의 임금 삭감의 원인이 될 것이므로 죽기로써 반대하는 것입니다. …… 이래서 나는 죽음을 각오하고 이 지붕 위에 올라왔습니다. 나는 평원 고무 사장이 이 앞에 와서 임금 삭감의 선언을 취소하기까지는 결코 내려가지 않겠습니다.

정답 1) 원산

*옳은 문장은 ○, 틀린 문장은 ×에 체크하세요.

핵심 기출 OX 사회주의 운동과 사회·경제적 민족 운동의 전개

01 3·1 운동 이후 소수의 지식인과 청년층을 중심으로 사회주의가 확산되었다. 2014년 사회복지직 9급 ○ ×

02 이동휘는 하바로프스크에서 한인 사회당을 결성하였다. 2012년 국가직 9급 ○ ×

03 고려 공산 청년회는 조선 사회주의 청년 운동의 총 지도 기관으로 1925년에 조직되었다. 2017년 사회복지직 9급 ○ ×

04 방정환을 중심으로 조직된 천도교 소년회는 기관지 『어린이』를 발행하였다. 2018년 경찰직(3차) ○ ×

05 '소년 운동 선언'이 발표되었을 당시 국내외의 독립운동 상황을 점검하고 대한민국 임시 정부의 독립운동에 새로운 활로를 모색하기 위한 국민 대표 회의가 열렸다. 2018년 경찰직(3차) ○ ×

06 1920년대 진주에서 조선 대동사가 창당되어 백정 출신들의 신분 해방 운동이 전개되었다. 2015년 경찰간부후보생 ○ ×

07 조선 형평사가 전개한 형평 운동은 백정의 사회적 차별 철폐를 요구하는 신분 해방 운동을 넘어 민족 해방 운동으로까지 발전하였다. 2013년 서울시 7급 ○ ×

08 조선 형평사가 결성된 해에 조선 노농 총동맹이 창립되었다. 2013년 서울시 7급 ○ ×

09 형평 운동을 전개한 단체인 조선 형평사로 인해 신분 제도가 법적으로 폐지되는 계기가 되었다. 2013년 서울시 7급 ○ ×

10 1930년대 전개되었던 농민 운동은 일본 제국주의 타도와 농민 토지 소유 실현 등을 내세우며 합법적인 투쟁을 이어나갔다. 2014년 사회복지직 9급 ○ ×

11 초기에 전개된 소작 쟁의는 주로 소작권 이동 반대, 소작료 인하 등 농민의 생존권 확보를 위한 경제적 권익 투쟁의 형태로 전개되었다. 2010년 지방직 9급 ○ ×

12 소작 쟁의 중 일본인 농장, 지주 회사를 상대로 한 소작 쟁의는 민족 운동과도 연계된 경우가 많았다. 2010년 지방직 9급 ○ ×

13 소작인 조합은 1940년대 이후 자작농까지 포괄하는 농민 조합으로 바뀌어 갔다. 2010년 지방직 9급 ○ ×

승범쌤의 기출 포인트

05 소년 운동 선언(1923) 기출사료

첫째, 어린이를 재래의 윤리적 압박으로부터 해방하여 그들에 대한 완전한 인격적 대우를 허하게 하라.

둘째, 어린이를 재래의 경제적 압박으로부터 해방하여 만 14세 이하의 그들에 대한 무상, 또는 유상의 노동을 폐지하게 하라.

셋째, 어린이 그들이 고요히 배우고 즐거이 놀기에 족한 각양의 가정, 사회적 시설을 행하게 하라.

– 『속음청사』

14 일제가 허용하는 범위 내에서 자치권을 획득하자는 운동은 학생들이 주도하였다. 2017년 법원직 9급 O X

15 원산 총파업은 1929년에 원산 지역을 중심으로 일어난 대규모 파업으로 프랑스, 소련 등 해외 노동 단체의 후원을 받았다. 2018년 서울시 9급(3월) O X

16 1920년대 사회주의 사상의 유입으로 민족 독립운동이 민족주의 계열과 사회주의 계열로 분화되었다. 2014년 사회복지직 9급 O X

17 조선 형평사는 경남 진해에서 조직되었다. 2013년 서울시 7급 O X

18 일제 강점기의 대표적인 농민 운동인 암태도 소작 쟁의는 신간회가 설립되기 이전인 1923년에 전개되었다. 2018년 서울시 9급 O X

19 물산 장려 운동은 조만식, 이상재 등을 중심으로 평양에서 창립된 물산 장려회를 중심으로 시작되어 전국적으로 확산되었다. 2018년 지방직 9급 O X

20 암태도 소작 쟁의는 신간회가 존속한 기간에 발생하였다. 2018년 서울시 9급(3월) O X

21 물산 장려 운동으로 인해 조선 총독부가 회사령을 폐지하는 계기가 되었다. 2018년 지방직 9급 O X

22 물산 장려 운동은 원산 총파업을 계기로 조직적으로 전개될 수 있었다. 2018년 지방직 9급 O X

23 암태도 소작 쟁의는 1년 동안의 걸친 투쟁에도 효과가 없었다. 2014년 서울시 9급 O X

24 국채 보상 운동은 "조선인이 만든 것을 입고, 먹고, 쓰자"라는 구호를 내세우며 민족 자본을 육성하려 하였다. 2018년 서울시 7급(6월) O X

승범쌤의 기출 포인트

17 조선 형평사 취지문 기출사료

공평은 사회의 근본이고 사랑은 인간의 본성이다. 고로 우리는 계급을 타파하고 모욕적인 칭호를 폐지하여 교육을 장려하고 우리도 참다운 인간으로 되고자 함이 본사(本社)의 주지이다. …… 우리도 조선 민족의 2천만의 분자로서 갑오년 6월부터 칙령으로써 백정의 칭호가 없어지고 평민이 된 우리들이다.

정답과 해설 01 O | 02 O | 03 O | 04 O | 05 O | 06 × | 07 O | 08 × | 09 × | 10 × | 11 O | 12 O | 13 × | 14 × | 15 O | 16 O | 17 × | 18 O | 19 O | 20 × | 21 × | 22 × | 23 × | 24 ×

06 조선 대동사가 아닌 조선 형평사이다. | 08 조선 형평사는 1923년에 조직되었고 조선 노농 총동맹은 1924년에 창립되었다. | 09 신분 제도는 이미 제1차 갑오개혁 때 법적으로 폐지되어 있었다. 그러나 백정들에 대한 사회적 차별은 일제 강점기까지 계속되고 있었다. | 10 1930년 이후 전개된 농민 운동은 비합법적·혁명적 투쟁이었다. | 13 소작인 조합이 자작농까지 포괄하는 농민 조합으로 바뀐 것은 1920년대 후반이다. 1940년대에는 일제의 탄압으로 농민 운동이 크게 위축되었다. | 14 자치론은 이광수, 최린 등이 주도하였다. | 17 조선 형평사는 경남 진주에서 조직되었다. | 20 신간회는 1927년~1931년까지 존속하였고 암태도 소작 쟁의는 1923년~1924년까지 전개되었다. | 21 물산 장려 운동은 일제의 회사령이 폐지된 이후에 전개되었다. | 22 원산 총파업은 1929년에 일어난 노동 운동으로 물산 장려 운동과 관련이 없다. | 23 암태도 소작 쟁의는 소작료 인하라는 소작인들의 요구를 관철시킨 사건이었다. | 24 물산 장려 운동에 해당된다.

08 실력 양성 운동과 학생 항일 운동

1. 실력 양성 운동

실력 양성 운동의 대두
- ① **배경**: 3·1 운동 후 일부 지식인들이 즉각적인 독립에 대한 회의를 느끼고 일제의 문화 통치를 기대
- ② **내용**: ____1)론적 세계관에 입각한 개량주의를 수용하여 '선 실력 양성·후 독립' 주장
- ③ **한계**: 일제의 허용 범위에서만 전개, 일부 세력이 친일파로 변질

민족 기업 육성
- ① **배경**: ____2) 철폐(1920)로 민족 산업 육성을 통한 경제적 자립을 도모하려는 움직임 고조
- ② **성격**: 경공업 위주의 소규모 공장 건설에 주력
- ③ **민족 기업**
  - ㉠ **지주·대상인 계열**: ____3) 주식회사(1919) 등의 대규모 공장 건설
  - ㉡ **중소 상인**: 평양 메리야스 공장, 양말 공장과 부산 고무신 공장 등 건설
  - ㉢ **은행**: 삼남은행(1920, 전주), 호남은행(1920, 광주), 해동은행(1920, 서울) 등 설립

물산 장려 운동
- ① **배경**: 일본 기업의 조선 진출 증가, 관세 폐지 움직임
- ② **활동**: 초반에는 자급자족, 국산품 애용 등을 통해 민족 경제의 자립을 목표로 전개 → 근검 절약, 생활 개선, 금주·단연 운동 등으로 확대
- ③ **단체**
  - ㉠ **평양 조선 물산 장려회(1920)**: ____4) 등의 민족 자본가를 중심으로 평양에서 조직
    → 1923년 서울에서 20여 단체의 대표들이 조선 물산 장려회를 조직
  - ㉡ **자작회(1922)**: 연희 전문학교 학생 중심으로 조직, 국산품 애용 운동 전개
  - ㉢ **기타**: 토산 애용 부인회, 자작 자급회, 조선 상품 소비 조합 등
- ④ **주장**: '내 살림 내 것으로', '조선 사람 조선 것으로', '민족 기업 육성' 등의 구호
- ⑤ **한계**
  - ㉠ 민족 기업 설립의 미비로 상품의 공급이 수요를 못 따라감 → 가격 상승
  - ㉡ 자본가 계급의 이익 추구에 기여한다는 이유로 사회주의·노동자 계층 참여 부진

민족 교육 운동
- ① **배경** — **민족 교육 운동에 대한 탄압**: 사립 학교 탄압(1911, 사립 학교 규칙), 개량 서당 탄압(1918, 서당 규칙), 야학 활동 탄압, 일제의 우민화 교육
- ② **단체**
  - ㉠ **조선 교육회(1920)**: 한규설, 이상재 등이 조직, 민립 대학 설립 운동 주도
  - ㉡ **조선 여자 교육회(1920)**: 차미리사를 중심으로 결성, 여성 계몽 운동 전개
- ③ ____5) **설립 운동**
  - ㉠ **배경**: 일제의 식민지 차별 교육에 대항하여 고등 교육 기관의 설립 필요성 대두 + 2차 조선 교육령으로 대학 설립 가능
  - ㉡ **전개**: 조선 교육회를 중심으로 이상재·이승훈·조만식 등이 조선 민립 대학 기성 준비회 조직(1922)
    → 1923년부터 모금 운동 전개(구호: '한민족 1천만이 한 사람 1원씩')
  - ㉢ **결과**: 일제의 방해와 수해로 모금 저조, 대학 설립보다는 노동자 강습소, 야학 등이 더 필요하다는 비판 등으로 실패
  - ㉣ **일제의 회유책**: ____6)을 설립(1924)하여 한국인의 고등 교육 열기를 무마, 한국 거주 일본인의 고등 교육 담당 목적

정답 1) 사회 진화 2) 회사령 3) 경성 방직 4) 조만식 5) 민립 대학 6) 경성 제국 대학

2. 문맹 퇴치 운동

- **야학 운동** — 1920년대 노동자, 농민, 도시 빈민에게 교육의 기회를 넓히고자 각지에 설립
- **문자 보급 운동** (1929~1934) — ______[1]가 "아는 것이 힘, 배워야 산다!"라는 표어 아래 귀향 학생들을 동원하여 『한글원본』 등의 교재 배포
- **______[2] 운동** (1931~1934) — 동아일보가 주도하고 학생들이 중심이 되어 한글 교육, 미신 타파, 구습 제거 등 농촌 계몽 운동의 일환으로 전개
- **한글 강습회 개최** — 조선어 학회가 주도하여 문자 보급 운동의 교재를 편집·보급하고, 전국을 순회하며 한글 강습회 개최
- **일제의 탄압** — 1935년 문맹 퇴치 운동 금지령 반포

3. 학생 항일 운동

6·10 만세 운동 (1926)

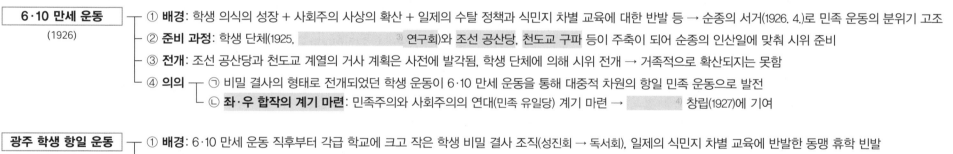

- ① **배경**: 학생 의식의 성장 + 사회주의 사상의 확산 + 일제의 수탈 정책과 식민지 차별 교육에 대한 반발 등 → 순종의 서거(1926. 4.)로 민족 운동의 분위기 고조
- ② **준비 과정**: 학생 단체(1925, ______[3] 연구회)와 조선 공산당, 천도교 구파 등이 주축이 되어 순종의 인산일에 맞춰 시위 준비
- ③ **전개**: 조선 공산당과 천도교 계열의 거사 계획은 사전에 발각됨, 학생 단체에 의해 시위 전개 → 거족적으로 확산되지는 못함
- ④ **의의**
  - ㉠ 비밀 결사의 형태로 전개되었던 학생 운동이 6·10 만세 운동을 통해 대중적 차원의 항일 민족 운동으로 발전
  - ㉡ **좌·우 합작의 계기 마련**: 민족주의와 사회주의의 연대(민족 유일당) 계기 마련 → ______[4] 창립(1927)에 기여

광주 학생 항일 운동 (1929)

- ① **배경**: 6·10 만세 운동 직후부터 각급 학교에 크고 작은 학생 비밀 결사 조직(성진회 → 독서회), 일제의 식민지 차별 교육에 반발한 동맹 휴학 빈발
- ② **전개**: 한·일 학생들 사이의 충돌 → 일본 경찰의 편파 수사 → 학생 조직을 중심으로 대규모 시위 전개 → 전국으로 확대
- ③ **신간회 개입**: 신간회 본부는 조선 청년 동맹, 조선 학생 전위 동맹과 함께 ______[5] 파견 및 민중 대회 계획 → 실패
- ④ **의의**: 3·1 운동 이후 최대 규모의 민족 운동, 학생 운동이 항일 민족 운동으로 발전

정답 1) 조선일보 2) 브나로드 3) 조선 학생 과학 4) 신간회 5) 진상 조사단

*옳은 문장은 ㅇ, 틀린 문장은 ×에 체크하세요.

핵심 기출 OX 실력 양성 운동과 학생 항일 운동

01 광주 학생 항일 운동은 대한민국 임시 정부의 수립에 영향을 주었다. 2017년 법원직 9급 O X

02 6·10 만세 운동은 순종의 장례일인 6월 10일에 맞춰 대규모 만세 시위를 계획하였다. 2014년 서울시 9급 O X

03 민립 대학 설립 운동은 '한민족 1천만이 한 사람이 1원씩'이라는 구호 아래 모금 운동을 전개하였다. 2014년 법원직 9급 O X

04 사회주의 세력은 물산 장려 운동이 자본가 계급만을 위한 운동이라고 비판하였다. 2013년 지방직 9급 O X

05 광주 학생 항일 운동은 3·1 운동 이후 가장 규모가 큰 민족 운동이었다. 2015년 기상직 7급 O X

06 6·10 만세 운동은 복벽주의 운동의 일환이었다. 2017년 경찰간부후보생 O X

07 광주 학생 항일 운동을 기념하기 위해 1973년 대한민국 국회는 11월 3일을 학생의 날로 정하였다. 2015년 기상직 7급 O X

08 사회주의 세력과 천도교 세력의 만세 운동은 사전에 경찰에 발각되었으나 학생들의 만세 운동은 발각되지 않아 학생들의 주도로 6·10 만세 운동이 전개되었다. 2016년 지방교육행정직 O X

09 6·10 만세 운동은 준비 과정에서 사회주의 계열과 민족주의 계열이 연대하면서 민족 유일당이 결성될 수 있는 기반이 마련되었다. 2014년 서울시 9급 O X

10 동아일보는 1931~1934년에 브나로드 운동을 주도하여 학생을 통한 농촌 계몽 운동을 전개하였다. 2020년 국가직 9급 O X

11 광주 학생 항일 운동은 학도 지원병제의 폐지를 요구하였다. 2017년 법원직 9급 O X

12 물산 장려 운동은 조만식을 중심으로 민립 대학 설립 운동은 이상재를 중심으로 전개되었다. 2014년 법원직 9급 O X

13 6·10 만세 운동으로 조선 청년 총동맹이 결성되는 계기가 되었다. 2014년 서울시 9급 O X

14 동아일보는 신간회가 결성되자 신간회 본부와 같은 역할을 하게 되었다. 2020년 국가직 9급 O X

승범쌤의 기출 포인트

10 브나로드 운동 기출자료

- '브나로드'는 러시아어로 '민중 속으로'라는 말
- 1870년대 러시아에서 지식 계층이 민중 계몽 운동을 위하여 내세운 슬로건

15 1926년 설립된 좌 · 우 합작 단체인 조선 민흥회는 신간회 결성에 영향을 주었다. 2019년 지방직 7급 응용 O X

16 문맹 퇴치 운동은 전국적인 규모로 문맹을 퇴치하기 위한 운동으로 조선어 학회가 참여하였다. 2018년 서울시 7급(6월) O X

17 동아일보는 한글 보급 운동에 앞장서 『한글원본』 등의 교재를 제작 · 배포하였다. 2020년 국가직 9급 O X

18 조선 민립 대학 기성회는 신간회 설립 이전에 설립되었다. 2013년 지방직 9급 O X

19 동아일보는 이광수의 「민족적 경륜」이라는 글을 실었으며 일장기 말소 사건으로 무기 정간 처분도 당하였다. 2020년 국가직 9급 O X

20 민중 계몽을 위해 『개벽』, 『신여성』, 『어린이』 등의 잡지를 간행한 곳은 천도교이다. 2020년 국가직 9급 O X

21 광주 학생 항일 운동은 통학 열차 안에서 발생한 한 · 일 학생 간의 충돌에 대한 일본 경찰의 편파적인 수사가 발단이 되어 일어났다. 2019년 서울시 9급(6월) 응용 O X

22 6 · 10 만세 운동은 중국 5 · 4 운동에 영향을 주었다. 2014년 서울시 9급 O X

23 광주 학생 항일 운동 때 신간회에서 진상 조사단을 파견하였다. 또한 신간회는 대규모의 민중 대회를 개최하려 하였으나 일제의 방해로 실패하였다. 2017년 법원직 9급 O X

24 물산 장려 운동과 민립 대학 설립 운동 모두 실력 양성 운동의 일환으로, 민족의 실력 양성을 통한 독립을 목표로 전개되었다. 2014년 법원직 9급 O X

25 6 · 10 만세 운동 이후 광주 학생 항일 운동이 일어났다. 2019 서울시 9급(6월) O X

승범쌤의 기출 포인트

21 광주 학생 항일 운동 격문 기출사료

학생, 대중이여 궐기하라! 우리의 슬로건 아래로!
검거된 학생들을 즉시 우리 손으로 탈환하자.
경찰의 교내 침입을 절대 반대한다.
언론 · 출판 · 집회 · 결사 · 시위의 자유를 획득하자.
조선인 본위의 교육 제도를 확립하라.
식민지적 노예 교육 제도를 철폐하라.
사회 과학 연구의 자유를 획득하자.
전국 학생 대표자 회의를 개최하라.

정답과 해설 01 × | 02 O | 03 O | 04 O | 05 O | 06 × | 07 × | 08 O | 09 O | 10 O | 11 × | 12 O | 13 × | 14 × | 15 O | 16 O | 17 × | 18 O | 19 O | 20 O | 21 O | 22 × | 23 O | 24 O | 25 O

01 대한민국 임시 정부 수립에 영향을 준 사건은 3·1 운동이다. | 06 6·10 만세 운동과 대한 제국을 다시 수립하겠다는 복벽주의 운동과는 관련이 없다. | 07 11월 3일이 학생의 날로 정해진 것은 이승만 정부 시기인 1953년이다. | 11 광주 학생 항일 운동은 1929년에 일어났기 때문에 1943년에 시행된 학도 지원병제의 폐지를 요구할 수 없다. | 13 조선 청년 총동맹은 1924년에 결성되었다. | 14 신간회 본부와 같은 역할을 한 신문은 조선일보이다. | 17 한글 보급 운동에 앞장서 『한글원본』 등의 교재를 제작·배포하였던 곳은 조선일보이다. | 22 중국의 5·4 운동에 영향을 준 것은 3·1 운동이다.

09 민족 유일당 운동과 국외 이주 동포들의 생활

1. 민족 유일당 운동

1 배경

국외 상황
- ① **제1차 국·공 합작(1924)**: 중국 국민당과 공산당이 반제국주의·반군벌의 기치를 내걸고 합작
- ② **한국 독립 유일당 북경 촉성회 조직(1926)**: ______1)가 베이징·상하이 등지의 독립운동 단체들의 단결을 호소하면서 창립 → 만주 지역의 3부 통합 운동과 국내 민족 통일 전선 분위기 고조에 기여

국내 상황
- ① ______2)의 대두와 민족주의 진영의 분열
  - ㉠ 1920년대 중반 일제의 민족 분열책으로 인해 이광수, 최린 등 타협적 민족주의자들이 일제의 식민 지배를 인정한 다음 자치권을 획득하여 실력을 기르자는 자치 운동 전개(타협적 민족주의)
  - ㉡ 이상재, 안재홍 등의 비타협적 민족주의 진영은 실력 양성을 통한 절대 독립 추구, 사회주의 세력과의 연대 모색
- ② ______3) **제정(1925)**: 사회주의 단체에 대한 탄압 심화 → 민족주의 계열과 연대 모색
- ③ ______4) **조직(1926. 7.)**: 비타협적 민족주의 계열(조선 물산 장려회), 사회주의 계열(서울 청년회)이 결성한 좌·우 합작 단체
- ④ **정우회 선언(1926. 11.)**: 사회주의 단체인 정우회가 민족주의 세력과의 연대를 요구

2 신간회

설립 (1927)
- ① **주도 세력**: 이상재(회장), 홍명희(부회장)를 중심으로 한 비타협적 민족주의 계열과 사회주의 계열 일부가 연대
- ② **강령**: ______5) 배격, 민족 대단결, 정치·경제적 각성 촉구

조직
- ① **성격**: 합법적 대중 단체 → 전국 140여 개의 지회와 4만여 명의 회원 확보, 일제 강점기 최대 규모의 민족 운동 단체
- ② **자매 단체**: ______6) → 김활란 등을 중심으로 국내의 여성 단체들을 규합하여 설립

활동
- ① **일제에 대한 저항**: 일제의 착취 기관 철폐·치안 유지법 폐지 주장
- ② **자치 운동 비판**: 타협적 민족주의 계열의 자치 운동 규탄
- ③ **사회 운동 전개**: 원산 노동자 총파업(1929) 지원, 갑산 화전민 사건(1929) 진상 규명 운동, 단천 산림 조합 시행령 반대 운동 지원(1930) 등 전개
- ④ **학생 운동 후원**: ______7) 운동 진상 조사단 파견, 각지 동맹 휴학 지도, 전국 민중 대회 준비
- ⑤ **민중 계몽 운동**: 순회 강연단을 구성하여 전국 각지에서 민족의식 고취, 노동 야학 참여, 교양 강좌 설치 등

해소 (1931)
- ① **일제의 탄압**: 전국 민중 대회 불허, 위원장 허헌과 간부들을 구속
- ② **신 집행부의 우경화**: 1930년 이후 신 집행부가 타협적 민족주의자들과 협력 추진 → 사회주의자를 중심으로 내부 갈등 심화
- ③ ______8)**의 노선 변화**: 코민테른이 '12월 테제'(1928)를 발표하여 계급 투쟁으로 정책 노선 변경 지시 → 사회주의자들 이탈

정답 1) 안창호 2) 자치론 3) 치안 유지법 4) 조선 민흥회 5) 기회주의자 6) 근우회 7) 광주 학생 항일 8) 코민테른

3 시기별 민족 유일당 정리

국외
- ① 한국 독립 유일당 북경 촉성회(1926, 안창호 주도), 한국 독립 유일당 광동 촉성회(1927, 김성숙 주도), 한국 유일 독립당 상해 촉성회(1927, 홍진·홍남표·이동녕 주도) 등 설립
- ② 3부 통합 운동(1928~1929), 민족 혁명당 창당(1935), 전국 연합 진선 협회 조직(1939), 조선 의용대 일부 병력의 한국광복군 합류(1942)

국내 — 조선 청년 총동맹(1924), 조선 민흥회(1926), 신간회·근우회(1927), 조국 광복회(1936), 조선 건국 동맹(1944)

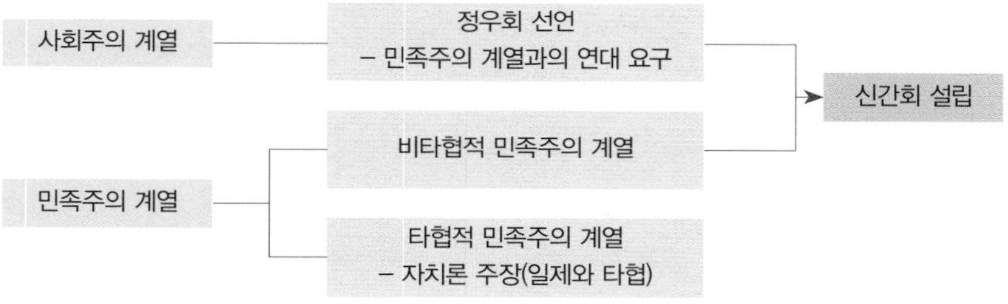

신간회의 설립 과정

더 알아보기

▨ 한국 독립 유일당 북경 촉성회 창립 및 선언서(1926, 안창호)

동일한 목적과 동일한 성공을 위하여 운동하고 투쟁하는 혁명가들은 반드시 하나의 기치 아래 모여 하나의 호령 아래 단결해야만 비로소 상당한 효과를 낼 수 있다는 것은 말할 필요도 없다. …… 일본 제국주의를 타도하라! 일본 제국주의를 타도하라! 한국의 절대 독립을 주장하라! 민족 혁명의 유일한 전선을 만들라! 전 세계 피압박 민중은 단결하라!

– 건국 기원 4259년 10월 28일 대독립당 조직 북경 촉성회

▨ 조선 민흥회

조선 민흥회는 조선 민족의 공동 권익을 쟁취하고, 조선민의 단일 전선을 결성할 목적으로 창설되었다. 조선 민흥회는 산업 종사자, 종교인, 학생, 지식인 등 전 국민의 단합과 통일을 주장한다. 민족적 통합의 그 목적은 '조선의 해방'에 있다. …… 조선의 사회주의자들도 반제국주의 운동에 있어서 공동 권익을 지향하는 계급들의 일체적 동원에 대한 필요성을 절감하고 있다. …… 우리는 중국의 국민당을 본보기로 하여 이 운동을 발전시키고자 한다.

– 조선일보

▨ 정우회 선언

우리가 승리를 향해 나아가기 위해서는 현실적으로 가능한 모든 조건을 충분히 이용하지 않으면 안 될 것이며 …… 민족주의적 노력의 집결로 인하여 전개되는 정치적 운동의 방향에 대하여는 그것이 필요한 과정의 형세인 이상, 우리는 차갑게 강 건너 불 보듯 할 수 없다. …… 따라서 민족주의적 세력에 대하여는 그 부르주아 민주주의적 성질을 명백하게 인식하는 동시에 또 과정적 동맹자적 성질도 충분히 승인하여 그것이 타락하는 형태로 출현되지 아니하는 것에 한하여는 적극적으로 제휴하여 대중의 개량적 이익을 위하여서도 종래의 소극적 태도를 버리고 분연히 싸워야 할 것이다.

– 조선일보

2. 국외 이주 동포들의 생활과 생활 모습의 변화

1 국외 이주 동포들의 생활

만주
- ① 19세기 후반부터 조선 농민들의 생활 터전화
- ② **1910년대**: 독립운동을 위한 망명, 일제의 토지 강탈로 생존을 위해 이주한 사람들이 다수 → 항일 운동 기지 건설
- ③ **1920년대**: 무장 독립군의 활동(봉오동 전투, 청산리 전투 등), 간도 참변
- ④ **1930년대**: ______ 1) 사건(1931, 일제의 한·중 이간책)

연해주
- ① 19세기 후반 러시아의 변방 개척 정책 → 토지 제공 등 한인 이주 허용 및 장려
- ② 1905년 이후 이주 급증, 신한촌을 비롯한 한인 집단촌 건설 → 독립운동 기지 마련
- ③ 13도 의군(1910), 대한 광복군 정부(1914), 대한 국민 의회(1919) 등 독립운동 단체 설립
- ④ **자유시 참변(1921)**: 다수의 독립군 희생
- ⑤ ______ 2) **강제 이주(1937)**: 스탈린은 일제 침략을 빌미로 연해주의 한인들을 중앙아시아에 강제 이주시킴 → 이 과정에서 수많은 한인들이 희생당함

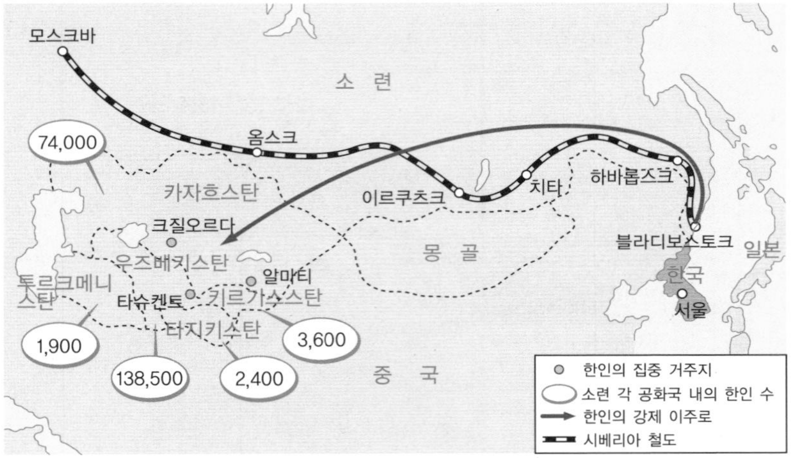

중앙아시아로의 강제 이주

정답 1) 만보산 2) 중앙아시아 3) 관동

일본
- ① **배경**: 19세기 말 정치적 망명자나 유학생 중심으로 이주
- ② **국권 피탈 이후**: 일제의 경제 수탈로 생활 터전을 상실한 농민들이 산업 노동자로 취업 → 민족 차별과 값싼 임금·노동 조건으로 고통
- ③ 2·8 독립 선언 발표, 3·1 운동에 부응하여 동맹 휴학 후 국내 시위 운동에 가담
- ④ 1923년 ________[3] 대지진 때 6,000여 명 이상이 학살당함
- ⑤ 중·일 전쟁 이후 많은 한국인들이 강제 징용·징병 등으로 끌려감

미국
- ① 20세기 초 하와이·멕시코 등지의 사탕수수 농장이나 철도 건설 노동자로 이주 → 사진 결혼
- ② 미국 본토의 이주민 대부분은 유학생이나 관리 출신, 샌프란시스코에는 소수의 인삼 장수와 지식인들이 이주
- ③ **대한인 국민회(1910) 조직**: 각종 의연금을 임시 정부에 송금, 구미 위원부(1919) 활동을 지원

2 생활 모습의 변화

문화
- ① **소비문화의 확산과 대중문화의 형성**: 1920년대부터 '모던 보이'와 '모던 걸' 등장, 단발머리 유행
- ② 『신여성』(1923), 『별건곤』(1926), 『삼천리』(1929) 등의 잡지가 창간되어 새로운 패션이나 화장법을 소개하여 유행을 선도함
- ③ 도로 취체 규칙 개정(1921)에 의해 차량과 사람 모두 좌측통행 규정, 조선 민사령 개정(1939)으로 창씨개명 정책 실시, 1930년대 이후 남성에게는 국민복을, 여성에게는 몸뻬를 입도록 강요
- ④ 청계천을 기준으로 북촌(한국인 거주지)과 남촌(일본인 거주지, 관공서, 백화점 등 설립)으로 구분됨

주택
- ① **1920년대**: 장식적 요소가 가미된 도시형 상품 주택인 개량 한옥이 중류층 중심으로 유행
- ② **1930년대**: 상류층을 위한 문화 주택이 확산됨(복도, 응접실, 침실, 아이들 방 등 개인 독립 공간 형성)
- ③ **1940년대**: 도시 서민의 주택난 해결을 위한 국민 연립 주택인 영단 주택 확대
- ④ **정세권(1888~1965)**: 지금의 가회동·계동·삼청동·익선동 등 경성부 전역의 땅을 사들여 중소형 한옥 주택 지구를 조성

*옳은 문장은 ○, 틀린 문장은 ×에 체크하세요.

핵심 기출 OX 민족 유일당 운동과 국외 이주 동포들의 생활

01 1920년대 중엽에는 신간회가 해소되고 혁명적 농민 조합 운동이 격렬하게 전개되었다. 2014년 사회복지직 9급 ○ | ×

02 신간회는 조선 소년 연합회를 창설하고자 하였다. 2019년 국회직 9급 ○ | ×

03 신간회의 자매 단체인 근우회는 김활란을 중심으로 활동하였으며 이후 신간회의 해소와 함께 해체하였다. 2014년 국회직 9급 ○ | ×

04 신간회는 보안법에 의해 강제로 해산되었다. 2016년 법원직 9급 ○ | ×

05 신간회가 존속한 기간에 단천 산림 조합 시행령 반대 운동이 전개되었다. 2018년 서울시 9급(3월) ○ | ×

06 신간회는 농촌 진흥 운동을 촉진하고자 하였다. 2018년 서울시 7급(3월) ○ | ×

07 신간회는 동양 척식 주식회사 등 한국인 착취 기관 철폐를 주장하였으며 일본인의 조선 이민을 반대하였다. 2019년 국회직 9급 ○ | ×

08 신간회는 정우회 선언 등을 통해 비타협적 민족주의와 사회주의 계열 간에 연대에 대한 합의가 이루어지면서 설립되었다. 2018년 서울시 7급(3월) ○ | ×

09 신간회는 문맹 퇴치와 미신 타파를 목적으로 브나로드 운동을 전개하였다. 2021년 지방직 9급 ○ | ×

10 신간회는 노동 운동과 연계하여 최저 임금제 시행 등 노동자들의 권익 향상을 요구하였고 원산 노동자 총파업을 지원하기도 하였다. 2019년 국회직 9급 ○ | ×

11 신간회는 의무 교육제와 고등 교육 기관 설립을 주장하였다. 2014년 국가직 7급 ○ | ×

12 비타협적 민족주의 세력과 사회주의 세력은 1927년에 신간회를 창립하고 이상재를 회장으로 추대하였다. 2021년 지방직 9급 ○ | ×

13 연해주에 거주하던 한인들은 1937년 중앙아시아로 강제 이주를 당하였다. 2008년 법원직 9급 ○ | ×

14 종로에 있는 화신 백화점 레스토랑에서 점심을 먹는 모습을 1920년대에 볼 수 있었다. 2017년 국회직 9급 ○ | ×

승범쌤의 기출 포인트

03 근우회 기출사료

인류 사회는 많은 불합리를 생산하는 동시에, 그 해결을 우리에게 요구하고 있다. 여성 문제는 그 중의 하나이다. 세계는 이 요구에 응하여 분연하게 활동하고 있다. 세계 자매는 수천 년래의 악몽에서 깨어나 우리 앞에 가로막고 있는 모든 질곡을 분쇄하기 위하여 싸워 온 지 오래이다. …… 과거의 조선 여성 운동은 분산되어 있었다. 그것에는 통일된 조직이 없었고 통일된 지도 정신도 없었고 통일된 항쟁이 없었다. …… 우리 조선 자매 전체의 역량을 공고히 단결하여 운동을 전반적으로 전개하지 아니하면 아니된다. 일어나라! 오너라! 단결하자! 분투하자! 조선 자매들아! 미래는 우리의 것이다.

15 잡지 『별건곤』이 발행된 시기에 대한천일은행, 한성은행, 조선은행 등이 설립되어 경성 상인에게 자본을 빌려주었다. 2017년 서울시 7급 (O | X)

16 1920년대에 『신여성』, 『삼천리』 등의 잡지는 새로운 패션이나 화장법을 소개하여 유행을 이끌었다. 2017년 서울시 7급 (O | X)

17 일제 강점기 상류층은 한식 주택을 2층으로 개량한 영단 주택에 모여 살았다. 2018년 국가직 9급 (O | X)

18 일제 강점기에는 현관과 화장실을 갖춘 개량 한옥이 보급되었고 복도와 응접실, 침실 등 개인의 독립된 공간이 있는 문화 주택이 등장하였다. 2020년 경찰직(2차) (O | X)

19 근우회는 평양에서 자기 회사, 대구에서 태극 서관을 운영하였다. 2014년 국회직 9급 (O | X)

20 일제 강점기에는 빈민이 토막촌을 형성하였고 걸인처럼 생활하였다. 2015년 사회복지직 9급 (O | X)

21 신간회는 언론을 통한 국민 계몽과 문맹 퇴치 운동, 민립 대학 설립 운동 등을 추진하였다. 2016년 법원직 9급 (O | X)

22 신간회가 설립되자 중국, 소련, 프랑스 노동자들이 격려 전문을 보냈다. 2018년 기상직 9급 (O | X)

23 일본 유학생들은 조선 청년 독립단의 이름으로 독립 선언서를 발표하였다. 2018년 경찰직(2차) (O | X)

승범쌤의 기출 포인트

15 『별건곤』 기출개념

- 1926년 천도교 기관인 개벽사가 언론 잡지인 『개벽』의 뒤를 이어 창간
- 월간 취미 잡지로 소설, 시, 방문기, 만화, 논설 등 수록

정답과 해설 01 × | 02 × | 03 ○ | 04 × | 05 ○ | 06 × | 07 ○ | 08 ○ | 09 × | 10 ○ | 11 × | 12 ○ | 13 ○ | 14 × | 15 × | 16 ○ | 17 × | 18 ○ | 19 × | 20 ○ | 21 × | 22 × | 23 ○

01 신간회는 1931년에 해소되었다. | 02 조선 소년 연합회는 소년 운동 협회와 오월회가 통합하여 1927년에 결성한 소년 운동 통합 단체로 신간회와는 관련이 없다. | 04 신간회는 사회주의 계열의 해소론이 대두하여 해체되었다. | 06 농촌 진흥 운동은 일제에 의해 1932년에 시작된 것으로 1931년에 해소된 신간회와는 관련이 없다. | 09 브나로드 운동은 동아일보가 1931년부터 전개하였다. | 11 고등 교육 기관의 설립을 주장한 단체는 조선 민립 대학 기성회이다. | 14 화신 백화점은 박흥식이 1931년에 서울 종로에 설립한 백화점이다. | 15 대한천일은행(1899), 한성은행(1897), 조선은행(1896)이 설립된 것은 일제 강점기 이전이고 잡지 『별건곤』은 1926년부터 1934년까지 발행되었다. | 17 영단 주택은 상류층이 아닌 도시의 서민들이 주로 모여 살던 곳이다. | 19 평양에 자기 회사, 대구에 태극 서관을 운영한 단체는 신민회이다. | 21 민립 대학 설립 운동은 신간회 창립 이전에 전개되었다. | 22 중국, 소련, 프랑스의 노동자들이 격려 전문을 보낸 것은 원산 총파업(1929)이다.

10 일제의 식민지 문화 정책

1. 교육 분야

민족 교육 진흥 노력과 일제의 탄압
- 사립 학교령(1908), 사립 학교 규칙(1911) 제정 → 개량 서당에서 민족 교육 → 서당 규칙(1918) 제정
- → 야학(1920년대~), 브나로드 운동(1931~1934, 동아일보), 문자 보급 운동(1929~1934, 조선일보), 조선어 연구회의 활동(1921~) 등 → 조선어 학회 활동(1931~1942)
- → 1935년 이후 일제는 문맹 퇴치 운동 금지령 반포

일제 강점기 조선 교육령
- 1차(1911)
  - ① **교육 과정**: ______ 1)학교(4년), 고등 보통학교(4년)
  - ② 국어(일본어) 학습 강요, 사립 학교·서당 등 억제, 보통·실업·기술 교육에 한정
  - ③ 민족 차별 교육(보통학교의 수업 연한을 4년으로 하되 지역 실정에 따라 1년을 단축 가능), 조선어를 선택 과목으로 유도
- 2차(1922)
  - ① **교육 과정**: 보통학교(______ 2)년), 고등 보통학교(5년)
  - ② 사범학교 설치 및 대학 교육 허용, 조선어를 필수 과목으로 변경
- 3차(1938)
  - ① **내선일체 교육**: 한국인과 일본인의 교육 과정 통합, 보통학교를 심상 ______ 3)로 변경(1938)
  - ② **황국 신민화 교육**: 심상소학교를 ______ 4)학교로 재차 변경(1941, 국민학교령), 조선어를 ______ 5) 과목으로 전환(사실상 폐지), 황국 신민 서사 암송 강요
  - ③ **각급 학교의 학칙 개정**: 교육 목적을 "… 국민 도덕을 함양함으로써 충량유위(忠良有爲)의 황국 신민을 양성하는 것을 목적으로 한다."라고 바꿈
- 4차(1943)
  - ① 중등학교의 교육 목적은 '황국의 도'에 입각하여 국민의 연성을 주안으로 한함
  - ② **전시 교육령 공포**(1945. 5.): 제3조 '학교는 교직원 및 학도로써 학도대를 조직한다.'
    → 1945년 7월 조선 총독부 명령으로 각급 학교는 학도대를 결성, 정규 교육보다 근로 봉사·방공호 작업·군사 훈련에 매진
  - ③ 조선어·조선사 교육 전면 금지, 교육 연한 축소(국민학교 4년, 중학교 4년)

2. 한국사의 왜곡: 식민 사관

목적
- ① 역사 왜곡을 통해 우리 민족의 민족성을 말살하고, 일제의 침략과 식민 지배를 정당화
- ② 일본의 문화적 열등감을 극복하고 한국인의 문화적 자존감을 약화시켜 식민 지배 영속화

과정
- ① **조선 반도사 편찬 위원회(1916)**: 중추원 산하 기구로 설치 → 『조선반도사』 편찬 시도(3·1 운동으로 중단)
- ② ______ 6)**회(1925~1945)**: 조선 반도사 편찬 위원회가 조선 총독부 산하 조선사 편찬 위원회로 개편(1922)
  → 조선사 편수회로 격상(1925)되어 『조선사』·『조선사료집진』 편찬(1932~1938)
- ③ ______ 7) **학회(1930)**: 경성 제국 대학 법문학부 교수 + 조선사 편수회 위원, 『청구학총』 간행

정답 1) 보통 2) 6 3) 소학교 4) 국민 5) 선택 6) 조선사 편수 7) 청구

_______1)론
- ① 한국사의 전개가 우리 민족의 주체적 역량에 의하여 자율적으로 이루어지지 못하고, 주변 국가에 종속되어 전개되었다는 논리
- ② 사대성론, 반도성론, 부수성론, 만선 사관, 일선동조론 등의 주장 활용

_______2)론
- ① 한국사에서 왕조의 교체는 내적 발전의 결과가 아니라 단순한 왕실의 변동에 불과하다는 논리
- ② 우리 역사의 발전 단계가 고대 사회에서 멈추어 중세가 없었고, 그에 따라 근대 사회로 진입하지 못했으며 통일 신라와 조선의 사회·경제적 수준은 비슷한 수준이라는 논리

당파성론
- ① 우리 민족은 분열성이 강해서 내분을 일으키며 당쟁을 일삼은 것이 조선 왕조 멸망의 원인이라는 논리
- ② 조선 왕조의 정치를 의미 없는 당쟁으로 규정하고 한국 민족 전체의 성격으로 파악한 이론

3. 일제의 언론·종교 탄압

언론
- ① **1910년대**: 총독부의 기관지인 매일신보를 제외한 대부분의 신문 폐간
- ② **1920년대**: 한글 신문 발행 허용 → 기사 삭제, 발매 중지, 압수, 발행 정지, 폐간 반복
- ③ **1930년대**: 대륙 침략 이후 언론 탄압 강화 → _______3) 삭제 사건(1936. 8.)
- ④ **1940년대**: 조선·동아일보 강제 폐간(1940)

종교
- ① **개신교**: 안악 사건(1910), 105인 사건(1911), 신사 참배 거부 지도자 탄압
- ② **불교**: _______4)(1911)으로 불교의 친일화 도모
- ③ **유교**: 성균관을 경학원으로 개칭(1911)하여 최고 학부로서의 교육 기능을 박탈, 석전향사(釋奠享祀)와 재산 관리를 주 임무로 하는 기관으로 개편함
- ④ **대종교·천도교**: 민족 종교를 유사 종교 또는 사이비 종교로 규정하여 탄압

> **더 알아보기**
>
> **일장기 삭제 사건**
>
> 조선중앙일보와 동아일보가 베를린 올림픽 마라톤 우승자 손기정 선수의 사진을 게재하면서 운동복에 그려진 일장기를 삭제한 사건
> → 이로 인해 동아일보는 무기 정간을 당하고, 조선중앙일보는 자진 휴간

정답 1) 타율성 2) 정체성 3) 일장기 4) 사찰령

*옳은 문장은 o, 틀린 문장은 ×에 체크하세요.

핵심 기출 OX 일제의 식민지 문화 정책

01 일제는 1911년 제1차 조선 교육령을 반포하여 식민지 국민의 의무를 강조하고 실업 교육을 통해 노동력을 확보하려 하였다. 2014년 경찰직(2차)

O X

02 일제는 조선사 편수회와 청구 학회를 통해서 식민 사관을 확립하고자 하였다. 2014년 경찰직(2차)

O X

03 타율성론은 한국사에서 왕조의 변동은 내적 발전의 결과가 아니라 단순한 왕실 변동에 불과하다고 주장하는 이론이다. 2008년 지방직 7급

O X

04 정체성론은 한국사가 근대 사회로 이행하기 위해 거쳐야 할 필수 단계인 중세 봉건 사회를 거치지 못하고 전근대 사회 단계에 머물러 있다는 주장으로 일제의 식민 사관에 해당된다. 2008년 지방직 7급

O X

05 제2차 조선 교육령의 시행 시기에 경성 제국 대학이 설립되었다. 2012년 법원직 9급

O X

06 중·일 전쟁 이후 일제가 동화 교육을 통해 한국인을 침략 전쟁에 동원하고자 시행한 것은 제3차 조선 교육령이다. 2010년 지방직 9급 응용

O X

07 일본은 '임나일본부설'에 근거하여 일본의 고대 한반도 지배를 내세웠다. 2008년 지방직 7급

O X

08 일제는 중·일 전쟁 이후 황국 신민화 정책을 본격적으로 추진하면서 신사 참배를 강요하였고 이를 거부하는 기독교인들을 체포·구금하며 반일 기독교 세력을 탄압하였다. 2014년 경찰직(2차)

O X

09 1930년대에 들어와서 한국인의 반일 감정을 무마하기 위하여 조선어를 선택 과목으로 규정하고, 최초의 대학 기관인 경성 제국 대학을 설립하였다. 2014년 경찰직(2차)

O X

10 3차 교육령을 반포했을 당시 일제는 한글 연구로 민족의식이 고취되는 것을 막기 위해 조선어 학회를 강제로 해산시켰다. 2018년 경찰직(2차)

O X

승범쌤의 기출 포인트

04 정체성론 기출사료

(후쿠다가 말하길) 한국에는 봉건 제도가 없으며, 봉건 사회의 무사라고 하는 계급도 없으며, 지배자인 양반은 단지 자기 노예를 가지고 있을 뿐이라는 것입니다. 한국은 자력으로 근대화하는 것은 전혀 불가능하며, 일본이 한국을 지도하여 근대화로 인도하여야 한다는 것입니다.

– 하타다 다카시

11 일제는 민족 말살 통치 시기에 황국 신민화 정책의 일환으로 '황국 신민 서사'를 아동은 물론 성인에게도 외우도록 강요하였다. 2016년 사회복지직 9급

O X

12 청구 학회가 주장한 만선 사관은 식민 사관의 사례로 만주와 한반도의 역사를 일원적으로 파악하여 한반도 역사와 문화가 만주사에 종속되었다고 폄훼하는 주장이다. 2015년 국가직 7급

O X

13 이회영은 조선어 학회 사건으로 옥고를 치렀다. 2020년 지방직 9급

O X

14 총독부가 설치한 조선사 편수회는 식민주의 사관을 토대로 『조선사』를 편찬하여 한국사의 왜곡에 앞장섰다. 2014년 경찰직(2차)

O X

15 경성 제국 대학은 조선인들의 민립 대학 설립 운동을 무마시키고 조선에 거주하는 일본인들의 고등 교육을 위해 설립되었다. 2012년 법원직 9급

O X

승범쌤의 기출 포인트

11 황국 신민 서사 기출사료

[일반용]

1. 우리들은 황국 신민이다. 충성으로써 군국에 보답하자.
2. 우리들 황국 신민은 서로 신애협력하고 단결을 굳게 하자.
3. 우리들 황국 신민은 인고단련의 힘을 길러 황도를 선양하자.

정답과 해설 01 O | 02 O | 03 × | 04 O | 05 O | 06 O | 07 O | 08 O | 09 × | 10 × | 11 O | 12 O | 13 × | 14 O | 15 O

03 타율성론이 아닌 정체성론에 관한 설명이다. | 09 3차 조선 교육령(1938)으로 조선어를 선택 과목으로 규정한 것은 맞지만 경성 제국 대학은 1924년에 설립되었다. | 10 제3차 조선 교육령은 1938년에 반포되었으며, 일제가 조선어 학회를 강제로 해산시킨 것은 1942년이다. | 13 이회영은 1932년에 순국하였고 조선어 학회 사건은 1942년에 일어났다.

11 민족 문화의 발전

1. 국어 연구

국문 동식회 — 독립신문사 내에 주시경이 만든 철자법 연구 모임인 최초의 국문 연구회(1896)

국문 연구소 (1907)
- ① 대한 제국 학부 내에 설치된 국어 연구 기관으로 국문의 정리와 국어의 새로운 체계를 확립하는 성과를 이룸
- ② **주요 인물**: 주시경(1876~1914), 지석영(1855~1935)

조선어 연구회 (1921)
- ① **주요 인물**: 주시경의 제자들인 임경재·최두선·이규방·권덕규·장지영 등
- ② **활동**: 가갸날 제정(1926 → 1928년에 한글날로 개칭), 『한글』 간행(1927. 2.~1928. 10.) → 한글 대중화에 기여

______1) (1931)
- ① **조선어 연구회를 계승**: 이극로·이현재·최현배 등 다수의 학자들로 구성
- ② **활동**: 『한글』 재간행(1932. 5.), 한글 맞춤법 통일안 제정(1933), 표준어 사정(1936), 외래어 표기법 제정(1940), 『우리말 큰 사전』 편찬 시도(말모이 작전 전개)
- ③ **해체**: 조선어 학회 사건(1942) → 『우리말 큰 사전』 편찬에 참여한 자들을 치안 유지법 내란죄로 처벌 → 광복 후 한글 학회(1949)로 계승되어 『우리말 큰 사전』 완성(1957)

2. 한국사 연구

민족주의 사학

- ① **박은식**
  - ㉠ ______2)(1915): 국권 피탈의 과정을 밝힘, "나라는 형(形, 형체)이요, 역사는 신(神, 정신)이다.", ______3) 강조
  - ㉡ 『한국독립운동지혈사』(1920): 갑신정변~3·1 운동이 일어난 이듬해인 1920년까지의 사실 서술
  - ㉢ **위인전기 저술**: 『대동고대사론』·『동명성왕실기』·『명림답부전』·『천개소문전』·『발해태조건국지』·『몽배금태조』·『안중근전』·『이준전』 등
- ② **신채호**
  - ㉠ 고대사 연구에 치중, 민족주의 역사학의 기반 마련, 한국사의 영역을 만주까지 넓히는 대륙 사관, 민족정신으로 ______4) 강조
  - ㉡ 『조선상고문화사』(1910년대 후반 추정), 「꿈하늘」(1916, 소설)
  - ㉢ 「조선혁명선언」(1923): 의열단 선언문으로 채택, 민중에 의한 폭력·혁명을 강조
  - ㉣ 『조선사연구초』(1929): 묘청의 서경 천도 운동을 '조선 역사상 일천년래 제일대사건'으로 규정
  - ㉤ ______5)(1931): '역사는 아(我)와 비아(非我)의 투쟁'으로 규정
- ③ **정인보**
  - ㉠ 신채호의 민족 주체 사관 계승·발전, 고대사 연구에 치중, 양명학과 실학의 전통 정리, 정약용 강조
  - ㉡ 「5천 년간 조선의 얼」 게재(1935. 1.~1936. 8., 동아일보) → 광복 후 ______6)로 간행(1946~1947), 단군~삼국 시대까지의 역사를 통사 형식으로 편찬
  - ㉢ 광개토 대왕릉비문 연구(「광개토경평안호태왕릉 비문 석략」에서 일본 학설 비판)
- ④ **문일평**
  - ㉠ 역사학의 대중화에 관심, 대외 관계사와 개항 이후 근대사에 치중, ______7)을 민족 대표로 삼음
  - ㉡ '조선심(心)' 강조, 『호암전집』, 『대미 관계 50년사』(1934) 편찬
- ⑤ **안재홍**
  - ㉠ ______8)(1947~1948): 신채호, 정인보의 고대사 연구를 한층 심화·발전
  - ㉡ 고조선 사회의 발전 모습 체계화, 신간회 활동, 광복 이후 신민족주의·신민주주의 제기, '다사리' 이념 강조

정답 1) 조선어 학회 2) 『한국통사』 3) 국혼 4) 낭가 사상 5) 『조선상고사』 6) 『조선사연구』 7) 세종 8) 『조선상고사감』

더 알아보기

박은식의 활동

1898 독립 협회 가입, 황성신문 주필
1904 대한매일신보 주필
1907 신민회 가입
1909 서북 학회 활동, 「유교구신론」 발표
1910 조선 광문회 조직(with 최남선)
1912 상하이의 동제사 참여
1915 『한국통사』 저술
1915 대동 보국단 조직(with 신규식 등) – 『진단』 발행
1920 『한국독립운동지혈사』 저술
1925 3월에 대한민국 임시 정부 2대 대통령 취임
→ 8월에 사임 후 11월에 병사

신채호의 활동

1898 독립 협회 가입
1905 황성신문 논설 위원
1906 대한매일신보 주필
1907 신민회 가입
1908 「독사신론」 발표(대한매일신보)
1912 권업신문 주필
1913 동제사 참여
1917 대동 단결 선언 참여
1919 대한 독립 선언 참여
1919 대한민국 임시 정부 임시 의정원 참여(주간지 신대한 발간)
→ 통합 정부 대통령에 이승만이 선출되자 임시 정부와 결별
1920 박용만, 신숙 등과 함께 군사 통일 촉성회 조직
1921 『천고』 발행(순 한문)
1923 「조선혁명선언」 집필, 국민 대표 회의 참가(창조파에 속함)
1924 동아일보에 『조선사연구초』 연재(~1925) → 1929년에 간행
1927 신간회 참여
1931 『조선상고사』 연재
1936 뤼순 감옥에서 옥사

사회·경제 사학
- ① ______[1]
  - ㉠ ______[2]의 입장에서 한국사를 체계화하였고 자본주의 맹아론 연구
  - ㉡ 토지 국유제·중앙 집권적 관료제 등 아시아적 특질을 정체적 특질이 아니라 보편적 발달 단계인 봉건제의 한 유형으로 파악 → 식민 사학의 정체성론 반박
  - ㉢ 『조선사회경제사』(1933), 『조선봉건사회경제사』(상권, 1937)
  - ㉣ 원시 공산제 사회(삼국 이전) → 노예제 사회(삼국) → 동양적 봉건 사회(통일 신라~조선) → 이식 자본주의 사회(개항 이후)로 우리 역사의 발전 과정을 정리
  - ㉤ 「조선 민족의 진로」(1946)에서 '연합성 신민주주의' 주장
- ② **이청원**: 『조선사회사독본』, 『조선독본』, 『조선역사독본』 저술
- ③ **전석담**: 『조선사교정』, 『조선경제사』 저술

실증 사학
- ① ______[3]
  - ㉠ 친일적 단체인 청구 학회의 식민 사학의 오류를 반박하면서 재일 유학생 출신들이 모체가 되어 조직(1934)
  - ㉡ 실증 사관을 표방하는 국학 연구 단체이며 『진단학보』를 발간
- ② **대표 학자**: ______[4], 이윤재, 손진태, 이상백, 신석호 등
- ③ **의의**: 민족 사관의 편협성과 국수주의적 성격을 극복하여 근대 한국 사학의 발달에 기여, 역사학의 전문화와 과학화에 기여
- ④ **한계**: 민족 운동으로서의 역사 연구를 거부, 일본 근대 역사학의 틀을 크게 벗어나지 못함

정답 1) 백남운 2) 유물 사관 3) 진단 학회 4) 이병도

____1) 운동
- ① 정인보, 문일평, 안재홍 등 민족주의 사학자
- ② 1934년 다산 정약용 서거 99주년 기념 사업 추진 → 『여유당전서』 간행
- ③ 조선 후기 실학을 자주적·민족적·실용적 학문으로 높이 평가

신민족주의 사학
- ① **의미**
  - ㉠ 실증 사학을 토대로 사회·경제 사학을 수용한 바탕에서 민족주의 사학을 계승·발전시켜 새로운 사학을 개척
  - ㉡ 광복 전후 좌익과 우익의 대립 극복과 배타적·침략적 민족주의의 지양을 강조
- ② **활동**
  - ㉠ ____2): 신민족주의의 기초 마련, 『신민족주의와 신민주주의』(1945. 12.), 「역사와 과학과의 신민족주의」(1947. 12.) 저술
  - ㉡ **손진태**: 신민족주의 사관 확립(봉건적 사관 비판, 자본주의적 민주주의 비판, 계급 사관 비판), 『조선민족사개론』(신라 말까지 서술한 상권만 완성) 저술

3. 종교 활동

개신교
- ① **선교 초기**: 애국 계몽 운동에 공헌, 교육·의료 사업에 치중
- ② **국권 피탈 후**: 105인 사건, 민족 운동 전개(3·1 운동에 다수 참여), 조선 중앙 기독교 청년회(YMCA)·조선 기독교 여자 청년회(YWCA) 중심으로 교육·의료 및 민중 계몽 운동 전개
- ③ **일제 말기**: 신사 참배 거부 운동으로 많은 지도자와 신자들이 투옥되었고, 개신교계 학교 폐쇄

____3)
- ① **사회 사업에 치중**: 양로원, 고아원 설립
- ② **『경향』 간행**: 민중 계몽에 기여, 만주에서 의민단 조직(1919, 청산리 전투에 참여)

____4)
- ① **1905년 손병희가 창시**: 3·1 운동 주도 후 제2의 독립 선언 운동 계획
- ② **사회 운동 전개**: 언론·출판·계몽 활동, 청소년 운동, 여성 운동 등 주도
- ③ 『개벽』(1920), 『어린이』(1923), 『신여성』(1923), 『학생』(1929) 발간, 6·10 만세 운동 주도

대종교
- ① 1909년 나철·오기호가 단군교로 창시 → 대종교로 개칭하고 북간도에 지사 설치(1910) → 본사를 북간도로 이전(1914)
- ② ____5) 숭배 사상, 중광단(1911)·북로 군정서(1919) 조직(민족 교육과 무장 항일 투쟁 전개)

불교
- ① 사찰령, 승려법 등으로 탄압 받음
- ② ____6): 『조선불교유신론』 저술(1910 → 1913, 간행), 조선 불교 유신회 조직(1921) → 불교의 미신적 요소 극복과 자주성 회복 노력

____7)
- ① **박중빈이 창시(1916)**: 교화·교육·자선의 3대 사업 전개
- ② 민족 자립정신 함양(개간 사업, 저축 운동), 새 생활 운동 전개(남녀평등, 허례허식 폐지)

정답 1) 조선학 2) 안재홍 3) 천주교 4) 천도교 5) 단군 6) 한용운 7) 원불교

4. 문학 활동

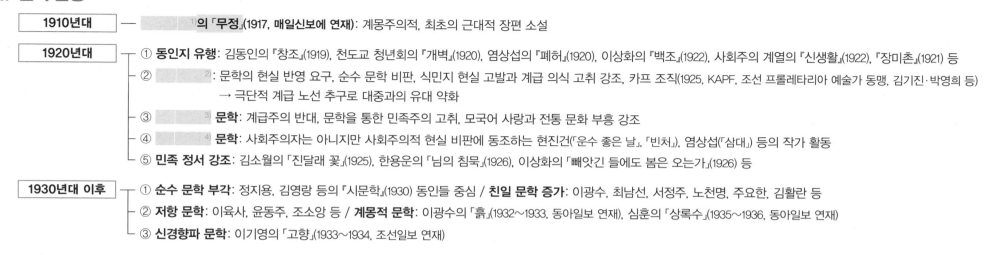

1910년대
- ____[1]**의 「무정」**(1917, **매일신보에 연재**): 계몽주의적, 최초의 근대적 장편 소설

1920년대
- ① **동인지 유행**: 김동인의 『창조』(1919), 천도교 청년회의 『개벽』(1920), 염상섭의 『폐허』(1920), 이상화의 『백조』(1922), 사회주의 계열의 『신생활』(1922), 『장미촌』(1921) 등
- ② ____[2]: 문학의 현실 반영 요구, 순수 문학 비판, 식민지 현실 고발과 계급 의식 고취 강조, 카프 조직(1925, KAPF, 조선 프롤레타리아 예술가 동맹, 김기진·박영희 등)
  → 극단적 계급 노선 추구로 대중과의 유대 약화
- ③ ____[3] **문학**: 계급주의 반대, 문학을 통한 민족주의 고취, 모국어 사랑과 전통 문화 부흥 강조
- ④ ____[4] **문학**: 사회주의자는 아니지만 사회주의적 현실 비판에 동조하는 현진건(「운수 좋은 날」, 「빈처」), 염상섭(「삼대」) 등의 작가 활동
- ⑤ **민족 정서 강조**: 김소월의 「진달래 꽃」(1925), 한용운의 「님의 침묵」(1926), 이상화의 「빼앗긴 들에도 봄은 오는가」(1926) 등

1930년대 이후
- ① **순수 문학 부각**: 정지용, 김영랑 등의 『시문학』(1930) 동인들 중심 / **친일 문학 증가**: 이광수, 최남선, 서정주, 노천명, 주요한, 김활란 등
- ② **저항 문학**: 이육사, 윤동주, 조소앙 등 / **계몽적 문학**: 이광수의 「흙」(1932~1933, 동아일보 연재), 심훈의 「상록수」(1935~1936, 동아일보 연재)
- ③ **신경향파 문학**: 이기영의 「고향」(1933~1934, 조선일보 연재)

5. 기타 예술 활동

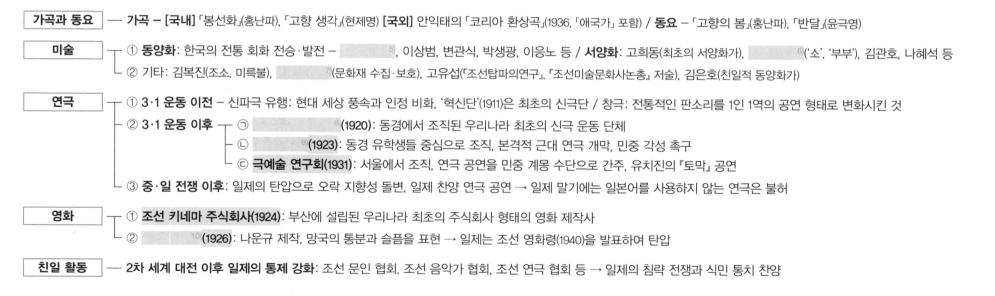

가곡과 동요
- **가곡 – [국내]** 「봉선화」(홍난파), 「고향 생각」(현제명) **[국외]** 안익태의 「코리아 환상곡」(1936, 「애국가」 포함) / **동요** – 「고향의 봄」(홍난파), 「반달」(윤극영)

미술
- ① **동양화**: 한국의 전통 회화 전승·발전 – ____[5], 이상범, 변관식, 박생광, 이응노 등 / **서양화**: 고희동(최초의 서양화가), ____[6](‘소’, ‘부부’), 김관호, 나혜석 등
- ② 기타: 김복진(조소, 미륵불), ____[7](문화재 수집·보호), 고유섭(『조선탑파의연구』, 『조선미술문화사논총』 저술), 김은호(친일적 동양화가)

연극
- ① **3·1 운동 이전** – 신파극 유행: 현대 세상 풍속과 인정 비화, ‘혁신단’(1911)은 최초의 신극단 / 창극: 전통적인 판소리를 1인 1역의 공연 형태로 변화시킨 것
- ② **3·1 운동 이후**
  - ㉠ ____[8]**(1920)**: 동경에서 조직된 우리나라 최초의 신극 운동 단체
  - ㉡ ____[9]**(1923)**: 동경 유학생들 중심으로 조직, 본격적 근대 연극 개막, 민중 각성 촉구
  - ㉢ **극예술 연구회(1931)**: 서울에서 조직, 연극 공연을 민중 계몽 수단으로 간주, 유치진의 『토막』 공연
- ③ **중·일 전쟁 이후**: 일제의 탄압으로 오락 지향성 돌변, 일제 찬양 연극 공연 → 일제 말기에는 일본어를 사용하지 않는 연극은 불허

영화
- ① **조선 키네마 주식회사(1924)**: 부산에 설립된 우리나라 최초의 주식회사 형태의 영화 제작사
- ② ____[10]**(1926)**: 나운규 제작, 망국의 통분과 슬픔을 표현 → 일제는 조선 영화령(1940)을 발표하여 탄압

친일 활동
- **2차 세계 대전 이후 일제의 통제 강화**: 조선 문인 협회, 조선 음악가 협회, 조선 연극 협회 등 → 일제의 침략 전쟁과 식민 통치 찬양

*옳은 문장은 ㅇ, 틀린 문장은 ×에 체크하세요.

핵심 기출 OX 민족 문화의 발전

01 '나라는 멸망할 수 있으나 그 역사는 결코 없어질 수 없다'고 주장한 역사학자는 『한국독립운동지혈사』를 저술하였다. 2018년 소방직(10월) O X

02 조선어 연구회는 '한글 맞춤법 통일안'을 제정하였다. 2017년 지방직 9급(12월) O X

03 '조선심'을 강조하며 정약용 연구를 중심으로 조선학 운동을 전개한 것은 문일평이다. 2018년 국가직 7급 O X

04 조선어 학회는 『한글』을 재간행했으며 『우리말 큰 사전』을 완성하였다. 2015년 지방직 9급 O X

05 신채호는 『조선사연구초』에서 역사를 '아와 비아의 투쟁'으로 규정하였다. 2019년 법원직 9급 O X

06 정인보는 동아일보에 게재한 「5천 년간 조선의 얼」을 광복 후 『조선사연구』로 간행하였다. 2018년 국가직 7급 O X

07 『조선사회경제사』를 저술한 백남운은 유물 사관의 입장에서 한국사를 체계화하였다. 2017년 지방직 9급(6월) O X

08 안재홍은 『조선상고사감』, 『불함철학대전』, 『조선철학』을 저술하였다. 2021년 경찰직(1차) O X

09 매일신보에 연재된 이광수의 『무정』은 최초의 근대적 장편 소설이다. 2018년 국가직 9급 O X

10 진단 학회에 소속되어 활동한 인물은 이윤재, 이병도, 손진태 등의 실증주의 역사학자들이다. 2018년 소방직(10월) O X

11 신채호는 『여유당전서』를 발간하여 조선 후기 실학자들을 재평가하였다. 2017년 지방직 9급(6월) O X

12 박은식은 양기탁의 추천을 받아 대한매일신보의 주필로 활동하였다. 2014년 지방직 7급 O X

13 백남운은 해방 이후 「조선 민족의 진로」라는 글을 발표하여 민족 통일 전선을 주장하는 '연합성 신민주주의'를 제창하였다. 2015년 사회복지직 9급 O X

14 일제는 1940년 조선 영화령을 공포하여 영화를 전시 체제의 옹호와 선전의 수단으로 사용하였다. 2018년 서울시 9급(3월) O X

승범쌤의 기출 포인트

05 신채호, 『조선상고사』 기출사료

역사란 무엇이뇨? 인류 사회의 아(我)와 비아(非我)의 투쟁이 시간부터 발전하며 공간부터 확대하는 심적 활동 상태의 기록이니, 세계사라 하면 세계 인류의 그리된 상태의 기록이며, 조선사라 면 조선 민족의 그리되어 온 상태의 기록이니라. 무엇을 '아'라 하며 무엇을 '비아'라 하느뇨? … 그러므로 역사는 아와 비아의 투쟁의 기록이니라.

– 『조선상고사』

15 『조선봉건사회경제사』를 저술한 인물은 실증 사학의 영향을 받았다. 2021년 법원직 9급 O X

16 1930년대에 정지용과 김영랑은 『시문학』 동인으로 일제의 탄압을 피해 예술성과 작품성을 강조하는 순수 문학의 발전에 이바지하였다. 2010년 국가직 9급 O X

17 도쿄 유학생들을 중심으로 토월회가 결성되어 남녀평등, 봉건적 인습 비판 등을 주제로 작품을 만들어 순회 공연을 열었다. 2020년 경찰직(2차) O X

18 1930년대에는 일본의 주류 대중 음악인 엔카가 민요와 결합되어 새로운 음악인 트로트 양식이 정립되었다. 2018년 서울시 9급(3월) O X

19 일제 강점기 미술에서는 안중식이 서양화를 대표하였다. 2010년 국가직 9급 O X

20 3·1 운동 이전에는 민중의 애환을 표현하는 신경향파 문학이 대두하였다. 2010년 국가직 9급 O X

21 태백광노 또는 무치생이라는 별호를 쓰기도 했으며 상해에서 『안중근전』을 저술한 이는 독립운동가이자 민족주의 역사학자인 박은식이다. 2019년 서울시 7급(2월) O X

22 신경향파 문학은 식민지 현실 고발과 계급 의식 고취를 강조하였으며 1925년에는 조선 프롤레타리아 예술가 동맹(카프)을 결성하였다. 2018년 서울시 9급(3월) O X

23 민족 고유의 사상인 선교에 대해 연구한 「동국고대선교고」와 소설 「꿈하늘」, 유고집인 『조선사론』 등을 남긴 인물은 신채호이다. 2019년 기상직 9급 O X

24 백남운은 한국사가 정체적이며 타율적이라 주장하는 식민 사학을 비판하였다. 2015년 사회복지직 9급 O X

승범쌤의 기출 포인트

22 카프 기출개념

- 프롤레타리아 문학 단체이자 최초의 전국적인 문학 단체
- 초기에는 문예 운동을 통한 정치 운동의 형태를 띠다가 점차 계급 투쟁적인 성격을 강조

정답과 해설 01 O | 02 × | 03 O | 04 × | 05 × | 06 O | 07 O | 08 O | 09 O | 10 O | 11 × | 12 O | 13 O | 14 O | 15 × | 16 O | 17 O | 18 O | 19 × | 20 × | 21 O | 22 O | 23 O | 24 O

02 '한글 맞춤법 통일안'(1933)을 제정한 연구 단체는 조선어 학회이다. | 04 조선어 학회는 『우리말 큰 사전』 편찬 준비를 하였다. 완성은 광복 이후 한글 학회에서 진행하였다. | 05 『조선상고사』에서 규정하였다. | 11 다산 정약용 서거 99주기를 맞아 『여유당전서』를 발간하여 조선 후기 실학자들을 재평가한 역사가는 정인보, 문일평, 안재홍 등이다. | 15 『조선봉건사회경제사』는 백남운이 저술하였다. 백남운은 실증 사학자가 아니라 사회·경제 사학자이다. | 19 안중식은 한국화를 전승·발전시킨 화가이다. 일제 강점기에 서양화에서는 이중섭, 나혜석, 고희동이 활약하였다. | 20 신경향파 문학은 3·1 운동 이후인 1920년대 이후부터 유행하였다.

Ⅶ 현대

01 광복과 대한민국 정부 수립

1. 광복 직전의 건국 준비 활동

단체	주도 세력	활동
대한민국 임시 정부 (1919)	민족주의 계열 (김구, 김규식)	① 조소앙의 ______[1]에 기초한 건국 강령 제정(1941) → 보통 선거를 통한 민주 공화국 수립, 토지와 생산 시설의 국유화, 무상 의무 교육 주장 ② **민족 연합 전선**: 민족 혁명당의 지도자들을 받아들여 주석·부주석제로 개편(1944)
조선 독립 동맹 (1942)	화북 지방의 사회주의 계열 (김두봉, 무정)	① **조선 의용군의 활동**: 조선 의용대 화북 지대를 조선 의용군으로 개편, 중국 팔로군과 연합하여 항일전 수행 ② **건국 강령 제정**: 보통 선거에 의한 민주 정권의 수립, 친일파의 재산 몰수, 대기업의 국유화, 의무 교육 실시 등
______[2] (1944. 8. 10.)	여운형·조동호 등이 주도 (좌·우 합작)	① **3대 원칙**: 불문(不文), 불언(不言), 불명(不名) ② **활동**: 중앙과 지방 조직을 갖추고 군사 행동 계획, 농민 동맹을 결성하여 식량 공출, 군수 물자 수송, 일제의 징병·징용을 방해 ③ **여운형과 조선 총독 간의 통치권 이양 협상**: 일본인들의 무사 귀환 보장과 조선 건국 동맹의 활동에 대한 조선 총독부의 불간섭 등에 합의 → 합의 직후 조선 건국 준비 위원회로 개편

2. 8·15 광복과 국토의 분단

한반도 관련 회담
- ① ______[3] **회담**(1943. 11.): 미·영·중 주도, 최초로 한국의 독립을 선언
- ② **얄타 회담**(1945. 2.): 미·영·소 주도, 극동 문제에 대한 비밀 의정서 채택(독일 패망 후 2~3개월 이내에 소련의 대일전 참전과 그에 대한 대가로 러·일 전쟁에서 상실한 영토 반환)
- ③ ______[4] **선언**(1945. 7.): 미·영·중 주도, 나중에 소련 참여, 카이로 회담의 결정 사항 재확인, 일본의 무조건 항복 요구

더 알아보기

열강의 국제 선언문

▨ 카이로 선언(1943. 11.)

3대 동맹국(미국 · 영국 · 중국)은 일본의 침략을 정지시키며 이를 벌하기 위하여 이번 전쟁을 속행하고 있는 것이다. …… 위 동맹국의 목적은 일본이 1914년 제1차 세계 대전 개시 이후에 탈취 또는 점령한 태평양의 도서(島嶼) 일체를 빼앗고 만주, 대만 및 팽호(澎湖) 섬과 같이 일본이 청국으로부터 빼앗은 지역 일체를 중화민국에 반환함에 있다. …… 앞의 3대국(미국 · 영국 · 중국)은 한국민의 노예 상태에 유의하여 적당한 시기(in due course)에 한국을 자주독립시킬 결의를 한다.

▨ 포츠담 선언(1945. 7.)

1. 미합중국 대통령, 중화민국 정부 주석 및 대영 제국 수상은 우리들의 수억 국민을 대표하여 협의한 결과, 일본에 대해 지금의 전쟁을 종결할 기회를 준다는 것에 합의하였다.

7. 일본의 전쟁 수행 능력이 파괴되었다는 것을 확인할 때까지는 …… 연합국이 지정한 일본 영역 내의 지점들은 점령될 것이다.

8. 카이로 선언의 조항은 이행되어야 하며, 또 일본국의 주권은 혼슈, 홋카이도, 규슈, 시코쿠 및 우리가 결정하는 섬에 국한될 것이다.

정답 1) 삼균주의 2) 조선 건국 동맹 3) 카이로 4) 포츠담

국토의 분단

- ① **배경**: 미·소 중심의 냉전 체제 심화 → 트루먼 독트린·마셜 플랜(1947), 북대서양 조약 기구(1949, NATO) 결성 VS 베를린 봉쇄(1948. 6.~1949. 5.), 코메콘(1949, COMECON), 바르샤바 조약 기구(1955, WTO)
- ② **한반도 분단 과정**: 소련군의 대일 선전 포고(1945. 8. 8.) → 소련군의 평양 진주 완료(1945. 8. 24.~8. 26.) → 미국과 소련의 한반도 분할 점령 합의(1945. 9. 2.) → 조선 건국 준비 위원회가 '조선 인민 공화국' 수립 선포(1945. 9. 6.) → 미군 최고 사령관 맥아더가 '미육군 태평양 사령부 포고 제1호' 반포(1945. 9. 7.) → 미군 인천 상륙(1945. 9. 8.) → 미군과 조선 총독 사이에 항복 문서 조인(1945. 9. 9.) → 미 군정청 설치(1945. 9. 20.) → 조선 인민 공화국과 대한민국 임시 정부 부인

> **더 알아보기**
>
> **맥아더 사령부 포고 제1호(1945. 9. 7.)**
>
> 제1조 북위 38도 이남의 조선 영토와 조선 인민에 대한 통치의 전 권한은 당분간 본관의 권한 하에서 시행된다.
>
> 제2조 정부 공공 단체 및 기타의 명예 직원들과 고용인 또는 공익사업 공중위생을 포함한 전 공공사업 기관에 종사하는 유급 혹은 무급 직원과 고용인 또 기타 제반 중요한 사업에 종사하는 자는 별도의 명령이 있을 때까지 종래의 정상적인 기능과 의무를 수행하고 모든 기록과 재산을 보존·보호하여야 한다.

- ③ **미 군정의 정책**
  - ㉠ **우익 세력의 미 군정 적극 참여**: 한국 민주당
  - ㉡ **미 군정의 정책**
    - **1945년 10월**: '최고 소작료 결정의 건' 발표(소작료가 수확량의 3분의 1을 초과하지 못하도록 한 '3·1제 소작제' 시행), 미곡 거래 자유화(일반 고시 제1호)
    - **1946년 1월**: 사설 군사 단체의 해산령 발표, 국방 경비대 발족, 미곡 수집령 제정
    - **1946년 2월**: 미 군정청의 자문 기구로 '남조선 대한국민 대표 민주 의원' 출범
    - **1946년 3월**: 군정 법령 제64호 발표(미 군정청 산하 기구 개편, 각 부처장에 한국인을 채용하여 한·미 양부처장제 실시)
    - **1946년 5월**: '조선 정판사 위조 지폐 사건' 발표 → 남한 내의 공산당 활동 불법화, 해방일보 등의 좌익계 신문 폐간 조치
    - **1946년 9월**: 미 군정 당국은 행정권을 한국인에게 이양하겠다고 선언
    - **1946년 12월**: ________1)을 의장으로 하는 '남조선 과도 입법 의원' 개원(민선 45명 + 관선 45명)
    - **1947년 2월**: ________2)을 한국인 부청장을 통괄하는 민정장관으로 임명
    - **1947년 5월**: 군정 법령 제141호를 발표하여 재조선 미 군정청 한국인 기관을 '남조선 과도 정부'로 개칭
    - ________3)**(1946. 3.~1948. 3.) 설립**: 일본인 소유의 재산 인수 → 중앙 토지 행정처로 개편(1948. 3.) 후 귀속 농지 유상 분배
  - ㉢ **미 군정의 한계**: 친일파 처단 무산, 미곡 자유화 정책 및 미곡 수집령, 화폐 발행 증가 등 → 물가 폭등, 공산당 세력의 소요 사태 등으로 혼란 심화
    - **1946년 9월 총파업**: 경성 철도 공장 노동자 3,000여 명이 일으킨 파업을 시작으로 철도 노동자들에게 확산
    - **1946년 대구 10·1 사건**: 미 군정의 식량 정책에 항의하여 시위에 나선 시민들에게 경찰이 총격 → 전국적으로 확대
- ④ **북한: 소련 군정 간접 통치**
  - ㉠ ________4) **활용**: 소련군은 북한 주민이 자발적으로 조직한 인민 위원회에 행정권과 치안권을 넘겨줌으로써 간접 통치 방식으로 북한 지역 장악
  - ㉡ **공산 정권의 수립 기반 마련**: 소련군과 공산주의자들이 중심이 되어 민족주의 계열 인사들 숙청
- ⑤ **결과**: 미·소 군정의 실시로 자주독립의 통일 국가를 수립하지 못하고 민족 분단이라는 비극 초래

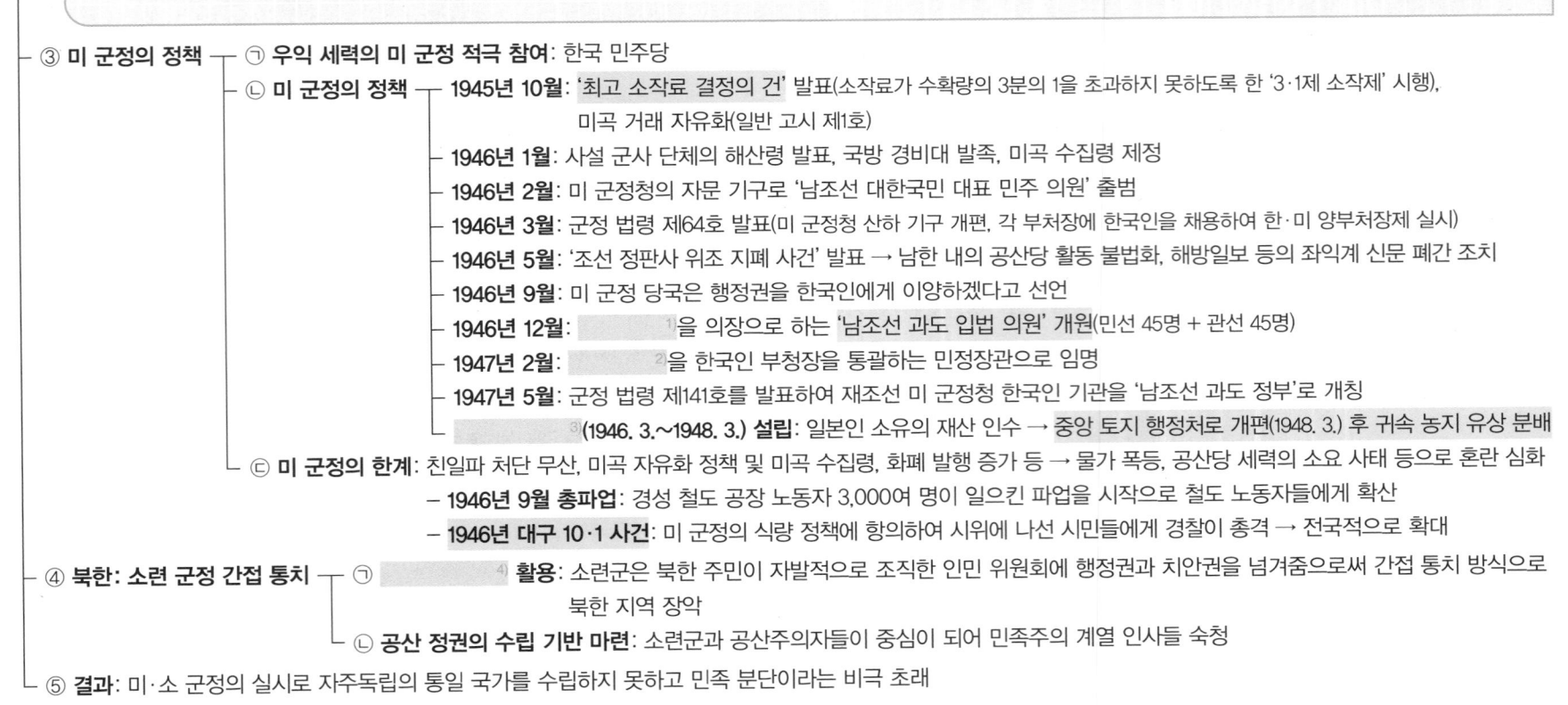

정답 1) 김규식 2) 안재홍 3) 신한 공사 4) 인민 위원회

3. 광복 직후 남한의 정세

1 조선 건국 준비 위원회(1945. 8. 15.)

조선 건국 준비 위원회 조직

- ① ________[1]의 중도 좌파 세력과 ________[2]의 중도 우파 세력이 연합
- ② 건국 치안대(치안과 행정 담당)를 조직하고 전국에 145개의 인민 위원회 설치
- ③ 북한 지역 지부는 ________[3] 등이 중심이 되어 만든 평안남도 건국 준비 위원회를 비롯하여 우익 중심으로 조직
- ④ **한계**: 좌익 진보 세력 중심으로 지도부가 구성되자 민족주의계 인사들이 반발하여 탈퇴하였고 부위원장 안재홍도 탈퇴

더 알아보기

조선 건국 준비 위원회 강령

1. 우리는 완전한 독립 국가의 건설을 기함.
2. 우리는 전 민족의 정치적, 경제적, 사회적 기본 요구를 실현할 수 있는 민주주의 정권의 수립을 기함.
3. 우리는 일시적 과도기에 있어서 국내 질서를 자주적으로 유지하여 대중 생활의 확보를 기함.

조선인민공화국 성립
(1945. 9. 6.)

- ① **성립 과정**: 1945년 9월 6일 1,300여 명의 인민 대표자들이 모여 여운형을 임시 의장으로 하는 전국 인민 대표자 회의 개최
  → 임시 정부 조직법 가결 및 중앙 인민 위원회 구성과 조선인민공화국의 수립을 선포
- ② **조직**: 주석 이승만, 부주석 여운형, 국무총리 허헌, 내무부장 김구, 외무부장 김규식, 재무부장 조만식, 군사부장 김원봉 등 선출
  → 주요 요직을 조선 공산당 재건파 세력이나 좌익 세력이 차지
- ③ **정강과 시정 방침 발표**

더 알아보기

조선인민공화국 정강과 시정 방침

1. 일본 제국주의와 봉건적 잔재 세력을 일소하여 진정한 민주주의 실현을 기한다.
2. 일본 제국주의의 법률·제도를 즉각 철폐한다.
3. 일본 제국주의자와 민족 반역자들의 토지를 몰수하여 농민에게 무상 분배한다.
4. 일본 제국주의자와 민족 반역자들의 공장·광산·철도·항만·선박·통신 그 밖의 모든 시설을 몰수하여 국유화한다.
5. 언론·출판·집회·결사 및 종교의 자유를 보장한다.
6. 8시간 노동제를 실시하고, 만 14세 이하의 유년 노동을 금지하며, 만 18세 미만 청소년의 노동 시간을 6시간으로 제한한다.
7. 국제 평화 유지를 위한 우방 국가들과의 긴밀한 협력을 중시한다.

- ④ **한계**: 민족주의 우파(김성수, 송진우) 세력은 임시 정부에 대한 지지를 선언하며 불참하였고, 장관급으로 임명된 대다수의 인사들이 아직 국외에 있거나 본인의 동의와 승낙 없이 일방적으로 지명된 경우가 대부분이었음 → 1945. 10. 10., 미 군정은 조선 인민 공화국을 부정하는 담화 발표

정답 1) 여운형 2) 안재홍 3) 조만식

2 기타 정당 및 단체

단체	주도 인물	특징
독립 촉성 중앙 협의회 (1945. 10. 23., 우익)	이승만	① 처음에는 좌·우 세력을 망라(이승만, 여운형, 박헌영 등)하였으나 친일 인사들의 합류 이후 좌익 계열은 모두 이탈 ② 반탁 노선, 미·소 공동 위원회 반대, 단독 정부 수립 운동 ③ 국내 기반 미약, 대미·대유엔 로비에 적극적
한국 민주당 (1945. 9. 16., 우익)	1)	① 송진우·김성수·장덕수 등을 중심으로 조직 → 토지 개혁을 비롯한 개혁 정책과 친일파 처리에 반대 ② 대한민국 임시 정부 지지를 명분으로 내세우고, 미 군정에 적극 참여·협조하여 우익 진영의 대표 정당으로 발전, 반탁 노선, 단독 정부 수립 운동
한국 독립당 (1940, 우익)	김구	① 김구, 조소앙 중심, 임정 법통론 주장, 반탁 운동 추진, 미·소 공동 위원회 참가 거부 ② 단독 정부 수립 반대
민족 자주 연맹 (1947. 12. 20., 중도 우익)	2)	① 좌·우 합작 노선, 1947년 7월 여운형 암살 후 중도 우파 세력이 결성 ② 남북 연석 회의 주도, 단독 정부 수립에 불참
국민당 (1945. 9. 1., 중도 우익)	안재홍	각 계급의 단결을 강조하는 신민주주의와 신민족주의 표방
조선 3) (1945. 11. 12., 중도 좌익)	여운형	① 인민 공화국 수립 좌절 후 여운형 등 중도 좌파 세력을 중심으로 결성 ② 미·소 공동 위원회의 성공을 위해 적극 활동, 진보적 민주주의를 표방하며 좌우 합작 운동 추진
남조선 신민당 (1946. 7. 13., 중도 좌익)	4)	① 북한에서 김두봉 등이 결성한 조선 신민당(1946. 2.)의 남한 조직 ② 1946년 11월에 조직된 남조선 노동당에 흡수·통합
조선 공산당 (1945. 8. 16., 좌익)	박헌영	① 초기에 미 군정에 협조, 1946년 6월 이후 미 군정과 대립 ② 조선 인민당과 남조선 신민당 내의 좌파 세력을 흡수·통합하여 남조선 노동당(남로당) 결성(1946. 11.)

정답 1) 김성수 2) 김규식 3) 인민당 4) 백남운

4. 대한민국 정부 수립 과정

미·소 양군의 한반도 주둔 ⇨

- 미·소 양군이 38도선을 경계로 주둔
- **북한 지역**: 소련이 인민 위원회를 통해 간접 통치
- **남한 지역**: 미 군정청이 직접 통치

모스크바 3상 회의(1945. 12.) ⇨

- 미·영·소 3국의 외무장관이 모스크바에서 회의를 열어 카이로 선언에서 약속했던 한반도 독립에 대해 협의
- 결정 내용
  - 미·영·중·소 4개국에 의한 최고 5년간 ______ 1)
  - 민주주의적 임시 정부 수립 합의
  - 미·소 공동 위원회 개최와 미·소 양군 사령부의 대표 회의 개최 합의

좌·우 이념 대립 심화

- **우익**: 신탁 통치 반대 운동 전개
  - ______ 2) 주도로 신탁 통치 반대 국민 총동원 위원회 결성
  - 신탁 통치 반대 국민 총동원 위원회와 이승만의 독립 촉성 중앙 협의회가 통합하여 ______ 3) 발족(1946. 2.)
  - 한국 민주당 계열도 신탁 통치 반대
- **좌익**: 임시 정부 수립을 위한 과정이라며 신탁 통치 찬성
  - 박헌영, 조선 공산당 등의 좌익 세력은 처음은 신탁 통치에 반대
  - 소련의 지시를 받은 좌익 세력은 신탁 통치의 본질이 임시 정부의 수립에 있다고 보고, 모스크바 협정의 총체적 지지 선언 후 찬탁 운동 전개
- **중도 세력**
  - **중도 우파**: 김규식 등, 모스크바 협정은 지지, 신탁 통치는 정부 수립 후 결정 주장
  - **중도 좌파**: 여운형·백남운 등, 미·소 공동 위원회 협조, 신탁 통치 반대 주장

정답 1) 신탁 통치 2) 김구 3) 대한 독립 촉성 국민회

⇨ **1차 미·소 공동 위원회 (1946. 3.)**

- 임시 정부 수립을 위한 협의 단체의 범위 문제로 결렬
  - **소련**: 협의 단체 구성 시 모스크바 협정에 반대한 단체(우익) 참여 반대
  - **미국**: '표현의 자유'를 주장하며 협의 단체 구성 시 모스크바 협정에 반대한 단체(우익) 참여 주장

⇨ **이승만의 ______1) 발언 (1946. 6.)**

- 남한 단독 정부 수립 주장
- 한국 민주당 등 지지 세력 규합

⇨ **좌우 합작 운동 (1946. 7. 25.~1947. 12. 15.)**

- ______2)·______3) 중심으로 좌우 합작 위원회 조직
- **미 군정의 지원**: 미국은 반탁을 주장하는 극우 세력을 배제하고 중도 세력을 중심으로 미국에 우호적인 정부를 세우기 위해 지원
- 좌우 합작 7원칙(1946. 10.)
  - 좌익은 5원칙, 우익은 8원칙을 제시하며 대립
  - **좌우 합작 위원회가 좌우 합작 7원칙 발표**: 토지 분배 문제와 ______4) 처리 문제 등의 의견 대립으로 좌익과 우익 세력 대부분 불참
- 남조선 과도 입법 의원 개원(1946. 12. 12.)
  - 미 군정은 ______5)을 입법 의원 의장으로 하여 민선 의원(한민당 계열과 이승만 계열) 45명과 관선 의원(좌우 합작파 중심) 45명으로 구성 → 1946. 12. 12. 개원
  - **남조선 과도 정부 발족(1947. 5.)**: 미국인 군정장관 아래 ______6)을 민정장관, 김용무를 대법원장에 임명하고 형식상 행정권만 한국인에게 위임하여 수립
- 좌우 합작 운동의 한계
  - **주도 세력 불참**: 한국 민주당·조선 공산당·김구·이승만 불참
  - **미 군정의 지원 철회**: 미·소 냉전 체제 강화로 지원을 철회하고 우익 세력 옹호
  - **여운형 암살(1947. 7. 19.)**: 여운형이 극우 세력에 의하여 암살됨
- **좌우 합작 위원회 해체**: 1947년 12월 6일 전체 회의를 개최하여 해체를 결의하고 12월 15일 해체를 선언

더 알아보기

좌우 합작 7원칙(1946. 10.)

1. 모스크바 3국 외상 회의 결정에 의해 좌우 합작으로 임시 정부를 수립할 것
2. 미·소 공동 위원회 속개를 요청하는 공동 성명 발표
3. 몰수·유(有)조건 몰수 등으로 농민에게 토지 무상 분여 및 중요 산업 국유화 → 좌익은 무상 몰수·무상 분배를 주장, 우익은 재정 파탄을 초래한다는 이유로 반대
4. 친일파, 민족 반역자 처리 문제는 장차 구성될 입법 기구에서 처리할 것 → 우익의 반대
5. 남북 좌·우의 테러적 행동을 일체 제지하도록 노력할 것
6. 입법 기구의 구성 방법 및 운영 등은 본 합작 위원회에서 작성, 적극 실행할 것 → 좌익은 입법 기구의 결정 사항이 미 군정의 거부권을 넘어설 수 없다는 이유로 반대
7. 전국적으로 언론, 집회, 결사, 출판 등의 자유를 절대 보장할 것

정답 1) 정읍 2) 김규식 3) 여운형 4) 친일파 5) 김규식 6) 안재홍

⇨ **2차 미·소 공동 위원회 (1947. 5.)**

- 미·소 양국이 자국에 우호적인 정부를 수립하려는 의도로 인해 실패
- **원인**: 트루먼 독트린 이후 미·소 냉전 체제 심화

⇨ **한반도 문제 유엔 이관 (1947. 9.)**

- 남북한 총선거를 통한 정부 수립 결정(1947. 11.)
  - ______ 1) 구성 후 위원단 감시 아래 인구 비례에 의한 남북한 총선거 실시로 통일 정부를 수립하자는 미국의 안이 유엔 총회에서 가결됨
  - 총선거 실시를 위해 유엔 한국 임시 위원단이 내한(1948. 1.)
  - 소련은 임시 위원단의 북한 지역 입국을 거부

⇨ **유엔 소총회 결의 (1948. 2.)**

- 김구와 김규식이 유엔 한국 임시 위원단 의장인 메논(Menon)에게 남북 지도자 회담에 관한 서신 전달(1948. 2. 9.)
- 김구의 '삼천만 동포에게 읍고함' 발표(2. 10.)
- 소련의 입북 거부로 유엔 한국 임시 위원단은 접근 가능한 남한 단독 총선거 실시 결정(2. 26.)
- 정치권 반응
  - **이승만, 한국 민주당**: 환영
  - **김구**: 반대
  - **좌익**: 반대

⇨ **남북 협상 노력 (1948. 4.)**

- 남북 지도자 회의(남북 연석 회의)를 ______ 2) 에서 개최(4. 19.~4. 26.)
  - 남한 단독 선거와 정부 수립 반대 및 미·소 군대 철수 등을 요구하는 결의문 채택
  - 김구·김규식·조소앙·최동오·홍명희(남측), 김일성·김두봉·김원봉·백남운(북측) 참여
- **결과**: 미·소 냉전 체제 강화로 실패, 김구와 김규식은 남한으로 돌아와 통일 정부 수립 운동 전개 → 5·10 총선거 불참

더 알아보기

▨ 이승만의 정읍 발언

이제 우리는 무기 휴회된 공위(미·소 공동 위원회)가 재개될 기색도 보이지 않으며 통일 정부를 고대하나 여의케 되지 않으니 우리 남방만이라도 임시 정부 혹은 위원회 같은 것을 조직하여 38 이북에서 소련이 철퇴하도록 세계 공론에 호소하여야 될 것이니 여러분도 결심하여야 될 것이다.

▨ 김구의 단독 정부 수립 반대

한국이 있고야 한국 사람이 있고, 한국 사람이 있고야 민주주의도 공산주의도 또 무슨 단체도 있을 수 있는 것이다. 마음속의 38도선이 무너지고야 땅 위의 38도선도 철폐될 수 있다. …… 현실에 있어서 나의 유일한 염원은 3천만 동포와 손을 잡고 통일된 조국의 달성을 위하여 공동 분투하는 것뿐이다. 이 육신을 조국이 필요로 한다면 당장에라도 제단에 바치겠다. 나는 통일된 조국을 건설하려다 38도선을 베고 쓰러질지언정 일신의 구차한 안일을 위하여 단독 정부를 세우는 데는 협력하지 아니하겠다.

– 김구, '삼천만 동포에게 읍고함'

정답 1) 유엔 한국 임시 위원단 2) 평양

⇨ **_____ 1) 4 · 3 사건(1948)**

- **원인**: 제주도 지역에서 자행된 부정부패, 좌익 세력의 준동, 서북 청년회 등의 극우 반공 단체들의 만행 등
- **전개**: 미군 철수와 남한 단독 선거 반대를 주장하는 좌익 세력과 도민들의 봉기 → 미 군정은 경찰과 우익 단체를 동원하여 무력 진압 → 봉기 세력은 인민 유격대를 조직하여 한라산 지역을 근거지로 무장 투쟁 전개
- **결과**: 진압 과정에서 많은 사람이 희생, 제주도 2개 지역에서 5·10 총선거가 실시되지 못하고 1년 뒤에 선거 실시

⇨ **5 · 10 총선거(1948)**

- **의의**: 우리나라 최초의 민주적 보통 선거 (자격 – 만 _____ 2)세 이상의 모든 국민)
- **한계**: 김구·김규식 등 남북 협상파 불참, 공산주의자들의 불참, 제주도 지역에서 2개 선거구 미실시, 남한 단독 선거 등
- **결과**: 총 198명 중 무소속이 85명으로 가장 많이 당선, 대한 독립 촉성 국민회(이승만 지지) 55명, 김성수 등 한국 민주당 29석, 기타 29석
- **개원**: 제헌 의회가 구성되어 1948년 5월 31일 개원

⇨ **헌법 공포(1948. 7. 17.)**

- **기본 정신**: 제헌 의회는 대한민국이 3·1 운동 정신과 대한민국 임시 정부의 법통을 계승한 민주 공화국임을 천명
- **내용**
  - _____ 3) 중심제와 내각 책임제의 혼합형 정치 형태
  - 3권 분립, 국회의 간접 선거에 의한 대통령·부통령 선출
  - 대통령의 임기 4년, 2회 연임 가능 (1회 중임 가능)

⇨ **대한민국 정부 수립(1948. 8. 15.)**

- 대통령 이승만, 부통령 이시영(국회에서 선출)
- **유엔 총회의 승인(1948. 12.)**: 대한민국 정부를 한반도의 유일한 합법 정부로 승인
- **북한**: 조선 민주주의 인민 공화국 수립(1948. 9.) → 유엔 불승인

⇨ **_____ 4) 10 · 19 사건(1948)**

- 제주 4·3 사건의 잔여 세력 소탕 목적으로 여수 주둔 국군 14연대의 제주도 파병 결정
- 제주도 파병을 거부한 군부 내의 좌익 세력 봉기 → 여수·순천 일대 장악 → 이승만 정부는 여수와 순천 일대에 계엄령 선포 후 반군 토벌 전개, 미군의 지원 → 진압
- **결과**: 진압 과정에서 무고한 민간인이 다수 희생, 반란군 일부는 지리산 방면으로 탈출하여 빨치산 활동 전개
- **영향**: _____ 5)법 제정(1948. 12.), 군대 내의 좌익 인사 색출 작업 전개, 국민 보도 연맹(1949. 4.) 결성 등의 계기

정답 1) 제주 2) 21 3) 대통령 4) 여수·순천 5) 국가 보안

더 알아보기

제헌 헌법

유구한 역사와 전통에 빛나는 우리들 대한 국민은 기미 3 · 1 운동으로 대한민국을 건립하여 세계에 선포한 위대한 독립 정신을 계승하여, 이제 민주 독립 국가를 재건함에 있어서, 정의 · 인도와 동포애로써 민족의 단결을 공고히 하여, 모든 사회적 폐습을 타파하고 민주주의 제도를 수립하여 정치 · 경제 · 사회 · 문화의 모든 영역에서 각인의 기회를 균등히 하고 …… 정당 또 자유로이 선거된 대표로서 구성된 국회에서 단기 4281년 7월 12일 이 헌법을 제정한다.

제1조 대한민국은 민주 공화국이다.

제53조 대통령과 부통령은 국회에서 무기명 투표로써 각각 선거한다.

제55조 대통령과 부통령의 임기는 4년으로 한다. 단, 재선에 의하여 1차 중임할 수 있다.

제102조 이 헌법을 제정한 국회는 이 헌법에 의한 국회로서의 권한을 행하며 그 위원의 임기는 국회 개회일로부터 2년으로 한다.

*옳은 문장은 ○, 틀린 문장은 ×에 체크하세요.

핵심 기출 OX 광복과 대한민국 정부 수립

01 모스크바 3국 외상 회의에서 '민주주의 원칙하에 독립 국가 건설을 위한 임시 정부를 수립한다'는 사항이 결정되었다. 2014년 서울시 7급 ○ ×

02 포츠담 회담에서 "적당한 시기에, 적당한 방법으로"라고 언급하며 최초로 한국의 독립을 명시하였다. 2017년 서울시 9급 ○ ×

03 얄타 회담에서는 소련에 의해 최초로 한국의 신탁 통치 문제가 대두되었다. 2016년 국가직 7급 ○ ×

04 미 군정은 1946년 12월 안재홍을 의장으로 하는 '남조선 과도 입법 의원'을 개원하였다. 2017년 지방직 7급 ○ ×

05 미 군정은 신탁 통치 문제로 인한 좌 · 우 세력의 혼란을 수습하기 위해 좌우 합작 위원회의 초기 활동을 지원하였다. 2012년 서울시 9급 ○ ×

06 좌우 합작 위원회의 중심 인물인 여운형이 암살되면서 좌우 합작 위원회가 해산되었다. 2016년 지방직 7급 ○ ×

07 조선 건국 동맹을 기반으로 조선 건국 준비 위원회가 조직되었다. 2020년 지방직 9급 ○ ×

08 여운형의 중도 좌파 세력과 안재홍의 중도 우파 세력이 연합하여 조선 건국 준비 위원회를 조직하였다. 2018년 소방직(10월) ○ ×

09 조선 건국 준비 위원회는 전국 인민 대표 대회에서 조선 인민 공화국의 수립을 선언하였다. 2017년 국가직 7급(10월) ○ ×

10 민족주의 우파 세력은 임시 정부 지지를 주장하며 조선 건국 준비 위원회에 참여하지 않았다. 2019년 국가직 7급 ○ ×

11 조선인민공화국의 주석은 김구, 부주석은 여운형이 임명되었다. 2019년 국회직 9급 ○ ×

12 김성수의 주도로 조직된 한국 민주당은 토지 개혁을 비롯한 개혁 정책과 친일파 처리에 반대하였다. 2019년 국가직 7급 ○ ×

13 여운형의 조선 인민당은 각 계급의 단결을 강조하는 신민주주의와 신민족주의를 표방하였다. 2016년 지방직 7급 ○ ×

14 한국 민주당을 결성하여 미 군정에 적극적으로 참여한 인물은 김성수, 송진우이다. 2014년 지방직 9급 ○ ×

승범쌤의 기출 포인트

04 안재홍 기출개념
- 1916년 이회영, 신채호 등과 동제사에서 활약
- 『여유당전서』 간행 등 조선학 운동 전개
- 1945년 광복 직후 여운형과 조선 건국 준비 위원회 구성
- 1947년 미 군정이 설립한 남조선 과도 정부의 민정 장관 역임

15 이승만은 1946년 6월 정읍에서 남한 단독 정부의 수립을 주장하였다. 2019년 서울시 9급(2월) O X

16 김구와 여운형을 중심으로 좌우 합작 위원회가 조직되었다. 2018년 서울시 7급(3월) O X

17 좌우 합작 7원칙이 발표되었지만 토지 분배 문제와 친일파 처리 문제 등에서 의견 대립으로 좌 · 우익 세력이 대부분 불참하였다. 2018년 경찰직(3차) O X

18 좌우 합작 운동에는 한국 민주당, 조선 공산당, 김구, 이승만 등 주요 세력이 불참하였다. 2011년 국가직 9급 응용 O X

19 2차 미 · 소 공동 위원회의 결렬로 한반도 문제가 유엔으로 이관되었다. 2019년 소방직 O X

20 김구와 김규식이 남북 협상을 제안하여 남북 지도자 회의가 서울에서 개최되었다. 2018년 지방직 9급 O X

21 한국 독립당의 김구는 단독 정부 수립을 반대하며 미 · 소 공동 위원회 참가를 거부하였다. 2011년 국가직 9급 응용 O X

22 모스크바 3상 회의에선 미 · 영 · 중 · 소 4개국에 의한 최고 10년간 신탁 통치가 결정되었다 2019년 지방직 7급 O X

23 5 · 10 총선거는 우리나라 최초의 민주적 보통 선거로 20세 이상 모든 국민에게 투표할 수 있는 자격을 주었다. 2015년 서울시 7급 O X

24 5 · 10 총선거는 남한 전 지역 모든 구에서 실시되었다. 2016년 서울시 9급 O X

25 조선 건국 준비 위원회는 국내 치안을 담당하기 위해 치안대를 조직하였다. 2019년 국회직 9급 O X

26 김구는 모스크바 3국 외상 회의의 결정 사항이 알려지자 신탁 통치 반대 운동을 펼쳤다. 2022년 국가직 9급 O X

승범쌤의 기출 포인트

20 김규식 기출개념

- 1919년 신한청년당 활동 (파리 강화 회의에 한국 대표로 참석)
- 1935년 민족 혁명당 창당
- 1944년 임시 정부 부주석으로 활동
- 1946년 여운형과 함께 좌 · 우 합작 운동 전개
- 1948년 남북 협상 추진

정답과 해설 01 O | 02 X | 03 X | 04 X | 05 O | 06 O | 07 O | 08 O | 09 O | 10 O | 11 X | 12 O | 13 X | 14 O | 15 O | 16 X | 17 O | 18 O | 19 O | 20 X | 21 O | 22 X | 23 X | 24 X | 25 O | 26 O

02 최초로 한국의 독립을 언급한 것은 카이로 회담이다. | 03 미국에 의해 신탁 통치 문제가 대두되었다. | 04 김규식을 의장으로 하는 남조선 과도 입법 의원을 개원하였다. | 11 조선인민공화국의 주석은 이승만이 임명되었다. | 13 신민족주의와 신민주주의를 표방한 것은 안재홍의 국민당이다. | 16 좌우 합작 위원회는 김규식과 여운형을 중심으로 조직되었다. | 20 평양에서 개최되었다. | 22 10년이 아닌 5년간 신탁 통치가 결정되었다. | 23 만 21세 이상 모든 국민에게 투표할 수 있는 자격을 주었다. | 24 제주 4·3 사건으로 인해 제주도 2개 지역에서는 실시되지 못했다.

02 정부 수립 직후의 상황과 6·25 전쟁

1. 정부 수립 직후의 상황

반민족 행위 처벌법 (1948. 9. 22.)
- ① 일제 강점기 반민족 행위를 한 사람들을 처벌, 공민권(공무원이 되는 자격 및 선거권, 피선거권) 제한
- ② **반민족 행위 특별 조사 위원회 설치** (1948. 10., 반민특위)
  - ㉠ 10명의 국회의원으로 구성, 위원장 김상덕과 부위원장 김상돈
  - ㉡ 특별 재판부, 특별 검찰부, 특별 경찰대를 설치하여 독자적 조사권·사법권·경찰권 행사
  - ㉢ **활동**: 친일 혐의를 받은 주요 인사들을 조사 → 박흥식, 노덕술, 이광수, 최린, 최남선 등 구속
- ③ 정부의 방해
  - ㉠ **미온적인 정부 태도**: 반공주의를 내세운 이승만 정부는 반민특위 활동에 미온적
  - ㉡ ______1) **사건(1949. 5.)**: 일부 소장파 국회의원들이 남로당과 내통했다는 이유로 현직 반민특위 위원들 구속
  - ㉢ ______2) **습격 사건(1949. 6.)**: 경찰 요직에 자리 잡은 친일 세력의 지휘로 경찰 특공대가 반민특위 사무실 습격
  - ㉣ **공소 시효 단축**: 반민족 행위자에 대한 기소를 1949년 8월 31일까지 해야 하는 개정안이 국회에서 통과됨으로써 종결
- ④ **결과**: 총 680여 건을 조사하여 221건을 기소하고 40여 건의 재판을 마쳤으나 대부분 무혐의 또는 집행 유예로 풀려나고 12명에게 실형이 선고되었으나, 그마저도 반민특위의 해체 후 대부분 석방

대구 반란 사건 (1948. 11. 2)
- 대구에 주둔하고 있던 제6연대 소속의 일부 남로당계 군인이 주동이 되어 일으킨 반란 사건

국민 보도 연맹 창설 (1949. 4.)
- ① 좌익 운동을 하다 전향한 사람들이 조직한 반공 단체로, 정식 명칭은 국민 보도 연맹
- ② 1948년 12월 시행된 국가 보안법에 따라 좌익 사상에 물든 사람들을 전향시켜 보호하고 인도한다는 취지로 결성

농지 개혁법 (1949. 6.)
- ① **배경**: **북한의 토지 개혁(1946. 3.) – 분배 원칙**: ______3) · ______4)(5정보 소유 인정)
- ② **미 군정의 토지 정책**
  - ㉠ **최고 소작료 결정의 건 공포(1945. 10.)**: 소작료가 총 생산량의 ______5)을 초과할 수 없음
  - ㉡ **신한 공사 설립(1946. 3.)**: 동양 척식 주식회사의 재산과 일본인 소유 농지를 관리, 귀속 재산의 일부를 개인에게 불하
  - ㉢ ______6) **설립(1948. 3.)**: 신한 공사가 관리하던 일본인 소유 농지의 대부분을 원래의 소작농에게 불하
  - ㉣ **대한민국과 미국 간의 재정 및 재산에 관한 최초 협정(1948. 9.)**: 미국은 귀속 재산의 처분권을 한국 정부로 이관
- ③ **농지 개혁법 제정(1949. 6. 21.)** (1950. 3. 10., 개정 완료)
  - ㉠ **목적**: ______7)(耕者有田)의 원칙에 입각하여 농지를 농민에게 분배
  - ㉡ **내용**: ______8)정보 이상의 농지 소유 금지 → 초과 농지는 지주로부터 ______9) 매입하여, 농민에게 3정보 한도로 유상 분배함(지주에게는 지가 증권을 교부하여 연평균 수확량의 150%를 5년에 걸쳐 받을 수 있도록 하고, 농민은 연평균 수확량의 150%를 5년 동안 현물로 상환하도록 함)
  - ㉢ **결과**: 1950년 3월 시행, 6·25 전쟁으로 잠시 중단되었다가 휴전 이후 재개 → 지주제가 점차 소멸하고 자영농이 증가함
  - ㉣ **한계**: 법 시행 이전에 지주들이 비농지로 전환하여 농지 개혁 대상 축소, 6·25 전쟁과 그에 따른 인플레이션으로 지주나 농민 모두 어려움이 커짐 → 토지 자본이 산업 자본으로 전환되기 어려웠음

정답 1) 국회 프락치 2) 반민특위 3) 무상 몰수 4) 무상 분배 5) 1/3 6) 중앙 토지 행정처 7) 경자유전 8) 3 9) 유상

[1] 처리법 (1949.12.)
- ① **내용**: 일본인이 소유하던 귀속 재산의 불하 사업 추진 → 6·25 전쟁기와 휴전 직후에 민간인 연고자들에게 귀속 재산의 대부분을 매각
- ② **결과**
  - ㉠ **저렴한 불하 가격과 특혜 문제**: 불하 가격이 매우 저렴하여 실질적으로 엄청난 정책적 특혜로 작용
  - ㉡ **재벌 탄생**: 불하 과정에서 부정, 정경유착과 같은 부조리를 초래하여 재벌 탄생

2. 6·25 전쟁

1 북한 정부의 수립 과정

평남 건국 준비 위원회 (1945. 8. 17.) — 광복 직후 평양에서 조만식을 중심으로 하여 민족주의 인사들이 결성 → 평양 진주를 마친 소련군의 요구로 민족주의 계열과 공산당 측 각 16인으로 구성된 평남 인민 정치 위원회로 개편(8. 27.) → 1945년 12월 조만식이 신탁 통치에 반대했다는 이유로 연금당함으로써 와해

북한 정부의 수립 과정
- ① **조선 공산당 북조선 분국(1945. 10.)**: 김일성을 책임 비서로 선출
- ② **북조선 5도 행정국(1945. 11.)**: 조만식을 책임자로 인민 위원회의 중앙 기구로 설치
- ③ **조선 민주당과 북조선 신민당**: 조만식이 민족 자본가와 기독교 민족주의자를 규합하여 조선 민주당 조직(1945. 11.), 김두봉이 소련에 의해 무장 해제를 당한 후 귀국하여 북조선 신민당 조직(1946. 2.)
- ④ [2] **회(1946. 2.)**: 김일성을 위원장, 김두봉을 부위원장으로 하여 구성(실질적 정부 역할 수행)
  → 토지 개혁법(1946. 3., 5정보를 상한으로 무상 몰수·무상 분배 단행), 주요 산업 국유화, 8시간 노동제, 남녀평등법 등 제정
- ⑤ **북조선 노동당(1946. 8.)**: 조선 공산당 북조선 분국을 개칭하면서 북조선 신민당을 흡수하여 조직
- ⑥ **북조선 인민 위원회(1947. 2.)**: 북한 정부 수립을 위해 창설된 최고 집행 기구 → 인민 회의 구성, 인민군 창건(1948. 2. 8.)
- ⑦ **헌법 초안 작성(1948. 4. 29.)**: 남북 연석 회의가 종료된 직후 헌법 초안 채택 → 인민 위원회를 국가 권력의 기초로 설정, 개인 소유 인정(인민 민주주의적 성격)
- ⑧ 최고 인민 회의 대의원 선거(1948. 8. 25.)
- ⑨ 조선민주주의인민공화국 헌법 채택(1948. 9. 8.)
- ⑩ **조선민주주의인민공화국 수립(1948. 9. 9.)**: 대한민국 정부가 수립되자 김일성을 수상으로 하는 조선민주주의인민공화국 수립을 선포
  → 북조선 노동당과 남조선 노동당을 합당하여 조선 노동당 조직(1949. 6.)

정답 1) 귀속 재산 2) 북조선 임시 인민 위원

2 6·25 전쟁

배경
- ① 남한 내 공산당 세력의 무력 투쟁 지속(빨치산), 북한의 무력 도발, 이승만 정부의 북진 통일론과 김일성의 민주 기지론의 대립
- ② 주한 미군 철수(1949. 6.), 중국의 공산화(1949. 10.)와 북한 지원 약속, 소련의 북한 지원 약속 및 남침 공모(1949. 3.~1950. 4.)
- ③ ______[1] **선언(1950. 1. 10.)**: 미국 국무장관 애치슨이 미국의 태평양 지역 방위선에서 한국과 타이완을 제외
- ④ **한·미 상호 방위 원조 협정 체결(1950. 1. 26.)**: 한국 정부와 미국 정부 간의 경제 및 군사 원조에 관한 협정(한반도 유사시 즉각 지원)

전개 과정
- ① 북한의 남침(1950. 6. 25.) → 유엔 안전 보장 이사회 개최(6. 26., 유엔군 파병 결정) → 서울 점령(6. 28.) → 유엔군 파병 → 대전 함락(7. 20.) → ______[2] 전선 형성(7월 하순)
- ② **국군과 유엔군의 반격**: ______[3] 작전 성공(9. 15.) → 서울 탈환(9. 28.) → 38도선 통과(10. 1.) → 평양 점령(10. 19.) → 압록강변 진출(10. 26.)
- ③ **중공군의 참전** (1950. 10. 19.)
  - ㉠ **장진호 전투(1950. 11. 27.~12. 11.)**: 미 제1해병사단이 장진호 북쪽으로 진출하던 중, 중공군 7개 사단과 충돌하여 2주간 전개한 철수 작전
  - ㉡ **흥남 철수 작전(1950. 12. 15.~12. 24.)**: 중공군의 개입으로 전황이 불리해지자 북진했던 미군과 국군이 피난민들과 함께 흥남항을 통해 해상 철수한 작전
  - ㉢ 서울이 다시 점령되고 경기도 평택 선 가까이 후퇴(1951, '______[4] 후퇴') → 한강 남쪽으로 후퇴 → 서울 재수복(1951. 3.) 후 38도선에서 전선 고착
- ④ **휴전 협상**
  - ㉠ ______[5]의 제의에 의해 휴전 협상 시작(1951. 7. 10.)
    → 아이젠하워가 1953년 1월에 미국의 대통령으로 취임하고 3월에 소련의 스탈린이 사망하면서 휴전 협상 급진전 → 휴전 협정 체결(1953. 7. 27.)
  - ㉡ 군사 분계선 설정, 중립국 감시 기구 구성, 전쟁 포로 교환 방식 등의 문제로 인해 협상 장기화
  - ㉢ **거제도 포로 수용소 폭동(1952. 5.~6.)**: 거제도 제76 포로 수용소에 수용되어 있던 공산 포로들이 일으킨 일련의 소요 사건
- ⑤ **이승만 정부의 휴전 반대**: 1953년 6월 8일 판문점 휴전 회담에서 귀향을 원하는 포로를 휴전 성립 후 60일 이내에 송환하기로 합의
  → 이승만은 한·미 방위 조약 체결 전에는 휴전할 수 없고, 반공·애국 포로를 북으로 송환할 수 없다는 이유로 반대
  → ______[6] 석방(6. 18.) → 6월 25일 미국 국무부 차관보 로버트슨이 내한하여 절충
- ⑥ **휴전 협정 체결(1953. 7. 27.)**: 판문점에서 국제 연합군 총사령관 클라크와 북한군 최고 사령관 김일성, 중공 인민 지원군 사령관 펑더화이 서명

결과
- ① **피해**: 수많은 사상자와 행방불명자·이산가족 발생, 국토의 황폐화, 산업·생산 시설의 초토화, 물자 부족과 물가 폭등
- ② **분단의 고착화**: 남북의 불신과 적대감 심화 및 독재 체제 강화
- ③ ______[7] **조약 체결(1953. 10.)**: 북한의 재침 방지와 한국 문제에 대한 미국의 정식 개입을 보장
- ④ **제네바 회담(1954. 4. 26.~6. 15.)**: 유엔 참전국을 비롯한 19개국 외무장관들이 스위스 제네바 국제 연맹 회관에서 한국의 평화적인 통일 방안을 모색하기 위해 개최 → 실패

민간인 학살
- ① **국민 보도 연맹 사건(1950. 6.~9.)**: 6·25 전쟁이 일어나자 이승만 정부는 국민 보도 연맹원들이 북측에 협조할지 모른다는 의심으로 대규모 학살을 자행
- ② ______[8] **사건(1951)**: 1950년 12월 16일 통과된 '국민 방위군 설치법'에 의하여 만 17~40세 미만의 제2국민병으로 국민 방위군 조직
  → 이들에게 지급될 물자를 국민 방위군 지휘관들이 빼돌려 수많은 병력이 굶어 죽거나 얼어 죽은 사건
- ③ **기타**: 국군에 의한 거창 양민 학살 사건, 미군에 의한 노근리 학살 사건, 북한군에 의한 수많은 민간인 학살 발생

정답 1) 애치슨 2) 낙동강 3) 인천 상륙 4) 1·4 5) 소련 6) 반공 포로 7) 한·미 상호 방위 8) 국민 방위군

더 알아보기

▨ 반민족 행위 처벌법

제1조 일본 정부와 통모하여 한·일 합병에 적극 협력한 자, 한국의 주권을 침해하는 조약 또는 문서에 조인한 자와 모의한 자는 사형 또는 무기 징역에 처하고 그 재산과 유산의 전부 혹은 2분의 1 이상을 몰수한다.

제2조 일본 정부로부터 작위를 받은 자 또는 일본 제국 의회의 의원이 되었던 자는 무기 또는 5년 이상의 징역에 처하고 그 재산과 유산의 전부 혹은 2분의 1 이상을 몰수한다.

제3조 일본 치하 독립운동가나 그 가족을 악의로 살상·박해한 자 또는 이를 지휘한 자는 사형, 무기 또는 5년 이상의 징역에 처하고 그 재산의 전부 혹은 일부를 몰수한다.

▨ 귀속 재산 처리법

제2조 본 법에서 귀속 재산이라 함은 …… 대한민국 정부에 이양된 일체의 재산을 지칭한다. 단, 농경지는 따로 농지 개혁법에 의하여 처리한다.

제3조 귀속 재산은 본 법과 본 법의 규정에 의하여 발하는 명령의 정하는 바에 의하여 국용 또는 공유 재산, 국영 또는 공영 기업체로 지정되는 것을 제외하고는 대한민국의 국민 또는 법인에게 매각한다.

▨ 한·미 상호 방위 조약(1953. 10.)

제2조 당사국 중 어느 일국의 정치적 독립 또는 안전이 외부로부터의 무력 공격에 의하여 위협을 받고 있다고 어느 당사국이든지 인정할 때에는 언제든지 당사국은 서로 협의한다.

제3조 각 당사국은 상대 당사국에 대한 무력 공격을 자국의 평화와 안전을 위태롭게 하는 것이라고 인정하고, 공동의 위험에 대처하기 위하여 각자의 헌법상의 절차에 따라 행동한다.

*옳은 문장은 o, 틀린 문장은 ×에 체크하세요.

핵심 기출 OX 정부 수립 직후의 상황과 6·25 전쟁

01 6 · 25 전쟁 중인 1952년에 이승만 정부는 우리나라 연안 수역 보호를 목적으로 '인접 해양의 주권에 관한 대통령 선언(평화선 선언)'을 발표하였다. 2018년 기상직 9급 O X

02 유엔군과 한국군, 중국군, 북한군은 1953년 7월 27일에 정전 협정에 조인하였다. 2018년 경찰직(2차) O X

03 유엔 총회에서 유엔 한국 임시 위원단의 감시 아래 남북한 총선거를 실시하기로 결정한 것은 반탁 운동 이후의 일이다. 2013년 국가직 7급 O X

04 유엔군과 북한군 측은 소련을 제외한 4개국 중립국 감시 위원회의 구성에 합의하였다. 2015년 국가직 7급 O X

05 휴전 협정이 체결되고 같은 해 한 · 미 상호 방위 조약이 체결되었다. 2010년 국가직 7급 O X

06 미국의 태평양 지역 방위선에서 한국과 타이완을 제외한다는 선언은 6 · 25 전쟁의 배경 중 하나로 작용하였다. 2017년 국가직 7급(8월) O X

07 미국의 제의로 인해 1951년부터 휴전 협상이 시작되었다. 2010년 서울시 7급 O X

08 국민 보도 연맹 사건과 국민 방위군 사건은 6 · 25 전쟁의 대표적인 민간인 학살 사건이다. 2017년 국가직 9급(10월) O X

09 1 · 4 후퇴 이전 대규모 해상 철수 작전인 흥남 철수가 이루어졌다. 2017년 국가직 7급(8월) O X

10 미 군정은 최고 소작료 결정의 건을 공포하여 소작료가 총생산량의 2/3를 초과할 수 없다고 지정하였다. 2015년 사회복지직 9급 O X

11 반민족 행위 처벌법에서는 기술관을 제외한 고등관 3등급 이상 관공리의 공무원 임용을 공소 시효 경과 전까지 불허하였다. 2010년 국가직 9급 O X

12 미국 대통령 선거에서 아이젠하워가 대통령으로 당선된 이후 소련의 최고 통치자였던 스탈린이 사망하였다. 2010년 서울시 7급 O X

13 정전 협정에서 양측은 현 전선을 군사 분계선으로 정하고 군사 분계선 남북 각각 2km 지역을 비무장 지대로 설치하였다. 2018년 경찰직(2차) O X

14 6 · 25 전쟁 중 이승만 정부가 반공 포로의 석방을 단행하였다. 2017년 국가직 7급(8월) O X

승범쌤의 기출 포인트

02 휴전 협정(정전 협정) 기출사료

1. 한 개의 군사 분계선을 확정하고 쌍방이 이 선으로부터 2km씩 후퇴함으로써 적대 군대 간에 한 개의 비무장 지대를 인정한다. 한 개의 비무장 지대를 설정하여 이를 완충 지대로 함으로써 적대 행위의 재발을 초래할 수 있는 사건의 발생을 방지한다.
4. 적대 쌍방 사령관들은 비무장 지대와 각자의 지역 간의 경계선에 따라 적당한 표식물을 세운다. 군사 정전 위원회는 군사 분계선과 비무장 지대의 양 경계선에 따라 설치한 일체 표식의 건을 감독한다.

15 휴전 협정 이전에 한반도에 미군이 주둔하는 한 · 미 상호 방위 조약이 체결되었다. 2015년 사회복지직 9급 O | X

16 휴전 협정 조인으로 발췌 개헌 파동이 야기되었다. 2015년 사회복지직 9급 O | X

17 5 · 10 총선거를 통해 선출된 제헌 국회의원의 임기는 2년이다. 2015년 서울시 7급 O | X

18 유엔군 측은 제네바 협정에 따른 포로의 자동 송환을 주장하였다. 2015년 국가직 7급 O | X

19 농지 개혁법은 유상 매입 · 유상 분배를 원칙으로 삼았으며 3정보 이상의 농지 소유를 금지하였다. 2015년 국가직 7급 O | X

20 귀속 재산 처리법의 결과 정경유착 등의 부조리가 발생하여 재벌이 탄생하였다. 2019년 서울시 9급(2월) O | X

21 이승만 정부는 귀속 재산 처리법을 통해 국 · 공유 재산으로 지정된 것을 제외한 나머지 귀속 재산을 민간인에게 매각하였다. 2020년 법원직 9급 O | X

22 반민족 행위 처벌법은 여수 · 순천 10 · 19 사건 직후에 국회에서 통과되었다. 2017년 지방직 9급(6월) O | X

23 북한은 북조선 임시 인민 위원회를 구성하고 위원장에 김일성, 부위원장에 조만식을 선출하였다. 2018년 경찰간부후보생 O | X

24 휴전 회담이 난항에 빠지자 참전국들 간의 회담이 제네바에서 개최되었다. 2010년 국가직 7급 O | X

25 유엔 안전 보장 이사회는 한반도에 미국을 중심으로 한 유엔군 파견을 결정하였다. 2017년 소방직(복원) O | X

승범쌤의 기출 포인트

18 **전쟁 포로 송환 문제** 기출개념

- 유엔군: 포로의 자유의사를 존중하는 자유 송환 주장
- 공산군: 무조건 송환 주장

정답과 해설 01 O | 02 × | 03 O | 04 O | 05 O | 06 O | 07 × | 08 O | 09 O | 10 × | 11 O | 12 O | 13 O | 14 O | 15 × | 16 × | 17 O | 18 × | 19 O | 20 O | 21 O | 22 × | 23 × | 24 × | 25 O

02 한국군은 정전 협정에 조인하지 않았다. | 07 소련의 제의로 휴전 협상이 시작되었다. | 10 1/3을 초과할 수 없다고 지정하였다. | 15 휴전 협정 이전이 아닌 조인 이후 한·미 상호 방위 조약이 체결되었다. | 16 발췌 개헌 파동은 1952년에 일어난 것으로 휴전 협정이 체결되는 1953년보다 이전에 있었던 일이다. | 18 유엔군 측은 자유의사에 의한 송환을 주장하였다. | 22 반민족 행위 처벌법은 1948년 9월 22일에 제헌 국회에서 제정되었다. | 23 북조선 임시 인민 위원회의 위원장은 김일성, 부위원장은 김두봉이 선출되었다. | 24 제네바 회담은 휴전 협정 체결 후 1954년에 개최되었다.

03 이승만 정부와 4·19 혁명 및 장면 내각

더 알아보기

대한민국 역대 대통령

- **1~3대**: 이승만(1948. 7.~1960. 4.)
- **4대**: 윤보선(1960. 8.~1962. 3.)
- **5~9대**: 박정희(1963. 12.~1979. 10.)
- **10대**: 최규하(1979. 12.~1980. 8.)
- **11~12대**: 전두환(1980. 9.~1988. 2.)
- **13대**: 노태우(1988. 2.~1993. 2.)
- **14대**: 김영삼(1993. 2.~1998. 2.)
- **15대**: 김대중(1998. 2.~2003. 2.)
- **16대**: 노무현(2003. 2.~2008. 2.)
- **17대**: 이명박(2008. 2.~2013. 2.)
- **18대**: 박근혜(2013. 2.~2017. 3.)
- **19대**: 문재인(2017. 5.~2022. 5.)
- **20대**: 윤석열(2022. 5.~2027. 5.)

1. 이승만 정부(제1공화국: 1948~1960)

1대 임기 (1948~1952)

- ① **이승만 정부에 대한 민심 이반**: 친일파 청산 및 농지 개혁에 소극적, 6·25 전쟁 중 벌어진 거창 양민 학살 사건, 국민 방위군 사건 등이 원인
- ② **2대 국회의원 선거(1950. 5.)**: 남북 협상파 세력이 무소속으로 대거 당선(약 60%) → 국회 간선제 방식으로는 차기 대통령 당선 어려워짐
- ③ 부통령 이시영 사퇴(1951. 5. 9.) → 2대 부통령 보궐 선거에서 민주 국민당의 김성수 당선(1951. 5. 16.)
- ④ **발췌 개헌(1952. 7. 7.)**: 이승만의 재선을 위해 정부는 대통령 ____[1]와 국회 ____[2]를 골자로 하는 개헌안 제출(1951. 11. 28.) → 자유당 창당 → 국회는 ____[3] 개헌안 제출(1952. 4. 17.) → ____[4] 부산 정치 파동 → 정부안과 국회안을 절충하여 발췌 개헌안을 통과시킴(1952. 7. 4., 정·부통령 직선제, 국회 양원제, 국회의 국무위원 불신임제 등) → 2대 대통령에 이승만, 3대 부통령에 함태영 당선(1952. 8. 5.)

2대 임기 (1952~1956)

- ① ____[5] **개헌(1954. 11. 29.)**: 초대 대통령에 한해 중임 제한을 철폐한다는 내용의 개헌안 제출 → 재적 203명 중 135명 찬성으로 부결(가결 정족수 136) → '사사오입'의 원칙을 내세워 통과 → 야당은 호헌 동지회 결성 → 민주당 창당(1955. 9., 호헌 동지회 중심) → 이승만 3대 대통령에 당선(1956. 5. 15.)
- ② 1956년 3·4대 정·부통령 선거 구도
  - ㉠ 자유당(이승만 – 이기붕) "갈아봤자, 더 못산다!"
  - ㉡ 민주당(____[6] – 장면) "못살겠다, 갈아보자!"
  - ㉢ **무소속(진보당 추진 위원회)**: 조봉암 – 박기출
  - ㉣ **결과**: 신익희가 사망하여 대통령에 이승만 당선, 부통령에는 장면 당선
  - ㉤ 조봉암은 216만 표 이상을 득표하여 차기 야당 지도자로 부상, 1956년 11월 ____[7] 창당

3대 임기 (1956~1960)

- ① **진보당 사건(1958. 1.)**: 대선 후 최대 경쟁자로 떠오른 진보당 해체, 당수 조봉암 사형 집행(1959. 7.)
- ② **독재화 경향 심화**: ____[8]법 제정(1958. 12. 24.), ____[9] 폐간(1959. 4. 30.)

____[10] 부정 선거 (1960)

- ① **4대 대통령·5대 부통령 선거 구도**: 자유당(이승만 – 이기붕), 민주당(조병옥 – ____[11]) → 조병옥 사망
- ② **부정 선거 자행**: 부통령에 이기붕을 당선시키기 위해 4할 사전 투표, 3인조·9인조 공개 투표, 투표함 바꿔치기, 사복 경찰 동원, 자유당 완장 부대 동원, 야당 투표 참관인 축출 등 대대적인 부정 선거 자행 → 대통령에 이승만, 부통령에 이기붕 당선 발표

정답 1) 직선제 2) 양원제 3) 내각 책임제 4) 5·26 5) 사사오입 6) 신익희 7) 진보당 8) 신국가 보안 9) 경향신문 10) 3·15 11) 장면

2. 4·19 혁명과 장면 내각

4·19 혁명 (1960)

- ① **배경**
  - ㉠ **경제 상황의 악화**: 미국의 농산물 무상 원조 감소로 인한 경제 상황의 악화, 저곡가 정책으로 인한 농촌 사회의 몰락, 도시 빈민 증가
  - ㉡ 국민들의 민주주의 인식 수준 향상
  - ㉢ 3·15 부정 선거 실시로 인한 분노 고조
- ② **과정**: ______1)에서 부정 선거 항의 시위(3. 15.) → 경찰의 무차별 발포 → ______2) 군 시체 발견(4. 11.) 후 시위 확산 → 고려대생 시위 후 괴한들의 습격(4. 18.) → 4·19 혁명 → 정부의 계엄령 선포 → 대학 교수단의 시국 선언문 발표(4. 25.) → 이승만 하야(4. 26.) → 외무장관 ______3)이 과도 내각 구성 → 3차 헌법 개정(1960. 6. 15., ______4)와 국회 양원제)
- ③ **의의**: 독재 정권을 타도한 민주주의 혁명, 우리나라 민주주의 발전에 중요한 계기

장면 내각 (제2공화국)

- ① **성립**: 7·29 총선에서 민주당 압승 → ______5)을 상징적 대통령으로, 실권을 행사하는 장면을 국무총리로 인준(1960. 8.)
- ② **국정 과제**: 독재 정권의 유산 청산, 민주주의 실현, 경제 개발, 남북 관계 개선 등
- ③ **언론 활동 보장**: 국가 보안법 개정, 언론사 허가제를 등록제로 변경, 경향신문 복간
- ④ **노동 조합 운동 고조**: 교원 노조, 언론인 노조 등
- ⑤ **4차 개헌 (1960. 11. 29.)**: 반민주 행위자 처벌을 위한 ______6) 개헌
- ⑥ 댐 건설을 위한 국토 개발 사업에 착수 및 '경제 개발 5개년' 계획 수립
- ⑦ **다양한 통일 운동**: 대학생과 혁신계의 통일 논의(중립화 통일론, 남북 협상론, 남북 교류론 등)
  → 장면 내각은 평화 통일론을 채택하였으나 '선 경제 건설, 후 통일론'을 주장하며 남북 대화에 소극적
- ⑧ **한계**
  - ㉠ **민주당 내 내분 심화**: 구파(구 한국 민주당계, 민주 국민당 출신)와 신파(자유당 탈당파, 흥사단계)의 대립 심화
    → 민주당을 탈당한 구파 세력이 신민당 창당
  - ㉡ **개혁 의지 부재**: 4대 특별법의 입법 과정에서 보여준 소극적 태도, 반민주 악법 제정 시도, 한·미 경제 협정(한·미 경제 기술 원조 협정, 1961. 2.)을 통과시킨 후 '집회와 시위에 관한 법'과 '반공을 위한 특별법' 제정 시도
  - ㉢ ______7) 군사 정변으로 붕괴(1961)

> **더 알아보기**
>
> **장면 내각의 4대 특별법 제정**
> - 부정 선거 원흉 및 민족 반역자 처리법
> - 부정 축재 처벌법
> - 특별 재판소 및 특별 검찰부 설치법
> - 반민주 행위자 공민권 제한법

정답 1) 마산 2) 김주열 3) 허정 4) 내각 책임제 5) 윤보선 6) 소급 입법 7) 5·16

*옳은 문장은 ○, 틀린 문장은 ×에 체크하세요.

핵심 기출 OX 이승만 정부와 4·19 혁명 및 장면 내각

01 사사오입 개헌안에는 초대 대통령에 한하여 중임 제한을 철폐한다는 내용이 명시되어 있다. 2011년 사회복지직 9급 ○ ×

02 제주 4·3 항쟁은 국가 보안법 제정의 결정적 계기가 되었다. 2018년 서울시 7급(3월) ○ ×

03 반공주의를 내세운 이승만 정부는 반민족 행위 처벌법 활동에 대해 상당히 미온적인 태도를 보였다. 2017년 국가직 9급 (10월) ○ ×

04 이승만 정부는 신국가 보안법을 여당 의원만 출석한 상태에서 통과시킨 후 조봉암을 간첩 혐의로 사형시켰다. 2016년 서울시 9급 ○ ×

05 장면 정부는 3·15 선거를 무효로 하고 재선거를 실시하였다. 2015년 서울시 9급 ○ ×

06 이승만은 기존의 제도로는 재선이 어려울 것이라고 판단하여 대통령 간선제를 골자로 하는 발췌 개헌안을 제출하였다. 2018년 지방직 9급 ○ ×

07 신국가 보안법을 제정하고 경향신문을 폐간하면서 이승만의 독재화 경향이 심화되었다. 2013년 국가직 7급 ○ ×

08 이한열 군의 시신 발견은 4·19 혁명의 도화선이 되었다. 2019년 서울시 9급(6월) ○ ×

09 4·19 혁명 당시 정부는 시위 진압을 위해서 비상계엄을 선포하였다. 2018년 소방직(10월) ○ ×

10 이승만의 하야 이후 장면이 과도 내각을 구성하였다. 2017년 서울시 7급 ○ ×

11 4·19 혁명 이후 혁신 정당 세력도 총선거에 참여하여 정치적으로 크게 약진하였다. 2017년 서울시 7급 ○ ×

12 장면 내각은 경제 제일주의를 내세워 외자 도입과 경제 원조 확대를 통한 경제 개발 5개년 계획을 수립하였다. 2016년 서울시 7급 ○ ×

13 장면 내각은 군비 축소와 군의 정예화 추진을 통한 국방력 강화 및 군의 정치적 중립 확보를 시정 방침으로 하였다. 2016년 서울시 7급 ○ ×

14 1956년 제3대 정·부통령 선거에서 전체 유효표의 30%를 차지한 후보는 무소속의 조봉암이고 부통령에 당선된 민주당의 후보는 장면이다. 2019년 서울시 7급(10월) ○ ×

승범쌤의 기출 포인트

06 **발췌 개헌** 기출사료

제31조 입법권은 국회가 행한다. 국회는 민의원과 참의원으로써 구성한다.

제53조 대통령과 부통령은 국민의 보통, 평등, 직접, 비밀 투표에 의하여 각각 선거한다.

[부칙]

이 헌법은 공포한 날로부터 시행한다. 단, 참의원에 관한 규정과 참의원의 존재를 전제로 한 규정은 참의원이 구성된 날로부터 시행한다.

– 헌법 제2호, 1952. 7. 7.

15 3 · 15 부정 선거는 4 · 19 혁명이 일어나는 직접적인 원인이 되었다. 2015년 서울시 9급 O | X

16 4 · 19 혁명 이후 조봉암이 진보당을 결성하였다. 2019년 서울시 9급(6월) O | X

17 4 · 19 혁명을 계기로 이승만 대통령이 하야하였다. 2019년 서울시 9급(6월) O | X

18 1960년 6월 15일에 국회에서 통과된 개헌안에는 민의원과 참의원으로 구성된 국회 조항이 있다. 2020년 지방직 9급 O | X

19 4 · 19 혁명 이후에 민족 자주 통일 중앙 협의회가 조직되었다. 2019년 서울시 9급(6월) O | X

20 1952년에 통과된 발췌 개헌안의 핵심은 대통령 직선제와 국회의 국무위원 불신임제에 관한 내용이다. 2011년 사회복지직 9급 O | X

21 3 · 15 부정 선거는 이승만의 대통령 당선 가능성이 높은 상황에서 실시되었다. 2015년 서울시 9급 O | X

22 4 · 19 혁명은 마산에서 시위 도중 숨진 김주열 군의 시신이 바다에 떠오르면서 촉발되었다. 2015년 소방직(복원) O | X

23 대학 교수단의 시국 선언은 4월 19일 학생 시위를 촉발시켰다. 2009년 지방직 9급 O | X

24 4 · 19 혁명으로 내각 책임제 정부와 양원제 의회가 출범하였다. 2010년 지방직 9급 O | X

25 1950년대 5 · 16 군사 정권에 의해 제2공화국이 막을 내리고 제3공화국이 출범하였다. 2015년 경찰간부후보생 응용 O | X

승범쌤의 기출 포인트

16 조봉암 기출개념

- 조선 공산당 결성(1925), 6 · 10 만세 운동 준비
- 광복 후 공산주의 노선을 비판하며 좌 · 우 합작 운동 지지
- 제헌 국회의원에 당선, 초대 농림부 장관으로 농지 개혁 단행
- 제2, 3대 대통령 선거에 출마, 진보당 창당
- 진보당 사건으로 검거(1958), 사형 집행(1959)

정답과 해설 01 O | 02 × | 03 O | 04 O | 05 × | 06 × | 07 O | 08 × | 09 O | 10 × | 11 × | 12 O | 13 O | 14 O | 15 O | 16 × | 17 O | 18 O | 19 O | 20 O | 21 O | 22 O | 23 × | 24 O | 25 ×

02 국가 보안법 제정의 결정적 계기는 여수·순천 10·19 사건이다. | 05 장면 내각이 아닌 허정 과도 정부에서 재선거를 실시하였다. | 06 대통령 간선제가 아닌 직선제를 골자로 하는 발췌 개헌안을 제출하였다. | 08 이한열 군이 아닌 김주열 군이다. | 10 허정 과도 정부이다. | 11 4·19 혁명 이후 시행된 총선에서 사회 대중당, 사회 혁신당 등 혁신 계열의 정당들이 대거 참여하였으나 의석을 거의 확보하지 못하여 정치적으로 큰 활약을 펼치지 못하였다. | 16 조봉암이 진보당을 결성한 것은 4·19 혁명 이전인 1956년의 사실이다. 진보당은 제3대 대통령 선거에서 이승만의 강력한 도전자로 떠오른 조봉암을 중심으로 창당된 정당이다. | 23 교수들의 시국 선언은 4월 19일 학생 시위가 일어난 뒤에 발표되었다. | 25 박정희가 주도한 5·16 군사 정변은 1961년에 일어났다.

04 5·16 군사 정변과 유신 체제

1. 5·16 군사 정변(1961. 5. 16.)

군사 정변의 발발
- ① 박정희를 중심으로 한 군부 세력이 군사 정변을 일으킨 후, '군사 혁명 위원회' 구성 → 입법·사법·행정의 3권 장악, 국회와 지방 의회 해산
- ② **'6개조 혁명 공약' 발표**: ____ 1)을 국시(國是)의 제일로 함, 미국을 비롯한 자유 우방과의 유대 강화, 부패와 구악 일소, 국가 자주 경제 재건, 공산주의와 대결할 수 있는 실력 배양, 과업 성취 후 민정 이양

군사 정부의 정책
- ① 군사 혁명 위원회는 장면 총리로부터 계엄령 추인과 함께 정권을 인수받자 '____ 2)'로 개칭(1960. 5. 19.) → 5월 20일 혁명 내각을 발표하여 군사 정부 수립
- ② ____ 3) **설치(1961. 6. 10.)**: 국가 재건 최고 회의 직속의 정보·수사 기관 / **정치 활동 정화법 제정(1962. 3. 16.)**: 구 정치인 4374명의 정치 활동 금지
- ③ **부정 축재 처리법 제정(1961. 6. 14.)**: 부정 축재에 대한 행정상·형사상의 특별 처리를 규정한 법률
- ④ **경제 정책**: 농어촌 고리채 정리법 시행령 공포(1961. 7. 12.), 제1차 경제 개발 ____ 4) 계획 추진(1962~1966), 화폐 개혁 실시(1962. 6. 10.)
- ⑤ ____ 5) **·오히라 메모 작성(1962. 11.)**: 대일 청구권 자금, 경제 협력 자금 합의(독립 축하금 명목) → 반발 심화

민정 이양 발표 및 박정희의 집권
- ① **5차 개헌(1962. 12. 26.)**: 대통령 중심제(____ 6)제, 4년 임기, 1회 중임 가능), 국회 단원제, 헌법 개정에 대한 국민 투표제 채택 등의 내용
- ② **민정 이양 계획 약속**: 군정 실시 초에 2년 후 민정 이양 일정 발표 → 군정 연장 발표와 철회 반복
- ③ 정치 활동 재개 조치(1963. 1.) 후 ____ 7) 창당(1963. 2. 26.)
- ④ **5대 대통령에 당선**: 민주 공화당 후보로 출마하여 ____ 8)을 누르고 당선(1963. 10. 15.) → 대통령 취임(1963. 12. 17.) → 제3공화국 시작

2. 박정희 정부의 출범: 제3공화국(1963~1972)

5대 (1963~1967)
- ① **한·일 국교 정상화**: 한·일 국교 정상화 추진(1962, 김종필·오히라 메모) → '대일 굴욕 외교' 반발 → 비상계엄 선포(1964: '____ 9) 항쟁' – '민족적 민주주의'를 장례함) → 한·일 기본 조약 체결(1965. 6. 22.)
- ② **한·일 기본 조약의 부속 협정**: ㉠ 어업에 관한 협정, ㉡ 재일 교포의 법적 지위 및 대우에 관한 협정, ㉢ 재산 및 청구권에 관한 문제의 해결과 경제 협력에 관한 협정, ㉣ 문화재 및 문화 협력에 관한 협정
- ③ **베트남 파병(1964~1973)**: 전쟁 기간 중 연인원 30여만 명의 국군 파병 → 베트남 특수, 고엽제 후유증 문제, 라이따이한 문제 등
- ④ ____ 10) **각서(1966)**: 한국군 추가 파병의 대가로 미국으로부터 한국군의 현대화 및 원조 제공 등을 약속받음
- ⑤ **한·미 행정 협정(1966. 7.) 체결**: "대한민국과 아메리카 합중국 간의 상호 방위 조약 제4조에 의한 시설과 구역 및 대한민국에서의 합중국 군대의 지위에 관한 협정"(SOFA)
- ⑥ **6대 대통령 선거 실시(1967. 5.)**: 박정희가 신민당의 윤보선을 누르고 당선
- ⑦ **1차 인민 혁명당 사건 조작(1964. 8. 14.)**: 북한의 지령을 받은 인민 혁명당이 국가 변란을 기도하였다고 발표한 사건

정답 1) 반공 2) 국가 재건 최고 회의 3) 중앙정보부 4) 5개년 5) 김종필 6) 직선 7) 민주 공화당 8) 윤보선 9) 6·3 10) 브라운

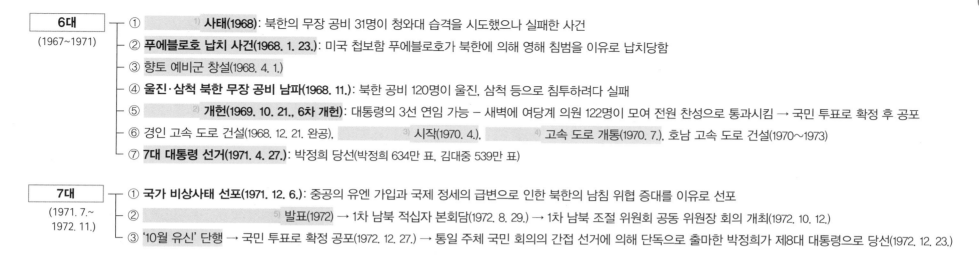

6대 (1967~1971)
- ① ______[1] **사태(1968)**: 북한의 무장 공비 31명이 청와대 습격을 시도했으나 실패한 사건
- ② **푸에블로호 납치 사건(1968. 1. 23.)**: 미국 첩보함 푸에블로호가 북한에 의해 영해 침범을 이유로 납치당함
- ③ 향토 예비군 창설(1968. 4. 1.)
- ④ **울진·삼척 북한 무장 공비 남파(1968. 11.)**: 북한 공비 120명이 울진, 삼척 등으로 침투하려다 실패
- ⑤ ______[2] **개헌(1969. 10. 21., 6차 개헌)**: 대통령의 3선 연임 가능 – 새벽에 여당계 의원 122명이 모여 전원 찬성으로 통과시킴 → 국민 투표로 확정 후 공포
- ⑥ 경인 고속 도로 건설(1968. 12. 21. 완공), ______[3] 시작(1970. 4.), ______[4] 고속 도로 개통(1970. 7.), 호남 고속 도로 건설(1970~1973)
- ⑦ **7대 대통령 선거(1971. 4. 27.)**: 박정희 당선(박정희 634만 표, 김대중 539만 표)

7대 (1971. 7.~1972. 11.)
- ① **국가 비상사태 선포(1971. 12. 6.)**: 중공의 유엔 가입과 국제 정세의 급변으로 인한 북한의 남침 위협 증대를 이유로 선포
- ② ______[5] 발표(1972) → 1차 남북 적십자 본회담(1972. 8. 29.) → 1차 남북 조절 위원회 공동 위원장 회의 개최(1972. 10. 12.)
- ③ '10월 유신' 단행 → 국민 투표로 확정 공포(1972. 12. 27.) → 통일 주체 국민 회의의 간접 선거에 의해 단독으로 출마한 박정희가 제8대 대통령으로 당선(1972. 12. 23.)

3. 유신 체제(1972~1980): 제4공화국

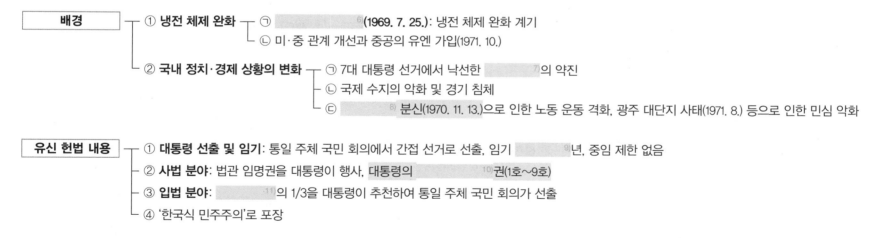

배경
- ① **냉전 체제 완화**
  - ㉠ ______[6] **(1969. 7. 25.)**: 냉전 체제 완화 계기
  - ㉡ 미·중 관계 개선과 중공의 유엔 가입(1971. 10.)
- ② **국내 정치·경제 상황의 변화**
  - ㉠ 7대 대통령 선거에서 낙선한 ______[7]의 약진
  - ㉡ 국제 수지의 악화 및 경기 침체
  - ㉢ ______[8] 분신(1970. 11. 13.)으로 인한 노동 운동 격화, 광주 대단지 사태(1971. 8.) 등으로 인한 민심 악화

유신 헌법 내용
- ① **대통령 선출 및 임기**: 통일 주체 국민 회의에서 간접 선거로 선출, 임기 ______[9]년, 중임 제한 없음
- ② **사법 분야**: 법관 임명권을 대통령이 행사, 대통령의 ______[10]권(1호~9호)
- ③ **입법 분야**: ______[11]의 1/3을 대통령이 추천하여 통일 주체 국민 회의가 선출
- ④ '한국식 민주주의'로 포장

정답 1) 1·21 2) 3선 3) 새마을 운동 4) 경부 5) 7·4 남북 공동 성명 6) 닉슨 독트린 7) 김대중 8) 전태일 9) 6 10) 긴급 조치 11) 국회의원

8대
(1972. 12. 27.~ 1978. 12. 27.)

- ① 김대중 납치 사건(1973. 8. 8.)
- ② **유신 체제 반대 운동 전개**: 장준하·함석헌 등을 중심으로 개헌 청원 1백만인 서명 운동(1973. 12. 24.)
- ③ **긴급 조치 발동(1974~1975, 1호~9호)**: 유신 체제 반대 운동 탄압을 위해 제정
- ④ **전국 민주 청년 학생 총연맹(민청학련) 사건(1974. 4.)**: 민청학련을 중심으로 한 불순 세력들이 폭력으로 정부를 전복하기 위한 전국적 민중 봉기를 획책했다는 혐의로 180명을 구속·기소한 후 인혁당계 인사 8명을 사형시키고 다수의 인사들을 무기 징역부터 집행 유예까지 선고한 사건
  → 2009년 9월 사법부는 해당 사건 관련자들에게 무죄를 선고하고, 2010년 10월 국가의 배상 판결을 내림
- ⑤ ______1) **광고 해약 사태(1974. 12.~1975. 7.)**: 동아일보 기자들이 '자유 언론 실천 선언' 결의문 발표(1974. 10. 24)
  → 중앙지 및 지방지들도 언론 자유 실천 선언에 동참
  → 중앙정보부가 동아일보와 계약한 광고주들을 불러 광고 취소와 광고를 게재하지 않겠다는 서약서와 보안 각서를 쓰게 함
  → 1974년 12월 한미 약품의 광고 해약을 시작으로 1975년 7월 초까지 진행됨
- ⑥ 학도 호국단 창설(1949년에 창설 → 1960년 폐지 → 1975년 재창설 → 1985년 폐지), 민방위대 창설(1975. 9.), 개헌 청원 1백만인 서명 운동을 이끌던 ______2) 의문사(1975)
- ⑦ ______3) **발표(1976)**: 문익환, 함석헌, 김대중, 안병무 등 각계 인사들에 의해 명동 성당에서 발표된 민주주의 회복을 위한 선언

9대
(1978. 12. 27.~ 1979. 10. 26.)

- ① 제2차 석유 파동으로 경제 불황 지속
- ② YH 무역 사건(1979. 8.) → 신민당 총재 ______4) 국회의원직에서 강제 제명
- ③ ______5) **(1979. 10.)**: 김영삼 제명에 반발해 부산과 마산 일대에서 벌어진 유신 반대 투쟁
- ④ ______6) **사태(1979)**: 중앙정보부장 김재규에 의한 박정희 살해 사건

정답 1) 동아일보 2) 장준하 3) 3·1 민주 구국 선언 4) 김영삼 5) 부·마 민주 항쟁 6) 10·26

더 알아보기

▨ 한·일 협정(한·일 기본 조약)

대한민국과 일본국은 양국 국민 관계의 역사적 배경을 고려하며, 선린 관계 및 주권 상호 존중의 원칙에 입각한 양국 간의 관계의 정상화를 상호 희망함을 고려하고, …… 본 기본 관계에 관한 조약을 체결하기로 결정하고 …… 양호 타당하다고 인정한 후 다음의 조항에 합의하였다.

제1조 양 체약 당사국 간에 외교 및 영사 관계를 수립한다. 양 체약 당사국은 대사급 외교 사절을 지체 없이 교환한다. 또한 양 체약 당사국은 양국 정부에 의하여 합의되는 장소에 영사관을 설치한다.

제2조 1910년 8월 22일 및 그 이전에 대한 제국과 일본 제국 간에 체결된 모든 조약 및 협정이 이미 무효임을 확인한다.

제3조 대한민국 정부가 국제 연합 총회의 결정에서 명시된 바와 같이 한반도에 있어서 유일한 합법 정부임을 확인한다.

▨ 브라운 각서

1. 한국에 있는 한국군의 현대화 계획을 위해 앞으로 수년 동안에 걸쳐 상당량의 장비를 제공한다.
3. 주월 한국군에 소요되는 보급 물자, 용역 및 장비를 실시할 수 있는 한도까지 한국에서 구매하며, 주월 미군과 월남군을 위한 물자 가운데 선정된 구매 품목을 한국에서 발주한다.
4. 수출을 진흥시키기 위한 모든 분야에서 한국에 대한 기술 원조를 강화한다.
5. 1965년 5월에 대한민국에 대하여 이미 약속한 바 있는 1억 5천만 달러 AID 차관에 추가하여 … 대한민국 경제 발전을 지원하기 위하여 추가 AID 차관을 제공한다.

▨ 유신 선포(박정희 대통령의 특별 담화문)

국민 여러분! 이제 일대 개혁의 불가피성을 염두에 두고 우리의 정치 현실을 직시할 때, 나는 정상적인 방법으로는 도저히 이 같은 개혁이 이루어질 수 없다는 판단을 내리게 되었습니다. …… 따라서, 나는 국민적 정당성을 대표하는 대통령으로서 나에게 부여된 역사적 사명에 충실하기 위해 부득이 정상적인 방법이 아닌 비상조치로써 남북 대화의 적극적인 전개와 주변 정세의 급변하는 사태에 대처하기 위한 우리 실정에 가장 알맞은 체제 개혁을 단행하여야 하겠다는 결심을 하기에 이르렀습니다. 이에 나는 평화 통일이라는 민족의 염원을 구현하기 위하여 …… 다음과 같은 약 2개월간의 헌법 일부 조항의 효력을 중지시키는 비상조치를 국민 앞에 선포하는 바입니다.

*옳은 문장은 o, 틀린 문장은 ×에 체크하세요.

핵심 기출 OX 5·16 군사 정변과 유신 체제

01 군사 정변 이후 자리 잡은 정부는 최고 권력 기구인 국가 재건 최고 회의를 설치하였다. 2013년 국가직 7급 (O X)

02 5차 개헌에서는 대통령 직선제와 5년 임기를 명시하고 있다. 2019년 서울시 7급(2월) (O X)

03 박정희 정부는 경제 개발 자금 확보와 선진 기술 도입을 위해 한·일 기본 조약을 체결하였다. 2015년 경찰간부후보생 (O X)

04 한·일 기본 조약으로 일본은 사과 대신 독립 축하금 형식으로 '무상 3억 달러, 정부 차관 2억 달러, 상업 차관 3억 달러'를 제공하였다. 2018년 법원직 9급 (O X)

05 한·일 회담에 반대하여 6·3 항쟁이 일어났으며 정부는 계엄령을 선포하여 무력으로 진압하였다. 2018년 지방교육행정직 (O X)

06 유신 헌법을 통해 대통령 단임제의 법률적 기틀을 제공하였다. 2019년 국회직 9급 (O X)

07 유신 헌법에서는 국회의원의 절반을 대통령이 추천하여 통일 주체 국민 회의에서 선출하였다. 2013년 법원직 9급 (O X)

08 유신 체제에 반대해서 장준하, 함석헌 등 재야인사를 중심으로 개헌 청원 백만인 서명 운동이 전개되었다. 2018년 지방교육행정직 (O X)

09 1968년에 북한 민족보위성 정찰국 소속의 무장 공비 31명이 청와대를 기습하기 위해 서울에 침투하였다. 2019년 경찰직(1차) (O X)

10 1974년에 재야인사들이 명동 성당에 모여 '3·1 민주 구국 선언'을 발표하였다. 2019년 서울시 9급(6월) (O X)

11 1970년대에 들어서서 교련에 반대하는 시위가 계속되고 위수령이 발동되었다. 2018년 서울시 7급(3월) (O X)

12 1975년에 동아일보 기자들이 언론 자유 수호 투쟁을 전개하였다. 2018년 서울시 7급(3월) (O X)

13 유신 체제에서는 대통령은 임기가 6년으로 중임 제한이 없으며 통일 주체 국민 회의에서 토론 없이 무기명으로 선출한다. 2013년 법원직 9급 (O X)

14 YH 무역 사건으로 신민당 총재 김대중이 국회의원직에서 강제 제명되었다. 2019년 경찰직(1차) (O X)

승범쌤의 기출 포인트

01 국가 재건 최고 회의 기출개념

- 5·16 군사 정변 직후 군부가 비상 조치로 설치한 국가 최고 통치 기관
- 군사 혁명 위원회로 발족되었으나, 곧바로 국가 재건 최고 회의로 개칭
- 박정희를 의장으로 한 이 기구에서 대통령 중심제의 개헌을 단행

15 김종필 · 오히라 비밀 메모 사건과 미국 정부와의 브라운 각서 체결 사이 시기에 울산 정유 공장이 가동되었다. 2018년 국가직 9급 O X

16 김종필 · 오히라 비밀 메모 사건과 미국 정부와의 브라운 각서 체결 사이 시기에 경부 고속 국도가 개통되었다. 2018년 국가직 9급 O X

17 대통령 3선을 허용하는 제6차 개헌 이후에 실시된 제7대 대통령 선거에 신민당의 후보로 김대중이 출마하였으나 근소한 차이로 민주 공화당의 박정희 후보가 당선되었다. 2018년 법원직 9급 O X

18 박정희 정부는 학도 호국단을 폐지하고 교육 자치제를 실시하였다. 2017년 지방직 9급(시행) O X

19 박정희 정부는 7 · 4 남북 공동 성명을 발표하고 제7대 대통령 선거에서 근소한 차이로 당선되었다. 2018년 법원직 9급 O X

20 한 · 일 기본 조약과 함께 부속 협정으로 재일 교포의 법적 지위 및 대우에 관한 협정이 체결되어 재일 한국인이 일본 영주권을 획득할 수 있게 되었다. 2018년 서울시 9급(6월) O X

21 브라운 각서를 통해 베트남 추가 파병을 대가로 미국으로부터 차관 제공과 한국군의 현대화 등을 약속받았다. 2018년 국가직 9급 O X

22 1979년 중앙정보부장 김재규에 의해 박정희가 살해되는 10 · 26 사태가 발발하였다. 2016년 서울시 7급 O X

23 박정희 정부는 김대중을 납치한 후 유신 헌법의 국민 투표를 통과시켜 장기 집권의 발판을 마련하였다. 2016년 서울시 9급 O X

24 박정희 정부는 전국 민주 청년 학생 총연맹이 조직되어 유신 헌법 철폐와 개헌을 요구하는 투쟁을 전개하자 학생들을 간첩이라 조작하여 탄압하였다. 2013년 법원직 9급 O X

25 1978년 대통령 선거에는 민주 공화당 후보로 박정희가 단독 출마하였다. 2016년 서울시 7급 O X

승범쌤의 기출 포인트

15 김종필·오히라 메모 기출사료

- 일제 35년간의 지배에 대한 보상으로 일본은 3억 달러를 10년간에 걸쳐서 지불하되, 그 명목은 '독립 축하금'으로 한다.
- 경제 협력의 명분으로 정부 간의 차관 2억 달러를 3.5%, 7년 거치 20년 상환이라는 조건으로 10년간 제공하며, 민간 상업 차관으로 1억 달러를 제공한다.

정답과 해설 01 O | 02 × | 03 O | 04 O | 05 O | 06 × | 07 × | 08 O | 09 O | 10 × | 11 O | 12 O | 13 O | 14 × | 15 O | 16 × | 17 O | 18 × | 19 × | 20 O | 21 O | 22 O | 23 × | 24 O | 25 O

02 4년 임기이다. | 06 유신 헌법은 대통령의 임기를 6년으로 하고 임기 연장과 중임 제한 조항을 철폐하였다. | 07 절반이 아닌 1/3을 대통령이 추천하여 선출하였다. | 10 1976년에 '3·1 민주 구국 선언'을 발표하였다. | 14 당시 강제 제명된 신민당 총재는 김영삼이다. | 16 경부 고속 국도가 개통된 것은 1970년이다. | 18 박정희 정부가 아닌 장면 내각이다. | 19 7·4 남북 공동 성명은 1972년 발표하였으며 제7대 대통령 선거는 그 이전인 1971년, 대통령 3선을 허용하는 제6차 개헌 이후에 실시되었다. | 23 김대중 납치 사건은 유신 헌법 통과(1972) 이후인 1973년에 발생하였다. 김대중 납치 사건은 일본에서 유신 반대 운동을 벌이던 김대중이 중앙정보부에 의해 납치된 사건이다.

05 신군부의 등장 ~ 제6공화국

1. 신군부의 등장과 5·18 광주 민주화 운동

최규하 정부의 수립과 12·12 군사 반란
- ① 통일 주체 국민 회의를 통해 10대 대통령에 최규하 당선(1979. 12. 6. → 12. 21. 취임)
- ② ________[1] **군사 반란(1979)**: 전두환을 비롯한 군인들이 계엄 사령관 정승화 체포, 실권 장악 → 전두환이 중앙정보부장 서리 겸임(1980. 4. 14.)

서울의 봄과 5·18 광주 민주화 운동
- ① ________[2](1980. 5.): 유신 헌법 폐지, 신군부 퇴진, 비상계엄 폐지 등을 요구한 대대적 시위 전개 → 5·15 서울역 평화 대행진
- ② 전국으로 비상계엄 확대, 계엄포고 10호 발표(1980. 5. 17.)
- ③ ________[3] **광주 민주화 운동**: 광주에서 신군부의 계엄령 확대에 반대하는 학생 시위 전개 → 계엄군의 과잉 진압으로 유혈 사태 발생 → 분노한 시민들 가담 → 시민군과 계엄군 간의 교전 발생 → 계엄군의 무력 진압 완료(5. 27.)

전두환 정부 탄생
- ① ________[4] **조직(1980. 5. 31.)**: 전두환이 상임 위원장이 되어 행정·입법·사법의 3권 장악
- ② ________[5] **설치(1980. 8.)**: 폭력배 및 사회 풍토 문란 사범을 소탕하고 순화시킨다는 명목
- ③ ________[6] 대통령직 사임(1980. 8. 16.) → 통일 주체 국민 회의에서 제11대 대통령에 전두환 당선(1980. 8. 27.)

2. 제5공화국 출범(1981~1988)

8차 개헌과 5공화국의 출범
- ① **8차 개헌(1980. 10. 27.)**: 대통령 간선제(대통령 선거인단이 투표), 7년 단임제
- ② 기존 정당, 국회, 통일 주체 국민 회의를 폐지하고 국가 보위 비상 대책 위원회가 개편된 '________[7]'를 설치 → 정치 풍토 쇄신을 위한 특별 조치법 제정(1980. 11.), 언론 통폐합(1980. 11.), 언론 기본법 제정(1980. 12.) 등
- ③ 전두환을 총재로 하는 ________[8] 창당(1981. 1.)
- ④ 대통령 선거인단을 선거하고 그 선거인단에 의해 전두환이 다시 제12대 대통령에 당선(1981. 2. 25.)
- ⑤ **국정 목표**: '________[9] 구현, ________[10] 건설' 표방

유화 정책 실시 및 경제 호황
- ① ________[11] **대회(1981. 5.)**: 종합 공연·예술 대회
- ② ________[12]여행 자율화, 야간통행 금지 해제, 장발 단속 중단
- ③ 프로 야구·프로 축구단 창설 등 3S 정책 본격화, 중·고생의 교복과 두발 자율화
- ④ **KBS '이산가족을 찾습니다' 생방송**(1983. 6. 30.~11. 14., 138일간 방송) → 기록물은 유네스코 세계 기록유산으로 등재(2015)
- ⑤ ________[13] **및 예술단 교환(1985)**: 최초의 남북한 이산가족 상봉이 이루어짐
- ⑥ ________[14]: 저달러·저유가·저금리, 국제 수지 흑자 / 1986년 서울 아시안 게임 개최, 1988년 서울 올림픽 유치

정답 1) 12·12 2) 서울의 봄 3) 5·18 4) 국가 보위 비상 대책 위원회 5) 삼청 교육대 6) 최규하 7) 국가 보위 입법 회의 8) 민주 정의당 9) 정의 사회 10) 복지 사회 11) 국풍 81 12) 해외 13) 남북 이산가족 고향 방문단 14) 3저 호황

3. 6월 민주 항쟁(1987)

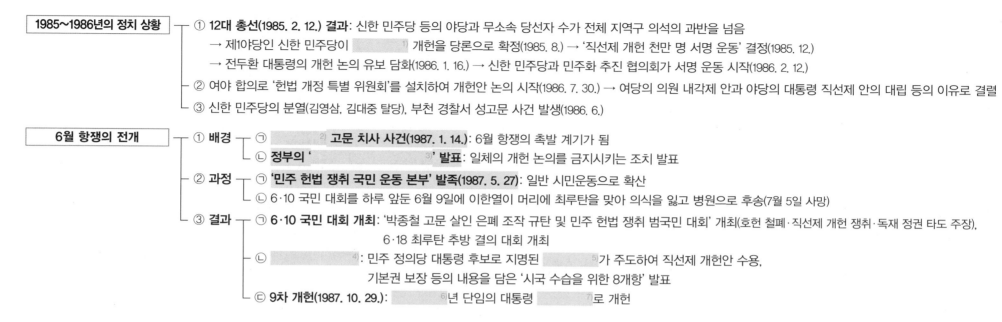

1985~1986년의 정치 상황

- ① **12대 총선(1985. 2. 12.) 결과**: 신한 민주당 등의 야당과 무소속 당선자 수가 전체 지역구 의석의 과반을 넘음
  → 제1야당인 신한 민주당이 ______1) 개헌을 당론으로 확정(1985. 8.) → '직선제 개헌 천만 명 서명 운동' 결정(1985. 12.)
  → 전두환 대통령의 개헌 논의 유보 담화(1986. 1. 16.) → 신한 민주당과 민주화 추진 협의회가 서명 운동 시작(1986. 2. 12.)
- ② 여야 합의로 '헌법 개정 특별 위원회'를 설치하여 개헌안 논의 시작(1986. 7. 30.) → 여당의 의원 내각제 안과 야당의 대통령 직선제 안의 대립 등의 이유로 결렬
- ③ 신한 민주당의 분열(김영삼, 김대중 탈당), 부천 경찰서 성고문 사건 발생(1986. 6.)

6월 항쟁의 전개

- ① **배경**
  - ㉠ ______2) **고문 치사 사건(1987. 1. 14.)**: 6월 항쟁의 촉발 계기가 됨
  - ㉡ **정부의 '______3)' 발표**: 일체의 개헌 논의를 금지시키는 조치 발표
- ② **과정**
  - ㉠ **'민주 헌법 쟁취 국민 운동 본부' 발족(1987. 5. 27)**: 일반 시민운동으로 확산
  - ㉡ 6·10 국민 대회를 하루 앞둔 6월 9일에 이한열이 머리에 최루탄을 맞아 의식을 잃고 병원으로 후송(7월 5일 사망)
- ③ **결과**
  - ㉠ **6·10 국민 대회 개최**: '박종철 고문 살인 은폐 조작 규탄 및 민주 헌법 쟁취 범국민 대회' 개최(호헌 철폐·직선제 개헌 쟁취·독재 정권 타도 주장), 6·18 최루탄 추방 결의 대회 개최
  - ㉡ ______4): 민주 정의당 대통령 후보로 지명된 ______5)가 주도하여 직선제 개헌안 수용, 기본권 보장 등의 내용을 담은 '시국 수습을 위한 8개항' 발표
  - ㉢ **9차 개헌(1987. 10. 29.)**: ______6)년 단임의 대통령 ______7)로 개헌

4. 제6공화국의 전개

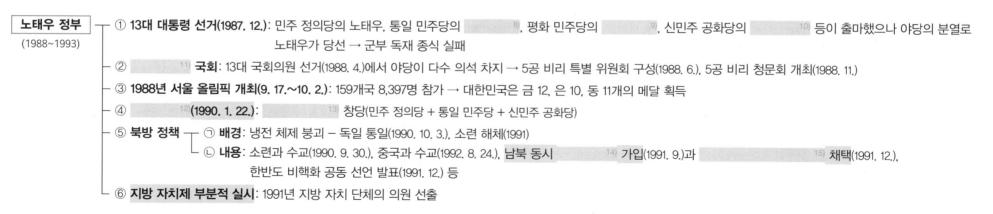

노태우 정부
(1988~1993)

- ① **13대 대통령 선거(1987. 12.)**: 민주 정의당의 노태우, 통일 민주당의 ______8), 평화 민주당의 ______9), 신민주 공화당의 ______10) 등이 출마했으나 야당의 분열로 노태우가 당선 → 군부 독재 종식 실패
- ② ______11) **국회**: 13대 국회의원 선거(1988. 4.)에서 야당이 다수 의석 차지 → 5공 비리 특별 위원회 구성(1988. 6.), 5공 비리 청문회 개최(1988. 11.)
- ③ **1988년 서울 올림픽 개최(9. 17.~10. 2.)**: 159개국 8,397명 참가 → 대한민국은 금 12, 은 10, 동 11개의 메달 획득
- ④ ______12)**(1990. 1. 22.)**: ______13) 창당(민주 정의당 + 통일 민주당 + 신민주 공화당)
- ⑤ **북방 정책**
  - ㉠ **배경**: 냉전 체제 붕괴 – 독일 통일(1990. 10. 3.), 소련 해체(1991)
  - ㉡ **내용**: 소련과 수교(1990. 9. 30.), 중국과 수교(1992. 8. 24.), 남북 동시 ______14) 가입(1991. 9.)과 ______15) 채택(1991. 12.), 한반도 비핵화 공동 선언 발표(1991. 12.) 등
- ⑥ **지방 자치제 부분적 실시**: 1991년 지방 자치 단체의 의원 선출

정답 1) 직선제 2) 박종철 3) 4·13 호헌 조치 4) 6·29 선언 5) 노태우 6) 5 7) 직선제 8) 김영삼 9) 김대중 10) 김종필 11) 여소 야대 12) 3당 합당 13) 민주 자유당 14) 유엔 15) 남북 기본 합의서

김영삼 정부 (1993~1998)
- ① 5·16 군사 정변 이후 33년 만에 '_____1)'의 출범
- ② **개혁 정책**: _____2)(1993), 고위 공직자 재산 공개(1993), _____3) 전면 실시(1995), 부동산 실명제(1995), 세계 무역 기구(WTO) 가입(1995), 경제 협력 개발 기구(OECD) 가입(1996)
- ③ **역사 바로 세우기**: _____4) 건물 철거(1995), 국민학교를 _____5)로 개칭(1996)
- ④ 부정 축재 혐의로 노태우 구속(1995. 11.) 후 군 형법상 반란 수괴 등의 혐의로 전두환 구속(1995. 12. 3.) → 1997. 12. 22. 김영삼 대통령과 김대중 당선자의 합의로 사면
- ⑤ **대형 사고의 연속**: _____6) 대교 붕괴(1994), _____7) 백화점 붕괴(1995), 외환 위기 발생(1997) 등

김대중 정부 (1998~2003)
- ① 최초의 선거에 의한 평화적 정권 교체
- ② **햇볕 정책(대북 화해 협력 정책) 실시**: 정주영 현대 그룹 명예 회장이 소 떼를 몰고 방북(1998), 금강산 _____8) 관광 시작(1998)
- ③ 남북 정상 회담 후 '_____9)' 발표(2000) → 이후 이산가족 방문단 교환, 남북 장관급 회담, 남북 경제 협력 추진 위원회의 구성, 경의선·동해선 연결 복원 공사 착수, 개성 공단 특구와 금강산 특구(육로 관광 허용) 개방 → 노벨 평화상 수상(2000. 12. 10.)
- ④ **외환 위기 극복**
  - ㉠ 금 모으기 운동(1998. 1. 6.~1998. 4.), 노사정 위원회 설치(1998)
  - ㉡ 공정 거래 위원회의 기능 강화, 금융 감독 위원회 설립(1998 → 2008, 금융 위원회), 금융 감독원 설립(1999), IMF 지원금 상환 완료(2001. 8.)
  - ㉢ 대규모 구조 조정으로 다수의 실업자 발생
- ⑤ 상록수 부대를 동티모르에 파병(1999), 한·일 월드컵 개최(2002. 5. 31.~6. 30.), 부산 아시안 게임 개최(2002. 9. 29.~10. 14.)

노무현 정부 (2003~2008)
- ① **노무현 대통령 탄핵 사태(2004. 3. 12.)**: 헌법 재판소에서 기각(2004. 5. 14.)
- ② 한·칠레 FTA 발효(2004), 한·미 FTA 체결(2007)
- ③ **2차 남북 정상 회담을 평양에서 개최(2007)**: '10·4 남북 공동 선언' 발표(남북 관계 발전과 평화 번영을 위한 선언)
- ④ 호주제 헌법 불합치 판결(2005), 국민 참여 재판 제도 시작(2008. 1.)

이명박 정부 (2008~2013) — 747 성장 공약, 저탄소 녹색 성장 추진(녹색 뉴딜), 4대강 사업 등 실시

박근혜 정부 (2013~2017) — 2016년 12월 9일 국회가 대통령 탄핵소추안 가결 → 헌법 재판소가 2017년 3월 10일 오전 11시 대심판정에서 재판관 전원 일치 의견으로 박근혜 대통령에 대한 파면 결정

정답 1) 문민정부 2) 금융 실명제 3) 지방 자치제 4) 조선 총독부 5) 초등학교 6) 성수 7) 삼풍 8) 해로 9) 6·15 남북 공동 선언

더 알아보기

광주 시민 궐기문

우리는 왜 총을 들 수밖에 없는가? 그 대답은 너무나 간단합니다. 너무나 무자비한 만행을 더 이상 보고 있을 수만 없어서 너도나도 총을 들고 나섰던 것입니다. …… 계엄 당국은 18일 오후부터 공수 부대를 대량 투입하여 시내 곳곳에서 학생, 젊은이들에게 무차별 살상을 자행하였으니! …… 우리는 이 고장을 지키고 우리 부모 형제를 지키고자 손에 손에 총을 들었던 것입니다. 그런데도 정부와 언론에서는 계속 불순배, 폭도로 몰고 있습니다. 여러분! 잔인무도한 만행을 일삼았던 계엄군이 폭도입니까? 이 고장을 지키겠다고 나선 우리들이 폭도입니까?

6·10 국민 대회 선언

오늘 우리는 전 세계 이목이 주시하는 가운데 40년 독재 정치를 청산하고 희망찬 민주 국가를 건설하기 위한 거보를 전 국민과 함께 내딛는다. 국가의 미래요 소망인 꽃다운 젊은이를 야만적인 고문으로 죽여 놓고 그것도 모자라 뻔뻔스럽게 국민을 속이려 했던 현 정권에게 국민의 분노가 무엇인지를 분명히 보여 주고, 국민적 여망인 개헌을 일방적으로 파기한 4·13 폭거를 철회시키기 위한 민주 장정을 시작한다.

6·29 민주화 선언

첫째, 여야 합의하에 조속히 대통령 직선제로 개헌하고 새 헌법에 의한 대통령 선거를 통하여 1988년 2월 평화적 정부 이양을 실현하도록 해야겠습니다.

셋째, 자유 민주주의적 기본 질서를 부인한 반국가 사범이나 살상, 방화, 파괴 등으로 국가를 흔들었던 극소수를 제외한 모든 시국 관련 사범들도 석방되어야 합니다.

*옳은 문장은 ○, 틀린 문장은 ×에 체크하세요.

핵심 기출 OX 신군부의 등장 ~ 제6공화국

01 6월 민주 항쟁 이후 4년 단임의 대통령 직선제 개헌이 이루어졌다. 2018년 서울시 7급(6월) ○ ×

02 전두환 정부 당시 남북 고향 방문단과 예술단의 교환으로 최초의 남북한 이산가족 상봉이 이루어졌다. 2014년 서울시 7급 ○ ×

03 박종철 고문 살해 사건은 6월 항쟁의 촉발 계기로 작용하였다. 2018년 서울시 7급(6월) ○ ×

04 6월 항쟁 이후 시국 수습을 위해 전두환의 주도로 직선제 개헌안을 수용하는 '6 · 29 선언'이 발표되었다. 2014년 국가직 7급 ○ ×

05 제15대 대통령 선거에서 야당의 김대중 후보가 당선되면서 최초로 평화적인 정권 교체가 이루어졌다. 2018년 서울시 9급(6월) ○ ×

06 김대중 정부 때 세계 무역 기구와 경제 협력 개발 기구에 가입하였다. 2017년 경찰직(1차) 응용 ○ ×

07 전두환 정부는 경제 안정화 정책을 통해 중화학 공업에 대한 투자를 조정하고 부실 기업을 정리하였다. 2013년 경찰간부후보생 응용 ○ ×

08 5 · 18 광주 민주화 운동에서 시민들은 계엄령 철폐, 김대중 석방, 신군부 세력의 퇴진 등을 요구하였다. 2019년 소방직 ○ ×

09 김영삼 정부 때 대입 본고사와 학력고사가 모두 폐지되고 대학 수학 능력 시험이 실시되었다. 2017년 지방직 7급 ○ ×

10 1996년 김영삼 정부 때 국민학교가 초등학교로 개칭되었다. 2013년 국가직 9급 응용 ○ ×

11 전두환 정부 때는 언론 탄압으로 동아일보에 백지 광고가 약 7개월 동안 실리는 사건이 일어났다. 2018년 서울시 7급(3월) ○ ×

12 "호헌 철폐 · 독재 타도 · 민주 헌법 쟁취"는 6월 민주 항쟁 시 내걸었던 구호이다. 2017년 서울시 7급 ○ ×

13 전두환 정부 시기인 1986년에 노동 현장에 위장 취업하다가 체포된 서울대 학생 권인숙이 부천 경찰서에서 성고문을 당하는 사건이 발생하였다. 2019년 기상직 9급 ○ ×

14 전두환이 제11대 대통령으로 당선된 이후 신군부는 국가를 효율적으로 통치하기 위하여 전두환을 총재로 한 민주 정의당을 창당하였다. 2010년 국가직 9급 ○ ×

승범쌤의 기출 포인트

11 **동아일보 백지 광고 사태** 기출개념

박정희 유신 정권의 언론 탄압으로 동아일보에 광고를 내기로 했었던 회사들이 무더기로 해약함에 따라 동아일보가 광고를 채우지 못한 부분을 백지로 내보내거나 아예 전 지면을 기사로 채워버린 사태

15 제14대 대통령 선거 이후 금융 실명제가 실시되었다. 2017년 경찰직(2차) O X

16 제9차 개헌은 1987년 6월 민주 항쟁의 결과 이루어진 개헌으로 대통령 직선제 및 5년 단임제를 주요 내용으로 하는 현행 헌법이다. 2020년 서울시 9급 특수직렬 O X

17 전두환 정부는 대통령 선거인단에 의한 간접 선거와 7년 단임제를 골자로 한 제8차 개헌을 주도하였다. 2019년 서울시 7급(2월) O X

18 1980년대 서울의 봄 이후 전국으로 비상계엄이 확대되었다. 2017년 서울시 7급 O X

19 김영삼 정부는 5 · 16 군사 정변 이후 33년 만의 문민정부의 출범이었다. 2018년 서울시 9급(6월) O X

20 3저 호황은 저유가, 저달러, 저금리를 말한다. 2017년 국가직 9급(10월) O X

21 4 · 13 대통령 특별 조치의 무효화를 주장한 6 · 10 국민 대회가 일어났고 민주화를 요구하는 국민들의 열망에 민주 정의당 대표이자 대통령 후보인 노태우는 대통령 직선제 개헌 조항이 포함된 특별 선언을 발표하였다. 2017년 서울시 7급 O X

22 6월 민주 항쟁 당시 대통령이 긴급 조치 1호를 발동하였다. 2018년 지방교육행정직 O X

23 1980년대에는 6월 민주 항쟁을 통해 군사 정권을 종식시키고 선거를 통해 문민정부가 출범하였다. 2018년 서울시 9급(6월) O X

24 유신 정권 시기에 천주교 정의 구현 사제단이 조직되었다. 2019년 기상직 9급 O X

25 박종철 고문 치사 사건 이후에 민주 헌법 쟁취 국민 운동 본부가 결성되었다. 2018년 서울시 7급(6월) O X

승범쌤의 기출 포인트

19 김영삼 정부 기출사료

오늘 우리는 그렇게도 애타게 바라던 문민 민주주의의 시대를 열기 위하여 이 자리에 모였습니다. 오늘을 맞이하기 위해 30년의 세월을 기다려야 했습니다. 마침내 국민에 의한, 국민의 정부를 이 땅에 세웠습니다. 오늘 탄생되는 정부는 민주주의에 대한 국민의 불타는 열망과 거룩한 희생으로 이루어졌습니다. 민주주의에 대한 저 자신의 열정과 고난이 배어있는 이 국회의사당 앞에서 오늘 저는 벅찬 감회를 억누를 길이 없습니다.

– 김영삼 대통령 취임사

정답과 해설 01 × | 02 O | 03 O | 04 × | 05 O | 06 × | 07 O | 08 O | 09 × | 10 O | 11 × | 12 O | 13 O | 14 O | 15 O | 16 O | 17 O | 18 O | 19 O | 20 O | 21 O | 22 × | 23 × | 24 O | 25 O

01 5년 단임의 대통령 직선제이다. | 04 민주 정의당 대통령 후보로 지명된 노태우가 주도하였다. | 06 김영삼 정부이다. | 09 본고사와 학력고사 모두 폐지가 아닌 학력고사 폐지이다. 본고사는 전두환 정부 때 폐지되었다. | 11 박정희 정부에 해당되는 사건이다. | 22 긴급 조치 1호가 발동된 것은 박정희 정부 시기로 6월 민주 항쟁과 관련이 없다. 박정희 정부는 장준하 등의 재야인사들을 중심으로 개헌 청원 백만인 서명 운동이 전개되자 이를 저지하기 위해 긴급 조치 1호를 선포하였다. | 23 문민정부는 김영삼 정부를 말하는 것으로 1992년 14대 대통령 선거를 통해 출범하였다.

06 북한 사회의 변화와 남북의 통일 노력

1. 김일성의 권력 장악 과정과 북한 정권의 전개

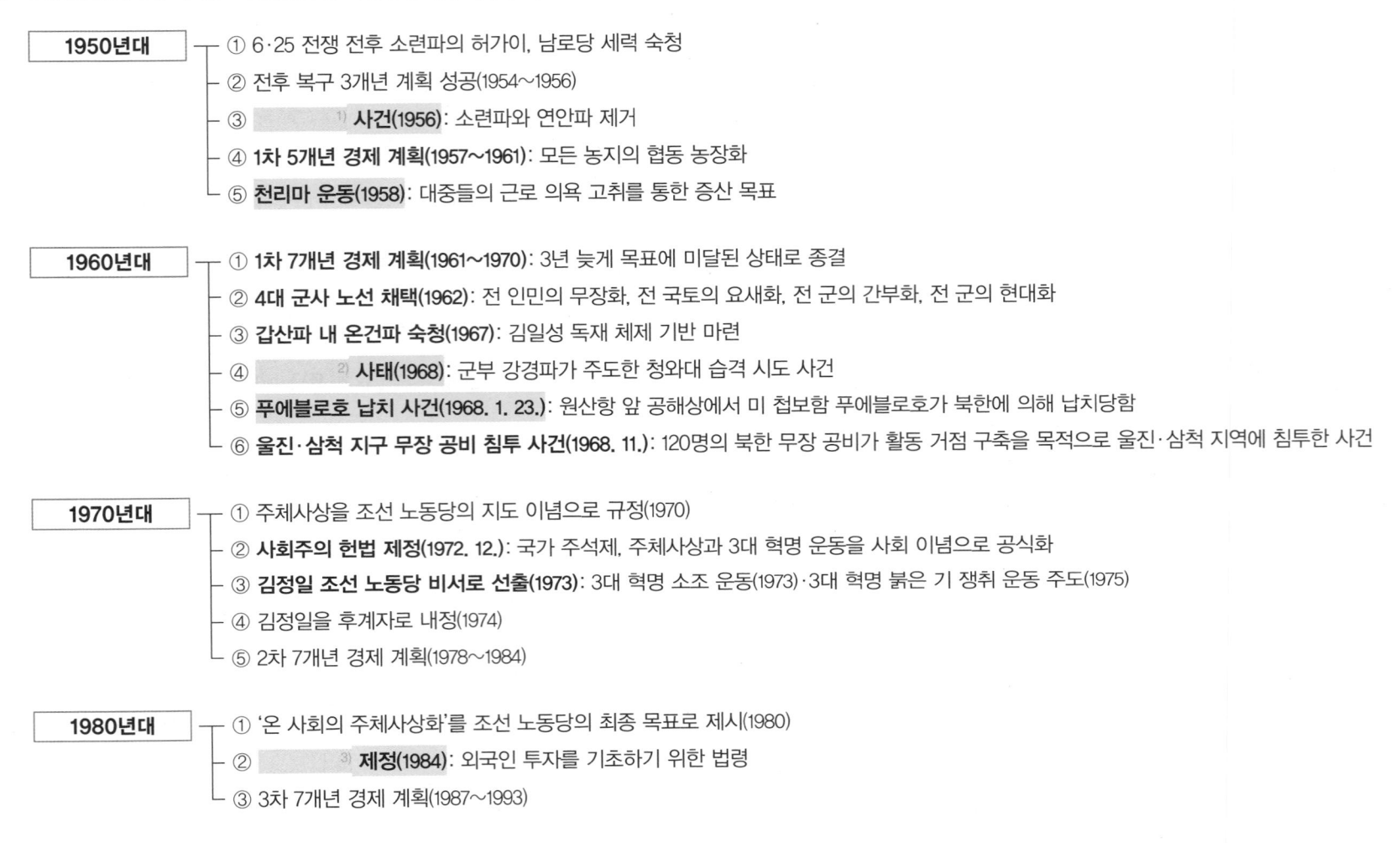

1950년대
- ① 6·25 전쟁 전후 소련파의 허가이, 남로당 세력 숙청
- ② 전후 복구 3개년 계획 성공(1954~1956)
- ③ ______[1) **사건(1956)**: 소련파와 연안파 제거
- ④ **1차 5개년 경제 계획(1957~1961)**: 모든 농지의 협동 농장화
- ⑤ **천리마 운동(1958)**: 대중들의 근로 의욕 고취를 통한 증산 목표

1960년대
- ① **1차 7개년 경제 계획(1961~1970)**: 3년 늦게 목표에 미달된 상태로 종결
- ② **4대 군사 노선 채택(1962)**: 전 인민의 무장화, 전 국토의 요새화, 전 군의 간부화, 전 군의 현대화
- ③ **갑산파 내 온건파 숙청(1967)**: 김일성 독재 체제 기반 마련
- ④ ______[2) **사태(1968)**: 군부 강경파가 주도한 청와대 습격 시도 사건
- ⑤ **푸에블로호 납치 사건(1968. 1. 23.)**: 원산항 앞 공해상에서 미 첩보함 푸에블로호가 북한에 의해 납치당함
- ⑥ **울진·삼척 지구 무장 공비 침투 사건(1968. 11.)**: 120명의 북한 무장 공비가 활동 거점 구축을 목적으로 울진·삼척 지역에 침투한 사건

1970년대
- ① 주체사상을 조선 노동당의 지도 이념으로 규정(1970)
- ② **사회주의 헌법 제정(1972. 12.)**: 국가 주석제, 주체사상과 3대 혁명 운동을 사회 이념으로 공식화
- ③ **김정일 조선 노동당 비서로 선출(1973)**: 3대 혁명 소조 운동(1973)·3대 혁명 붉은 기 쟁취 운동 주도(1975)
- ④ 김정일을 후계자로 내정(1974)
- ⑤ 2차 7개년 경제 계획(1978~1984)

1980년대
- ① '온 사회의 주체사상화'를 조선 노동당의 최종 목표로 제시(1980)
- ② ______[3) **제정(1984)**: 외국인 투자를 기초하기 위한 법령
- ③ 3차 7개년 경제 계획(1987~1993)

정답 1) 8월 종파 2) 1·21 3) 합영법

1990년대 이후
- ① 남북한 동시 유엔 가입, 남북 기본 합의서 채택, 한반도 비핵화 공동 선언 채택(1991)
- ② ______[1] · ______[2] **자유 무역 지대 설정(1991)**: 제한적 경제 개방 시작
- ③ 외국인 투자법 제정(1992)
- ④ 김정일이 국방 위원장에 취임, 핵 확산 금지 조약 탈퇴 선언(1993, NPT) → 김일성 사망 → 북·미 제네바 회담 타결(1994)
- ⑤ 신합영법 제정(1994), 정주영의 소 떼 방북, ______[3] 관광 시작(1998. 11.)
- ⑥ 6·15 남북 공동 선언(2000) 이후 금강산 관광 지구법(2002. 11.), 개성 공업 지구법(2002. 11.) 등을 제정
- ⑦ ______[4] 경제 특구 설정(2002), 일부 생필품의 시장 거래 허용(2002)

2. 북한 헌법의 변화

조선민주주의인민공화국 헌법
(1948): 5차례 개정
- ① 국가의 주권은 노동자, 농민이 아니라 인민에게 있는 것으로 규정
- ② 내각과 최고 인민 회의 상임 위원회가 권력을 균등 분배하는 내각제 형태의 권력 구조
- ③ 생산 수단은 국가, 협동 단체뿐만 아니라 개인에게도 귀속 가능

조선민주주의인민공화국 사회주의 헌법
(1972. 12.): 9차례 수정 보충
- ① 조선민주주의인민공화국의 수도를 서울에서 평양으로 바꿈
- ② 국가 주석제 신설, 주체사상의 헌법에 규정, 조선 노동당의 우월적 지위 명시
- ③ 사회주의적 소유 제도의 확립, 집단주의 강조

김일성 헌법
(1998. 9.): 제2차 수정 보충
- ① 서문에 "조선민주주의인민공화국 사회주의 헌법은 위대한 수령 김일성 동지의 주체적인 국가 건설 사상과 국가 건설 업적을 법화한 김일성 헌법이다"라는 문구 삽입
- ② 김일성을 공화국의 영원한 주석으로 규정
- ③ 개인 소유 확대와 특수 경제 지대 설치, 지적 재산권 조항 등 신설
- ④ **제3차 수정 보충(2009. 4.)**: '주체사상'과 '선군 사상'을 통치 이념에 추가해서 명문화, 국방 위원장이 국가 원수임을 적시하고, 국방 위원회 중심의 국정 운영 조직 구축
- ⑤ **제5차 수정 보충(2012. 4.)**: 김정일을 영원한 국방 위원장으로 추대, 북한이 핵 보유국임을 선언, 신헌법의 성격을 김일성-김정일 헌법이라고 규정

김정은 헌법
(2016. 6.): 제7차 수정 보충
- ① 국방 위원회를 국무 위원회로 개편하고 국무 위원회 위원장을 '조선민주주의인민공화국의 최고 영도자'로 규정
- ② 제8차 수정 보충(2019. 4.)과 제9차 수정 보충(2019. 8.)을 통해 김정은의 권력 기반 강화

정답 1) 나진 2) 선봉 3) 금강산 4) 신의주

3. 남북 통일 노력

1950년대 — **북진 통일론 주장**: 통일 후 북한만의 유엔 감시하 총선거 안

1960년대
- ① **장면 내각**
  - ㉠ 정부는 유엔 감시하의 남북 자유 총선거에 의한 통일론, 선 경제 건설·후 통일론
  - ㉡ 일부 학생과 혁신 세력은 중립화 통일론, 남북 교류론 주장
- ② **박정희 정권**: 반공 정책 강화, 선 건설·후 통일론
- ③ **북한**: 남북 ______1) 제의

1970년대
- ① **국제 정세의 변화**: 긴장 완화와 평화 공존 분위기 형성(닉슨 독트린, 미·중 수교)
- ② ______2) **제의(1971)**: 남북 사이 평화 협상의 길이 최초로 열림 → 1972. 8., 1차 남북 적십자 본회담 개최
- ③ **7·4 남북 공동 성명(1972)**: '______3)·______4)·______5)'의 통일 3대 원칙 제시, ______6) 설치, 서울~평양 간 상설 직통 전화 가설
- ④ **6·23 평화 통일 선언(1973)**: 남북 유엔 동시 가입 제안, 호혜 평등의 원칙하에 모든 국가에 대해 문호 개방 제시 → 북한의 일방적 남북 대화 중단 선언
- ⑤ **북한**: 조국 통일 5대 강령(1973) → ______7) 통일 방안 제시(고려 연방 공화국을 국호로 남북 연방제 실시 주장)
- ⑥ **평화 통일 3대 기본 원칙 제시(1974)**: 남북한 상호 불가침 협정 체결, 남북 대화와 교류 협력, 인구 비례에 의한 자유 총선거 제의

1980년대
- ① **북한**: 고려 연방 공화국 창립 방안 발표(1980) → 남북 지역 정부를 설치하는 형태의 연방 공화국 창립 방안
- ② **민족 화합 민주 통일 방안(1982)**: 민족 통일 협의회 구성 제안
- ③ 버마(미얀마) 폭파 사건 발생(1983. 10. 9.) → 남북 관계 악화 → 북한의 수해 복구 물자 지원 제의를 우리 정부가 수용(1984. 9.) → 남북 관계 화해 분위기 조성
- ④ **남북 적십자 회담 재개(1985. 5.)**: 이산가족 ______8) 및 예술 공연단 교환 추진 합의, 이산가족 고향 방문단과 예술 공연단이 서울과 평양을 각각 방문(9월)
- ⑤ 대한항공 858 여객기 폭파 사건 발생(1987. 11. 29.)
- ⑥ **7·7 선언**
  - ㉠ 민족자존과 통일 번영을 위한 대통령 특별 선언(1988)
  - ㉡ 북한을 상호 신뢰, 화해, 협력을 바탕으로 공동 번영을 추구하는 민족 공동체로 인식
- ⑦ ______9) **통일 방안 제시(1989. 9. 11.)**: 통일 3원칙(자주·평화·민주) 제시, '남북 연합' 체제를 만들어 남북 평의회를 통해 통일 헌법을 제정하며, 총선거를 실시하여 통일 민주 공화국을 구성하자는 방안 제의

정답 1) 연방제 2) 남북 적십자 회담 3) 자주 4) 평화 5) 민족 대단결 6) 남북 조절 위원회 7) 고려 연방제 8) 고향 방문단 9) 한민족 공동체

1990년대

- ① 남북 고위급 회담 개최(1990. 9., 서울) → 남북한 유엔 동시 가입(1991. 9.) → 남북 기본 합의서 채택(1991. 12., 상호 불가침, 교류·협력 확대) → 한반도 ______1)에 관한 공동 선언
- ② 북한의 IAEA(국제 원자력 기구)의 핵 사찰 거부 및 ______2)(핵 확산 금지 조약) 탈퇴 선언(1993. 3.)으로 남북 대화 중단 → 카터 전 미국 대통령이 방북하여 김일성과 회담 진행(1993. 6.) → 남북 정상 회담 개최 합의(1997. 7. 25.~27. 개최 예정이었으나 7. 8. 김일성이 사망하여 무산) → 북미 ______3) 협상 타결(1994. 10.) → 경수로 지원 대가로 북한의 핵 사찰 수용과 남북 정상 회담 약속 → ______4)(한반도 에너지 개발 기구) 설립 → 2002년 2차 북핵 위기로 중단 → 2003년 북한이 NPT 탈퇴 → 북한이 핵 보유 선언(2005) → 이후 계속된 핵실험
- ③ **3단계 3기조 통일 방안(1993)**: 남한은 화해·협력, 남북 연합, 통일 국가의 3단계 통일 방안과 이를 위한 국민 합의, 공존공영, 민족 복리의 3대 기조를 제시
- ④ **민족 공동체 통일 방안(1994)**: 한민족 공동체 통일 방안(1989)과 3단계 3기조 통일 방안(1993)을 종합한 것으로 '______5)·______6), ______7), ______8)'의 3단계 통일 방안과 '______9)·______10)·______11)'의 3대 원칙을 제시
- ⑤ 정주영 현대 그룹 명예 회장이 소 떼를 이끌고 방북(1998년 6월·10월), 금강산 해로 관광 시작(1998. 11.)

2000년대

- ① **6·15 남북 공동 선언(2000)**: 남북 정상 회담의 결과로 이산가족 면회소 설치, 경의선·동해선 복구, 개성 공단 건설 합의, 금강산 ______12) 관광 등의 남북 경제 협력 진전
- ② **10·4 남북 공동 선언(2007)**
  - ㉠ '남북 관계 발전과 평화 번영을 위한 선언'
  - ㉡ 6·15 남북 공동 선언의 적극적 구현, 한반도의 평화 및 핵 문제 해결, 남북 경제 협력 사업의 활성화 등의 내용
- ③ 4·27 남북 정상 회담(2018)
  - ㉠ '한반도의 평화와 번영, 통일을 위한 판문점 선언'
  - ㉡ 북한 최고 지도자가 최초로 남한 지역으로 방문(판문점 남측 지역 '평화의 집'에서 회담)
- ④ 5·26 남북 정상 회담(2018)
  - ㉠ 판문점 북측 지역 '통일각'에서 문재인 대통령과 김정은 북한 국무 위원장이 회담
  - ㉡ 6·12 북미 정상 회담 성공을 위한 긴밀한 협력과 4·27 판문점 선언의 조속한 이행 의지 재확인
- ⑤ 2018 남북 정상 회담 평양 개최(2018. 9. 18.~9. 20.): 문재인 대통령과 김정은 북한 국무 위원장의 세 번째 정상 회담 개최 → 비핵화 등 군사적 긴장 완화 조치는 물론 철도·도로 구축 등 남북 경제 협력과 관련된 내용이 포함된 '9월 평양 공동 선언' 발표

더 알아보기

개성 공단

- 2000. 6·15 남북 공동 선언 이후 추진
- 2000. 8. 22. '개성 공업 지구 건설 운영에 관한 협의서' 체결
- 2003. 6. 23. 개성 공단 착공(2004년 6월 시범 단지 조성)
- 2004. 12. 시범 단지 분양 기업에서 생산한 제품이 처음 반출
- 2005. 9. 1단계 분양 및 1차 기반 시설 준공으로 본격적으로 운영
- 2013. 4. 8.~9. 15. 일시 가동 중단
- 2016. 2. 10. 정부는 북한의 장거리 미사일 발사에 대한 대북 압박의 일환으로 개성 공단 폐쇄를 선언

정답 1) 비핵화 2) NPT 3) 제네바 4) KEDO 5) 화해 6) 협력 7) 남북 연합 8) 통일 국가 9) 자주 10) 평화 11) 민주 12) 육로

*옳은 문장은 o, 틀린 문장은 ×에 체크하세요.

핵심 기출 OX 북한 사회의 변화와 남북의 통일 노력

01 7 · 4 남북 공동 성명의 결과 남북 조절 위원회가 설치되었다. 2018년 서울시 9급(6월) O X

02 김대중 정부 때 개최된 10 · 4 남북 정상 회담은 평화 정착, 공동 번영, 화해, 통일 등에 관한 제반 현안에 대해서 협의하였다. 2011년 지방직 9급 O X

03 노태우 정부 때 채택된 남북 기본 합의서는 상호 불가침, 교류 · 협력 확대 등에 대한 내용에 합의하였다. 2011년 지방직 9급 O X

04 남북 기본 합의서에서 군사 당국자 간의 직통 전화를 가설하기로 하였다. 2014년 국가직 7급 O X

05 김대중 정부 시기에 분단 이후 최초로 이산가족 상봉 행사가 개최되었다. 2019년 국회직 9급 O X

06 6 · 15 남북 공동 선언 이후 남북한 이산가족 간의 서신 교환이 실시되었다. 2015년 법원직 9급 O X

07 2007년에 백두산 관광, 서해 평화 지대 창설 등을 내용으로 한 10 · 4 정상 선언을 발표하였다. 2009년 국가직 7급 O X

08 1994년 민족 공동체 통일 방안에서는 '자주, 번영, 통일'의 3대 원칙을 제시하였다. 2014년 서울시 9급 O X

09 10 · 4 남북 공동 선언에서는 금강산 육로 관광 등의 남북 경제 협력 진전에 대해 합의하였다. 2019년 법원직 9급 O X

10 김대중 정부의 햇볕 정책으로 인해 1998년 금강산 해로 관광이 시작되었다. 2018년 지방직 9급 O X

11 김대중 정부 때 대북 화해 정책의 영향으로 남북한이 동시에 유엔에 가입하였다. 2018년 서울시 9급(6월) O X

12 북한은 1950년대 농업 협동화 운동을 통해 공업화를 추진하였다. 2011년 서울시 9급 O X

13 북한의 천리마 운동은 생산 증대를 강조한 노동 강화 운동이다. 2011년 서울시 9급 O X

승범쌤의 기출 포인트

01 7·4 남북 공동 성명 기출사료

1. 쌍방은 다음과 같은 조국 통일 원칙들에 합의를 보았다.
   첫째, 통일은 외세에 의존하거나 외세의 간섭을 받음이 없이 자주적으로 해결한다.
   둘째, 통일은 서로 상대방을 반대하는 무력행사에 따르지 않고 평화적으로 실현한다.
   셋째, 사상과 이념 · 제도의 차이를 초월하여 하나의 민족으로서 민족적 대단결을 도모한다.

14 1972년 북한은 사회주의 헌법을 공포하여 수령 유일 지도 체제를 확립했다. 2007년 국가직9급 (O | X)

15 한반도 비핵화 공동 선언은 노태우 정부 때인 1991년에 발표된 것으로 6 · 15 남북 공동 선언보다 이전의 일이다. 2014년 서울시 9급 (O | X)

16 북한은 2000년대 들어서 서방의 자본과 기술을 도입하기 위한 목적으로 합영법을 제정하였다. 2019년 경찰간부후보생 (O | X)

17 1국가 2체제를 유지하는 것은 북한의 통일 방안이다. 2009년 국가직 7급 (O | X)

18 남한의 북방 외교는 국제 정세의 급격한 변화에 따라 1990년대에 본격화되어 소련, 중국 등 공산권 국가와 수교하였다. 2010년 서울시 9급 (O | X)

19 북한은 1990년대 나진과 선봉을 자유 무역 지대로 설정하여 제한적 경제 개방을 시작하였다. 2010년 경북교육행정직 (O | X)

20 남북 경제 협력 사업으로 개성 공단이 착공된 것은 김대중 정부 시기의 사실이다. 2019년 국회직 9급 (O | X)

승범쌤의 기출 포인트

15 한반도 비핵화 공동 선언 기출사료

- 남과 북은 핵 에너지를 오직 평화적 목적에만 이용한다.
- 남과 북은 핵 재처리 시설과 우라늄 농축 시설을 보유하지 아니한다.
- 남과 북은 한반도의 비핵화를 검증하기 위하여 상대 측이 선정하고 쌍방이 합의하는 대상들에 대하여 남북핵 통제 공동 위원회가 규정하는 절차와 방법으로 사찰을 실시한다.

정답과 해설 01 O | 02 × | 03 O | 04 O | 05 × | 06 O | 07 O | 08 × | 09 × | 10 O | 11 × | 12 O | 13 O | 14 O | 15 O | 16 × | 17 O | 18 O | 19 O | 20 ×

02 10·4 남북 정상 회담은 노무현 정부 때 개최되었다. | 05 최초로 이산가족 상봉 행사가 개최된 시기는 전두환 정부 시기이다. | 08 자주, 번영, 통일이 아닌 자주, 평화, 민주이다. | 09 6·15 남북 공동 선언이다. | 11 노태우 정부 시기인 1991년에 가입하였다. | 16 합영법은 1984년에 제정되었다. | 20 김대중 정부가 아닌 노무현 정부 시기이다.

07 경제 발전과 사회·문화의 변화

1. 현대 경제의 흐름

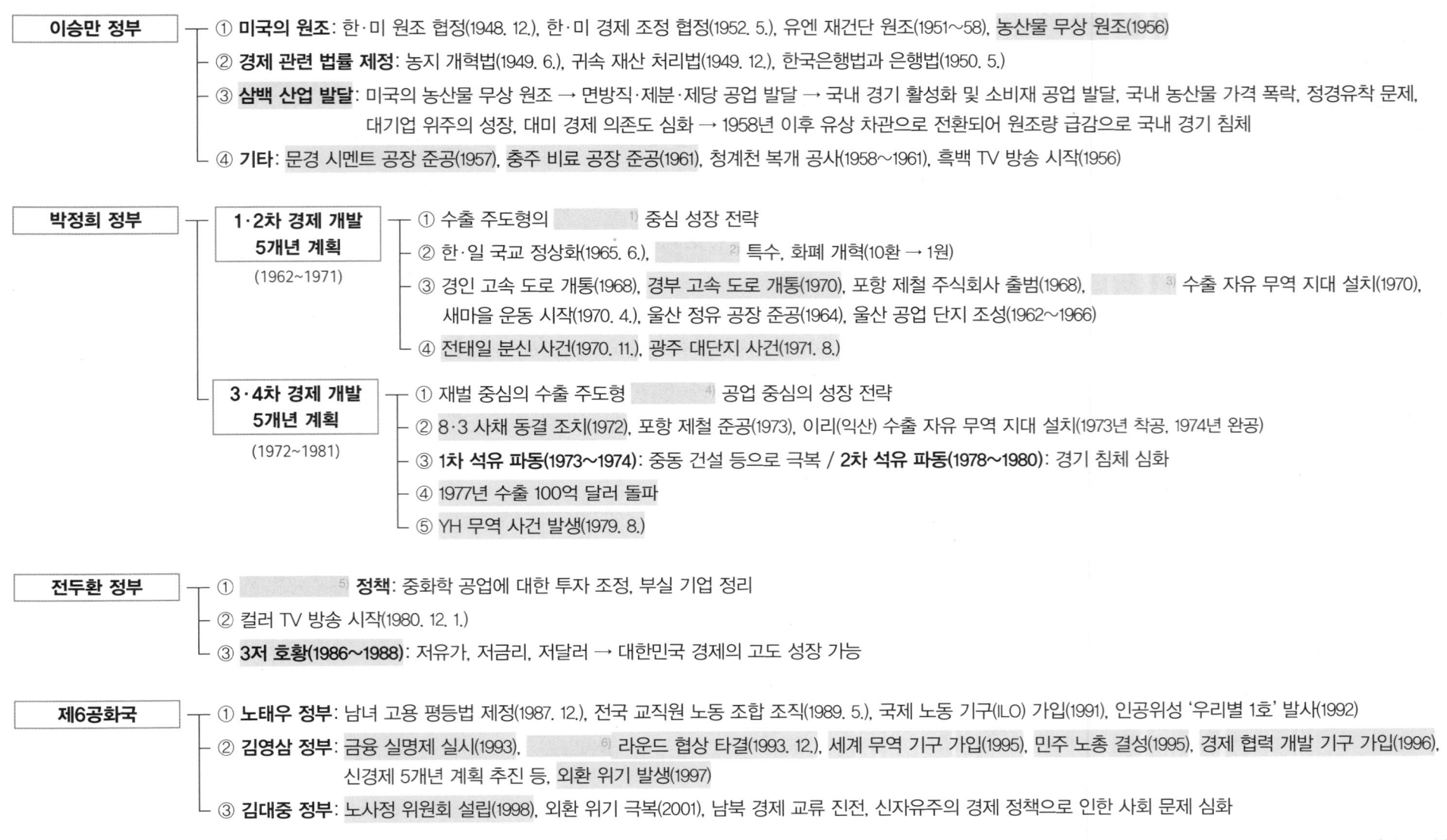

이승만 정부
- ① **미국의 원조**: 한·미 원조 협정(1948. 12.), 한·미 경제 조정 협정(1952. 5.), 유엔 재건단 원조(1951~58), 농산물 무상 원조(1956)
- ② **경제 관련 법률 제정**: 농지 개혁법(1949. 6.), 귀속 재산 처리법(1949. 12.), 한국은행법과 은행법(1950. 5.)
- ③ **삼백 산업 발달**: 미국의 농산물 무상 원조 → 면방직·제분·제당 공업 발달 → 국내 경기 활성화 및 소비재 공업 발달, 국내 농산물 가격 폭락, 정경유착 문제, 대기업 위주의 성장, 대미 경제 의존도 심화 → 1958년 이후 유상 차관으로 전환되어 원조량 급감으로 국내 경기 침체
- ④ **기타**: 문경 시멘트 공장 준공(1957), 충주 비료 공장 준공(1961), 청계천 복개 공사(1958~1961), 흑백 TV 방송 시작(1956)

박정희 정부

1·2차 경제 개발 5개년 계획 (1962~1971)
- ① 수출 주도형의 ______[1] 중심 성장 전략
- ② 한·일 국교 정상화(1965. 6.), ______[2] 특수, 화폐 개혁(10환 → 1원)
- ③ 경인 고속 도로 개통(1968), 경부 고속 도로 개통(1970), 포항 제철 주식회사 출범(1968), ______[3] 수출 자유 무역 지대 설치(1970), 새마을 운동 시작(1970. 4.), 울산 정유 공장 준공(1964), 울산 공업 단지 조성(1962~1966)
- ④ 전태일 분신 사건(1970. 11.), 광주 대단지 사건(1971. 8.)

3·4차 경제 개발 5개년 계획 (1972~1981)
- ① 재벌 중심의 수출 주도형 ______[4] 공업 중심의 성장 전략
- ② 8·3 사채 동결 조치(1972), 포항 제철 준공(1973), 이리(익산) 수출 자유 무역 지대 설치(1973년 착공, 1974년 완공)
- ③ **1차 석유 파동(1973~1974)**: 중동 건설 등으로 극복 / **2차 석유 파동(1978~1980)**: 경기 침체 심화
- ④ 1977년 수출 100억 달러 돌파
- ⑤ YH 무역 사건 발생(1979. 8.)

전두환 정부
- ① ______[5] **정책**: 중화학 공업에 대한 투자 조정, 부실 기업 정리
- ② 컬러 TV 방송 시작(1980. 12. 1.)
- ③ **3저 호황(1986~1988)**: 저유가, 저금리, 저달러 → 대한민국 경제의 고도 성장 가능

제6공화국
- ① **노태우 정부**: 남녀 고용 평등법 제정(1987. 12.), 전국 교직원 노동 조합 조직(1989. 5.), 국제 노동 기구(ILO) 가입(1991), 인공위성 '우리별 1호' 발사(1992)
- ② **김영삼 정부**: 금융 실명제 실시(1993), ______[6] 라운드 협상 타결(1993. 12.), 세계 무역 기구 가입(1995), 민주 노총 결성(1995), 경제 협력 개발 기구 가입(1996), 신경제 5개년 계획 추진 등, 외환 위기 발생(1997)
- ③ **김대중 정부**: 노사정 위원회 설립(1998), 외환 위기 극복(2001), 남북 경제 교류 진전, 신자유주의 경제 정책으로 인한 사회 문제 심화

정답 1) 경공업 2) 베트남 3) 마산 4) 중화학 5) 경제 안정화 6) 우루과이

2. 현대 사회와 문화의 변화

농촌의 변화와 농민 운동
- ① **식량 정책**: 혼·분식 장려 정책 시행(1950~70년대), 통일벼·유신벼 보급(1970년대)
- ② **새마을 운동(1970)**: 정부 주도하에 농어촌 근대화 운동과 소득 증대 사업을 중심으로 추진 → 전국적인 의식 개혁 운동으로 확대
- ③ **농민 운동**: ____[1] 농민회 조직(1966), ____[2] 고구마 사태(1976. 11.~1978. 5.)
- ④ 우루과이 라운드 협상 타결(1986. 9.~1993. 12. 타결 → 1995년 발효) 후 농산물 개방 → 농민 운동 활성화

여성 운동
- ① **1980년대 이후**: 여성의 권익 신장과 양성 평등을 위한 운동 전개 → 가족법 개정(1991), 호주제 헌법 불일치 판결(2005)
- ② 여성부(2001) 설립 → 2005년 6월 여성가족부로 개편 → 2008년 2월 여성부로 개편 → 2010년 3월 여성가족부로 개편

복지의 확대
- ① 의료 보험(1963. 12. 16. 법 제정), 의료 보험 전 국민 실시(1989), 의료 보험을 건강 보험으로 개편(2000)
- ② 산재 보험 제정(1963), 고용 보험 제정(1993), 국민 연금 실시(1986년 국민 연금법을 개정하여 1988년 실시), 국민 기초 생활 보장법(1999년 제정, 2000년 10월 시행) 제정

교육의 변화
- ① **미 군정기**: 6·3·3 학제, 일제 군국주의 교육 청산 시도, 민주주의 교육 원리 채택
- ② **이승만 정부**: 국민학교 의무 교육 실시(1950), 학도 호국단 조직(1949), 교련 과목 설치(1948 → 1955, 중단)
- ③ **장면 내각**: ____[3] 폐지, 교육 자치제 실시, '교육의 중립성 확보·학원 정상화·사도(師道) 확립' 등 3대 방침 천명
- ④ **박정희 정부**: ____[4] 선포(1968), 국기에 대한 맹세(1968), 교련 과목 재설치(1969) 및 교련 반대 시위 전개(1971), 학도 호국단 재조직(1975), 중학교 무시험제 실시(1969), 고교 평준화 제도 도입(1974)
- ⑤ **전두환 정부**: 대입 ____[5] 폐지·대입 학력고사 실시·과외 금지·졸업 정원제, 중학교 의무 교육 실시(1985년 단계적 실시~2004년 완전 실시)
- ⑥ **김영삼 정부**: 대입 학력고사 폐지, 대학 수학 능력 시험 실시(1993), 국민학교를 초등학교로 개칭(1996), 학교 운영 위원회 조직(1996~1998)

언론의 발전
- ① **이승만 정부**: 경향신문 폐간 조치(1959)
- ② 4·19 혁명 이후 경향신문 복간, 신문 허가제 폐지, 등록제 시행 → 언론 매체 증가
- ③ **박정희 정부**
  - ㉠ **프레스 카드제 실시(1972)**: 프레스 카드를 받지 못한 기자는 취재 금지
  - ㉡ **언론 자유 수호 운동 전개**: '언론 수호 선언' 발표(1971, 동아일보가 시작 → 확산), 본격적인 언론 자유 수호 운동 전개(1973), 동아일보 편집국장 등이 체포된 것을 계기로 '자유 언론 실천 선언' 발표 → 동아일보 ____[6] 사태 발생(1974~1975)
- ④ **전두환 정부**: 언론인 자율 정화(1980. 7.), 언론 기관 통폐합(1980. 11.), 언론 기본법(1980. 12.) 제정, 출판사 허가제 도입, ____[7] 등을 통해 신문과 방송 기사에 대한 검열 강화, 보도 지침을 제정하여 각 언론사에 하달
- ⑤ **6월 민주 항쟁 이후**: 언론 기본법 폐지(1987. 11.) 등 언론의 자유 확대

정답 1) 가톨릭 2) 함평 3) 학도 호국단 4) 국민 교육 헌장 5) 본고사 6) 백지 광고 7) 보도 지침

대중 문화의 발전

- ① **6·25 전쟁 이후**: 미국의 대중문화가 급속히 확산, 정비석의 소설 『자유부인』으로 인한 논쟁 발생(1954. 1.~8., 서울신문에 연재)
- ② **1960년대**: 대중 전달 매체 보급의 확산으로 대중문화가 본격적으로 성장하기 시작함
- ③ **1970년대**: 텔레비전으로 방영된 가요·드라마·코미디가 대중문화의 중심이 되고, 청소년층이 대중문화 소비의 주인공으로 대두
- ④ **1980년대**: 정치적 민주화와 사회·경제적 평등의 확대를 지향하는 민중 문화 활동이 대중문화에 영향을 끼침
- ⑤ **1990년대 이후**: 영화 산업에서 한국적 특성이 담긴 영화를 제작하여 국내는 물론 세계 영화계에서 각광을 받음

더 알아보기

국민 교육 헌장

우리는 민족중흥의 역사적 사명을 띠고 이 땅에 태어났다. 조상의 빛난 얼을 오늘에 되살려 안으로 자주독립의 자세를 확립하고, 밖으로 인류 공영에 이바지할 때다. 이에 우리의 나아갈 바를 밝혀 교육의 지표로 삼는다. …… 반공 민주 정신에 투철한 애국 애족이 우리의 삶의 길이며, 자유세계의 이상을 실현하는 기반이다. 길이 후손에 물려줄 영광된 통일 조국의 앞날을 내다보며 신념과 긍지를 지닌 근면한 국민으로서, 민족의 슬기를 모아 줄기찬 노력으로 새 역사를 창조하자.

인구 변화에 따른 시기별 표어

1950년대	3남 2녀로 5명은 낳아야죠, 건강한 어머니에 되어 나온 옥동자
1960년대	많이 낳아 고생 말고 적게 낳아 잘 키우자. 덮어 놓고 낳다 보면 거지꼴을 못 면한다.
1970년대	딸 아들 구별 말고 둘만 낳아 잘 기르자.
1980년대	둘도 많다! 잘 키운 딸 하나 열 아들 안 부럽다.
1990년대	선생님! 착한 일 하면 여자 짝꿍 시켜주나요.
2000년대	아빠, 혼자는 싫어요. 엄마, 저도 동생을 갖고 싶어요.

*옳은 문장은 ○, 틀린 문장은 ×에 체크하세요.

핵심 기출 OX 경제 발전과 사회·문화의 변화

01 김영삼 정부 당시 금융 기관과 거래할 때 금융 거래 당사자의 실제 이름을 사용하도록 의무화한 금융 실명제가 실시되었다. 2017년 경찰직(1차) ○ ×

02 제1차 경제 개발 5주년 시행 기간에 경부 고속 국도가 완공되었다. 2017년 지방직 9급(12월) ○ ×

03 제3 · 4차 경제 개발 5개년 때는 수출 주도형 중화학 공업화를 목표로 하였다. 2015년 지방직 9급 ○ ×

04 1975년에 연간 수출 총액이 늘어나 100억 달러를 돌파하였다. 2017년 지방직 9급(12월) ○ ×

05 전태일 분신 사건으로 노동 운동이 본격화되었다. 2014년 서울시 7급 ○ ×

06 1980년대에는 마산과 익산을 수출 자유 무역 지역으로 선정하여 외자를 유치하였다. 2012년 기상직 9급 ○ ×

07 1990년대 후반 자유 무역이 확대되는 가운데 외환 보유고 부족으로 위기를 맞았다. 2015년 법원직 9급 ○ ×

08 우리나라는 1991년에 국제 노동 기구(ILO)에 가입하였다. 2017년 경찰직(1차) ○ ×

09 이승만 정부는 미국의 잉여 농산물을 가공하는 삼백 산업을 육성하였다. 2019년 법원직 9급 ○ ×

10 1970년대에 국가주의 이념을 강조한 국민 교육 헌장이 제정되었다. 2017년 지방직 9급(6월) ○ ×

11 1980년대에 우루과이 라운드의 타결로 쌀 시장과 서비스 시장을 개방하였다. 2012년 기상직 9급 ○ ×

12 1970년에는 통일벼가 전국적으로 보급되었다. 2015년 지방직 9급 ○ ×

13 1970년대에는 '8 · 3 조치'를 통해 기업에 특혜를 주었고, 중화학 공업화를 추진하였다. 2008년 지방직 7급 ○ ×

승범쌤의 기출 포인트

05 전태일 기출사료

존경하는 대통령 각하! 저는 서울특별시 성북구 쌍문동 208번지 2통 5반에 거주하는 22살의 청년입니다. …… 저희는 근로 기준법의 혜택을 조금도 못 받으며 종업원의 90% 이상이 평균 연령 18세의 여성입니다. …… 저희들의 요구는 1일 15시간의 작업 시간을 1일 10시간~12시간으로 단축해 주십시오. 1개월 휴일 2일을 늘려서 일요일마다 휴일로 쉬기 원합니다. 건강 진단을 정확하게 하여 주십시오. 시다공의 수당(하루 70~100원)을 50% 인상하십시오. 절대로 무리한 요구가 아님을 맹세합니다. 인간으로서 최소한의 요구입니다.

– 조영래, 「전태일평전」

정답과 해설 01 ○ | 02 × | 03 ○ | 04 × | 05 ○ | 06 × | 07 ○ | 08 ○ | 09 ○ | 10 × | 11 × | 12 ○ | 13 ○

02 제2차 경제 개발 기간에 경부 고속 국도가 완공되었다. | 04 1975년이 아닌 1977년이다. | 06 1970년대에 해당된다. | 10 국민 교육 헌장은 1968년에 제정되었다. | 11 우루과이 라운드 협상은 1993년 12월에 타결되어 1995년에 발효되었다.

해커스공무원
김승범 스페셜 한국사 빈칸+OX 노트

부록

01 유네스코 등재 문화유산

01 유네스코 등재 문화유산

1. 유네스코 세계 기록유산

1997	『훈민정음(해례본)』
	『조선왕조실록』
2001	『불조직지심체요절』(하권)
	『승정원일기』
2007	조선 왕조 『의궤』
	고려대장경판 및 제경판
2009	『동의보감』
2011	『일성록』
	5·18 민주화 운동 기록물
2013	『난중일기』
	새마을 운동 기록물
2015	한국의 유교 책판
	KBS 특별 생방송 '이산가족을 찾습니다' 기록물
2017	조선 왕실 어보와 어책
	국채 보상 운동 기록물
	조선 통신사에 관한 기록: 17세기~19세기 한·일 간 평화 구축과 문화 교류의 역사

2. 유네스코 세계 문화유산 및 자연유산

1995	해인사 장경판전
	종묘
	석굴암과 불국사
1997	창덕궁
	수원 화성
2000	고창, 화순, 강화의 고인돌 유적
	경주 역사 유적 지구 ─ 남산 지구 ─ 나정(박혁거세 탄생지), 포석정(왕과 신하들의 연회 장소) / 왕릉 13기, 절터 150여 곳, 불상 120여 점, 석탑 96개, 석등 22기 등 분포 ─ 월성 지구: 계림(김알지 탄생지), 월성(궁궐 유적지), 임해전지, 첨성대 / 대릉원 지구(250여 기의 무덤 분포, 왕릉 23기): 천마총, 황남대총 등 ─ 황룡사 지구: 황룡사지, 분황사 모전 석탑 등 / 산성 지구: 명활산성 등의 산성
2007	제주 화산섬과 용암 동굴: 제주도에 위치한 한국 최초의 세계 자연유산 지구, 한라산·성산 일출봉·거문오름 용암 동굴계 등
2009	조선 왕릉
2010	한국의 역사 마을: 안동 하회 마을과 경주 양동 마을
2014	남한산성
2015	백제 역사 유적 지구 ─ 공주: 공산성(웅진성), 송산리 고분군 ─ 부여: 사비성, 관북리 유적(관북리 왕궁지), 부소산성, 정림사지, 능산리 고분군, 부여 나성 ─ 익산: 왕궁리 유적, 미륵사지
2018	산사, 한국의 산지 승원: 영주 부석사, 양산 통도사, 안동 봉정사, 보은 법주사, 공주 마곡사, 순천 선암사, 해남 대흥사
2019	한국의 서원: 경북 영주 소수서원(안향 배향), 안동 도산서원(이황 배향)·병산서원(류성룡·류진 배향), 경주 옥산서원(이언적 배향), 대구 달성 도동서원(김굉필 배향), 경남 함양 남계서원(정여창 배향), 전남 장성 필암서원(김인후 배향), 전북 정읍 무성서원(최치원·신잠 배향), 충남 논산 돈암서원(김장생 배향)
2021	한국의 갯벌: 충남 서천 갯벌, 전북 고창 갯벌, 전남 신안 갯벌, 전남 보성·순천 갯벌

해커스공무원

김승범 스페셜 한국사 빈칸+OX 노트

개정 2판 1쇄 발행 2022년 9월 2일

지은이	김승범
펴낸곳	해커스패스
펴낸이	해커스공무원 출판팀
주소	서울특별시 강남구 강남대로 428 해커스공무원
고객센터	1588-4055
교재 관련 문의	gosi@hackerspass.com 해커스공무원 사이트(gosi.Hackers.com) 교재 Q&A 게시판 카카오톡 플러스 친구 [해커스공무원강남역], [해커스공무원노량진]
학원 강의 및 동영상강의	gosi.Hackers.com
ISBN	979-11-6880-561-3 (13910)
Serial Number	02-01-01

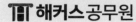